儒佛道三教关系简明通史

牟钟鉴／著

人民出版社

目　　录

自　序

　　20 世纪 60 年代前期,我在北大读中国哲学史研究生,对儒、道、佛三教经典有初步接触,相关观点和知识则主要来自冯友兰、张岱年、任继愈、朱伯崑诸位先辈的讲授和著作。那时自己没有创见,却对以儒、道、佛为核心的中国思想史产生了极大兴趣,认为是一座智慧宝库。研究生毕业以后,由于"文化大革命"的耽搁自己未能及时作学术研究,只是从干校回来以后读了一点儿书,以弥补精神的空虚。改革开放使中国进入快速发展新时期,同时也开启了学术的春天。从 70 年代末到 80 年代,我在中国社会科学院世界宗教研究所参加了任继愈主编的《中国哲学发展史》多卷本写作组,成为前四卷的主要撰稿人之一,不仅正式开始中国哲学史学术研究,而且直接承担了儒、道、佛三教斗争与融合课题的写作任务。任先生要求写作要重新从第一手资料做起,突破以往中国哲学史教科书的旧框架,"对中国哲学史的发展做一次严肃认真的探索"(导言)。他强调写作要重视地域性文化的差异,例如儒学出自邹鲁文化,道家和道教出自荆楚文化与燕齐文化,法家、纵横家出自三晋文化;魏晋以后,要重视儒、道、佛三教的互动与合流,从而厘清中国哲学的主要脉络。我在《中国哲学发展史·秦汉卷》(人民出版社 1985 年版)中撰写了"《吕氏春秋》——秦汉哲学史的开端"与"《淮南子》——西汉道家思想的理论结晶"两章,开始探讨儒道互补。又撰写了"汉代中后期道家思想的演变和道教的产生"一章,进入道教史研究领域。在《中国哲学发展史·魏晋南北朝卷》(人民出版社 1988 年版)中我撰写了"《列子》与《列子注》"、"魏晋南北朝时期的道教思想"、"魏晋南北朝时期的经学"、"魏晋南北朝儒、释、道三教的斗争与融合"四章,更多地关注道家、道教和三教关系,也开始探讨儒家经学。《中国哲

1

学发展史·隋唐卷》（人民出版社 1994 年版）分"儒教编"、"佛教编"、"道教编"、"会通编"，在结构上体现儒、佛、道三教鼎立的思想格局，我在"儒教编"中撰写了《隋唐儒教经学》一章，按照经学史的路子往下做。这段写作前后约十年，从收集、整理、解读资料，到参照前贤研究成果，再到提炼自我独立观点、框架和表述，做得十分辛苦，但收获丰硕，日益坚信中国哲学史或思想史研究和写作必须以儒、佛、道教关系为轴心才能真正体现中国特色。

20 世纪 80 年代中期以后，我参加中国孔子基金会的学术活动，90 年代中期以后又成为国际儒学联合会学术委员会成员，这促使我进一步研究儒学，其成果集为《儒学价值的新探索》（齐鲁书社 2001 年版）。80 年代末我转到中央民族大学任教，在教学与科研及参加国内外学术会议中陆续发表了一批关于儒家人物与经学、儒学的义理与当代、儒学的兴衰与未来的研究文章，后来集为《涵泳儒学》一书（中央民族大学出版社 2011 年版）。我很认同张岱年先生"综合创新"的理念，深感时代需要儒学、儒学需要创新，于是近年写了一本《新仁学构想》（人民出版社 2013 年版），用以寄托自己"仁以为己任"的文化理想，也祈望"明体而达用"，对社会精神生活有所改良。

从 20 世纪 80 年代末起，我的学术研究另一个主设方向是中国宗教史，其中包括道教史。我虽然不认为儒学是宗教，而是东方伦理型人学，然而肯定它有宗教性，它所推崇的礼文化中的敬天法祖则是中国人普遍持有的基础性信仰，而且儒学对于佛道二教始终保持着巨大的影响力。所以，我与张践教授合写的《中国宗教通史》（社会科学文献出版社 2000 年版）中，就叙述了儒、道、佛三教互动的历史过程。为了给学生开设经典阅读课，我在研究《论语》、《孟子》的同时，花大气力研读《老子》，用七八年时间形成八十一章疏解，加上相关文献考证与义理阐释，遂成为一部《老子新说》（金城出版社 2009 年版）。同时，我由研究道家进入研究道教史，撰写了《中国道教》（广东人民出版社、华夏出版社 1996 年版）。21 世纪初我与山东学者一起进行调研，结合文献资料，写成《全真七子与齐鲁文化》（齐鲁书社 2005 年版），梳理了全真道从山东兴起并走向全国的历史，有益于深入了解道教后期的发展，也更能认识三教合流对于道教义理的转型的作用。我与中国道教学院、香港青松观道教学院及台湾道教界保持友好往来,这使我能在书本以外的实际生活中去体验道教的人物、仪式、组织活动、生存方式、对现代生活的调适及存在的问题。2014 年 11 月,宗教文化出版社出版了我的《道家和道教论稿》,把多年积累的道文化专题系列论文汇集成册,包括:老庄与道家,大道论,道家与道教同异论,道教的历史、义理、人物和道教研究与转型。由此对于儒道两家文化有了自己的独立见解。

在儒、道、佛三教关系中,我首先关注的是儒道互补。1991 年 12 月,我参加香港法住学会举办的"安身立命与东西文化国际研讨会",提供的论文是《安身立命与儒道互补》。后来又写了《论儒道互补》(与韩国林秀茂教授合写,1998 年)、《儒道互补与治国之道》(2001 年)。在我心目中,儒道互补不单是中华思想文化的主脉和底色,对我个人而言,也逐渐成为我的自觉的人生哲学,与我的精神生命融为一体了。换句话说,孔子儒学给了我历史使命感和社会责任心,把"修己以安人"作为生命价值所在;老子道家给了我自我意识和心灵自由,把"返璞归真"作为保持生命真我的智慧。

在儒、道、佛三教中,我对佛教的了解是最浅的。佛学号称难治,学者视为畏途。我没有系统接受过佛学的训练,主观上也未曾打算长期深入其中,因为时间和精力已用于儒道,无法再分身了。但是为了研究三教关系并给中央民族大学同学讲课,我不得不适当读点佛经和相关研究著作,以便对佛教有所了解。我读了若干佛典,如《心经》、《般若经》、《金刚经》、《法华经》、《华严经》、《中论》、《百论》、《十二门论》、《肇论》、《坛经》、《弘明集》、《广弘明集》等;又读了若干佛学研究作品,如汤用彤《汉魏两晋南北朝佛教史》、吕澂《中国佛学源流略讲》、赵朴初《佛教常识答问》、任继愈《汉唐佛教思想论集》、石峻等编《中国佛教思想资料选编》多卷本、郭朋《中国佛教史》多卷本、方立天《中国佛教与传统文化》和《中国佛教哲学要义》等。由此我对佛学略知一二,其中汤用彤、郭朋、方立天的著作最使我受益。我尝试写了《鸠摩罗什与姚兴》、《禅的真精神与平民性》、《从赵朴老的若干诗词看人间佛教的真精神》、《两方净土　三位弥勒》等几篇文章。

从 20 世纪 80 年代后期起,我开始发表论三教关系的文章。如《魏晋南北朝时期上层集团对儒、释、道三教的认识与政策》（1986 年）、《从儒佛关系看韩愈、柳宗元与李翱》（1993 年）、《从中西文化比较中看儒释道》（1997 年）、《儒、佛、道三教的结构与互补》（2003 年）、《儒、佛、道三教关系与文化简论》（2004 年）、《人文与宗教的互补——儒释道融合的重要经验》（2014 年）、《儒释道与人生观》（2014 年）。这些文章的共同点是提纲式的简短，或专注于某一时段，都未能充分展开。

与此同时，在中央民族大学哲学与宗教学系（后升格为学院），我给研究生讲"儒、道、佛三教关系"，从 80 年代末到 90 年代末，逐步形成一份约四万字的讲课纲要，要点有：研究三教关系的重要性、三教各自的精义、三教关系历史阶段、三教同异、三教冲突论、三教融合论、三教合流表现、三教合流与中华文化。

我为什么把"儒、道、佛三教关系"讲课纲要一度搁置，而现在又想扩充成为一本专著呢？除了学术研究主题随时转移的缘故，还由于心理上的矛盾及其破解。毫无疑问，"儒、道、佛三教关系及历史"这个题目太大太难，以一个人的有限生命不仅无法透彻掌握三教文化的历史与理论，就是毕生精力也难以通晓其中一家，这就是庄子发现的认知悖论："吾生也有涯，而知也无涯；以有涯随无涯，殆矣。"我虽然在中国哲学史和宗教史研究中对三教关系问题有一定思考和积累，但一想到三教文化之博大精深，便觉得自己不过是在那片浩渺无边的思想海洋的一角涵游，怎么能够兼综三教而论之呢？因此，我总觉得自己的"儒、佛、道三教关系纲要"的知识基础不够，不愿整理成书。可是三教之间相融为一种文化共同体，内部和而不同，聚同化异，互补互渗，共生共荣，若不对三教皆有所知，则一教亦无由真知，各家不同时期学派、人物亦复如是。研究三教关系与研究一教互为前提。要破解这个矛盾，只有两者同时进行，在动态中逐步化解。学者的研究大都侧重三教之一，或者一教中某一专题，但必须对其他二教宗旨、经典、人物有基本了解，这个要求是可以也应当做到的。对于青年学子而言，在接受国学知识训练的时候，能够对儒、道、佛三教的要义与相互关系有常识性的了解，以便开阔视野，在三教比较中进入中国思想史核心领域，未尝不是一件好事。所以，近来我决定对"儒、道、佛三教关系"纲要加以扩展和调整,希望形成一本内容尚属实在又简明扼要、条理力求清晰而层次分明、文字能够信达并通俗的书,主要供青年学生参考。我不是完美主义者,我甚至认为完美主义出不了学说,凡具创造性的学说皆有所得又有所失,只不过要言之有理、持之有据,不能胡乱标新立异。至于篇幅之简繁,则各有所用;鸿篇巨制固然可以为学术研究开路立碑,而雅俗共赏的中等篇幅的专著,亦能同时为学术探讨和文化普及加油助力,我希望自己的书能够属于后者。

在纲要形成和扩写过程中,我参考了许多先辈和时贤的研究成果。老学者中比较重要的有:冯友兰先生的"三史"、"六书",特别是其中的《中国哲学史新编》和《新原道》;李养正先生的《道教概说》和《道教义理综论》;汤用彤先生的《汉魏两晋南北朝佛教史》和郭朋先生的《中国佛教史》多卷本。在写作中粗阅了近些年出版的洪修平教授的《中国儒佛道三教关系研究》和张文勋教授的《儒道佛美学思想源流》,增长了见识。我把拙作定名为"儒道佛三教关系简明通史",在顺序上依次为儒、道、佛,是因为先有孔、老而后再有佛教传入;又标出是"三教关系简明通史",意在说明此书重点在三教互动的关系史而且从它的史前史通到民国时期及其延续,内容上是简明的。为此本书除了论述三教之间发生的争辩、冲突和各种融合理论外,还要对三教文化各自的演变脉络和主要人物、思想及其中三教综合要素加以考察,梳理三教互动的阶段性特征,勾勒三教关系历史的大致轮廓,而在知识量上难免挂一漏万。对于三教文化在东亚和海外的关系史,基本上不予涉及。只要此书在结构、观点和表述上有可取之处,又能够为世人领略多元文化交流互鉴的中国经验提供帮助,我就满足了。

第一章 总 论

　　儒、道、佛三教中的"教",不是近代传入中国而流行的西方话语"宗教"之
教,而是中华传统话语中的"道德教化"之教,包括神本宗教,也包括人本学
说,着眼点不在出世入世,而在能导人去恶向善、改良社会道德风气。中华思
想文化与西方重智性而且常常将智性与灵性对立不同,它是重德性的文化,将
人文与宗教融为大的文化共同体,纳入社会道德教化体系。人们将儒、道、佛
三家称为三种道德教化的学说,而把入世与出世的不同放在次要地位,以和而
不同的方式处理。"三教"之说,在三教关系出现的魏晋南北朝时期即已流
行。如北周道安《二教论》说:"三教虽殊,劝善义一。"①南朝道士陶弘景说:
"百法纷凑,无越三教之境。"②他们说的"三教",皆实指儒、道、佛三家。

第一节　研究儒、道、佛三教关系的重要性

　　第一,老子道家和孔子儒家在先秦诸子百家中逐渐脱颖而出,成为主流学
派。至两汉,道家演为黄老,儒家定于一尊。汉末道教兴起,佛教始盛。魏晋
南北朝时期儒、道、佛成鼎足之势,三教初会,争辩、摩擦、冲突难免,国家又暂
处分裂状态,不能形成统一政策,但中华思想文化以儒、道、佛为轴心的格局初
步形成。隋唐至清末,虽不断出现多民族多地区的多样性文化,又不断有外来

---

　　①　(南朝梁)僧祐、(唐)道宣:《弘明集·广弘明集》,上海古籍出版社 1991 年版,第
142 页。
　　②　(元)刘大彬编,(明)江永年增补:《茅山志·上》,王岗点校,上海古籍出版社 2016 年
版,第 298 页。

宗教和文化进入,但三教合流的趋势与儒为主导、道佛为辅翼的核心格局一直延续下来,成为最具稳定性的文化三角间架。这使中华民族文化共同体有巨大的内聚力,不因暂时政治分裂和民族纷争而解体,能够长期延续发展,三教互体起了柱石作用。由此可见,不研究三教关系史就不能把握中华思想史和宗教史的主动脉,从而无法在全局结构上准确把握中华思想文化发展的主要方向和特色。

第二,儒、道、佛三教彼此之间一直在互动中发展,这种互动有时表现为排异和质疑,更多的时候表现为聚同和互补,逐渐形成"你中有我,我中有你"的亲缘关系,可以说汉代以后无纯儒、无纯道、无纯佛,各教都吸纳了其他二教的营养而丰富了自己,甚至吸纳了其他二教的某些基因促使自身发生转型。故而不了解三教各自的特质和互动关系,也无法深入把握儒家的历史、道家的历史和佛家的历史。我们不能要求研究三教之一的专门史学者都能精通三教的历史,但要求学者对三教及其关系的基本知识有起码的了解,则是研究本身题中应有之义。

第三,三教关系中最早发生的是孔子儒家和老子道家的论争与互补,而儒道互补成为贯穿两千多年中华思想史的基本脉络,铸成中华民族性格的一体两面,林语堂说:"道家及儒家是中国人灵魂的两面"①,这是千真万确的事实。孔子是中华民族的道德导师,老子是中华民族的智慧导师。儒道互补体现了阴阳互补、虚实互补、群己互补及人文化成与返璞归真的互补。儒道相比,儒显道隐。儒家自汉以后居于中华思想文化正宗和主导地位,指导着社会政治、经济、道德和教育的发展,成为治国理政的主体思想。道家崇尚自然无为,追求个体的心灵自由,经常与社会现实保持一定距离,处于在野地位,形成潜流,扩散到社会文化生活各个领域,不断向社会提供大道的远见和深层的睿智。研究儒道互补才能把握中华民族的精神世界。

第四,印度佛教进入中国并逐步与儒道两家会通,实现了中国化。这是中

---

① 林语堂:《从异教徒到基督徒:林语堂自传》,谢绮霞、工爻、张振玉译,陕西师范大学出版社 2007 年版,第 77 页。

华文化与外来异质文化的一次大规模相遇与互融,也是世界范围内异质文化之间和平融会的成功范例。研究佛教与儒家、道家之间求同存异、互摄共荣的历史过程与经验,也吸取其中处置不当、引发伤害事件的教训,对于当今正确处理中华传统文化、社会主义文化和西方文化之间的关系,实现中外文化一次更大规模的碰撞、交流与互动,有重要借鉴作用。任何一种外来的有重要价值的文化,要真正在中华大地上生根开花结果,不仅在政治上要爱国守法,还必须在观念上、精神上与中华固有文化主要是儒道两家思想相融合,使之中国化,逐步成为中华文化的有机组成部分,否则便会水土不服,不能健康生长,还会由于格格不入而发生冲突。社会主义要有中国特色,这特色是中华优秀文化赋予的。西方文明成果也要与中华文化磨合,才能真正为中国社会充分接纳。

第五,儒、道、佛三教合流的历史很长,覆盖面很宽,对中华精英群体的性格和大众民俗文化以及多民族文化都有普遍而深刻的影响。研究三教关系与三教合流思潮的扩散与下移,有益于我们更好地认识中国士阶层的性格特征和民众的信仰、心理、习俗的中国模式。例如,三教或二教共信,人文与神道交融,信仰上具有"混血"的特点。这样可以摆脱西方二分对立的思维方式,用符合中国实际的整体性、统合性思维方式与话语来解说中华民族的精神风貌。换句话说,研究三教关系史可以更准确地重新认识中国人和中国社会,进而对中华思想传统加以鉴别,取其精华,剔其糟粕,继承和发扬优秀传统文化,培育毅勇、仁和、博厚、文明的民族精神,为新时代的文化建设、为中华民族的伟大复兴作出贡献。

第二节 儒、道、佛三教内在结构的多元互补性

第一,从儒、道、佛三教之间的结构关系而言,具有三元性,人文与宗教可以互制互鉴,形成多元文化互动的良性机制,从而避免了一元文化独占而带来的单一性和文化专制主义。例如,中国历史上就没有发生欧洲中世纪基督教神学垄断一切、哲学与科学成为神学奴仆的局面,中国中世纪的思想文化是多

姿多彩的,以三教为内核,还有四教、五教等多种信仰文化共聚于中华沃土。儒家偏重于现实人本,道德理性发达,而对于来世、彼岸存而不论或轻描淡写。道家重生贵养,向往长生逍遥,为民众提供逢凶化吉的宗教服务,而忽略于治国理政。佛家慈悲行善,以智化愚,相信因果报应,为民众提供净土和来世幸福的梦想,而对社会问题关切不够。儒家与道家、佛家的互补,是人文与宗教的互补,儒家的人文理性提升了道家、佛家的宗教理性,从而有效避免了中国宗教向非理性的极端主义发展,加强了它们的人道主义意识与温和中道风格,形成济世为善的传统。道家、佛家的出世信仰和彼岸向往,弥补了儒家世俗主义的不足,使得儒家保留对天命鬼神的敬意,坚守慎终追远的传统,重视神道设教,用以解答百姓对善福相悖的困惑与死后问题的关切。有一个通俗的说法:儒家关心当下世界,道教延长现世生命,佛教负责身后世界,三家分工合作,共同为中国社会文明服务。人文与宗教良性互动的结果,作为社会主导思想的儒家对于宗教的态度就是温和与包容的;作为宗教的佛道二教则把行善积德、尊重生命作为第一教义,把爱人作为爱神的必要前提,使神道与人道高度统一起来。佛教自称其教为"诸恶莫作,众善奉行,自净其意,是诸佛教"。道教则谓"积善成仙"、"功德成神"。

第二,再进一步说,儒、道、佛三教中的每一教(教化之教)内部其实又可分为两家,三教六家。儒是礼文化,内部可分为一教(宗教)一学(哲学),即有敬天法祖教和儒学。前者是周代传下来的宗教,成为中国人的基础性宗教和价值源泉;后者是孔子、孟子、荀子创立的人学,以人为本,以道德教化为宗旨,成为中国人核心价值观的支柱和中华思想史的主导。敬天法祖教有教(宗教)而无学(哲学),儒学有学(哲学)而无教(宗教),两者既并行发展又交叉互补,共同维系着中华民族的正宗信仰和基本价值追求。中华民族由于有儒学而走上"清明安和"的人本主义道路,由于有敬天法祖而能"神道设教",推进道德教化。

道是道文化,内部可分为老庄道家哲学和神道道教。老子、庄子创立的道家是哲学而非神学,认为天道自然无为,人道顺乎自然,不求长生,不拜神仙,不谈符箓科教,而追求精神自由和返璞归真。道教以老子为太上老君和教主,崇拜三清四御及诸神,追求长生不死,建立教团制度,实行斋醮、炼丹、祈禳活动,是中国式宗教。但二者又共同尊崇大道,礼敬老子,重生贵养。老子是道教的导师,他引导道教坚持弘道明德的方向;道教是老子的功臣,它使老子哲理普及到民间。

佛是禅文化,内部可分为宗教即佛教与哲学即佛学。佛教是宗教,认为释迦牟尼和诸位菩萨是超人间的神灵,有大慈大悲,能救苦救难,要求信众对之顶礼敬拜,可以祈福消灾;要相信轮回转世、因果报应,多做好事,求福来生。佛学是哲学,认为释迦牟尼佛是大觉悟者,他给人以般若智慧,以破除由于无明和贪、嗔、痴引起的烦恼,净化心灵,达到"常乐我净"的涅槃境界。由于有佛教,生活在苦难中的广大信众追求未来幸福之梦便有了寄托。由于有佛学,佛教便成为哲理性参悟之教,生活在烦恼中的知识精英便可以用来修心化性,追求安详的人生。佛教使佛家普及,佛学使佛家提高,两者又相得而益彰。

由此可知,在中国思想史上,人文哲学与神本宗教并不对抗,而是近而不混、不即不离、相互包纳的关系。认清三教六家,可以把三教细化,遇到具体问题时作具体分析。

第三,三教之间不是平行的三足鼎立,而是以儒家为主导、道佛为辅翼,因此具有向心性,即以儒家的"五常八德"为基础,把道佛二教和其他宗教凝聚起来,形成比较稳定的文化共同体。这样能有效避免散化和冲突。例如,魏晋道教思想家葛洪讲"欲求仙者,要当以忠孝和顺仁信为本"①,南天师道陆修静提出,道教的宗旨是"使民内修慈孝,外行敬让"②。北宋僧人契嵩说:"夫孝,诸教皆尊之,而佛教殊尊也。"③明代佛教憨山大师德清说:"舍人道无以立佛法","所言人道者,乃君臣、父子、夫妇之间,民生日用之常也"④。可知道佛二教在宗教道德上不另起炉灶,只是用"神道设教"方式"助王政之禁律,益仁

---

① 王明校释:《抱朴子内篇校释》,中华书局1980年版,第47页。
② 《道藏》第24册,天津古籍出版社1988年版,第779页。
③ (宋)契嵩:《禅门逸书》第3册,明文书局1981年版,第31页。
④ (明)那罗延屈、海印沙门释德清,逸尘注解:《〈老子道德经憨山注〉解读》,同济大学出版社2013年版,第34页。

智之善性"①。在儒家主导的同时,孔子儒家与老子道家互补,一阴一阳、一显一隐,成为中华文化发展的主脉,共同推动佛教中国化的进程,形成三教合流的趋势。然后把中华文化的主体精神显扬起来,向中国伊斯兰教、基督教、民间宗教及其他宗教辐射。两千年中华思想文化在动态中形成的结构,可用"一、二、三、多"来概括。"一"是儒家主导,"二"是儒道互补,"三"是儒、道、佛合流,"多"是包纳其他宗教和外来文化。这个结构模式体现了中华民族文化主体性与开放性的有机统一。

第三节 儒、道、佛三教的主要内涵与精神

一、儒家

（一）儒家道统

孔子是儒家的创始人,他"祖述尧舜,宪章文武"。唐及其前以周公、孔子为圣人,宋以后以孔子为至圣,孟子为亚圣。孟子之后,儒家道统如何传承,不同学派有不同看法,但都尊孔子为"大成至圣先师"、"万世师表"。孟子说"孔子之谓集大成"②是指孔子上继尧舜俊德、周公礼乐,整理五经,创立仁和之学,为中华民族开出了伦理型人文主义精神方向,奠定了中国人基本道德规范。司马迁说:"孔子布衣,传十余世,学者宗之。自天子王侯,中国言《六艺》者折中于夫子,可谓至圣矣!"③宋以后孟子升为亚圣,儒学称为孔孟之道。唐朝韩愈著《原道》,正式提出儒家道统说:"尧以是传之舜,舜以是传之禹,禹以是传之汤,汤以是传之文、武、周公,文、武、周公传之孔子,孔子传之孟轲,轲之死不得其传焉。"④这是儒家道统的传承世系,为后儒认同,而孟子之后的传承则因学派不同而有异说。

---

① （北齐）魏收:《魏书》第8册,中华书局1974年版,第3035页。
② 杨伯峻、杨逢彬注译:《孟子》,岳麓书社2000年版,第173页。
③ （汉）司马迁:《史记》,线装书局2006年版,第238页。
④ 《韩愈全集》,上海古籍出版社1997年版。

（二）儒家经典

儒家尊奉"五经"、"四书"为基本经典,然后不断加以诠释,形成儒家经学传统,为儒学的发展提供原创性经典依据。"五经":《周易》、《尚书》、《诗经》、"三礼"、《春秋》(《乐经》佚)。它们都是夏、商、周积累下来在周代和春秋时期形成的文字元典,凝结着古代文明思想成果。相传孔子整理"五经",作《春秋》,集三代之大成,确定了"五经"的文本和解释义理原则。"四书":《大学》、《中庸》、《论语》、《孟子》。这是宋儒在"五经"基础上对经典的调整。《大学》与《中庸》是《礼记》中两篇,以其特殊重要而被独立标出。《论语》虽记孔子之言而非孔子亲定,故初不称"经",汉至宋,以其最能直接表达孔子思想而上升为经。《孟子》随孟子亚圣地位的确立而由子学上升为经典。朱熹著《四书章句集注》,元代以后"四书"地位超出"五经"。《周易》、《尚书》、《诗经》,再加上《论语》、《孟子》、《孝经》、《尔雅》、三礼并列(《仪礼》、《周礼》、《礼记》)、《春秋》三传分立(《左传》、《公羊传》、《穀梁传》),共成"十三经"。

（三）儒家学派

先秦儒学以孔子、孟子、荀子为代表。孔子是仁礼之学,以仁为体,以礼为用。孟子是仁义之学,有仁政之设计,更着重于心性修养。荀子是礼义之学,也重修身、劝学,更重礼义制度(包括国家与社会)的建设。汉代经学发达,有今文经学与古文经学的并立。前者以《春秋公羊传》为依据发挥微言大义,为"大一统"服务,代表者董仲舒、何休;后者以《春秋左传》为经典考证历史事实,重名物训诂,代表者刘歆、贾逵。东汉后期郑玄融合两派,遍注群经。魏晋有玄学经学,如何晏《论语集解》、王弼《周易注》,体现儒道互补。唐代孔颖达编《五经正义》,统一"五经"的注疏,成为标准读本。宋、元、明出现新儒家学派,有二程(程颢、程颐)、朱熹的理学,陆九渊、王阳明的心学,张载、王夫之的气学。理学强调"存天理灭人欲",心学强调"心外无理",气学强调"气为本体",都受到道家、佛家的影响,称为道学,流传到东亚。张载有"横渠四句":"为天地立心,为生民立命,为往圣继绝学,为万世开太平",成为志士仁人的座右铭。清代乾隆嘉庆之世兴起考据学,着力于经典的文字、音韵、训诂的研究,儒学向着实证的方向发展,代表者惠栋、戴震、段玉裁、王念孙、王引之、阮元、俞樾、皮锡瑞、孙诒让等。清末民国时期,今文经学复兴,康有为托古改制,推行君主立宪;谭嗣同融会中西,攻击"三纲",以"通"释"仁",倡导开放的儒学;而章太炎在章学诚"六经皆史"和"整理国故"口号下,继承古文经学传统,加上西方科学研究模式,以实证史学的态度看待经典,义理遂被湮没。以熊十力、梁漱溟、张君劢、冯友兰、贺麟、方东美为代表的当代新儒家,努力融会中西、贯通古今,进行综合创新,提出新文化学、新理学、新心学、新生命学,推动儒学现代转型,使儒学适应中国社会的现代转型。

(四)儒家要义

儒家义理可概括为:讲仁义,贵德礼,重民本,尚中和,求大同。

一曰讲仁义。仁者爱人,仁爱是儒学的灵魂,它基于人性,生于孝悌,长于修身,成于爱物。爱心不可丢失,要加以扩充,由近及远,推己及人。《论语》有言:"孝弟也者,其为仁之本与","仁者不忧,知者不惑,勇者不惧"[1],"君子以仁存心"[2]。孟子讲:"亲亲而仁民,仁民而爱物"[3]。宋儒讲"仁者与天地万物为一体"[4]。孔子认为,仁爱体现为忠恕之道:一方面"己欲立而立人,己欲达而达人"[5],另一方面"己所不欲,勿施于人"。忠道是关心人、帮助人;恕道是尊重人、体谅人。因此,仁爱不仅应有爱心爱行,还要体现为互尊的平等的爱,不是单向的施与。朱熹《四书章句集注》曰:"尽己之谓忠,推己之谓恕"[6],乃千古不移之说,即忠道是尽心为人、做事入心,恕道是推己及人、将心比心。"君子义以为上"[7],义是合乎仁爱和公理的行为,所以要"见利思义"、取之有道。孟子说要"居仁由义"[8],即心地善良,行为端正,合乎公共生活规

---

① 杨伯峻、杨逢彬注译:《论语》,岳麓书社 2000 年版,第 1、137 页。
② 杨伯峻、杨逢彬注译:《孟子》,岳麓书社 2000 年版,第 147 页。
③ 杨伯峻、杨逢彬注译:《孟子》,岳麓书社 2000 年版,第 244 页。
④ 《二程遗书》卷二上,上海古籍出版社 2000 年版,第 65 页。
⑤ 杨伯峻、杨逢彬注译:《论语》,岳麓书社 2000 年版,第 57 页。
⑥ (宋)朱熹:《四书章句集注》,中华书局 2011 年版,第 71 页。
⑦ 杨伯峻、杨逢彬注译:《论语》,岳麓书社 2000 年版,第 173 页。
⑧ 杨伯峻、杨逢彬注译:《孟子》,岳麓书社 2000 年版,第 124 页。

则。韩愈《原道》说:"博爱之谓仁,行而宜之之为义,由是而之焉之谓道,足乎己无待于外之谓德,仁与义为定名,道与德为虚位。"[1]他较为精辟地概括了儒家的仁义道德,而后广为运用。老子著《道德经》,"尊道而贵德",其"道德"内涵具有自然主义哲学意味。儒家用"道德"主要在伦理领域。

二曰贵德礼。孔子儒学以周礼为典范,而周礼强调德治。《尚书·蔡仲之命》说:"皇天无亲,惟德是辅。民心无常,惟惠为怀。为善不同,同归于治。为恶不同,同归于乱。"[2]周礼所谓德治,主要在惠民而导之向善上。其治国方式是"明德慎罚"。孔子加以继承,提出治国理政的方式是:"道之以德,齐之以礼"[3],强调"为政以德",而刑政只是配合,称为"德主刑辅"。他反对"道之以政,齐之以刑"[4]。他要求社会管理者要关心民生、正己正人、廉洁奉公、用贤纳谏;对于社会大众,要实行道德教化,而以礼俗规范其社会行为。这就成就了儒家发达的德性文化,也推动中华成为礼仪之邦。从三代传下来并为儒家认同的祭祀之礼,便是祭天、祭祖、祭社稷、祭日月山川风雨雷电百神,而以敬天法祖为基础性信仰,具有全民规模,形成相对稳固的郊社宗庙制度及其他祭祀制度,也成为礼俗,是维系社会秩序和家族体系的精神力量,是慰藉中国人心灵的精神源泉。在人文道德层面,儒家至汉代形成"五常"、"八德"的道德体系,成为尔后两千年中华民族基本道德规范。这样,一教一学相互配合,相得益彰。"五常":仁、义、礼、智、信,以仁为首为魂。"八德":孝、悌、忠、信、礼、义、廉、耻,它是"五常"的扩充,而以忠孝为核心。儒家重孝,认为百善孝为先,然后移孝作忠,移家为国,所以要以孝治天下。家庭伦理于是扩展为政治伦理。《大学》提出"三纲领":在明明德,在亲民,在止于至善;又提出"八条目":格物→致知→诚意→正心→修身→齐家→治国→平天下。"自天子以至于庶人,壹是皆以修身为本。"[5]因此,儒家极重道德修养和教育事业,提出:尊

---

① 《韩愈全集》,上海古籍出版社 1997 年版。

② 张馨编:《尚书》,中国文史出版社 2003 年版,第 265 页。

③ 杨伯峻、杨逢彬注译:《论语》,岳麓书社 2000 年版,第 8 页。

④ 杨伯峻、杨逢彬注译:《论语》,岳麓书社 2000 年版,第 8 页。

⑤ 王文锦译注:《大学中庸译注》,中华书局 2008 年版,第 2 页。

师重教、有教无类、因材施教、启发教学、学思并重、教学相长、尊德性而道问学。儒家的礼是仁德的外化,有三个层面:一是礼法,指制度文化;二是礼义,指道德文化;三是礼仪,指民俗文化。"克己复礼为仁"①,礼的教育是通向仁德的途径。儒家的礼讲等级秩序,但孔子说:"礼之用,和为贵",重视礼制的温和性与习俗性,礼教把德与法相结合,具有软性管理的特质,不是单向硬性服从。

三曰重民本。《尚书》讲"民惟邦本,本固邦宁","民之所欲,天必从之"。② 孔子儒学继承三代重民之传统,反复强调治国要以民为本。孔子说:"修己以安百姓"、"足食,足兵,民信之矣"、"民无信不立"、"其养民也惠"。③ 孟子提出:"民为贵,社稷次之,君为轻"④,得民心者得天下,因此要重视民生,实行"仁政","制民之产",使百姓丰衣足食,还要"省刑罚、薄税收"、鳏寡孤独皆有所养。荀子则提出"水则载舟,水则覆舟"⑤的警言。儒家的民本思想,一是把天意化为民意,二是使君治立于民生、民心。在具体实施上,执政者先要给民众以必要的土地(有恒产)和劳作时间(使民以时),使民众生活有保障;然后倾听百姓的心声,与民同乐,选贤任能要符合国人意愿,并采风纳谏,了解民众的怨诉,做到政通人和;再就是"谨庠序之教,申之以孝悌之义"⑥,形成礼义良风美俗。儒家在神人关系上,重现实人生,敬鬼神而远之,以"博施于民而能济众"⑦为圣人事业,对来生与鬼神存而不论,又主张神道设教;在君臣关系上,主张开明君主制,以天命、贤臣与民意限制君权的滥用,故有"君使臣以礼,臣事君以忠"和"屈君而伸天"⑧之说。汉代"三纲"说:君为臣纲、父为子纲、夫为妻纲,以及愚忠愚孝,是被宗法等级意识形态扭曲的结果,并不符

---

① 杨伯峻、杨逢彬注译:《论语》,岳麓书社 2000 年版,第 106 页。
② 张馨编:《尚书》,中国文史出版社 2003 年版,第 70、143 页。
③ 杨伯峻、杨逢彬注译:《论语》,岳麓书社 2000 年版,第 142、109、41 页。
④ 杨伯峻、杨逢彬注译:《孟子》,岳麓书社 2000 年版,第 250 页。
⑤ 张觉:《荀子译注》,上海古籍出版社 1995 年版,第 148 页。
⑥ 杨伯峻、杨逢彬注译:《孟子》,岳麓书社 2000 年版,第 5 页。
⑦ 杨伯峻、杨逢彬注译:《论语》,岳麓书社 2000 年版,第 56 页。
⑧ (清)苏舆:《春秋繁露义证》,钟哲点校,中华书局 1992 年版,第 32 页。

合孔孟之道。宋儒则有强化君权、族权、父权、夫权的倾向,因而提出"存天理灭人欲"之说,对孔孟之道有所偏离。

四曰尚中和。春秋时期即有"和合"之说,至孔子明确尚中贵和,《论语》曰:"君子和而不同"、"过犹不及"、"中庸之为德也,其至矣乎?民鲜久矣"、"允执其中"①。《中庸》说:"致中和,天地位焉,万物育焉。"②又说:"万物并育而不相害,道并行而不相悖。"③《易传》说:"天下同归而殊途,一致而百虑。"④儒家中和思想的要点:一是承认事物多样性;二是认为多样性之间要和谐;三是执两用中、不走极端;四是和而不流,有经有权;五是因势而变,谓之"时中";六是因革损益,渐进而为,无过不及;七是均衡调和,善于妥协;八是情理兼俱,"不为已甚"。朱熹《中庸章句》引程子曰:"不偏之谓中,不易之谓庸。中者,天下之正道;庸者,天下之定理。"⑤中庸是行仁的最佳状态,因此它不是无原则的四面讨好、八面玲珑。故孔子有"唯仁者能好人,能恶人"⑥之说。离开仁德的无是无非的老好人行为,孔子、孟子称之为"乡愿","乡愿,德之贼也"⑦,为君子所不取。《中庸》有曰:"极高明而道中庸。"冯友兰在《新原道》中的解释是:"极高明"指中国哲学出世间的"经虚涉旷"的高境界,"道中庸"指中国哲学不离世间的"庸言庸行",理想的追求不离人伦日用,故"极高明而道中庸"又可称为"内圣外王之道"。中和之道是一种协调理性,可以对治各种极端思维,形成温和主义的文化风格。儒家的中和之道还包括人与自然的和谐,即天人一体,宋儒所说:"仁者以天地万物为一体"⑧,把宇宙视为一个大家庭,因此要痛痒相关,爱护环境和万物,《中庸》称之为"赞天地之化育"⑨,张载

---

① 杨伯峻、杨逢彬注译:《论语》,岳麓书社 2000 年版,第 125、99、56、189 页。
② 《礼记》:崔高维校点,辽宁教育出版社 2000 年版,第 186 页。
③ 《礼记》:崔高维校点,辽宁教育出版社 2000 年版,第 192 页。
④ 黄寿祺、张善文:《周易译注》,上海古籍出版社 2004 年版,第 541 页。
⑤ (宋)朱熹:《大学中庸章句》,中国社会出版社 2013 年版,第 22 页。
⑥ 杨伯峻、杨逢彬注译:《论语》,岳麓书社 2000 年版,第 28 页。
⑦ 杨伯峻、杨逢彬注译:《论语》,岳麓书社 2000 年版,第 169 页。
⑧ 《二程遗书》卷二上,上海古籍出版社 2000 年版,第 65 页。
⑨ 《礼记》:崔高维校点,辽宁教育出版社 2000 年版,第 190 页。

所说"为天地立心"①即人应主动承担起天地万物健康发育流行的维护者的责任。

五曰求大同。儒家的社会梦想是从小康到大同。孔子"祖述尧舜,宪章文武"②,提出理想的社会应是"老者安之,朋友信之,少者怀之"③。孟子说:"尧舜之道,不以仁政,不能平治天下。"④《礼记·礼运》在孔子、孟子论述的基础上,提出"大同"的社会梦想,把"天下为家"的夏、商、周三代称为小康,而以"天下为公"为大同社会的本质特征。其主要论述是:"大道之行也,天下为公,选贤与能,讲信修睦。故人不独亲其亲,不独子其子,使老有所终,壮有所用,幼有所长,矜寡孤独废疾者皆有所养,男有分、女有归。货,恶其弃于地也,不必藏于己。力,恶其不出于身也,不必为己。是故谋闭而不兴,盗窃乱贼而不作,故外户而不闭,是谓大同。"⑤以此理想衡量,禹、汤、文、武、成王、周公六君子之世,乃是"天下为家"的社会,"各亲其亲,各子其子,货力为己,大人世及以为礼"⑥。这样的社会比起礼崩乐坏、战乱不息的衰世乱世,是难得的治世盛世,"礼义以为纪,以正君臣,以笃父子,以睦兄弟,以和夫妇","刑仁讲让,示民有常","是谓小康"⑦。小康是社会初步实现康宁,大同则是社会最高理想,其时超越了私有制,天下为天下人所公有,劳动光荣、各尽所能,贤能之士管理社会,人际之间诚信友善,没有战争和犯罪,各类人群各得其所,各安其身。大同成为中国历代仁人志士追求的理想。近代康有为写《大同书》,把大同作为人类共同的太平理想。孙中山提出"世界大同主义",以"天下为公"为目标,以三民主义为途径。中国社会主义者运用《礼运》话语,提出全面建设小康社会。习近平重提"大道之行也,天下为公",把"求大同"作为中华文化具有时代价值的理念之一,作为中国梦的表述。可见

---

① (宋)张载:《张载集》,章锡琛点校,中华书局1978年版,第320页。
② (汉)班固:《汉书》,中华书局2007年版,第333页。
③ 杨伯峻、杨逢彬注译:《论语》,岳麓书社2000年版,第45页。
④ 杨伯峻、杨逢彬注译:《孟子》,岳麓书社2000年版,第115页。
⑤ 《礼记》:崔高维校点,辽宁教育出版社2000年版,第75页。
⑥ 《礼记》:崔高维校点,辽宁教育出版社2000年版,第75页。
⑦ 《礼记》:崔高维校点,辽宁教育出版社2000年版,第75页。

大同理想一直活在中国人心里。

二、道家

(一)道家宗师

老子是道家的创始人和宗师,继有庄子。向前追溯可以到黄帝,故有黄老之学。按司马迁《老子列传》,老子是春秋末年人,周守藏室之史。孔子曾问礼于老子,老子提醒说:"良贾深藏若虚,君子盛德,容貌若愚",要"去子之骄气与多欲,态色与淫志"①,表现出与现实保持距离与批评精神的隐君子风格,孔子叹为"乘风云而上天"②的龙。老子见周之衰,西出函谷,著书上下篇,言道德之意五千言,然后隐于秦野。其学"无为自化,清静自正"③。如果说,见"周文疲敝"(礼坏乐崩),孔子是想通过积极改良,"克己复礼",重塑周代礼乐文化,那么老子就是以批判的方式扬弃礼乐文化,回归原始的纯朴。故儒道面临着同样的时代课题,而在解决问题的方式上有不同的进路。庄子之学"其要本归于老子之言","散道德,放论,要亦归之自然"④(司马迁)。老庄道家后来转化出道教,封老子为太上老君、道德天尊,封庄子为南华真人,封文子为通玄真人,封列子为冲虚真人,封庚桑子为洞虚真人。

(二)道家经典

五千言《老子》又称《道德经》,是道家、道教的首经,具有至高无上的地位,历代积累的《老子》注释不下数千家,流传至今的有三百余家。其次是《庄子》又称《南华真经》,对后世也有巨大影响。道教除尊奉以上两经外,还在不断把道家宗教化过程中创作出一系列经典,于是有《道藏》的编修。其中影响较大的有:《老子想尔注》、《太平经》、《周易参同契》、《阴符经》、《黄庭经》、《坐忘论》、《度人经》、《清静经》、《悟真篇》等。明代《正统道藏》及《续道藏》收五千多卷。当代编有《中华道藏》。

---

① (汉)司马迁:《史记》,线装书局 2006 年版,第 284 页。
② (汉)司马迁:《史记》,线装书局 2006 年版,第 284 页。
③ (汉)司马迁:《史记》,线装书局 2006 年版,第 284 页。
④ (汉)司马迁:《史记》,线装书局 2006 年版,第 284、286 页。

（三）道家派别

一是隐逸派，合于老子"道隐无名"之旨，是一个分散的、庞大的群体。历代隐逸之士皆好老子道家，不愿出仕为官，或离朝归隐，居于民间，作为旁观者而评议时政。庄子拒绝楚王封官，不为国政所羁，终身不仕，以快己志。张良功成身退，从赤松子游。魏晋竹林七贤之刘伶、阮籍，亦属隐逸之士。二是批判派，发扬了老子的"大道废有仁义，智慧出有大伪"①和庄子的"剽剥儒、墨"②、"圣人不死，大盗不止"③的批判现实精神，给予纲常名教的虚伪化以尖锐的揭露。魏晋时期的嵇康刚肠直言，"非汤武而薄周孔"，要"越名教而任自然"④。明代王学泰州学派的罗汝芳、颜钧、何心隐以及李贽，皆有道家批判精神，打破对古圣贤的偶像崇拜，伸张个性自由和适性主义。三是黄老派，把黄帝明德之教与老子无为之治结合起来。长沙马王堆汉墓出土《黄老帛书》四篇，成书于战国末年，其特点如司马谈《论六家要旨》所言："因阴阳之大顺，采儒墨之善，撮名法之要"⑤，具有综合家的特色，与《吕览》、《淮南子》相通。汉初曹参、陈平、文帝、窦太后、景帝皆好黄老之言，班固《汉书》说司马迁"论大道则先黄老而后六经"⑥。文景两代以黄老治国，尚清静无为，与民休息，有益于恢复经济，稳定社会。东汉黄老之学趋向养生贵生和神灵崇拜，对道教起了催生作用。四是神仙派，把老庄道家哲学向宗教的方向加以转化，形成具有神灵崇拜、追求彼岸世界并有相应宗教活动与组织制度的道教。老子崇尚天道自然无为，但又讲"长生久视之道"；庄子讲生死气化，但又追求"不食五谷，吸风饮露，乘云气，御飞龙，而游乎四海之外"⑦的神人。燕齐文化有三神山、仙人、不死之药的传说，荆楚文化有"与天地比寿，与日月齐光"⑧的长生向往。

---

① 陈鼓应注释：《老子今注今译》，商务印书馆 2003 年版，第 145 页。
② （汉）司马迁：《史记》，线装书局 2006 年版，第 284 页。
③ 陈鼓应注释：《庄子今注今译》，中华书局 2009 年版，第 280 页。
④ 殷祥、郭全芝注：《嵇康集注》，黄山书社 1986 年版，第 122、231 页。
⑤ （汉）司马迁：《史记》，线装书局 2006 年版，第 544 页。
⑥ （汉）班固：《汉书》，中华书局 2007 年版，第 622 页。
⑦ 陈鼓应注释：《庄子今注今译》，中华书局 2009 年版，第 25 页。
⑧ （明）汪瑗：《楚辞集解》，董洪利点校，北京古籍出版社 1994 年版，第 164 页。

汉代末年,老庄之学与民间神仙信仰相结合,出现早期道教教派,如五斗米道、太平道等,以《老子想尔注》(把《道德经》解释为神学)、《太平经》为宗教经典。魏晋以后,五斗米道上升为天师道,道教形成丹鼎派与符箓派两大支系。隋唐又有清修无为派和重玄学出现。金元之际,北方出现全真教派,南方则整合为正一道。道教以老庄思想为指导,崇拜大道,提倡清静无为,重生贵养。但道教又与道家不同,崇信多神,以长生不死、得道成仙为理想追求,主张性命双修,使个体生命永固,又组成教团,有斋醮科仪,这些又异于老庄道家不信鬼神、生死气化、重在提升心灵境界之说。

(四)道家、道教要义

1.共同的要义有:尊道贵德,返璞归真,重生贵养,清静尚柔,自得逍遥。

一曰尊道贵德。广义的道家包括道教,都推尊大道。儒家讲天道、人道,皆在形而下之内,道家则认为"形而上者谓之道"①。道是宇宙之源:"道生一,一生二,二生三,三生万物。"②道是宇宙本体和总生机:"道者万物之奥"、"万物得一以生"③,"道者,万物之所由也"④。道是宇宙辩证运动基本规律:"反者道之动;弱者道之用。"⑤道是宇宙通往和谐之路:"知常容,容乃公,公乃全,全乃天,天乃道,道乃久"⑥,"道通为一"⑦。道是真善美的代称:"上善若水。水善利万物而不争,处众人之所恶,故几于道。"⑧德是万物秉于大道而具有的本性:"道生之,德畜之;长之育之","生而不有,为而不恃,长而不宰,是为玄德"⑨。德者得也,有德者乃是有得于道者,有德之人既慈爱他者、自奉俭朴,又为而不争,见素抱朴,大智若愚:"圣人不积,既以为人己愈有,既以与

① 宋祚胤注译:《周易》,岳麓书社2000年版,第343页。
② 陈鼓应注释:《老子今注今译》,商务印书馆2003年版,第233页。
③ 陈鼓应注释:《老子今注今译》,商务印书馆2003年版,第295、221页。
④ 陈鼓应注释:《庄子今注今译》,中华书局2009年版,第875—876页。
⑤ 陈鼓应注释:《老子今注今译》,商务印书馆2003年版,第226页。
⑥ 陈鼓应注释:《老子今注今译》,商务印书馆2003年版,第134页。
⑦ 陈鼓应注释:《庄子今注今译》,中华书局2009年版,第69页。
⑧ 陈鼓应注释:《老子今注今译》,商务印书馆2003年版,第102页。
⑨ 陈鼓应注释:《老子今注今译》,商务印书馆2003年版,第260页。

人己愈多"①。

二曰返璞归真。老子看到人类文明的进步伴随着纯朴本性的丧失:"失道而后德,失德而后仁,失仁而后义,失义而后礼。夫礼者,忠信之薄,而乱之首",又说:"智慧出,有大伪"②,而物质贪欲的释放成为天下罪恶的渊薮,故曰:"罪莫大于可欲,祸莫大于不知足,咎莫大于欲得。"③因此,他主张人性要返璞归真,"见素抱朴,少私寡欲","复归于婴儿","复归于朴","含德之厚,比于赤子"④,人要保持赤子婴儿的童心。在社会生活上要"去甚,去奢,去泰"⑤,回归"小国寡民"的原始和谐生活,不要五色、五音、五味之乐,不要驰骋畋猎之欢,不要珍宝奇品之求,回归俭朴、清淡的生活。老子希望人们追求真正有价值的事物,就是"三宝":"一曰慈,二曰俭,三曰不敢为天下先。"⑥有慈爱之心,故能见义勇为;有勤俭之德,故能开源节流;不敢为天下先,故能做奉献不争夺,为人民所心服。庄子向往"至德之世"⑦,社会没有礼法制度,"含哺而熙,鼓腹而游"⑧,人们靠纯朴的习俗过着祥和安宁的生活。除了回归真性,回归俭朴,还要回归自然。老子讲"道法自然",庄子讲"法天贵真","天地有大美而不言"⑨,其"自然"的含义是指天地万物的本性必然,不是神使,不是人为,本来如此,自然而然,包括今人所谓"大自然生态",也包括人性的正常发育。而人类的文明往往破坏数亿年形成的自然生态,同时也因物欲扭曲人性,所以老庄道家主张回归自然,减少人为的成分。但道法自然并非不作为,故老子说:"辅万物之自然而不敢为"⑩,意指人对自然可以起辅助作用,人可以补天,顺其自然,循其常道,因势利导而为之,但不能胡作妄为,故曰:"不

① 陈鼓应注释:《老子今注今译》,商务印书馆 2003 年版,第 349 页。
② 陈鼓应注释:《老子今注今译》,商务印书馆 2003 年版,第 215、145 页。
③ 陈鼓应注释:《老子今注今译》,商务印书馆 2003 年版,第 246 页。
④ 陈鼓应注释:《老子今注今译》,商务印书馆 2003 年版,第 147、183、274 页。
⑤ 陈鼓应注释:《老子今注今译》,商务印书馆 2003 年版,第 188 页。
⑥ 陈鼓应注释:《老子今注今译》,商务印书馆 2003 年版,第 130 页。
⑦ 陈鼓应注释:《庄子今注今译》,中华书局 2009 年版,第 270 页。
⑧ 陈鼓应注释:《庄子今注今译》,中华书局 2009 年版,第 273 页。
⑨ 陈鼓应注释:《庄子今注今译》,中华书局 2009 年版,第 875 页。
⑩ 陈鼓应注释:《老子今注今译》,商务印书馆 2003 年版,第 301 页。

知常,妄作凶。"①

三曰重生贵养。老子说:"万物得一以生",生生不息是大道的本质属性。禀赋于大道的个体生命,是珍贵无比的,身外之物要为人生服务而不能伤生害性,故曰:"名与身孰亲? 身与货孰多? 得与亡孰病? 甚爱必大费,多藏必厚亡"②,所以要清心寡欲,避免对外物的贪欲以及过度享乐导致损害养生。他提出"啬"的养生原则,即保精爱气,又要会用"营魄抱一"、"专气致柔"等养生的方法。还要善于远离凶险之地,"盖闻善摄生者,陆行不遇兕虎,入军不被甲兵","以其无死地"。③ 庄子追求隐者的生活,一者可以避免作政治的牺牲品,如庙堂上供养的三牲,虽华贵却只是祭品而已;二者可以摆脱礼教对人性的束缚;三者可以免受财货的危害,故曰:"彼其所殉仁义也,则俗谓之君子;其所殉货财也,则俗谓之小人。其殉一也,则有君子焉,有小人焉;若其残生损性,则盗跖亦伯夷也,又恶取君子小人于其间哉!"④他主张"安命而顺性"。与老子相比,庄子更重视精神的自由,可以逍遥于人世。道教发扬老庄重生贵养的思想,把它与神仙信仰结合起来,成为重生、乐生的宗教,不追求死后灵魂得救,而要珍爱父母给予的生命,通过炼养,脱胎换骨,长生不死,得道成仙。当代陈撄宁大师称之为"生本主义"。《太上老君内观经》说:"道不可见,因生以明之;生不可常,用道以守之。若生亡,则道废,道废则生亡。生道合一,则长生不死。"⑤道教由于追求长生而重视养生,不仅发展出内丹、外丹、存思、守一、服气、导引等一系列养生术,而且推动了道教医学的繁荣,成为中华医药学的重要组成部分。历史上,葛洪、陶弘景、孙思邈等人,都是著名道士兼医药学家。

四曰清静尚柔。老子在个人修身上,主张"少私寡欲"、"致虚极,守静笃","为学日益,为道日损";在社会管理上,主张无为而治,"我无为而民自

---

① 陈鼓应注释:《老子今注今译》,商务印书馆 2003 年版,第 134 页。
② 陈鼓应注释:《老子今注今译》,商务印书馆 2003 年版,第 241 页。
③ 陈鼓应注释:《老子今注今译》,商务印书馆 2003 年版,第 256 页。
④ 陈鼓应注释:《庄子今注今译》,中华书局 2009 年版,第 262 页。
⑤ (宋)张君房纂辑,蒋力生等校注:《云笈七签》,华夏出版社 1996 年版,第 94 页。

化,我好静而民自正,我无事而民自富,我无欲而民自朴"①。清静无为并非无所作为,而是集众智众力、顺势而为,使万事万物各尽其能、各得其所,故曰:"道常无为而无不为"。这就好比是水之德,"善利万物而不争"。故老子尚柔,水是柔软的,"而攻坚强者莫之能胜"。他提出"柔弱胜刚强"的命题,指出"坚强者死之徒,柔弱者生之徒"②,如"人之生也柔弱,其死也坚强;草木之生也柔脆,其死也枯槁","兵强则灭,木强则折"③。所谓柔弱,实指生命力旺盛,有韧性和弹性。所谓坚强,实指外强中干、单凭表面强大,没有发展前途。柔性是女性智慧的特质,以"三宝"(慈、俭、不敢为天下先)而展现,具有强大承受力、后续力和穿透力,"天下之至柔,驰骋天下之至坚"④,往往能够成就大的事业。道教的炼养承接老子清静虚静之旨,《周易参同契》说:"内以养己,安静虚无。"⑤《黄庭经》说:"扶养性命守虚无,恬淡自乐何思虑。"⑥《坐忘论》说:"虚静至极,则道居而慧生。"⑦王重阳《三州五会化缘榜》说:"只要心中'清静'两字,其余都不是修行。"⑧道教的教理教义还教人"贵柔守雌",与世无争,用"苦己利人"的善行去感化人,而不居功自傲。

五曰自得逍遥。庄子作《逍遥游》,提出"逍遥"的理念,就是追求心灵的自由。他认为普通人被各种事物所捆绑,包括:是非、善恶、权势、名利、制度、贫富、寿夭等,束缚了人,不能在精神上自由自在。列御寇"御风而行",大鹏"扶摇而上九万里",但都"有所待",只有"乘天地之正,而御六气之辩,以游无穷者"⑨,才获得了真正的自由。按照《齐物论》的说法,要超出世俗是非之见,"以道观之",不辨是非,"安时而处顺",听其自然,觉悟到"天地与我并生,

---

① 陈鼓应注释:《老子今注今译》,商务印书馆 2003 年版,第 280 页。
② 陈鼓应注释:《老子今注今译》,商务印书馆 2003 年版,第 332 页。
③ 陈鼓应注释:《老子今注今译》,商务印书馆 2003 年版,第 332 页。
④ 陈鼓应注释:《老子今注今译》,商务印书馆 2003 年版,第 239 页。
⑤ (汉)魏伯阳,(宋)朱熹等注:《周易参同契集释》,中央编译出版社 2015 年版,第 20 页。
⑥ (唐)务成子、梁邱子注:《黄庭经》,上海古籍出版社 1990 年版,第 6 页。
⑦ (宋)张君房纂辑,蒋力生等校注:《云笈七签》,华夏出版社 1996 年版,第 570 页。
⑧ 白如祥辑校:《王重阳集》,齐鲁书社 2005 年版,第 159 页。
⑨ 陈鼓应注释:《庄子今注今译》,中华书局 2009 年版,第 18 页。

万物与我为一"①,这就是真人的境界。《养生主》讲庖丁解牛的故事,用比喻指出,人虽不能离开现实世界,却可以学习庖丁,"以无厚入有间"②,寻找不与他人碰撞又适合自己生存的空间,这样便可"游刃有余"了。道教也倡导恬淡通脱,看破世俗热心的"酒色财气",使精神保持清明平和状态,心与道通,来而不喜,去而不留,生死祸福泰然处之,心境便可快活超然,这便是活神仙了。

2.不同的教义有:道家主流观念是"天道自然无为",道教则崇拜神灵和仙人;道家追求精神的自由和超脱,道教又进而追求包括身心在内的长生成仙;道家只有学派,没有结社制度,道教则有教派组织和制度。

一曰神灵观不同。老子认为道生万物,所以"万物莫不尊道而贵德"③,但"道"不是高高在上的人间主宰,它"生而不有,为而不恃,长而不宰","道隐无名"④,道生万物是一个自然无为的过程,没有意志情感的成分,因此"道"并非神灵,道家也不提倡崇拜神灵。当然老庄道家也不明确主张无神,只是把鬼神边缘化,如老子说:"以道莅天下,其鬼不神;非其鬼不神,其神不伤人","子孙以祭祀不辍"⑤,如此而已。道教则不然,它是典型多神宗教,在发展中形成众多神灵崇拜。最高是三清神:元始天尊,居玉清境;灵宝天尊,居上清境;道德天尊,居太清境。道德天尊是老子的神化,又称太上老君,乃是道教最早崇拜的至尊之神。次为四御神:玉皇大帝、天皇大帝、北极大帝、后土皇地祇,他们主管天地事务。再次为三官神:天官、地官、水官,三官又称三元(上元、中元、下元)。其他重要神灵还有:真武大帝(又称玄武大帝,主管北方)、文昌帝君(主管文化教育)、东岳大帝(五岳之尊的泰山神)、降魔护道天尊(张道陵的神化)、太乙救苦天尊(亦称青玄上帝)、太乙雷声应化天尊(护法大神,主管风雨雷电)、南极长生司命真君(司长寿之神)。此外,还有灵官(巡察护法)、功曹(月日轮值神)、太岁(值年神)、城隍(地方保护神)、土地、灶君、门神、财

---

① 陈鼓应注释:《庄子今注今译》,中华书局 2009 年版,第 80 页。
② 陈鼓应注释:《庄子今注今译》,中华书局 2009 年版,第 107 页。
③ 陈鼓应注释:《老子今注今译》,商务印书馆 2003 年版,第 260 页。
④ 陈鼓应注释:《老子今注今译》,商务印书馆 2003 年版,第 108、229 页。
⑤ 陈鼓应注释:《老子今注今译》,商务印书馆 2003 年版,第 291、271 页。

神。道教认为体内各器官皆有神主管,如《黄庭内经》说:"发神太元,脑神泥丸,眼神玄英,鼻神灵坚,耳神幽田,舌神正伦,齿神罗千,心神守灵,肺神虚成,肝神含明,肾神育婴,脾神魂停,胆神威明。"①道教还崇拜仙真即神仙,是修道得道而有神通的人,如赤松子、广成子、容成公、安期生、三茅真君、许真君、北五祖(王玄甫、钟离权、吕洞宾、刘海蟾、王重阳)、南五祖(张伯端、石泰、薛道光、陈楠、白玉蟾)、北七真(马丹阳、谭处端、刘处玄、丘处机、王处一、郝大通、孙不二)、八仙(铁拐李、汉钟离、张果老、何仙姑、蓝采和、吕洞宾、韩湘子、曹国舅)。唐代封庄子为南华真人,封列子为冲虚真人,封文子为通玄真人,封庚桑子为洞虚真人。由于时代不同,地域差异,道教神灵亦呈多样性、动态性,如沿海有妈祖信仰,南方有南岳大帝、保生大帝,明代以后关帝取代姜太公为武圣人、关圣帝君,具有司命禄、祛灾病、督冥司的多种职能。

二曰生死观不同。道家虽然追求健康长寿,但不认为可以永生不死。老子讲"死而不亡者寿",②更多地指精神不死,故说:"圣人不积,既以为人己愈有,既以与人己愈多。"③庄子认为生死乃是气化过程:气之聚为生,气之散为死,乃自然之道,因此要安命处顺。道教则追求长生不死、得道成仙,并将此追求作为核心信仰。道教的名言:"我命在我,不在天。"④可以说,道家的生死观是顺乎自然,道教的生死观是逆乎自然。其基本理念是《太上老君内观经》所说:"道不可见,因生以明之;生不可常,用道以守之。若生亡,则道废;道废则生亡。生道合一,则长生不死。"⑤大道是永恒不亡的,人体通过修炼,与大道合为一体,便可永生。其内外丹法皆体现"逆则成丹"的路数,即不是顺而生人,而是逆自然而向大道复归,以求永存。成仙之人,一是与天地同寿,二是能腾云驾雾,三是神通广大。晋代道士葛洪著《抱朴子》,建立了道教长生成仙理论体系,认为神仙必有,长生可致,但求仙不易,须积善立功,思神守一,屈伸

---

① (唐)务成子、梁邱子注:《黄庭经》,上海古籍出版社 1990 年版,第 30—32 页。
② 陈鼓应注释:《老子今注今译》,商务印书馆 2003 年版,第 201 页。
③ 陈鼓应注释:《老子今注今译》,商务印书馆 2003 年版,第 349 页。
④ (南朝梁)陶弘景:《养性延命录》,上海古籍出版社 1990 年版,第 7 页。
⑤ (宋)张君房纂辑,蒋力生等校注:《云笈七签》,华夏出版社 1996 年版,第 94 页。

导引,宝精爱气,并炼金丹上药。道教后期的全真道,摒弃肉体长生,而注重精神超越,向道家回归,但仍然坚持内丹炼养,成就"阳神不坏"之纯阳之体,可以脱离肉体,飞升天界。

三曰行为方式不同。道家是松散的思想近似的群体,有学派而无宗派,而且不主张密切的人际来往,如庄子所云:"相濡以沫,不如相忘于江湖。"①先秦有老庄学派,只是以道为宗的学者群的相续,并无组织形式。汉初有黄老道家,主张儒道结合,无为而治。汉末有黄老崇拜,亦无严格组织。魏晋有玄学,是吸收了儒学的新道家,有贵无论(何晏、王弼),有自然论(嵇康、阮籍),有独化论(郭象),皆是学派的分别,主要在学界发生影响。道教既然是一种宗教,就必然要有自己的宗教组织、场所和活动,拥有下层的信教群众,不仅仅是一种精神文化力量,也成为一种社会力量。道教的不同教派如正一道、全真道都有自己的组织制度,有宫观,有科仪,有教戒(全真道有更严格的丛林管理制度),有斋醮、祭祀活动,有符箓、占卜、存思、守一、导引等道术,有内丹术和外丹术,还有宫观经济活动以维系道教的生存与发展。道教有三十六洞天、七十二福地之说,认为是仙真所居,后来皆成为道教宫观所在地。著名宫观有:陕西周至县楼观台(老子讲经处)、龙虎山上清宫(天师道祖庭)、重阳万寿宫(全真道祖庭之一)、北京白云观(全真道祖庭之一)、西安八仙宫、武当紫霄宫、青城山建福宫、上海城隍庙、杭州抱朴道院等。道教修炼之术,最重要的是外丹和内丹。道教前期提倡外丹术,烧炼丹砂等矿石药物而成丹药,服之不死,但实验中非单不能长生,反而由于中毒而速死,于是外丹衰落,内丹兴起。始于隋代苏元朗、发达于宋以后的内丹术,以人体精气神为药物,通过"取坎填离",使心火与肾水交媾,得金丹大药。炼丹须性(心理训练)命(生理训练)双修,炼精化气、炼气化神、炼神还虚、炼虚合道,便可脱胎换骨,炼成纯阳之体。全真北宗主先性后命,南宗主先命后性。

3.道家与道教义理的动态交渗:有分有合,同异并存,互动共生。

先秦老庄之学是一种以自然主义为特征的人本哲学,其中也有神道的成

---

① 陈鼓应注释:《庄子今注今译》,中华书局 2009 年版,第 195 页。

分。汉代逐渐形成的道教,至魏晋走上神本的道路,成为一种偏离老子天道自然无为的宗教。它与道家黄老、玄学之学平行发展。隋唐之后,道家独立学派消失,老庄人本哲学借助于道教内部无为清修派而向前发展。金元之际全真道兴起,其教义宗旨在很大程度上抛弃前期道教符箓、斋醮、服食之术,而倡导清静修行,向老庄道家的自然主义哲学回归,并且力倡儒、道、佛三教一家,发展了道家哲学。明清以后,道教正一派重科仪道术,全真派重内丹修性,而两派又互有交错。近现代道教有新仙学产生(陈撄宁),用生本主义哲学提升内丹之术。可以说:老子是道教的导师,道教是老子的功臣。每当道教出现偏重道术、向民间宗教滑落时,便有教内高道出来用《道德经》的道哲学纠正偏失,使道教回归老子弘扬生生大道的正路。同时,道教接近民众,它用神道设教的方式把老庄深奥的宇宙人生哲理化为通俗的宗教信条向民众普及。徐琰《郝宗师(郝大通)道行碑》说:"道家者流,其源出于老庄,后之人失其本旨,派而为方术,为符箓,为烧炼,为章醮,派愈分而迷愈远,其来久矣。重阳真君,不阶师友,一悟绝人,殆若天授,起于终南,达于昆仑,招其同类而开导之,锻炼之,创立一家之教曰全真。其修持大略,以识心见性、除情去欲、忍耻含垢、苦己利人为之宗。……老庄之道,于是乎始合。"①当然,道教分派发展皆有其合理性,只要能够劝善去恶,道术亦不可否定。而由王重阳所立、全真七子发扬起来的全真道,使道教回归老子"尊道贵德"、"道法自然"的根本宗旨,开启对于人的内在灵性和真我的体悟,追求超越习俗的精神世界,直探生命的本源和价值,并将此终极关怀落实为民间信仰群体的修行生活,用以改善民生、改良风俗,这对于老子道学的发扬推行,有莫大功德。

三、佛家

(一)印度佛教传承法系

佛教源自古印度,创始人为公元前 5 世纪释迦牟尼,姓乔答摩,名悉达多,教徒尊称为佛陀,即大觉悟者。印度佛教经历了原始佛教、部派佛教、大乘佛

---

① 《道藏辑要》卷 10 缩印本,巴蜀书社 1995 年版,第 149 页。

教、密教四个阶段,到公元 13 世纪在本土衰落,却流传到中国及东亚、东南亚其他国家和地区并走向世界。原始佛教教义靠口头流传,组织松散。部派佛教分为上座部和大众部两派,又从中分化出众多部派,上座部倾向于视释迦牟尼为有大智慧的伟人,承认"三世实有",大众部视释迦牟尼为超人之神,讲"法空"。大乘佛教视此前佛教为"小乘",只能自我解脱,而"大乘"则要普度众生。其下两派:其一是中观学派,由龙树、提婆创立,以《大品般若经》为主要经典,龙树著《中论》、《十二门论》、《大智度论》,提婆著《百论》,宣扬"缘起性空";其二是瑜伽行派,由无著、世亲创立,以《解深密经》、《瑜伽师地论》为主要经典,无著有《摄大乘论》,世亲有《二十唯识论》、《三十唯识论》、《大乘百法明门论》,提出"万物唯识所变"、"识有境无"之说。密教主张身、语、意三密修行,奉信咒术,有强烈神秘主义色彩。后来上述三大教派都传到中国,但大乘佛教成为主流,小乘佛教则在西南边疆流行,密教传入后因与中华国情不合而较快衰落,部分融入藏传佛教。

佛教经典统称"三藏经"(经、律、论),又称"大藏经":经藏指释迦牟尼所说经,律藏指教内清规戒律,论藏指佛陀弟子对经藏的理论阐释。

(二)中国佛教宗派及经典

印度佛教于两汉之际传入中国,三国魏晋时期兴盛,至隋唐时期形成八大宗派:天台宗,创始人智顗,经典《法华经》;三论宗,创始人吉藏,经典《中论》、《百论》、《十二门论》;法相唯识宗,创始人玄奘与窥基,经典《解深密经》、《成唯识论》、《瑜伽师地论》;律宗,创始人道宣,经典《四分律》;华严宗,创始人法藏,经典《华严经》;密宗,创始人善无畏、金刚智,经典《大日经》、《金刚顶经》;净土宗,创始人善导,经典《无量寿经》、《观无量寿佛经》、《阿弥陀经》;禅宗,创始人慧能,经典《坛经》。在民间流行的经典有:《般若波罗蜜多心经》、《金刚经》等。

汉文译经始自东汉末年,盛于两晋南北朝隋唐,终于宋代。此外还有藏文、傣文译经。中国僧人的汉文佛典论述丰富多彩,不仅继承了印度佛教义理的主要内涵,而且还依据中国国情,运用中华儒道两家的智慧,创造性地发展了佛教哲学,凸显了中国特色,推动了佛教中国化事业,使之成为中华文化的有机组成部分。其中慧能留下的《坛经》是在中僧人众多论著中唯一被认可为"经"并广为流传的作品。其他重要的有:牟子的《理惑论》,慧远的《三报论》,僧肇的《肇论》,宗炳的《明佛论》,刘勰的《灭惑论》,道安的《二教论》,吉藏的《三论玄义》,智顗的《法华经玄义》,窥基的《成唯识论述记》,法藏的《华严金师子章》,宗密的《原人论》,普济编的《五灯会元》,契嵩的《辅教编》,宗杲的《正法眼藏》,僧祐编《出三藏记集》《弘明集》,道宣编《广弘明集》及多种《高僧传》等。

(三)佛教的基本教义

四圣谛、十二因缘、八正道、三法印、三学六度。

一曰四圣谛。四谛:苦、集、灭、道。苦谛:人生是苦,如有八苦,即生、老、病、死、怨憎会苦、爱别离苦、求不得苦、五蕴(色、受、想、行、识)盛苦。集谛:人生之苦乃众多因缘集合而成。灭谛:人生之苦由于无知、贪爱,消除执着和贪爱,断灭一切惑业,便可灭苦。道谛:就是要觉悟人生,涅槃成佛,达到"常、乐、我、净"的境界。

二曰十二因缘。人生痛苦的十二个根源性环节。无明:无知,称"痴愚"。行:由无明引起的思想和行为,包括心、口、意。识:投胎时的心识。名色:胎儿已具身心的生命体。六处:眼、耳、鼻、舌、身、意,即身体各种器官发育。触:幼儿阶段,与外界接触。受:对外界的感受,苦、乐、不苦不乐。爱:贪爱物品与异性。取:成年后对各种目标的追求。有:思想行为所造之业,必有果报。生:诞生,即有轮回转生。老死:转生亦趋老病死亡,只有涅槃才能解脱。无明是十二因缘的根本,只有断贪欲、除痴愚才能解脱。

三曰八正道。正见:符合佛法的正确见解,避免邪见。正思:正确思维,远离偏执、虚妄。正语:符合佛法的言语,不妄语、不恶语。正业:符合戒律的行为。正命:符合佛法的生活。正精进:按照佛法要求努力修善止恶,精进不懈。正念:对四圣谛等教义有坚定信念。正定:按佛法修持禅定。

四曰三法印。诸行无常:世界万事万物时刻处在流转变动、刹那生灭中。诸法无我:一切事物和现象皆无自性,即没有稳定的本性,皆因缘和合而成。涅槃寂静:又称灭度、圆寂,人通过修习从烦恼和轮回中解脱,达到永恒快乐的成佛状态。三法印是判断真伪佛教的标准,故称法印。

五曰三学六度。三学:戒、定、慧,修持佛法的三种途径,一是严守清规戒律,二是心注一境、静心息虑,三是用般若智慧解脱成佛。六度(三学的扩大):布施、持戒、忍辱、精进、禅定、般若。布施包括财施、无畏施、法施。忍辱要求忍受各种苦难和耻辱。

(四)中国佛教思想要义

缘起性空、万法唯识、因果报应、慈悲平等、中道圆融。

一曰缘起性空。一切事物和现象都是因缘(各种质素与条件)和合而成,没有独立自存的主体或本质,只要众缘离散,事物便不存在,因此本性是空。性空不否定现象的存在,但它是假有,不是真实的本质,因此欲求解脱必须破除"我"、"法"二执,"我执"就是对自我的执着,"法执"就是对外界事物如名、利、权、色的执着,如觉悟一切事物皆缘起性空,则执着便会消失。

二曰万法唯识。中国唯识宗认为"实无外境,唯有内识"①,宇宙万物皆心识之变现,识有八种:眼、耳、鼻、舌、身、意、末那、阿赖耶。阿赖耶识中的种子变现万法。通过修习,阿赖耶识的有漏种子消失,无漏种子增强,最终"转染成净"、"转识成智",生死烦恼转为涅槃清净,便可成佛。

三曰因果报应。众生由无明而发生的"业力"之因,包括善业与恶业,早晚必引起相应的果报,将在"六道(天、人、畜生、饿鬼、地狱、阿修罗)轮回"中流转延续,永无了期。中国佛教强调"三世因果报应",善有善报,恶有恶报,但报有迟速,有当世此身受报曰现报,有来生受报曰生报,有二生三生乃至百生千生受报曰后报,皆自作自受,因果自然,无关他者,因此中国佛教承认灵魂不死,可以投胎转世。

四曰慈悲平等。"大慈与一切众生乐,大悲拔一切众生苦"②。大乘佛教宗旨是普度众生,慈悲便是佛教的根基,它要解救一切有情众生之痛苦,使之进入喜乐,于是慈悲喜舍成为佛教的根本精神。慈悲有三种:众生缘慈悲,法

---

① 韩廷杰校释:《成唯识论校释》,中华书局1998年版,第9页。
② [印]龙树:《大智度论》,(后秦)鸠摩罗什译,上海古籍出版社1991年版,第181页。

缘慈悲,无缘慈悲,即"无缘大慈,同体大悲",这是慈悲的最高境界。"平等是诸法体相",在性空、唯识、真如上无差别,对于众生的慈悲不应有高低、亲疏的差别,应一体同爱。在佛性上不仅众生平等,佛陀与众生也是平等,修行者要"自利利人","自觉觉人","诸恶莫作","众善奉行",尊重生命,以"不杀生"为首戒,爱养一切有情众生,可以为之奉献自己的生命,故有佛陀"割肉贸鸽"、"舍身饲虎"之传说。

五曰中道圆融。中道指佛法不偏不倚,体现最高真理,又称中道为真如、佛性、法性、实相,既不陷于常见又不溺于断见,既不以世间为有又不以世间为无,"中道佛性,不生不灭,不常不断"①。天台宗讲"三谛圆融",事物本性为空,又呈假有,兼识两边是谓中道。华严宗讲判教,把诸宗派皆予包容,而以圆教为最圆满,认为"一即一切,一切即一";又倡"四法界"说:事法界,理法界,理事无碍法界,事事无碍法界,一切相异事物实皆圆融无碍。为表示佛法中道不偏,表述方式上常弃"表诠"(正面论述)而用"遮诠"(否定式表述),如"不有不无"、"不常不断"、"不生不灭"。

(五)中国佛教与佛学的同与异

中国佛教是有神灵崇拜的宗教,中国佛学则是净化心灵的人学。两者都以释迦牟尼为宗师,都以佛经为经典,都要超脱现实的烦恼和人间的苦难,使人享受喜乐的人生。佛教是哲理型宗教,因此在教义及其活动中处处都有人生哲理的启悟。佛学是具有神学色彩的人学,因此在探究心灵哲学的同时保留着对佛陀和佛经的虔诚崇拜。

两者又有不同。佛教主要在普通僧人和基层民众中流行,信众视释迦牟尼为宇宙最高神灵,法身永在,有无上法力,能洞察过去、现在和未来,能消灾赐福。有竖三世佛:过去佛伽叶,现在佛释迦牟尼,未来佛弥勒。有横三世佛:东方药师佛、婆娑世界释迦牟尼佛、西方阿弥陀佛。在中国宋代之后有大肚弥勒佛,笑口常开,大肚能容,为民众所敬爱。净土宗崇拜西方阿弥陀佛,认为信者只要虔诚和持续念佛名号,便可由阿弥陀佛接引,临终可往生西方净土,即

---

① (隋)吉藏疏:《中论·百论·十二门论》,上海古籍出版社 1994 年版,第 119 页。

极乐世界。在佛之下有众多菩萨,中国有四大菩萨,以四大名山为道场。一为观世音菩萨,道场在浙江普陀山,信众认为观音大慈大悲,救苦救难,故家家供养;二为文殊菩萨,道场在山西五台山;三为普贤菩萨,道场在四川峨眉山;四为地藏菩萨,道场在安徽九华山。菩萨之下有阿罗汉,乃小乘佛教修行的最高果位,有十六罗汉、十八罗汉、五百罗汉,北京碧云寺、武汉归元寺、昆明筇竹寺皆有五百罗汉堂。佛教善男信女到佛寺参拜佛祖、菩萨、罗汉,上香进供,许愿还愿,忏悔祈祷,都是真信佛与菩萨有灵,能够扬善惩恶,降福消灾,保佑苍生。佛教的神灵崇拜和三世因果报应的灵魂转世之说,对于有苦难的信众是必需的,能够成为他们的精神寄托和向善去恶的动力。

佛学主要在知识精英群体中流行,包括教内一些高僧、居士和教外学者,他们视释迦牟尼为大觉悟者,是有般若大智慧的导师而不是超人的神灵,主张用其智慧提高精神境界,不赞成顶礼膜拜、乞求恩赐。禅宗代表慧能主张"不立文字"、"无念为宗,无相为体,无住为本"①,人人皆有佛性,净土就在心里,只要"识心见性"、"念念无住"②,便可"立地成佛",这样,拜佛的宗教变成生命的学问。近代居士佛教代表杨文会认为:"禅门扫除文字,单提'念佛的是谁'一句话头,以为成佛作祖之基。"③太虚法师提倡"人间佛教",建立人间净土,并非教人离开人类去做神做鬼或出家到山林做和尚,而是改良社会,做到自他两利。④ 章太炎认为佛教是无神的宗教,不讲灵魂而重心识,"依自不依他"、"不以鬼神为奥主"⑤。欧阳竟无著《佛法非宗教非哲学》,认为"万法具吾一心"⑥。学者汤用彤著《汉魏两晋南北朝佛教史》,认为"佛法,亦宗教,亦哲学"⑦,对之要有"同情之默应"、"心性之体会"⑧。作为哲理性强烈的人学

① 丁福保笺注:《坛经》,上海古籍出版社2011年版,第80页。
② (宋)释延寿集:《宗镜录》,三秦出版社1994年版,第1023、838页。
③ 杨仁山:《杨仁山卷》,武汉大学出版社2008年版,第240页。
④ 参见太虚大师:《佛法原理与做人》,载《太虚大师全书》第3卷,宗教文化出版社2005年版,第157页。
⑤ 傅杰编校:《章太炎学术史论集》,云南人民出版社2008年版,第111页。
⑥ 欧阳竟无:《欧阳竟无佛学文选》,武汉大学出版社2009年版,第16页。
⑦ 汤用彤:《汉魏两晋南北朝佛教史》,北京大学出版社2011年版,第487页。
⑧ 汤用彤:《汉魏两晋南北朝佛教史》,北京大学出版社2011年版,第487页。

的佛学对于知识界有巨大吸引力,对于神道的佛教也有引领和提高的功能,不使其陷于庸俗神秘的境地。反之,作为神道的佛教能够通过神道设教,使佛教的"四摄"、"五戒"、"十善"等劝人向善的道德信条,普及到民间,接上大众地气,从而使佛教佛学有了根基。

第二章　中华文明的起源与儒道关系史

儒、道、佛三教关系从发生到渐行渐近、和谐互补，不是偶然的，它根植于上古文明的综合创新、变通、中和的传统，承接儒道两家互评互补的传统并有所发扬。

第一节　中华文明多元通和传统的早期形成

中华民族有五千年文明史，世所罕见。其文明早熟有以下几个重要因素：其一，自然地理环境自成一体。有半封闭半开放的自成一体地势：从西部到北部有高原、峻岭、荒漠，形成与外界的屏障，又有陆路与西域交往；南部平缓，东部与东南有较长海岸线，易于与他国沟通，又有大海形成保护，以上两大环境特点便于中华民族独立发展，同时又有开放空间。其二，农业文明发达。中华地域辽阔，有黄河、长江两大水系，中原一带地势平坦、土地肥沃，处于温带，便于发展农耕业。从"三皇"（燧人氏、伏羲氏、神农氏）神话中可以找到先民集体的历史记忆，反映出先民很早就能人工取火，发展出畜牧业与农耕业，两业互补，形成繁荣的民生经济。农业文明与家族社会相配套，造成亲和、稳定、互助、睦邻、自足的民族品格。传说中的黄帝部族偏重于畜牧业，炎帝（后来与神农氏合一）部族偏重于农耕业[1]，两大部族经过战争在中原地区合并起来，繁衍出华夏后裔。其三，民族形成多元一体格局。[2] 先民从氏族、部族到民

---

[1]　参见钱穆：《中国文化史导论》，商务印书馆 1994 年版。

[2]　参见费孝通编：《中华民族多元一体格局》，中央民族大学出版社 1999 年版。

29

族,不仅多种多样,而且在迁徙、冲突、融合中不断向发达的中原地区汇聚,其文化又不断向四周辐射,逐渐形成以华夏族为核心、以四夷为辅翼的多元一体格局,其走向是内聚型的。各氏族、部族、民族的特色文化在相遇中不是一个吃掉或取代另一个,而是互相吸收,共创新的综合型文化,又能保持各自的特色。

这三大要素使得中华早期文明从开始就独立发展,具有多元性与通和性,没有一元排他的基因。先民的自然崇拜、图腾崇拜、祖先崇拜,都具有多元综合的中华特色。如自然崇拜多种多样:日月星辰、风雨雷电、山川湖海、动植火石,凡与生活相关的自然物与现象皆在崇拜之列。尤其与农业相关的社稷(土地神、五谷神)崇拜更受重视。图腾崇拜则各族不同,又从中发展出主流的龙凤崇拜:龙是以蟒蛇为基干,将鳄鱼、鹿、马、鹰、豕以及闪电等多种图腾加以综合而逐渐形成的;凤是以孔雀为原型,又吸收家鸡、鸳鸟、乌鸦、飞燕、仙鹤、鹭鸶等禽类元素加工而形成的。龙后来成为整个中华民族的艺术象征,凤则成为女性文化的艺术象征。再说远祖崇拜。许多民族中流传着女祖神创世神话,其中以女娲抟土造人为主流神话,后来女娲与伏羲结为夫妻,繁衍人类(汉墓画像石有人身蛇尾相交的女娲与伏羲像),又谓女娲炼五色石以补苍天,其神话当产生于母系氏族时代。父系氏族时代产生并流传下来的创世神话,以盘古氏开天辟地为最著名,盘古氏死后"头为四岳,目为日月,脂膏为江海,毛发为草木"①。女娲与盘古虽有创生人类、开辟天地之伟绩,却不是整个宇宙的创造者,不同于基督教《圣经·创世记》中的绝对唯一神,而且会死亡。司马迁《史记》中有《五帝纪》,追述中华民族传说中的远祖五帝:黄帝、颛顼、帝喾、唐尧、虞舜,此乃是中华民族融合形成古邦国过程中主流的远祖认同,并非同一血缘相继,而是集合了许多部族英雄祖先传说而有的,它本身就是多民族融合的产物,例如尧传位于舜是"禅让"。《尚书·尧典》说:大尧"克明俊德,以亲九族;九族既睦,平章百姓;百姓昭明,协和万邦"②,他具有博大、包

① (南朝梁)任昉:《述异记》,湖北崇文书局1875年版,第1页。
② 张馨编:《尚书》,中国文史出版社2003年版,第3页。

容、泛爱的精神，才能把各部族团结起来，使各邦国之间和谐共处，故孔子赞叹："唯天为大，惟尧则之。"①五帝信仰的共同点是：圣明、仁德、益民、和平、功业盛大。此外还有太皞氏、少皞氏英雄祖先。秦代《吕氏春秋》"十二纪"，有五方帝崇拜：中央黄帝，其色黄，其神后土；东方太皞，其色青，其神句芒；南方炎帝，其色赤，其神祝融；西方少皞，其色白，其神蓐收；北方颛顼，其色黑，其神玄冥。② 五方帝崇拜体现了中华民族初期以华夏族为中心、四夷为边陲的多民族共居的态势。夏、商、周三代，多民族国家形成，出现天为至上神的崇拜，夏代、周代称"天"，商代称"上帝"，都指众神之长，后来又连称"昊天上帝"，它不是创世的绝对唯一神，而是管理天上人间的最高神灵，既广大无边又模糊不定，没有固定不变的人间代表。按照《礼记·表记》之说："子曰：夏道尊命，事鬼敬神而远之，近人而忠焉"，"亲而不尊"，"朴而不文"；"殷人尊神，率民以事神，先鬼而后礼"，"尊而不亲"，"胜而无耻"；"周人尊礼尚施，事鬼敬神而远之，近人而忠焉"，"亲而不尊"，"文而不惭"；"虞夏之文不胜其质，殷周之质不胜其文"③。夏人信天命，人性质朴；殷人信鬼神，只讲尊尊，不重亲亲；周人尊礼，重视亲亲。周代以夏桀、殷纣的灭亡为教训，不把天命绝对化，而提出"皇天无亲，惟德是辅"④、"民之所欲，天必从之"⑤，认为有德者才能奉天承运、君临天下，而"天命靡常"⑥，遇到无道昏君，天命是会转移的。这样，天命就与德治联系起来，使天神崇拜可以为各民族的有为执政者提供精神支柱。中华民族成为统一多民族国家的两千多年中，少数民族贵族执政的王朝占一半左右，它们都认同中华礼义文化，都实行祭天、祭祖、祭社稷。可见敬天法祖具有极大包容性，乃是中华民族共同的基础性信仰。

---

① 杨伯峻、杨逢彬注译：《论语》，岳麓书社2000年版，第75页。
② 参见（汉）高诱注：《吕氏春秋》，上海古籍出版社2014年版，第112、1、67、132、208页。
③ 《礼记》：崔高维校点，辽宁教育出版社2000年版，第197页。
④ 张馨编：《尚书》，中国文史出版社2003年版，第265页。
⑤ 张馨编：《尚书》，中国文史出版社2003年版，第143页。
⑥ 万丽华、蓝旭译注：《孟子》，中华书局2006年版，第151页。

第二节　孔老并生、儒道互补构成
中华精神发展的轴线

一、孔子是中华德文化承前启后的道德大师

孔子创立的儒家学说最贴近中国家族社会和农业文明,大力提升中华文明向上向善的高度,从而造就了东方礼仪之邦,因而被称为大成至圣先师。孔子不是普通学派宗师,他"祖述尧舜,宪章文武",通过整理修订"五经",把五帝三代的伦理型优秀文化全面系统继承下来,又创立仁和之学,使之具有了博大精深的理论体系,从而确立了中华民族人文主义的精神方向。孔子儒学既能包纳研究三代经典,又能择其精华而活学活用,故它后来处在引领中华文明的主导位置上不是偶然的。

"五经"(《尚书》、《周易》、《诗经》、《礼经》、《春秋经》,《乐经》失传),乃是在周代结集而成。《尚书》保存了尧舜与三代治国理政的重要文献。《周易》之经诞生于殷周之际,以占卜的形式凝结人生智慧,传说孔子作十翼(即《易传》,可能主要由孔子弟子与再传弟子而作),将占卜之术发挥成阴阳之道的哲学。《诗经》成书于周代,经孔子删节修订,是各地区各邦国诗歌的总集,有"风"、"雅"、"颂"三部分,是社会各阶层生活、理想、诉求、情感的真实反映。《礼经》包括"三礼":《仪礼》较早,《礼记》乃战国作品,《周礼》或《周官》可能晚出。"三礼"是周代礼乐文化的结晶,包括礼法(制度)、礼义(道德)、礼仪(仪节)三个层面。《春秋经》乃孔子据鲁史而作,记载春秋时代二百多年间大事,寓人物褒贬于记述之中,孔子说:"知我者其惟《春秋》乎,罪我者其惟《春秋》乎。"①《左传》《公羊传》《穀梁传》合称三传,是对《春秋经》的不同解说。

由此可知,孔子确实是尧舜及三代文化的集大成者,他通过对"五经"的

---

① 万丽华、蓝旭译注:《孟子》,中华书局 2006 年版,第 138 页。

引用发挥,对此前历代积累的经验教训加以总结。

"五经"是中华文明趋于早熟的标志性典籍,其主要思想成就是在古礼文化中突出"德"的观念,使礼乐成为道德之教,孔子又在"德"的观念基础上突出"仁"的思想,使礼德文化有了活的灵魂。这种文明自觉始自周公:据《尚书》等记载,周公不仅制礼作乐,还在总结殷纣灭亡教训的基础上强调以德治国,解决了三个问题。一是天神与民人的关系问题,天不是高高在上的绝对权威,它不保护暴虐之君,只辅佐俯听民意的有德之君,因此要以德辅天,"王其德之用,祈天永命"①,"天聪明自我民聪明,天明威自我民明威"②,这样民意就成了天意的表达,天神被人间化了。二是君王与民人的关系问题,"民惟邦本,本固邦宁"③,"古人有言曰:人无于水监,当于民监"④,"民心无常,惟惠之怀"⑤,君王治国必须倾听民意,关注民生,这就是德政,否则不能长久。三是德治与刑罚的关系问题,那就是要"明德慎罚"⑥,召公谏厉王曰:"防民之口,甚于防川……治川者决之使导,治民者宣之使言"⑦,要政通人和、上下同心同德,社会才能稳定,不能迷信刑罚。四是德治与礼制的关系问题,"明恕而行,要之以礼"⑧。据《左传》记载,鲁昭公如晋,晋侯谓其善于礼,女叔齐说:"是仪也,不可谓礼",而"礼,所以守其国,行其政令,无失其民者也"⑨(公元前537年)。礼不只是形式上的礼貌仪式,而应是治国之规则,民心之向往,即有德治之内涵,所以从周公到孔子多讲礼义,以德导礼。

《易经》中有阴阳对立与转化、天道与人事相感应的思想。《易传》的出现使三代礼文化提升到"究天人之际,通古今之变"的高度,有了大宇宙观,使中华精神达到极高的境界,它乃是孔老儒道两家融合的结晶。《易传》提出"太

①　张馨编:《尚书》,中国文史出版社 2003 年版,第 225 页。
②　张馨编:《尚书》,中国文史出版社 2003 年版,第 34 页。
③　张馨编:《尚书》,中国文史出版社 2003 年版,第 70 页。
④　张馨编:《尚书》,中国文史出版社 2003 年版,第 212 页。
⑤　张馨编:《尚书》,中国文史出版社 2003 年版,第 265 页。
⑥　张馨编:《尚书》,中国文史出版社 2003 年版,第 267 页。
⑦　(汉)高诱注:《吕氏春秋》,上海古籍出版社 2014 年版,第 492 页。
⑧　(春秋)左丘明:《左传》,蒋冀骋标点,岳麓书社 1988 年版,第 4 页。
⑨　(春秋)左丘明:《左传》,蒋冀骋标点,岳麓书社 1988 年版,第 286 页。

极"、"一阴一阳之谓道"、"生生之谓易"、"刚柔相推而生变化"、"天地之大德曰生"、"大人者与天地合其德"、"三才之道"、"自强不息"、"厚德载物"、"保合太和"等哲学理念,形成统领各种思想学说的中华哲学特有的进路,其中"自强不息"、"厚德载物"、"刚健中正"成为中华精神的精粹。孔子极重《周易》,说:"加我数年,五十以学《易》,可以无大过矣"①,他晚年读《易》"韦编三绝",《周易》给予孔子以洞察世事的深邃智见。

《诗经》广泛而深刻地反映了春秋中叶以前的社会生活和社会舆情,内中包含仁、义、礼、智、信、敬、孝、友等伦理观念,也有民间喜、怒、哀、乐、怨的直率表达。《毛诗序》说:"情动于中而形于言"②,《诗大序》说:"上以风化下,下以风刺上"③,《庄子·天下》说:"诗以道志"④,《礼记·经解》说:"温柔敦厚,诗教也"⑤,总之,作为"六经"之一的《诗经》,远远超出文学的功能,成为先秦一部指导社会人生的元典,被人们引述的频度在"六经"中是最高的。例如,《论语》里孔子对《诗经》的期许很高,认为它是明德教科书:"《诗》三百,一言以蔽之曰:思无邪";它是温故知新的读本,故孔子与子夏谈论逸诗"巧笑倩兮,美目盼兮,素以为绚兮"时评曰"绘事后素",子夏受到点悟说"礼后乎?"子曰:"起予者商也!始可与言《诗》已矣。"⑥它是语言训练的凭借:"不学《诗》,无以言","诵《诗》三百,授之以政,不达;使于四方,不能专对,虽多,亦奚以为";它是人生学习的台阶:"兴于《诗》,立于礼,成于乐"⑦;它还有多方面功能:"《诗》可以兴,可以观,可以群,可以怨"⑧。所以孔子认真整理《诗经》:"吾自卫反鲁,然后乐正,《雅》、《颂》各得其所"⑨。《论语·泰伯》记载曾子引《诗·

---

① 杨伯峻、杨逢彬注译:《论语》,岳麓书社2000年版,第62页。
② (汉)毛氏、郑氏笺:《毛诗》,山东友谊书社1990年版,第19页。
③ (周)卜商:《诗序》,商务印书馆1937年版,第1—2页。
④ 陈鼓应注释:《庄子今注今译》,中华书局2009年版,第908页。
⑤ 《礼记》:崔高维校点,辽宁教育出版社2000年版,第171页。
⑥ 杨伯峻、杨逢彬注译:《论语》,岳麓书社2000年版,第19页。
⑦ 杨伯峻、杨逢彬注译:《论语》,岳麓书社2000年版,第72页。
⑧ 杨伯峻、杨逢彬注译:《论语》,岳麓书社2000年版,第168页。
⑨ 杨伯峻、杨逢彬注译:《论语》,岳麓书社2000年版,第82页。

小旻》句："战战兢兢，如临深渊，如履薄冰"①，成为后世人们自律自警的名言。又如《大学》引《诗·商颂·玄鸟》："邦畿千里，维民所止"②，引《诗·文王》："穆穆文王，于缉熙敬止"③，引《诗·周南·桃夭》："之子于归，宜其家人"④，引诗·小雅·南山有台》："乐只君子，民之父母"⑤。《中庸》引《诗·大雅·嘉乐》："嘉乐君子，宪宪令德；宜民宜人，受禄于天；保佑命之，自天申之"⑥，引《诗·大雅·烝民》："既明且哲，以保其身"⑦，引《诗·大雅·皇矣》："予怀明德"⑧。以上《诗经》引语，表达了作者重视"敬止"、"宜民"、"宜家"、"明哲"、"明德"等思想，被后人继承发挥。《诗经》与"五经"一起受到推崇，如《汉书·儒林传》所说："六学者，王教之典籍，先圣所以明天道，正人伦，致至治之成法也。"⑨

　　再看《礼经》。《三礼》中以《礼记》对当时和后来思想文化影响最大，而《礼记》中又以《大学》、《中庸》、《礼运》、《学记》、《经解》数篇尤为重要，此数篇中以《大学》、《中庸》两篇最具哲学高度，故后来被宋儒选用，进入"四书"之列。《大学》讲修己治人之道，有"三纲领八条目"，故曰："大学之道，在明明德，在亲民，在止于至善"，其明德即是至善之德，通过亲民教化，使社会达到至治之世。而要实现这一目标，社会上下必须以修身为本，经过格物、致知、诚意、正心、修身、齐家，而后治国、平天下，这就为中国人铺设了一条从完善自我到和顺家族再到博施济众的内圣外王之路。《中庸》为生命成长之学，可以说是儒家的人生哲学，它讲"天命之谓性"、"中和"、"时中"、"尊德性道问学"、"万物并育而不相害，道并行而不相悖"⑩，首次提出中和之道，认为"中也者，

---

① 杨伯峻、杨逢彬注译：《论语》，岳麓书社 2000 年版，第 70 页。
② 程俊英：《诗经译注》，上海古籍出版社 2004 年版，第 564 页。
③ 程俊英：《诗经译注》，上海古籍出版社 2004 年版，第 407 页。
④ 程俊英：《诗经译注》，上海古籍出版社 2004 年版，第 11 页。
⑤ 程俊英：《诗经译注》，上海古籍出版社 2004 年版，第 270 页。
⑥ （宋）朱熹注：《大学·中庸·论语》之《中庸集注》，上海古籍出版社 1987 年版，第 7 页。
⑦ 程俊英：《诗经译注》，上海古籍出版社 2004 年版，第 491 页。
⑧ 程俊英：《诗经译注》，上海古籍出版社 2004 年版，第 426 页。
⑨ 朱惟公点句，王心湛重校：《前汉书》卷 6，广益书局 1937 年版，第 1 页。
⑩ 《礼记》：崔高维校点，辽宁教育出版社 2000 年版，第 192 页。

天下之大本也;和也者,天下之达道也。致中和,天地位焉,万物育焉"①,把儒家贵和思想提到宇宙规律的高度。它有鉴于人性之堕落和虚伪,强调"诚"的重要性,"诚"就是真实无妄、忠于理想,不仅是生命成长的保证,而且"至诚能化"、"至诚如神",可以成己成物,乃至赞天地之化育。《中庸》使得儒学进入中国哲学"极高明"的境界,又能"道中庸",即保证在人伦日用中发挥作用。

孔子针对当时"礼坏乐崩"的挑战,在全面深刻理解"五经"并继承周礼厚重文化传统的基础上提出仁和之学,对"周文疲弊"加以救治,突出仁爱、民本、贵和的重要性,用仁学发扬人的德性,激活礼文化的生命,倡导仁先礼后,治国要"道之以德,齐之以礼",力图通过道德教化,改良人性,进而改善官德和民风,使中华成为礼仪之邦。仁学要义:一曰仁之根基在孝悌,二曰仁之含义是爱人,三曰仁之方式为忠恕,四曰仁之样态为温良恭俭让,五曰仁之践行为修己以安百姓,六曰仁之修习为博学、笃志、切问、近思,七曰仁之度制为礼乐,八曰仁之功能在中和。

在开创仁和之学的过程中,他不仅强调周礼的重要,还主动吸收各家的思想,用以丰富自身。如孔子"和而不同"的伟大理念,源于西周末年"和同之辨"。《国语·郑语》载史伯之言:"和实生物,同则不继。"②《左传》记述齐国晏婴谈君臣关系,认为互相应如食品与音乐,必须是多样性要素(如五味与五声)的相济相成,才能有美味与雅乐,"以水济水"是不行的。孔子见老子,请教周礼问题,虽然受到批评,却认为老子"犹龙",其学是高深莫测的。他赞美大舜,说:"无为而治者,其舜也与?夫何为哉?恭己正南面而已矣。"③显然他认同老子无为的思想,主张君无为,以身作则,"其身正,不令而行"④,这是道家的智慧。孔子谈其一生的追求:"吾十有五而志于学,三十而立,四十而不惑,五十而知天命,六十而耳顺,七十而从心所欲不逾矩"⑤,他追求的最高境

---

① 《礼记》:崔高维校点,辽宁教育出版社2000年版,第186页。
② (春秋)左丘明:《国语》,上海古籍出版社2015年版,第347页。
③ 杨伯峻、杨逢彬注译:《论语》,岳麓书社2000年版,第145页。
④ 杨伯峻、杨逢彬注译:《论语》,岳麓书社2000年版,第118页。
⑤ 杨伯峻、杨逢彬注译:《论语》,岳麓书社2000年版,第9页。

界是心灵的高度自由,显然是受到老子"道法自然"的影响。《论语·先进》记载孔子与弟子谈论志向,孔子认同曾点"暮春者,春服既成,冠者五六人,童子六七人,浴乎沂,风乎舞雩,咏而归"①的潇洒,透露出道家的气象。孔子因时而为,"用之则行,舍之则藏"②,"隐居以求其志,行义以达其道"③,其人生之智慧乃是儒道交替运用,不愧是"圣之时者"。孔子不赞成"道之以政,齐之以刑",但主张礼法合治、德主刑辅,故说:"礼乐不兴则刑罚不中,刑罚不中则民无所措手足"④,又说:"君子怀刑,小人怀惠"⑤,这里有法家的思想。孔子评论齐法家管仲时,赞扬"管仲相桓公,霸诸侯,一匡天下","桓公九合诸侯,不以兵车,管仲之力也,如其仁,如其仁"⑥,可见孔子不是唯道德主义,他认为仁德要靠实力做后盾去推行。《管子》的"仓廪实知礼义,衣食足知荣辱"充实了儒家富民思想,其"礼义廉耻国之四维,四维不张国乃灭亡"进入儒家道德体系,成为八德的有机组成部分。孔子还称赞过郑国子产,"宽以济猛,猛以济宽,政是以和"⑦。但孔子反对暴政滥刑,谓"苛政猛于虎也",因此要德主刑辅。孔子还借鉴名家的理念,主张为政之先"必也正名乎","名不正则言不顺,言不顺则事不成,事不成则礼乐不兴"⑧,比如"君君、臣臣、父父、子子",君有君道,臣有臣道,父有父道,子有子道,皆须按合情合理的规则作为,否则社会秩序就要被破坏。

孟子是孔子仁学的忠实继承者和创新者。他的贡献:一是为仁学提供性善说论证,谓人性有"仁义礼智"四端,称为良知良能,扩充之为君子,丢失之为小人;二是将"仁义"连举,仁为安宅,义为正路,人要"居仁由义"⑨;三是仁心发为"仁政",要"制民之产",使百姓丰衣足食,"省刑罚薄税敛"并救济鳏

---

① 杨伯峻、杨逢彬注译:《论语》,岳麓书社 2000 年版,第 104 页。
② 杨伯峻、杨逢彬注译:《论语》,岳麓书社 2000 年版,第 60 页。
③ 杨伯峻、杨逢彬注译:《论语》,岳麓书社 2000 年版,第 161 页。
④ 杨伯峻、杨逢彬注译:《论语》,岳麓书社 2000 年版,第 117 页。
⑤ 杨伯峻、杨逢彬注译:《论语》,岳麓书社 2000 年版,第 30 页。
⑥ 杨伯峻、杨逢彬注译:《论语》,岳麓书社 2000 年版,第 134、133 页。
⑦ (春秋)左丘明:《左传》,蒋冀骋标点,岳麓书社 1988 年版,第 334 页。
⑧ 杨伯峻、杨逢彬注译:《论语》,岳麓书社 2000 年版,第 117 页。
⑨ 杨伯峻、杨逢彬注译:《孟子》,岳麓书社 2000 年版,第 124 页。

寡孤独①,"谨庠序之教,申之以孝悌之义"②;四是高扬民本思想,"民为贵,社稷次之,君为轻";五是确立士人独立人格,即"富贵不能淫,贫贱不能移,威武不能屈,此之谓大丈夫",从而显扬了仁义君子的尊严。

孟子与弟子论道,大量引用孔子之言,次则多引《诗经》,再次常引《尚书》与礼书,用以论证他的仁义之学。孟子上承尧舜之道、三代之德,尤其对周文王赞美有加,因此具有了历史的眼光;他周游列国,见多识广,又具有了现实的践履。他又对诸子百家之学以及邹鲁、燕齐、三晋、荆楚、吴越等地区文化多有借鉴。《孟子》书中有老子道家思想,例如:老子讲婴儿赤子,孟子亦讲赤子;老子讲少私寡欲,孟子讲养心莫善于寡欲;老子讲专气致柔,孟子讲养浩然之气;老子讲明哲保身,孟子亦讲穷则独善其身。孟子对法家有所吸纳,主德法并用,故曰:"徒善不足以为政,徒法不能以自行。"③孟子虽然批评"杨氏为我,是无君也;墨氏兼爱,是无父也。无父无君是禽兽也"④,但这只是为了坚守忠孝的底线,才抨击杨子的唯我论(不顾国家政权)和墨子的兼爱论(不谈孝悌为仁之本),并不是要提倡君权至上和父权至上。他说过"民贵君轻",认为君臣要互尽职责,否则可成仇敌,并且指斥桀纣一类暴虐之君为"独夫民贼"⑤,是可以诛讨的。孟子并不否定墨子的"兼相爱、交相利"之说,而且其仁政观正是要实践墨子的兼爱交利。至于墨子的"非攻",更与孟子的"王道"相一致。在父子关系上,孟子认为可以有灵活性,如舜可以"不告而娶",礼有男女授受不亲,但"嫂溺援之以手",是权变,如不援则是豺狼。⑥ 孟子在历史上是较早论述工商分工、市场交易必要性的思想家。《诗经》中就有"抱布贸丝"的描述,《论语》中也有"百工居肆以成其事,君子学以致其道"⑦的说法,孟子则进一步明确社会分工的必要性,指出"一人之身而百工之所为备","劳

---

① 参见杨伯峻、杨逢彬注译:《孟子》,岳麓书社2000年版,第26页。
② 杨伯峻、杨逢彬注译:《孟子》,岳麓书社2000年版,第5页。
③ 杨伯峻、杨逢彬注译:《孟子》,岳麓书社2000年版,第115页。
④ 杨伯峻、杨逢彬注译:《孟子》,岳麓书社2000年版,第111页。
⑤ 参见杨伯峻、杨逢彬注译:《孟子》,岳麓书社2000年版,第30页。
⑥ 参见杨伯峻、杨逢彬注译:《孟子》,岳麓书社2000年版。
⑦ 杨伯峻、杨逢彬注译:《论语》,岳麓书社2000年版,第183页。

心者治人,劳力者治于人"(指脑力劳动与体力劳动的分工),又说明"夫物之不齐,物之情也"①,"以其所有易其所无者",不应"龙(垄)断"②(孟子首用此语),不能人为整齐划一,市场交易要按质论价、随行就市,初步意识到价值规律,还要"市廛(市宅)而不征(赋),法而不廛,则天下之商皆悦而愿藏于其市矣"③,以此鼓励商贸来往,比起许行农家者流来要高明多了。孟子在"华夷之辨"上,主张"用夏变夷"④,但他与孔子一样,并无种族优劣的意识,夷夏之别只在有否先进的礼乐文化。孔子宋人,乃殷(东夷之族)之后,而高度认同周礼。孟子推崇大舜与文王,而"舜生于诸冯,迁于负夏,卒于鸣条,东夷之人也。文王生于岐周,卒于毕郢,西夷之人也"⑤,可见孟子的心胸是博大的,因此才能继孔子之后进一步综合中华各部族各地区多学说的精华,把儒学向前推进。

总结孔孟之道,可用孟子一句话表述:"亲亲而仁民,仁民而爱物"⑥,就是建立在家庭伦理(亲亲)基石上的民本主义,并将仁爱忠恕推及人类与宇宙万物。家国一体,移家为国,移孝作忠,孝忠为诸善之核心,它最能体现人的家庭和社会责任,因而成为中华民族绵延传承的文化血脉的主要成分。

二、老子是开拓中华文化深层哲学思维的智慧大师

老子创立的道家学说以其自然型的道德之学与孔子伦理型的仁义之学形成互补。老子道家与孔子儒家可以说是同源而异流,又时分时合,一阴一阳,一柔一刚,一极高明、一道中庸,一返璞归真、一人文化成,互补性极强,成为贯通中华思想史始终的主脉。两家皆为"立教"之学,为多数人提供有核心价值的人生信仰,而其他各家各派为特殊领域的学问,工具理性较强,其价值理性不能不从道、儒两家中吸取。老子道家如同孔子儒家一样,也是根深源远、海

---

① 杨伯峻、杨逢彬注译:《孟子》,岳麓书社 2000 年版,第 93 页。
② 杨伯峻、杨逢彬注译:《孟子》,岳麓书社 2000 年版,第 74 页。
③ 杨伯峻、杨逢彬注译:《孟子》,岳麓书社 2000 年版,第 55 页。
④ 杨伯峻、杨逢彬注译:《孟子》,岳麓书社 2000 年版,第 92 页。
⑤ 杨伯峻、杨逢彬注译:《孟子》,岳麓书社 2000 年版,第 134 页。
⑥ 杨伯峻、杨逢彬注译:《孟子》,岳麓书社 2000 年版,第 244 页。

纳百川的,故能成其大。老子在《道德经》里,多处引用"圣人云"和"圣人"如何如何,又引"建言有之"、"古之所谓"、"用兵有言"、"古之善为道者",说明老子之学实有所本,只是未明言本于何人何书。首先,可以说老学源于《易》学。《易》有三:《周易》、《连山》、《归藏》。金景芳先生认为,老学源于《归藏》易,与《周易》首《乾》次《坤》的卦序不同,其卦序为首《坤》次《乾》,老子受《归藏》影响,孔子受《周易》影响。① 我们虽然见不到《归藏》易了,但从《周易》中可知二者皆讲阴阳之道,讲刚柔相济,但一重阴一重阳,一重柔一重刚,遂有道、儒两家。《吕氏春秋·不二》说:"老耽贵柔,孔子贵仁"②,指明了两家的不同特色。清代魏源在《老子本义》说:"老子与儒合乎?曰否。天地之道,一阴一阳,而圣人(孔子)之道,恒以扶阳抑阴为事,其学无欲则刚,是以乾道纯阳,刚健中正,而后足以纲维三才,主张皇极。老子主柔宾刚,而取牝取雌取母,取水之善下,其体用皆取于阴。"③

其次,我们还可以推到与老子生活较近的东周前中期。在春秋时期社会剧烈变动的震撼下,一些好学深思之士,已经总结出物极必反、骄奢必损、俭让有益等一系列辩证思想,成为老学的思想营养。《左传》隐公元年(前722年)郑庄公说:"多行不义必自毙",与老子"富贵而骄,自遗其咎"相似;《吕氏春秋·慎行》引古逸诗:"将欲毁之,必重累之;将欲踣之,必高举之"④,《战国策·魏策》任章引古《周书》:"将欲败之,必姑辅之;将欲取之,必姑与之"⑤,皆与《老子》三十六章类似。当然,这些见解零散不成系统,老子将其归纳提高,又站在宇宙制高点上,以绝大智见远虑洞察古往今来事变之由,遂建成巍峨理论大厦。徐梵澄在《老子臆解》中说:"老子盖由洞明历史而成其超上哲学者。旷观乎百世之变,而自立于九霄之上,下视人伦物理,如当世之哓哓者,若屑屑不介意,独申其返淳还朴之道。"⑥

---

① 参见金景芳:《论老子思想》,《延边大学学报》(哲学社会科学版)1980年第3期。
② (汉)高诱注:《吕氏春秋》,上海古籍出版社2014年版,第404页。
③ (清)魏源:《老子本义》,华东师范大学出版社2010年版,第7页。
④ (汉)高诱注:《吕氏春秋》,上海古籍出版社2014年版,第499页。
⑤ 张彦修注说:《战国策》,河南大学出版社2010年版,第469页。
⑥ 徐梵澄:《老子臆解》,中华书局1988年版,第26页。

老子思想之源头还可上推到黄帝。作为古史传说中的中华人文初祖黄帝,为儒道两家及诸子共同推崇并记载。《左传》、《国语》、《世本》中皆有黄帝之事。儒家经典《周易·系辞下》:"神农氏没,黄帝尧舜氏作","黄帝尧舜垂衣裳而天下治"。①《礼记·祭法》:"祭法,有虞氏禘黄帝而郊喾","黄帝正名百物,以明民共财"②。在道家道教系统的发展史上,战国后期就出现了将黄帝与老子相融合的黄老之学,至汉初文景实行黄老之治,司马迁"论大道则先黄老而后六经"③,到汉末黄老崇拜演为道教。《汉书·艺文志》著录以黄帝命名的书典很多,其中《黄帝四经》,学者认为就是马王堆汉墓出土的《黄老帛书》四篇。魏晋时期《列仙传》中有《黄帝传》,葛洪《抱朴子内篇》叙述黄帝炼成神丹,服食升仙。宋代张君房撰集《云笈七签》,内有《轩辕本纪》,成为道教论黄帝之代表作。按照《史记·五帝纪》的追述,黄帝"修德振兵,治五气,艺五种,抚万民,度四方","时播百谷草木","节用水火材物,有土德之瑞"④,他还与能人一起发明了衣裳、文字、养蚕、舟车、弓矢、屋室、医药、律历等,使中华民族迈入文明时代。儒道两家皆以黄帝为人文始祖,说明两家文化的根基是同一的,只是发展的途径有异。比较而言,孔子、孟子只祖述尧舜,而道家道教则常言黄帝,黄帝与老子在文化寻根上是密不可分的。

从更远处追寻,我们还可以将老学最早源头指向母系氏族文化。如果说孔子儒学之源在父系氏族文化,那么老子道家之源则在更早的母系氏族文化。从文化人类学的视野看,这是有道理的。孔子、孟子多讲父子、父兄,而老子多讲母子、玄牝,这不是偶然的。《老子》书中常用女性生殖崇拜之术语,如:"谷神不死,是谓玄牝,玄牝之门,是谓天地根,绵绵若存,用之不勤","无,名天地之始;有,名天地之母","天门开阖,能为雌乎","有物混成,先天地生。寂兮寥兮,独立不改,周行而不殆,可以为天下母。吾不知其名,强字之曰道,强为之名曰大","知其雄,守其雌,为天下谿","天下万物生于有,有生于无","天

---

① 宋祚胤注译:《周易》,岳麓书社 2000 年版,第 348、349 页。
② 《礼记》:崔高维校点,辽宁教育出版社 2000 年版,第 155、156 页。
③ (汉)班固:《汉书》,中华书局 2007 年版,第 622 页。
④ (汉)司马迁:《史记》,线装书局 2006 年版,第 1 页。

下有始,以为天下母。既得其母,以知其子,既知其子,复守其母,没身不殆"①。显然,老子在思考宇宙大道化生万物的时候,受启于女性的生殖活动。人皆生于母亲,而女性的子宫是中空的,却能不断孕育出婴儿,那么宇宙万物便是从玄之又玄的无名大道中产生。"道生一,一生二,二生三,三生万物"。"道"是现存宇宙之前的状态,它是"无",如同宇宙之子宫,中空却蕴含着无限生机;道生一的"一"是初始混沌未分世界;然后分出阴阳,便是"二";阴阳交合,是为"三",指"万物负阴而抱阳,冲气以为和"②。"万物得一以生"③,这个"一"便是道生之"一",是现存宇宙混沌之母体。这是中国最早的宇宙发生学,它把原始创世神话中混沌开出天地、女娲造人的故事加以理论的提炼,遂成"道生天地"之说,用"道"揭示宇宙内在的生机,"道"就是宇宙不息的生命活力和能量。老子的宇宙发生论不是神学的而是哲学的,也能与当代宇宙论相会通,英国著名科学家霍金就认为"宇宙起源于无",这个"无"不同于现存物质世界,但又不是虚无,它包含着产生现存世界的能量。④ 老子不仅继承了上古母系氏族文化,他还考察了社会生活中女性特有的思维、品性、能力、作用,用哲学的语言对女性智慧和美德作了理论的升华。台湾学者吴怡说:"中国哲学上有两本运用女性之德的经典之作,一本是《易经》,一本是《老子》。《易经》只用了一半,而《老子》彻头彻尾都是女人哲学。"⑤

女性占人类的一半,具有阴柔之性,含有母性,以其独特的慈爱、亲和、柔韧品格养育着一代又一代人,维持着家庭日常生活,为男性提供后勤保障,使得人类社会得以正常繁衍和发展。可是父权制社会诞生以后,男性成为社会中心,女性成为男性附庸,其智慧与美德被男性的光芒所遮蔽、所忽略,因而给社会历史带来许多苦难,例如战争、犯罪多是男性所为。老子是世界史上第一个自觉意识到男性弱点和女性伟大的哲学家,他把女性温顺柔和、慈爱周备、

---

① 陈鼓应注释:《老子今注今译》,商务印书馆 2003 年版,第 98、73、108、169、183、226、265、233 页。

② 陈鼓应注释:《老子今注今译》,商务印书馆 2003 年版,第 233 页。

③ 陈鼓应注释:《老子今注今译》,商务印书馆 2003 年版,第 221 页。

④ 参见赵尚弘:《也谈"道"及宇宙的起源和统一》,《社会科学》1989 年第 3 期。

⑤ 吴怡:《中国哲学的生命和方法》,东大图书股份有限公司 1984 年版,第 84 页。

谦让文静,又坚毅耐劳、生命坚毅的品格上升为主阴贵柔的哲学,为整个中国哲学注入了新的活力。

一曰"柔弱胜刚强"(三十六章),人与动植物的生命,柔弱时最具活力,而僵化时便趋衰亡,故曰:"人之生也柔弱(柔软),其死也坚强(僵硬)。草木之生也柔脆,其死也枯槁。故坚强者死之徒,柔弱者生之徒。是以兵强则灭,木强则折"①,所谓"坚强"是外强中干,没有活力。老子称赞水德:"上善若水,水善利万物而不争","天下莫柔弱于水,而攻坚强者莫之能胜"。②

二曰"生而不有,为而不恃,长而不宰"③,老子称之为玄德,它没有男性天生的占有欲、支配欲,而有奉献和服务精神。女性操持家务、养儿育女,并不显扬自身功劳,也不想支配走上社会的亲人,只以他们的平安和顺利为牵挂、为光荣,这是多数母亲的品德。

三曰"我有三宝,持而保之:一曰慈,二曰俭,三曰不敢为天下先"④。俗语说"严父慈母",母心最为慈爱,为了子女可以忍辱负重,不怕艰苦。妇女有油盐柴米之责,养成精打细算、量入为出的节俭习惯。女性谦虚居后,默默服务,在荣誉面前有居后不争之德。老子视"慈、俭、不敢为天下先"为珍宝,将女性品质提升为普适价值,给予崇高评价。

四曰"处无为之事,行不言之教"⑤。父母是儿童最早的老师,但父亲往往较多言教并常外出,而母亲往往较多身教,又日夜守护在子女身边,以身作则,为下一代树立榜样。老子将母教推之于社会治理,强调自然无为。

五曰"见素抱朴"。男性处于社会生活中心,见多识广,又易于沾染各种不良恶习;妇女儿童处在边缘地带,较为质朴纯真。老子把"朴"提高,用来形容大道:"朴,虽小,天下莫能臣"⑥。

---

① 陈鼓应注释:《老子今注今译》,商务印书馆 2003 年版,第 332 页。
② 陈鼓应注释:《老子今注今译》,商务印书馆 2003 年版,第 102、339 页。
③ 陈鼓应注释:《老子今注今译》,商务印书馆 2003 年版,第 260 页。
④ 陈鼓应注释:《老子今注今译》,商务印书馆 2003 年版,第 310 页。
⑤ 陈鼓应注释:《老子今注今译》,商务印书馆 2003 年版,第 80 页。
⑥ 陈鼓应注释:《老子今注今译》,商务印书馆 2003 年版,第 198 页。

六曰"归根曰静,静曰复命","清静为天下正"①。静德是女性风格,而男性好动。老子将"静"看作是大道的本然状态,是为人处世之道,他把清静与无为相连,认为清静能够少私寡欲、镇定自若、处变不惊、以静制动,"牝常以静胜牡"②,修道之方要"致虚极,守静笃"。

以上可知,老子贵柔哲学直接源自女德,与孔子贵仁哲学形成高度互补,共同铸造了中华精神。《易传·象·乾》:"天行健,君子以自强不息"③,说的是《乾》卦之义,乾代表天,代表男。而《象·坤》:"地势坤,君子以厚德载物"④,说的是《坤》卦之义,坤代表地,代表女。君子既要刚健有为,又要承载包容,这才符合天地之道、男女之义,实现"大人者与天地合其德"⑤的理想,孔老携手、儒道互补的意义就在这里。

老子的学说,其要可归纳为宇宙论、生命论、治国论、辩证法。其宇宙论包括宇宙发生论(上文已有论述)和宇宙本体论。老子的本体论强调道是万事万物的本体,它无形无象、内在于事物并决定事物的本质。"道冲(虚),而用之或不盈,渊兮似万物之宗","人法地,地法天,天法道,道法自然","道常无名,朴,虽小,天下莫能臣。侯王若能守之,万物将自宾","大道氾兮,其可左右,万物恃之以生而不辞,功成而不有,衣养万物而不为主。常无欲,可名于小;万物归焉而不为主,可名为大","道常无为而无不为","道者,万物之奥"。⑥ 作为万物之宗的大道,它赋予万物以生命、以功能,却不主宰万物,而是自然而然在发挥衣养万物的作用,它是虚体,无名无状,就存在于万物之中。大道既不同于基督教的上帝(高高在上,主宰人间),也不同于柏拉图的绝对理念(脱离相对事物的绝对),而是动态式的内在于万物的生生不息的生命能量。

老子的生命论,强调培植人的生命的深度、厚度。一是人性要挣脱贪欲浮

---

① 陈鼓应注释:《老子今注今译》,商务印书馆 2003 年版,第 134、243 页。
② 陈鼓应注释:《老子今注今译》,商务印书馆 2003 年版,第 293 页。
③ 宋祚胤注译:《周易》,岳麓书社 2000 年版,第 5 页。
④ 宋祚胤注译:《周易》,岳麓书社 2000 年版,第 17 页。
⑤ 宋祚胤注译:《周易》,岳麓书社 2000 年版,第 15 页。
⑥ 陈鼓应注释:《老子今注今译》,商务印书馆 2003 年版,第 90、169、198、203、212、295 页。

华,回归真朴厚重,"见素抱朴,少私寡欲","沌沌兮,如婴儿之未孩","常德不离,复归于婴儿","常德乃足,复归于朴","大丈夫处其厚,不居其薄;处其实,不居其华","含德之厚,比于赤子"。① 如果说儒家重视人性的人文化成,那么老子便注重人性的返璞归真。

二是人要摆脱愚昧俗见,深入掌握事物变化规律,提高认知的洞察力与灵活性,具有大智大明。"知常曰明","不自见故明","知人者智,自知者明","见小曰明","故以身观身,以家观家,以乡观乡,以邦观邦,以天下观天下"。② 俗人卖弄小智,得道者则大智若愚,"俗人昭昭,我独昏昏;俗人察察,我独闷闷;众人皆有以,而我独顽且鄙。我独异于人,而贵食母"③。

三是人要培植韧的作风,使生命富于弹性,能承受挫折打击,并能以柔克刚。老子要人们学习水德,不仅善利万物而不争,而且柔中有力,"天下莫柔弱于水,而攻坚强者莫之能胜"④,要懂得"柔弱胜刚强"的道理,"天下之至柔,驰骋天下之至坚"⑤,真正的能人不是能克制他人,而是能克制自己,"胜人者有力,自胜者强"⑥。人生之路总是崎岖不平的,要看到曲折中有光明,便有信心,"明道若昧,进道若退,夷道若颣"⑦。

老子的生命论还要善于延伸拓展生命的长度和广度,要学会养生和养心。一是保身避祸:"宠辱若惊,贵大患若身"⑧,不要投靠权贵,恩宠和受辱都会带来祸患;"善摄生者,陆行不遇兕虎,入军不被甲兵","夫何故?以其无死地"⑨,意谓要避开危险地带;要掌握"祸兮福之所倚,福兮祸之所伏"的转化规律。

---

① 陈鼓应注释:《老子今注今译》,商务印书馆 2003 年版,第 147、150、183、215、274 页。
② 陈鼓应注释:《老子今注今译》,商务印书馆 2003 年版,第 134、161、201、265、271 页。
③ 陈鼓应注释:《老子今注今译》,商务印书馆 2003 年版,第 150 页。
④ 陈鼓应注释:《老子今注今译》,商务印书馆 2003 年版,第 339 页。
⑤ 陈鼓应注释:《老子今注今译》,商务印书馆 2003 年版,第 239 页。
⑥ 陈鼓应注释:《老子今注今译》,商务印书馆 2003 年版,第 201 页。
⑦ 陈鼓应注释:《老子今注今译》,商务印书馆 2003 年版,第 229 页。
⑧ 陈鼓应注释:《老子今注今译》,商务印书馆 2003 年版,第 121 页。
⑨ 陈鼓应注释:《老子今注今译》,商务印书馆 2003 年版,第 256 页。

二是消解贪欲:"名与身孰亲? 身与货孰多? 甚爱必大费,多藏必厚亡"①,生命比名利珍贵,而贪欲不仅伤身,还是各种罪恶灾祸的总根源,故曰:"罪莫大于可欲,祸莫大于不知足,咎莫大于欲得。"②

三是俭朴生活:"生生之厚"③反而会害生,声色犬马之乐不仅损害健康,还会"令人心发狂"、"令人行妨"④,因此要"去甚、去奢、去泰"⑤,回旧俭约。

四是以啬养生:"治人事天莫若啬"⑥,治国要开源节流,养生要积累德性、培蓄精华,致虚守静。

五是专气致柔:"载营魄抱一,能无离乎? 专气致柔,能如婴儿乎?"⑦,要形神抱一、积精累气,便可达到"骨弱筋柔而握固"⑧。

六是功遂身退:"金玉满堂,莫之能守;富贵而骄,自遗其咎。功遂身退,天之道也。"⑨

七是同于大道:"同于道者,道亦乐得之",人生要向大道回归。

八是实现大我:"圣人不积,既以为人己愈有,既以与人己愈多"⑩,利他是个体生命的升华,由此便可"死而不亡者寿"⑪了。

九是淑世爱人:救人而"无弃人",救物而"无弃物","圣人常无心,以百姓心为心"⑫。

老子的治国论,特色是无为而治,并非无所作为,而是简政放权、实行自治、淳化民风、至于太平。一是清静爱民:"爱民治国,能无为乎?"⑬在上位者

---

① 陈鼓应注释:《老子今注今译》,商务印书馆 2003 年版,第 241 页。
② 陈鼓应注释:《老子今注今译》,商务印书馆 2003 年版,第 246 页。
③ 陈鼓应注释:《老子今注今译》,商务印书馆 2003 年版,第 256 页。
④ 陈鼓应注释:《老子今注今译》,商务印书馆 2003 年版,第 118 页。
⑤ 陈鼓应注释:《老子今注今译》,商务印书馆 2003 年版,第 188 页。
⑥ 陈鼓应注释:《老子今注今译》,商务印书馆 2003 年版,第 288 页。
⑦ 陈鼓应注释:《老子今注今译》,商务印书馆 2003 年版,第 108 页。
⑧ 陈鼓应注释:《老子今注今译》,商务印书馆 2003 年版,第 274 页。
⑨ 陈鼓应注释:《老子今注今译》,商务印书馆 2003 年版,第 105 页。
⑩ 陈鼓应注释:《老子今注今译》,商务印书馆 2003 年版,第 349 页。
⑪ 陈鼓应注释:《老子今注今译》,商务印书馆 2003 年版,第 201 页。
⑫ 陈鼓应注释:《老子今注今译》,商务印书馆 2003 年版,第 253 页。
⑬ 陈鼓应注释:《老子今注今译》,商务印书馆 2003 年版,第 108 页。

不使百姓有负担有压力，"太上不知有之；其次，亲而誉之；其次，畏之；其次，侮之"①，最理想的状态是"功成事遂，百姓皆谓：'我自然'"②，百姓不怨恨也不必去感谢执政者。因此要去苛政重赋，使民休养生息："天下多忌讳，而民弥贫"，"法令滋彰，盗贼多有"，"民之饥，以其上食税之多"、"民之难治，以其上之有为"，"治大国若烹小鲜"③，要简易谨慎，不能繁政苛刑、朝令夕改。

二是无为自治："圣人不仁，以百姓为刍狗"④，圣人道法自然，不施小恩小爱，而是使百姓各顺其性、各得其所、各尽其才，这是大仁，"圣人常无心，以百姓心为心"，"故圣人云：我无为，而民自化；我好静，而民自正；我无事，而民自富；我无欲，而民自朴"⑤，这就是"以正治国"，这样才能"无为而无不为"⑥。

三是虚己任劳："圣人抱一，为天下式。不自见，故明；不自是，故彰；不自伐，故有功；不自矜，故长。夫唯不争，故天下莫能与之争"⑦，执政者不仅虚己，还要任劳："受国之垢，是谓社稷主；受国不祥，是为天下王"⑧，要主动担当民族的雪耻、国家灾难的责任，才能得到民众的爱戴。

四是愚朴易俗："其政闷闷，其民淳淳"⑨，政治清明才能使民风淳朴，执政者首先要有"愚人之心"，即得道气象，大智若愚，然后以愚治国，"古之善为道者，非以明民，将以愚之"⑩，这不是通常说的"愚民政策"，而是由执政者带头回向质朴，改变世俗争名于朝、争利于市、欺诈流行的不良风习。因此，老子提倡修德："修之于身，其德乃真；修之于家，其德乃余；修之于乡，其德乃长；修之于邦，其德乃丰；修之于天下，其德乃普"⑪。

---

① 陈鼓应注释：《老子今注今译》，商务印书馆 2003 年版，第 141 页。
② 陈鼓应注释：《老子今注今译》，商务印书馆 2003 年版，第 141 页。
③ 陈鼓应注释：《老子今注今译》，商务印书馆 2003 年版，第 280、330、291 页。
④ 陈鼓应注释：《老子今注今译》，商务印书馆 2003 年版，第 93 页。
⑤ 陈鼓应注释：《老子今注今译》，商务印书馆 2003 年版，第 253、280 页。
⑥ 陈鼓应注释：《老子今注今译》，商务印书馆 2003 年版，第 250 页。
⑦ 陈鼓应注释：《老子今注今译》，商务印书馆 2003 年版，第 161 页。
⑧ 陈鼓应注释：《老子今注今译》，商务印书馆 2003 年版，第 339 页。
⑨ 陈鼓应注释：《老子今注今译》，商务印书馆 2003 年版，第 284 页。
⑩ 陈鼓应注释：《老子今注今译》，商务印书馆 2003 年版，第 304 页。
⑪ 陈鼓应注释：《老子今注今译》，商务印书馆 2003 年版，第 271 页。

五是息兵安居：老子提出"小国寡民"的理想，百姓能"甘其食，美其服，安其居，乐其俗"①。为此，首先要息兵止乱："以道佐人主者，不以兵强天下。其事好还，师之所处，荆棘生焉；大军之后，必有凶年"，"夫兵者，不祥之器，物或恶之，故有道者不处"②，在抵抗侵略的正义战争上，也是后发制人，"恬淡为上"③，因为战争要死人。不要逼迫百姓过甚，否则"民不畏威，则大威至"，"民不畏死，奈何以死惧之？"④严刑酷法不能止乱。其次，要均平相助："天之道，损有余而补不足；人之道则不然，损不足以奉有余"⑤，贫富分化是社会动乱的重要根源，人道要效法天道，使财富得到合理分配。还要"执大象，天下往；往而不害，安平太"⑥，以道聚人群，相助而不相害，生活得平和安泰。

六是慎小早图："图难于其易，为大于其细"，"其安易持，其未兆易谋，其脆易泮，其微易散。为之于未有，治之于未乱。合抱之木，生于毫末；九层之台，起于累土；千里之行，始于足下"⑦，所以治国理政要及时发现问题，看到潜在的危机，趁早加以化解，不使矛盾加剧、激成事变。而且要避免空谈，多做实事，长期坚持，"慎终如始"，才能成就事业。

老子的辩证法。中国辩证法有三大系统：一是以《周易》为代表的尚刚主动的儒家辩证法，二是以老子为代表的尚柔主静的道家辩证法，三是以华严宗为代表的无碍圆融的佛家辩证法。老子辩证法起始于阴阳之道，而思维方式与儒家不同。儒家的思维方式关注社会人生正面的、前进的、显露的辩证运动，而老子则致力于发掘有形世界内部和背后的无形世界及其规律，它更重要更根本，决定着有形世界的发展，这就是"有"与"无"的辩证法，体现出逆向思维的特点。在老子看来，无形无象的"无"支配着有形有象的"有"。"三十辐共一毂，当其无，有车之用。埏埴以为器，当其无，有器之用。凿户牖以为室，

① 陈鼓应注释：《老子今注今译》，商务印书馆2003年版，第345页。
② 陈鼓应注释：《老子今注今译》，商务印书馆2003年版，第192、195页。
③ 陈鼓应注释：《老子今注今译》，商务印书馆2003年版，第195页。
④ 陈鼓应注释：《老子今注今译》，商务印书馆2003年版，第323、328页。
⑤ 陈鼓应注释：《老子今注今译》，商务印书馆2003年版，第336页。
⑥ 陈鼓应注释：《老子今注今译》，商务印书馆2003年版，第205页。
⑦ 陈鼓应注释：《老子今注今译》，商务印书馆2003年版，第298、301页。

当其无,有室之用。故有之以为利,无之以为用"①,王弼《老子注》云:"有之所以为利,皆赖无以为用也。""大音希声,大象无形,道隐无名"②,王弼注云:"物以之成,而不见其成形,故隐而无名也。"③老子辩证法强调"有"与"无"的矛盾运动规律是相互依存和相互转化,那就是"反者道之动,弱者道之用"④,其要义在"反"字上。具体讲,有以下几种情形。

第一,相反相成:"有无相生,难易相成,长短相形,高下相盈,音声相和,前后相随"⑤。

第二,正言若反:"明道若昧,进道若退,夷道若类,上德若谷,大白若辱,广德若不足,建德若偷,质直若渝,大方无隅,大器晚成,大音希声,大象无形,道隐无名","大直若屈,大巧若拙,大辩若讷"⑥,这些否定式的表述,比之一般正面表述,更深刻地揭示了真理的内在性。

第三,物极必反:"金玉满堂,莫之能守;富贵而骄,自遗其咎","五色令人目盲,五音令人耳聋,五味令人口爽,驰骋畋猎令人心发狂,难得之货令人行妨","企者不立,跨者不行,自见者不明,自是者不彰,自伐者无功,自矜者不长","祸兮福之所倚,福兮祸之所伏","正复为奇,善复为妖"⑦,当事物发展到极端,便会走向自身的反面。

第四,由反入正:"圣人后其身而身先,外其身而身存","曲则全,枉则直,洼则盈,敝则新,少则得","将欲歙之,必固张之;将欲弱之,必固强之;将欲废之,必固举之;将欲取之,必固与之"⑧,为了达到正面的目标,必须从反面入手,走迂回的路,这可以成为策略智慧。

第五,防正转反:"多言数穷,不如守中","圣人去甚、去奢、去泰","知足

①　陈鼓应注释:《老子今注今译》,商务印书馆2003年版,第115页。
②　陈鼓应注释:《老子今注今译》,商务印书馆2003年版,第116、229页。
③　(汉)河上公、(魏)王弼注:《老子》,刘思禾校点,上海古籍出版社2013年版,第92页。
④　陈鼓应注释:《老子今注今译》,商务印书馆2003年版,第226页。
⑤　陈鼓应注释:《老子今注今译》,商务印书馆2003年版,第80页。
⑥　陈鼓应注释:《老子今注今译》,商务印书馆2003年版,第229、243页。
⑦　陈鼓应注释:《老子今注今译》,商务印书馆2003年版,第105、118、167、284页。
⑧　陈鼓应注释:《老子今注今译》,商务印书馆2003年版,第100、161、207页。

不辱,知止不殆,可以长久","圣人方而不割,廉而不刿,直而不肆,光而不耀","圣人不病,以其病病;夫唯病病,是以不病"①,人要主动接纳否定因素,使局部否定在内部进行,就能保持统一体的长久生命。

第六,返本归初:"万物并作,吾以观复。夫物芸芸,各复归其根。归根曰静,静曰复命。复命曰常,知常曰明","知常容,容乃公,公乃全,全乃天,天乃道,道乃久,没身不殆","有物混成,先天地生。寂兮寥兮,独立不改,周行而不殆。可以为天下母。吾不知其名,强字之曰'道',强为之名曰'大'。大曰逝,逝曰远,远曰反"②,事物的运动最终要回到当初的出发点,做循环运动。人从生到死是复归于自然,社会发展经常螺旋式复归,一年四季是循环复归,地球自转与公转是循环复归,太阳系银河系的诞生到消亡则是宇宙间的大循环复归。

老子逆向思维与反向辩证表述,往往与人们的常识恰相反对,往往遭受曲解和批评,老子知道"知我者希,则我者贵"③,"上士闻道,勤而行之",这样的上士太少了,"中士闻道,若存若亡;下士闻道,大笑之。不笑不足以为道"④。但愿闻道勤行的上士日渐多起来。

老子之后,道家思想由杨朱、宋钘、尹文、彭蒙、田骈、慎到、关尹、列子从不同方向加以发挥。杨朱发挥老学中贵身防患的思想,形成"为我"之论。孟子说:"杨子取为我,拔一毛而利天下不为也。"⑤《吕氏春秋》说:"阳生(即杨朱)贵己"⑥,《淮南子》说:"全性保真,不以物累形,杨子之所立也"⑦。宋钘、尹文发挥老学中反战和寡欲的思想,"以禁攻寝兵为外,以情欲寡浅为内"⑧。彭蒙、田骈、慎到发挥老学中以公易私、绝圣弃智的思想,"公而不党,易而无私,

① 陈鼓应注释:《老子今注今译》,商务印书馆2003年版,第93、188、241、284、320页。
② 陈鼓应注释:《老子今注今译》,商务印书馆2003年版,第134、169页。
③ 陈鼓应注释:《老子今注今译》,商务印书馆2003年版,第318、229页。
④ 陈鼓应注释:《老子今注今译》,商务印书馆2003年版,第229页。
⑤ 杨伯峻、杨逢彬注译:《孟子》,岳麓书社2000年版,第235页。
⑥ (汉)高诱注:《吕氏春秋》,上海古籍出版社2014年版,第404页。
⑦ 杨有礼注说:《淮南子》,河南大学出版社2010年版,第457页。
⑧ 陈鼓应注释:《庄子今注今译》,中华书局2009年版,第924—925页。

决然无主,趣物而不两,不顾于虑,不谋于知"、"齐万物以为首"①。《吕氏春秋》说:"陈骈(即田骈)贵齐"②。按《慎子》佚文(《守山阁丛书》):"法者所以齐天下之动,至公大定之制也"③,那么田骈、慎到是主张以法齐万物,这是由道家向法家的转化,为申不害、韩非所继承。关尹、列子发挥老学中致虚守静的思想,故《吕氏春秋·不二》说:"关尹贵清,子列子贵虚"④,关尹、列子主张虚己接物、清静修身。《庄子》书中多处提到列御寇,却寓言十九,不足为信史,而今本《列子》内当有古《列子》遗文,又有魏晋人依托列子作的新解,要加以辨析。

战国中期,庄子及其学派的出现,使老子道学发展到一个崭新的阶段。庄子生活的时间约与孟子同时,其在道家中的地位也与孟子在儒家中的地位相当。学界倾向于把传世《庄子》中的内篇看作是代表庄子的作品,把外篇、杂篇看作是庄子后学的作品。首先,庄子继承了老子的核心思想,以"道"为最高真理,崇尚自然无为,反对礼乐教化,主张顺任自然之性,向往纯真、超脱、虚静的人生,并对"道"作了系统表述:"夫道,有情有信,无为无形;可传而不可受,可得而不可见;自本自根,未有天地,自古以固存;神鬼神帝,生天生地;在太极之上而不为高,在六极之下而不为深,先天地生而不为久,长于上古而不为老。"⑤但同时庄子又是极富于创造精神和才华横溢的思想家,他把老学引到一个新的方向。一是把老子道论从客体引向主体,使之表现道家追求的最高精神境界,在此境界中的得道之人(真人、神人、至人、圣人)超越了现实事物的有限性,追求心灵的解放和自由,打破世俗的种种是非荣辱的束缚,"举世而誉之而不加劝,举世而非之而不加沮","乘天地之正,而御六气之辩,以游无穷者,彼且恶乎待哉? 故曰:至人无己,神人无功,圣人无名"⑥。二是提出认知的相对论,"是亦彼也,彼亦是也","彼是莫得其偶,谓之道枢。枢始得

---

① 陈鼓应注释:《庄子今注今译》,中华书局 2009 年版,第 930 页。
② (汉)高诱注:《吕氏春秋》,上海古籍出版社 2014 年版,第 404 页。
③ 王斯睿:《慎子校正》,商务印书馆 1935 年版,第 41 页。
④ (汉)高诱注:《吕氏春秋》,上海古籍出版社 2014 年版,第 404 页。
⑤ 陈鼓应注释:《庄子今注今译》,中华书局 2009 年版,第 199 页。
⑥ 陈鼓应注释:《庄子今注今译》,中华书局 2009 年版,第 18 页。

其环中,以应无穷"①,只有站在大道的高度,才能不陷于自是而相非的狭窄,才能知道"天地一指也,万物一马也","道通为一"②。三是追求"大美"、"至乐"的艺术人生,找到属于自己的生活空间并活出乐趣来,如同庖丁解牛,刀之运行,"莫不中音,合于《桑林》之舞,乃中《经首》之会","以无厚入有间,恢恢乎其于游刃必有余地矣"③。四是提出"心斋"、"坐忘"④的修身方法,倡导忘情、无己、安命顺世的人生态度,"知其不可奈何而安之若命,德之至也","古之真人,不知说生,不知恶死","夫大块载我以形,劳我以生,佚我以老,息我以死","且夫得者,时也;失者,顺也;安时而处顺,哀乐不能入也","至人之用心若镜,不将不迎,应而不藏,故能胜物而不伤"⑤。《庄子》一书寓言十九,寄言出意,汪洋恣肆,行文曲折奇巧而富有诗意,将哲理寓于生动故事之中,成为道家美学的杰作。书中假托孔子之名而编制道家故事,可知庄子对儒家是熟知的。

在外篇与杂篇中亦有许多闪光的深邃思想。如《骈拇》说:"彼至正者,不失其性命之情。故合者不为骈,而枝者不为跂;长者不为有余,短者不为不足。是故凫胫虽短,续之则忧;鹤胫虽长,断之则悲"⑥,强调了对事物多样性的尊重。《马蹄》说:"夫至德之世,同与禽兽居,族与万物并,恶乎知君子小人哉"⑦,赫胥氏之时,"含哺而熙,鼓腹而游"⑧,表示了对纯朴生活、天人合体的向往。《胠箧》尖锐地抨击窃国窃仁义的大盗:"圣人不死,大盗不止","为之仁义以矫之,则并与仁义而窃之","彼窃钩者诛,窃国者为诸侯,诸侯之门而仁义存焉"⑨,深刻揭示了历史的一个方面的真相。《在宥》讲养生:"无视无听,抱神以静,形将自正。必静必清,无劳汝形,无摇汝精,乃可以长生","守

---

① 陈鼓应注释:《庄子今注今译》,中华书局 2009 年版,第 62 页。
② 陈鼓应注释:《庄子今注今译》,中华书局 2009 年版,第 66、69 页。
③ 陈鼓应注释:《庄子今注今译》,中华书局 2009 年版,第 106、107 页。
④ 陈鼓应注释:《庄子今注今译》,中华书局 2009 年版,第 129、226 页。
⑤ 陈鼓应注释:《庄子今注今译》,中华书局 2009 年版,第 136、186、196、208、248 页。
⑥ 陈鼓应注释:《庄子今注今译》,中华书局 2009 年版,第 257 页。
⑦ 陈鼓应注释:《庄子今注今译》,中华书局 2009 年版,第 270 页。
⑧ 陈鼓应注释:《庄子今注今译》,中华书局 2009 年版,第 273 页。
⑨ 陈鼓应注释:《庄子今注今译》,中华书局 2009 年版,第 280 页。

其一以处其和"①,这些思想为后世道教养生术所继承。《天地》引"《记》曰:'通于一而万事毕'"②,这是道教道术的最终指向。《天道》论虚静之道:"夫虚静恬淡寂漠无为者,天地之本而道德之至","夫明白于天地之德者,此之谓大本大宗,与天和者也;所以均调天下,与人和也。与人和者,谓之人乐;与天和者,谓之天乐"③,把虚静之道提到天地大本大宗的高度。又有轮扁(做车轮之木匠)评论桓公读书,谓"君之所读者,古人之糟粕已夫"④,指出木工技艺不能仅靠口授而传承,治国之道也不能仅靠读书传承。《秋水》说:"井蛙不可以语于海者,拘于虚也;夏虫不可以语于冰者,笃于时也;曲士不可以语于道者,束于教也"⑤,因此人要跳出自身范围,站在大道的高度看世界,"以道观之",才能了解全貌。又说:"牛马四足,是谓天;落马首,穿牛鼻,是谓人。故曰,无以人灭天"⑥,主张顺任自然之性,不要人为加以改造。此篇还讲了庄子与惠施在濠梁之上观鱼的故事,讨论人能否感知他者(包括鱼)忧乐之情的问题。《至乐》提出"至乐无乐,至誉无誉"⑦,讨论生死问题。庄子妻死,庄子鼓盆而歌,认为人的生死乃是气的聚散,如"春秋冬夏四时之行",应安然对之。《山木》讲,有的大树,"以不材得终其天年"⑧,而故人之家的雁以不能鸣(不材)而先被宰杀,人应当怎样处世? 庄子说:"周将处乎材与不材之间"⑨,但如此未免乎累,"若夫乘道德而浮游则不然。无誉无訾,一龙一蛇,与时俱化,而无肯专为;一上一下,以和为量,浮游乎万物之祖;物物而不物于物,则胡可得而累邪!"⑩这其中"物物而不物于物"⑪是庄子人生观的核心,即人生役物

---

① 陈鼓应注释:《庄子今注今译》,中华书局 2009 年版,第 304、305 页。
② 陈鼓应注释:《庄子今注今译》,中华书局 2009 年版,第 320 页。
③ 陈鼓应注释:《庄子今注今译》,中华书局 2009 年版,第 364、367 页。
④ 陈鼓应注释:《庄子今注今译》,中华书局 2009 年版,第 386 页。
⑤ 陈鼓应注释:《庄子今注今译》,中华书局 2009 年版,第 442 页。
⑥ 陈鼓应注释:《庄子今注今译》,中华书局 2009 年版,第 461 页。
⑦ 陈鼓应注释:《庄子今注今译》,中华书局 2009 年版,第 480 页。
⑧ 陈鼓应注释:《庄子今注今译》,中华书局 2009 年版,第 534 页。
⑨ 陈鼓应注释:《庄子今注今译》,中华书局 2009 年版,第 534 页。
⑩ 陈鼓应注释:《庄子今注今译》,中华书局 2009 年版,第 534—535 页。
⑪ 陈鼓应注释:《庄子今注今译》,中华书局 2009 年版,第 535 页。

而不役于物。《知北游》说:"人之生,气之聚也;聚则为生,散则为死","通天下一气耳"①,把"气"用于宇宙论,还提出:"臭腐复化为神奇,神奇复化为臭腐"②的辩证观点。又说:"天地有大美而不言,四时有明法而不议,万物有成理而不说"③,因此圣人"原天地之美而达万物之理"④,不妄作为。提出道"无所不在"的命题,可以"在蝼蚁"、"在稊稗"、"在瓦甓"、"在屎溺"⑤。《盗跖》认为上古社会,民巢居以避禽兽,"故命之曰有巢氏之民"⑥,而神农之世"民知其母,不知其父,与麋鹿共处,耕而食,织而衣,无有相害之心,此至德之隆也。然而黄帝不能致德,与蚩尤战于涿鹿之野,流血百里。尧舜作,立群臣,汤放其主,武王杀纣。自是以后,以强凌弱,以众暴寡。汤武以来,皆乱人之徒也"⑦,跖骂"修文武之道"的孔子为"盗丘",看起来言论偏激,但寓言中包含着一种与儒家相反的历史观,天才地溯源到母系氏族社会,歌颂了尧舜以前的无阶级、无争夺的淳朴和谐的社会,揭示了文明发展中的另一面:人性的异化与倒退。《列御寇》借孔子之口说:"凡人心险于山川,难于知天;天犹有春秋冬夏旦暮之期,人者厚貌深情"⑧,揭示出现实人性之复杂难知,乃忧世危言,值得深思。整部《庄子》的大量寓言,广泛涉及各地区各族群流传下来的古代神话传说和百家之典,又发挥为含有哲理的文学故事,足证作者知识之丰富与才艺之高超。

《天下》是传世《庄子》书最后一篇,是以道家立场和"容乃公"的心胸总结先秦的学术史。它肯定邹鲁之士所传《诗》、《书》、《礼》、《乐》的价值,说:"《诗》以道志,《书》以道事,《礼》以道行,《乐》以道和,《易》以道阴阳,《春秋》以道名分。其数散于天下而设于中国者,百家之学时或称而道之"⑨,后来

---

① 陈鼓应注释:《庄子今注今译》,中华书局 2009 年版,第 597 页。
② 陈鼓应注释:《庄子今注今译》,中华书局 2009 年版,第 597 页。
③ 陈鼓应注释:《庄子今注今译》,中华书局 2009 年版,第 601 页。
④ 陈鼓应注释:《庄子今注今译》,中华书局 2009 年版,第 601 页。
⑤ 陈鼓应注释:《庄子今注今译》,中华书局 2009 年版,第 613、614 页。
⑥ 陈鼓应注释:《庄子今注今译》,中华书局 2009 年版,第 827 页。
⑦ 陈鼓应注释:《庄子今注今译》,中华书局 2009 年版,第 827 页。
⑧ 陈鼓应注释:《庄子今注今译》,中华书局 2009 年版,第 896 页。
⑨ 陈鼓应注释:《庄子今注今译》,中华书局 2009 年版,第 908—909 页。

天下大乱,百家兴起,"皆有所长,时有所用。虽然,不该不徧,一曲之士也"①,使得"内圣外王之道,暗而不明","道术将为天下裂"②。显然,作者认为"六经"所代表的文化乃是三代以来的主流文化,而它主要由邹鲁学者继承下来的,这是很客观的态度。《天下》首先评论了墨家,其学说"不侈于后世,不靡于万物,不晖于数度,以绳墨自矫而备世之急"③,主张"非乐"而节用,"泛爱兼利而非斗"④,推崇大禹治水沐雨栉风精神,"以自苦为极"⑤,但"其行难为也,恐其不可以为圣人之道"⑥,不过墨子乃"才士也夫"⑦。接着,《天下》评论了宋钘、尹文、彭蒙、田骈、慎到,前文已述不赘。接下去,《天下》赞美了关尹、老聃,说:"以本为精,以物为粗,以有积为不足,澹然独与神明居,古之道术有在于是者。关尹、老聃闻其风而悦之"⑧,称其为"古之博大真人"⑨。此后,《天下》评论了庄周之学,可见作者乃庄子之后的学者,说:"芴漠无形,变化无常,死与生与,天地并与,神明往与!芒乎何之,忽乎何适,万物毕罗,莫足以归,古之道术有在于是者,庄周闻其风而悦之。以谬悠之说,荒唐之言,无端崖之辞,时恣纵而不傥,不以觭见之也。以天下为沈浊,不可与庄语,以卮言为曼衍,以重言为真,以寓言为广。独与天地精神往来而不敖倪于万物,不谴是非,以与世俗处"⑩。可以看出,《天下》对庄周之学理解深透,赞美备至,作者必是庄子后学。最后,《天下》评论了辩者惠施、桓团、公孙龙之学,说:"惠施多方,其书五车,其道舛驳,其言也不中"⑪,列举了惠施的一系列命题,如"至大无外,谓之大一;至小无内,谓之小一","南方无穷而有穷,今日适越而昔来",

①　陈鼓应注释:《庄子今注今译》,中华书局 2009 年版,第 909 页。
②　陈鼓应注释:《庄子今注今译》,中华书局 2009 年版,第 909 页。
③　陈鼓应注释:《庄子今注今译》,中华书局 2009 年版,第 916 页。
④　陈鼓应注释:《庄子今注今译》,中华书局 2009 年版,第 916 页。
⑤　陈鼓应注释:《庄子今注今译》,中华书局 2009 年版,第 917 页。
⑥　陈鼓应注释:《庄子今注今译》,中华书局 2009 年版,第 916 页。
⑦　陈鼓应注释:《庄子今注今译》,中华书局 2009 年版,第 917 页。
⑧　陈鼓应注释:《庄子今注今译》,中华书局 2009 年版,第 935 页。
⑨　陈鼓应注释:《庄子今注今译》,中华书局 2009 年版,第 936 页。
⑩　陈鼓应注释:《庄子今注今译》,中华书局 2009 年版,第 939 页。
⑪　陈鼓应注释:《庄子今注今译》,中华书局 2009 年版,第 942 页。

"卵有毛；鸡三足"，"飞鸟之景未尝动也"，"一尺之捶，日取其半，万世不竭"①，从今日反观，其中有许多关于空间、时间、运动、无限的天才猜测。《天下》认为："桓团、公孙龙辩者之徒，饰人之心，易人之意，能胜人之口，不能服人之心，辩者之囿也"，"由天地之道观惠施之能，其犹一蚊一虻之劳者也"②，评价是较低的。总而言之，《天下》以"六经"为百家之前中华文化的正统，以老子、庄子道家之学为百家之后的真道，表现出儒道兼综的风格。

第三节　战国后期儒道两家的互评与
对先秦文化的总结

一、儒家荀子的总结

荀况是继孟轲之后的先秦孔子儒学的重要代表，是一位站在儒家立场集诸子百家之大成的学者。但他的综合继承是有主线、有选择、有批判的继承和创新，在许多观点上（如人性论）与孟子不同，批评甚重，于是有人便据此把荀子与孟子，甚至与孔子对立起来，或者扬孟而抑荀（如韩愈、谭嗣同），或者扬荀而抑孟（如当代一些哲学史家），这都是不合理的。孔子、孟子、荀子是先秦儒学的三位代表性学者，各有自己独特的贡献。荀子的儒家取向是明确的，他推崇孔子："孔子仁知且不蔽，故学乱（杂也）术，足以为（助也）先王者也。"③他认同儒学："儒者，法先王，隆礼义，谨乎臣子，而致贵其上者也"，"先王之道，仁之隆也，比中而行之。曷谓中？曰：礼义是也"④。他看重仁义："养心莫善于诚，致诚，则无它事矣，唯仁之为守，唯义之为行。"⑤他尤其推重礼义，著《礼论》，指出："礼义文理之所以养情也"，"礼有三本：天地者，生之本也；先祖

---

①　陈鼓应注释：《庄子今注今译》，中华书局 2009 年版，第 942、943、952 页。
②　陈鼓应注释：《庄子今注今译》，中华书局 2009 年版，第 952 页。
③　张觉：《荀子译注》，上海古籍出版社 1995 年版，第 453 页。
④　张觉：《荀子译注》，上海古籍出版社 1995 年版，第 115 页。
⑤　张觉：《荀子译注》，上海古籍出版社 1995 年版，第 38 页。

者,类之本也;君师者,治之本也"①,由此形成中国人的"天地君亲师"基本信仰。他认为礼是维持宗法社会秩序的:"礼之于正国家也,如权衡之于轻重也,如绳墨之于曲直也。故人无礼不生,事无礼不成,国家无礼不宁","礼也者,贵者敬焉,老者孝焉,长者弟焉,幼者慈焉,贱者惠焉"②。荀子对礼的起源和本质、礼的特点和功能、礼与法制的关系、祭礼的道德教化作用,都有系统论述,为汉代礼学和礼义制度建设提供了丰富的思想资粮。如果说孔子提出仁礼之学,兼述内圣外王之道,那么孟子以仁义性善之说侧重发展了孔子内圣之道,而荀子以礼义性恶之说侧重发展了孔子外王之道。

荀子生活在战国百家争鸣活跃的时代,曾三次为齐国稷下学宫的"祭酒",稷下人才济济,产生过有综合性的《管子》与管仲学派,争论的风气很盛。荀子是有强烈批判意识的大儒,积极参与学术争鸣。他作《非十二子》,严厉批评了它嚣、魏牟、陈仲、史鳝、墨翟、宋钘、慎到、田骈、惠施、邓析、子思、孟轲诸说,尤其指责子思、孟轲"略法先王,而不知其统,然而犹材剧志大,闻见杂博。案往旧造说,谓之五行(五德),甚僻违而无类,幽隐而无说,闭约而无解"③,认为他们偏离了孔子的学统,必须"上则法舜禹之制,下则法仲尼子弓之义,以务息十二子之说"④。他又作《解蔽》,批评"墨子蔽于用而不知文,宋子蔽于欲而不知得,慎子蔽于法而不知贤,申子蔽于势而不知知,惠子蔽于辞而不知实,庄子蔽于天而不知人"⑤,其中荀子批评"庄子蔽于天而不知人",是对道家庄学优缺点的精辟评说,即道家重天道而轻人道。在《性恶》中他提出"人之性恶,其善者伪也"⑥,认为人生而好利、有欲,如"从人之性,顺人之情,必出于争夺,合于犯分、乱理,而归于暴"⑦,因此,要"有师法之化,礼义之

---

① 张觉:《荀子译注》,上海古籍出版社1995年版,第395、397页。
② 张觉:《荀子译注》,上海古籍出版社1995年版,第599、585页。
③ 张觉:《荀子译注》,上海古籍出版社1995年版,第87页。
④ 张觉:《荀子译注》,上海古籍出版社1995年版,第90页。
⑤ 张觉:《荀子译注》,上海古籍出版社1995年版,第453页。
⑥ 张觉:《荀子译注》,上海古籍出版社1995年版,第497页。
⑦ 张觉:《荀子译注》,上海古籍出版社1995年版,第498页。

道,然后出于辞让,合于文理,而归于治"①,所以说人性恶,而善性是后天人为(伪)的结果。他批评孟子性善说是不知性伪之分。如果我们深入分析,便知孟、荀对人性理解的不同:孟子以人的道德理性为性,荀子以人的生理欲求为性,并非真正的对立。孟子只是说仁义礼智乃是"四端"(萌芽),不扩充便会丧失;而荀子强调不教化则人的德性不能成长,两者殊途同归,都认为教育与修身对于人的健康成长是必需的。荀子性恶论有助于他强调礼法度制的重要性,在这点上超出孟子。但他又说礼义法度生于圣人之伪,那么至少圣人之性是善的,这又不如孟子理论完整。

　　荀子一方面对诸子多有批判,另一方面又对诸子多有吸收,并不是儒家原教旨主义者。他的学说体现儒道互补、儒法并用。他在宇宙论和认知论上对老子道家思想多有借鉴。他作《天论》,从老子天道自然无为出发,进一步消解孔孟天命论赋予"天"的宗教神秘色彩,明确主张自然之天,没有意志情感,与社会人事根本是两码事,即"明于天人之分","天行有常,不为尧存,不为桀亡",自然界独立运行,"不为而成,不求而得",与神、人无关。但人可以"制天命而用之",在这点上超越了庄子"蔽于天而不知人"的局限。他引入道家的气说:"水火有气而无生,草木有生而无知,禽兽有知而无义,人有气有生有知亦且有义,故最为天下贵也。"②他用"气"、"生"、"知"、"义"界定了无生物、植物、动物、人类各自的性质,精确而有层次性。他作《解蔽》,借鉴老庄道家以道观物和虚静心智的观点,指出:"圣人知心术之患,见蔽塞之祸,故无欲、无恶、无始、无终、无近、无远、无博、无浅、无古、无今,兼陈万物而中县衡焉","精于物者以物物,精于道者兼物物。故君子壹于道而以赞稽物。壹于道则正,以赞稽物则察,以正志行察论,则万物官矣"③。人要掌握道,必须虚心:"人何以知道?曰:心。心何以知?曰:虚壹而静","不以所已臧害所将受谓之虚","不以夫一害此一谓之壹","不以梦剧乱知谓之静"④,这就是人们后

① 张觉:《荀子译注》,上海古籍出版社1995年版,第498页。
② 张觉:《荀子译注》,上海古籍出版社1995年版,第162页。
③ 张觉:《荀子译注》,上海古籍出版社1995年版,第455、461页。
④ 张觉:《荀子译注》,上海古籍出版社1995年版,第457页。

来经常讲的在认知活动要"虚心"。

荀子兼治儒法,大力吸收齐法家思想,以法治充实礼治。他说:"礼者,法之大分,类之纲纪也,故学至乎礼而止矣","故非礼,是无法也","故学也者,礼法也","礼义生而制法度","故为之立君上之势以临之,明礼义以化之,起法正以治之,重刑罚以禁之,使天下皆出于治、合于善也","由士以上则必以礼乐节之,众庶百姓则必以法数制之"。①但君对民必以德治、爱民为主,不能纯任刑法,故曰:"《传》曰:'君者,舟也;庶人者,水也。水则载舟,水则覆舟',此之谓也。故君人者,欲安,则莫若平政爱民矣。"②可见荀子骨子里仍是儒者,"君舟民水"的名言,历代传诵不绝。《史记·老庄申韩列传》说韩非与李斯是荀子的学生,因此后世有学者把韩李的唯法主义归咎于荀子,这是不公正的。荀子肯定法治的作用,对韩、李有一定影响,但韩、李自身形成的思想在根本点上与荀子德主法辅不同。韩非主张君主个人专制,依靠法、术、势,运用赏罚二柄就可以令行禁止,道德是无用的,说:"吾以是明仁义爱惠之不足用,而严刑重罚之可以治国也"③,明确反对儒家的仁爱民本,"明主之国,无书简之文,以法为教;无先王之语,以吏为师"④。秦始皇采纳李斯的建议实施焚书坑儒,实行思想与政治专制与高压,即以暴政治国,更是与荀子有天壤之别。

荀子明确否定天有意志、人死为鬼,比起孔子畏天命并对鬼神存而不论的态度来说,他是先秦儒家中明确的无神论者。他说:"雩而雨,何也? 曰:无何也,犹不雩而雨也"⑤,所谓怪异现象,乃是人少见多怪的自然现象,"星队(坠)、木鸣,国人皆恐,曰:是何也? 曰:无何也。是天地之变、阴阳之化,物之罕至者也。怪之,可也;而畏之,非也"⑥。所谓见鬼,是人主观意识不清醒造成的:"凡人之有鬼也,必以其感忽之间、疑玄之时正之。此人之所以无有而

---

① 张觉:《荀子译注》,上海古籍出版社 1995 年版,第 8、26、503、505、183 页。
② 张觉:《荀子译注》,上海古籍出版社 1995 年版,第 148 页。
③ 张觉:《韩非子校注》,岳麓书社 2006 年版,第 135 页。
④ 张觉:《韩非子校注》,岳麓书社 2006 年版,第 662 页。
⑤ 张觉:《荀子译注》,上海古籍出版社 1995 年版,第 356 页。
⑥ 张觉:《荀子译注》,上海古籍出版社 1995 年版,第 354 页。

有无之时也。"①但荀子继承和发扬了孔子"敬鬼神而远之"、"慎终追远"和《易传》"神道设教"的思想,进而把神道视为人道的组成部分,作为礼制的内容,看重其社会文化功能,从社会管理的高度对待民众的鬼神信仰。他把"礼有三本"的敬天祭祖、祭社稷、拜师看作是人们的报本返始、不忘本根的活动。祭祖的意义在于"事死如事生,事亡如事存","祭者,志意思慕之情也。忠信爱敬之至矣,礼节文貌之盛矣"②,这是礼义文明的表现。百姓崇信鬼神、避凶求吉的行为,"君子以为文,而百姓以为神;以为文则吉,以为神则凶"③,士君子把它看作文饰与民俗文化,可以安慰人心,有益教化;如果真信,坐等神灵保佑,则不免于灾祸。从治国理政看,"圣人明知之,士君子安行之,官人以为守,百姓以成俗。其在君子,以为人道也;其在百姓,以为鬼事也"④。这是很有智慧的见解:无神论者明白没有鬼神,但民众有信仰,那就必须予以尊重,执政者要把鬼神之道作为人生之道的一部分纳入社会管理体系,使其有益于维持社会秩序,而百姓则形成宗教民俗文化,管理者可以"因俗而治",这样可以两全其美,相得而益彰。这是一种温和的或理性的无神论,是纳神道入人道的人文主义宗教观。历代社会管理者,其宗教政策的主流都受到孔子"和而不同"与荀子温和宗教观的影响,能超越本身的信仰(不论信不信宗教或信某种宗教),对各种宗教采取包容的态度并使之与中华仁和人本文化相衔接,也给儒家与佛、道等宗教对话,提供了理论根据。

二、道家《吕氏春秋》的总结

《吕氏春秋》成书于秦统一中国前夕,大约在公元前 241 年,始皇六年,由掌握秦国大政的文信侯吕不韦主持,组织门下众多学者,按设定的大纲,分工合作而编成的一部大型综合性著作,这样的编撰方式是首创的。后来由于暴秦速亡形成的反秦思潮,加以吕不韦是商贾出身,其相秦被认为是计谋取得

---

① 张觉:《荀子译注》,上海古籍出版社 1995 年版,第 467 页。
② 张觉:《荀子译注》,上海古籍出版社 1995 年版,第 427 页。
③ 张觉:《荀子译注》,上海古籍出版社 1995 年版,第 356 页。
④ 张觉:《荀子译注》,上海古籍出版社 1995 年版,第 427 页。

的,使得汉以后此书不受重视,《汉书·艺文志》将其列为杂家,似乎不成一家之言。实际上,该书是以道家为主导,同时广纳百家的综合家作品,它发扬了道家"容乃公"的包容精神,对儒、墨、阴阳五行、兵等诸家思想都有大量吸收,并且彼此之间大致协调。汉代高诱在《吕氏春秋序》中说:"此书所尚,以道德为标的,以无为为纲纪,以忠义为品式,以公方为检格,与孟轲、孙卿、淮南、扬雄相表里也"①,评说较为客观。由于作者来自不同学派,互相融会又不足,给人以"杂"的印象,但这是取各家之长的"杂",是和而不同的"杂",是全面择取前人在社会政治、经济、文化、军事、哲学各领域积极思想成果的"杂",是超出了学派局限性的"杂",表现出百家争鸣之后中华文明的博大胸怀,可以看作是一部较为完整的治国大典,所以难能可贵。司马迁在《史记·吕不韦传》中说:"吕不韦乃使其客人人著所闻,集论以为《八览》《六论》《十二纪》,二十余万言。以为备天地万物古今之事,号曰《吕氏春秋》,布咸阳市门。"②由于吕不韦主编,故该书又称《吕览》。后来吕不韦被秦始皇迫害致死,《吕览》思想也被始皇抛弃,这不能不说是秦始皇走上暴政道路的重要缘由。我们应为吕不韦恢复名誉,可称他是位有广阔胸怀、能兼收并蓄,又综合创新的重要思想家。

吕不韦提出了编书的指导思想,即"上揆之天,下验之地,中审之人"③,这是糅合了道儒的观念。老子有"人法地,地法天,天法道,道法自然"④的思想,《易传》有"《易》之为书也,广大悉备,有天道焉,有人道焉,有地道焉。兼三才而两之,故六。六者非它也,三才之道也"⑤。《吕览》在宇宙观上的最高概念是"道",或称"一"、"太一",并说:"天无私覆也,地无私载也,日月无私烛也,四时无私行也。"⑥这主要来自老子道论。在治国论上,《吕览》主张无为而治:"有道之主,因而不为,责而不诏,去想去意,静虚以待,不伐之言,不夺之

①　张双棣等译注:《吕氏春秋译注》,吉林文史出版社1986年版,第944页。
②　韩兆琦译注:《史记》,中华书局2007年版,第256页。
③　(汉)高诱注:《吕氏春秋》,上海古籍出版社2014年版,第626页。
④　陈鼓应注释:《老子今注今译》,商务印书馆2003年版,第169页。
⑤　宋祚胤注译:《周易》,岳麓书社2000年版,第371页。
⑥　(汉)高诱注:《吕氏春秋》,上海古籍出版社2014年版,第19—20页。

事,督名审实,官复自司。"①书中对老子重生轻利、避祸全身的人生观也多有吸收。《吕览》对《庄子》一书多处引用,思想上强调万物本性不可变,人要使万物各安性命之情,天道运行无所滞留,君无为臣有为,先治身而后治国,推尊庄子书中的至人、神人:"以天为法,以德为行,以道为宗,与物变化而无所终。"②《吕览》引用墨家仅次于老庄,注重义利结合,讲爱利之为道,"以民为务,忧民利,除民害",与孟子不同,它认为"君道不废者,天下之利"③;其《节丧》、《安死》两篇发挥墨子节葬的主张;其《正名》、《离谓》、《淫辞》、《不屈》数篇对于辩学包括墨经的"故、理、类"有阐发,肯定公孙龙子"坚白石相盈"。书中记载墨者故事达六七人之多,视为义士、智者。当然,《吕览》不讲天志、明鬼,批评非乐、偃兵,它是有所取舍的。《吕览》重视儒家,往往孔墨并称,多处提到孔子及其弟子,它反对专恃威力治国,主张人君"行德爱人",而德治要明确伦常名分:"凡为治必先定分,君臣、父子、夫妇"④,而务本在于弘扬孝道:"夫孝,三皇五帝之本务,而万事之纪也"⑤。《劝学》、《尊师》、《诬徒》数篇提倡疾学尊师,对于儒家教育思想有所发扬。《吕览》创造性运用阴阳五行思想,形成新格局:十二纪纪首以阴阳二气消长解释四季气候的变化,并配以五行、五方、五色、五音、五祀等,将季节、生产、政事、祭祀、生活等社会活动事项安置其中,形成阴阳五行的世界图式,认为政令和农事要适应时令,此十二纪为《礼记·月令》所本。《应同》以五行相胜说明黄帝、禹、汤、文王相继兴代,当是邹衍学派的五德终始说。《吕览》肯定法治重要和变法必要:《慎势》论权力势位的重要性;《察今》论治国必有法,法应随时而变;《君守》所谓"智乎深藏而实莫得窥"⑥、《知度》讲以名责实,皆人君南面之术,法、术、势兼而有之。但该书反对专恃法术威势治国,赞成德法相济。《吕览》中有多篇(如《荡兵》、《振乱》等)讲军事,既与孙武、孙膑兵法相合,又含有秦国用兵的经验。《吕

---

① (汉)高诱注:《吕氏春秋》,上海古籍出版社 2014 年版,第 396 页。
② (汉)高诱注:《吕氏春秋》,上海古籍出版社 2014 年版,第 320 页。
③ (汉)高诱注:《吕氏春秋》,上海古籍出版社 2014 年版,第 474 页。
④ (汉)高诱注:《吕氏春秋》,上海古籍出版社 2014 年版,第 596 页。
⑤ (汉)高诱注:《吕氏春秋》,上海古籍出版社 2014 年版,第 268 页。
⑥ (汉)高诱注:《吕氏春秋》,上海古籍出版社 2014 年版,第 382 页。

览》中的《上农》、《任地》、《辩土》、《审时》四篇，则是系统的农家著作，反映了秦国对农耕的重视。

百家之学各有所见，亦各有所偏，《用众》说："物固莫不有长，莫不有短，人亦然。故善学者，假人之长以补其短。"①《不二》着眼于各家的特色与长处："老耽贵柔，孔子贵仁，墨翟贵廉（兼），关尹贵清，子列子贵虚，陈骈贵齐，阳生贵己，孙膑贵势，王廖贵先，兒良贵后。此十人者，皆天下之豪士也。"②《吕览》择百家之善而聚，加以整合加工，在新的基础上建立一个较为统一的理论体系，如《易传》所说"天下一致而百虑，同归而殊途"③，期望为即将统一的帝国提供全面治国方案，这无疑是一项很有意义的巨大的文化工程。

《吕览》的理论有很多创新性提法。

一是在宇宙论上，它提出："万物所出，造于太一，化于阴阳"，"太一出两仪，两仪出阴阳，阴阳变化，一上一下，合而成章。浑浑沌沌，离则复合，合则复离，是谓天常"④，这是创造性运用老子和《易传》学说，对天道运行规律的表述，对后世影响很大。在天人关系上，《吕览》提出"法天地"和"因则无敌"的新理念。《序意》认为："古之清世，是法天地"⑤，人的行动要"行（其数），循其理，平其私"；《贵因》说："三代所宝莫如因，因则无敌"⑥，禹"因水之力"，舜"因人之心"，汤武"因民之欲"。"因"不是消极因循，而是认识规律，因势利导，争取事业成功，如军事上，"凡兵，贵其因也。因也者，因敌之险以为己固，因敌之谋以为己事。能审因而加，胜则不可穷矣"⑦。

二是在治国论上，《吕览》提出"天下非一人之天下也，天下之天下也"⑧的有强烈民主精神的口号，故"君虽尊，以白为黑，臣不能听；父虽亲，以黑为

① （汉）高诱注：《吕氏春秋》，上海古籍出版社2014年版，第83—84页。
② （汉）高诱注：《吕氏春秋》，上海古籍出版社2014年版，第404页。
③ （汉）司马迁：《史记》，线装书局2006年版，第544页。
④ （汉）高诱注：《吕氏春秋》，上海古籍出版社2014年版，第91页。
⑤ （汉）高诱注：《吕氏春秋》，上海古籍出版社2014年版，第626页。
⑥ （汉）高诱注：《吕氏春秋》，上海古籍出版社2014年版，第336页。
⑦ （汉）高诱注：《吕氏春秋》，上海古籍出版社2014年版，第164页。
⑧ （汉）高诱注：《吕氏春秋》，上海古籍出版社2014年版，第16页。

白,子不能从"①,真理高于君父之位。察贤用贤是治国之本:"主贤世治,则贤者在上;主不肖世乱,则贤者在下。"②还要纳谏:"至忠逆于耳,倒于心,非贤主其孰能听之。"③在君民关系上,要顺民心、兴民利、借民力:"行德爱人,则民亲其上","爱利之心谕,威乃可行","徒疾行威,身必咎矣","古之君民者,仁义以治之,爱利以安之,忠信以导之"④。还要发展农业,实行私有化,故曰:"古先圣王之所以导其民者,先务于农。民农非徒为地利也,贵其志也","今以众地者,公作则迟,有所匿其力也;分地则速,无所匿迟也"。⑤

三是在认知论上,《吕览》强调疾学尊师:"精而熟之,鬼将告之,非鬼告之也,精而熟之也。"⑥学要尊师,师要"视徒如己",做到"师徒同体"。要善于"知化",从已知推未知,"有道之士,贵以近知远,以今知古,以(益)所见知所不见"⑦。还要"先知必审征表,无征表而欲先知,尧、舜与众人同等"⑧,判断是非要从实际出发,"是非之经,不可不分,此圣人之所慎也。然则何以慎?缘物之情及人之情,以为所闻则得之矣"⑨。要排除偏见、情绪、利欲的干扰,"所以尤者多故,其要必因人所喜,与因人所恶","夫人有所宥者,固以昼为昏,以白为黑,以尧为桀"⑩。传言必察,"数传而白为黑,黑为白"⑪;疑似必察,"使人大迷惑者,必物之相似也"⑫;始微细察,"治乱存亡,其始若秋毫。察其秋毫,则大物不过矣"⑬;不疑再察,"虽不疑,虽已知,必察之以法,揆之以

① (汉)高诱注:《吕氏春秋》,上海古籍出版社2014年版,第252页。
② (汉)高诱注:《吕氏春秋》,上海古籍出版社2014年版,第260页。
③ (汉)高诱注:《吕氏春秋》,上海古籍出版社2014年版,第212页。
④ (汉)高诱注:《吕氏春秋》,上海古籍出版社2014年版,第166、457、459页。
⑤ (汉)高诱注:《吕氏春秋》,上海古籍出版社2014年版,第611、376页。
⑥ (汉)高诱注:《吕氏春秋》,上海古籍出版社2014年版,第579页。
⑦ (汉)高诱注:《吕氏春秋》,上海古籍出版社2014年版,第340页。
⑧ (汉)高诱注:《吕氏春秋》,上海古籍出版社2014年版,第507页。
⑨ (汉)高诱注:《吕氏春秋》,上海古籍出版社2014年版,第546页。
⑩ (汉)高诱注:《吕氏春秋》,上海古籍出版社2014年版,第254、372页。
⑪ (汉)高诱注:《吕氏春秋》,上海古籍出版社2014年版,第544页。
⑫ (汉)高诱注:《吕氏春秋》,上海古籍出版社2014年展版,第536页。
⑬ (汉)高诱注:《吕氏春秋》,上海古籍出版社2014年版,第365页。

量,验之以数"①。

四是在人性人生论上,《吕览》与孟子、荀子有同有异,它认为"天生人而使有贪有欲",如"欲五声"、"欲五色"、"欲五味","此三者,贵贱愚智贤不肖欲之若一","人之情,欲寿而恶夭,欲安而恶危,欲荣而恶辱,欲逸而恶劳"②,这是正常的。但是,第一,要适度得当,"所谓全生者,六欲皆得其宜也"③;第二,应当合情合理,如为了事服齐桓公,易牙烹子、竖刁自宫、卫公子启方弃父以取悦君王,皆不近人情,故非道德;第三,人性还追求精神的满足,如受辱而生则不如死,"死次之,迫生为下","辱莫大于不义"④。总之,人性的物质需求与道德理性是统一的。对于生死,《吕览》认为,"凡生于天地之间,其必有死,所不免也"⑤,但可以养生:第一,节欲,"知早啬则精不竭","圣人之于声色滋味也,利于性则取之,害于性则舍之,此全性之道也"⑥;第二,去甚,包括不食"大甘、大酸、大苦、大辛、大醎",精神上避免"大喜、大怒、大忧、大恐、大哀",生活环境要防止"大寒、大热、大燥、大湿、大风、大霖、大雾"⑦;第三,运动,"流水不腐,户枢不蠹,动也。形气亦然。形不动则精不流,精不流则气郁","凡人三百六十节、九窍、五藏、六腑,肌肤欲其比也,血脉欲其通也,筋骨欲其固也,心志欲其和也,精气欲其行也,若此则病无所居而恶无由生矣"⑧。《吕览》尖锐批评骄奢淫逸的生活,认为是害生之道,留下一段名言:"出则以车,入则以辇,务以自佚,命之曰招蹶之机;肥肉厚酒,务以自强,命之曰烂肠之食;靡曼皓齿,郑、卫之音,务以自乐,命之曰伐性之斧。"⑨

五是在军事理论上、音乐理论上,《吕览》都有创获,而且符合中华文明仁和的精神,此不赘述。

① (汉)高诱注:《吕氏春秋》,上海古籍出版社2014年版,第259页。
② (汉)高诱注:《吕氏春秋》,上海古籍出版社2014年版,第32、98页。
③ (汉)高诱注:《吕氏春秋》,上海古籍出版社2014年版,第30页。
④ (汉)高诱注:《吕氏春秋》,上海古籍出版社2014年版,第30页。
⑤ (汉)高诱注:《吕氏春秋》,上海古籍出版社2014年版,第193页。
⑥ (汉)高诱注:《吕氏春秋》,上海古籍出版社2014年版,第34页。
⑦ (汉)高诱注:《吕氏春秋》,上海古籍出版社2014年版,第8页。
⑧ (汉)高诱注:《吕氏春秋》,上海古籍出版社2014年版,第52、491页。
⑨ (汉)高诱注:《吕氏春秋》,上海古籍出版社2014年版,第9页。

六是《吕览》的非今、非秦观点,出自于吕不韦的政治远见和忧国勇气,试图为即将成人亲政的秦王嬴政提出劝诫和借鉴,这是非常难得的。《振乱》说:"当今之世浊甚矣,黔首之苦不可以加矣。天子既绝,贤者废伏,世主恣行,与民相离,黔首无所告愬"①,《谨听》说:"无天子则强者胜弱,众者暴寡,以兵相残,不得休息,今之世当之矣"②,这无疑是针对当时秦国征战六国连连胜利却造成民众诸多苦难的形势而发的。吕不韦并不认同秦国发动战争,而且书中对秦缪公、秦惠公都有指责,还再三强调人主不能垄断权力、独裁专横,故《骄恣》严肃指出:"亡国之主,必自骄,必自智,必轻物。自骄则简士,自智则专独,轻物则无备。无备召祸,专独位危,简士雍塞。欲无雍塞必礼士,欲位无危必得众,欲无召祸必完备。三者,人君之大经也。"③《恃君》甚至警告,如君不行正道,可"废其非君,而立其行君道者"④,这不能不触怒日渐成长又专断的秦王政,造成二人之间政治思想上的尖锐对立。其结果是秦王政借嫪毐事件免除吕不韦的相位并逼其自杀。郭沫若在《十批判书》中指出:《吕氏春秋》"它并不'杂',它是有一定的权衡,有严正的去取。在大体上它是折中着道家与儒家的宇宙观和人生观,尊重理性,而对于墨家的宗教思想是摒弃的。它采取着道家的卫生的教条,遵守儒家的修齐治平的理论,行夏时,重德政,隆礼乐,敦诗书,而反对着墨家的非乐非攻,法家的严刑峻法,名家的诡辩苟察。它主张君主无为,并鼓吹着儒家的禅让说,和'传子孙,业万世'的观念根本不相容。我们了解了这些,再去读《吕氏春秋》,你可以发觉它的每一篇每一节差不多都是和秦国的政治传统相反对,尤其是和秦始皇后来的政见与作风作正面的冲突。吕不韦可以说是秦始皇的死对头,秦始皇要除掉他是理所当然而势所必然"⑤。从短期看,秦王政胜利了,吕不韦失败了。从长远看,秦始皇与二世实行独裁暴政,背离了中华治国常道,激化了社会矛盾,终于招致国家

---

① （汉）高诱注:《吕氏春秋》,上海古籍出版社 2014 年版,第 140 页。
② （汉）高诱注:《吕氏春秋》,上海古籍出版社 2014 年版,第 260 页。
③ （汉）高诱注:《吕氏春秋》,上海古籍出版社 2014 年版,第 502 页。
④ （汉）高诱注:《吕氏春秋》,上海古籍出版社 2014 年版,第 474 页。
⑤ 郭沫若:《十批判书》,人民出版社 1954 年版,第 401 页。

速亡,如贾谊《过秦论》所说:"秦王怀贪鄙之心,行自奋之智,不信功臣,不亲士民,废王道,立私权,禁文书而酷刑法,先诈力而后仁义,以暴虐为天下始。"①及至秦二世之时,"一夫作难而七庙隳,身死人手,为天下笑者,何也? 仁义不施而攻守之势异也"②。回观《吕览》,不能不令人佩服其作者们的远见卓识。

从儒家荀子和道家《吕氏春秋》对先秦思想的总结中可以看出,儒家对道家的吸收侧重于宇宙论、认知论,道家对儒家的吸收侧重于治国论、道德论,彼此的互补性是很强的。

第四节　两汉时期中华思想文化的综合发展

这一时期儒道关系进入一个新阶段,先秦诸子百家的积极思想要素大都被儒道两家吸收,儒道两家作为新时期中华思想文化的轴线更为清晰和突出。

一、道家思想的实践与发展

(一)西汉黄老之学

道家思想至战国后期形成黄老之学,以黄帝为依托,以老庄为基石,接纳儒法,从社会旁观者(隐士)渐渐参与社会生活,至汉初影响大增,不仅成为一种重要的社会思潮,而且在国家管理上一度起过主导作用。《汉书·艺文志》在著录各家书目中有大量托黄帝之名的书典,除《黄帝内经》流传下来,余皆佚亡。长沙马王堆汉墓出土《黄老帛书》为战国末期作品,推崇大道,主张德治,同时倡导刑名之学。汉初当战乱之后,社会需要休养生息,于是黄老之学转盛。曹参为齐相,黄老学者盖公"为言治道贵清静而民自定"③,于是以盖公为顾问,"其治要用黄老术,故相齐九年,齐国安集,大称贤相"④。文帝、景帝

---

①　(汉)司马迁:《史记》,线装书局 2006 年版,第 39 页。
②　(汉)司马迁:《史记》,线装书局 2006 年版,第 38—39 页。
③　(汉)司马迁:《史记》,线装书局 2006 年版,第 258 页。
④　(汉)司马迁:《史记》,线装书局 2006 年版,第 258 页。

和窦太后都推尊黄老:"文帝本修黄老之言,不甚好儒术,其治尚清静无为"①;"窦太后好黄帝、老子言,帝及太子诸窦不得不读《黄帝》《老子》,尊其术。"②文景之世六七十年,用黄老之术,政尚清静,轻徭薄赋,与民休息,生产得到恢复,国力日渐强大,为盛汉发展奠定了基础。汉武帝即位渐倾向儒家,后来采纳董仲舒建议,"罢黜百家,表章六经"。但这只意味着国家以儒学为政治意识形态,并非要封杀道家和诸子。如东海太守汲黯"学黄老之言,治官理民,好清静","岁余,东海大治","治务在无为而已,弘大体,不拘文法"③,汲曾当面批评武帝"内多欲而外施仁义"④,指斥张汤为"刀笔吏",而武帝虽不悦却认为"古有社稷之臣,至如黯,近之矣"⑤。司马谈、司马迁父子皆尊重黄老。《史记·太史公自序》说司马谈"学天官于唐都,受《易》于杨何,习道于黄子"⑥,其《论六家要旨》把先秦学派概括为六家,即阴阳、儒、墨、名、法、道德,说:"尝窃观阴阳之术,大祥而众忌讳,使人拘而多所畏;然其序四时之大顺,不可失也。儒者博而寡要,劳而少功,是以其事难尽从;然其序君臣父子之礼,列夫妇长幼之别,不可易也。墨者俭而难遵,是以其事不可遍循,然其强本节用,不可废也。法家严而少恩,然其正君臣上下之分,不可改矣。名家使人俭而善失真,然其正名实,不可不察也。道家使人精神专一,动合无形,赡足万物。其为术也,因阴阳之大顺,采儒墨之善,撮名法之要,与时迁移,应物变化,立俗施事,无所不宜,指约而易操,事少而功多"⑦,又说:"道家无为,又曰无不为,其实易行,其辞难知。其术以虚无为本,以因循为用。无成势,无常形,故能究万物之情。"⑧司马谈认为前五家皆有得有失,唯道德(道家)为最高且完备,因为它以无观有,包容万物,因其自然,故无所不能。但他所说的道家已非

① (汉)应劭:《风俗通义》,上海古籍出版社1990年版,第19页。
② (汉)司马迁:《史记》,线装书局2006年版,第244页。
③ (汉)司马迁:《史记》,线装书局2006年版,第500页。
④ (汉)司马迁:《史记》,线装书局2006年版,第500页。
⑤ (汉)司马迁:《史记》,线装书局2006年版,第500页。
⑥ (汉)司马迁:《史记》,线装书局2006年版,第544页。
⑦ (汉)司马迁:《史记》,线装书局2006年版,第544页。
⑧ (汉)司马迁:《史记》,线装书局2006年版,第545页。

老庄之学,而是吸纳了阴阳、儒、墨、名、法的黄老道家。司马迁著《史记》,对五帝、三代之治,列国世家之统,功臣名士之传,诸子百家之学,货殖龟策之业,匈奴诸夷之情,礼乐律历之制,有全面的记述;其中单列《孔子世家》、《儒林列传》,尤见其对儒家的重视。他并在《太史公自序》中对孔子所传"六经"有精辟论述:"《易》著天地阴阳四时五行,故长于变;《礼》经纪人伦,故长于行;《书》记先王之事,故长于政;《诗》记山川溪谷禽兽草木牝牡雌雄,故长于风;《乐》乐所以立,故长于和;《春秋》辩是非,故长于治人。是故《礼》以节人,《乐》以发和,《书》以道事,《诗》以达意,《易》以道化,《春秋》以道义"①。司马迁特重《春秋》,认为"拨乱世反之正,莫近于《春秋》","故《春秋》者,礼义之大宗也。夫礼禁未然之前,法施已然之后;法之所为用者易见,而礼之所为禁者难知"②。但司马迁是兼综儒道的史家,他著《史记》的目的是:"欲以究天人之际,通古今之变,成一家之言",所以倾向于黄老之学,既有道家以天道观人事的眼界,又有儒家以古鉴今的情怀。《汉书·司马迁传》说他"论大道则先黄老而后六经"③,是有一定根据的。

(二)《淮南子》的结集

《淮南子》是淮南王刘安主持下组织宾客编写的一部大书,是在黄老思潮影响下、综合汉初以前的各家思想而创新构造的理论体系,是尚未独尊儒术时为国家长治久安而设计的方案。刘安于建元二年献给汉武帝,武帝初"爱秘之",后被搁置,未能发挥作用。及至刘安自杀,武帝尊儒术而贬抑百家,致使《淮南子》沉埋不显。东汉有许慎、高诱为之作注,传于世。《汉书·艺文志》将它列入杂家,其实《淮南子》如同《吕氏春秋》一样,都推崇老庄哲学,同时广纳儒、法、阴阳及百家之学,应称其为有道家底蕴的综合家。高诱在《淮南子注叙目》中指出:"其旨近老子,淡泊无为,蹈虚守静,出入经道","其义也著,其文也富,物事之类,无所不载,然其大较,归之于道"④。《吕氏春秋》与《淮

①　(汉)司马迁:《史记》,线装书局 2006 年版,第 545—546 页。
②　(汉)司马迁:《史记》,线装书局 2006 年版,第 546 页。
③　(汉)班固:《汉书》,中华书局 2007 年版,第 622 页。
④　(汉)高诱:《淮南子注》,上海书店出版社 1986 年版,第 1—2 页。

南子》可视为时间有先后的姊妹篇:同由好书文、有作为的贵族主持,众多学者按计划集体编纂的大型作品;同是"因阴阳之大顺,采儒墨之善,撮名法之要"①的黄老之作;有相近的写作指导思想和篇章结构;也有几乎相同的悲剧命运,两主编自杀,两书被打入冷宫。然而时过境迁,两书终于流传下来,对后世发生重大影响。

第一,写作指导原则。《淮南子·要略》说:"夫作为书论者,所以纪纲道德,经纬人事,上考之天,下揆之地,中通诸理","故著书二十篇,则天地之理究矣,人间之事接矣,帝王之道备矣"②。作者的目标是论天道以明人事,通诸理以备国治。

第二,篇章结构。共二十篇:《原道训》阐述大道内涵,《俶真训》论述道的演变,《天文训》论天象,《地形训》论地理,《时则训》论四时,《览冥训》论内在规律,《精神训》论生命与养生,《本经训》论圣王之德,《主术训》论为君之道,《缪称训》论正名,《齐俗训》论民俗,《道应训》以史实证道德,《氾论训》论治乱兴衰,《诠言训》论治国保身,《兵略训》论军事,《说山训》、《说林训》是箴言集锦,《人间训》论祸福,《修务训》论学业,《泰族训》是全书总结,《要略》是全书序言与提要。

第三,尊道的宇宙论。《淮南子》认为,大道是宇宙的本原,它生成万物、覆盖一切,又在万物之中,并不主宰万物,故说:"夫道者,覆天载地","山以之高,渊以之深,兽以之走,鸟以之飞,日月以之明,星历以之行","夫太上之道,生万物而不有,成化象而弗宰","有生于无,实出于虚","道者,一立而万物生矣","万物之总,皆阅一孔;百事之根,皆出一门","道,至高无上,至深无下","包裹宇宙而无表里"。③《淮南子》的创新之一在于对老子"道生万物"之说用阴阳观点作了更明确的表述:"道曰规始于一,一而不生,故分而为阴阳,阴阳和合而万物生。故曰:一生二,二生三,三生万物。"④创新之二在于引入元

① (汉)司马迁:《史记》,线装书局 2006 年版,第 544 页。
② (汉)高诱:《淮南子注》,上海书店出版社 1986 年版,第 369、373、374 页。
③ (汉)刘安:《淮南子》,河南大学出版社 2010 年版,第 124、126、140、141、365 页。
④ (汉)刘安:《淮南子》,河南大学出版社 2010 年版,第 197 页。

气说："道始于虚廓，虚廓生宇宙，宇宙生元气，元气有涯垠，清阳者薄靡而为天，重浊者凝滞而为地"，"天地之袭精为阴阳，阴阳之专精为四时，四时之散精为万物"。① 创新之三在于用精气说将宇宙生成延伸到人："别为阴阳，离为八极，刚柔相成，万物乃形，烦气为虫，精气为人。是故精神，天之有也；而骨骸者，地之有也。精神入其门，而骨骸反其根，我尚何存"②。

第四，无为的认知论。《淮南子》提出无为新说："或曰无为者，寂然无声，漠然不动，引之不来，推之不往。如此者，乃得道之像。吾以为不然"，"若吾所谓无为者，私志不得入公道，嗜欲不得枉正术，循理而举事，因资而立，权自然之势，而曲故不得容者，事成而身弗伐，功立而名弗有，非谓其感而不应，攻而不动者"③。这就剔除了道家无为说的消极因素，赋予无为说以理性的主动的意义，就是排除私欲干扰，遵照事物发展规律和趋势积极发挥主观能动作用，做好社会事业。因此，一要深入了解事物："目见其形，耳听其声，口言其诚，而心致之精，则万物之化咸有极矣"④；二要虚心好学："知人无务，不若愚而好学"，"人之所知者浅，而物变化无穷，曩不知而今知之，非知益多也，问学之所加也"⑤；三要抓住内在要领："见本而知末，观指而睹归，执一而应万，握要而治详，谓之术"⑥。

第五，理性的生命观与养生论。《淮南子》提出生命三要素为前人所未论："夫形者，生之舍也；气者，生之充也；神者，生之制也。一失位，则三者伤矣。"⑦三者之间相互依赖又相对独立：一方面"耳目淫于声色之乐，则五藏摇动而不定矣；五藏摇动而不定，则血气滔荡而不休矣"⑧；另一方面"形伤于寒暑燥湿之虐者，形苑（枯）而神壮，神伤乎喜怒思虑之患者，神尽而形有余"⑨，

① （汉）刘安：《淮南子》，河南大学出版社 2010 年版，第 174 页。
② （汉）刘安：《淮南子》，河南大学出版社 2010 年版，第 293 页。
③ （汉）刘安：《淮南子》，河南大学出版社 2010 年版，第 626、628 页。
④ （汉）刘安：《淮南子》，河南大学出版社 2010 年版，第 383 页。
⑤ （汉）刘安：《淮南子》，河南大学出版社 2010 年版，第 638、672 页。
⑥ （汉）刘安：《淮南子》，河南大学出版社 2010 年版，第 589 页。
⑦ （汉）刘安：《淮南子》，河南大学出版社 2010 年版，第 149 页。
⑧ （汉）刘安：《淮南子》，河南大学出版社 2010 年版，第 296 页。
⑨ （汉）刘安：《淮南子》，河南大学出版社 2010 年版，第 155 页。

只有圣人"杖性依神,相扶而得终始"①。形神两者相比,神更重要,"故神制则形从,形胜则神穷"②。《淮南子》的人性论特色是兼综孟子、荀子,糅合道家、儒家。《原道训》说:"人生而静,天之性也;感而后动,性之害也;物至而神应,知之动也;知与物接,而好憎生焉。好憎成形,而知诱于外,不能反己,而天理灭矣"③,《诠言训》说:"圣人胜心,众人胜欲"。《泰族训》认为,"无其性,不可以教训;有其性,无其养,不能遵道"④,所以需要礼乐法度而教导之。如何养生?《淮南子》主张形、神、气俱养而以养神为主,人生之快乐不在声色之欲,而在内在精神的恬逸安适。《原道训》有一段精彩的话:"夫建钟鼓,列管弦,席旃茵,傅旄象,耳听朝歌北鄙靡靡之乐,齐靡曼之色,陈酒行觞,夜以继日,强弩弋高鸟,走犬逐狡兔,此其为乐也。炎炎赫赫,怵然若有所诱慕,解车休马,罢酒彻乐,而心忽然,若有所丧,怅然若有所亡也。是何则?不以内乐外,而以外乐内。乐作而喜,曲终而悲。悲喜转而相生,精神乱营,不得须臾平"⑤,因此,内心精神的充实才是真正的快乐,这是一种比较健康的人生观。

第六,辩证的古今观。《淮南子》认为人类的历史有退化也有进步:从人性的淳朴程度而言是退化的,故《本经训》说"太清之世",人们"质真而素朴",故"仁义不用"、"礼乐不用",而"德衰然后仁生,行沮然后义立,和失然后声调,礼淫然后容饰"⑥;从物质文明的程度而言又是进步的,如《氾论训》所言,圣人作宫室,"百姓安之",后世为机杼,"民得以掩形御寒",后世有耒耜耰锄,"民逸而利多",后世有舟航,驾牛服马,"民以致远而不劳",后世有兵刃,"猛兽不能害","故民迫其难,则求其便;因其患,则造其备。人各以其所知,去其所害,就其所利"⑦。对于历史经验,不能泥古循旧,《氾论训》指出:"先王之制,不宜则废之。末世之事,善则著之","法与时变,礼与俗化。衣服

① (汉)刘安:《淮南子》,河南大学出版社2010年版,第155页。
② (汉)刘安:《淮南子》,河南大学出版社2010年版,第499页。
③ (汉)刘安:《淮南子》,河南大学出版社2010年版,第128—129页。
④ (汉)刘安:《淮南子》,河南大学出版社2010年版,第654页。
⑤ (汉)刘安:《淮南子》,河南大学出版社2010年版,第144—145页。
⑥ (汉)刘安:《淮南子》,河南大学出版社2010年版,第316页。
⑦ (汉)刘安:《淮南子》,河南大学出版社2010年版,第449页。

器械,各便其用;法度制令,各因其宜"①。《修务训》批评贵古贱今的风气:"世俗之人,多尊古而贱今,故为道者必托于神农、黄帝而后能入说。乱世暗主,高远其所从来,因而贵之。为学者蔽于论而尊其所闻,相与危坐而称之,正领而诵之。此见是非之分不明","诵《诗》、《书》者期于通道略物,而不期于《洪范》、《商颂》","有符于中,则贵是而同今古"②,关键不在古今而在是非。那么是非在何处? 治国理政的正确原则在哪里?《诠言训》指出:"为治之本,务在于安民;安民之本,在于足用;足用之本,在于勿夺时;勿夺时之本,在于省事;省事之本,在于节欲。"③谁来省事节欲? 当然是君王。《氾论训》说:"治国有常,而利民为本;政教有经,而令行为上。苟利于民,不必法古;苟周于事,不必循旧。"④这是鲜明的民本主义和进化创新思想。

第七,义、勇、智的军事思想。《淮南子》反对单纯军事观点,认为军事从属于政治,正义为民是胜兵之本。《兵略训》指出:"兵之胜败,本在于政。政胜其民,下附其上,则兵强矣","德义足以怀天下之民,事业足以当天下之急,选举足以得贤士之心,谋虑足以知强弱之势,此必胜之本也"⑤。《兵略训》进而指出,用兵有上、中、下三策:"上下一心,君臣同力,诸侯服其威,而四方怀其德。修政庙堂之上,而折冲千里之外,拱揖指挥,而天下响应,此用兵之上也"⑥;其次是"主贤将忠,国富兵强",出兵临敌,"未至交兵接刃而敌奔亡",这是中策;指挥得当,兵刃相接,"流血千里,暴骸盈场,乃以决胜,此用兵之下也"。此用兵三策与《孙子兵法》是一致的。《兵略训》运用老子的"道",说明用兵之道在善于把握战争微妙变化的趋势与规律,充分运用天、地、时、人的条件,做到"神出而鬼行":"神莫贵于天,势莫便于地,动莫急于时,用莫利于人。凡此四者,兵之干植也。然必待道而后行,可一用也。"⑦此外,为将者要"进不

---

① (汉)刘安:《淮南子》,河南大学出版社 2010 年版,第 450、451 页。
② (汉)刘安:《淮南子》,河南大学出版社 2010 年版,第 641、643、642 页。
③ (汉)刘安:《淮南子》,河南大学出版社 2010 年版,第 481 页。
④ (汉)刘安:《淮南子》,河南大学出版社 2010 年版,第 451 页。
⑤ (汉)刘安:《淮南子》,河南大学出版社 2010 年版,第 507 页。
⑥ (汉)刘安:《淮南子》,河南大学出版社 2010 年版,第 505 页。
⑦ (汉)刘安:《淮南子》,河南大学出版社 2010 年版,第 517 页。

求名,退不避罪,唯民是保","上得天道,下得地利,中得民心","将必与卒同甘苦";作战中要以奇用兵,"用兵之道,示之以柔,而迎之以刚;示之以弱,而乘之以强"①;兵贵神速,乘势而发,"疾雷不及塞耳"。还要有军备物资:"甲坚兵利,车固马良,畜积给足,士卒殷轸,此军之大资也。"②

《淮南子》与《吕氏春秋》都主张建立一个保存分封制的统一帝国,君主要因而不为,大臣和各阶层各行业要各尽其能,治国以怀柔为主、法刑为辅,以耕织为本务。但《淮南子》比《吕氏春秋》更进一步:一是总结亡秦教训,更强调安民教化,"至治宽裕",不能如始皇那样唯法是治,故《泰族训》说,"赵政昼决狱而夜理书","戍五岭以备越,筑修城以守胡,然奸邪萌生,盗贼群居"③,而不能久安;二是对待不同地域族群民俗风气要包容尊重,故《齐俗训》强调,"入其国者从其俗,入其家者避其讳,不犯禁而入,不忤逆而进,虽之夷狄徒倮之国,结轨乎远方之外,而无所困矣"④;三是《淮南子》比《吕氏春秋》更突出道儒两家互补的主线,而儒法之结合更为紧密,如《泰族训》提出"叁伍"方略,"何谓叁伍?仰取象于天,俯取度于地,中取法于人……此之谓叁。制君臣之义,父子之亲,夫妇之辨,长幼之序,朋友之际,此之谓五"⑤。

唐代史家刘知几在《史通·自叙》中说:"昔汉世刘安著书,号曰《淮南子》,其书牢笼天地,博极古今,上自太公,下至商鞅,其错综经纬,自谓兼于数家,无遗力矣。"⑥梁启超《中国近三百年学术史》认为:《淮南鸿烈》为西汉道家言之渊府。"⑦刘文典《淮南鸿烈集解自序》说:"淮南王书博极古今,总统仁义,牢笼天地,弹压山川,诚眇义之渊丛,嘉言之林府,太史公所谓'因阴阳之大顺,采儒、墨之善,撮名法之要'者也。"⑧这是比较符合历史实际的。我曾在

---

① (汉)刘安:《淮南子》,河南大学出版社 2010 年版,第 520 页。
② (汉)刘安:《淮南子》,河南大学出版社 2010 年版,第 506 页。
③ (汉)刘安:《淮南子》,河南大学出版社 2010 年版,第 661 页。
④ (汉)刘安:《淮南子》,河南大学出版社 2010 年版,第 394 页。
⑤ (汉)刘安:《淮南子》,河南大学出版社 2010 年版,第 654 页。
⑥ 刘虎如选注:《史通》,商务印书馆 1929 年版,"自序"第 3—4 页。
⑦ 梁启超:《中国近三百年学术史》,天津古籍出版社 2003 年版,第 267 页。
⑧ 刘文典:《淮南鸿烈集解》,冯逸、乔华点校,中华书局 1989 年版,"自序"第 1 页。

拙作《〈吕氏春秋〉与〈淮南子〉思想研究》（人民出版社 2013 年版）"再版序言"中说："我很惊异于撰著两书的思想精英群体,在社会大的转型时期,能够以理性包容的态度运用诸子百家的资源,系统提出治国方略,涉及哲学、伦理、政治、经济、社会、军事、文化教育方方面面,既有理想追求,又有实际考量,表现出特有的远见卓识,做到了司马迁所说的'究天人之际,通古今之变',虽然还存在着融会不够,创新不足的缺点,但已经很值得我们认真研究参考了。例如在社会管理上主张天道与人道、集权与分权、德治与法治、制度与任贤的有机结合,在文化上主张包纳百家、广罗人才、兴办文教、有因有革,在做事上主张辨察真伪、循理举事、善用众智、执要统多,在做人上主张仁智并举、情理兼具、形神相依、内外相养。总之,两书集中了各家关于宇宙和社会人生的许多智慧,而这些智慧背后有许多历史事件作为支撑,它们可以丰富我们今天的精神世界,帮助我们把社会建设得更好","设若秦朝以《吕氏春秋》治国,汉朝以《淮南子》经世,中国就会出现两千余年的开明君主制,历史则是另一番景象,至少中国与现代文明的对接要容易得多,中国的近现代转型就不至于十分艰难曲折了"①。

（三）黄老道家的延续与道教的形成

作为汉代道家形态的黄老思潮在汉武帝尊崇儒术之后,脱离了政治舞台而继续在民间存在发展。西汉成帝时严遵（君平）作《老子指归》,论证"道"为"虚之虚者",故能成就万有："道体虚无而万物有形,无有状貌而万物方圆,寂然无音而万物有声。由此观之,道不施不与而万物以存,不为不宰而万物以然。然生于不然,存生于不存,亦明矣。"②这种推理方式颇类似于王弼对"天地以无为本"的论证,可视为向魏晋玄学的过渡。东汉明帝、章帝时期,王充著《论衡》,在政治上相信管子"仓廪实民知礼节,衣食足民知荣辱",称赞"论道议政,贤儒之力也"③,在哲学上主道家元气自然论,反对"天人感应"和鬼

---

① 牟钟鉴:《〈吕氏春秋〉与〈淮南子〉思想研究》,人民出版社 2013 年版,"再版序言"。
② 王德有译注:《老子指归译注》,商务印书馆 2004 年版,第 190 页。
③ （汉）王充:《论衡》,陈蒲清点校,岳麓书社 2006 年版,第 172 页。

神迷信,自谓"虽违儒家之说,合黄、老之义也"①。王充是无神论者,但肯定鬼神祭祀的必要性:"凡祭祀之义有二:一曰报功,二曰修先。报功以勉力,修先以崇恩"②。成书于东汉的《老子河上公章句》始分《老子》为八十一章,以精气说论道:"今万物皆得道精气而生"③,认为"人能养神则不死也"(六章注),"爱气养神,益寿延年"④,相信通过养生可以实现长生,为道教的诞生提供理论准备。在此阶段,老学发达,庄学沉寂,注《老子》之作有十余家,如《老子邻氏经传》、《老子傅氏经说》、《老子徐氏经说》等。东汉前期,楚王英"诵黄老之微言,尚浮屠(佛教)之仁祠"⑤。东汉末年,黄老之学进一步演化为具有宗教神学的黄老崇拜及相应祭祀活动,与神仙方术、民间神道相结合,逐步孕育出民间道教,时称"黄老道"(只有崇拜而无固定教团),为社会上下所尊奉。《后汉书·襄楷传》说:"闻宫中立黄、老、浮屠之祠"⑥,《王涣传》说桓帝"事黄老道",《桓帝纪》说桓帝遣官"之苦县祠老子",《皇甫嵩传》说"钜鹿张角自称大贤良师,奉事黄老道"⑦。边韶作《老子铭》(《隶释》卷三),谓世之好道者,"以老子离合于混沌之气,与三光为终始","道成身化,蝉蜕渡世,自羲农以来,为圣者作师"⑧,老子已经是神仙了。汉末出现《太平经》、《周易参同契》、《老子想尔注》等书,糅合老学、易学、神仙信仰、阴阳五行、炼养方术,成道教早期经典,奠定了道教义理基础。《太平经》作于安帝、顺帝之际,《襄楷传》说"其言以阴阳五行为家,而多巫觋杂语","后张角颇有其书"⑨;其书提出了道教神仙系统,确定修道的原则是养性与积德并重,"内以致寿,外以致理"⑩,向往太平世界;又提出道教特有的"承负说",谓"力行善反得恶者,是承负先人

① (汉)王充:《论衡》,陈蒲清点校,岳麓书社2006年版,第239页。
② (汉)王充:《论衡》,陈蒲清点校,岳麓书社2006年版,第330页。
③ 王卡点校:《老子道德经河上公章句》,中华书局1993年版,第87页。
④ 王卡点校:《老子道德经河上公章句》,中华书局1993年版,第21、207页。
⑤ (南朝宋)范晔:《后汉书》,浙江古籍出版社2000年版,第399页。
⑥ (南朝宋)范晔:《后汉书》,浙江古籍出版社2000年版,第300页。
⑦ (南朝宋)范晔:《后汉书》,浙江古籍出版社2000年版,第649页。
⑧ (宋)洪适:《隶释·隶续》,中华书局1985年版,第36页。
⑨ (南朝宋)范晔:《后汉书》,浙江古籍出版社2000年版,第302页。
⑩ 王明编:《太平经合校》(下),中华书局1960年版,第739页。

之过,流灾前后积来害此人也。其行恶反得善者,是先人深有积蓄大功,来流及此人也"①;修道之要,一是事亲、忠君、敬师,"父母者,生之根也;君者,授荣尊之门也;师者,智之所出,不穷之业也。此三者,道德之门户也"②。此外,还要守一不散、食气服药。《周易参同契》是道教丹鼎派最早的经典,以《周易》为立论根据,参合黄老、炉火而成书,书中说:"大易性情,各如其度;其度黄老用究,较而可御;炉火之事,真有所据:三道由一,俱出径路。"③其书由魏伯阳完成,时当顺帝、桓帝之际,用阴阳之道、黄老之理,论述炉火炼丹之术。对于用药、火候、服丹都有精妙又含蓄的解说,可以做多样性发挥,被称为丹经之祖(主要是外丹),后来被道教学者解读为内丹之经典。汉末,五斗米道在巴蜀汉中一带兴起,由张陵创建,世称天师,传其子张衡称嗣师,衡传子张鲁称系师。张鲁建立了政教合一、集君师于一身的地方割据政权,雄踞巴、汉一带三十余年;后被曹操收编,五斗米道道师进入中原,发展成为魏晋时期的天师道。《老子想尔注》的作者应是张鲁,总结众多五斗米道祭酒讲解《老子》五千言之论而成,其特点是用神学观点诠释《老子》的哲学,以适应五斗米道弘道的宗教需要,现存敦煌写本,当代学者饶宗颐有《老子想尔注校笺》。《老子》经文:"圣人后其身而身先",《想尔注》解曰:"得仙寿,获福在俗人先。"④《老子》经文:"生能天",《想尔注》解曰:"能致长生,则副天也。"⑤《老子》经文:"百姓谓我自然",《想尔注》解曰:"我,仙士也。"⑥《老子》经文:"其中有信",《想尔注》解曰:"古仙士实精以生,今人失精以死,大信也。"⑦《老子》经文:"载营魄抱一,能无离",《想尔注》解曰:"一散形为气,聚形为太上老君,常治崑仑"⑧。《老子》经文:"大道废有仁义,六亲不和有孝慈,国家昏乱有忠臣",《想尔注》

① 王明编:《太平经合校》上,中华书局1960年版,第22页。
② 王明编:《太平经合校》上,中华书局1960年版,第311页。
③ (后蜀)彭晓:《周易参同契通真义》,中州古籍出版社1988年版,第157页。
④ 刘昭瑞:《〈老子想尔注〉导读与译注》,江西人民出版社2012年版,第77页。
⑤ 刘昭瑞:《〈老子想尔注〉导读与译注》,江西人民出版社2012年版,第102页。
⑥ 刘昭瑞:《〈老子想尔注〉导读与译注》,江西人民出版社2012年版,第105页。
⑦ 刘昭瑞:《〈老子想尔注〉导读与译注》,江西人民出版社2012年版,第118页。
⑧ 刘昭瑞:《〈老子想尔注〉导读与译注》,江西人民出版社2012年版,第83页。

解曰:"上古道用时,以人为名,皆行仁义","道用时,家家慈孝","道用时,臣忠子孝,国则易治"①。其注文多如此类,不仅发挥为神道,亦且直接认同儒家的仁、义、忠、孝。汉代末年至三国时期的民间道教教派中,张角领导的太平道因黄巾军武装起事遭到镇压而中绝,三张(张陵、张衡、张鲁)领导的五斗米道在魏晋演为天师道,重符箓科仪,经北朝寇谦之和南朝陆修静整顿,成为上层大教,又进而演为后世正一道。以炼丹为特色的丹鼎派,经过魏晋葛洪《抱朴子》的理论建设,形成系统的养性修仙学说,亦上升为主流大教,经过唐宋的发展,至金元之际,演化出全真道。

二、儒家思想的实践与发展

(一)汉初儒家

汉初思想家思考的主要问题是如何在总结夏、商、周三代一治一乱的历史经验基础上,特别要深刻吸取暴秦速亡的教训,向政治上已经建立中央集权的统一帝国提供指导国家和社会生活的统一的思想体系,以便实现长治久安。其中以儒学政论家、思想家陆贾与贾谊最具代表性。

陆贾常伴高祖刘邦左右,《史记·郦生陆贾列传》说:"陆生时时前说称《诗》、《书》。高帝骂之曰:'乃公居马上而得之,安事《诗》、《书》!'陆生曰:'居马上得之,宁可以马上治之乎? 且汤武逆取而顺守之,文武并用,长久之术也。昔者吴王夫差、智伯极武而亡;秦任刑法不变,卒灭赵氏(嬴政之姓)。向使秦已并天下,行仁义,法先圣,陛下安得而有之?'"②于是,刘邦令陆贾著文述秦亡汉兴及古代治乱的缘由,以备咨议,集为《新语》。汉兴之初,从军事"逆取"得天下到政治"顺守"治天下,有一个战略的转移,刘邦一时转不过来,经过陆贾点拨方才醒悟,开始重视儒家"六经"之学,其核心便是"行仁义,法先圣"。《新语·道基》说:"握道而治,据德而行,席仁而坐,仗义而强。"③

贾谊是文帝时儒生,年少即通诸子百家之书,以能诵诗著书闻于郡中。

---

① 刘昭瑞:《〈老子想尔注〉导读与译注》,江西人民出版社2012年版,第106、107页。
② (汉)司马迁:《史记》,线装书局2006年版,第413页。
③ (汉)陆贾:《新语》,庄大钧校点,辽宁教育出版社1998年版,第2页。

《史记·屈原贾生列传》说"贾生以为汉兴至孝文二十余年,天下和洽,而固当改正朔,易服色,法制度,定官名,兴礼乐","悉更秦之法"①,而"孝文帝初即位,谦让未遑也"②。实际上还有一个更重要的原因,就是文帝好黄老,政尚清静,不甚重视贾谊之论。贾谊是杰出的思想家,虽只活了33岁,然而他留下一笔丰厚的思想遗产,慢慢发酵,对后世产生巨大影响。第一,总结亡秦教训之全面深刻未过于贾谊《过秦论》。贾谊指出,"秦地被山带河以为固,四塞之国也",据此形势,经过长期经营,实行商鞅变法,以耕战为务,日渐强大,"及至秦王,续六世之余烈,振长策而御宇内,吞二周而亡诸侯,履至尊而制六合","于是废先王之道,焚百家之言,以愚黔首。隳名城,杀豪俊,收天下之兵聚之咸阳,销锋铸镶,以为金人十二,以弱黔首之民","秦王之心,自以为关中之固,金城千里,子孙帝王万世之业也"③,结果传之二世而亡,"何也? 仁义不施,而攻守之势异也"④。贾谊进而指出:"秦王怀贪鄙之心,行自奋之智,不信功臣,不亲士民,废王道,立私权,禁文书而酷刑法,先诈力而后仁义,以暴虐为天下始"⑤,因此必然速亡。《过秦论》让汉代政治家更自觉地反暴秦之道而行之,更积极地回归孔子德治的传统。第二,高扬儒家民本主义。《新书·大政》说:"闻之于政也,民无不为本也:国以为本,君以为本,吏以为本","闻之于政也,民无不为命也:国以为命,君以为命,吏以为命","闻之于政也,民无不为功也:国以为功,君以为功,吏以为功","闻之于政也,民无不为力也:国以为力,君以为力,吏以为力。故夫战之胜也,民欲胜也;攻之得也,民欲得也;守之存也,民欲存也"。⑥ 民是国家的根本、命脉,是国家功业的动力。第三,进一步阐明礼义为主、刑罚为辅的治国之道。《汉书·贾谊传》说,贾谊陈治安之策,有曰:"人主之所积,在其取舍。以礼义治之者,积礼义;以刑罚治之者,积刑罚。刑罚积而民怨背,礼义积而民和亲","道之以德教者,德教洽而

---

① （汉）司马迁:《史记》,线装书局2006年版,第363页。
② （汉）司马迁:《史记》,线装书局2006年版,第363页。
③ （汉）司马迁:《史记》,线装书局2006年版,第38页。
④ （汉）司马迁:《史记》,线装书局2006年版,第39页。
⑤ （汉）司马迁:《史记》,线装书局2006年版,第39页。
⑥ 阎振益、钟夏校注:《新书校注》,中华书局2000年版,第338页。

民气乐;驱之以法令者,法令极而民风哀。哀乐之感,祸福之应也","汤武置天下于仁义礼乐,而德泽洽","秦王置天下于法令刑法,德泽亡一有,而怨毒盈于世","今或言礼谊之不如法令,教化之不如刑法,人主胡不引殷、周、秦事以观之也"。① 贾谊特别看重《管子》提出的"礼义廉耻,是谓四维;四维不张,国乃灭亡","令君君臣臣,上下有差,父子六亲各得其宜"②,如此"世世常安,而后有所持循矣"③。贾谊的思想为董仲舒所继承。

(二)董仲舒的春秋公羊学与汉武帝"表章六经"

武帝时,《诗》、《书》、《易》、《礼》、《春秋》之学兴起,公孙弘为学官,一批儒生致力于传经授徒,儒学始盛。其中,董仲舒治《春秋》公羊学,弟子众多,颇具影响力,成为汉代最有代表性的儒学大师,传世著作有《春秋繁露》和《汉书》董传所载"天人三策"。董氏之儒学,糅合了阴阳五行、黄老道家、法家、墨家等诸家思想营养,以《公羊春秋》为经典依据,建立起适应统一大汉帝国的理论体系。其要义与特色有以下几项。

第一,天人感应学说。孔子、孟子讲命运之天、道德之天,荀子讲自然之天,而董仲舒则讲意志之天、主宰之天,天是至上神,有鲜明神学色彩。《春秋繁露》说:"天者,百神之大君也,王者之所最尊也","为人者天也","受命之君,天意之所予也"。④ 董氏认为天神主宰人类、管理众神,君权乃天所授。天具有生养仁德,"天,仁也。天覆育万物,既化而生之,有养而成之"⑤。天以阴阳五行的变化来表达它的德性:"天道之大者在阴阳。阳为德,阴为刑;刑主杀而德主生。是故阳常居大夏,而以生育养长为事;阴常居大冬,而积于空虚不用之处。以此见天之任德不任刑也。"⑥在天人关系上,一方面天人相类,"人之人本于天,天亦人之曾祖父也,此人之所以乃上类天也"⑦,故人副天数,

---

① (汉)班固:《汉书》,中华书局 2007 年版,第 492、493 页。
② (汉)班固:《汉书》,中华书局 2007 年版,第 491 页。
③ (汉)班固:《汉书》,中华书局 2007 年版,第 491 页。
④ (清)苏舆:《春秋繁露义证》,钟哲点校,中华书局 1992 年版,第 402、318、286 页。
⑤ (清)苏舆:《春秋繁露义证》,钟哲点校,中华书局 1992 年版,第 329 页。
⑥ (汉)班固:《汉书》,中华书局 2007 年版,第 563 页。
⑦ (清)苏舆:《春秋繁露义证》,钟哲点校,中华书局 1992 年版,第 318 页。

头圆而像天,形体骨肉厚而像地,耳目聪明像日月,十二大骨节副一年月数,三百六十六小骨节副一年天数,四肢副四时,五脏副五行。① 另一方面天人相感,"国家之失乃始萌芽,而天出灾害以谴告之;谴告之而不知变,乃见怪异以惊骇之;惊骇之尚不知畏恐,其殃咎乃至。以此见天意之仁而不欲陷人也"②。这就是灾异谴告说,主要用意在于借助天神之权威和人们对灾害的恐惧,劝告君王要经常自我戒惧,省察过失,立德行仁。

第二,仁义德政说。董仲舒上承孟子居仁由义之论,又提出"以仁安人,以义正我"的新理念,说:"仁之法在爱人,不在爱我","义之法在正我,不在正人","众人不察,乃反以仁自裕,而以义设人,诡其处而逆其理,鲜不乱矣"③。用以治国,则"渐民以仁,摩民以谊(义),节民以礼","王者承天意以从事,故任德教而不任刑"。④ 而仁德之政必须以民为本,"天之生民,非为王也,而天立王以为民也。故其德足以安乐民者,天予之;其恶足以贼害民者,天夺之"⑤。故要"限民名田,以澹不足,塞并兼之路","薄赋敛,省徭役,以宽民力"⑥。还要"立大学以教于国,设庠序以化于邑"⑦。

第三,伦理纲常说。董氏初步确立了"三纲五常"的架构,说:"王道之三纲可求于天","君臣、父子、夫妇之义,皆取诸阴阳之道。君为阳,臣为阴;父为阳,子为阴;夫为阳,妻为阴","天子受命于天,诸侯受命于天子,子受命于父,臣妾受命于君,妻受命于夫"⑧。他又说:"夫仁谊(义)礼知(智)信五常之道,王者所当修饬也;五者修饬,故受天之佑,而享鬼神之灵,德施于方外,延及群生也"⑨,从此"三纲五常"成为儒家名教的典型命题而为社会普遍认知。董仲舒还为其伦理思想提出人性育成说,认为"圣人之性"有善无恶,"斗筲之

① 参见(清)苏舆:《春秋繁露义证》,钟哲点校,中华书局1992年版,第354—357页。
② (清)苏舆:《春秋繁露义证》,钟哲点校,中华书局1992年版,第259页。
③ (清)苏舆:《春秋繁露义证》,钟哲点校,中华书局1992年版,第250页。
④ (汉)班固:《汉书》,中华书局2007年版,第563页。
⑤ (清)苏舆:《春秋繁露义证》,钟哲点校,中华书局1992年版,第220页。
⑥ (汉)班固:《汉书》,中华书局2007年版,第162页。
⑦ (汉)班固:《汉书》,中华书局2007年版,第563页。
⑧ (清)苏舆:《春秋繁露义证》,钟哲点校,中华书局1992年版,第350、412页。
⑨ (汉)班固:《汉书》,中华书局2007年版,第564页。

性"有恶无善,皆是少数例外,不足以言性;只有大多数"中民之性"有善端而未成善性,须后天教化而成性:"循三纲五纪,通八端之理,忠信而博爱,敦厚而好礼,乃可谓善"①,因此要顺天立教。

第四,义利德才论。董氏的义利观可用一句名言表之:"正其谊(义)不谋其利,明其道不计其功"②,他的真义不是不要利益,而是做事的原则和出发点应当符合道义,不怕暂时局部利益受损,绝不能为了个人和小集团的需要去急功近利。这是对孔子"君子喻于义,小人喻于利"的发挥,也是对权贵无限度追逐功利的批评,而对于公利和远利(它即是义)是高度关注的,所以他主张抑富济贫,使百姓"内足以养老尽孝,外足以事上共税,下足以畜妻子极爱"③。当然后来有些儒者把"义"与"利"、"公"与"私"对立起来,用"天理"灭"人欲",出现轻视民众切身利益需求的偏向。于是清代颜元提出:"正其谊以谋其利,明其道而计其功"④,给予纠正,也是必要的。在德才问题上,孔子主张兼修,故有"三达德"之说:"仁者不忧,智者不惑,勇者不惧。"仁是善德,智是才智,勇是志气。不过后儒往往重德轻才,化智归德。董仲舒则强调仁智兼重,故《春秋繁露》有一篇叫《必仁且智》,其论曰:"莫近于仁,莫急于智",因为"不仁而有勇力材能,则狂而操利兵也;不智而辩慧猜给,则迷而乘良马也"⑤,所以要以仁驭智,以智行仁。

第五,中国统一论。董仲舒的重要历史贡献是弘扬《春秋公羊》学的"大一统"思想,为巩固汉代建立的统一中央集权大帝国服务。他认为《春秋》经开宗明义就是"大一统也"。在政治上,要以天的名义树立君王(代表国家政权)的权威:"《春秋》之法,以人随君,以君随天","故屈民而伸君,屈君而伸天,《春秋》之大义也"⑥。这样,君王可以借助天意号令全国,不许叛逆、分裂;同时,贤能之士也可借助天意对君权的滥用加以限制,使其合理运作。在

---

① (清)苏舆:《春秋繁露义证》,钟哲点校,中华书局 1992 年版,第 303、304 页。
② (清)苏舆:《春秋繁露义证》,钟哲点校,中华书局 1992 年版,第 268 页。
③ (汉)班固:《汉书》,中华书局 2007 年版,第 162 页。
④ (清)苏舆:《春秋繁露义证》,钟哲点校,中华书局 1992 年版,第 268 页。
⑤ (清)苏舆:《春秋繁露义证》,钟哲点校,中华书局 1992 年版,第 257 页。
⑥ (清)苏舆:《春秋繁露义证》,钟哲点校,中华书局 1992 年版,第 31、32 页。

思想上,国家要用儒家六经之学作为指导思想,统一全国的制度、法令、政策,以保证统一帝国的正常运行和长治久安。他说:"《春秋》大一统者,天地之常经,古今之通谊也。今师异道,人异论,百家殊方,指意不同,是以上亡以持一统;法制数变,下不知所守。臣愚以为诸不在六艺之科孔子之术者,皆绝其道,勿使并进。邪辟之说灭息,然后统纪可一而法度可明,民知所从矣。"①

汉武帝未直接表态,而在事实上采纳了董仲舒的建言。《汉书·武帝纪》载,丞相卫绾奏:"所举贤良,或治申、商、韩非、苏秦、张仪之言,乱国政,请皆罢",武帝"奏可"②。这就是历史上治国理政中发生的被后人称为"罢黜百家,独尊儒术"的重大事件。但这是否就等于实行儒家文化专制主义从而消灭诸子百家之学呢? 并非如此,需要加以辨正。第一,《史记》、《汉书》都没有"独尊儒术"的字样。《汉书·武帝纪》赞说:"汉承百王之弊,高祖拨乱反正,文景务在养民,至于稽古礼文之事,犹多阙焉。孝武初立,卓然罢黜百家,表章六经。遂畴咨海内,举其俊茂,与之立功。兴太学,修郊祀,改正朔,定历数,协音律,作诗乐,建封禅,礼百神,绍周后,号令文章,焕焉可述。后嗣得遵洪业,而有三代之风。"③班固高度评价了汉武帝在礼乐文教上承前启后的关键作用,认为他发扬三代礼义文化,确立六经的正宗地位,全面构建体现周孔之道的社会礼乐制度,遂有礼仪之邦的出现。他说武帝是"罢黜百家,表章六经"④,而未说"独尊儒术"。

第二,董仲舒说的"诸不在六艺之科孔子之术者,皆绝其道,勿使并进"⑤,是说对儒家以外的诸家学说不给它们上升为国家政治指导地位的进路,不能与孔子儒学同时享有主导地位,这对于统一的大帝国来说,既是必要的也是正常的,任何统一的大国,其政治意识形态都是一元的。董氏强调的是国家法制、法度的统一,而不是社会思想和学术的"一律",并未说不许百家在民间

---

① (汉)班固:《汉书》,中华书局 2007 年版,第 570 页。
② (汉)班固:《汉书》,中华书局 2007 年版,第 39 页。
③ (汉)班固:《汉书》,中华书局 2007 年版,第 52 页。
④ (汉)班固:《汉书》,中华书局 2007 年版,第 52 页。
⑤ (汉)班固:《汉书》,中华书局 2007 年版,第 570 页。

生存。

第三,董仲舒协助汉武帝确立了儒家为主导地位、"六经"为官学的文化格局,使"五常"、"八德"成为中华民族的基本道德规范,并以忠孝为核心价值,一直延续两千年。这不仅仅是政治运作的成功,在深层本质上是由于儒家的社会德教源远流长、积淀深厚,延续了上古中华文明的主流,最能体现家族社会的需要和农业文明的精神,故而政治家顺应民族文化发展的趋势并推动它走向繁荣。这是一次民族文化主体性觉醒的行动,一次大的"更化",意义重大。刘向称"董仲舒有王佐之材,虽伊、吕亡以加,笾(管)晏之属,伯者之佐,殆不及也"①,刘歆称"仲舒遭汉承秦灭学之后,六经离析,下帷发愤,潜心大业,令后学者有所统一,为群儒首"②。

第四,《汉书》所说"罢黜百家",并没有当时法令条文的根据,只有武帝对治国不采用"申、韩、苏、张"之说的认可,这也不意味着不吸收法家法治思想。国家将董仲舒儒家经学提升为官学,而诸子之学并未断绝,只是社会政治地位下降了。如学者皮锡瑞在《经学历史》中所说:"然武帝、宣帝皆好刑名,不专重儒。盖宽饶(《汉书》有其传)谓以法律为诗、书,不尽用经术也"③,只是在元帝、成帝以后,诏书、奏议皆援引经义方成为风气。何况武帝还喜好神仙飞升之术,崇信李少君、少翁、栾大、公孙卿等方士,热心于炼丹、求仙、长生之道。此风后来绵延不绝,不仅宣帝、成帝等权贵求仙采药,而且民间方仙之道也盛行不衰。托名刘向的《列仙传》描述自古至汉神仙72人事迹。《淮南子》有中篇言神仙黄白之术,流行于世。《汉书·艺文志》著录神仙家著作10部,205卷。它们是汉末道教经典的前驱。如吕思勉在《秦汉史》中所指出的,"《汉书·艺文志》诸子十家,惟名、墨二家无秦、汉人著述,《兵书略》中的《兵阴阳家》,及《数术略》、《方技略》各四家,有无秦、汉人著述不明,余率皆有,或颇多"④。而"五经"乃五帝三代文明的总汇,先秦儒学本来就是在融会黄老、采

---

① (汉)班固:《汉书》,中华书局 2007 年版,第 571 页。
② (汉)班固:《汉书》,中华书局 2007 年版,第 571 页。
③ (清)皮锡瑞,周予同注释:《经学历史》,商务印书馆 1928 年版,第 94 页。
④ 吕思勉:《秦汉史·下》,上海古籍出版社 1983 年版,第 762 页。

撷群学中发展的。董氏儒学自身并不纯粹,如天人感应、灾异之说多取阴阳五行家言,为孔孟所不道,故《汉书·五行志》说:"汉兴,承秦灭学之后,景、武之世,董仲舒治《公羊春秋》,始推阴阳,为儒者宗。"①"罢黜百家"是班固的解读,过度了;而"独尊儒术"则是后人错误的表述。八字连用,两句对仗,颇为醒目,影响所及,几成定论,然而不符合汉代实际,需要纠正。事实上,武帝时代主要是尊崇儒学,使之成为社会国家的主导思想;同时也吸收道、法、阴阳、神仙各家精神成果,兼顾了文化的民族主体性与多样性。总之,我们对武帝采董仲舒对策而"表章六经"之举的用意、实效和历史作用,要有恰当全面的评价。

(三)两汉经学的发展

1.刘向、刘歆整理经典与子书。西汉前期今文经学发达,所立五经博士,均为今文经学。西汉成帝时,诏刘向校经传诸子诗赋,撰《别录》。其子刘歆,继承父业,集《六艺》群书,撰成《七略》,古文经学兴起。周予同在皮锡瑞《经学历史》"序"中说:"今文学以孔子为政治家,以六经为孔子致治之说,所以偏重于'微言大义'","古文学以孔子为史学家,以六经为孔子整理古代史料之书,所以偏重于名物训诂"②,彼此时有争议。《汉书·艺文志》称:"有《辑略》,有《六艺略》,有《诸子略》,有《诗赋略》,有《兵书略》,有《术数略》,有《方技略》"③,分九流十家,而以"六艺"居首,认为其源皆出于王官。先秦百家典籍经秦火而散佚,汉兴而经学初传之际,"五经"文本纷纭杂陈,书缺简脱,经刘氏父子汇集、整理、编辑,儒学与诸子之书始有完整目录体系,并以新的面貌流传于世,《汉书·艺文志》即其删要,为目录学之祖,其功莫大焉。

2.从"五经"到"十三经"。汉代有《周礼》(即《周官》)出现,内有周代官政制度的记载,新莽时列入学官,对后世六卿制度建设有很大影响。《仪礼》为周代古礼,由汉儒编定。《礼记》(即《小戴礼记》)与《大戴礼记》均为孔子后学撰著,成书当于战国秦汉初,而以《礼记》为标准本,书中《礼运》、《大

---

① (汉)班固:《汉书》,中华书局2007年版,第216页。

② (清)皮锡瑞,周予同注释:《经学历史》,商务印书馆1928年版,"序言"第5页。

③ (汉)班固:《汉书》,中华书局2007年版,第324页。

学》、《中庸》、《学记》、《乐记》、《经解》数篇在后来儒学史上产生了重大作用。

《孝经》在汉代大为流行,司马迁认为其书为曾子所作(《史记·仲尼弟子列传》),其《开宗明义》言:"夫孝,德之本也,教之所由生也"①,《三才章》言:"夫孝,天之经也,地之义也,民之行也。"②汉代君王提倡以孝治天下,于是孝道由家庭伦理基则上升为政治伦理基则。

《春秋》为孔子所作,流传于世的《传》有三家:《春秋左氏传》,传为春秋左丘明所作,可能是战国初作品,以历史事件注解《春秋》,寓褒贬于史实中,汉代贾逵、服虔有注,流传于世的是晋代杜预《春秋左氏经传集解》;《春秋公羊传》,传为战国齐人公羊高所作,阐释《春秋》微言大义,汉有董仲舒、何休治其书;《春秋穀梁传》,传为子夏弟子穀梁赤所作,汉代写定,写法与《公羊传》相近。

《周易》包括《易经》和《易传》。《易经》成于殷周之际,为卜筮之书;《易传》当为战国儒者群体所作,吸收了道家思想或者有道家学者参与,对《易经》作阴阳哲学的解说,使《周易》成为中华思想文化之源。汉代有田何,治《易》为最。

《诗经》是周代诗歌总集,由"风"、"雅"、"颂"三部分组成。汉代有齐、鲁、韩、毛四家诗学,而以《毛诗》(毛亨、毛苌)为盛。

《尚书》为尧舜禹三代历史文献编汇,汉初有伏生所传《今文尚书》,其后有孔安国传《古文尚书》,西晋时两书散佚,东晋梅赜献《古文尚书》(后人称伪《古文尚书》),流传于世,内中保存许多有价值的史料,是中国政治思想源头。

先秦六经中,《乐经》早佚,"五经"传世,战国秦汉之际解说"五经"之诸《传》,包括《易传》、《春秋》三传、"三礼"皆被世人尊奉为经。《论语》开初因非孔子亲作而未被列为经,至汉代由于地位急剧上升而成为经。如此一来,汉末儒经由"五经"演为"十一经":《论语》、《周易》(经与传合)、《诗经》、《尚书》、《仪礼》、《周礼》、《礼记》、《孝经》、《春秋左传》、《春秋公羊传》、《春秋穀梁传》。宋代《孟子》上升为经,再加上《尔雅》(经学名词训诂),至南宋遂形成"十三经"。由此可知,从汉代兴起的儒家经学,是个庞大的体系,经典众

---

① 喻涵、湘子译注:《孝经·二十四孝图》,岳麓书社 2006 年版,第 3 页。

② 喻涵、湘子译注:《孝经·二十四孝图》,岳麓书社 2006 年版,第 9 页。

多,一经有不同流派,内部多家争鸣,所以较有生气。

3.扬雄经学思想的创新。西汉后期有学者扬雄,兼辞赋家与儒家经学思想家。其赋之著作有《甘泉赋》、《羽猎赋》、《长杨赋》、《太玄赋》等。其理论著作有《太玄》、《法言》。《汉书·扬雄传赞》说他"实好古而乐道,其意欲求文章成名于后世,以为经莫大于《易》,故作《太玄》;传莫大于《论语》,作《法言》","自雄之没至今四十余年,其《法言》大行,而《玄》终不显,然篇籍具存"①。扬雄独特处,不是解经,而是仿经,踪其形又摄其魂,而后自为新经。《太玄》以"玄"为天地万物本原,《易》以象著,《玄》以数定,"观《易》者,见其卦而名之;观《玄》者,数其画而定之"②。《易》有两仪、四象、八卦、六十四重卦、三百八十四爻;《玄》有三方、九州、二十七部、八十一家、二百四十三表、七百二十九赞以相应,其文幽深难识。《法言》体例仿《论语》,分篇有:《学行》、《吾子》、《修身》、《问道》、《问神》、《问明》、《寡见》、《五百》、《先知》、《重黎》、《渊骞》、《君子》、《孝至》,共 13 篇,其意在于用孔孟之说为时人明道解惑。他认为孔子之道"关百圣而不惭,蔽天地而不耻"③,它是最高真理。然而汉兴以来,诸说纷杂,混淆视听,必以孔子之道正之,故曰:"万物纷错则悬诸天,众言淆乱则折诸圣。"④他认为:"古者杨墨塞路,孟子辞而辟之,廓如也。后之塞路者有矣,窃自比于孟子。"⑤他把批评矛头指向经学的烦琐化,"一卷之书不胜异说焉"⑥,又指向经学的神秘化,"或曰:甚矣,传书之不果(实也)也。曰:不果则不果矣,人以巫鼓"⑦,把神学经学称为"巫鼓"之学。他坚守孔孟仁义五常之道:"仁,宅也;义,路也;礼,服也;知,烛也;信,符也。"⑧他在人性论上提出人性善恶混的新说,曰:"人之性也善恶混:修其善则为善人,修

① (汉)班固:《汉书》,中华书局 2007 年版,第 872、873 页。
② (汉)班固:《汉书》,中华书局 2007 年版,第 870 页。
③ (汉)扬雄:《扬子法言》,中华书局 1978 年版,第 22 页。
④ (汉)扬雄:《扬子法言》,中华书局 1978 年版,第 6 页。
⑤ (汉)扬雄:《扬子法言》,中华书局 1978 年版,第 6 页。
⑥ (汉)扬雄:《扬子法言》,中华书局 1978 年版,第 2 页。
⑦ (汉)扬雄:《扬子法言》,中华书局 1978 年版,第 38 页。
⑧ (汉)扬雄:《扬子法言》,中华书局 1978 年版,第 7 页。

其恶则为恶人"①,此说较孟子性善论、荀子性恶论更符合人性的实际。扬雄对老子道家有吸收亦有扬弃,而不信神仙。他说:"老子之言道德,吾有取焉耳,及槌提仁义,绝灭礼学,吾无取焉耳"②,又道德与仁义连用,"道、德、仁、义、礼,譬诸身乎。夫道以导之,德以得之,仁以人之,义以宜之,礼以体之,天也。合则浑,离则散。一人而兼统四体者,其身全乎"③。

他又说:"仙人之于天下,耻一日之不生,曰:生乎生乎,名生而实死也","或曰:世无仙,则焉得斯语? 曰:语乎者,非嚣嚣也与? 惟嚣嚣能使无为有"④。扬雄着力弘扬儒家经学的理性人本主义思想,避免其向神学发展的偏向,对桓谭、王充、张衡都有影响。其《太玄》为魏晋玄学提供了"玄"的理念。唐代韩愈提出道统说,以孟子为孔学正宗传人,以荀子和扬雄为次于孟子的贤者,其《读荀》谓:"孟氏,醇乎醇者也;荀与扬,大醇而小疵"⑤,他以孟子传人自居正是受启于扬雄。

4.王莽新朝的插曲。两汉之际,王莽借权臣之势与阴谋而登上皇帝宝座,改国号曰新。他制礼作乐,笃于鬼神卜筮又任心独断,事事效古,汉家法令多有变更,各种举措因脱离现实而触发更多的社会矛盾;表面上恭谦好礼,勤劳视事,以周孔之教为标榜,实际上并无仁义信仰,只把儒家礼教当作实现个人帝王野心的工具,非但不能治国安邦,反而导致百姓怨恨、四处叛乱,遂被起事汉兵斩杀,身体分裂,在位不过14年。当年秦始皇统一中国,不施仁义,一任暴政酷法,遂至二世而国亡;此次王莽高唱仁义,沽名钓誉,内藏祸心,其行悖逆民意,亦自取速亡,在历史上充当了另一类的反面角色。《汉书·王莽传·赞》总结说:"王莽始起外戚,折节力行,以要名誉,宗族称孝,师友归仁。及其居位辅政,成、哀之际,勤劳国家,直道而行,动见称述。岂所谓'在家必闻,在国必闻','色取仁而行违'者邪?""及其窃位南面,处非所据,颠覆之势险于桀

---

① (汉)扬雄:《扬子法言》,中华书局1978年版,第6、7页。
② (汉)扬雄:《扬子法言》,中华书局1978年版,第10页。
③ (汉)扬雄:《扬子法言》,中华书局1978年版,第9、10页。
④ (汉)扬雄:《扬子法言》,中华书局1978年版,第39页。
⑤ 马其昶校注:《韩昌黎文集校注》,上海古籍出版社1986年版,第37页。

纣,而莽晏然自以黄、虞复出也。乃始恣睢,奋其威诈,滔天虐民,穷凶极恶,毒流诸夏,乱延蛮貉,犹未足逞其欲焉。是以四海之内,嚣然丧其乐生之心,中外愤怨,远近俱发,城池不守,支体分裂。遂令天下城邑为虚,丘垅发掘,害遍生民,辜及朽骨,自书传所载乱臣贼子无道之人,考其祸败,未有如莽之甚者也。昔秦燔诗书以立私议,莽诵六艺以文奸言,同归殊途,俱用灭亡,皆炕(亢)龙绝气,非命之运"①。《汉书》的总结虽掺杂汉王朝立场,但总体上是深刻的。历史会以不同方式上演内容相似的戏剧,20 世纪初袁世凯以拥护民国共和为名逼清帝逊位,登上大总统宝座,倡导祭天祭孔,标榜仁义,不久真面目暴露,做起皇帝美梦,遂 83 天而病亡,留下"窃国大盗"的丑名,其行径与王莽如出一辙,令人感叹! 儒学是博大精深、导向文明的,但发展过程并不坦顺,会遇到各种挑战:摧残者有之,伪善者有之,烦琐者有之,神秘者有之,教条者亦有之,汉代儒学正是在不断发生又不断克服种种偏向中前进的。

5.谶纬经学。谶纬经学兴赴起于西汉哀平之际,盛行于东汉。谶是"诡为隐语,预决吉凶"的宗教预言,早已发生,至两汉之际,依傍经义,成为一种社会思潮。纬对经而言,是用天人感应神学来解释"五经"经义。谶纬把孔子说成能预知未来的神,如王充《论衡·实知》引谶记,谓孔子留下谶书曰:"不知何一男子,自谓秦始皇,上我之堂,踞我之床,颠倒我衣裳,至沙丘而亡"②,这显然是汉兴之后造作的神话。谶纬经学一方面与主流学者董仲舒等人的符命灾异说互动推扬,另一方面又自成一体,自造离奇的天人感应神话故事,内容上有为当权者服务者,亦有对社会危机预言者。故谶纬曾为王莽称帝制造舆论,亦为光武帝受命登基找理由,如《后汉书·光武帝纪》载《赤伏符》称:"刘秀发兵捕不道,四夷云集龙斗野,四七之际火为主"③,即刘秀居火德,自高祖至光武初起,合 280 年,也就是"四七之际"。光武即位,"宣布图谶于天下",于是谶纬臻于极盛,主流经学家皆受其浸润。而谶纬的政治批判、改朝换代的内涵与自由造作方式,也常为社会反叛势力和野心家所利用,故当政者对之保

①　(汉)班固:《汉书》,中华书局 2007 年版,第 1065 页。
②　(汉)王充:《论衡》,陈蒲清点校,岳麓书社 1991 年版,第 399 页。
③　(南朝宋)范晔:《后汉书》,浙江古籍出版社 2000 年版,第 5 页。

持高度警惕或加以选择而用之,如《白虎通》说:"天所以有灾变何?所以谴告人君,觉悟其行,欲令悔过修德,深思虑也。《援神契》曰:行有玷缺,气逆干天,情感变出,以戒人也。"①谶纬经学的社会影响力在今文经学、古文经学之下,至东汉末已经衰微,魏晋以后被朝廷明令禁绝。纬书在东汉曾有汇编,隋以后散佚,清人马国翰《玉函山房辑佚书》辑纬书40种。如《易纬》有《稽览图》、《乾凿度》、《坤灵图》等,《诗纬》有《推度灾》、《含神雾》等,《礼纬》有《含文嘉》、《稽命征》等,《书纬》有《璇玑钤》、《考灵曜》等,《乐纬》有《动声仪》、《稽耀嘉》等,《春秋纬》有《演孔图》、《元命包》、《运斗枢》等,《孝经纬》有《援神契》、《钩命决》。纬书中的《易纬》保存较多,其对易学影响深远。《四库全书总目·易类六》评述《乾凿度》说:"说者称其书出于先秦。自《后汉书》、南北朝诸史及唐人撰《五经正义》、李鼎祚作《周易集解》征引最多,皆于易旨有所发明,较他纬独为醇正。"②评述《稽览图》说:"其书首言卦气起中孚,而以《坎》、《离》、《震》、《兑》为四正卦,六十卦卦主六日七分,又以自《复》至《坤》十二卦为消息,余杂卦主公、卿、侯、大夫,候风雨寒温以为征应,盖即孟喜、京房之学所自出。汉世大儒言易者,悉本于此。"③《易纬》的卦气说在后世易学界认同度较高,可见纬书是有一定学术含量的。

6.《白虎通义》。汉代儒家经学是一个庞大系统,内部学派众多,解说各异,儒学作为统一国家的指导思想,常常因观点分歧而使执政者无所适从,所以掌权的政治家要出面加以协调,统一重要观点,使得社会有所依循,不致引起混乱。西汉宣帝召开石渠阁会议,召集代表性经学家讲论"五经"同异,形成一些共同论点,由宣帝总结。但两汉之际,谶纬经学兴起,儒家经学内部的歧义不是减少而是增加了。东汉章帝召开白虎观会议,以更大的力度统一"五经"义理,如章帝所言:"欲使诸儒共正经义"④,结果形成一部具有国家经学法典性质的作品《白虎通》(又称《白虎通义》)。此书的中心思想,如贾逵

① (汉)班固:《白虎通德论》,上海古籍出版社1990年版,第41页。
② (清)永瑢等:《四库全书总目》(上),中华书局1965年版,第46页。
③ (清)永瑢等:《四库全书总目》(上),中华书局1965年版,第46页。
④ (南朝宋)范晔:《后汉书》,浙江古籍出版社2000年版,第33页。

比较《左传》与《公羊》两传后所说,都是要明"君臣之正义,父子之纪纲"①。其中以采今文经学观点为主,辅以古文经学,杂以谶纬经学,其行文格式皆具定义模式,简洁明确而不容置疑。如《爵》说:"天子者,爵称也。爵所以称天子者何?王者父天母地,为天之子也。"②《瑞贽》说:"受命之君,天之所兴,四方莫敢违,夷狄咸率服。"③《封禅》说:"王者易姓而起,必升封泰山何?教告之义也","天下太平,符瑞所以来至者,以为王者承统理,调和阴阳;阴阳和,万物序,休气充塞,故符瑞并臻,皆应德而至。"④《封公侯》说:"普天之下,莫非王土,率土之滨,莫非王臣。"⑤《三纲六纪》规定:"君臣者何谓也?君,群也,群下之所归心也。臣者,坚也,属志自坚固也"⑥,"三纲者何?谓君臣、父子、夫妇也。六纪者,谓诸父、兄弟、族人、诸舅、师长、朋友也。故《含文嘉》曰:君为臣纲,父为子纲,夫为妻纲。又曰:敬诸父兄,诸父有善,诸舅有义,族人有序,昆弟有亲,师长有尊,朋友有旧。何谓纲纪?纲者张也,纪者理也,大者为纲,小者为纪,所以张理上下,整齐人道也。人皆怀五常之性,有亲爱之心,是以纲纪为化,若罗网之有纪纲而万目张也"⑦。此篇在董仲舒纲常论基础上正式提出"三纲"说,作为法典条文,对后世影响至广至远,其源头不是孔孟而是纬书。《礼乐》说:"有贵贱焉,有亲疏焉,有长幼焉。朝廷之礼,贵不让贱,所以有尊卑也。乡党之礼,长不让幼,所以明有年也。宗庙之礼,亲不让疏,所以有亲也。此三者行,然后王道得,王道得然后万物成,天下乐用磬也。"⑧这里强调了尊尊、长长、亲亲三原则,正是宗法等级社会的基本社会关系原则。《白虎通义》在强调尊卑、上下、亲疏秩序的同时,也采纳了五常、重民、纳谏、尊老、德治的儒家理念。《情性》说:"五常者何?谓仁、义、礼、智、信

---

① (南朝宋)范晔:《后汉书》,浙江古籍出版社 2000 年版,第 348 页。
② (汉)班固:《白虎通德论》,上海古籍出版社 1990 年版,第 6 页。
③ (汉)班固:《白虎通德论》,上海古籍出版社 1990 年版,第 53 页。
④ (汉)班固:《白虎通德论》,上海古籍出版社 1990 年版,第 42、43 页。
⑤ (汉)班固:《白虎通德论》,上海古籍出版社 1990 年版,第 24 页。
⑥ (汉)班固:《白虎通德论》,上海古籍出版社 1990 年版,第 59 页。
⑦ (清)苏舆:《春秋繁露义证》,钟哲点校,中华书局 1992 年版,第 303—304 页。
⑧ (汉)班固:《白虎通德论》,上海古籍出版社 1990 年版,第 21 页。

也。仁者,不忍也,施生爱人也;义者,宜也,断决得中也;礼者,履也,履道成文也;智者,知也,独见前闻,不惑于事,见微者也;信者,诚也,专一不移也。故人生而应八卦之体,得五气以为常,仁、义、礼、智、信是也。"①《谏诤》认为,君臣关系以义相合,"明王所以立谏诤者,皆为重民而求己失也"②,《乡射》说明"王者父事三老、兄事五更者何? 欲陈孝悌之德,以示天下也。故虽天子,必有尊也,言有父也;必有先也,言有兄也"③。由此可知,贵为天子仍要义以为上,认从五常,重民纳谏,尊老敬长。《五刑》讲德与刑的关系是德主刑辅:"圣人治天下必有刑罚何? 所以佐德助治,顺天之度也。"④

《白虎通义》的历史作用是巨大的,它用王权政治力量把汉武帝"罢黜百家,表章六经"的政治思想建设推到一个新的高度,在汇集众多学者研究成果基础上,使"三纲五常"法制化、普遍化、稳定化,成为治国的定式,成为孔子六经的实践形态,一直贯彻到清代末年,不能看成章帝一人乾纲独断。它对于巩固"大一统"国家,加强中华民族共同体的凝聚力,推动传统社会在稳定中发展,起了重大作用。但是政治权力的深度介入和操控,特别是把"三纲"与"五常"嫁接在一起所形成的纲常名教以及天人感应之说,减损了孔孟儒学理性人文主义的仁爱通和精神,使忠恕之道的互爱互尊的文明智慧力量得不到有效的释放,为中国帝制社会后期趋向高度专制和礼教僵化保守埋下了祸根。如近代主张"中体西用"的张之洞便认为宗法等级制度是"体",用"三纲"反对民权革命、维护晚清帝制的腐朽统治,他在《劝学篇》里说:"故知君臣之纲,则民权之说不可行也;知父子之纲,则父子同罪免丧废祀之说不可行也;知夫妇之纲,则男女平权之说不可行也。"⑤

7.王充《论衡》对神学经学的批判。王充是东汉前期体现儒道互补、着力批判神学经学和世俗迷信的代表性学者,著《论衡》一书流传于世。他推崇孔

---

① (汉)班固:《白虎通德论》,上海古籍出版社1990年版,第60页。
② (汉)班固:《白虎通德论》,上海古籍出版社1990年版,第37页。
③ (汉)班固:《白虎通德论》,上海古籍出版社1990年版,第38—39页。
④ (汉)班固:《白虎通德论》,上海古籍出版社1990年版,第68页。
⑤ 罗炳良主编:《张之洞劝学篇》,华夏出版社2002年版,第34页。

子,认为孔子作《春秋》,"文义褒贬是非,得道理之实,无非僻之误"①。他认为"治国之道,所养有二:一曰养德,二曰养力"②,又说:"夫太平以治定为效,百姓以安乐为符。孔子曰:'修己以安百姓,尧、舜其犹病诸!'百姓安者,太平之验也"③,这与孔子德治、足兵、民本思想高度一致。他重视《易传》和《春秋》,认同礼义乃国之纲纪,肯定"仲舒之言道德政治,可嘉美也"④,这都表明他在社会价值观的取向上是儒家式的。但他又高度认同老子道家天道自然无为的宇宙观。在《自然》篇中他论述天生万物是"试依道家论之","虽违儒家之说,合黄、老之义也。"⑤其《谴告》篇说得更明白:"夫天道,自然也,无为。如谴告人,是有为,非自然也。黄、老之家,论说天道,得其实矣。"⑥儒家的人本主义和道家的自然主义成为王充批判神学经学的有力思想武器,表现出学者清醒的求真求实的态度。他在《佚文》中说:"'《诗》三百,一言以蔽之,曰:思无邪。'《论衡》篇以十数,亦一言也,曰:疾虚妄。"⑦《自纪》称其书"折衷以圣道,析理于通材。如衡之平,如鉴之开"⑧。

《论衡》的批判,首先将矛头指向神学目的论。他反对天有意志和天人感应说,认为"天地,含气之自然也","天地合气,万物自生","夫天无为,故不言,灾变时至,气自为之。夫天地不能为,亦不能知也"⑨,天与人及动物之间有自然互动的现象,如"天且雨,蝼蚁徙,丘蚓出,琴弦缓,固疾发"⑩,这是"风雨之气,感虫物也"⑪,但"人不能以行感天,天亦不能随行而应人"⑫;自然灾害的发生,如同人体生病一样是自然的过程:"血脉不调,人生疾病;风气不

① (汉)王充:《论衡》,陈蒲清点校,岳麓书社1991年版,第424页。
② (汉)王充:《论衡》,陈蒲清点校,岳麓书社1991年版,第153页。
③ (汉)王充:《论衡》,陈蒲清点校,岳麓书社1991年版,第299页。
④ (汉)王充:《论衡》,陈蒲清点校,岳麓书社1991年版,第440页。
⑤ (汉)王充:《论衡》,陈蒲清点校,岳麓书社1991年版,第281、287页。
⑥ (汉)王充:《论衡》,陈蒲清点校,岳麓书社1991年版,第226页。
⑦ (汉)王充:《论衡》,陈蒲清点校,岳麓书社1991年版,第320页。
⑧ (汉)王充:《论衡》,陈蒲清点校,岳麓书社1991年版,第455页。
⑨ (汉)王充:《论衡》,陈蒲清点校,岳麓书社1991年版,第168、281、286页。
⑩ (汉)王充:《论衡》,陈蒲清点校,岳麓书社1991年版,第232页。
⑪ (汉)王充:《论衡》,陈蒲清点校,岳麓书社1991年版,第232页。
⑫ (汉)王充:《论衡》,陈蒲清点校,岳麓书社1991年版,第237页。

和,岁生灾异"①,与天人感应无关。不过王充之论证天无意志,较多停留在经验层面上,如说:"何以知天之自然也? 以天无口目也","如谓天地为之,为之宜用手,天地安得万万千千手,并为万万千千物乎?"②

其次,《论衡》将批判矛头指向鬼神之说,不赞成人死为鬼和厚葬之风。《论死》说:"人死不为鬼,无知,不能语言,则不能害人矣","形须气而成,气须形而知,天下无独燃之火,世间安得有无体独知之精?""阴阳之气,凝而为人;年终寿尽,死还为气"③,"鬼神,阴阳之名也"④。那么,为什么人有鬼神观念呢? 王充认为是"思念存想之所致也,致之何由? 由于疾病。人病则忧惧,忧惧则鬼出"⑤,既无鬼,便要提倡薄葬。但他不反对祭祀祖先之礼,《祀义》说:"缘生事死,示不忘先"⑥,《祭义》说:"祭祀之义有二:一曰报功,二曰修先。报功以勉力,修先以崇恩;力勉恩崇,功立化通,圣王之务也"⑦,这是继承了孔子慎终追远、神道设教的传统。

再次,《论衡》将批判矛头指向神仙方术。王充列举方士宣扬的度世不死、修炼成仙的故事,如黄帝铸鼎于荆山下,既成,有龙而下,黄帝及其臣妃乘龙而升天;淮南王得道,举家升天,鸡犬皆随。⑧ 王充指出:"有血脉之类,无有不生,生无不死。以其生,故知其死也"⑨,扩大而言,"夫有始者必有终,有终者必有始","夫人,物也,虽贵为王侯,性不异于物。物无不死,人安能仙?"⑩这里已经包含了生死辩证法。

最后,《论衡》将批判矛头指向世俗迷信。王充对于忌讳、卜筮、讥日、解除、太岁等迷信和《四讳》、《葬历》、《沐书》、《裁衣有书》、《移徙法》、《图宅术》等俗

---

① (汉)王充:《论衡》,陈蒲清点校,岳麓书社1991年版,第226页。
② (汉)王充:《论衡》,陈蒲清点校,岳麓书社1991年版,第281、283页。
③ (汉)王充:《论衡》,陈蒲清点校,岳麓书社1991年版,第325、323、324页。
④ (汉)王充:《论衡》,陈蒲清点校,岳麓书社2006年版,第266页。
⑤ (汉)王充:《论衡》,陈蒲清点校,岳麓书社1991年版,第347页。
⑥ (汉)王充:《论衡》,陈蒲清点校,岳麓书社2006年版,第326页。
⑦ (汉)王充:《论衡》,陈蒲清点校,岳麓书社1991年版,第397页。
⑧ 参见(汉)王充:《论衡》,陈蒲清点校,岳麓书社1991年版,第108—109页。
⑨ (汉)王充:《论衡》,陈蒲清点校,岳麓书社1991年版,第117页。
⑩ (汉)王充:《论衡》,陈蒲清点校,岳麓书社1991年版,第118、109—110页。

书作了批判,指出天道自然无为,问天无能应;做事"不考于心而合于日,不参于义而致于时","舍人议而就卜筮,违可否而信吉凶"①,乃是衰世陋俗,故"衰世好信禁,不肖君好求福","衰世好信鬼,愚人好求福"②。王充进而从心理根源上分析迷信之流行:"凡人在世,不能不作事,作事之后,不能不有吉凶。见吉,则指以为前时择日之福;见凶,则剌以为往者触忌之祸","人君惜其官,人民爱其身,相随信之,不复狐疑","奸书伪文,由此滋生。巧惠生意,作知求利,惊惑愚暗,渔富偷贫"。③ 人生的难测、心理的需求、流俗的积累,加上迷信职业者的借术谋利,遂使世俗迷信得以生存延续。王充强调,事在人为,迷信无功,故说:"夫论解除,解除无益;论祭祀,祭祀无补;论巫祝,巫祝无力。竟在人不在鬼,在德不在祀,明矣哉!"④这是理性儒家对消灾求福的基本态度。

王充《论衡》有《问孔》和《刺孟》两篇,表现出他敬重圣贤又不迷信圣贤、以是非为最高标准的求道精神。他既不赞成谶书把孔子说成"前知千岁,后知万岁"的神,也不认为圣贤之言完美无缺。《问孔》指出不能"以为圣贤所言皆无非"⑤,孔子所说"上下多相违","前后多相伐"⑥,如既讲去食存信,又讲先富后教,既视不义富贵如浮云,又欲往佛肸以求食,因此,"苟有不晓解之问,追难孔子,何伤于义? 诚有传圣业之知,伐孔子之说,何逆于理?"⑦其《刺孟》指责孟子以"义"非"利"不合于"五经",因为"利"有"财货之利",有"安吉之利",不宜将"义"与"利"完全对立,这正是运用了《墨经》"义,利也"的思想。我们可以视王充之言为"离经而不叛道",在儒家中是少数派。王充否定天志鬼神说与对孔孟有赞赏、有批评的求实态度,对于南朝梁代范缜"神灭论"和明末李贽不以孔子之是非为是非之说都有直接的影响。

8.祭祀礼教与国家郊社宗庙礼制的建立。郊社宗庙之祭与泰山之祭,由

---

① (汉)王充:《论衡》,陈蒲清点校,岳麓书社1991年版,第368、372页。
② (汉)王充:《论衡》,陈蒲清点校,岳麓书社1991年版,第369、389页。
③ (汉)王充:《论衡》,陈蒲清点校,岳麓书社1991年版,第376、377页。
④ (汉)王充:《论衡》,陈蒲清点校,岳麓书社1991年版,第390—391页。
⑤ (汉)王充:《论衡》,陈蒲清点校,岳麓书社1991年版,第137页。
⑥ (汉)王充:《论衡》,陈蒲清点校,岳麓书社1991年版,第137页。
⑦ (汉)王充:《论衡》,陈蒲清点校,岳麓书社1991年版,第138页。

来已久,是周代以后君王治国合法性的宗教依据,是其精神依托。司马迁说:"《周官》曰,冬日至,祀天于南郊,迎长日之至;夏日至,祭地祇。皆用乐舞,而神乃可得而礼也。天子祭天下名山大川,五岳视三公,四渎视诸侯,诸侯祭其疆内名山大川。四渎者,江、河、淮、济也。天子曰明堂、辟雍,诸侯曰泮宫。周公既相成王,郊祀后稷以配天,宗祀文王于明堂以配上帝。自禹兴而修社祀,后稷稼穑,故有稷祠,郊社所从来尚矣。"①根据《礼记》的记载,周代祭祀之制是"天子祭天地,诸侯祭社稷,大夫祭五祀"②,祭天有四种方式:一曰郊祀,二曰封禅,三曰报祭,四曰明堂祭。祭祖则有宗庙之制,天子七庙,诸侯五庙,大夫三庙,士一庙,庶人祭于寝。此外,还有社稷与日月山川百神之祭。《左传》记载晋国蔡墨之言:"共工氏有子曰句龙,为后土,此其二祀也。后土为社,稷,田正也。有烈山氏之子曰柱为稷,自夏以上祀之。周弃亦为稷,自商以来祀之。"③中华是家族社会,以农业立国,故崇拜天地宗祖社稷,成为基本信仰。司马迁《史记·封禅书》追述上古以来封禅传说,其事难以细考。泰山为五岳(南岳衡山,西岳华山,北岳恒山,中岳嵩山,东岳泰山)之首,在泰山顶筑坛祭天,报天之功曰封,在山下小山除地以祭,报地之功曰禅。封禅被认为是帝王接受天命而能治国安邦的国家级宗教祭祀大典,神圣而庄严。秦始皇即位后曾行封禅事。汉初国家宗教祀典并无定制。刘邦时立白、青、黄、赤、黑五帝之祠,与五行相对应。为适应汉代统一国家的需要,武帝时确立按土德改制,以土德代秦水德,色尚黄,数用五,以寅月为岁首,又重立天界主神。其时亳人缪忌奏祠太一方,以太一为最高神,以五方帝为太一之佐,并立祠祭祀,初步形成郊祭格局。武帝又举行封禅大典,以示国泰民安。武帝之后,礼学发达,郊社宗庙制度成为制定新礼的重点。《礼记》一书受到高度重视。其《祭统》说:"凡治人之道,莫急于礼。礼有五经,莫重于祭","禘尝之义大矣。治国之本也","崇事宗庙社稷,则子孙顺孝。尽其道,端其义,而教生焉","祭者,教之

---

① (汉)司马迁:《史记》,线装书局2006年版,第121页。
② 《礼记》,崔高维校点,辽宁教育出版社2000年版,第43页。
③ (春秋)左丘明:《左传》,蒋冀骋标点,岳麓书社1988年版,第360页。

本也"①。其《礼运》说："以降上神与其先祖，以正君臣，以笃父子"②。其《郊特牲》说："万物本乎天，人本乎祖，此所以配上帝也。郊之祭也，大报本反始也"③，这可以说是敬天法祖的精义所在。在礼学指引下，汉代执政者在不断探索健全新的祭祀礼仪。宣帝时下诏："盖闻天子尊事天地，修祀山川，古今通礼也。间者，上帝之祠阙而不亲十有余年，朕甚惧焉。朕亲饬躬齐戒，亲奉祀，为百姓蒙嘉气，获丰年焉"④，于是恢复郊天之礼，并祭后土、五岳四渎。成帝时分为南郊祭天，北郊祭地。平帝时，王莽辅政，多所更设，如天地合祭于长安南郊，称泰一神为皇天上帝，确定五帝祠在长安五方位，并将天下星辰各以其方位划归五帝，一同祭祀。东汉年间，光武帝封禅泰山，立高庙于洛阳。明帝祀五帝于明堂，光武帝配祀。郊天、宗庙、社稷之祀，具体典制时有因革更替，但基本度制延续不变，为后世所效法。

敬天、法祖、祭社稷、祀百神及郊社宗庙礼制本是古礼传统，而非儒家之创造。孔子畏天命、重祭祀，意在守护人们对天德祖恩的敬崇之心，以淳厚风俗，并不热心于祭祀活动，故"敬鬼神而远之"，而着意于纳神道入人道，用人道提升神道。董仲舒的天人感应神学经学不符合孔子儒学人本主义的大趋势，后来未成为儒学主流。但礼制必有天、祖、社稷祭祀（五礼：吉、凶、嘉、军、宾，吉礼即是祭祀之礼，凶礼乃是丧葬之礼），儒家礼学必明神道祭祀之义，因而儒学之学统与敬天、法祖、祭社稷之教统就有了交叉。儒学（人学）与礼教（专指神道之教）既并行发展又彼此补充，儒学赋予礼教以现实人生的关切，礼教促成儒学保留对神道的敬意，共同形成德教，维系着中国人对仁义礼智信的五常之道的信仰。

但汉代上层集团往往扩大传统神道的范围，把后起的神仙方术纳入信仰系统。《史记·封禅书》、《汉书·郊祀志》、《后汉书·祭祀志》都有大量记载，如汉武帝欲求神仙，宣帝好淮南枕中洪宝苑秘之方，光武热心《河图》、《洛书》，桓帝亲祠老子等。道德理性意识较强的儒家学者是维护郊社宗庙之礼

---

① 《礼记》，崔高维校点，辽宁教育出版社 2000 年版，第 165、169、167 页。
② 《礼记》，崔高维校点，辽宁教育出版社 2000 年版，第 76 页。
③ 《礼记》，崔高维校点，辽宁教育出版社 2000 年版，第 88 页。
④ （汉）班固：《汉书》，中华书局 2007 年版，第 190 页。

教的,但不赞成神仙方术,便出来加以纠正。如成帝时谷永上书:"臣闻明于天地之性,不可或(惑)以神怪;知万物之情,不可罔以非类。诸背仁义之正道,不遵五经之法言,而盛称奇怪鬼神,广崇祭祀之方,求报无福之祠,及言世有仙人,服食不终之药,遥兴轻举,登遐倒景,览观县圃,浮游蓬莱,耕耘五德,朝种暮获,与山石无极,黄冶变化,坚冰淖溺,化色五仓之术者,皆奸人惑众,挟左道,怀诈伪,以欺罔世主。听其言,洋洋满耳,若将可遇;求之,荡荡如系风捕景,终不可得。是以明王距而不听,圣人绝而不语","秦始皇初并天下,甘心于神仙之道,遣徐福、韩终之属多赍童男童女入海求神采药,因逃不还,天下怨恨。汉兴,新垣平、齐人少翁、公孙卿、栾大等,皆以仙人、黄冶、祭祠、事鬼使物、入海求神采药贵幸","元鼎、元封之际,燕齐之间方士瞋目扼腕,言有神仙祭祀致福之术者以万数","旷日经年,靡有毫厘之验,足以揆今。经曰:'享多仪,仪不及物,惟曰不享'。《论语》说曰:'子不语怪神。'唯陛下拒绝此类,毋令奸人有以窥朝者"[1]。谷永之上书,既可见孔孟正宗后学弘道明德之苦心,亦可知汉代方士方术之昌盛,正是这种方仙之道孕育着汉末三国时期道教的诞生。

9.郑玄与汉末经学的统一。汉代经学的纷争,仅靠王朝政治权力主导的统一是不能根本解决的,必须有大经学家出现才能以学术权威的体系化解分歧,引导学术走向真正的统一。东汉有通儒马融,集古文经学之大成,遍注《孝经》、《诗》、《论语》、《易》、"三礼"、《尚书》,并作《春秋三传异同说》,改变今文经学师传口授的习惯,"以经连传",将经与注连为一体,同书于竹帛。稍晚有何休,集今文经学《公羊》学之大成,作《春秋公羊传解诂》,该注与唐代徐彦之疏合为《春秋公羊传注疏》,成为解读《春秋公羊传》的权威作品。他在《解诂·自序》中说:"昔者孔子有云:'吾志在《春秋》,行在《孝经》',此二学者,圣人之极致,治世之要务也"[2],所以他要澄清解说中"非常异义、可怪之论"[3],得其正诂。他根

---

[1] (汉)班固:《汉书》,中华书局2007年版,第194页。

[2] (汉)何休解诂,(唐)徐彦疏,刁小龙整理:《春秋公羊传注疏》(上),上海古籍出版社2014年版,第1—2页。

[3] (汉)何休解诂,(唐)徐彦疏,刁小龙整理:《春秋公羊传注疏》(上),上海古籍出版社2014年版,第3页。

据董仲舒"《春秋》分十二世以为三等:有见,有闻,有所传闻"①之说,提出"衰乱世"(对应所传闻世)、"升平世"(对应所闻世)、"太平世"(对应所见世)新三世说,认为春秋时代从"衰乱世"走向"升平世",最终至于"太平世",其时"夷狄进至于爵,天下远近、小大若一"②,无国家民族差异。清末康有为在《大同书》里引申何休"三世"说,构造其儒、佛、道合一的大同理想。

东汉前期有古文经学家兼文字学家许慎,字叔重,著《五经异义》,博得世人"五经无双许叔重"③之称赞。他认为文字是"经艺之本,王政之始"④,于是探讨古汉字演变规律,撰《说文解字》,综合以往字书和古文字资料,以小篆为主,收录九千余字,又采古籀文千余字,依据汉字形、音、义三大要素的特点,提出"六书"(象形、指事、会意、形声、转注、假借)说推究文字本义,完整地揭示了汉字的形声、形义系统,从中发掘汉字蕴含的古代政治、经济、思想、文化各领域的大量信息,是古文字学的经典著作,是研究"五经"和诸子百家必备的工具书。后来该书屡为郑玄等学者引用,至清代有段玉裁著《说文解字注》、近代丁福保著《说文解字诂林》,两书乃是历代《说文解字》学的代表作。汉字是世界上特有的表意文字,它与常见的拼音文字有着不同的文字发展道路,其特点之一是不仅音义相连而且形义相连,特点之二是形、音、义的演变是渐进而非断裂的,故而保证了以汉字为主要载体的中华文明主流的古今延续性。古老的文字典籍代代都能解读,各地方言虽千差万别,但文字是统一的。汉字造就了汉族整体性、形象性思维,成为中华民族共同体的重要纽带和血脉,还使汉字书法成为高雅艺术,也全面影响了各种文学艺术门类。

郑玄字康成,是东汉后期最大的经学家,师事马融,精通今古文经学。曾遭"党锢之祸",解禁后不乐仕宦,矢志经业,遍注群经,兼综今古文而又超越师法家传,在训诂基础上适当发挥义理,因而能够去滞偏、正本义,贯通各家各

---

① (清)苏舆:《春秋繁露义证》,钟哲点校,中华书局1992年版,第9页。
② (汉)何休解诂,(唐)徐彦疏,刁小龙整理:《春秋公羊传注疏》(上),上海古籍出版社2014年版,第38页。
③ (宋)范晔,(唐)李贤等注:《后汉书》,中华书局1965年版,第2588页。
④ (汉)许慎,(清)段玉裁注:《说文解字注》,上海古籍出版社1988年版,第763页。

派,择善而从,集汉代经学之大成,造就了能统一诸经解说之郑学,代表了汉代儒家经学的最高水平。四方之士负粮来从郑玄学经,世称伊洛以东,淮汉以北,康成一人而已。远如吴地程秉,蜀地姜维,皆师郑学。此后经学在很长一段时期内皆归宗于郑。《后汉书·郑玄传》说:"凡玄所注《周易》、《尚书》、《毛诗》、《仪礼》、《礼记》、《论语》、《孝经》、《尚书大传》、《中候》、《乾象历》,又著《天文七政论》、《鲁礼禘祫义》、《六艺论》、《毛诗谱》、《驳许慎五经异义》、《答临孝存周礼难》,凡百余万言","自秦焚六经,圣文埃灭。汉兴,诸儒颇修艺文;及东京,学者亦各名家。而守文之徒,滞固所禀,异端纷纭,互相诡激,遂令经有数家,家有数说,章句多者或乃百余万言,学徒劳而少功,后生疑而莫正。郑玄括囊大典,网罗众家,删裁繁诬,刊改漏失,自是学者略知所归"①。

郑玄经注中尤以《三礼注》为世看重,唐贾公彦疏《周礼》、《仪礼》,孔颖达撰《礼记正义》,皆采用郑注而加以疏解。郑玄经学之长在运用文字、音韵、训诂方法校勘诸经文本,辨析流传于世的经典版本与传记的真伪及年代,订正文字讹误,形成重文献复原的汉学传统,与宋明重经典义理发挥的宋学学风,并列为经学两大学术风格,对清代考据学的兴盛,影响巨大。魏晋时,王肃经学兴起,列为学官,一度几乎取代了郑学的地位。王肃之学能弥补郑学疏漏,再加上背后司马氏权势的支持,遂形成郑王之争。但终究还是郑学压倒了王学,在南北朝时期的北朝经学中占据了主导地位。

不过郑玄是大学问家而非大思想家,他精于训诂经学,在一些理论观点上也有创见,其主要贡献是传承和准确解读经典,为义理研究奠定文献资料的坚实基础,但他缺乏哲学高度的整体思考,未能为变化了的时代提供新的思想体系,故不能挽回汉末经学的颓势。而后有以宋忠为代表的荆州学派异军突起,重视《易》学与《太玄》学,热心探讨天道性命,成为魏晋玄学经学的萌芽。

三、两汉时期儒道关系史小结

前文已说,儒道两家同源而异流。所谓同源,一是两家皆源于以黄帝为人

---

① (宋)范晔,(唐)李贤等注:《后汉书》,中华书局1965年版,第1212—1213页。

文初祖的中华上古文明,因而儒家在祖述尧舜的同时,上溯到以黄帝为首的五帝时代,遂有《左传》、《国语》、《世本》的记载与《大戴礼记》的《五帝德》、《帝系》的追述;道家和道教亦以黄帝为源祖,遂有《庄子》记黄帝得道(《大宗师》)、葛洪《抱朴子内篇》述黄帝服九鼎神丹而飞升,《云笈七签》则有《轩辕本纪》;而司马迁作为儒道兼综的伟大史学家则在《史记》首卷撰《五帝本纪》,确认黄帝为中华始祖。二是两家皆以上古公天下时代纯朴社会为理想复归的原型,故儒家有"大道之行也,天下为公"①的大同梦想,道家有"甘其食,美其服,安其居,乐其俗"②和"逍遥游"、"至德之世"③的梦想。三是两家皆源于殷周之际的《易经》,儒家宗《周易》,道家宗《归藏》,皆以阴阳之道为宇宙观之基石;后世之儒学以《易经》为理论思维之源泉,后世之道学亦以《易经》为道论、术论之根基。四是两家的终极关切皆在究天人之际、通古今之变、成社会人生之美善,故儒家讲天人一体、以古鉴今、生命成长,道家亦讲"天地与我并生"④、"执古之道,以御今之有"、"常善救人,故无弃人"。⑤

所谓异流,一是儒家尽人事以合天道,故曰"修身为本"⑥、"成己成物"⑦、"穷理尽性以至于命"⑧、"赞天地之化育"⑨、"观乎人文以化成天下"⑩,它是一种重伦理教化的积极进取的人文主义;道家是法天道以正人事,故曰"人法地,地法天,天法道,道法自然"、"复归于婴儿"⑪、"法天贵真"⑫,它是一种重本然之性的清静无为的自然主义。二是儒家以家庭为根基,以社会为本位,故

---

① 《礼记》,崔高维校点,辽宁教育出版社 2000 年版,第 75 页。
② 陈鼓应注释:《老子今注今译》,商务印书馆 2003 年版,第 345 页。
③ 陈鼓应注释:《庄子今注今译》,中华书局 2009 年版,第 3、269 页。
④ 陈鼓应注释:《庄子今注今译》,中华书局 2009 年版,第 80 页。
⑤ 陈鼓应注释:《老子今注今译》,商务印书馆 2003 年版,第 126、179 页。
⑥ 《礼记》,崔高维校点,辽宁教育出版社 2000 年版,第 222 页。
⑦ (宋)黎靖德编:《朱子语类一》,杨绳其、周娴君校点,岳麓书社 1997 年版,第 741 页。
⑧ 宋祚胤注译:《周易》,岳麓书社 2000 年版,第 375 页。
⑨ 《礼记》,崔高维校点,辽宁教育出版社 2000 年版,第 190 页。
⑩ (魏)王弼、(晋)韩康伯注,(唐)孔颖达疏:《周易注疏》,中央编译出版社 2013 年版,第 143 页。
⑪ 陈鼓应注释:《老子今注今译》,商务印书馆 2003 年版,第 169、183 页。
⑫ 陈鼓应注释:《庄子今注今译》,中华书局 2009 年版,第 875 页。

以"忠"、"孝"为核心道德,以仁爱忠恕为人生情理,以礼义诚信为行为规则;道家以自由为中心价值,以个人为本位,故以"知足"、"不争"为人生情理,以"自正"、"自富"、"无为而无不为"为理想目标。三是儒家以天下为己任,为天地立心,为生民立命,为往圣继绝学,为万世开太平,故以刚健进取、志士仁人为理想人格;道家则要"以天下观天下",以自得全性、柔和涵虚为理想人格。

儒家能接地气,道家能通天道,合起来正是《中庸》所说的"极高明而道中庸"。这两股思想潮流在先秦百家争鸣中展示出自身价值体系之宏大,又善于包纳众家之长,于是逐渐从百家之中脱颖而出,又在两汉思想汇合中彼此走近,时而合流、时而分行,又时而激荡,规约着中华民族发展的精神方向。两汉儒家经学呈现一体多元,由于学习道家,崇道、尊《易》、重玄而提升了境界,开阔了视野。两汉黄老道家呈现综合多态,由于"采儒墨之善,撮名法之要"①而增强了入世的品格,更加贴近社会实际。同时,儒家内部对于道家一支逐步神学化并形成道教的趋势,在态度上发生了分歧:有人赞赏并参与,有人反对并批判,于是形成一种张力,为后来儒道之间的争论与交汇埋下了伏笔。儒道两家的并行与交错,为治国理政者提供了左右逢源的对应性智慧,也为人们安身立命提供了可自由选择的进退自如的精神空间,还为学者创新发展中华学术提供了不同思维方式的富有启示性资粮,同时还积累了多样性异质文化之间交流互鉴的宝贵经验。

---

① (汉)班固:《汉书》,中华书局 2007 年版,第 614 页。

第三章 儒、道、佛三教关系发生
阶段(汉末时期)

从儒道两家关系史演进到儒、道、佛三家关系史的关键是印度佛教的进入、流传和壮大。据牟子《理惑论》载,佛教传入中国内地当在东汉明帝永平年间,这是主流看法;又据《三国志》裴松之注引鱼豢《魏略》,西汉哀帝元寿元年,大月氏王使伊存授《浮屠经》于中国博士弟子景庐,则佛教传入当在公元前2年。总之,两汉之际,佛教经由丝绸之路进入中国,距今已有两千余年了。《理惑论》载,最早传入汉文佛经为《四十二章经》,并于洛阳西雍门外起白马寺。尔后有安世高传译小乘佛禅学诸经,主要是《安般守意经》和《阴持入经》。同时有支娄迦谶传译《道行般若经》等大乘般若学。汉末佛教最初流传于洛阳、江淮之间,交趾等地,慢慢向四周扩展,至三国时由贵族阶层逐走向民间,具有了一定规模。印度佛教在中国的传布,一是得力于汉武帝开拓了向西域的国际之路、商贸之路,同时也成为文化之路;二是得力于印度佛教慈悲、平等和中国儒道仁和、包容的民族性格,所以成为和平之旅,没有政治集团的介入,不伴以武力与战争;三是得力于外来僧人与本土僧人的友好合作,首先从事于梵华的译经工作,为佛教在中国的广泛传播打好坚实的基础。当然,更得力于印度佛教本身具有独特的思维、丰富的哲理、博大的体系,对中国人有巨大吸引力。虽然初期进展缓慢,且有许多误读,但其过程自然而平稳,由量的积累到质的飞跃,为异质文明的交流创造了健康的范例。

第一节 东汉人将佛陀视为神仙

东汉初建武年间,楚王英尚黄老、佛教,"楚王诵黄老之微言,尚浮屠(佛陀)之仁祠"①。《理惑论》说:"昔孝明皇帝梦见神人,身有日光,飞在殿前,欣然悦之。明日,博问群臣:'此为何神?'有通人傅毅曰:'臣闻天竺有得道者,号之曰佛,飞行虚空,身有日光,殆将其神也。'于是上悟,遣使者张骞、羽林郎中秦景、博士弟子王遵等十二人,于大月支(氏)写佛经四十二章,藏在兰台石室第十四间。时于洛阳城西雍门外起佛寺。"②桓帝时襄楷上书,推荐道书,谓:"前者宫崇所献神书,专以奉天地顺五行为本,亦有兴国广嗣之术"③,同时说:"又闻宫中立黄老、浮屠之祠。此道清虚,贵尚无为,好生恶杀,省欲去奢","或言老子入夷狄为浮屠"。④此事见载于《后汉书·襄楷传》,范晔在传中点明襄楷所谓神书来历:"顺帝时,琅邪宫崇诣阙,上其师于吉于曲阳泉水上所得神书百七十卷,皆缥白素朱介青首朱目,号《太平清领书》。其言以阴阳五行为家,而多巫觋杂语。有司奏崇所上妖妄不经,乃收藏之。后张角颇有其书。"⑤鱼豢《魏略·西戎传》曰:"浮屠所载与中国《老子经》相出入,盖以为老子西出关,过西域之天竺,教胡。浮屠属弟子别号,合有二十九。"⑥上述记载表明:中国中原上层人士初期接触外来佛教并不抵触,因为中国有多神崇拜传统,佛陀的到来不过使神界多了一位尊神而已;再加上汉代神仙信仰在社会上下流行,中国人容易将佛陀误读为神仙,能飞升,显日光,有神通;或者将佛教与黄老崇拜相提并论,认为佛教教义提倡清虚无为、好生寡欲、慈善好施,与老学相表里。由此可知,道家和萌生中的道教成了接引佛教进入中国人精神世界的中介和桥梁。而误读之中又有正解,如襄楷上书中说:"浮屠不三宿桑下,不欲久生恩爱,精之至也。天神遗以好女,浮屠曰:'此但革囊盛血',遂不眄之。其守一如此,乃能成道"⑦,此段话合于佛教的"不净观"。为了表示中华文化高于外来佛教又能接纳佛教,便造作出"老子化胡"的故事。汤用彤先

---

① (宋)范晔,(唐)李贤等注:《后汉书》,中华书局1965年版,第1428页。
② (南朝梁)僧祐、(唐)道宣:《弘明集·广弘明集》,上海古籍出版社1991年版,第5页。
③ (宋)范晔,(唐)李贤等注:《后汉书》,中华书局1965年版,第1081页。
④ (宋)范晔,(唐)李贤等注:《后汉书》,中华书局1965年版,第1082页。
⑤ (宋)范晔,(唐)李贤等注:《后汉书》,中华书局1965年版,第1084页。
⑥ (晋)陈寿,(宋)裴松之注:《三国志》,中华书局2005年版,第637页。
⑦ (宋)范晔,(唐)李贤等注:《后汉书》,中华书局1965年版,第1082页。

生说:"《化胡经》相传为西晋道士王浮所造,当系摭拾旧闻而成","外族之神,何以能为中华所信奉,而以之与固有道术并重? 则吾疑此因有化胡之说为之解释,以为中外之学术本出一源,殊途同归,实无根本之差异,而可兼奉并祠也"。① 于是佛教在汉末的流传竟与道教早期经典(如《太平经》)与信仰(神仙崇拜)的流传并肩而行。

第二节 汉末佛教渐具规模

汉末灵献之际,笮融为徐州牧陶谦下属,负责广陵丹阳运漕,"乃大起浮图祠,以铜为人,黄金涂身,衣以锦采,垂铜槃九重,下为重楼阁道,可容三千余人,悉课读佛经,令界内及旁郡人有好佛者听受道,复其他役以招致之,由此远近前后至者五千余人户。每浴佛,多设酒饭,布席于路,经数十里,民人来观及就食且万人,费以巨亿计"②。汉末社会动乱,干戈四起,生灵涂炭,佛法慈悲恶杀、息欲澄意,可以安抚人心,改良风俗,寺院又有慈善救济之功,于是佛法应时而兴,当属合理之势。笮融在丹阳起立佛寺,仅阁道即可容三千余人,读经受道,就食上万人,可见寺院规模巨大、恢宏,寺院实力雄厚、可续,寺院影响范围宽阔可观,寺院出家僧人群体亦有一定数量。汉末佛寺,初期西域僧人为主,后来汉人渐多,据笮融所建佛寺情况,参与法事的居士和在家信众中应以当地民众为主。

第三节 牟子《理惑论》与三教碰撞的正式发生

汤用彤先生在《文化思想之冲突与调和》一文中指出:"外来思想之输入,常可以经过三个阶段:(一)因为看见表面的相同而调和。(二)因为看见不同而冲突。(三)因再发现真实的相合而调和。"③佛教在汉末与黄老、神仙的表

---

① 汤用彤:《汉魏两晋南北朝佛教史》,北京大学出版社 2011 年版,第 35 页。
② (晋)陈寿,(宋)裴松之注:《三国志》,中华书局 2005 年版,第 876 页。
③ 汤用彤:《汤用彤全集》第五卷,河北人民出版社 2000 年版,第 281 页。

面吻合是处于外来思想输入的第一阶段。牟子《理惑论》标志着佛教与儒道关系迈向第二阶段,揭开了三教论争的序幕。

牟子名牟融,为汉末苍梧太守,著《理惑论》,全文载僧祐编《弘明集》卷一。史学界对该书真伪有异议,汤用彤先生则肯定其历史真实性与价值,认为"其序文所载史事,不但与史书符合,且可补正史之阙","诚佛教之要籍也"。"牟子约于灵帝末年(公元188年)避世交趾。其后五年为献帝之初平四年(公元193年),而陶谦为徐州牧,笮融督运漕,大起浮图祠。牟子约于此年后作《理惑论》,推尊佛法。"①牟子早年习读儒家经传,转而锐志于佛学,他以佛教信徒的身份,认同老子自然无为之旨,而不取神仙方术,面对世人向佛教发出的种种责难,一一作出回答,较早记录了社会人士发现佛教与中华固有文化之间一系列实质上的不同,说明佛教在中国遇到了思想观念上真正的挑战。

第一,有人提问:"何以正言佛,佛为何谓乎?"这是首先要回答的问题。牟子曰:"佛者,谥号也,犹名三皇神,五帝圣也。佛乃道德之元祖,神明之宗绪。佛之言觉也,恍惚变化,分身散体,或存或亡,能小能大,能圆能方,能老能少,能隐能彰,蹈火不烧,履刃不伤,在污不染,在祸无殃,欲行则飞,坐则扬光,故号为佛也。"牟子对佛的表述虽有佛本生神话故事作为依据,依然带有汉代神仙神通的色彩。

第二,有人责难:"圣人制七经之本,不过三万言,众事备焉。今佛经卷以万计,言以亿数,非一人力所能堪也,仆以为烦而不要矣。"牟子答曰:"佛经前说亿载之事,却道万世之要","佛悉弥纶其广大之外,剖析其寂窈妙之内,靡不纪之,故其经卷以万计,言以亿数,多多益具,众众益富,何不要之有?"有人责难:"子云佛道至尊至快,无为澹泊,世人学士多讥毁之,云其辞说廓落难用,虚无难信,何乎?"答曰:"大道无为,非俗所见,不为誉者贵,不为毁者贱。用不用自天也,行不行乃时也,信不信其命也。"这种责难与应答体现了中华思维的简约性、现实性与佛教思维的广阔性、抽象性之间的矛盾。

第三,有人责难:"佛道至尊至大,尧舜周孔曷不修之乎?七经之中,不见

---

① 汤用彤:《汉魏两晋南北朝佛教史》,北京大学出版社2011年版,第44、45、71页。

其辞。子既躭诗书，悦礼乐，奚为复好佛道、喜异术？"答曰："书不必孔丘之言，药不必扁鹊之方，合义者从，愈病者良"，"五经事义，或有所阙，佛不见记，何足怪疑哉"。又责问："黄帝垂衣裳，制服饰，箕子陈《洪范》，貌为五事首。孔子作《孝经》，服为三德始"，"今沙门剃头发，披赤布，见人无跪起之礼，威仪无盘旋之容止，何其违貌服之制，乖缙绅之饰也"。答曰：有德不在服饰，"尧舜周孔修世事也，佛与老子无为志也"，"君子之道或出或处，或默或语，不溢其情，不淫其性，故其道为贵"。这一问一答反映出中国人对儒家圣人经典的崇拜、对礼教的遵守同佛教另立思想权威、另辟行为方式之间的矛盾。

第四，有人责难："《孝经》言：身体发肤，受之父母，不敢毁伤"，"今沙门剃头，何其违圣人之语，不合孝子之道也"。答曰："苟有大德，不拘于小。沙门捐家财，弃妻子，不听音，不视色，可谓让之至也，何违圣语、不合孝乎？"又责难："夫福莫踰于继嗣，不孝莫过于无后。沙门弃妻子，捐财货，或终身不娶，何其违福孝之行也。"答曰："许由栖巢木，夷齐饿首阳，舜圣孔称其贤，曰：'求仁得仁者也'，不闻讥其无后无货也。沙门修道德以易游世之乐，反淑贤以贷妻子之欢，是不为奇，孰与为奇，是不为异，孰与为异哉？"又责难："须大挐不孝不仁，而佛家尊之。"答曰："须大挐睹世之无常，财货非己宝，故恣意布施以成大道。父国受其祚，怨家不得入，至于成佛，父母兄弟皆得度世。是不为孝，是不为仁，孰为仁孝哉？"这一段问答关涉中国人核心价值：孝仁，牟子以认同孝仁的态度解说佛教徒出家乃是以特有方式尽孝仁之道。

第五，问难："佛道言人死当复更生。仆不信此言之审也。"答曰："魂神固不灭矣，但身自朽烂耳"，"有道虽死，神归福堂；为恶既死，神当其殃"。又问："孔子云：'未能事人，焉能事鬼？未知生，焉知死？'此圣人之所纪也。今佛家辄说生死之事，鬼神之务，此殆非圣喆之语也。"答曰："《孝经》曰：'为之宗庙，以鬼享之，春秋祭祀，以时思之'，又曰：'生事爱敬，死事哀戚'，岂不教人事鬼神、知生死哉？""佛经所说生死之趣，非此类乎"。这一段问答涉及灵魂是否不死以及有否因果报应的问题。佛教讲"无我"，不承认人死有鬼魂，但又讲生死轮回、三世因果，在中国佛教徒看来，业因即是神魂，承载轮回主体。孔子"敬鬼神而远之"，不言死后，但孔子之后又有鬼论儒者和无鬼论儒者的分化，故牟子引《孝经》,以儒家重慎终追远助证佛教善恶报应说。

第六,问难:孔子曰:"夷狄之有君,不如诸夏之亡也",孟子曰:"吾闻用夏变夷,未闻用夷变夏者也","吾子弱冠学尧舜周孔之道,而今舍之,更学夷狄之术,不已惑乎?"牟子答曰:"禹出西羌而圣喆,瞽叟生舜而顽嚚,由余产狄国而霸秦,管蔡自河洛而流言。传曰:'北辰之星,在天之中,在人之北',以此观之,汉地未必为天中也。佛经所说,上下周极含血之类,物皆属佛焉,是以吾复尊而学之,何为当舍尧舜周孔之道?"此段问答讨论夷夏之别,问者坚持中华为主、以夏变夷,指斥佛教为夷狄之术;牟子认为圣哲之道不分夷夏,佛经教义包含周孔之道而又广大无边,故应尊崇。

第七,问难:"王乔赤松,入仙之箓,神书百七十卷,长生之事,与佛经岂同乎?""道家云:尧舜周孔七十二弟子,皆不死而仙。佛家云:人皆当死,莫能免。何哉?"牟子答曰:"神仙之书,听之则洋洋盈耳,求其效,犹握风而捕影","吾览六艺,观传记,尧有殂落,舜有苍梧之山,禹有会稽之陵,伯夷叔齐有首阳之墓,文王不及诛纣而没,武王不能待成王大而崩,周公有改葬之篇,仲尼有两楹之梦","吾以经传为证,世人为验,云而不死者,岂不惑哉?"此段问答在讨论佛道与神仙方术的关系,牟子虽然形容佛陀时运用神仙话语,但在面对普通信众时却不赞成信佛者可以长生,其意在澄清以神仙之说解读佛教教义的流行观点,使佛教信仰与之适度划清界限。

第八,问难:"佛道崇无为,乐施与,持戒兢兢,如临深渊者。今沙门躭好酒浆,或畜妻子,取贱卖贵,专行诈绐,此乃世之伪,而佛道谓之无为耶?牟子曰:工输能与人斧斤绳墨,而不能使人巧;圣人能授人道,不能使人履而行之也","尧不能化丹朱,周公不能训管蔡,岂唐教之不著、周道之不备哉?然无如恶人何也。譬之世人学通七经,而迷于财色,可谓六艺之邪淫乎?""当患人不能行,岂可谓佛道有恶乎?"[①]此段问答,在于说明:不能以人废道,沙门有卑行者不足以说明佛道不崇高,道与人的不相合在儒家文化中也是存在的。

---

① (南朝梁)僧祐、(唐)道宣:《弘明集·广弘明集》,上海古籍出版社 1991 年版,第2—7页。

　　《理惑论》的问答是自设宾主，但从中可以反映社会人士对佛教的批评意见，这种批评多来自儒家群体，如问者说佛教是夷狄之术、周孔不言、"五经"不载、背离孝道、乖违礼仪等，说明儒、道、佛关系的互动已进入较深层次，涉及夷夏之辨、仁孝之道、礼制之异、魂神有无、沙门杂而不纯、老子道家与神仙方术的异同、佛教经义的功能等重大问题，后来魏晋南北朝三教争论的问题，诸如：沙门敬王之争、白黑论之争、夷夏论之争、神灭论之争、佛教有益有害之争，在《理惑论》中都有其雏形。牟子的应答，一部分是扬佛抑儒，认为佛学比儒学更广大周备；一部分是讲佛儒殊途同归，如尽仁孝之本旨一致而方式有异，这说明佛教正在向中华基本道德靠拢；一部分认同黄老，并开始谈玄，甚至局部保留了神仙道教的理念。

第四章 儒、道、佛三教互动并在论争中
求同阶段(魏晋南北朝时期)

这一时期三教关系总的特点是儒家经学分立却依然保有中华主导思想文化的地位,同时新道家即玄学兴盛、道教上升为主流宗教之一,佛教异军突起、成为中国人的重要精神支柱;三教之间呈三方互动之势,彼此吸收、明异,开展论辩,又在异中求同,探讨可以并生、互补的共同基础,为隋唐实施统一的三教并奖文化政策提供了可行性的历史经验。

第一节 儒家经学的分化与创新

这一时期的儒学并非如韩愈在《原道》中说的那样:"周道衰,孔子没,火于秦,黄、老于汉,佛于晋、魏、梁、隋之间。其言道德仁义者,不入于杨,则入于墨;不入于老,则入于佛。"[1]他为了说明儒学复兴的必要性,既抹杀了两汉经学的发达,也夸大了魏晋南北朝道、佛兴旺和儒学衰落的程度,只是表明面对道佛两家的崛起,儒学不能独大,它有一种危机感而已。这一时期的儒学与两汉相比,面临的新挑战是朝代更替频繁,南北分裂持久,佛教、道教兴起,经学不能统一。但儒家经学摆脱了汉代经学的神秘化与烦琐化,在佛老多元文化的冲击和辐射下,义理上有新质产生,表现为玄学经学,方法上有讲疏或义疏出现,而且为了巩固以门阀士族为主体的宗法等级秩序的需要,"三礼"之学受到格外重视,在文字训诂上亦有诸多创造,构成经学史的一个重要阶段。

---

[1] 《韩愈全集》,上海古籍出版社 1997 年版。

一、魏晋玄学经学

以何晏、王弼、嵇康、阮籍、向秀、郭象为代表的魏晋玄学，是融合儒道两家哲学而形成的新道家学说，下文将有专述。其中解说儒家经典的部分可称为玄学经学，是儒学跨学派的延伸，这不仅是因为所解经典属于儒家诸经，而且其经注在儒家经学史上占有重要位置。

玄学经学以何晏《论语集解》、王弼《周易注》为代表，特别是王弼，深度吸收老庄道家思想，形成贵无论玄学体系，其解经方式不循汉学注重文字训诂途径，而着重对经文蕴含的义理作创造性发挥，这与孔子、孟子活用《诗》、《书》、寓义于史的传统是相合的。它要解决的中心哲学问题是"有"与"无"的关系问题。何晏、王弼提出贵无论，认为"有"以"无"为本，把道家法自然的"道"作为儒家名教（即"三纲五常"）的形而上（即"无"）的根据。何晏《论语集解》集众家之说而成，已透露出以道家解说儒经之消息，如对《论语·雍也》"仁者乐山"的解说是："仁者乐如山之安固，自然不动，而万物生焉"①，又对《论语·为政》"为政以德，譬如北辰，居其所而众星共之"②的解说是："德者无为，犹北辰之不移，而众星共之。"③王弼在《周易略例》中说："夫众不能治众，治众者，至寡者也"，"夫动不能制动，制天下之动者，贞夫一者也"，"物无妄然，必由其理"，"统之有宗，会之有元"，"故繁而不乱，众而不惑"。④ 那么这个"宗"或"元"是什么呢？王弼认为不能是任何的"有"，恰恰应当是"无"即非有。他在《周易大衍义》中说："演天地之数，所赖者五十也。其用四十有九，则其一不用也。不用而用以之通，非数而数以之成，斯易之太极也。四十有九，数之极也。夫无不可以无明，必因于有，故常于有物之极，而必明其所由之宗也。"⑤总之，"有"以"无"为本，而"无"因"有"而明，而"无"就是那至静、

---

① （魏）何晏等注，（宋）邢昺疏：《论语注疏》，上海古籍出版社1990年版，第53页。
② （魏）何晏等注，（宋）邢昺疏：《论语注疏》，上海古籍出版社1990年版，第15页。
③ （魏）何晏等注，（宋）邢昺疏：《论语注疏》，上海古籍出版社1990年版，第15页。
④ （魏）王弼，（唐）邢璹注：《周易集解略例》，中华书局1991年版，第1、2页。
⑤ （魏）王弼、（晋）韩康伯注，（唐）孔颖达疏：《周易注疏》，中央编译出版社2013年版，第360页。

不变、无形的"道"。王弼的《周易注》援老入《易》,一扫汉代《易》学象数之烦琐、神秘,简易而不肤浅,深刻而不晦涩,故能取代汉代神学经学,成为魏晋儒家新义理经学的代表作。它是儒道深度融合的典范。唐代孔颖达《周易正义序》说:"唯魏世王辅嗣(王弼字)之注独冠古今。所以江左诸儒,并传其学;河北学者,罕能及之。"①唐《五经正义》中《周易正义》用王弼注、韩康伯《系辞注》。清《十三经注疏》中《周易注疏》亦用王、韩注,其《论语注疏》用何晏《论语集解》。由此可见,何、王在儒家经学史中具有重要地位。使人有兴趣的是:作为玄学家的王弼心中以孔子为体无而言有的圣人,比老子、庄子境界要高。《世说新语·文学》记载裴徽与王弼的问答:"王辅嗣弱冠诣裴徽,徽问曰:'夫无者,诚万物之所资。圣人(指孔子)莫肯致言,而老子申之无已。何耶?'弼曰:'圣人体无,无又不可以训,故言必及有;老、庄未免于有,恒训其所不足'"②,王弼既抬高了孔子又道化了孔子。

二、魏晋南北朝经学的理性化、多样化

西晋经学重王肃,东晋经学重郑玄,皆属训诂之学,而玄学经学亦流播其间。西晋杜预著《春秋左传集解》,褒《左传》而贬《公羊》、《穀梁》,自立体例,有清醒的历史理性,为孔颖达所赞许。东晋范宁以《春秋穀梁传集解》闻名于世,方法上广采博收,择善而从,"据理以通经",又特重杜预《左氏解》,目的在于对抗玄风,扶树名教,清人马国翰谓其"不苟随俗,能发前人所未发"③。干宝注《易》,兼顾象数与玄义,结合历史而立论,自成一家之学,对于宋代程朱和苏氏《易》学都有影响。唐代孔颖达作《五经正义》,建立统一的五经注疏读本,其中采汉人经注有二,采魏晋人经注有三。世传清人阮元校勘《十三经注疏》,除《孝经》采用唐玄宗注外,其他十二经中汉注与魏晋注各居其半。这说

---

① (魏)王弼、(晋)韩康伯注,(唐)孔颖达疏:《周易注疏》,中央编译出版社2013年版,第1页。

② (南朝宋)刘义庆,(南朝梁)刘孝标注:《世说新语详解》,上海古籍出版社2013年版,第122页。

③ 《玉函山房辑佚书》。

明两代经注有较高的学术价值,故能长久流传。

南北朝的经学进入"经学分立的时代"①,如《北史·儒林传》所说:"大抵南北所为章句,好尚互有不同。江左,《周易》则王辅嗣,《尚书》则孔安国,《左传》则杜元凯。河洛,《左传》则服子慎,《尚书》、《周易》则郑康成。《诗》则并主于毛公,《礼》则同遵于郑氏。南人约简,得其英华;北学深芜,穷其枝叶。"②换言之,南朝重魏晋传统,北朝重汉末传统,同时郑玄《三礼注》、王弼《周易注》、杜预《左氏传解》,南北皆有流行。南朝宋代元嘉年间立四学:儒、玄、史、文,雷次宗、朱膺之、庾蔚之主持儒学,开馆授徒。这在历代王朝中是罕见的,即儒、玄并立为学官,可见玄学影响之大。颜延之为国子学祭酒即推重荀爽、王弼的玄学《易》学,谓其能"举其正宗,而略其数象","极人心之数者"③。宋代推重《礼》学,雷次宗明《三礼》,曾为皇太子、诸王讲《丧服经》。何承天将先前《礼论》八百卷删减合并为三百卷,传于世。据《宋书·礼志》,朝廷礼制多用郑玄注。齐代《礼》学亦很发达。官学有王俭,"俭长《礼》学,谙究朝仪,每博议,征引先儒,罕有其例"④。私学有刘瓛,"所著文集,皆是《礼》义,行于世"⑤,刘绘、范缜、司马筠、贺琚等皆出其门下。南朝梁武帝会通儒、道、佛三教,尤重儒学。下诏置五经博士各一人,以明山宾、沈峻、严植之、贺玚、陆琏为博士,各主一馆,每馆有数百生,设策明通者除为吏。又诏皇室贵胄就学儒业并亲为讲经,十数年间经学大兴。

梁代经学的特点:一是开放包容,又重玄学经注;二是"三礼"之学最为发达;三是讲疏或义疏最为流行,讲经之风甚盛。梁武帝一生撰写经义凡二百余卷,间有佛学、玄学思想。皇侃《论语义疏》是继何晏《论语集解》后又一部重要《论语》讲义,多引魏晋经注,比之何晏,更多地以玄解经。如《论语·为政》"为政以德",皇侃引郭象"万物皆得性谓之德"⑥以释之;《公冶长》"子贡曰:

①　(清)皮锡瑞著,周予同注释:《经学历史》,商务印书馆1928年版,第166页。
②　(唐)李延寿:《北史》,中华书局1974年版,第2709页。
③　(宋)李昉等:《太平御览》,中华书局1960年版,第2736、2737页。
④　(梁)萧子显:《南齐书》,中华书局1972年版,第436页。
⑤　(梁)萧子显:《南齐书》,中华书局1972年版,第680页。
⑥　(魏)何晏、(梁)皇侃等注:《论语》(上),中华书局1998年版,第165页。

'夫子之文章,可得而闻也;夫子之言性与天道,不可得而闻也'",皇侃引庄子义云:"文章者六籍也,六籍是圣人之筌蹄,亦无关于鱼兔矣"①。《先进》"子曰:回也其庶乎,屡空",皇侃的疏解之一是"空犹虚也"②,将"空"的"贫乏"实义改为"虚无"玄义。皇侃勇于评断历史聚讼疑难,独立新说,对于六经亦不迷信,如说:"《春秋》之书,非复常准,苟取权宜,不得格于正理也。"③《四库提要》评论宋代邢昺《论语正义》时指出:"今观其书,大抵翦皇氏(指皇侃《论语义疏》)之枝蔓,而稍傅以义理,汉学宋学兹其转关,是《疏》出而皇《疏》微,迨伊洛之说出,而是《疏》又微"④,可知皇侃《论语义疏》有较高的历史学术价值,其精义后来为宋明道学所吸收。陈代儒家经学上承梁代之绪余,大儒多喜老庄,能玄言。周弘正是跨梁、陈两代的大儒,通老、庄、《周易》,宗王弼《易》学。《颜氏家训·勉学》说:"洎于梁世,兹风复阐,《庄》、《老》、《周易》,总谓'三玄'。武皇、简文,躬自讲论。周弘正奉赞大猷,化行都邑"⑤。周之弟子张讥,学贯儒、道、释三教,并为三教学者共同推尊和传习。

东晋时,北方有五胡十六国,后来统一于北魏,继而分裂为东魏、西魏,继而是北齐、北周。各朝大多是匈奴、鲜卑、羌、氐、羯等少数游牧民族,以军事力量入主中原后,面临着改变原有游牧生活习俗,建立适应农业发达、文化深厚的黄河流域社会的新秩序、新文化的任务。其掌权贵族任用北方士族中的俊才参政,用儒家经学提高本民族素质,建立宗法等级典章制度,表明自身是华夏文明正统继承人,借以安定汉族人口居多的社会,并加速民族间的文化融合。他们有着发展儒家文化的紧迫感,比南方贵族更热心儒学教育。据《晋书·载记》,十六国之一汉国刘曜立大学于长乐宫东,立小学于未央宫西,选青少年一千五百人,由明经笃学者加以教育。后赵石勒立太学、小学,选将佐豪右弟子入学,并亲临学校考诸生经义。石虎又复置五经博士和国子博士助

---

① (魏)何晏、(梁)皇侃等注:《论语》(上),中华书局 1998 年版,第 191 页。
② (魏)何晏、(梁)皇侃等注:《论语》(上),中华书局 1998 年版,第 238 页。
③ (魏)何晏、(梁)皇侃等注:《论语》(上),中华书局 1998 年版,第 185 页。
④ (清)永瑢等:《四库全书总目》,中华书局 1965 年版,第 291 页。
⑤ 庄辉明、章义和:《颜氏家训译注》,上海古籍出版社 1990 年版,第 127—128 页。

教。前燕慕容廆以刘赞为东庠祭酒,命世子皝拜师受业,立东庠于旧宫,学徒至千余人。前秦苻坚仿效汉制,立明堂,郊祀苻洪以配天,宗祀苻健以配上帝,广修学宫,遣公卿以下子孙受业,亲临太学考查,问难五经。后秦姚兴时,姜龛、淳于岐、郭高皆耆儒硕德,经明行修,各有门徒数百,诸生自远而至者上万数,姚兴为之奖励,儒风遂盛。北魏拓跋氏贵族提倡儒学不遗余力。《魏书·儒林传》称:"太祖初定中原,虽日不暇给,始建都邑,便以经术为先,立太学,置五经博士生员千有余人。天兴二年春,增国子太学生员至三千人。"[1]北魏孝文帝尤好儒典,"刘芳、李彪诸人以经书进","燕齐赵魏之间,横经著录,不可胜数"。[2] 其时经学最盛,文化上的汉化也最为迅速。

北朝贵族的当务之急是按照内地旧有纲常名教模式建立国家制度、培养贵族子弟,来不及探讨儒学理论的创新,故经学以训诂经学和"三礼"之学为主,前期有王肃之学,而后郑玄之学大行。著名经师有常爽、刘献之、张吾贵、刘兰、徐遵明、卢景裕、李业兴等人。徐遵明为诸经师中影响最大者,其弟子活跃于北齐、北周两代。李业兴受业于徐遵明,曾出使南朝萧梁,梁武帝问他:"闻卿善于经义,儒、玄之中何所通达?"[3]业兴答曰:"少为书生,止读五典,至于深义,不辨通释。"[4]由此可见,南北经学之异:南方儒玄并崇,北方固守章句。北周武帝极重经学,使北朝经学在北魏孝文帝之后形成又一发展高峰。他在儒、道、佛三教中确定以儒教为先,曾亲自为群臣讲《礼记》。《周书·儒林传》说他"征沈重于南荆","待熊生以殊礼"[5]。沈重是南朝梁代五经博士和大儒,周武帝特邀其北上,"诏令讨论五经,并校定钟律。天和中,复于紫极殿讲三教义。朝士、儒生、桑门、道士至者二千余人"[6]。熊安生出自徐遵明门下,以"三礼"学著称,曾为公卿释讲《周礼》疑义。周武帝平齐入邺,亲临其家,引与同坐赏赐甚多,"至京,敕令于大乘佛寺参议五礼。宣政元年,拜露门

---

① (北齐)魏收:《魏书》第5册,中华书局1974年版,第1841页。
② (北齐)魏收:《魏书》第5册,中华书局1974年版,第1842页。
③ (北齐)魏收:《魏书》第5册,中华书局1974年版,第1863页。
④ (北齐)魏收:《魏书》第5册,中华书局1974年版,第1863页。
⑤ (唐)令狐德棻:《周书》,中华书局1971年版,第806页。
⑥ (唐)令狐德棻:《周书》,中华书局1971年版,第810页。

学博士、下大夫"①。熊安生治礼学有两个特点:一是用《老子》疏通《礼记》,如"道德仁义,非礼不成"句,熊氏疏云:"此是老子失道而后德,失德而后仁,失仁而后义"②;二是在郑玄义外,广引群书,然后加以综合疏通。孔颖达在《礼记正义序》中说:"熊则违背本经,多引外义"③,而他自己作《正义》时,"其有不备,以熊氏补焉"④。熊氏礼著今佚,据马国翰所辑《礼记熊氏义疏》四卷,其《礼》疏已具综合南北的趋向,及其弟子刘焯、刘炫对隋与唐初经学都发挥了实际影响。

魏晋南北朝经学在中华文化延续上的贡献是巨大的,它在政权频繁更替和政治分裂时期维系了中华民族思想传统的一致性和仍然畅行的血脉,又得到各民族的认同,为民族大融合提供了正宗文化,为尔后隋唐全国政治上的统一创造了共同的思想基础。中华民族在政治史上有合有分,但在思想中从来没有分裂,一直保持为文化共同体,儒家经学的凝聚作用不可抹杀。

第二节　新道家玄学的兴盛与道教的壮大

一、玄学引领学术潮流

魏晋玄学从其主导思想而言,属于道家。玄学家以《老子》、《庄子》、《周易》为"三玄",是其经典依据,而不热心于儒家"五经"。《周易》可视为儒道两家共同经典,只是解说有所不同。所谓"玄学",来自《老子》"玄之又玄,众妙之门",其用力点不在"人伦日用",而在事物形象背后深藏的玄理,冯友兰先生说玄学使人"经虚涉旷",如郭象《庄子注序》所说,"遂绵邈清遐,去离尘

① (唐)令狐德棻:《周书》,中华书局1971年版,第813页。
② (汉)郑玄注,(唐)孔颖达正义,吕友仁整理:《礼记正义》,上海古籍出版社2008年版,第20页。
③ (汉)郑玄注,(唐)孔颖达正义,吕友仁整理:《礼记正义》,上海古籍出版社2008年版,"序"第2页。
④ (汉)郑玄注,(唐)孔颖达正义,吕友仁整理:《礼记正义》,上海古籍出版社2008年版,"序"第2页。

埃,而返冥极者也"①。其方法就是"辨名析理",通过论说"三玄",引导人们的思想进入六合之外的精神世界。冯友兰先生引用《中庸》"极高明而道中庸"句,来表达中国哲学精神:它既有世间的不离人伦日用的传统,又有出世间的玄远虚旷的传统,前者儒学为代表,后者道家为代表(后来又有禅宗),宋明道学便是两者在更高阶段上的统一。冯先生又在《中国哲学简史》中说:"人们常说孔子重'名教',老、庄重'自然'。中国哲学的这两种趋势,约略相当于西方思想中的古典主义和浪漫主义这两种传统","因为儒家'游方之内',显得比道家入世一些;因为道家'游方之外',显得比儒家出世一些。这两种趋势彼此对立,但是也互相补充。两者演习着一种力的平衡。这使得中国人对于入世和出世具有良好的平衡感。在三四世纪有些道家的人试图使道家更加接近儒家;在十一二世纪也有些儒家的人试图使儒家更加接近道家。我们把这些道家的人称为新道家,把这些儒家的人称为新儒家。"②魏晋玄学高扬老庄哲学又关注人伦道德,故是新道家。主要有三派:其一为何晏、王弼的贵无论;其二为嵇康、阮籍的自然论;其三为向秀、郭象的独化论。

(一)贵无论

其核心命题是"有以无为本"。《晋书·王衍传》说:"何晏、王弼立论:天地万物皆以无为本"③。何晏著《道论》,曰:"有之为有,恃无以生。事而为事,由无以成。夫道之而无语,名之而无名,视之而无形,听之而无声,则道之全焉。"④王弼在《老子指略》中说:"夫物之所以生,功之所以成,必生乎无形,形由乎无名。无形无名者,万物之宗也。"⑤他在《老子注》中说:"将欲全有,必反于无也。"⑥落实到社会人生层面,"以无为本"的目的是更好地实行道德仁义,而不是取消它们,这是贵无论的儒家色彩。王弼注《老子》三十八章讲德、仁、义、礼的关系,说:"何以得德? 由乎道也。何以尽德? 以无为用。以无

① (清)严可均辑:《全晋文·中》,商务印书馆1999年版,第800页。
② 冯友兰:《中国哲学简史》,涂又光译,北京大学出版社1985年版,第29页。
③ (唐)房玄龄,黄公渚选注:《晋书》,商务印书馆1934年版,第102页。
④ (战国)列御寇撰,(东晋)张湛注:《列子》,中华书局1985年版,第4页。
⑤ (宋)张君房辑:《云笈七鉴》,齐鲁书社1988年版,第2页。
⑥ (魏)王弼注:《老子注》,中华书局1978年版,第25页。

为用,则莫不载也","爱之无所偏私,故上仁为之而无以为也","故仁德之厚,非用仁之所能也;行义之正,非用义之所成也;礼敬之清,非用礼之所济也","守母以存其子,崇本以举其末,则形名俱有而邪不生,大美配天而华不作"。①

从认同老子的"崇本息末",到玄学自创的"崇本举末",这就是新道家"新"之所在,归根结底,贵无论要达到的目标是最完美地实现纲常名教。贵无论在中国思想史上第一次明确超出宇宙发生论而提出宇宙本体论,不满足于揭示天地万物发生演化的过程,而要揭示宇宙千变万化的现象("有")与深层本质("无")的逻辑关系,使得中国人的理论思维水平获得一次大的提升。王弼所说的"物无妄然,必由其理"②,就是要人们寻找事物发展的内在规律,而现象界的事物是显性的、多种多样的和变动的,支配现象的本质是隐性的、同一的、不变的,这就是"有"与"无"、"多"与"一"、"特殊"与"一般"、"静"与"动"的关系。

王弼的本体论用"本"与"末"的辩证关系阐释了一系列哲学范畴,其核心是本质与现象的辩证关系,极大地丰富了古代辩证法。王弼在《周易略例·明象章》中提出了"言不尽意、得意忘象"③的学说,探讨卦象的作用,认为"夫象者,出意者也;言者,明象者也","尽意莫若象,尽象莫若言"④,肯定了卦象、卦辞表达思想的作用。他进而又指出,既然目标在明象出意,那么"言者所以明象,得象而忘言;象者所以存意,得意忘象"⑤。他再进而又认为象和言会成为一种认识的障碍,故曰:"得意在忘象,得象在忘言。"⑥在这里王弼接触到语言、艺术和思想感情三者之间相通相异的复杂关系。

王弼还讨论了"圣人有情还是无情"的问题,表达了与何晏不同的看法。《三国志·魏书·钟会传》注引何劭《王弼传》曰:"何晏以为圣人无喜怒哀乐,其论甚精,钟会等述之。弼与不同,以为圣人茂于人者神明也,同于人者五情

---

① (魏)王弼注:《老子注》,中华书局 1978 年版,第 23、24 页。
② (魏)王弼,(唐)邢璹注:《周易集解略例》,中华书局 1991 年版,第 2 页。
③ (魏)王弼,(唐)邢璹注:《周易集解略例》,中华书局 1991 年版,第 15—18 页。
④ (魏)王弼,(唐)邢璹注:《周易集解略例》,中华书局 1991 年版,第 15 页。
⑤ (魏)王弼,(唐)邢璹注:《周易集解略例》,中华书局 1991 年版,第 16 页。
⑥ (魏)王弼,(唐)邢璹注:《周易集解略例》,中华书局 1991 年版,第 17 页。

也。神明茂，故能体冲和以通无；五情同，故不能无哀乐以应物。然则，圣人之情，应物而无累于物者也。"①王弼认为圣人以其智慧而超出常人，至于在情感上也有常人的喜怒哀乐，不过他能"应物而无累于物"②，也就是能以理节之，不为情所拖累。此论对于宋明道学有影响，如程颢《定性书》说："君子之学莫若廓然而大公，物来而顺应。"③中国人讲"合情合理"四个字，不赞成肆情越理，也反对以理灭情。

从儒家、道家关系发展史看，王弼贵无论一大贡献是用"本末、体用"的范畴将儒与道融为一体，主观上是纳儒入道，客观上是以道弘儒，为后来宋明新儒家的诞生提供了新的思维方式。

（二）自然论

嵇康与阮籍提倡自然论，就是认同老子的"道法自然"和庄子的"无以人灭天"④，自然即天然，顺性而为，不受礼法的约束，同属于玄学中的放达派，对名教多有批判。嵇康有《嵇康集》，阮籍有《阮步兵集》，包括《达庄论》、《通老论》、《通易论》等，二人皆以老庄为师，对庄子尤为称赞，故又称庄老。嵇康说："老子、庄周，吾之师也"，"又读庄老，重增其放"。⑤ 所谓"放"，就是生活方式任性任情，放达不羁。嵇康、阮籍、山涛、刘伶、阮咸、向秀、王戎七人，常集于竹林之下，肆情放纵，不理世事，以清谈为务，世称"竹林七贤"。嵇康批判名教比较激烈，他"轻贱唐虞而笑大禹"、"非汤武而薄周孔"、"刚肠疾恶，轻肆直言，遇事便发"⑥，如此"非圣无法"，又对司马氏权贵集团采取轻鄙态度，遂遭杀害。钟会指斥他"上不臣天子，下不事王侯，轻时傲世，不为物用，无益于今，有败于俗"，"今不诛康，无以清洁王道"。⑦ 最能说明嵇康自然论的是他

① 卢弼：《三国志集解》，中华书局 1982 年版，第 655 页。
② 卢弼：《三国志集解》，中华书局 1982 年版，第 655 页。
③ （宋）程颐、程颢：《二程文集》，中华书局 1985 年版，第 13 页。
④ 陈鼓应注释：《庄子今注今译》，中华书局 2009 年版，第 461 页。
⑤ （魏）嵇康：《嵇中散集》，商务印书馆 1937 年版，第 16、17 页。
⑥ （魏）嵇康：《嵇中散集》，商务印书馆 1937 年版，第 22 页。
⑦ （南朝宋）刘义庆，（南朝梁）刘孝标注：《世说新语详解》，上海古籍出版社 2013 年版，第 219 页。

的《释私论》，该篇说："夫称君子者，心无措乎是非，而行不违乎道者也。何以言之？夫气静神虚者，心不存于矜尚；体亮心达者，情不系于所欲。矜尚不存乎心，故能越名教而任自然；情不系于所欲，故能审贵贱而通物情。物情顺通，故大道无违；越名任心，故是非无措也。"①"越名教而任自然"②是嵇康玄学最典型的命题，其精义在于人们要过自己喜欢的生活，不必遵守社会统一的纲常规范，也无须隐瞒自己真实的情感，不在意别人如何评说（"心无措乎是非"③）。例如，他拒绝山涛对他仕途的推荐，理由是"纵逸来久，情意傲散，简与礼相背，懒与慢相成，而为侪类见宽，不攻其过。又读庄老，重增其放。故使荣进之心日颓，任实之情转笃"④，说明自己性情懒散，不愿为官。他在《难自然好学论》中进而指出："六经以抑引为主，人性以从欲为欢；抑引则违其愿，从欲则得自然"⑤，这是很大胆很开放的言论。但这并不意味着嵇康主张放纵个人生理和物质情欲，因为任自然就是"行不违于道"，恰恰要求人们远离外在的富贵荣华的引诱，而实现内心的精神满足。所以他在《答难养生论》中说："故世之难得者，非财也，非荣也，患意之不足耳。意足者，虽耦耕甽亩，被褐啜菽，岂不自得。不足者，虽养以天下，委以万物，犹未惬然。则足者不须外，不足者无外之不须也。无不须，故无往而不乏。无所须，故无适而不足。不以荣华肆志，不以隐约趋俗，混乎与万物并行，不可宠辱，此真有富贵也。"⑥由此可见，嵇康的"任自然"乃是追求一种世外桃源的隐士清静生活，这就是他的"自足"、"自得"，如陶渊明在《归去来兮辞》中所说："寓形宇内，能复几时？曷不委心任去留，胡为乎遑遑欲何之？富贵非吾愿，帝乡不可期。"⑦

从更深层看，嵇康的"越名教而任自然"乃是对当时"名教"虚伪化的一种抗议，并非从根本上否定名教的价值。他在《太师箴》中说："下逮德衰，大道沉沦。

---

① （魏）嵇康：《嵇中散集》，商务印书馆1937年版，第45页。
② （魏）嵇康：《嵇中散集》，商务印书馆1937年版，第45页。
③ （魏）嵇康：《嵇中散集》，商务印书馆1937年版，第45页。
④ （魏）嵇康：《嵇中散集》，商务印书馆1937年版，第17页。
⑤ （魏）嵇康：《嵇中散集》，商务印书馆1937年版，第52页。
⑥ （魏）嵇康：《嵇中散集》，商务印书馆1937年版，第28页。
⑦ 吴泽顺编注：《陶渊明集》，岳麓书社1996年版，第87页。

智惠日用,渐私其亲。惧物乖离,攀义画仁。利巧愈竞,繁礼屡陈。刑教争施,天性丧真。季世陵迟,继体承资。凭尊恃势,不友不师。宰割天下,以奉其私。故君位益侈,臣路生心。竭智谋国,不吝灰沉。赏罚虽存,莫劝莫禁。若乃骄盈肆志,阻兵擅权,矜威纵虐,祸蒙丘山。刑本惩暴,今以胁贤。昔为天下,今为一身。下疾其上,君猜其臣。丧乱弘多,国乃陨颠。"①嵇康所描绘的正是魏晋政权交替、社会动乱的岁月,司马氏集团为了夺取曹魏政权,"诛夷名族,宠树同己"②,把源自尧舜周孔、兴于两汉的纲常名教变成权力争夺的工具,口喊忠孝礼义,实则寡廉鲜耻,所以嵇康要用老庄真朴之道贬抑已经被异化的所谓"名教",表现出新道家对现实弊病的批判精神,同时也是在促使儒家作自我批判,摆脱伪善,回归真实。嵇康真正理想的社会是实行无为而治的宗法等级社会,"崇简易之教,仰无为之治,君静于上,臣顺于下,大化潜通,天人交泰"③。

阮籍也是主张自然论的放达派,他在《达庄论》中说:"天地生于自然,万物生于天地。自然者无外,故天地名焉。天地者有内,故万物生焉"④,强调万物自然生成。"人生天地之中,体自然之形。身者,阴阳之积气也。性者,五行之正性也;情者,游魂之变欲也;神者,天地之所以驭者也"⑤,人的身、性、情、神,皆禀赋于天地自然而成一体,顺其自然则性情皆得其宜。他认为"彼六经之言,分处之教也;庄周之云,致意之辞也"⑥。万物与社会如同人身本来是一体的,儒家名教乃"一曲之说",必在其中加以别异,使之各有不同的名分;而庄周乃"寥廓之谈",看到了事物的整体。阮籍发挥庄子"齐物"的思想,目的是追求精神的自由,他赞美庄子说:"故述道德之妙,叙无为之本,寓言以广之,假物以延之,聊以娱无为之心而逍遥于一世。"⑦这也是他的理想境界。

---

①　(魏)嵇康:《嵇中散集》,商务印书馆 1937 年版,第 69 页。

②　(南朝宋)刘义庆,(南朝梁)刘孝标注:《世说新语详解》,上海古籍出版社 2013 年版,第 598 页。

③　(魏)嵇康:《嵇中散集》,商务印书馆 1937 年版,第 42 页。

④　陈伯君校注:《阮籍集校注》,中华书局 1987 年版,第 138 页。

⑤　陈伯君校注:《阮籍集校注》,中华书局 1987 年版,第 140 页。

⑥　陈伯君校注:《阮籍集校注》,中华书局 1987 年版,第 142 页。

⑦　陈伯君校注:《阮籍集校注》,中华书局 1987 年版,第 155 页。

阮籍在《大人先生传》中借大人先生之口,首先批评了士君子对礼法的崇尚,斥之曰:"汝君子之礼法,诚天下残贼、乱危、死亡之术耳"①,其次批评隐士避世隐居并非高明的选择,说:"至人无宅,天地为客。至人无主,天地为所。至人无事,天地为故。无是非之别,无善恶之异"②,他肯定薪者"不以富贵为志"、"尊显不加重,贫贱不自轻"③的人生态度,又提出了最高的理想:"必超世而绝群,遗俗而独往,登乎太始之前,览乎汭漠之初,虑周流于无外,志浩荡而自舒"④,真正的得道者具有宇宙的胸怀,精神上超越了世俗的一切是非善恶观念,而不在意身居何处,这就"应物而无累于物"⑤、大隐隐于俗的境界,也是阮籍生活方式的写照。阮籍一生处在司马氏集团掌权时期,政治形势险恶,他既不与之对峙抗争,也不与之同流合污,而能在不即不离之间保持自己放达生活。《晋书·阮籍传》说:"籍本有济世志,属魏、晋之际,天下多故,名士少有全者,籍由是不与世事,遂酣饮为常。文帝(司马昭)初欲为武帝(司马炎)求婚于籍,籍醉六十日,不得言而止","籍闻步兵厨营人善酿,有贮酒三百斛,乃求为步兵校尉。遗落世事。虽去佐职,恒游府内,朝宴必与焉。会帝让九锡,公卿将劝进,使籍为其辞。籍沉醉忘作,临诣府,使取之,见籍方据案醉眠,使者以告,籍便书案使写之,无所改窜。辞甚清壮,为时所重"⑥。阮籍不想攀龙附凤、身陷政事,但也不愿得罪权贵而惹祸,便常用醉酒应付,写劝进表乃不得已而为之,可使当权者不能加害于己,如大臣何曾在司马昭面前攻击阮籍是"纵情背礼,败俗之人"⑦,司马昭要何曾忍耐,不予处罚。《晋书·阮籍传》又说:"籍虽不拘礼教,然发言玄远,口不臧否人物。性至孝"⑧,母丧不尊礼又哀哭"吐血数升,毁瘠骨立"⑨。《世说新语·任诞第二十三》载:"阮公邻家妇有

① 陈伯君校注:《阮籍集校注》,中华书局1987年版,第170页。
② 陈伯君校注:《阮籍集校注》,中华书局1987年版,第173页。
③ 陈伯君校注:《阮籍集校注》,中华书局1987年版,第176页。
④ 陈伯君校注:《阮籍集校注》,中华书局1987年版,第185页。
⑤ 卢弼:《三国志集解》,中华书局1982年版,第655页。
⑥ 白化文、许德楠译注:《阮籍·嵇康》,中华书局1983年版,第8—9、12页。
⑦ (唐)房玄龄等:《晋书》,中华书局2000年版,第648页。
⑧ 白化文、许德楠译注:《阮籍·嵇康》,中华书局1983年版,第14页。
⑨ 白化文、许德楠译注:《阮籍·嵇康》,中华书局1983年版,第14页。

美色,当垆酤酒。阮与王安丰常从妇饮酒,阮醉,便眠其妇侧。夫始殊疑之,伺察,终无他意。"①可见阮籍并非酒色之徒,他有文才,能玄言,不追求富贵仕途,不拘拘于礼教,不谨谨于规范,以顺性自得为乐,欣赏女性美而无肉欲,外圆内方,坚守道德基则,又能开一代玄风,故为当时后世所重。清代曹雪芹《红楼梦》中的贾宝玉就像是阮籍的转世再生,他肆情而不及于淫,疾俗而不及于烈,厌恶仕途经济,向往任情自得的生活,又不敢冒犯祖宗家法,失意烦恼的时候就去读《庄子》,自谓为文远师《离骚》、《秋水》、《大人先生传》等法。曹雪芹别号梦阮,可知曹氏仰慕阮籍为人,并以之为原型塑造出宝玉的形象。

何晏、王弼的贵无论过于崇无贱有,而嵇康、阮籍的放达派又造成尚玄说虚的清谈风气,皆有害于经世致用,故有儒家学者裴頠出来作《崇有论》以驳新道家的贵无论。《晋书·裴頠传》说:"頠深患时俗放荡,不尊儒术,何晏、阮籍素有高名于世,口谈浮虚,不遵礼法,尸禄耽宠,仕不事事;至王衍之徒,声誉太盛,位高势重,不以物务自婴,遂相放效,风教陵迟,乃著崇有之论以释其蔽。"②

崇有论的核心理论是:"夫总混群本,宗极之道也。方以族异,庶类之品也。形象著分,有生之体也。化感错综,理迹之原也。"③裴頠认为群有的存在本身就是本体,事物有多样性,其变化错综是有"理(规律)可循的"。他进而指出,事物之间互相依赖,不能独存,贤人君子要"用天之道,分地之利,躬其力任,劳而后飨"④。在治国理政上,"居以仁顺,守以恭俭,率以忠信,行以敬让"⑤,实行儒家的道德教化,"故大建厥极,绥理群生,训物垂范,于是乎在,斯则圣人为政之由也"⑥。他批评贵无论危害礼制:"贱有则必外形,外形则必遗

①　(南朝宋)刘义庆,(南朝梁)刘孝标注:《世说新语详解》,上海古籍出版社 2013 年版,第481 页。
②　(唐)房玄龄等:《晋书》,中华书局 2000 年版,第 683 页。
③　(唐)房玄龄等:《晋书》,中华书局 2000 年版,第 683 页。
④　(唐)房玄龄等:《晋书》,中华书局 2000 年版,第 683 页。
⑤　(唐)房玄龄等:《晋书》,中华书局 2000 年版,第 683 页。
⑥　(唐)房玄龄等:《晋书》,中华书局 2000 年版,第 683 页。

制,遗制则必忽防,忽防则必忘礼。礼制弗存,则无以为政矣。"①他批评贵无论危害道德风气:"薄综世之务,贱功烈之用,高浮游之业,埤经实之贤","立言籍于虚无,谓之玄妙;处官不亲所司,谓之雅远;奉身散其廉操,谓之旷达。故砥砺之风,弥以陵迟","渎弃长幼之序,混漫贵贱之级"。②

崇有论表现出儒家重治国安邦、重礼义廉耻的文化传统,它对贵无论掀起的清谈风尚的批评,有其合理成分,包含着强烈的人文关怀。其不足处:一是对贵无论批评的理论高度不够,未能准确理解"有以无为本"的体用论含义;二是对清谈名士的生活方式宽容度不够,指斥过于严厉;三是维护礼教的等级性(贵贱之级),对于礼教虚伪化之现状缺乏反省。崇有论在魏晋玄学发展史上有一大功劳,就是提出万物自生的观点:"夫至无者无以能生,故始生者自生也"③,这就为向秀、郭象的独化自生论提供了营养。贵无论对名教的批评和崇有论对贵无论的批评,正是道家与儒家之间保持着张力的表现,这种张力起到了互相纠偏因而互相促进的作用。

(三)独化论

向秀、郭象的独化论,主要体现在《庄子注》中。《晋书·向秀传》说:"向秀字子期,河内怀人也。清悟有远识,少为山涛所知,雅好老庄之学。庄周著内外数十篇,历世才士虽有观者,莫适论其旨统也。秀乃为之隐解,发明奇趣,振起玄风,读之者超然心悟,莫不自足一时也。惠帝之世,郭象又述而广之,儒墨之迹见鄙,道家之言遂盛焉。"④

冯友兰先生认为:郭象注已包纳了向秀注,故唐以后向秀注失传,独郭象《庄子注》流传下来。郭象在《庄子序》中指出庄子之言的宗旨是"通天地之统,序万物之性,达死生之变,而明内圣外王之道,上知造物无物,下知有物之自造也","神器独化于玄冥之境"⑤。他不赞成贵无论所说"有生于无"之论,

① (唐)房玄龄等:《晋书》,中华书局2000年版,第683页。
② (唐)房玄龄等:《晋书》,中华书局2000年版,第683、684页。
③ (唐)房玄龄等:《晋书》,中华书局2000年版,第684页。
④ (唐)房玄龄等:《晋书》,中华书局2000年版,第909页。
⑤ (清)郭庆藩:《庄子集释》,王孝鱼点校,中华书局2004年版,"序"第3页。

提出万物自生、独化的理论："世或谓罔两（影外淡影）待景（身影），景待形（形体），形待造物者。请问夫造物者有邪？无邪？无也，则胡能造物哉！有也，则不足以物众形。故明众形之自物，而后始可与言造物耳。是以涉有物之域，虽复罔两，未有不独化于玄冥者也。故造物者无主，而物各自造，物各自造而无所待焉，此天地之正也。故彼我相因，形景俱生，虽复玄合，而非待也。明斯理也，将使万物各反所宗于体中，而不待乎外，外无所谢而内无所矜，是以诱然皆生而不知所以生，同焉皆得而不知所以得也。今罔两之因景，犹云俱生而非待也，则万物虽聚，而共成乎天，而皆历然莫不独见矣。故罔两非景之所制，而景非形之所使，形非无之所化也。则化与不化，然与不然，从人之与由己，莫不自尔，吾安识其所以哉。"①郭象不承认有造物主，也不认为有个万物共同依赖的形而上的本体，还不认可事物之间有客观存在的因果关系，只主张万物皆是自生自造而无所待，即不依靠任何外部条件，这就是"独化"。

那么有两个问题需要回答：一是为什么事物之间看起来互相联系和依赖？二是独化的原因是什么？

郭象对第一个问题的回答是：自为而相因，例如："手足异任，五藏殊管，未尝相与而百节同和，斯相与于无相与也。未尝相为而表里俱济，斯相为于无相为也。"②人体各器官之间并不是为了相互配合才有的，但是只要它们各自正常发挥功能，客观上自然而然就和谐一体，而且缺一不可。所以，"独化"并非说万物都是孤立分散的单体，而是说它们都有自己内在的独特的本性。

郭象对第二个问题的回答是：独化于玄冥之境，也就是说，独化的原因不可知，"莫不自尔，吾安识其所以哉"③。什么是"玄冥"？不能用语言表述，只能理解为道法自然，微妙玄通，深不可识。郭象有一个逻辑推论："夫物事之近，或知其故，然寻其原以至乎极，则无故而自尔也。"④就是说，事物若有因果，以果寻因，最终必无因可寻，既无终极因，则近因亦不真，只能说万物独化

---

①　（晋）郭象注：《庄子》，上海古籍出版社1989年版，第19页。
②　（晋）郭象注：《庄子》，上海古籍出版社1989年版，第42页。
③　（晋）郭象注：《庄子》，上海古籍出版社1989年版，第19页。
④　（晋）郭象注：《庄子》，上海古籍出版社1989年版，第77页。

于玄冥之境,也就是不可知之境。

郭象独化论建立宇宙论的不可知论的主要目的,是阻断人们探究天地万物之本的走向,而沿着庄子追求精神"逍遥"的思维路数,把体察的对象由客体转向主体,转向主观精神境界,推出"与化为体"的玄冥之境。他认为,人的认知必有局限,"夫知者未能无可无不可,故必有待也"①,必须"遗耳目,去心意","忘言而神解"②,所谓"神解"就是"玄同万物而与化为体"、"遗彼忘我,冥此群异"、"不识不知,而冥于自然"。③ 因此,在玄冥之境,主观与客观达到绝对合一,"坐忘而自合耳,非照察以合之"④。在玄冥之境,人由"小我"达到"大我","夫神全形具而体与物冥者,虽涉至变而未始非我","冥然与造化为一,则无往而非我矣"⑤。在玄冥之境,圣人无为而无所不为,因为他能使万物各有所为,"至人不役志以经世,而虚心以应物,诚信著于天地,不争畅于万物,然后万物归怀","体玄而极妙者,其所以会通万物之性,而陶铸天下之化,以成尧舜之名者,常以不为为之耳"⑥。在玄冥之境,圣人能"无待而常通,岂自通而已哉?又顺有待者,使不失其所待","使群异各安其所安,安众人不失其所是,则已不用于物,而万物之用用矣"⑦。这就是说,圣人的"与物冥",与众人的"各安其所安"是相辅相成的。

那么,作为众人的群体如何才能自得逍遥呢?郭象提出了"安命顺性,自足逍遥"的人生哲学。郭象说:"夫以形相对,则太山大于秋毫也。若各据其性分,物冥其极,则形大未为有余,形小不为不足。苟各足于其性,则秋毫不独小其小而太山不独大其大矣","无小无大,无寿无夭,是以蟪蛄不羡大椿而欣然自得,斥鷃不贵天池而荣愿以足。苟足于天然而安其性命,故虽天地未足为寿而与我并生,万物未足为异而与我同得","夫安于命者,无往而非逍遥矣。

① （晋）郭象注:《庄子》,上海古籍出版社 1989 年版,第 36 页。
② （晋）郭象注:《庄子》,上海古籍出版社 1989 年版,第 24、18 页。
③ （晋）郭象注:《庄子》,上海古籍出版社 1989 年版,第 39、4、68 页。
④ （晋）郭象注:《庄子》,上海古籍出版社 1989 年版,第 67 页。
⑤ （晋）郭象注:《庄子》,上海古籍出版社 1989 年版,第 17、22 页。
⑥ （晋）郭象注:《庄子》,上海古籍出版社 1989 年版,第 23、7 页。
⑦ （晋）郭象注:《庄子》,上海古籍出版社 1989 年版,第 5、14 页。

故虽匡陈羑里,无异于紫极闲堂也"①。他认为事物千差万别,各有自己的"性分"即特性功用,不能分别高低、不必相互攀比,只要安于自己的性命所具,便会自得其乐,而达到精神上的逍遥。

这一"性足自得"的命题从一般意义上说有其合理性。世界事物具有丰富性、复杂性,因此人们要承认差别、包容多样:对自然界生态而言,要保护生物的多样性,使之多姿多彩;对社会人群而言也要各司其职、各得其所、各尽其能,分工合作,不可能整齐划一,既不能勉己从人,也不能强人随己,各自穷理尽性以至于命,充分发挥潜在的天性能力,实现符合自己特质的理想生活目标,这对于社会共同体的发展也是有益的。在这个意义上,每个人都可以获得属于自我的内心快慰,只要你真正了解自己的长处和短处并懂得自得其乐。但是,"性足自得"的命题从社会制度的历史发展上说又是有局限性的,因为"凡存在的未必是合理的",特别是涉及贵贱等级、富贫差别的时候,"安命乐性,自足逍遥"只能是对弱者的麻醉、对强者的维护,为特权制度唱的赞歌。郭象说:"夫物未尝以大欲小,而必以小羡大,故举小大之殊,各有定分,非羡欲所及,则羡欲之累可以绝矣","若夫任自然而居当,则贤愚袭情而贵贱履位,君臣上下,莫匪尔极,而天下无患矣",②这既不合理也做不到,因为有压迫就有反抗、有不平就有鸣争。

对待现实生活中存在差别的态度,郭象与庄子是有不同的。庄子要用相对论取消事物的差别,要人们抛弃人间的生活,向"无何有之乡"去追求精神自由。郭象是用绝对论肯定事物的差别,要人们自觉随顺人间的生活,以安命自足为快乐。庄子是出世的"逍遥",郭象是顺世的"逍遥"。当然,郭象独化论的理想社会是一个既有贵贱等级的社会,又是一个关系和谐的社会,不仅下层民众要安于现状,上层权贵也要行为适度,要发挥众才之长,照顾到民众的实际利益,从而上下相安,因此他对于君主专制也有批评。他说:"与天下,相因而成者也。今以一己而专制天下,则天下塞矣,己岂通哉! 故一身既不成,

---

① (晋)郭象注:《庄子》,上海古籍出版社1989年版,第14、91页。
② (晋)郭象注:《庄子》,上海古籍出版社1989年版,第4、60页。

而万方有余丧矣","夫在上者患于不能无为,而代人臣之所司,使咎繇(皋陶)不得行其明断,后稷不能施其播殖,则群才失其任,而主上困于役矣","口所以宣心,故用众人之口,则众人之心用矣,我顺众心,则众心信矣,谁敢逆立哉!吾因天下之自定而定之,又何为乎","夫圣人无安无不安,顺百姓之心也"①。郭象的治国论欲融合儒道两家,主张君主无为,众臣有为,民众顺命,社会安定。他既不同于王弼论证"名教本于自然"②,也不同于嵇康主张"越名教而任自然"③,其独化论的社会实质就是说明"名教即是自然"④,如乐广所说:"名教中自有乐地"⑤。郭象《庄子注》就是要在名教之中寻找一片乐地,这样的社会理想已经很接近儒家了。

魏晋玄学是在两汉经学一统天下结束以后,社会政治混乱、思想多元条件下,由一批受老庄道家浸润较多的学者群体,在儒道互动中,在平等辩论中,在自由清谈中,推动起来的新道家学术思潮。它与官方的说教保持着距离,因而学术独立性较强;因受老、庄、《易》三学的启示而哲理性较强;它主导了魏晋南北朝的学术潮流,虽未立为官学,却成为一时风气,甚至影响到执政名臣,对儒学会通孔老、佛学融合道儒,产生了历史性的关键性的影响。唐代佛教华化的禅宗,宋明新儒家的出入佛老,皆接续魏晋玄学之风范而完成其新形态的。

二、道教的壮大

魏晋玄学作为新道家学说主要在精英层面上流行,而不能影响民间社会,因为民众不会清谈,也无暇清谈,在战乱不息、剧烈动荡的岁月,衣食安居犹且不保,哪里顾得上闲游竹下、终日共醉、谈论庄老呢? 只有道教,把道家思想转化为以生为本的神学,树立起神圣的真仙教主形象,针对人们关心的生死大事和吉凶祸福,设计出摆脱苦难、到达神仙世界的目标和途径,建立起与民众信

---

① (晋)郭象注:《庄子》,上海古籍出版社1989年版,第63、73、143、161页。

② 张岱年主编:《中国哲学大辞典》,上海辞书出版社2010年版,第181页。

③ (魏)嵇康:《嵇中散集》,商务印书馆1937年版,第45页。

④ 张岱年主编:《中国哲学大辞典》,上海辞书出版社2010年版,第508页。

⑤ (南朝宋)刘义庆,(南朝梁)刘孝标注:《世说新语详解》,上海古籍出版社2013年版,第15页。

仰相衔接的教团组织，制定出可以操作的能逢凶化吉、超度自我的各种道术与科仪，为民众提供宗教服务，为生命的化炼培植提供智慧和方法。如此一来，道家与道教相结合，使道文化向上直通老庄哲学，向下扎根于广大民众之中，可以在社会上下层全面传播，不仅作为一种精神力量，同时作为一种社会力量，展示其巨大的规模和影响力，才能与儒佛两家成鼎足而立之势。魏晋南北朝的道教正是这样壮大起来的。

魏晋南北朝道教在魏初一度受到限制，曹操、曹丕、曹植皆不信神仙方术，且将方士集中管理，防范方仙道惑众作乱。曹植《辩道论》说："世有方士，吾王悉所招致，甘陵有甘始，庐江有左慈，阳城有郤俭。始能行气导引，慈晓房中之术，俭善辟谷，悉号三百岁。卒所以集之于魏国者，诚恐斯人之徒，接奸宄以欺众，行妖慝以惑民，岂复欲观神仙于瀛洲，求安期于海岛，释金辂而履云舆，弃六骥而美飞龙哉？自家王与太子及余兄弟咸以为调笑，不信之矣。"[①]魏明帝曹叡认同神仙方术，情况开始改观。加以玄学流行，嵇康等名士好养生之术，使玄学与方术结合，此后道教便一路兴盛，经两晋到南北朝，成长为主流大教。其成就主要表现为三个方面：其一是道书大量出现，形成经典大系；其二是以神仙信仰为中心建构起神学理论体系；其三建立起为国家认可的具有较大规模的道教教团和相应的制度科仪，成为一种有形的社会力量。

（一）道教经书的不断涌现和著录

道教符箓派道士于两晋间制作出上清、灵宝、三皇经法书典三大系列。上清经系以魏华存为第一代真人，由杨羲、许谧、许翙共同造作，代表经典是《上清大洞真经》，以茅山为基地传播。

灵宝经系由葛玄传授下来，是为《灵宝五符》，今《灵宝度人经》由葛洪从孙葛巢甫所作，总计为 55 卷。

三皇经系由《三皇文》和《五岳真形图》为主的一组道经。据说其中《小有三皇文》由帛和传世，《大有三皇文》由鲍靓所作，传于葛洪。

东晋初葛洪作《抱朴子》，称其师郑隐收藏道书共 260 种，1298 卷。南朝

---

① （晋）陈寿，（宋）裴松之注：《三国志》，中华书局 2005 年版，第 597 页。

刘宋陆修静修订《三洞经书目录》时,共著录道教经书及药方、符箓1228卷,其中1090卷已行于世,自著道书三十余种,编著斋戒仪范百余卷。此外,陕西于魏晋之际有道士梁堪创建楼观派,以尹喜为宗师,崇奉《道德经》、《老子西升经》、《老子化胡经》。魏晋南北朝时期出现的道书中比较重要的还有:《冲虚真经》(即《列子》,张湛注)、《抱朴子》、《真诰》、《老君音诵戒经》、《无上秘要》(北周时道教类书)、《黄庭经》等。《黄庭经》属于上清经系,由《太上黄庭内景玉经》和《太上黄庭外景玉经》组成,是道教内丹派修道之书,是宗教修习与生理科学相糅合的著作。它提出"八景二十四真"之说,认为体内各器官中皆有神灵存在,共二十四真神;又将人体分为上、中、下三宫即三丹田,以五脏配五行,而以下丹田为藏精之处,炼精结气要沉入下丹田;修炼之方是积精累气、断谷服气,进而存神致虚,可胎息而仙。《黄庭经》以体内精气神为生命三要素,彼此互相贯通,又视人体生命为动态的与外界不断进行物质交换的开放式系统,其书兼修道与养生为一体,故为后来道教人士与教外文士所共同看重。唐宋间《黄庭》之学甚盛,郑樵《通志》著录道家类黄庭门三十部五十七卷。欧阳修删正《黄庭外经》,苏轼手书《黄庭内经》,陆游有诗曰:"白头始悟颐生妙,尽在《黄庭》两卷中"①。清代道士董德宁撰《黄庭经发微》,说:"道书之古者,《道德》、《参同》、《黄庭》也"②,由此可知,《黄庭经》在道教史上有很高的地位。

(二)道教神仙信仰理论体系的建立

葛洪生活在两晋时期,他是道教著名思想家,是外丹学和道教神学的奠基人,他对中国医药学与化学也有重要贡献。葛洪的著作有《抱朴子》内外篇、《神仙传》、《隐逸传》、《金匮药方》、《肘后备急方》。他对道教发展最大的贡献是写了《抱朴子》,为道教神仙信仰建立了理论体系,并且进一步明确了道教与儒家相联合的思想方向。《抱朴子·自叙》称:"凡著内篇二十卷,外篇五十卷","其内篇言神仙方药、鬼怪变化、养生延年、禳邪却祸之事,属道家;其

---

① (宋)陆游:《剑南诗稿》(下),钱仲联点校,岳麓书社1998年版,第1184页。
② 杜洁编:《黄庭经》,中国友谊出版公司1997年版,第1页。

外篇言人间得失、世事臧否,属儒家"。①

《抱朴子》内篇的道教神学要点:

第一,提出玄道哲学。《畅玄》说:"玄者,自然之始祖,而万殊之大宗也"②,"玄"是宇宙发生的总根源,是万物运动的总规律和内在动力。《道意》说:"道者涵乾括坤,其本无名。论其无,则影响犹为有焉;论其有,则万物尚为无焉"③,《地真》说:"道起于一,其贵无偶,各居一处,以象天地人,故曰三一也。天得一以清,地得一以宁,人得一以生,神得一以灵"④。葛洪关于"玄"、"道"、"一"的思想,本于老子,继于《淮南子·原道训》,又受魏晋玄学影响,皆指宇宙本源和本体,而后加上道教特有的成仙之道的宗教色彩。所以《畅玄》说:"玄之所在,其乐不穷;玄之所去,器弊神逝","夫玄道者,得之乎内,守之者外,用之者神,忘之者器,此思玄道之要言也。得之者贵,不待黄钺之威。体之者富,不须难得之货。高不可登,深不可测。乘流光,策飞景,凌六虚,贯涵溶。出乎无上,入乎无下。经乎汗漫之门,游乎窈眇之野。逍遥恍惚之中,倘佯仿佛之表。咽九华于云端,咀六气于丹霞。徘徊茫昧,翱翔希微,履略蜿虹,践跚旋玑,此得之者也。"⑤如此一来,得玄道者不仅精神境界高超,而且可以餐霞饮露、乘光凌虚、自由翱翔于宇宙间,则非神仙莫属了。葛洪还把"一"化为人格神,提出"守一"之法。《地真》说:"仙经曰:子欲长生,守一当明","'一'有姓字服色,男长九分,女长六分,或在脐下二寸四分下丹田中,或在心下绛宫金阙中丹田也,或在人两眉间,却行一寸为明堂,二寸为洞房,三寸为上丹田也"⑥。葛洪上承《黄庭经》三丹田之说,又将守一分为守真一和守玄一,"守一存真,乃能通神"⑦。

第二,神仙必有,长生可致。葛洪认为神仙传说,典籍多载,不是虚言;物

---

① （晋）葛洪:《抱朴子内外篇》,中华书局 1985 年版,第 827、828 页。

② 王明校释:《抱朴子内篇校释》,中华书局 1980 年版,第 1 页。

③ 王明校释:《抱朴子内篇校释》,中华书局 1980 年版,第 155 页。

④ 王明校释:《抱朴子内篇校释》,中华书局 1980 年版,第 296 页。

⑤ 王明校释:《抱朴子内篇校释》,中华书局 1980 年版,第 1、2 页。

⑥ 王明校释:《抱朴子内篇校释》,中华书局 1980 年版,第 296 页。

⑦ 王明校释:《抱朴子内篇校释》,中华书局 1980 年版,第 297 页。

有生灭,并非通理,"谓冬必凋,而竹柏茂焉。谓始必终,而天地无穷焉。谓生
必死,而龟鹤长存焉"①;合理护养,可长生久视,"物类一也,而荣枯异功",
"人之受命,死生之期,未若草木之于寒天也,而延养之理,补救之方,非徒温
煖之为浅益也,久视之効,何为不然"②;死有六害,除六害即可不死,"夫人所
以死者,诸欲所损也,老也,百病所害也,毒恶所中也,邪气所伤也,风冷所犯
也。今导引行气,还精补脑,食饮有度,兴居有节,将服药物,思神守一,柱天禁
戒,带佩符印,伤生之徒,一切远之,如此则通,可以免此六害"③;金丹坚固不
朽,人食之则可长生,"夫金丹之为物,烧之愈久,变化愈妙。黄金入火,百炼
不消,埋之,毕天不朽。服此二物,炼人身体,故能令人不老不死。此盖假求于
外物以自坚固"④。

　　第三,求仙修道,必行其方。葛洪认为:"非长生难也,闻道难也;非闻道
难也,行之难也;非行之难也,终之难也。"⑤他提出修道之方有:其一,行仁积
德,"欲求仙者,要当以忠孝和顺仁信为本。若德行不修,而但务方术,皆不得
长生也"⑥,这一条明确认同儒家道德教化理念;其二,思神守一,前文已述;其
三,草木药饵,"中药养性,下药除病"⑦;其四,屈伸导引,"真人但令学其道引
以延年,法其食气以绝谷"⑧;其五,宝精爱气,"欲求神仙,唯当得其至要,至要
者在于宝精行炁,服一大药便足"⑨;其六,金丹上药,"仙药之上者丹砂,次则
黄金,次则白银","服神丹令人寿无穷已,与天地相毕,乘云驾龙,上下太
清"⑩。葛洪强调,有仙骨之人,得到秘方,要拜从明师,共行约盟,结伴入山,
斋戒沐浴,守种种禁忌,按方合药,其丹方成。故葛洪的外丹术,只有个别师徒

① 王明校释:《抱朴子内篇校释》,中华书局1980年版,第12页。
② 王明校释:《抱朴子内篇校释》,中华书局1980年版,第101页。
③ 王明校释:《抱朴子内篇校释》,中华书局1980年版,第101—102页。
④ 王明校释:《抱朴子内篇校释》,中华书局1980年版,第62页。
⑤ 王明校释:《抱朴子内篇校释》,中华书局1980年版,第218页。
⑥ 王明校释:《抱朴子内篇校释》,中华书局1980年版,第47页。
⑦ 王明校释:《抱朴子内篇校释》,中华书局1980年版,第177页。
⑧ 王明校释:《抱朴子内篇校释》,中华书局1980年版,第43页。
⑨ 王明校释:《抱朴子内篇校释》,中华书局1980年版,第136页。
⑩ 王明校释:《抱朴子内篇校释》,中华书局1980年版,第177、65页。

相授,不能形成较大教团,其影响主要在道与术的传布上,为道教提供思想支撑。

葛洪的道教思想,一方面追求个人超世长生,另一方面重视佐世济俗,既保持相对独立,又与儒家相交融,如此一来,道教便开启了从下层走到上层、从边缘走向中心之路。他认为儒者出仕与道者隐逸同为社会所需,"标退静以抑躁竞之俗,兴儒教以救微言之绝"①;对于高士贤者可兼修道儒,"内宝养生之道,外则和光于世,治身而身长修,治国而国太平"②;社会应当贵儒而尊道,"所以贵儒者,以其移风易俗,不唯揖让与盘旋也。所以尊道者,以其不言而化行,匪独养生之一事也"③。葛洪特别强调修道要遵行儒家所倡导的社会主流道德规范,还要多积善德,"人欲地仙,当立三百善,欲天仙,立千二百善"④,其善德包括慈仁、诚以待人、不虐下欺上、不贪财妒贤、不淫佚倾邪、尊敬师长等。

在治国论上,葛洪主张加强君权,提倡忠德,实行礼教,以刑辅仁,皆同于儒家。他说:"夫君,天也;父也"⑤,"明主躬操威恩,不假人以利器"⑥,为臣者"唯忠是与,事无专擅,请而后行"⑦;安上治民要靠礼制,"盖人之有礼,犹鱼之有水"⑧;治国要刑德兼用,"明主不能舍刑德以致治"⑨,"莫不贵仁,而无能纯仁以致治也;莫不贱刑,而无能废刑以整民也","仁者为政之脂粉,刑者御世之辔策;脂粉非体中之至急,而辔策须臾不可无也"⑩。这里显现出葛洪重法刑的倾向,他试图把道、儒、法、玄四家综合起来。

但是葛洪对儒家又多有批评,他是以道家为本位来吸纳儒家的。《明本》

---

① 杨明照校笺:《抱朴子外篇校笺》(上),中华书局1991年版,第61页。
② 王明校释:《抱朴子内篇校释》,中华书局1980年版,第135页。
③ 王明校释:《抱朴子内篇校释》,中华书局1980年版,第126页。
④ 王明校释:《抱朴子内篇校释》,中华书局1980年版,第47页。
⑤ 杨明照校笺:《抱朴子外篇校笺》(上),中华书局1991年版,第285页。
⑥ 杨明照校笺:《抱朴子外篇校笺》(下),中华书局1997年版,第342页。
⑦ 杨明照校笺:《抱朴子外篇校笺》(上),中华书局1991年版,第283页。
⑧ 杨明照校笺:《抱朴子外篇校笺》(下),中华书局1997年版,第7页。
⑨ 杨明照校笺:《抱朴子外篇校笺》(下),中华书局1997年版,第340页。
⑩ 杨明照校笺:《抱朴子外篇校笺》(上),中华书局1991年版,第330、344页。

说:"或问儒道之先后。抱朴子答曰:道者,儒之本也;儒者,道之末也"①,道家之"道"乃宇宙根本法则,"上自二仪,下逮万物,莫不由之。但黄老执其本,儒墨治其末耳","此所以为百家之君长,仁义之祖宗也"②。葛洪用老子道论为思想旗帜,故能居高临下,俯视儒学及百家之学。但他所倡导的仙道仍然遇到了牟子《理惑论》中所说的佛教遭遇的类似责难,即它在儒家经典与圣人那里找不到根据。《释滞》载世人提出质问:"果其仙道可求得者,五经何以不载,周孔何以不言,圣人何以不度世,上智何以不长存? 若周孔不知,则不可为圣。若知而不学,则是无仙道也。"③葛洪回答是:"夫五经所不载者无限矣,周孔所不言者不少矣。"④《辨问》举例说明圣人常有不知,"厩焚,又不知伤人马否。颜渊后,便谓之已死。又周流七十余国,而不能逆知人之必不用之也","诸若此类,不可具举,但不知仙法,何足怪哉?"⑤他进而指出,五经皆有局限性,不可盲目崇拜,如《易经》便不能回答"周天之度数,四海之广狭,宇宙之相去,凡为几里? 上何所极,下何所据,及其转动,谁所推引"⑥等问题,"以次问《春秋》四部、《诗》《书》《三礼》之家,皆复无以对矣"⑦。葛洪的视野是开阔的,他说:"正经为道义之渊海,子书为增深之川流","不以书不出周、孔之门,而废助教之言"⑧,要"六艺备研,八索必该"⑨。他认为古书经荒历乱、简编朽绝、残缺甚多,不可迷信,"且夫《尚书》者,政事之集也,然未若近代之优文、诏、策、军书、奏、议之清富赡丽也。《毛诗》者,华彩之辞也,然不及《上林》、《羽猎》、《二京》、《三都》之汪濊博富也"⑩。葛洪以老子道论为其本体哲学,以仙道追求人生理想,以儒家礼教实现治国目标,不赞成玄学放达派的任诞行为。

---

① 王明校释:《抱朴子内篇校释》,中华书局1980年版,第167页。
② 王明校释:《抱朴子内篇校释》,中华书局1980年版,第168、171页。
③ 王明校释:《抱朴子内篇校释》,中华书局1980年版,第140页。
④ 王明校释:《抱朴子内篇校释》,中华书局1980年版,第140页。
⑤ 王明校释:《抱朴子内篇校释》,中华书局1980年版,第207页。
⑥ 王明校释:《抱朴子内篇校释》,中华书局1980年版,第141页。
⑦ 王明校释:《抱朴子内篇校释》,中华书局1980年版,第141页。
⑧ 杨明照校笺:《抱朴子外篇校笺》(下),中华书局1997年版,第98、443页。
⑨ 杨明照校笺:《抱朴子外篇校笺》(下),中华书局1997年版,第211页。
⑩ 杨明照校笺:《抱朴子外篇校笺》(下),中华书局1997年版,第69—70页。

《刺骄》批评说："世人闻戴叔鸾、阮嗣宗傲俗自放，见谓大度。而不量其材力，非傲生之匹，而慕学之"，"此盖左衽之所为，非诸夏之快事也"①。由此可知，葛洪之通达，乃"通于道德，达于仁义"②，他的价值观易于为主流社会所认可。

（三）民间的五斗米道上升为主流的天师道

发源于巴蜀地区的五斗米道，被曹操收服后，张氏家族及部分道徒迁往中原，继续流布，逐渐向上层和江南发展。西晋之后，世家大族奉道之风甚盛。江南大姓如郗、王、殷、沈等家族皆世代信道。《晋书·王羲之传》说："王氏世事张氏五斗米道，凝之弥笃。"③王羲之与道士许迈共修服食，采药石，游名山，泛沧海，叹曰："我卒当以乐死。"④其名作《兰亭序》，感慨"修短随化，终期于尽"，"固知一死生为虚诞，齐彭殇为妄作"⑤，还是向往超脱生死而能长生。

南北朝时期，五斗米道进行了两次大的改革。一次是北魏寇谦之领导的"清整道教"的改革，"除去三张伪法，租米钱税，及男女合气之术。大道清虚，岂有斯事。专以礼度为首，而加之以服食闭练"⑥。又立坛宇，设科仪，使道教摆脱民间宗教的杂沓、庸俗色彩而正规化，尊太武帝为"泰平真君"而辅佐之，取得权臣崔浩的大力支持，"遂起天师道场于京城之东南，重坛五层，遵其新经之制。给道士百二十人衣食，齐肃祈请，六时礼拜，月设厨会数千人"⑦。于是北天师道兴盛，不再以"五斗米道"相称。

寇谦之作《老君音诵诫经》，托老子授言，不继用蜀土宅治之号，取消天师、祭酒世袭，"诫曰：道尊德贵，惟贤是授，若子胤不肖，岂有继承先业"，"吾初立天师，授署道教治箓符契，岂有取一钱之法乎"，"吾《诵诫》断改黄赤，更修清异之法，与道同功。其男女官箓生佩契黄赤者，从今诫之"，"诸欲修学长生之人，好共寻诸诵诫，建功香火斋练，功成感彻之后，长生可剋"，"欲求生

---

① 杨明照校笺：《抱朴子外篇校笺》（下），中华书局1997年版，第29页。
② 杨明照校笺：《抱朴子外篇校笺》（下），中华书局1997年版，第43页。
③ （唐）房玄龄等：《晋书》，中华书局2000年版，第1399页。
④ （唐）房玄龄等：《晋书》，中华书局2000年版，第1398页。
⑤ （唐）房玄龄等：《晋书》，中华书局2000年版，第1397页。
⑥ （北齐）魏收：《魏书》第8册，中华书局1974年版，第3051页。
⑦ （北齐）魏收：《魏书》第8册，中华书局1974年版，第3053页。

道,为可先读五千文,最是要者","汝好宜教诫科律法人治民,祭酒按而行之","其受治箓诫之人,弟子朝拜之,喻如礼生官位吏礼法等同,明慎奉行,如律令"①。可知寇谦之清整道教,一是强调修习老子五千文,二是强调教诫科律、礼拜祈祷。他敬重儒学,自觉以道辅政,对崔浩说:"吾行道隐居,不营世务,忽受神中之诀,当兼修儒教,辅助泰平真君,继千载之绝统"②,要崔浩为他撰列王者治典,崔浩因之著书二十余篇。崔浩是儒林首领,帝王宠臣,寇谦之是道教宗师,儒道互相配合,成为巩固北魏政权的两大精神支柱。

寇谦之还采纳了佛教轮回报应的教义,宣扬前世之善恶影响今身修道之成效,而今世之善恶又影响来世之福祸。《老君音诵诫经》说,人若"诳诈万端,称官设号,蚁聚人众,坏乱土地"③,便会引起太上老君"大嗔怒"④,从而被打入地狱,"罪重之者,转生虫畜"⑤,这就超出了"承负"说,接近了佛教的业报说,又不是佛教的自然报应,带有道教神仙掌握报应的色彩。后来寇谦之病死,崔浩受诛,天师道受到限制,但已扎根北朝,直到北周。

五斗米道另一次改革是南朝陆修静对斋仪的系统建设。陆修静的生平活动主要在南朝刘宋时期。元嘉末,陆修静为宋文帝讲论道法,不舍昼夜。宋明帝令袁粲组织儒、道、释三家辩论,陆修静标理约辞,解纷挫锐,大张道教声威。于是明帝在京城北郊建崇虚宫,使陆修静居之以讲道经。唐代道宣对陆修静一生作了概括:"昔金陵道士陆修静者,道门之望。在宋齐两代,祖述三张(张陵、张衡、张鲁),弘衍二葛(葛玄、葛洪)。郗张之士,封门受箓。遂妄加穿凿,广制斋仪,糜费极繁,意在王者遵奉。"⑥

陆氏一生大事有三:一是收集整理《上清》、《灵宝》、《三皇》各类道书,总

---

① 胡道静等选辑:《道藏要籍选刊》第 8 卷,上海古籍出版社 1989 年版,第 377、378、383、381、377—378、379 页。

② (北齐)魏收:《魏书》第 3 册,中华书局 1974 年版,第 814 页。

③ 胡道静等选辑:《道藏要籍选刊》第 8 卷,上海古籍出版社 1989 年版,第 378 页。

④ 胡道静等选辑:《道藏要籍选刊》第 8 卷,上海古籍出版社 1989 年版,第 378 页。

⑤ 胡道静等选辑:《道藏要籍选刊》第 8 卷,上海古籍出版社 1989 年版,第 382 页。

⑥ (南朝梁)僧祐、(唐)道宣:《弘明集·广弘明集》,上海古籍出版社 1991 年版,第 116 页。

括为"三洞"（洞真、洞玄、洞神），著《三洞经书目录》，为后世《道藏》分类开创了先河；二是制作斋仪，作《金箓斋仪》、《三元斋仪》等，传世的有《陆先生道门科略》、《洞玄灵宝五感文》、《太上洞玄灵宝授度仪表》，使天师道有了较严密的组织制度和宗教仪规；三是以道为主，会通道、儒、佛三家，推动了多元文化的融合和天师道理论的创新发展，同时培养了许多优秀弟子，其中孙游岳便是陶弘景的老师。他以大道为教，认为"夫大道虚寂，绝乎状貌；至圣体行，寄之言教"①，"至道清虚，法典简素，恬寂无为，此其本也"②。他高度认同儒家礼教，肯定祭天、祭山川、祭祖为正祭，说："使民内修慈孝，外行敬让，佐时理化，助国扶命。唯天子祭天、三公祭五岳、诸侯祭山川、民人五腊、吉日祠先人、二月八月祭社灶。自此以外，不得有所祭。"③他纳佛入道，讲因缘祸福、灵魂超度，谓道教尊神"开此大化，出斯妙法拯拔三途，接济五道，亿曾万祖，积劫殃对，一旦释然，幽魂苦爽，超升福堂，因缘种族，咸受庆惠，我身得道，后世蒙福"④。从此，天师道越来越认可佛教的因果报应说，使之成为道教弘道的有机组成部分。陆修静认为"道以斋戒为立德之根本，寻真之门户"⑤，鉴于当时天师道仪规松弛，组织混乱，他托太上老君指令，提出整饬方案："置二十四治，三十六靖庐，内外道士二千四百人，下千二百官"，"天师立治置职，犹阳官郡县城府治理民物，奉道者皆编户著籍，各有所属"⑥，又立"道科宅录"，登记信徒家庭男女人口，由守宅之官掌管，保护教民，禳灾却祸。奉道之家，建有靖室，置香炉、香灯、章案、书刀四物，按时祭神⑦。陆修静对天师道的整顿，成效如何，尚缺少详细史料说明，但从此天师道有了较为完备的组织制度、科仪轨范，使之成为一个独立的大教团，故陆修静为后来天师道所尊崇，宋徽宗时被封为丹元真人。

---

① 《道藏》第 24 册，天津古籍出版社 1988 年版，第 779 页。
② 《正统道藏》，艺文印书馆 1977 年版，第 43856 页。
③ 《道藏》第 24 册，天津古籍出版社 1988 年版，第 779 页。
④ 《正统道藏》，艺文印书馆 1977 年版，第 43858 页。
⑤ 《正统道藏》，艺文印书馆 1977 年版，第 43858 页。
⑥ 《道藏》第 24 册，天津古籍出版社 1988 年版，第 779、780 页。
⑦ 参见《道藏》第 24 册《陆先生道门科略》，天津古籍出版社 1988 年版，第 779—782 页。

（四）陶弘景综合创新道教的成就

陶弘景为南朝齐梁时著名道教思想家和医学家,中年以后隐居句曲山（茅山）,以修道著述为乐,自号华阳陶隐居,是以上清经为经典的茅山宗的创始人。梁武帝屡以礼聘,陶皆婉辞,但有吉凶征讨大事必派人前来咨询,时人称之为"山中宰相"。他博学多才,善于兼采广纳而又自成一家,其成就是多方面的。

第一,兼修道教外丹与内练、服食与诵经、善神与养形。著有《抱朴子注》、《合丹法式》、《登真隐诀》、《真诰》等。他曾自试炼制外丹七次,虽未成功,却忠实记录了试验过程,成为古化学的真实资料。他在《真诰》中说:"食草木之药不知房中之法及行气导引,服药无益也","若但行房中导引行气,不知神丹之法,亦不得仙也","若得金汋神丹,不须其他术也,立便仙矣。若得大洞真经(上清经)者,复不须金丹之道也,读之万过毕,便仙也","太极真人云:读《道德经》五千文万遍,则云驾来迎"。① 他认为养生要形神兼顾:"生者神之本,形者神之具,神大用则竭,形大劳则毙。若能游心虚静,息虑无为,服元气于子后,时导引于闲室,摄养无亏,兼饵良药,则百年耆寿是常分也。"②

第二,继承和发扬中医药事业,成为著名中医药学家。他参考图籍标本,订正补充《神农本草》,撰成《本草集注》七卷和《叙录》,共载药物 730 种。又搜集民间成方,撰《肘后百一方》三卷,再加上《养性延命录》,保存了大量的民间养生、治病、健身的珍贵资料,是中医药史上的颇有影响的人物。

第三,融儒援佛,致力于三教会通,是中国道教史上首位鲜明标举三教均善的高道。他撰《茅山长沙馆碑》说:"万象森罗,不离两仪所有;百法纷凑,无越三教之境"③。又在授弟子陆敬游《十赉文》中说:"崇教惟善,法无偏执"④,他指出三教向善的共同性;又指出道与佛在形神关系上的差异:"凡质像所

---

① （南朝梁）陶弘景:《真诰》,中华书局 1985 年版,第 65、119 页。
② （南朝梁）陶弘景:《养性延命录》,上海古籍出版社 1990 年版,"序"第 1 页。
③ （元）刘大彬编,（明）江永年增补:《茅山志》(上),王岗点校,上海古籍出版社 2016 年版,第 298 页。
④ （元）刘大彬编,（明）江永年增补:《茅山志》(上),王岗点校,上海古籍出版社 2016 年版,第 300 页。

结,不过形神。形神合时,是人是物;形神若离,则是灵是鬼;其非离非合,佛法所摄;亦离亦合,仙道所依"①,这是他对当时三教关于形神问题讨论的道教观点,其中对佛教用"非离非合"的遮诠表述方式,比当时一般人要高明。他在论述修道之要时,谓"譬如磨镜,垢去明存,即自见形,断六情守空净,亦见道之真","贪欲恚怒愚痴之毒,处人身中,不早以道除斯祸者,必有危殆","神为度形舟,薄岸当别去,形非神常宅,神非形常载,徘徊生死轮,但苦心犹豫"②,此中多佛教观念和用语。陶弘景曾梦佛授其菩提记,名为胜力菩萨,于是诣鄮县阿育王塔自誓受五大戒。卒前遗令:死后加冠巾法服,以大袈裟覆衾蒙首足,道人道士左右守灵,弟子遵而行之。这样以佛弟子自标的高道,此前从未有过。他认同儒家,以忠孝道德为成仙之途:"夫至忠至孝之人,既终皆受书为地下主者,一百四十年乃得受下仙之教,授以大道,从此渐进,得补仙官。"③又用《中庸》注说道与性的关系:"此说人体自然,与道冥合,所以天命谓性,率性谓道,修道谓教。"④

陶弘景在道教建设上还有一大贡献,即在《真灵位业图》中构建了一个前所未有过的神仙系统,以元始天尊为最高尊神,又将诸仙真按等次分七中位,每一中位有一主神,再设左位、右位,有的增设女真位、散位、地仙散位等,将传说中的神仙和高道约计四五百人尽行分次列入,组成神仙世界,为后来以"三清"神为最高层次的神仙信仰体系奠定了基础。

第三节 佛教的崛起与融会发展

佛教在两晋南北朝时期迅速崛起并走向昌盛,究其原因,可概括为以下几点。一是得益于东汉以来的译经活动扎实而持续,积累数百年之久,逐渐扫除华梵语言文字障碍,使大小乘经典陆续有了华文译本,得以在社会上下广泛传

---

① 《道藏》第 23 册,天津古籍出版社 1988 年版,第 646 页。
② （南朝梁）陶弘景:《真诰》,中华书局 1985 年版,第 75、37 页。
③ （南朝梁）陶弘景:《真诰》,中华书局 1985 年版,第 204—205 页。
④ （南朝梁）陶弘景:《真诰》,中华书局 1985 年版,第 57 页。

播,这是外来佛教文化深入中国社会的前提条件。进入两晋南北朝以后,译经的规模、质量又有新的飞跃,更加夯实了佛教在华流行的基础。二是在西晋短暂统一之后,国家进入较长分裂时期,战乱不息,社会动荡,民不聊生,民众渴望在佛教的信仰里减轻心灵痛苦,找到精神安慰,而权贵阶层往往在频繁权力交替中朝不保夕,也需要佛教的心理支撑并以之稳定社会秩序,于是佛教获得空前大发展的机遇。三是魏晋玄学在学理上有丰厚积累和广泛影响,它不仅为道家融会儒家作出了榜样,也由于超出汉代儒家经验主义人伦日用层面而提升了中国人抽象思维水平、学会了对大道的体悟,从而成为接引哲理型佛教教义的重要桥梁,这使得佛教的译经和解经一开始就具有玄学的强烈色彩,并推动佛教顺利进入中国人的精神生活。四是由于佛教教义的独特哲理性,对中国士人阶层产生巨大吸引力,在西域僧人东来不久,中原地区便出现一大批中土高僧,形成佛学在中国的骨干队伍。他们熟悉中华传统文化和社会国情,成为在中国中心区传播佛教的主力;他们德高望重、有感召力,并能结合当时当地的实际,使用中华习用话语讲经,民众感到亲切易懂,遂有各界大批人士快速走近佛教。

一、佛经翻译与东传规模的扩大

曹魏时期颍川人朱士行为汉土沙门第一人,也是中土第一位西行求法者。他出家讲经,不满意已有《般若经》译本,于甘露五年(260年)从长安西行,经沙漠荒野,长途跋涉至于阗,获得《放光般若经》梵本。西晋时,朱士行遣弟子送经回洛阳,由竺叔兰、无罗义等译出,迅而风行京华,讲习般若,成为一时风尚。

三国时,吴地有支谦,为支谶再传弟子,广译大小乘经典36部,内有《维摩诘经》、《大阿弥陀经》、《法句经》等,他善于用汉语表达经意,使大乘佛经更易普及。

吴地僧人康僧会,上承安世高小乘禅学系统,所译佛经,今存有《六度集经》。该经按"六度"(即布施、持戒、忍辱、精进、禅定、智慧六条解脱之路)分为六章,用佛本生故事说明修菩萨行的义理,其特色是引儒道两家解说佛法,如常使用"恻隐心"、"仁义心"等话语，认为"为天牧民，当以仁道"①，又强调"尽孝"，认为"又如维蓝前施及饭诸贤圣，又不如孝事其亲"②。

汤用彤指出："支谦、康僧会系出西域，而生于中土，深受华化。译经尚文雅，遂常掇拾中华名辞与理论，羼入译本。故其学均非纯粹西域之佛教也。又牟子采《老》、《庄》之言，以明佛理。僧会《安般》、《法镜》二序，亦颇袭《老》、《庄》名词典故。而同时有《阴持入经注》，读之尤见西方、中夏思想之渐相牵合。嵇康、阮籍所用之理论，亦颇见于是书中。安世高、康僧会之学说主养生成神。支谶、支谦之学说主神与道合。前者与道教相近，上承汉代之佛教。而后者与玄学同流，两晋以还所流行之佛学，则上接二支。明乎此，则佛教在中国之玄学化始于此时，实无疑也。"③

两晋之际，译经名僧颇多。如竺法护译经一百七十五部（《开元释教录》），从学士子达千余人。所译《正法华经》、《光赞般若经》等影响中土深广，梁代僧祐的评价是："经法所以广流中华者，护之力也。"④竺叔兰译经多部，现存《放光般若经》，流传于清谈名士中。帛法祖为《首楞严经》作注，译《菩萨修行经》、《佛般泥洹经》等十六部，弟子众多，曾与道士王浮争论佛道高下而胜之。继朱士行西行求经之举，十六国时期又有法显西行求法，到达天竺，直至狮子国，先后凡14年，带回梵本律藏和若干小乘经论，回国后南下建康，与佛驮跋多罗共译《泥洹经》、《摩诃僧祇律》、《大般涅槃经》等，著《佛国记》，为中印文化交流留下重要史料。

南北朝时期，南朝有觉贤，与法显共译《僧祇律》四十卷，又译《华严经》、《无量寿经》。天竺僧求那跋陀罗，译《杂阿含经》五十卷、《小无量寿经》一卷等。梁陈之际，西僧真谛来华传无著、世亲之大乘瑜伽行派之学，译出经论记传三百余卷，其学至隋唐而显，与鸠摩罗什、玄奘并称三大译家。北朝译经者，昙曜、昙摩流支、法场、菩提流支、勒那摩提、求那跋陀罗等。

---

① 蒲正信注：《六度集经》，巴蜀书社2001年版，第314页。
② 蒲正信注：《六度集经》，巴蜀书社2001年版，第105页。
③ 汤用彤：《汉魏两晋南北朝佛教史》，北京大学出版社2011年版，第80—81页。
④ （南朝梁）慧皎，汤用彤校注，汤一玄整理：《高僧传》，中华书局1992年版，第23页。

两晋南北朝时期,在中土译经、授徒并影响最大的当属鸠摩罗什大师。罗什少年时即悟性超群,成年之后,信仰与学问由小乘转向大乘,成为龟兹著名佛教大师,知识渊博,思想深邃,四周诸国咸伏其神俊,"道流西域,名被东川"①,其名声已传到中原,故道安大师劝说前秦主符坚迎取罗什。后来符坚派吕光率兵破龟兹,挟罗什至凉州,前后凡17年而不能用,只图割据一方苟且偷安。其时罗什从41岁至58岁,思想成熟,造诣妙化,而不能实现东传佛教之宏愿,只好"蕴其深解,无所宣化"②。后秦主姚兴派姚硕德伐凉,破吕隆,迎罗什入关。姚兴待以国师之礼,虚心求教,并提供国家译场,帮助罗什开展大规模译经工作。姚兴派去内地一流名僧做罗什助手,"学问文章,均极优胜"③,"三千德僧同止一处,共受姚秦天王供养"④。慧皎《高僧传》说:"兴使沙门僧䂮、僧迁、法钦、道流、道恒、道标、僧睿、僧肇等八百余人,谘受什旨。"⑤

罗什在长安12年(一说8年),共译出佛教经论35部294卷(据僧祐《出三藏记集》),大大推动了大乘中观学在中土的拓展,尔后才有大乘《法华经》、《阿弥陀经》、《金刚般若经》、《大品般若经》、《成实论》、《三论》等佛典优质译作在华的空前流布,后世之三论宗、天台宗、净土宗、禅宗等宗派的兴起,无不受到罗什新译或重译经论的润泽,其功莫大焉。

罗什在译经的同时,还宣讲经义,指导弟子,自撰论说,出自其门下的青年学僧中涌现出一大批佛门俊秀。其皎皎者如僧睿,姚兴誉之为"四海标领";僧肇,名振关辅,著《肇论》,为"三论之祖";道生,从罗什受业,关中僧众,咸谓神悟,为"涅槃之圣"。于时四方学者,万里云集,长安遂成为全国佛教学术中心,如慧睿所言:"关中洋洋十数年中,当是大法后兴之盛也。"⑥

罗什译经事业的巨大成就,告诉人们,两种异质文化的交流:一要有向善诚心,走出去,请进来,孜孜以求;二要有大师级学人带领示范;三要有经

① (南朝梁)慧皎,汤用彤校注,汤一玄整理:《高僧传》,中华书局1992年版,第49页。
② (南朝梁)慧皎,汤用彤校注,汤一玄整理:《高僧传》,中华书局1992年版,第51页。
③ 汤用彤:《汉魏两晋南北朝佛教史》,北京大学出版社2011年版,第166页。
④ 《高丽大藏经》第56册,线装书局2004年版,第538页。
⑤ (南朝梁)慧皎,汤用彤校注,汤一玄整理:《高僧传》,中华书局1992年版,第52页。
⑥ (南朝梁)僧祐:《出三藏记集》,苏晋仁、萧炼子点校,中华书局1995年版,第234页。

典的优质译读表述；四要有精英群体的深度参与；五要有社会各界的关注支持。

罗什的事业与姚兴的有力支持是分不开的。姚兴实为一代明主，于儒佛学说皆有深厚积累，有很高的文化意识和待人雅量，能礼尊高僧大德，《高僧传》说："兴以佛道冲邃，其行为善，信为出苦之良津，御世之洪则，故托意九经，游心十二。"①他在位 22 年，极重文治风教，尊重学者。天水姜龛、东平淳于岐、冯翊、郭高，皆宿儒硕德，经明行修，在长安收徒讲学，各有门徒数百，远来就学者上万人。姚兴在听政之暇，与姜龛等学者讲论道艺，错综名理，并敕关尉曰："诸生谘访道艺，修己厉身，往来出入，勿拘常限"②，于是学者踊跃，儒风遂盛。他还"班命郡国，百姓因荒自卖为奴婢者，悉免为良人"③，对于地方官吏不能判决而上报的案件，他常亲自参与听断，"于时号无冤滞"④。他处理军政大事颇有方略，节制亲贵，赏罚分明，又能选贤任能，广揽人才，对于智效一官、行著一善者，皆历级而进之，对于前来投奔的晋室士臣皆能礼敬而量才录用。大臣梁喜认为当时乏贤，姚兴批评道："卿自识拔不明，求之不至，奈何厚诬四海乎"⑤。姚兴以儒治国，以佛扬善，并在社会管理实践中成功将儒佛两家兼用，为罗什大师东来译经弘法创造了优越条件，应是中国儒学、中国佛教的大功臣。

二、佛教信仰扩展到社会上层和多民族地区

东晋以降，佛教传至社会各阶层，从帝王卿士到平民百姓奉佛者趋多。《高逸沙门传》说："元、明二帝，游心玄虚，托情道味"⑥，由雅好玄学而及于佛

---

① （南朝梁）慧皎，汤用彤校注，汤一玄整理：《高僧传》，中华书局 1992 年版，第 52 页。
② （唐）房玄龄等：《晋书》，中华书局 2000 年版，第 1997 页。
③ （唐）房玄龄等：《晋书》，中华书局 2000 年版，第 1998 页。
④ （唐）房玄龄等：《晋书》，中华书局 2000 年版，第 1998 页。
⑤ （唐）房玄龄等：《晋书》，中华书局 2000 年版，第 2013 页。
⑥ （南朝宋）刘义庆，（南朝梁）刘孝标注：《世说新语详解》，上海古籍出版社 2013 年版，第 206 页。

法。习凿齿《致道安书》曰，明帝"手画如来之容，口味三昧之旨"①。名士中殷浩"被废，徙东阳，大读佛经，皆精解"②，孙绰有《喻道论》论信因果报应，郗超有《奉法要》对佛法多作论述。北方十六国中多为少数民族政权，接受佛教比汉族政权更加容易。后赵石勒为羯人，与其子石虎共同敬奉西域大和尚佛图澄，诏其亲贵诸公礼敬有加，而佛图澄则借佛教慈悲劝教二石，化其残暴。其时上下奉佛，寺庙竞建，僧众杂滥。石虎诏令料简，中书王度上书曰："夫王者郊祀天地，祭奉百神，载在祀典，礼有常飨。佛出西域，外国之神，功不施民，非天子诸华所应祠奉。往汉明感梦，初传其道，唯听西域人得立寺都邑，以奉其神，其汉人皆不得出家。魏承汉制，亦修前轨"，"可断赵人悉不听诣寺烧香礼拜"③。石虎下诏曰："度议云：佛是外国之神，非天子诸华所可宜奉。朕生自边壤，忝当期运，君临诸夏。至于飨祀，应兼从本俗。佛是戎神，正所应奉"④。以此而言，佛教之普适性格与跨华戎传播，对于北方少数民族融入整个中华民族共同体，起了促进作用。后来姚秦（羌族）据地关中，北凉（沮渠氏）立国陇西，皆奉佛法。

南朝各代帝王及士人皆雅好儒、玄，兼信佛教，在风气上重义理讲论、概念辨析。宋文帝与大臣议论佛教的功用，说："若使率土之滨皆纯此化，则吾坐致太平，夫复何事"⑤。齐高帝、武帝崇佛不亚刘宋时期，武帝时文惠太子和竟陵王萧子良以兴佛而名闻于世，与名士名僧共研佛理，举办讲经大会，设立各种斋会，推动慈善事业，《南齐书》说其"招致名僧，讲语佛法，造经呗新声，道俗之盛，江左未有也"⑥。梁武帝萧衍兼修儒、佛、道三教，学养深厚，尤推重佛教，制《舍事李老道法诏》，正式宣布弃道归佛，要"公卿百官、侯王宗族，宜反伪就真，舍邪入正"⑦，几乎将佛教升为国教；又三次舍身同泰寺，表示甘愿出

---

① （南朝梁）僧祐、（唐）道宣：《弘明集·广弘明集》，上海古籍出版社1991年版，第78页。
② （南朝宋）刘义庆，（南朝梁）刘孝标注：《世说新语详解》，上海古籍出版社2013年版，第152页。
③ （南朝梁）慧皎，汤用彤校注，汤一玄整理：《高僧传》，中华书局1992年版，第352页。
④ （南朝梁）慧皎，汤用彤校注，汤一玄整理：《高僧传》，中华书局1992年版，第352页。
⑤ （南朝梁）僧祐、（唐）道宣：《弘明集·广弘明集》，上海古籍出版社1991年版，第70页。
⑥ （南朝梁）萧子显：《南齐书》，中华书局1972年版，第698页。
⑦ （南朝梁）僧祐、（唐）道宣：《弘明集·广弘明集》，上海古籍出版社1991年版，第116页。

家作佛虔诚弟子;作《断酒肉文》,严格戒律,开创中国佛教素食新制;支持译经,参与讲法,撰述论记,"尤长释典,制《涅槃》、《大品》、《净名》、《三慧》诸经义记,复数百卷"①;广建佛寺,大造佛像,举办大型法会,计有寺院2846所,僧尼八万余人,使佛教在南朝达鼎盛时期。当时名僧僧祐撰《出三藏记集》,为现存最早最全之经录,史料价值很高;所编《弘明集》,收集了三教争论文献,为后世所重。慧皎依据《出三藏记集》和各种僧传,撰作出我国第一部系统的《高僧传》,成为中国佛教史的重要史书。

北魏(拓跋氏)太武帝初礼敬佛,后听信崔浩之言,毁弃佛法,诛戮僧人,梵烧佛像经书,佛教废积七年。文成帝即位后,佛教在北魏得到迅速恢复,开凿云冈石窟,其发展规模更加宏大。文成帝下诏曰:"夫为帝王者,必祗奉明灵,显彰仁道,其能惠著生民,济益群品者,虽在古昔,犹序其风烈。是以《春秋》嘉崇明之礼,祭典载功施之族。况释迦如来,功济大千,惠流尘境,等生死者,叹其达观,览文义者,贵其妙明,助王政之禁律,益仁智之善性,排斥群邪,开演正觉。故前代已来,莫不崇尚,亦我国家常所尊事也"②,诏书还解释了太武帝灭佛乃因佛庙匿有奸徒凶党,并非反佛。③ 这份诏书代表了魏晋南北朝执政者宗教观、佛教观的最高水平:其一,从中华治国理政历史传统的角度说明尊奉神灵、礼祀先祖乃是"显彰仁道"的必要举措;其二,指出佛陀之教惠济世界、广大益众,对生死达观,其义理高妙,有巨大的吸引力;其三,确认佛教以教辅政的地位和劝善兴德的作用,其对王法是"助"的地位,其对儒德是"益"的作用,由此基本上确定了佛教在中华社会生活中的恰当位置,避免了政佛合一或以政反佛的偏向。

孝文帝在位时,既扶持佛教,又加强管理,限制出家人数,不使其冒滥,诏立《僧制》四十七条,立监福曹,后改为昭玄,备有官属,以断僧务,并于少室山建少林寺。其后几代帝王大致有因有革。至魏末,"佛经流通,大集中国,凡有四百一十五部,合一千九百一十九卷","略而计之,僧尼大众二百万矣,其

---

① (唐)姚思廉:《梁书》,中华书局2000年版,第64页。
② (北齐)魏收:《魏书》第8册,中华书局1974年版,第3035—3036页。
③ 参见(北齐)魏收:《魏书》第8册,中华书局1974年版,第3025—3062页。

寺三万有余"①,僧尼之多在中国佛教史上是个高峰。然而并非皆为真信徒,"正光已后,天下多虞,王役尤甚,于是所在编民,相与入道,假慕沙门,实避调役,猥滥之极,自中国之有佛法,未之有也"②。寺院僧众杂集,固然不利于政府管理和佛教教风纯正,但佛寺给苦难无依、走投无路的民众提供了躲身庇护之所,未始不是一种善举。

东魏孝静帝敬重名僧昙鸾。西魏文帝与丞相宇文泰皆好佛兴佛。北周明帝崇佛,武帝一度废佛,至宣帝继位便恢复佛教。总之,南北朝时期,佛教已经在国法层面上正式成为合法大教,在体制层面设僧官制度,北朝有沙门统或道人统或昭玄,最高僧官为僧主,南朝有僧司,主官为僧正,寺内有寺主、上座、维那,以便加强内外管理,协调政教关系。总体上说,政主教(佛)辅的模式已经形成,政教关系主流是和谐的。

但也有例外:一是北魏太武帝和北周武帝短期毁佛,二是梁武帝佞佛,把佛教抬到国家意识形态高度,从而产生消极后果。《梁书·武帝纪》对梁武备极赞辞,谓其"洞达儒玄",制作儒道讲义"凡二百余卷,并正先儒之迷,开古圣之旨","又造《通史》,躬制赞序,凡六百卷","勤于政务,孜孜无怠","纠奸擿伏,洞尽物情","历观古昔帝王人君,恭俭庄敬,艺能博学,罕或有焉"③,又史臣曰:"兴文学,修郊祀,治五礼,定六律,四聪既达,万机斯理,治定功成,远安迩肃"④。梁武多才多艺,以儒治国,英明勤政,遂使南朝梁代物阜民丰、文教繁荣,为四方所仰慕。可惜他不能慎终如始,老年昏聩,忠奸不辨,终为叛臣侯景反军所制,饿死台城。唐代魏徵评论说,梁武"聪明稽古"、"雄才大略"、"布德施惠"、"悦近来远"、"大修文教","声振寰宇,泽流遐裔,干戈载戢,凡数十年。济济焉,洋洋焉,魏、晋已来,未有若斯之盛。然不能息末敦本,斫雕为朴,慕名好事,崇尚浮华,抑扬孔、墨,流连释、老"⑤,终"不得其死"⑥。魏徵指出梁武

---

① (北齐)魏收:《魏书》第8册,中华书局1974年版,第3048页。
② (北齐)魏收:《魏书》第8册,中华书局1974年版,第3048页。
③ (唐)姚思廉:《梁书》,中华书局2000年版,第64页。
④ (唐)姚思廉:《梁书》,中华书局2000年版,第65页。
⑤ (唐)姚思廉:《梁书》,中华书局2000年版,第100页。
⑥ (唐)姚思廉:《梁书》,中华书局2000年版,第100页。

之不能善始善终在于"不能息末敦本"①和"慕名好事，崇尚浮华"②，可谓中的之言。表现为三：一是在治国层面上把佛教抬到高于儒学的地位，乃是本末倒置，而"以儒治国"已是中华理政定式，佛教功用在于劝善慰心，不能应对军国大事，儒、道、佛三教并立必须以儒为主，否则即生弊端；二是带动学风走向浮华，士子僧人坐论佛玄，远离实务，留恋安逸，国家乏刚健之气，如汤用彤所说："世人每以侯景之乱，专归咎于佛法。实则国力之衰，首由于风尚之文弱浮华"③，由是文武不能为国效力；三是用个人信仰取代最高执政者身份，放弃政治责任，用舍身事佛求得虔诚佛弟子虚名并为寺院敛财，使信佛偏离正途。此次教训，为后来帝王所记取。

三、中华高僧大德相继问世

（一）支遁

字道林，两晋之际名僧。有名士风度，精通佛教般若学，兼好老庄，为士林所重。注《逍遥游》，"作数千言，标揭新理，才藻惊绝"④，其注曰："夫逍遥者，明至人之心也。庄生建言大道，而寄指鹏鷃，鹏以营生之路旷，故失适于体外；鷃以在近而笑远，有矜伐于心内。至人乘天正而高兴，游无穷于放浪。物物而不物于物，则遥然不我得；玄感不为，不疾而速，则逍然靡不适。此所以为逍遥也"⑤，其解说庄子正合玄学之旨。郄超《与亲友书》云："林法师神理所通，玄拔独悟，实数百年来，绍明大法，令真理不绝，一人而已。"⑥魏晋中国佛教般若性空学与玄学相融合，形成"六家七宗"，其中"即色宗"代表就是支遁。其《妙观章》说："夫色之性也，不自有色，色不自有，虽色而空。故曰：'色即为空，色复异空'"⑦。在支

---

① （唐）姚思廉：《梁书》，中华书局2000年版，第100页。
② （唐）姚思廉：《梁书》，中华书局2000年版，第100页。
③ 汤用彤：《汉魏两晋南北朝佛教史》，北京大学出版社2011年版，第266页。
④ （南朝梁）慧皎，汤用彤校注，汤一玄整理：《高僧传》，中华书局1992年版，第160页。
⑤ （南朝宋）刘义庆，（南朝梁）刘孝标注：《世说新语详解》，上海古籍出版社2013年版，第136页。
⑥ （南朝梁）慧皎，汤用彤校注，汤一玄整理：《高僧传》，中华书局1992年版，第161页。
⑦ （南朝宋）刘义庆，（南朝梁）刘孝标注：《世说新语详解》，上海古籍出版社2013年版，第137页。

遁看来,"色"(指天地万物)虽存在,仍是因缘和合而成,故无自性,此即是"空",并非色外有空。这就是缘起性空理论,比较接近般若学本义,又与玄学中向秀、郭象《庄子注》的独化论相对接,强调事物自然而然,万物之外无本体。但支遁又强调"色复异空",则色与空之间又有间隔,未达圆融。

(二)释道安

常山扶柳人,约与支遁同时。由河北而南下至襄阳,整理佛典,撰为经录;确立戒规,传布弥勒净土。在长安组织译经,187卷,百余万言,集禅法、般若二系之大成,使般若学风行关中。于六家七宗之中,立本无义,培养出一批优秀弟子如慧远、慧永等,其时罗什在龟兹即风闻道安名声,赞为"东方圣人",汤用彤称当时佛学为"释道安时代之般若学"①。

《名僧传》之《昙济传》引《七宗论》述本无义,谓:"如来兴世,以本无弘教。故《方等》深经,皆备明五阴本无。本无之论,由来尚矣。何者?夫冥造之前,廓然而已。至于元气陶化,则群像禀形。形虽资化,权化之本,则出于自然。自然自尔,岂有造之者哉!由此而言,无在元化之先,空为众形之始。故称本无。非谓虚豁之中,能生万有也。夫人之所滞,滞在末有。宅心本无,则斯累豁矣。夫崇本可以息末者,盖此之谓也。"②本无宗的宇宙观与何晏、王弼的贵无论是一脉相承的,皆认为万有以无为本。但其义目的是体认佛法"空"义,达到崇本息末、解除滞于末有之累,而不是肯定末有之价值,这与玄学贵无论又有不同了。不过本无义并未说清"无在万化之先,空为众形之始"与"虚豁之中能生万有"之间的差别在哪里,看来其对宇宙发生论和宇宙本体论尚未能作明晰的区分。

(三)僧肇与《肇论》

僧肇是鸠摩罗什弟子中成就最大的高僧,他将魏晋玄学与佛教般若学相结合,所作集为《肇论》,内中以《物不迁论》、《不真空论》、《般若无知论》三论为精要,"融会中印之义理,于体用问题有深切之证知,而以极优美极有力之

---

① 汤用彤:《汉魏两晋南北朝佛教史》,北京大学出版社2011年版,第130页。
② 汤用彤:《汉魏两晋南北朝佛教史》,北京大学出版社2011年版,第138页。

文字表达其义，故为中华哲学文字最有价值之著作也。肇公之学说，一言以蔽之曰：即体即用"①。

僧肇之学，被誉为"解空第一"，已超出一般以老庄解佛的"格义"之简单比附，能更深一层理解佛教般若本义，使玄学话语与佛学名相有机融合，有力地推动了佛教在哲理层面的中国化，使中华抽象思维能力有一大提升。《不真空论》用玄学语言标明般若奥义："夫至虚无生者，盖是般若玄鉴之妙趣，有物之宗极者也"②，通于佛法之至人乃是"即万物之自虚，故物不能累其神明者也"③。接着他批评了心无宗、即色宗、本无宗。批评心无义，说："心无者，无心于万物，万物未尝无。此得在于神静，失在于物虚"④，是说心无义追求精神寂静是对的，但对于万物是否虚无未作回答。次批评即色义，说："即色者，明色不自色，故虽色而非色也。夫言色者，但当色即色，岂待色色而后为色哉？此直语色不自色，未领色之非色也"⑤，是说即色义看到色不自色、虽色而空，但未看到色即是空、色空是一体的。又批评本无义，说："本无者，情尚于无多，触言以宾无。故非有，有即无；非无，无即无。寻夫立文之本旨者，直以非有非真有，非无非真无耳。何必非有无此有，非无无彼无？此直好无之谈，岂谓顺通事实，即物之情哉"⑥，是说本无义抬高无，贬低有，认为有与无归根到底皆是无，其实是将有与无割裂，未能明白佛教所谓无是说有非真有、无非真无，换句话说是"存在而不真实"，并不否认现象界的存在，这就把玄学贵无论的"无"提到纯粹本体论的高度，比较接近佛教"空"的含义。

"不真空"指事物不真实故空。《不真空论》说："然则万法果有其所以不有，不可得而有；有其所以不无，不可得而无。何则？欲言其有，有非真生；欲言其无，事象既形。象形不即无，非真非实有。然则不真空义，显于兹矣。故

①　汤用彤：《汉魏两晋南北朝佛教史》，北京大学出版社 2011 年版，第 184—185 页。
②　张春波校释：《肇论校释》，中华书局 2010 年版，第 33 页。
③　张春波校释：《肇论校释》，中华书局 2010 年版，第 33 页。
④　张春波校释：《肇论校释》，中华书局 2010 年版，第 39 页。
⑤　张春波校释：《肇论校释》，中华书局 2010 年版，第 40 页。
⑥　张春波校释：《肇论校释》，中华书局 2010 年版，第 41—42 页。

《放光》云:诸法假号不真。譬如幻化人,非无幻化人,幻化人非真人也。"①那么何以万法虽有而不真呢? "所以然者,夫有若真有,有自常有,岂待缘而后有哉? 譬彼真无,无自常无,岂待缘而后无也?"②所以《摩诃论》云:"一切诸法,一切因缘故应有;一切诸法,一切因缘故不应有。"③这就归结到"缘起性空"的教义,万法皆因缘和合而生,并无常住自性,故不真,是谓之空,有乃假有。

《物不迁论》则涉及宇宙变化的连续性与间断性问题,即动与静的关系问题。一般人认为生死代谢,万物流动。僧肇引《放光》云:"法无去来,无动转者"④,认为"昔物自在昔,不从今以至昔;今物自在今,不从昔以至今"⑤,故"旋岚偃岳而常静,江河竞注而不流,野马飘鼓而不动,日月历天而不周"⑥,不来不动,"各性住于一世"⑦。此说即佛教"刹那生灭"之论,以动为假象,以动中之静为真实。

《般若无知论》说明般若之知非一般之感知,而是一种高超的"虚照",不增加不减少而能全知真知,"圣人虚其心而实其照,终日知而未尝知也。故能默耀韬光,虚心玄鉴,闭智塞聪,而独觉冥冥者也"⑧。佛教般若之"知"不在获取外界知识,可以说"无知",但它要超出世俗之见识,体察宇宙人生之真谛,获得超出生死的觉悟。僧肇在《宗本义》中开宗明义,阐述其佛学的总体观:"本无、实相、法性、性空、缘会,一义耳。何则? 一切诸法,缘会而生。缘会而生,则未生无有,缘离则灭。如其真有,有则无灭。以此而推,故知虽今现有,有而性常自空。性常自空,故谓之性空。性空故,故曰法性。法性如是,故曰实相。实相自无,非推之使无,故曰本无"⑨,这里把佛家名相加以会通,以

① 张春波校释:《肇论校释》,中华书局 2010 年版,第 56 页。
② 张春波校释:《肇论校释》,中华书局 2010 年版,第 54 页。
③ 张春波校释:《肇论校释》,中华书局 2010 年版,第 55 页。
④ 张春波校释:《肇论校释》,中华书局 2010 年版,第 11 页。
⑤ 张春波校释:《肇论校释》,中华书局 2010 年版,第 17 页。
⑥ 张春波校释:《肇论校释》,中华书局 2010 年版,第 17 页。
⑦ 张春波校释:《肇论校释》,中华书局 2010 年版,第 24 页。
⑧ 张春波校释:《肇论校释》,中华书局 2010 年版,第 70 页。
⑨ 张春波校释:《肇论校释》,中华书局 2010 年版,第 1—2 页。

展现缘会性空之要义。

《肇论》代表当时精英在佛法启悟下对宇宙人生真理的深层追求和思考,它以思辨的逻辑的方式,揭示了现象与本质、虚假与真实、变动与静止、历史与当今、苦难与解脱、暂短与永恒之间的矛盾,力图找到一个超越俗论的圆满答案。然而它找到的仍然是一家之言,信者自信,不信者仍不信。其逻辑推论过程产生的许多问题并未真正解决。例如:为什么事物的自性必须是恒常和自足的? 难道缘会而生就不真实吗? 这一前提本身即有待论证。又如:物如不迁,今昔各住一世,那么因果报应如何体现? 佛法自身不就有矛盾了吗? 当然,它促使人们面对人生困境作深度思考,而且也开启了一扇智慧之门。

(四)释慧远

东晋时雁门楼烦人,曾与鸠摩罗什致书通好,后半生居庐山东林寺弘法,是继道安之后中国佛教界一代德高望重的领袖人物。慧远早年博综儒经,继修老庄,后闻道安讲《般若》,便弃儒道而奉佛法。他晚年致书刘遗民,云:"每寻畴昔,游心世典,以为当年之华苑也。及见老庄,便悟名教是应变之虚谈耳。以今而观,则知沉冥之趣,岂得不以佛理为先?"①话虽如此,他在为听众讲解实相义时,"乃引庄子义为连类,于是惑者晓然。是后,安公特听慧远不废俗书"②,可知在华弘法必须三教会通方能奏效。慧远居东林三十余载不复出山,送客足不出虎溪,而四方名士闻风云集,弟子弥众。除沙门名僧僧睿、慧观、僧济、法安等外,还有名士刘遗民、雷次宗、周续之、毕颖之、宗炳、张莱民、张季硕等"并弃世遗荣,依远游止。远乃于精舍无量寿像前,建斋立誓,共期西方","乃延命同志息心贞信之士,百有二十三人,集于庐山之阴,般若台精舍阿弥陀像前,率以香华敬荐而誓焉"③,于此开启中土阿弥陀净土信仰。他著《法性论》曰:"至极以不变为性,得性以体极为宗"④,罗什见论而叹曰:"边

---

① (南朝梁)僧祐、(唐)道宣:《弘明集·广弘明集》,上海古籍出版社 1991 年版,第315 页。

② (南朝梁)慧皎,汤用彤校注,汤一玄整理:《高僧传》,中华书局 1992 年版,第 212 页。

③ (南朝梁)慧皎,汤用彤校注,汤一玄整理:《高僧传》,中华书局 1992 年版,第 214 页。

④ (南朝梁)慧皎,汤用彤校注,汤一玄整理:《高僧传》,中华书局 1992 年版,第 218 页。

国人未有经,便暗与理合,岂不妙哉"①。后来桓玄过庐山要远出虎溪,远以疾辞,便自入山致敬,后来以震主之威邀其登仕,远坚正辞绝。桓玄欲沙汰众僧,祝咐其僚属:"唯庐山道德所居,不在搜简之例。""远内通佛理,外善群书,夫预学徒,莫不依拟"②,去世后弟子收葬,阮侃凿圹开塚,"谢灵运为造碑文,铭其遗德,南阳宗炳又立碑寺门"③。

汤用彤《汉魏两晋南北朝佛教史》第十一章专论慧远,对其人格独卓、学问博洽备极称赞:一谓"远公望重德劭,砥柱中流,为僧伽争人格,为教法作辩护。影不出山,迹不入俗,而佛法自隆。不仕王侯,高尚其事,而群情翕服"④;二谓"法师既兼通《庄》、《老》、儒经,故虽推佛法为'独绝之教,不变之宗',然亦尝曰:'内外之道,可合而明。'又曰'苟会之有宗,则百家同致'"⑤,表示"读庐山《慧远集》,慨然叹息,恨生之晚","远公风格学问,感人至深"⑥。简言之,一为人格独立,二为包纳容众,这是中华学人最看重的两种品性。慧远的重大贡献是参与沙门敬王与报应问题的讨论,为协调佛教与中华礼仪的关系和以佛教弥补儒学之不足,提供了新的视角和智见,后文将予以论述。

(五)竺道生

道生是钜鹿人,曾从鸠摩罗什学佛学,与慧叡、慧严等为同窗。

在译经事业上,道安在长安所译以一切有部经为主,罗什后来译经注重《般若》三论,昙无谶在凉州译经以《涅槃》为要,而竺道生能综合三者之大成,又加以新解,故为僧界所推崇。他依据玄学"言不尽意"的哲思,指出:"夫象以尽意,得意则象忘;言以诠理,入理则言息。自经典东流,译人重阻,多守滞文,鲜见圆义。若忘筌取鱼,始可与言道矣。"⑦其时《大般泥洹经》尚未流行,

① (南朝梁)慧皎,汤用彤校注,汤一玄整理:《高僧传》,中华书局1992年版,第218页。
② (南朝梁)慧皎,汤用彤校注,汤一玄整理:《高僧传》,中华书局1992年版,第219、221页。
③ (南朝梁)慧皎,汤用彤校注,汤一玄整理:《高僧传》,中华书局1992年版,第222页。
④ 汤用彤:《汉魏两晋南北朝佛教史》,北京大学出版社2011年版,第195页。
⑤ 汤用彤:《汉魏两晋南北朝佛教史》,北京大学出版社2011年版,第200页。
⑥ 汤用彤:《汉魏两晋南北朝佛教史》,北京大学出版社2011年版,第207页。
⑦ (南朝梁)慧皎,汤用彤校注,汤一玄整理:《高僧传》,中华书局1992年版,第256页。

其经文曰:"泥洹不灭,佛有真我。一切众生,皆有佛性。皆有佛性,学得成佛"①,道生据以立"一阐提人皆得成佛"②义,"于时大本未传,孤明先发,独见忤众。于是旧学以为邪说,讥愤滋甚,遂显大众,摈而遣之。生于大众中正容誓曰:'若我所说反于经义者,请于现身即表厉疾;若与实相不相违背者,愿舍寿之时,据师子座。'言竟拂衣而游。""后《涅槃》大本至于南京,果称阐提悉有佛性,与前所说合若符契。生既获斯经,寻即讲说"③,于庐山升座论法,"神色开朗,德音俊发,论议数番,穷理尽妙,观听之众,莫不悟悦"④。"一阐提人"指断了善根的人,这样的人也能成佛,那么就等于"人皆可成佛",恰与孟子"人皆可为尧舜"相合,所以能逐渐被中华社会认同。

《宋书·夷蛮·天竺迦毗黎国·释道生》曰:"宋世名僧有道生","年十五,便能讲经,及长有异解,立顿悟义,时人推服之"⑤。其《维摩诘经注》云:"一念无不知者,始乎大悟时也。以向诸行,终得此事,故以名焉。以直心为行初,义极一念知一切法,不亦是得佛之处乎"⑥。渐悟与顿悟之争在南朝宋代颇盛,慧达《肇论疏》谓支遁、道安、慧远、僧肇等为小顿悟,道生为大顿悟。中华哲人早有相关哲思,如《道德经》讲"侯王得一以为天下正"⑦。"一"者道也,不可分割,必须靠体悟而非积学才能把握,故曰:"为学日益,为道日损。损之又损,以至于无为。无为而无不为。"⑧庄子说:"道通为一"、"以道观之",孔子说:"朝闻道,夕死可矣"、"吾道一以贯之",《易传》讲"'易'无思也,无为也,寂然不动,感而遂通天下之故"⑨,皆强调修道虽须一定积累,但在体道的关键时刻,要有质的飞跃,都是指进入一种天人合一的境界。

细观道生之论,亦非全不讲渐悟,似亦主张直心修法,而至于一念间了悟

---

① (南朝梁)僧祐:《出三藏记集》,苏晋仁、萧炼子点校,中华书局1995年版,第235页。
② (明)葛寅亮:《金陵梵刹志》,何孝荣点校,天津人民出版社2007年版,第636页。
③ (南朝梁)慧皎,汤用彤校注,汤一玄整理:《高僧传》,中华书局1992年版,第256页。
④ (南朝梁)慧皎,汤用彤校注,汤一玄整理:《高僧传》,中华书局1992年版,第256页。
⑤ (梁)沈约:《宋书》第8册,中华书局1974年版,第2388页。
⑥ 汤用彤:《汉魏两晋南北朝佛教史》,北京大学出版社2011年版,第363页。
⑦ 陈鼓应注释:《老子今注今译》,商务印书馆2003年版,第221页。
⑧ 陈鼓应注释:《老子今注今译》,商务印书馆2003年版,第250页。
⑨ 宋祚胤注译:《周易》,岳麓书社2000年版,第336页。

一切法,因为佛理乃一整体,不可分割,即时人所谓"恍然大悟"。道生的顿悟义在当时即得谢灵运的认可,谢氏在《辨宗论》中说:"释氏之论,圣道虽远,积学能至,累尽鉴生,不应渐悟。孔氏之论,圣道既妙,虽颜殆庶,体无鉴周,理归一极。有新论道士以为'寂鉴微妙,不容阶级,积学无限,何为自绝'。今去释氏之渐悟,而取其能至;去孔氏之殆庶,而取其一极","窃谓新论为然"①。其所说"新论道士"即指持顿悟义之道生,当时习称僧人为"道人"或"道士"。道生的"一阐提人皆得成佛"②和"顿悟成佛"之新论至唐代大行,为禅宗的诞生做了思想准备。

第四节　儒、道、佛三教之间的论争与融合

佛教的进入是中华传统文化第一次接受一种比较系统、规模较大、具有高度理论水平的外来文化的挑战。魏晋南北朝时期,一方面,西汉以来,作为中华主导思想的儒家的礼德文化积淀深厚,作为与儒家互补的道家、道教的道文化也源远流长,只是在学术层面上儒道之间有消有长,中华民族的文化自信心并未丧失,继续得到保持,为了坚守民族文化的主体性,必然要对外来佛教提出种种质疑问难。另一方面,儒家文化有"和而不同"、"道并行而不悖",道家文化有"容乃公"、"知和曰常"的理念和吸纳百家的传统。因此,两家主流人士不仅不强烈拒斥佛教,而且还主动了解与研读佛教,力图从中寻找与中华固有文化的契合点和能够长短互补的地方。这就造成了这一时期三教关系呈现为和平并存、论争频繁、异中求同的主流态势。论争虽多,使用的是讲道理有风度的文明方式。从佛教方面说,其东传中土,没有政治势力背景,没有利益集团介入,而是一次文化的跨民族、跨国界的传播。爱好佛教的中土僧人致力于取经、译经、解经、讲经,与西僧密切合作,从一开始就把中华文化的要素糅进土佛教,当时主要吸纳魏晋玄学的体悟和得意忘言的思维方式及"有

---

① (南朝梁)僧祐、(唐)道宣:《弘明集·广弘明集》,上海古籍出版社1991年版,第231—232页。

② (明)葛寅亮:《金陵梵刹志》,何孝荣点校,天津人民出版社2007年版,第636页。

无"、"虚实"、"动静"、"体性"等话语,使佛教初步具有了中华色彩。

有人说:佛教是请进来的。这不仅是指中土人西行取经,也指在义理上主动学习、吸收印度佛教关于宇宙人生的大智慧。因此,当三教之间发生论争时,站出来为佛教辩护的大多是中土学僧或名士。当然在执政集团、儒家、道家方面,不断发出了批评佛教的声音,其中有些人是为了维护政权的利益,有些人是担心中华民族传统受到损害,有些人看到佛教不足之处,有些人对佛教尚不能充分理解,但只要用温和与讨论的方式来对待佛教,都属于正常现象,都有益于彼此进一步互相理解,并使佛教找准自身的位置,更好地融入中土社会。其中也出现过非常偏激的言论,好在未能造成事实上的伤害。真正脱出常轨的是北魏太武帝与北周武帝强力灭佛,成为这一时期一段短暂而又令人伤愤的插曲。

一、东晋时期儒佛的论争与佛家走近儒家

(一)"沙门敬王"之争

成帝时,庾冰代帝作诏书,指斥沙门不跪拜王者是"矫形骸,违常务,易礼典,弃名教","王教不得不一,二之则乱"。① 何充等人上书说:"岂于时沙门不易屈膝?顾以不变其修善之法,所以通天下之志也"②,又说:"寻其遗文,钻其要旨,五戒之禁,实助王化","以为不令致拜,于法无亏"③。安帝时,桓玄总理政事,与八座书重提沙门敬王旧事,认为"通生理物,存乎王者","沙门之所以生生资存,亦日用于理命,岂有受其德而遗其礼,沾其惠而废其敬哉?"④桓谦、王谧等皆有答应。

慧远以佛教界领袖身份致《答桓太尉书》,表明其态度:"佛经所明,凡有二科:一者处俗弘教,二者出家修道。处俗则奉上之礼、尊亲之敬、忠孝之义表于经文,在三之训彰于圣典,斯与王制同命,有若符契","凡在出家,皆隐居以

① (南朝梁)僧祐、(唐)道宣:《弘明集·广弘明集》,上海古籍出版社1991年版,第81页。
② (南朝梁)僧祐、(唐)道宣:《弘明集·广弘明集》,上海古籍出版社1991年版,第80页。
③ (南朝梁)僧祐、(唐)道宣:《弘明集·广弘明集》,上海古籍出版社1991年版,第81页。
④ (南朝梁)僧祐、(唐)道宣:《弘明集·广弘明集》,上海古籍出版社1991年版,第81页。

求其志,变俗以达其道。变俗服章不得与世典同礼,隐居则宜高尚其迹。夫然故能拯溺族于沉流,拔幽根于重劫,远通三乘之津,广开人天之路。是故内乖天属之重而不违其孝,外阙奉主之恭而不失其敬","如令一夫全德,则道洽六亲,泽流天下,虽不处王侯之位,固已协契皇极,大庇生民矣"。① 慧远强调,在家信佛,要遵守世间礼仪;出家修道必异于俗礼,然而从根本上说能够"协契皇极,大庇生民"②,正是尽大忠大孝,因此是殊途同归的。这就表明了佛教界既认同中华礼教和王权,又保持自身特色的基本态度,如同何充所说"实助王化",使国家政权感到放心,为佛教的生存发展争取到合法空间。也如道安法师曾说:"不依国主,则法事难立"③,这是佛教在中国的恰当位置:政主教辅、儒主佛辅。在此前提下,坚持自己特有的信仰和礼教,维护自身的尊严。权臣桓玄终于允许沙门不致世礼。《弘明集》卷五载慧远《沙门不敬王者论》五篇,重申在家奉法不违礼,出家修行不失敬的观点,又进一步说明初奉佛者,宜"先奉亲而敬君"④,出家时必先征得君亲同意,"若君亲有疑,则退求其志,以俟同悟,斯乃佛教之所以重资生,助王化于治道者也"⑤,表达了认同忠孝的态度。他又强调释迦之教"幽宗旷邈,神道精微,可以理寻,难以事诘"⑥,但"内外之道可合而明","如来之与尧孔,发致虽殊,潜相影响;出处诚异,终期则同"⑦。慧远充分运用了儒家"和而不同"的理念,以中国式思维和话语论述佛与儒之间的异同与会通。

(二)"沙门不孝"之争

孙绰《喻道论》引反佛言论,谓:"周孔之教以孝为首,孝德之至,百行之本,本立道生,通于神明","而沙门之道,委离所生,弃亲即疏,刓剔须发残其

---

① (南朝梁)僧祐、(唐)道宣:《弘明集·广弘明集》,上海古籍出版社1991年版,第84、85页。
② (南朝梁)僧祐、(唐)道宣:《弘明集·广弘明集》,上海古籍出版社1991年版,第85页。
③ (南朝梁)慧皎,汤用彤校注,汤一玄整理:《高僧传》,中华书局1992年版,第178页。
④ (南朝梁)僧祐、(唐)道宣:《弘明集·广弘明集》,上海古籍出版社1991年版,第31页。
⑤ (南朝梁)僧祐、(唐)道宣:《弘明集·广弘明集》,上海古籍出版社1991年版,第31页。
⑥ (南朝梁)僧祐、(唐)道宣:《弘明集·广弘明集》,上海古籍出版社1991年版,第31页。
⑦ (南朝梁)僧祐、(唐)道宣:《弘明集·广弘明集》,上海古籍出版社1991年版,第31、31—32页。

天貌,生废色养,终绝血食,骨肉之亲,等之行路,背理伤情,莫此之甚"①,反佛者指斥沙门剃发、出家,不能全身、养亲和祀祖,因而大不孝,触犯了中华根本价值,这是佛教要越过的最大难关。孙绰《喻道论》融合儒、佛、道三家义理,给予回答:"孝之为贵,贵能立身行道,永光厥亲。若匍匐怀袖,日御三牲,而不能令万物尊己,举世我赖,以之养亲,其荣近矣。夫缘督以为经,守柔以为常,形名两绝,亲我交忘,养亲之道也"②,他以佛陀出家为典范,创立佛教"还照本国,广敷法音,父王感悟,亦升道场,以此荣亲,何孝如之"③,出家人"若有昆弟之亲者,则服养不废,既得弘修大业而恩纪不替,且令逝没者得福报以生天不复顾歆于世祀,斯岂非兼善大通之道乎","佛有十二部经,其四部专以劝孝为事"④。儒经有大孝荣亲、博施济众、赞扬伯夷、叔齐同饿首阳之说,孙绰加以发挥,又以老庄大道超乎孝慈之论阐讲养亲,复取佛经中论孝之典以证佛法重孝,其总的趋势是以佛教论说方式向儒家伦理靠拢,重点在说明沙门出家是弃小孝而尽大孝。

(三)"因果报应"之争

儒家早有报应说,一曰"福善祸淫",二曰"积善之家,必有余庆。积不善之家,必有余殃"⑤。但此说不能解释现实生活中好人受难、坏人得福和历史上家族兴衰无常的现象。这也是一个颇为困惑众人的难题。究竟善恶有否报应?很多人持怀疑态度。当时戴逵作《释疑论》,反对报应论,主张命定论。他给周续之信中说:"或恶深而莫诛,或积善而祸臻,或履仁义而亡身,或行肆虐而降福"⑥,这只能说明"分命玄定于冥初"⑦。周续之回答,他当初也迷惑于"福善莫验"⑧,只有学习佛法之后才"昭然有归"⑨,但未系统论证。戴逵又

---

① (南朝梁)僧祐、(唐)道宣:《弘明集·广弘明集》,上海古籍出版社1991年版,第17页。
② (南朝梁)僧祐、(唐)道宣:《弘明集·广弘明集》,上海古籍出版社1991年版,第17页。
③ (南朝梁)僧祐、(唐)道宣:《弘明集·广弘明集》,上海古籍出版社1991年版,第18页。
④ (南朝梁)僧祐、(唐)道宣:《弘明集·广弘明集》,上海古籍出版社1991年版,第18页。
⑤ 宋祚胤注译:《周易》,岳麓书社2000年版,第21页。
⑥ (南朝梁)僧祐、(唐)道宣:《弘明集·广弘明集》,上海古籍出版社1991年版,第230页。
⑦ (南朝梁)僧祐、(唐)道宣:《弘明集·广弘明集》,上海古籍出版社1991年版,第230页。
⑧ (南朝梁)僧祐、(唐)道宣:《弘明集·广弘明集》,上海古籍出版社1991年版,第229页。
⑨ (南朝梁)僧祐、(唐)道宣:《弘明集·广弘明集》,上海古籍出版社1991年版,第229页。

给慧远写信,呈送《释疑论》,谓"修短穷达,自有定分;积善积恶之谈,盖是劝教之言耳"①。慧远于是将所作《三报论》寄戴逵,其论曰:"经说业有三报:一曰现报,二曰生报,三曰后报。现报者,善恶始于此身,即此身受。生报者,来生便受。后报者,或经二生三生,百生千生,然后乃受。受之无主,必由于心;心无定司,感事而应;应有迟速,故报有先后;先后虽异,咸随所遇而为对;对有强弱,故轻重不同,斯乃自然之赏罚,三报大略也。"②如此,则善恶与福祸不相应之现象便可得到解释:"世或有积善而殃集,或有凶邪而致庆,此皆现业未就而前行始应"③,实则昔业今应,今业后应,"逆顺虽殊,其揆一耳"④。

三报论解决了两大问题:一是圆满解答了因果相应的问题,报应必有,只在迟速,不能用已知事实验证,但说法合理,给人以心理的满足;二是强调报应乃是自作自受,因而使好人不埋怨,继续修善,坏人不得意,赶快弃恶,皆以积善而期来生,有益于道德教化。慧远由此认为佛教比儒典高明:"世典以一生为限,不明其外","因兹而言,佛经所以越名教、绝九流者,岂不以疎神达要,陶铸灵府,穷源尽化,镜万象于无象者也"⑤。的确,人人不愿只尽一生而皆欲期来世,孔子却不言死后,未免使人不满足,故佛教三报论一出,很快便传遍中华大地,尤其在民间社会成为一种主流信仰,极大地影响了中国人的精神生活。

二、刘宋时期三教之间的几场大辩论

(一)《白黑论》之争

刘宋时期,沙门慧琳作《白黑论》(又称《均善论》),从佛教内部评论佛教得失。无神论者何承天大为赞赏,文章送宗炳,宗炳复书批驳,与何承天往复辩论,掀起一场论争。

① (南朝梁)僧祐、(唐)道宣:《弘明集·广弘明集》,上海古籍出版社1991年版,第229页。
② (南朝梁)僧祐、(唐)道宣:《弘明集·广弘明集》,上海古籍出版社1991年版,第35页。
③ (南朝梁)僧祐、(唐)道宣:《弘明集·广弘明集》,上海古籍出版社1991年版,第35页。
④ (南朝梁)僧祐、(唐)道宣:《弘明集·广弘明集》,上海古籍出版社1991年版,第35页。
⑤ (南朝梁)僧祐、(唐)道宣:《弘明集·广弘明集》,上海古籍出版社1991年版,第35页。

　　《白黑论》设白学先生代表中华传统理论（主要是儒学），设黑学先生代表佛教，彼此问答。首先，辩论"空"义。黑说："释氏即物为空，空物为一。"白问："释氏空物，物信空邪？"黑答：不只是空，而且是"空又空"。白问："三仪万品就在宇宙天地间，怎能是空？"黑答："空其自性之有，不害因假之体也"，事物"兴灭无常，因缘无主"，"事用"虽有，"性理"则空。于是白先生说："今析毫空树，无伤垂荫之茂；离材虚室，不损轮奂之美。"①这是历史上第一次就佛教宇宙本体论问题开展的讨论与批评，白先生持类似实证论的观点。

　　其次，辩论"报应"说。黑说："周、孔为教，正及一世，不见来生无穷之缘，积善不过子孙之庆，累恶不过余殃之罚"，"释迦关无穷之业"，"叙地狱则民惧其罪，敷天堂则物欢其福，指泥洹以长归，乘法身以遐览"。白说："固能大其言矣，今效神光无径寸之明，验灵变罔纤介之异"，"徒称无量之寿，孰见期颐之叟"，"且要天堂以就善，曷若服义而蹈道，惧地狱以敕身，孰与从理以端心"，"美泥洹之乐，生耽逸之虑，赞法身之妙，肇好奇之心，近欲未弭，远利又兴，虽言菩萨无欲，群生固以有欲矣。甫救交敝之氓，永开利竞之俗，澄神反道，其可得乎？"黑说："不然。若不示以来生之欲，何以权其当生之滞。物情不能顿至，故积渐以诱之。"白说："道在无欲，而以有欲要之，北行求郢，西征索越"，"所谓积渐者，日损之谓也"。② 这里触及宗教禁欲苦修与施善求报之间的矛盾，以空无立义却以福乐设教，适足以增加人们利欲之心，不过是弃小利而求大利，这是超功利主义无法逾越的难题。

　　再次，讨论儒佛高下问题。白说：佛教营造寺庙，"兴靡费之道"，"树无用之事，割群生之急"，"护法以展陵竞之情"，"是以周、孔敦俗，弗关视听之外，老、庄陶风，谨守性分而已"。黑说："三游本于仁义，盗跖资于五善，圣迹之敝，岂有内外。且黄、老之家，符章之伪，水祝之诬，不可胜论"，对于道教符箓加以指责。白说：佛教的用心是好的，"惜乎幽旨不亮，末流为累耳"。黑说："子之论善殆同矣，便事尽于生乎？"白说："幽冥之理，固不极于人事矣。周、

____

① （南朝梁）沈约：《宋书》（下），刘韶军等校点，岳麓书社1998年版，第1340—1341页。
② （南朝梁）沈约：《宋书》（下），刘韶军等校点，岳麓书社1998年版，第1341—1342页。

孔疑而不辨,释迦辨而不实,将宜废其显晦之迹,存其所要之旨","但知六度与五教并行,信顺与慈悲齐立耳。殊途而同归者,不得守其发轮之辙也"。①

讨论的结果是:儒佛均善,可并而行。然而《白黑论》在全局上,以察照佛教之缺为主,故该论行于世,"旧僧谓其贬黜释氏,欲加摈斥"②,然而为当权者赏识,慧琳得以参与权要。于此可知,当时佛教内部及于所处外部社会环境皆较为宽松。《白黑论》自设宾主,自我拷问与应答,不回避尖锐问题,形成一种追求真理的良好学风。

围绕着《白黑论》,宗炳数次致书何承天,与之辩论,乃是白黑二先生对谈的继续,讨论了性空、欲利、夷夏、形神等问题。为了系统答复《白黑论》与何承天对佛教的贬斥,宗炳写了《明佛论》(一名《神不灭论》)。这是一篇著名的佛学论文,作者在为佛教辩护的同时,致力于会通佛、儒、道三教。

第一,佛教包含儒道又高于儒道。"彼佛经也,包五典之德,深加远大之实;含老庄之虚,而重增皆空之尽"③。观宇宙则"无量无边之旷,无始无终之久","布三千日月,罗万二千天下,恒沙阅国界,飞尘纪积劫"④,而儒家眼界狭小,"《书》称知远,不出唐虞;《春秋》属辞,尽于王业","周孔所述,盖于蛮触之域,应求治之粗感,且宁乏于一生之内耳"。⑤ 孔氏之训必资释氏而通,如儒家积善余庆、积恶余殃之说解释不了颜冉夭疾、商臣考终的史实,而佛教的"因缘有先后,故对至有迟速"⑥就可以说明白。君王可以"依周孔以养民,味佛法以养神,则生为明后,没为明神,而常王矣"⑦。这是儒佛分工协作论。

第二,神本至虚,情为生本,心作万有。"群生之神",其极均齐,皆虚静同一,后来"随缘迁流,成鹿妙之识"⑧,而有圣愚之别。"男女构精,万物化生

---

① (南朝梁)沈约:《宋书》(下),刘韶军等校点,岳麓书社1998年版,第1342页。
② (南朝梁)沈约:《宋书》(下),刘韶军等校点,岳麓书社1998年版,第1342页。
③ (南朝梁)僧祐、(唐)道宣:《弘明集·广弘明集》,上海古籍出版社1991年版,第10页。
④ (南朝梁)僧祐、(唐)道宣:《弘明集·广弘明集》,上海古籍出版社1991年版,第10页。
⑤ (南朝梁)僧祐、(唐)道宣:《弘明集·广弘明集》,上海古籍出版社1991年版,第10页。
⑥ (南朝梁)僧祐、(唐)道宣:《弘明集·广弘明集》,上海古籍出版社1991年版,第15页。
⑦ (南朝梁)僧祐、(唐)道宣:《弘明集·广弘明集》,上海古籍出版社1991年版,第16页。
⑧ (南朝梁)僧祐、(唐)道宣:《弘明集·广弘明集》,上海古籍出版社1991年版,第10页。

者,皆精由情构矣。情构于己,而则百众神受身大似,知情为生本矣。"①非独形体由情而生,"夫《洪范》庶征休咎之应,皆由心来"②,因此,"众变盈世,群象满目,皆万世已来精感之所集矣"③。但有人质问:"'神本至虚',何故沾受万有而与之为缘乎? 又,'本虚既均',何故分为愚圣乎? 又,既云'心作万有',未有万有之时,复何以累心,使感而生万有乎?"④这是一个难题,也是一切宗教的难题,即完美的原初世界何以会滋生出苦难的人间世? 宗炳的回答是:此乃玄之又玄,"浑瀚冥茫,岂复议其边陲哉?"⑤故圣人存而不论,"皆由冥缘随宇宙而无穷,物情所感者有限故也"⑥,即是说有限之个体难以识无限之佛法,只要"随顺玄化,诚以信往,然后悟随应来。一悟所振,终可遂至冥极"⑦,他要求信者先要信佛无疑,逐渐才能体悟大道。

第三,神妙形粗,故形毁而神不灭。宗炳认为每人之神本已有之,各不相同,"舜生于瞽,舜之神也,必非瞽之所生","生育之前,素有粗妙矣。既本立于未生之先,则知不灭于既死之后矣"⑧。形与神并非同步不离,"若使形生则神生,形死则神死,则宜形残神毁,形病神困"⑨,然而有人"其身或属犷临尽,而神意平全者,及自牖执手,病之极矣,而无变德行之主,斯殆不灭之验也"⑩。神妙形粗,不可同日而语,"夫精神四达,并流无极,上际于天,下盘于地,圣之穷机,贤之研微"⑪,非凡愚可比,而其形体则同。儒家祭祖,如"周公郊祀后稷,宗祀文王","则文、稷之灵,不可谓之灭矣"⑫。

第四,佛法救世,不容怀疑。有人质问:既然佛之法力无边,何以不能救穷

---

① (南朝梁)僧祐、(唐)道宣:《弘明集·广弘明集》,上海古籍出版社 1991 年版,第 11 页。
② (南朝梁)僧祐、(唐)道宣:《弘明集·广弘明集》,上海古籍出版社 1991 年版,第 11 页。
③ (南朝梁)僧祐、(唐)道宣:《弘明集·广弘明集》,上海古籍出版社 1991 年版,第 11 页。
④ (南朝梁)僧祐、(唐)道宣:《弘明集·广弘明集》,上海古籍出版社 1991 年版,第 12 页。
⑤ (南朝梁)僧祐、(唐)道宣:《弘明集·广弘明集》,上海古籍出版社 1991 年版,第 12 页。
⑥ (南朝梁)僧祐、(唐)道宣:《弘明集·广弘明集》,上海古籍出版社 1991 年版,第 12 页。
⑦ (南朝梁)僧祐、(唐)道宣:《弘明集·广弘明集》,上海古籍出版社 1991 年版,第 12 页。
⑧ (南朝梁)僧祐、(唐)道宣:《弘明集·广弘明集》,上海古籍出版社 1991 年版,第 10 页。
⑨ (南朝梁)僧祐、(唐)道宣:《弘明集·广弘明集》,上海古籍出版社 1991 年版,第 10 页。
⑩ (南朝梁)僧祐、(唐)道宣:《弘明集·广弘明集》,上海古籍出版社 1991 年版,第 10 页。
⑪ (南朝梁)僧祐、(唐)道宣:《弘明集·广弘明集》,上海古籍出版社 1991 年版,第 10 页。
⑫ (南朝梁)僧祐、(唐)道宣:《弘明集·广弘明集》,上海古籍出版社 1991 年版,第 10 页。

拔冤,并使圣愚同其信悟? 白起、项羽坑杀六十万众,佛何以不发慈悲,而坐视不救?"而今想焉而弗见,告焉而弗闻,请之而无救,寂寥然与大空无别"。宗炳答曰:佛之神力,依崖曲畅,乘理居当,救物以法,不能不由缘数,越宿命而横济万物。只有"烈志清神,积劫增明"者,才能感而见佛,"今曾无暂应,皆咎在无缘"。白、项所灭,只是人身,六十万神不可灭。其身之灭亦由于人皆有杀生食禽之孽,故可有六十万众同日受害之报,若"戒德后臻,必不复见坑来身矣"①。由《白黑论》引起、以《明佛论》为主作答的这场辩论,涉及"性空"、"报应"、"形神"、"华戎"、"三教优劣"五大问题,在尔后岁月里继续深入讨论下去。

(二)《达性论》之争

何承天写《达性论》与颜延之往复论辩,用儒家天、地、人"三才"之说批评佛教的"众生"说和"因果报应"说。《达性论》说:"夫两仪既位,帝王参之,宇中莫尊焉。天以阴阳分,地以刚柔用,人以仁义立。人非天地不生,天地非人不灵,三才同体,相须而成者也。"②何承天强调人为万物之灵,"禀气清和,神明特达,情综古今,智周万物,妙思穷幽赜,制作侔造化","安得与夫飞沉蠉蠕并为众生哉?"③而佛教以人为众生是降低了人在自然中的地位。人既为贵,则其他生物应为人所用,只可实行儒家仁道,"取之有时,用之有道"④,不可绝对禁杀。颜延之答书说:人与物异,"当殊其特灵,不应异其得生",役物为养,不必杀生,"市庖之外,非无御养","何必以刲刳为禀和之性,烟瀹为翼善之具哉"。⑤ 禁杀之戒,亦不必忧"编户难齐","傥能伸以远图,要之长世,则日计可满,岁功可期"。⑥ 颜延之肯定因果报应是必然规律,"物无妄然,各以类

---

① (南朝梁)僧祐、(唐)道宣:《弘明集·广弘明集》,上海古籍出版社1991年版,第13—14页。

② (南朝梁)僧祐、(唐)道宣:《弘明集·广弘明集》,上海古籍出版社1991年版,第22页。

③ (南朝梁)僧祐、(唐)道宣:《弘明集·广弘明集》,上海古籍出版社1991年版,第22页。

④ (南朝梁)僧祐、(唐)道宣:《弘明集·广弘明集》,上海古籍出版社1991年版,第22页。

⑤ (南朝梁)僧祐、(唐)道宣:《弘明集·广弘明集》,上海古籍出版社1991年版,第24页。

⑥ (南朝梁)僧祐、(唐)道宣:《弘明集·广弘明集》,上海古籍出版社1991年版,第24页。

感"，善恶之报"势犹影表，不虑自来"。① 何承天提出质疑："类感之物，轻重必侔；影表之势，修短有度。致饰土木，不发慈悯之心，顺时蒐狩，未根惨虐之性；天宫华乐，焉赏而上升？ 地狱幽苦，奚罚而沦陷？ 唱言穷轩轾，立法无衡石，一至于此。"②何承天代表世俗务实的看法，指出了因果报应说的一些内在矛盾，因果之间必须对应、轻重相符，不应出现虽无慈悯而兴建寺庙者上天堂、而普通好人只因按时田猎便下地狱的情况，所以报应说虽似圆满，却并不严谨。何承天又作《报应问》，与刘少府辩论因果。何承天指责佛教报应说"其言奢而寡要，其譬迂而无征"③，但能"诱掖近情，故得信于季俗"④。他用一种科学家的眼光强调凡事必须验证，"欲知日月之行，故假察于璇玑，将申幽冥之信，宜取符于见事"⑤，以此而论，报应说与事实不符："天鹅之为禽，浮清池，咀春草，众生蠢动，弗之犯也，而庖人执焉，鲜有得免刀俎者。燕翻翔求食，唯飞虫是甘，而人皆爱之，虽巢幕而不惧。非直鹅燕也，群生万有，往往如之。是知杀生者无恶报，为福者无善应"⑥。

何承天认为佛教有善而非真，"佛经但是假设权教，劝人为善耳，无关实叙"⑦。刘少府回答何承天时强调佛教三报论乃幽冥之理，并非见闻所能验证，说："足下据见在之教，以诘三世之辨，奢迂之怪，固不待言"⑧，但人之食鹅与燕之食虫，对鹅虫而言是现世受报，而人、燕之报受之未来，"善恶之业，业无不报，但过去未来非耳目所得，故信之者寡，而非之者众"⑨。此一反驳，表明佛教信仰并非一般知识可用生活事实检验，而是一种信念，这只能是信者自信，不信者自不信了。何承天的例证中，人固然可以不食鹅肉以期善报，而燕不食飞虫则无以生存，岂非燕注定不能修来世乎？ 这是不易回答的。

---

① （南朝梁）僧祐、（唐）道宣：《弘明集·广弘明集》，上海古籍出版社1991年版，第24页。
② （南朝梁）僧祐、（唐）道宣：《弘明集·广弘明集》，上海古籍出版社1991年版，第25页。
③ （南朝梁）僧祐、（唐）道宣：《弘明集·广弘明集》，上海古籍出版社1991年版，第231页。
④ （南朝梁）僧祐、（唐）道宣：《弘明集·广弘明集》，上海古籍出版社1991年版，第231页。
⑤ （南朝梁）僧祐、（唐）道宣：《弘明集·广弘明集》，上海古籍出版社1991年版，第231页。
⑥ （南朝梁）僧祐、（唐）道宣：《弘明集·广弘明集》，上海古籍出版社1991年版，第231页。
⑦ （南朝梁）僧祐、（唐）道宣：《弘明集·广弘明集》，上海古籍出版社1991年版，第231页。
⑧ （南朝梁）僧祐、（唐）道宣：《弘明集·广弘明集》，上海古籍出版社1991年版，第231页。
⑨ （南朝梁）僧祐、（唐）道宣：《弘明集·广弘明集》，上海古籍出版社1991年版，第231页。

宋文帝关注《白黑论》与《达性论》之争，明确表示支持颜延之和宗炳，他对何尚之说："范泰、谢灵运每云：六经典文，本在济俗为治耳；必求性灵真奥，岂得不以佛经为指南邪？颜延年之折《达性》，宋少文之难《白黑》，论明佛法汪汪，尤为名理，并足开奖人意。若使率土之滨皆纯此化，则吾坐致太平，夫复何事？"①何尚之在对答中引慧远法师之言："释氏之化，无所不可。适道固自教源，济俗亦为要务。世主若能剪其讹伪，奖其验实，与皇之政，并行四海，幽显协力，共敦黎庶，何成、康、文、景独可奇哉？"②他举例说明五胡乱华以来，有赖佛教，减少杀戮，"夫神道助教，有自来矣"③。在这场辩论中，学者关注的是佛理的是非真伪问题，执政者关注的是佛教安定黎庶、教化民心的功能问题。

(三)《夷夏论》之争

宋末道士顾欢作《夷夏论》(载《南齐书·顾欢传》)，把已有的夷夏之辨推向高潮。他认为佛与道之原理相同而习俗有别，佛者适于夷邦，道者适用华域，不能互相取代。其论曰："道则佛也，佛则道也。其圣则符，其迹则反"，"各成其性，不易其事。是以端委搢绅，诸华之容；剪发旷衣，群夷之服。擎跽磬折，侯甸之恭；狐蹲狗踞，荒流之肃。棺殡椁葬，中夏之制；火焚水沈，西戎之俗。全形守礼，继善之教；毁貌易性，绝恶之学"，"佛道齐乎达化，而有夷夏之别"④，若"以中夏之性，效西戎之法"⑤，势必废祀弃礼，造成以夷变夏的后果，而这不仅是有害的也是不必要的，"舍华效夷，义将安取？若以其道耶，道固符合矣。若以其俗耶，俗则天乖矣"⑥。看起来顾欢只是在讲夷夏礼俗有异，因而其教各有不同，但从用语看是在扬夏而贬夷，如"狐蹲狗踞"⑦等词，明显地以夷俗为低级粗野。于是，他进而从理论上比较道佛优劣："佛教文而博，

①　(南朝梁)僧祐、(唐)道宣：《弘明集·广弘明集》，上海古籍出版社1991年版，第70页。
②　(南朝梁)僧祐、(唐)道宣：《弘明集·广弘明集》，上海古籍出版社1991年版，第70—71页。
③　(南朝梁)僧祐、(唐)道宣：《弘明集·广弘明集》，上海古籍出版社1991年版，第71页。
④　(梁)萧子显：《南齐书》，中华书局1972年版，第931页。
⑤　(梁)萧子显：《南齐书》，中华书局1972年版，第931页。
⑥　(南朝梁)僧祐、(唐)道宣：《弘明集·广弘明集》，上海古籍出版社1991年版，第45页。
⑦　(南朝梁)僧祐、(唐)道宣：《弘明集·广弘明集》，上海古籍出版社1991年版，第45页。

道教质而精。精非粗人所信，博非精人所能。佛言华而引，道言实而抑。抑则明者独进，引则昧者竞前。佛经繁而显，道经简而幽。幽则妙门难见，显则正路易遵。此二法之辨也。"①又说："佛是破恶之方，道是兴善之术。兴善则自然为高，破恶则勇猛为贵。"②如此一来，佛教繁华浅近，昧者争趋之，适用于破除恶俗；道教玄妙练精实，人难窥其奥，适用于扬善扶正，那么道优佛劣不待标而明。

此论显然表现出文化民族主义的情绪，委婉表述中有偏颇之论，故一问世便遭到拥佛诸士人的驳难。先是宋司徒袁粲托名通公著论指斥，认为信佛是遵其教义，并非改学夷地风俗，而孔老与释迦不仅殊途，且又旨异："孔、老治世为本，释氏出世为宗。发轸既殊，其归亦异。"③道教与佛教相比，"仙化以变形为上，泥洹以陶神为先。变形者白首还缁，而未能无死；陶神者使尘惑日损，湛然常存"④，当然佛优道劣。顾欢回答，"戎气强犷"，"佛起于戎，岂非戎俗素恶邪？道出于华，岂非华风本善邪？""道教执本以领末，佛教救末以存本"⑤，还是道优佛劣。至于神仙，"神仙有死，权便之说。神仙是大化之总称，非穷妙之至名"，"品极则入空寂，无为无名"。⑥ 顾欢所理解的神仙不同于葛洪的肉体长生之说，乃是一种天人合一的至高精神境界。

谢镇之著《与顾道士书》、《重与顾道士书》（载《弘明集》卷六），提出天竺中心说："天竺者居娑婆之正域，处淳善之嘉会，故能感通于至圣，土中于三千。"⑦关于佛道差异，他的观点是："佛法以有形为空幻，故忘身以济众；道法以吾我为真实，故服食以养生"⑧，触到了二者人生观的根本差别。他进而贬

---

① （梁）萧子显：《南齐书》，中华书局1972年版，第932页。
② （梁）萧子显：《南齐书》，中华书局1972年版，第932页。
③ （梁）萧子显：《南齐书》，中华书局1972年版，第933页。
④ （梁）萧子显：《南齐书》，中华书局1972年版，第933页。
⑤ （梁）萧子显：《南齐书》，中华书局1972年版，第934页。
⑥ （梁）萧子显：《南齐书》，中华书局1972年版，第934页。
⑦ （南朝梁）僧祐、（唐）道宣：《弘明集·广弘明集》，上海古籍出版社1991年版，第42—43页。
⑧ （南朝梁）僧祐、（唐）道宣：《弘明集·广弘明集》，上海古籍出版社1991年版，第42页。

斥道教，"道家经籍简陋，多生穿凿。至如《灵宝》、《妙真》，探撮《法华》，制用尤拙"①。又说："其中可长，唯在五千之道"②，对道教与老子《道德经》加以切割。

朱昭之著《难顾道士夷夏论》（载《弘明集》卷七），认为圣道"无近无远"、"不偏不党"，不分夷夏，反对"夷虐夏温"③的偏见。

朱广之著《谘顾道士夷夏论》，主张道佛一致、各有特色、不分高下："崇空贵无，宗趣一也。蹄网双张，义无偏取，各随晓入，唯心所安耳"④。他批评顾欢"狐蹲狗踞"⑤乃侮辱夷俗之词，不宜使用，所谓"夏性纯善，戎人根恶"⑥是错误的，各自皆"善恶参流，深浅互列"⑦，应平等相待。

沙门慧通著《驳顾道士夷夏论》（载《弘明集》卷七），认为老子之学与道教不同，"老氏著文五千，而穿凿者众"。"仆闻老氏有五味之诚，而无绝谷之训"⑧，他用老子"生生之厚必之死地"⑨和以身为大患的观点批判道教长生之说。他要改变华夏为四海之中心观念，提出"天竺，天地之中"⑩的新观念，以提高佛教地位。顾欢引《玄妙内篇》，谓老子入天竺化生为佛。慧通针锋相对，谓"经云：摩诃迦叶，彼称老子；光净童子，彼名仲尼"，"然则老氏仲尼，佛之所遣"。⑪ 双方皆要抬高本教教主，而把对方教主纳入本教系列，居从属地位，这也是一种调和的方式。

僧愍著《戎华论折顾道士夷夏论》，认为道教不离"生死之道"，佛教则致

---

① （南朝梁）僧祐、（唐）道宣：《弘明集·广弘明集》，上海古籍出版社1991年版，第43页。
② （南朝梁）僧祐、（唐）道宣：《弘明集·广弘明集》，上海古籍出版社1991年版，第43页。
③ （南朝梁）僧祐、（唐）道宣：《弘明集·广弘明集》，上海古籍出版社1991年版，第44—45页。
④ （南朝梁）僧祐、（唐）道宣：《弘明集·广弘明集》，上海古籍出版社1991年版，第45页。
⑤ （南朝梁）僧祐、（唐）道宣：《弘明集·广弘明集》，上海古籍出版社1991年版，第45页。
⑥ （南朝梁）僧祐、（唐）道宣：《弘明集·广弘明集》，上海古籍出版社1991年版，第46页。
⑦ （南朝梁）僧祐、（唐）道宣：《弘明集·广弘明集》，上海古籍出版社1991年版，第46页。
⑧ （南朝梁）僧祐、（唐）道宣：《弘明集·广弘明集》，上海古籍出版社1991年版，第46、47页。
⑨ （南朝梁）僧祐、（唐）道宣：《弘明集·广弘明集》，上海古籍出版社1991年版，第47页。
⑩ （南朝梁）僧祐、（唐）道宣：《弘明集·广弘明集》，上海古籍出版社1991年版，第46页。
⑪ （南朝梁）僧祐、（唐）道宣：《弘明集·广弘明集》，上海古籍出版社1991年版，第46页。

"常乐永净",二者在教理上有种种差别,如"道指洞玄为正,佛以空空为宗;老以太虚为奥,佛以即事而渊;老以自然而化,佛以缘合而生;道以符章为妙,佛以讲导为精"①。他进而指出,夷夏论是囿于中华疆域而生成的见识:"东有骊济之丑,西有羌戎之流,北有乱头被发,南有剪发文身,姬孔施礼于中,故有夷夏之别。"②而《戎华论折顾道士夷夏论》则有更广大的视野:"东尽于虚境,西则穷于幽乡,北则吊于冥表,南则极乎牢阎。如来扇化中土,故有戎华之异也","经曰:佛据天地之中而清导十方,故知天竺之土是中国也"。③ 如此说来,佛氏乃宇宙之教,而姬孔只是一国之教。僧愍企图用天竺中心论取代中华中心论并不正确,但佛教的宇宙观扩大了中国人的视野,知道了神州以外还有广阔天地,儒道之外还有其他学说,这对于中国人接受远方新鲜文化是有益的。

《弘明集》卷六载宋齐之际逸士明僧绍《正二教论》,是一篇批评《夷夏论》的重要文章。他肯定"老子之教,盖修身治国,绝弃贵尚,事止其分,虚无为本,柔弱为用"④,可以安宁心志,超俗无累,但毕竟是"在形之教",不如佛教"济在忘形"、"寂灭而道常"、"圆应无穷"。⑤ 他"正"二教的结论是:"佛明其宗,老全其生。守生者蔽,明宗者通"⑥,因此佛教高于老子之教。他批评道教长生之说不见于老庄之书,而且"其练映金丹,餐霞饵玉,灵升羽蜕,尸解形化,是其托术,验而竟无睹其然也";"至若张、葛之徒,又皆离以神变化俗,怪诞惑世,符呪章劾,咸托老君所传,而随稍增广,遂复远引佛教,证成其伪,立言舛杂,师学无依,考之典义,不然可知"⑦。明僧绍以佛教为上,周、孔、老、庄次之,以丹鼎神仙为背离老氏,而视符箓道教为最下品。这是后来佛教徒评判儒道常用的观念。他还强调夷华风俗之异不影响信仰上的互相吸收和共同追

①　(南朝梁)僧祐、(唐)道宣:《弘明集·广弘明集》,上海古籍出版社1991年版,第48页。
②　(南朝梁)僧祐、(唐)道宣:《弘明集·广弘明集》,上海古籍出版社1991年版,第48页。
③　(南朝梁)僧祐、(唐)道宣:《弘明集·广弘明集》,上海古籍出版社1991年版,第48页。
④　(南朝梁)僧祐、(唐)道宣:《弘明集·广弘明集》,上海古籍出版社1991年版,第38页。
⑤　(南朝梁)僧祐、(唐)道宣:《弘明集·广弘明集》,上海古籍出版社1991年版,第38页。
⑥　(梁)萧子显:《南齐书》,中华书局1972年版,第934页。
⑦　(南朝梁)僧祐、(唐)道宣:《弘明集·广弘明集》,上海古籍出版社1991年版,第38页。

求:"在夷之化,岂必三乘;教华之道,何拘五教","既夷华未殊,而俗之所异,孰乖圣则","理之所贵,宜无本礼俗"①,因此不应纠缠于礼俗末节之争,而要探究理论本身的价值。

夷夏论之争的实质是关于民族文化主体性与对待外来文化的态度问题,争论双方各有得失。夷夏论者强调文化的民族性地域性差异,指出天竺佛教与中华传统文化之间的种种矛盾,要求保持中国文化的优点和特点,这是其可取之处,其对佛教的批评有益于促进佛教对中华社会的调适。由于夷夏论者明确维护王权与礼教,得到了正统政治人物和儒家学者的共鸣和支持,在对待佛教的态度上,儒与道是联盟者。但夷夏论有明显的狭隘民族偏见,看不起外国民族与文化,有文化大民族主义情绪,这不利于中外文化的正常交流,也违背了儒道两家的和而不同、有容乃大的精神,从而不利于中华文化自身的综合更新。夷夏论的反对者都是中国僧人和学者,他们大都受过儒学和玄学的熏陶,对孔子和老子表示了应有的尊敬,又因研习佛教而具有超越中华界域的跨文化眼界,强调打破文化交流中的民族与国界的障碍,用平等、包容的态度接纳外来佛教,尊重异邦风俗习惯,主张中外文化之间求同存异——求真理之同,存习俗之异,特别应看到佛教为中国人提供了新的哲思和追求,理应得到欢迎。但反夷夏论者在批评华夏中心论的同时,又出现另一种偏向,即主张天竺中心论,并且力申佛优道劣,妄生分别,这也是不对的。他们指出老庄道家与道教之间的不同以及道教内部教派的差异,有其合理处,但对于道家与道教之间的内在联系却视而不见,也是一种偏失。总体来说,这场讨论是理论上的争鸣,虽有时言辞激烈,但坚持了摆事实、讲道理的文明方式,并使这种方式成为三教之争的主流,其结果是丰富了人们的精神世界,推动了中华文化多元化进程。

三、齐梁时期三教争论走向高潮和学理的深入探讨

齐梁两代佛教盛行。齐文惠太子、预章王萧嶷、竟陵王萧子良均笃信佛

---

① (南朝梁)僧祐、(唐)道宣:《弘明集·广弘明集》,上海古籍出版社1991年版,第38页。

法,其中尤以萧子良事佛最勤。梁武帝下诏舍道事佛,又要王公贵戚一体敬奉,他经常亲讲佛法,撰述佛学讲疏多种,并四次舍身同泰寺,其子萧统、萧纲、萧绎,皆虔信佛教,于是佛教力量达到南朝顶峰。郭祖深上书说:"都下佛寺五百余所","天下户口几亡其半"①,可知佛教盛况空前。在这种情况下,对佛教质疑的声音也大了起来,三教之间的理论是非与功能利弊的讨论达到了新的紧张和高度。

(一)《门论》之争

齐代张融作《门论》(又称《通源论》),主张协调佛道二教,说:"道也与佛,逗(终也)极无二,寂然不动,致本则同,感而遂通,达迹诚异"②,两家各自守异而见同,不必互相责难。周颙作《难张长史门论》,强调佛道二家宗旨不同:"二篇(指《道德经》)所贵,义极虚无;般若所观,照穷法性。'虚无'、'法性',其寂虽同,位寂之方,其旨则别。"③张融作《答周颙书》,认为当人的精神进入"寂然以湛其神,遂通以冲其用"④的状态时,不识释老之异,声称"吾乃自元混百圣同投一极"⑤,儒、释、道三教皆通元无二。周颙在答书中进而辨析佛老之异,认为老氏有无之说不同于般若学色空之论:"夫有之为有,物知其有;无之为无,人识其无"⑥,佛教"盖谓即色非有,故擅绝于群家耳"⑦。老氏"得在于神静,失在于物虚"⑧,佛教则"非有非无",即物而空。从学理上说,周颙对佛教般若的理解要比张融深刻,但张融讲佛道同源更符合历史潮流,何况佛教追求圆融无碍的无差别境界,若升到如此境界,又何必去计较佛道之间有何差异呢? 从包容精神看,则张融比周颙更接近佛教。

(二)《三破论》引起的争论

南齐有道士假托张融作《三破论》,猛烈攻击佛教,认为佛教"入国破国",

---

① (唐)李延寿:《南史》,中华书局1975年版,第1721、1722页。
② (南朝梁)僧祐、(唐)道宣:《弘明集·广弘明集》,上海古籍出版社1991年版,第39页。
③ (南朝梁)僧祐、(唐)道宣:《弘明集·广弘明集》,上海古籍出版社1991年版,第39页。
④ (南朝梁)僧祐、(唐)道宣:《弘明集·广弘明集》,上海古籍出版社1991年版,第40页。
⑤ (南朝梁)僧祐、(唐)道宣:《弘明集·广弘明集》,上海古籍出版社1991年版,第40页。
⑥ (南朝梁)僧祐、(唐)道宣:《弘明集·广弘明集》,上海古籍出版社1991年版,第41页。
⑦ (南朝梁)僧祐、(唐)道宣:《弘明集·广弘明集》,上海古籍出版社1991年版,第41页。
⑧ (南朝梁)僧祐、(唐)道宣:《弘明集·广弘明集》,上海古籍出版社1991年版,第41页。

兴造耗费,使"国空民穷";佛教"入家破家","入身破身","遗弃二亲"①,髡发变饰,违背孝道;佛教乃羌胡之教,而胡人"刚强无礼,不异禽兽"②,故老子"作形象之教化之"③(指老子化胡),又可"断其恶种";佛教是"学死"之术,而道教"妙在精思得一,而无死入圣"④。这是反佛的偏激派之论,态度是傲慢的,语言是粗暴的。

刘勰作《灭惑论》对《三破论》逐一驳斥。他指出,国之衰破不在佛法,相反,"塔寺之兴,阐扬灵教,功立一时,而道被千载"⑤;孝之理"由乎心,无系于发"⑥,佛教徒"弃迹求心","知瞬息尽养无济幽灵,学道拔亲则冥苦永灭"⑦,此乃弃小孝而尽大孝;《化胡》之经乃"奸猾祭酒"⑧所伪造,所谓灭恶绝种更是东野之语,且"权教无方,不以道俗乖应;妙化无外,岂以华戎阻情?"⑨刘勰将佛与道作比较:"佛法练神,道教练形"⑩,而"形器必终","神识无穷"⑪,因此佛优道劣。

刘勰将道家文化分类看待:"案道家立法,厥品有三:上标老子,次述神仙,下袭张陵"⑫。老子"著书论道,贵在无为,理归静一,化本虚柔","斯乃导俗之良书,非出世之妙经"⑬。神仙小道,未能免有漏无终。张陵、张鲁之徒"醮事章符,设教五斗"⑭,邪伪已甚,"事合氓庶,比屋归宗。是以张角、李弘,毒流汉季;卢悚、孙恩,乱盈晋末"⑮,乃"伤政萌乱"⑯之道。

---

① (南朝梁)僧祐、(唐)道宣:《弘明集・广弘明集》,上海古籍出版社1991年版,第51页。
② (南朝梁)僧祐、(唐)道宣:《弘明集・广弘明集》,上海古籍出版社1991年版,第52页。
③ (南朝梁)僧祐、(唐)道宣:《弘明集・广弘明集》,上海古籍出版社1991年版,第52页。
④ (南朝梁)僧祐、(唐)道宣:《弘明集・广弘明集》,上海古籍出版社1991年版,第50页。
⑤ (南朝梁)僧祐、(唐)道宣:《弘明集・广弘明集》,上海古籍出版社1991年版,第51页。
⑥ (南朝梁)僧祐、(唐)道宣:《弘明集・广弘明集》,上海古籍出版社1991年版,第51页。
⑦ (南朝梁)僧祐、(唐)道宣:《弘明集・广弘明集》,上海古籍出版社1991年版,第51页。
⑧ (南朝梁)僧祐、(唐)道宣:《弘明集・广弘明集》,上海古籍出版社1991年版,第52页。
⑨ (南朝梁)僧祐、(唐)道宣:《弘明集・广弘明集》,上海古籍出版社1991年版,第52页。
⑩ (南朝梁)僧祐、(唐)道宣:《弘明集・广弘明集》,上海古籍出版社1991年版,第50页。
⑪ (南朝梁)僧祐、(唐)道宣:《弘明集・广弘明集》,上海古籍出版社1991年版,第50页。
⑫ (南朝梁)僧祐、(唐)道宣:《弘明集・广弘明集》,上海古籍出版社1991年版,第52页。
⑬ (南朝梁)僧祐、(唐)道宣:《弘明集・广弘明集》,上海古籍出版社1991年版,第52页。
⑭ (南朝梁)僧祐、(唐)道宣:《弘明集・广弘明集》,上海古籍出版社1991年版,第52页。
⑮ (南朝梁)僧祐、(唐)道宣:《弘明集・广弘明集》,上海古籍出版社1991年版,第52页。
⑯ (南朝梁)僧祐、(唐)道宣:《弘明集・广弘明集》,上海古籍出版社1991年版,第52页。

《灭惑论》站在中国佛教徒的立场,认同儒家孝道,强调信仰不应以华戎区隔,又能将世间所谓道家分析为三个等级,指出老子道家与道教不同,道教内部神仙家与符箓派又有不同,其论有一定价值,但褒贬过当,有失公允。

释僧顺作《释三破论》,针对佛教"破国"之责,指明"沙法所沾,固助俗为化,不待刑戮而自淳,无假楚挞而取正"①;针对佛教"破家"之责,申明"释氏之训,父慈子孝,兄爱弟敬,夫和妻柔,备有六睦之美"②;针对"破身"之责,表明"身之为累,甚于桎梏"③,去身乃可有寂灭之乐。

释玄光作《辨惑论》,指斥道教各种劣迹:"东吴遭水仙之厄(指孙恩、卢循之乱),西夷载鬼卒之名(指五斗米道),闽薮留种民之秽(指汉武帝时闽地反叛事),汉叶感思子之歌(指汉武帝思念在巫蛊事件中自杀的太子刘据)"④。他将道教的危害归纳为"五逆"、"极六","禁经上价一逆","妄称真道二逆","合气释罪三逆","侠(挟)道作乱四逆","章书代德五逆"。"畏鬼带符,妖法之极一","制民课输,欺巧之极二","解厨(除)墓门,不仁之极三","度厄苦生,虚妄之极四","梦中作罪,顽痴之极五","轻作寒暑,凶佞之极六"。⑤ 总之,道教充满了虚妄、秽浊、乱德,一无是处。这是佛教中的偏激派,与《三破论》同样不利于三教的融合。

(三)郭祖深、荀济反佛

梁武帝晚年崇佛太过,往往失去政治家冷静头脑,造成佛教膨胀害政的局面。大臣郭祖深舆榇诣阙上封事说:"陛下昔岁尚学,置立五馆,行吟坐咏,诵声溢境。比来慕法,普天信向,家家斋戒,人人忏礼,不务农桑,空谈彼岸","都下佛寺五百余所,穷极宏丽。僧尼十余万,资产丰沃。所在郡县,不可胜言。道人又有白徒,尼则皆畜养女,皆不贯人籍,天下户口几亡其半。而僧尼多非法,养女皆服罗纨,其蠹俗伤法,抑由于此"⑥,他建言下令精减

---

① (南朝梁)僧祐、(唐)道宣:《弘明集·广弘明集》,上海古籍出版社1991年版,第53页。
② (南朝梁)僧祐、(唐)道宣:《弘明集·广弘明集》,上海古籍出版社1991年版,第53页。
③ (南朝梁)僧祐、(唐)道宣:《弘明集·广弘明集》,上海古籍出版社1991年版,第53页。
④ (南朝梁)僧祐、(唐)道宣:《弘明集·广弘明集》,上海古籍出版社1991年版,第49页。
⑤ (南朝梁)僧祐、(唐)道宣:《弘明集·广弘明集》,上海古籍出版社1991年版,第49—50页。
⑥ (唐)李延寿:《南史》,中华书局1975年版,第1720、1721—1722页。

僧尼,控制佛教规模,以避免"处处成寺,家家剃落,尺土一人,非复国有"①的后果。郭祖深称赞梁武当初以儒经为政的做法,强调治国要以农桑为本,指出佛寺建设奢华耗费国力、出家人过多影响农桑和国家税役、僧尼中非法现象有害政令统一,希望梁武帝调整治国政策,以利于国家长治久安。这一做法既未冒犯皇帝尊严,又未根本否定佛教,所以梁武能够容忍,且对郭祖深加以升擢。

又有荀济上书言事,攻击佛教与梁武佞佛,言辞激切。他历数佛教祸国乱世的历史:"汉武祀金人,莽新以建国,桓灵祀浮图,阉竖以控权,三国由兹鼎峙,五胡仍其荐食,衣冠奔于江东,戎教兴于中壤。使父子之亲隔,君臣之义乖,夫妇之和旷,友朋之信绝。海内殽乱,三百年矣"②,近则有"宋齐两代,重佛敬僧,国移庙改者,但是佛妖僧伪,奸诈为心,堕胎杀子,昏淫乱道,故使宋齐磨灭"③,若"陛下承事,则宋齐之变,不言而显矣"④。他攻击"释氏源流,本中国所斥投之荒裔以御魑魅者也","其释种不行忠孝仁义,贪诈甚者号之为佛,佛者戾也,或名为勃,勃者乱也"⑤,又指摘"僧尼不耕不偶,俱断生育,傲君陵亲,违礼损化","从教不耕者众,天下有饥乏之忧","今释氏君不君乃至子不子,纲纪紊乱矣"⑥。他直接批评梁武帝违背传统礼法,使朝纲偏邪:"稽古之诏,未闻崇邪之命重沓,岁时禘祫,未尝亲享竹脯面牲,欺诬宗庙。违黄屋之尊,就苍头之役,朝夕敬妖怪之胡鬼,曲躬供贪淫之贼秃,耽信邪胡,谄祭淫祀,恐非聪明正直而可以福佑陛下者也。"⑦他的言论虽涉及佛教若干弊端,但语多秽污,且触犯皇帝尊严,遂为梁武所不容,为避祸,逃奔魏。

(四)《神灭论》之争

神灭与神不灭的争论自汉末即已开端。刘宋时郑道子(郑鲜之)作《神

① (唐)李延寿:《南史》,中华书局1975年版,第1722页。
② (南朝梁)僧祐、(唐)道宣:《弘明集·广弘明集》,上海古籍出版社1991年版,第134页。
③ (南朝梁)僧祐、(唐)道宣:《弘明集·广弘明集》,上海古籍出版社1991年版,第136页。
④ (南朝梁)僧祐、(唐)道宣:《弘明集·广弘明集》,上海古籍出版社1991年版,第136页。
⑤ (南朝梁)僧祐、(唐)道宣:《弘明集·广弘明集》,上海古籍出版社1991年版,第134页。
⑥ (南朝梁)僧祐、(唐)道宣:《弘明集·广弘明集》,上海古籍出版社1991年版,第135、136页。
⑦ (南朝梁)僧祐、(唐)道宣:《弘明集·广弘明集》,上海古籍出版社1991年版,第134页。

不灭论》,提出形神相资为用,但精粗异源的形神二元论,其基本观点是:"神为生本,其源至妙"①,不与粗形同生灭。他以薪火为喻:"夫火因薪则有火,无薪则无火,薪虽所以生火,而非火之本,火本自在,因薪为用耳"②,因此"神理独绝,器所不隣"③,他提出了"神理"这一新概念,推动了讨论的深入。

《神灭论》作者范缜是位儒家学者,其生平跨齐梁两朝。早在齐朝,他就同竟陵王萧子良做过辩论,其否定神不灭是为了否定佛教因果报应。《梁书·儒林·范缜传》载:"初,缜在齐世,尝侍竟陵王子良。子良精信释教,而缜盛称无佛。子良问曰:'君不信因果,世间何得有富贵,何得有贫贱?'缜答曰:'人之生譬如一树花,同发一枝,俱开一蒂,随风而堕,自有拂帘幌坠于茵席之上,自有关篱墙落于粪溷之侧。坠茵席者,殿下是也;落粪溷者,下官是也。贵贱虽复殊途,因果竟在何处?'子良不能屈,深怪之。缜退论其理,著《神灭论》"④。《梁书》引《神灭论》全文后,说:"此论出,朝野喧哗,子良集僧难之而不能屈。"⑤萧子良指使王融以中书郎官位诱使范缜放弃神灭论,范缜坚决回绝,表示不肯"卖论取官",表现出儒家士大夫的人格尊严。

至梁武帝时,范缜又一次就神灭问题同武帝及众僧展开大辩论,影响巨大。《神灭论》以自设宾主方式论述神灭之说。开宗先明义:"神即形也,形即神也,是以形存则神存,形谢则神灭也。"⑥问者提出形无知而神有知,故二者不得相即,范缜答曰:"形者神之质,神者形之用"⑦,他把形神关系用质用关系加以说明,其深刻处在不把精神作为某物,而是看作形质的功用,跳出了形神二元论的窠臼。为了解说的生动,他用"刀利"之喻加以说明:"神之于质,犹

---

① (南朝梁)僧祐、(唐)道宣:《弘明集·广弘明集》,上海古籍出版社1991年版,第29页。
② (南朝梁)僧祐、(唐)道宣:《弘明集·广弘明集》,上海古籍出版社1991年版,第29页。
③ (南朝梁)僧祐、(唐)道宣:《弘明集·广弘明集》,上海古籍出版社1991年版,第29页。
④ (唐)姚思廉:《梁书》,中华书局1973年版,第665页。
⑤ (唐)姚思廉:《梁书》,中华书局1973年版,第670页。
⑥ (唐)姚思廉:《梁书》,中华书局1973年版,第665页。
⑦ (唐)姚思廉:《梁书》,中华书局1973年版,第665页。

利之于刀,形之于用,犹刀之于利","未闻刀没有利存,岂容形亡而神在"。①问者提出死人之形骸与生人之形骸是同是异的问题,范缜回答说:两者质体已经不同,如同荣木变为枯木,而变化有个过程。问者提出如何看待感觉与思虑的异同问题,范缜回答:"皆是神之分也","手等亦应能有痛痒之知,而无是非之虑","是非之虑,心器所主"②,他认为人的感觉与思虑是人形体中不同器官的不同功用,"总为一神"③。问者又提出圣凡之形体同而精神有圣凡之异,又圣人理无有二而殊姿异状,如何解释,范缜认为:圣人"非惟道革群生,乃亦形超万有"④,又"圣同于心器,形不必同也"⑤。问者质疑,既然形谢神灭,而"经云'为之宗庙,以鬼飨之'何谓也?"⑥范缜回答:"圣人之教然也,所以弭孝子之心,而厉偷薄之意,神而明之,此之谓也。"⑦范缜未否定有鬼,然而人鬼乃幽明之别,未可细究。问者最后一问是要了解提出神灭论用意何在? 范缜答曰:"浮屠害政,桑门蠹俗,风惊雾起,驰荡不休,吾哀其弊,思拯其溺"⑧,世间人们奉献财产做功德,而不怜恤亲戚穷匮,是期望佛教有好报而惧怕阿鼻地狱之苦,为此"家家弃其亲爱,人人绝其嗣续。致使兵挫于行间,吏空于官府,粟馨于惰游,货殚于泥木"⑨,流弊无限。而他的信仰是自然独化论和顺天安性论:"若陶甄禀于自然,森罗均于独化,忽焉自有,怳尔而无,来也不御,去也不追,乘夫天理,各安其性。小人甘其垄亩,君子保其恬素,耕而食,食不可穷也,蚕而衣,衣不可尽也,下有余以奉其上,上无为以待其下,可以全生,可以匡国,可以霸君,用此道也。"⑩

　　《神灭论》初用刀利之喻有弱点,故沈约写《难范缜神灭论》(《广弘明集》

---

① (唐)姚思廉:《梁书》,中华书局1973年版,第666页。
② (唐)姚思廉:《梁书》,中华书局1973年版,第667、668页。
③ (唐)姚思廉:《梁书》,中华书局1973年版,第668页。
④ (唐)姚思廉:《梁书》,中华书局1973年版,第669页。
⑤ (唐)姚思廉:《梁书》,中华书局1973年版,第669页。
⑥ (唐)姚思廉:《梁书》,中华书局1973年版,第669页。
⑦ (唐)姚思廉:《梁书》,中华书局1973年版,第669页。
⑧ (唐)姚思廉:《梁书》,中华书局1973年版,第670页。
⑨ (唐)姚思廉:《梁书》,中华书局1973年版,第670页。
⑩ (唐)姚思廉:《梁书》,中华书局1973年版,第670页。

卷二十二），指出"刀则唯刃犹利，非刃则不受利名。故刃是举体之称，利是一处之目。刀之与利既不同矣，形之与神岂可妄合耶?"①为此，范缜在梁朝再倡神灭之论时，便将"刀利"之喻，改为"刃利"之喻，这一字之改，大大提高了神灭论的理论水平。《神灭论》主张形神一元论，在中国形神观发展史上具有里程碑的意义：一是首次提出"形质神用"和"刃利"之喻，把人的精神活动看作是人的特殊机体的作用，并进而指出"心器"由思虑所主，这与当代生理科学认定意识是人脑的机能的见解在思路上是一致的，尽管当时限于科学水平误以"心"而非"脑"为思维器官，也不能抹杀"形质神用"对中国人认识自身生命奥秘的方向性探索的价值。二是提出一系列关于形神关系的研究课题需要长期探索，如人的精神活动的具体生理机制过程问题，杰出人物与平凡人物的思维器官差异问题，梦的生理机制问题等，至今当代科学仍在探索之中。范缜认同郭象独化论，他的思想是儒道融合的。他批判佛教是为了限制佛教，以维护宗法等级秩序，有着明确的政治目的。

梁武帝于天监六年向释法云下诏书批判《神灭论》，法云转呈朝贵们，于是朝贵62人群起对范缜进行围攻，而范缜并不屈服。梁武诏书引用儒典，论证神不灭，又令曹思文驳难范缜。在论辩中，范缜"自谓辩摧众口，日服千人"②，气势锐不可当。曹思文给武帝奏书中承认"思文情用浅匮，惧不能微析诡经"③，武帝只好下诏说"言语可息"④，强行停止争辩，于是范缜又一次取得理论上的胜利。在众多驳难《神灭论》的言说中，萧琛的《难神灭论》较有水平。他提出几个有价值的论点：一是"据梦以验，形神不得共体"，"神游之所接"⑤即是梦，梦中形静而神驰，故两者并非一体。二是"形伤神不害"⑥，故神

---

① （南朝梁）僧祐、（唐）道宣：《弘明集·广弘明集》，上海古籍出版社 1991 年版，第263 页。

② （南朝梁）僧祐、（唐）道宣：《弘明集·广弘明集》，上海古籍出版社 1991 年版，第 55 页。

③ （南朝梁）僧祐、（唐）道宣：《弘明集·广弘明集》，上海古籍出版社 1991 年版，第 59 页。

④ （南朝梁）僧祐、（唐）道宣：《弘明集·广弘明集》，上海古籍出版社 1991 年版，第 61 页。

⑤ （南朝梁）僧祐、（唐）道宣：《弘明集·广弘明集》，上海古籍出版社 1991 年版，第 56 页。

⑥ （南朝梁）僧祐、（唐）道宣：《弘明集·广弘明集》，上海古籍出版社 1991 年版，第 57 页。

以形为器,"非以为体"①。三是"人形骸无凡圣之别,而有贞脆之异"②。四是不能以流弊否定佛教,对于"释氏蠹俗伤化、费货损役"③的指责,应视为"此惑者为之,非佛之尤也"④,况且"夫六家之术,各有流弊:儒失于僻,墨失于蔽,法失于峻,名失于讦。咸由祖述者失其传,以致泥溺"⑤,皆应"息末以尊本,不拔本以拯末"⑥。上述论点不仅平实有力,而且深化了人们对形神关系复杂性的认识。例如,梦的本质及形神并不同步对应的问题,范缜未能真正解释清楚。范缜毕竟是儒家,他不认为神道设教是以欺妄为教,而是治国理政的需要,"可以安上治民,移风易俗"⑦,因为"教之所设,实在黔首,黔首之情,常贵生而贱死,死而有灵,则长畏敬之心,死而无知,则生慢易之意"⑧。由此而言,范缜并非彻底无神论者,他承认儒家神道设教有正面意义,既然如此,也应该以这样包容的态度对待佛教,事实上许多儒者这样做了。

(五)《弘明集后序》与《归心篇》反映出的儒道与佛教之间的争论与会通

《弘明集》是齐梁名僧僧祐所编,辑录了汉魏以来至萧梁间三教争论的丰富史料。僧祐编集《弘明集》的目的是"为法御侮",收录佛教人士文章较多,但他对佛法信仰抱有极大信心,认为教外人士对佛教的种种责难有助于佛法的深入阐扬,所以有意收集许多反佛文章,为后人保存了正史所忽略的一批珍贵的三教间争鸣的资料,这是僧祐的历史性贡献。

僧祐在《弘明集后序》(《弘明集》卷一四)中,从佛教立场出发总结了当时社会上崇佛与反佛的斗争。他列举反佛人士六大疑难:"一疑经说迂诞,大而无征;二疑人死神灭,无有三世;三疑莫见真佛,无益国治;四疑古无法教,近

---

① (南朝梁)僧祐、(唐)道宣:《弘明集·广弘明集》,上海古籍出版社1991年版,第57页。
② (南朝梁)僧祐、(唐)道宣:《弘明集·广弘明集》,上海古籍出版社1991年版,第58页。
③ (南朝梁)僧祐、(唐)道宣:《弘明集·广弘明集》,上海古籍出版社1991年版,第58页。
④ (南朝梁)僧祐、(唐)道宣:《弘明集·广弘明集》,上海古籍出版社1991年版,第58页。
⑤ (南朝梁)僧祐、(唐)道宣:《弘明集·广弘明集》,上海古籍出版社1991年版,第58页。
⑥ (南朝梁)僧祐、(唐)道宣:《弘明集·广弘明集》,上海古籍出版社1991年版,第58页。
⑦ (南朝梁)僧祐、(唐)道宣:《弘明集·广弘明集》,上海古籍出版社1991年版,第60页。
⑧ (南朝梁)僧祐、(唐)道宣:《弘明集·广弘明集》,上海古籍出版社1991年版,第59页。

出汉世；五疑教在戎方，化非华俗；六疑汉魏法微，晋代始盛"①，这六疑基本概括了反佛主要论点，即指责佛教虚诞不实、因果无征、有害国治、古典无据、不合华俗、历史短浅。僧祐采取"撮举世典，指事取征"②的方法，一一予以驳斥。

第一，"若疑经说迂诞，大而无征者，盖以积劫不极，世界无边也"③。一般人"限心以量造化"、"执见以判太虚"④，不知旷劫之远，世界之大，而中华古典中早有汤与革问答之语，谓宇宙"无极无尽"。

第二，"若疑人死神灭，无有三世，是自诬其性灵，而蔑弃其祖祢也"，"周、孔制典，昌言鬼神"⑤，《易》、《礼》、《书》皆云事鬼敬神，若执神灭之论，乃"背叛五经，非直诬佛，亦侮圣也"⑥。

第三，"若疑莫见真佛，无益国治，则禋祀望秩，亦宜废弃"⑦，中华礼教中祭祀上帝、后祇，皆在见识之外，而"以幽灵宜尊，教民美报"，"今人莫见天形，而称郊祀有福，不睹金容，而谓敬事无报"⑧，乃是一种"轻本重末"的表现。

第四，"若疑古无佛教，近出汉世者，夫神化隐显，孰测始终哉"，"《列子》称周穆王时，西极有化人来"⑨，变化无穷，"穆王敬之若神"⑩，则"大法萌兆，已见周初"⑪。

第五，"若疑教在戎方，化非华夏者，则是前圣执地以定教，非设教以移俗也"⑫，且华夏世教，古今多变，"禹出西羌，舜生东夷，孰云地贱而弃其圣？丘欲居夷，聃适西戎，道之所在，宁选于地？夫以俗圣设教，犹不系于华夷，况佛

---

①　（南朝梁）僧祐、（唐）道宣：《弘明集·广弘明集》，上海古籍出版社1991年版，第96页。
②　（南朝梁）僧祐、（唐）道宣：《弘明集·广弘明集》，上海古籍出版社1991年版，第96页。
③　（南朝梁）僧祐、（唐）道宣：《弘明集·广弘明集》，上海古籍出版社1991年版，第96页。
④　（南朝梁）僧祐、（唐）道宣：《弘明集·广弘明集》，上海古籍出版社1991年版，第96页。
⑤　（南朝梁）僧祐、（唐）道宣：《弘明集·广弘明集》，上海古籍出版社1991年版，第96页。
⑥　（南朝梁）僧祐、（唐）道宣：《弘明集·广弘明集》，上海古籍出版社1991年版，第96页。
⑦　（南朝梁）僧祐、（唐）道宣：《弘明集·广弘明集》，上海古籍出版社1991年版，第96页。
⑧　（南朝梁）僧祐、（唐）道宣：《弘明集·广弘明集》，上海古籍出版社1991年版，第96页。
⑨　（南朝梁）僧祐、（唐）道宣：《弘明集·广弘明集》，上海古籍出版社1991年版，第96页。
⑩　（南朝梁）僧祐、（唐）道宣：《弘明集·广弘明集》，上海古籍出版社1991年版，第96页。
⑪　（南朝梁）僧祐、（唐）道宣：《弘明集·广弘明集》，上海古籍出版社1991年版，第96—97页。
⑫　（南朝梁）僧祐、（唐）道宣：《弘明集·广弘明集》，上海古籍出版社1991年版，第97页。

统大千,岂限化于西域哉?"①若以"北辰西北"而论,"故知天竺居中"。

第六,"若疑汉魏法微,晋代始盛者,道运崇替,未可致诘也"。"孔修五经,垂范百王。然春秋诸侯,莫肯遵用","爰至秦皇,复加燔烬","逮及汉武,始显儒教","故知五经恒善而崇替随运,佛化常炽而通塞在缘"②。至于因果报应,则世典详备例证:"天宫显验,赵简、秦穆之锡是也;鬼道交报,杜伯、彭生之见是也。修德福应,殷代宋景之验是也;多杀祸及,白起、程普之证是也。现世幽微,备详典籍;来生冥应,布在尊经"③。

僧祐善于从中华典籍中发掘运用与佛教相契合的思想资源,揭示三教皆尊崇神道、敬奉大圣、助政行教的共性,将其作为三教融合的基础,尤其善于运用儒典为佛教辩护,这有益于儒家学者走近佛教。僧祐的《弘明集》及其后序,标志着南朝三朝间争论高潮的结束。至陈代争论虽在继续,已经不具较大规模了。

颜之推历仕南朝梁,北朝齐、周及隋初,对于南北朝后期三教关系状况有较广见识,他崇信周孔又归心佛教,在士大夫中很有代表性。他所写的《颜氏家训》体现儒家治家之道,在中国家训史上占有重要地位,影响深远。其中《归心篇》当为颜之推晚年之作。篇中罗列当时社会上反佛的观点:"俗之谤者,大抵有五:其一,以世界外事及神化无方为迂诞也;其二,以吉凶祸福或未报应为欺诳也;其三,以僧尼行业多不精纯为奸慝也;其四,以糜费金宝减耗课役为损国也;其五,以纵有因缘而报善恶,安能辛苦今日之甲,利益后世之乙乎? 为异人也。"④作者除了复述前人护佛旨趣进行驳斥之外,重点在宇宙观上发挥佛家宏观大宇宙论,提出一系列儒家存而不论的天文地理的疑难问题,说明儒学并未穷尽真理,而佛教有以扩展。他说,宇宙之大不可度量,"儒家说天,自有数义,或浑或盖,乍穹乍安"⑤,许多天地现象不能很好解释。如说:

---

① (南朝梁)僧祐、(唐)道宣:《弘明集·广弘明集》,上海古籍出版社1991年版,第97页。
② (南朝梁)僧祐、(唐)道宣:《弘明集·广弘明集》,上海古籍出版社1991年版,第97页。
③ (南朝梁)僧祐、(唐)道宣:《弘明集·广弘明集》,上海古籍出版社1991年版,第97页。
④ (南朝梁)僧祐、(唐)道宣:《弘明集·广弘明集》,上海古籍出版社1991年版,第110页。
⑤ (南朝梁)僧祐、(唐)道宣:《弘明集·广弘明集》,上海古籍出版社1991年版,第111页。

"天为积气,地为积块,日为阳精,月为阴精,星为万物之精"①,若说星是石,则必坠落,由何物系之空中? 何以有光? 如日月亦是石,"石既牢密,乌兔焉容? 石在气中,岂能独运?"②若日月星辰皆是气,则"往来环转,不得错违","何故日月五星二十八宿,各有度数,移动不均?"③再说大地,"凿土得泉,乃浮水上,积水之下,复有何物? 江河百谷,从何处生? 东流到海,何为不溢?""潮汐去还,谁所节度?"④人们对这些耳目所及的现象之理尚且不明,何以能断定宇宙之外、大千世界的虚实呢? 而佛教的"恒沙世界,微尘数劫"⑤非一般人管窥所能测知,若轻视为虚诞,无异于"汉武不信弦胶,魏文不信火布"⑥一样可笑。《归心篇》恰似一篇新的《天问》,向人们发出探索宇宙论的一系列难题,而佛教的宇宙论富有大胆想象力,有益于开阔视野,提出科学假说。颜之推告诫子孙,若不能出家,"当兼修戒行,留心诵读,以为来世津梁"⑦。今生靠名教,来生靠佛教,儒佛兼综,以为两全之策,这是许多人的信仰心理。

　　北朝在周武帝灭佛前后三教之间亦有种种理论上的争论,总体水平不如南朝。可提及者有甄鸾《笑道论》(《广弘明集》卷九)与道安《二教论》(《广弘明集》卷八)较有影响。

　　《笑道论》集中批评道教,认为老子化胡说混乱杂沓,不堪求证;道术荒唐污秽,如男女合气之法,秽不可闻;道书多剽窃佛经诸子书,如《妙真偈》、《灵

---

① （南北朝）颜之推,（清）赵曦明注,（清）卢文弨补注:《颜氏家训》,中华书局1985年版,第127页。

② （南北朝）颜之推,（清）赵曦明注,（清）卢文弨补注:《颜氏家训》,中华书局1985年版,第127页。

③ （南北朝）颜之推,（清）赵曦明注,（清）卢文弨补注:《颜氏家训》,中华书局1985年版,第127页。

④ （南北朝）颜之推,（清）赵曦明注,（清）卢文弨补注:《颜氏家训》,中华书局1985年版,第128页。

⑤ （南北朝）颜之推,（清）赵曦明注,（清）卢文弨补注:《颜氏家训》,中华书局1985年版,第130页。

⑥ （南北朝）颜之推,（清）赵曦明注,（清）卢文弨补注:《颜氏家训》,中华书局1985年版,第130页。

⑦ （南北朝）颜之推,（清）赵曦明注,（清）卢文弨补注:《颜氏家训》,中华书局1985年版,第135页。

宝经》多用《法华》,《玄都经目》将《汉志》诸子尽行列入。该论虽用语不雅,但指出道书大量引用佛经并使用佛教语言,乃是历史事实,说明道教正在吸收佛教文化而充实自身。其实佛教又何尝不在努力吸收儒学和道教而使自己具有中华特色呢?

道安《二教论》有自身特点:一是反对"三"教提法,主张改用内教与外教,"救形之教,教称为外;济神之典,典号为内","释教为内,儒教为外"①,道教只是儒教的支脉。二是认为佛高于孔老,而儒优于道,佛教"近超生死,远澄泥洹"②,乃"穷理尽性之格言,出世入真之轨辙","推色尽于极微,老氏之所未辩;究心穷于生灭,宣尼又所未言","老氏之旨,本救浇浪,灵柔善下,修身可矣"③,不可治国,《汉书》品孔子为上上类,老氏为中上流,得其实情。三是认为老优仙劣,老子"虚无为本,柔弱为用"④有其价值,"若乃练服金丹,餐霞饵玉,灵升羽蜕,尸解形化,斯皆尤乖老庄立言本理"⑤,至若"今之道士,始自张陵,乃是鬼道,不关老子"⑥。四是指出道书多采自佛经,"《黄庭》《元阳》,采撮《法华》,以道换佛,改用尤拙"⑦。道安还对社会上种种反佛言论一一予以驳斥,他的内外教之分,后来为许多人采用。

四、二武灭佛的极端事件

在三教和平论争主流之外,也有异常发生,即实际使用强力手段排斥佛

① (南朝梁)僧祐、(唐)道宣:《弘明集·广弘明集》,上海古籍出版社1991年版,第142页。

② (南朝梁)僧祐、(唐)道宣:《弘明集·广弘明集》,上海古籍出版社1991年版,第143页。

③ (南朝梁)僧祐、(唐)道宣:《弘明集·广弘明集》,上海古籍出版社1991年版,第143、144页。

④ (南朝梁)僧祐、(唐)道宣:《弘明集·广弘明集》,上海古籍出版社1991年版,第38页。

⑤ (南朝梁)僧祐、(唐)道宣:《弘明集·广弘明集》,上海古籍出版社1991年版,第145页。

⑥ (南朝梁)僧祐、(唐)道宣:《弘明集·广弘明集》,上海古籍出版社1991年版,第146页。

⑦ (南朝梁)僧祐、(唐)道宣:《弘明集·广弘明集》,上海古籍出版社1991年版,第147页。

教,那就是"二武"毁佛事件。北魏太武帝发动的灭佛暴行,固然是受到信仰道教的大臣崔浩煽惑,又看到佛寺内藏有武器赃物,更根本的动因在于他偏离了中华政统德治主脉,因军功而迷信武力,以为单凭一己无上权威并使用暴力便可消灭作为信仰文化的佛教。《魏书·释老志》载:"诏诛长安沙门,焚破佛像","又诏曰:'彼沙门者,假西戎虚诞,妄生妖孽,非所以一齐政化,布淳德于天下也。自王公已下,有私养沙门者,皆送官曹,不得隐匿。限今年二月十五日,过期不出,沙门身死,容止者诛一门。'"又下诏指斥佛教"夸诞大言,不本人情","由是政教不行,礼义大坏","自此以来,代经乱祸,天罚亟行,生民死尽,五服之内,鞠为丘墟,千里萧条,不见人迹,皆由于此","至使王法废而不行,盖大奸之魁也"[1]。他把历年上层政治动荡、军事争夺造成的社会苦难全归罪于佛教,而把自身的责任推得一干二净,可以说是颠倒黑白,夸诞至极。他意气扬扬地宣布:"有非常之人,然后能行非常之事。非朕孰能去此历代之伪物! 有司宣告征镇诸军、刺史,诸有佛图形像及胡经,尽皆击破焚烧,沙门无少长悉坑之。"[2]此为暴君之暴行,毁寺杀僧,手段凶残,于是造成一场文化浩劫、黑色恐怖。历史后来证明,"非常之人"亦不能背离中华精神而胡作非为。这一做法在当时就遭到贵族内部的抵制,道教领袖寇谦之也反对武力毁佛,"苦与浩争"[3],而太武帝一意孤行,故而不能不以失败而告终,只留下一段可耻的历史供后人批判。

北周武帝初欲确定三教关系,宣布以儒教为先,道教为次,佛教为后。得不到臣下支持,便于建德三年(574 年)"初断佛、道二教,经像悉毁,罢沙门、道士,并令还民。并禁诸淫祀,礼典所不载者,尽除之"[4],"三宝福财,散给臣下,寺观塔庙,赐给王公","关陇佛法,诛除略尽"[5]。建德六年,武帝灭齐入邺,召齐僧入殿,宣布废佛,曰:"六经儒教之弘政术,礼义忠孝于世有宜,故须存

---

① (北齐)魏收:《魏书》第 8 册,中华书局 1974 年版,第 3034 页。
② (北齐)魏收:《魏书》第 8 册,中华书局 1974 年版,第 3034—3035 页。
③ (北齐)魏收:《魏书》第 8 册,中华书局 1974 年版,第 3035 页。
④ (唐)令狐德棻:《周书》,中华书局 1971 年版,第 85 页。
⑤ (南朝梁)僧祐、(唐)道宣:《弘明集·广弘明集》,上海古籍出版社 1991 年版,第 142、159 页。

立。且自真佛无像,遥敬表心,佛经广叹,崇建图塔,壮丽修造,致福极多,此实无情,何能恩惠。愚人向信,倾竭珍财,徒为引费,故须除荡。故凡是经像,皆毁灭之。父母恩重,沙门不敬,悖逆之甚,国法不容,并退还家,用崇孝始。"①

其时五百余僧皆默然俯首,独沙门慧远挺身抗争。周武帝认为"真佛无像",因此图像皆应扫除。慧远抗辩:"赖经闻佛,藉像表真",不宜废弃,并反问:"若以形像无情,事之无福,故须废者,国家七庙之像,岂是有情,而妄相遵事?"武帝只好回答:"七庙上代所立,朕亦不以为是,将同废之。"周武帝认为"佛经外国之法,此国不须",慧远争辩道,经若分内外,则孔子之言"出自鲁国,秦晋之地,亦应废而不行",五经无用,"三教同废,将何治国?"武帝答曰,鲁与秦晋都在王化之内,不同于佛教。慧远则曰:"震旦之与天竺,国界虽殊,莫不同在阎浮四海之内,轮王一化,何不同遵佛经?"关于僧人还俗尽孝问题,慧远援儒经以答之:"孔经亦云:立身行道以显父母,即是孝行,何必还家?"武帝反驳:"父母恩重,交资色养,弃亲向疎,未成至孝。"慧远追问:"若如来言,陛下左右皆有二亲,何不放之,乃使长役五年,不见父母?"周武帝回答:"朕亦依番上下得归侍奉。"慧远则曰:"佛亦听僧冬夏随缘修道,春秋归家侍养。"慧远斥指武帝"恃王力自在,破灭三宝,是邪见人",将受"阿鼻地狱之苦",武帝怒答:"但令百姓得乐,朕亦不辞地狱诸苦。"慧远不依不饶:"陛下以邪法化人,现种苦业,当共陛下同趣阿鼻,何处有乐可得?"②

这段精彩文字实为难得,能有如此倔强僧人不畏权势,坚持信仰和独立人格,当面与帝王激辩是非,且斥责其是邪见,在中国宗教史上确属罕见,令人敬佩。而周武帝虽欲以王权压服佛僧,毕竟还能与之对辩,作出讨论姿态,不立即予以法办,在帝王中也算难得。

其后又有信佛者任道林上表入殿,与周武帝辩论毁佛不当。周武帝毁佛的

---

① (南朝梁)僧祐、(唐)道宣:《弘明集·广弘明集》,上海古籍出版社1991年版,第159页。

② 上引文见(南朝梁)僧祐、(唐)道宣:《弘明集·广弘明集》,上海古籍出版社1991年版,第159页。

理由：一是明夷夏之别，"五胡乱治，风化方盛，朕非五胡，心无敬事"①；二是认为佛教"言多虚大，语好浮奢"②，故而不信；三是认为敬佛无益，而"自废已来，民役稍希，租调年增，兵师日盛，东平齐国，西定妖戎，国安民乐，岂非有益？"③治国之效在其军政得宜而非佛教。他得出的结论是："朕于释教，以潜思于府内，校量于今古，验之以行事，算之以得失，理非常而不要，文高奇而无用。"④归结为八个字：佛乃戎教，虚妄无用。周武帝看来是经过深思熟虑而后才毁佛的，但他的思路却局限于有形实用的层面，看不到佛教教化劝善、纯净心灵的功用，故予以排除。任道林则强调佛教有治民息兵的巨大作用，认为"若家家行此，则民无不治；国国修行之，则兵戈无用"⑤，这又夸大了佛教的能量。他驳斥佛教害国论："国祚延促弗由于佛，政治兴毁何关于法。"⑥这倒是平实之论。任道林与周武帝辩论孝道，反过来指责武帝"残坏太祖所立寺庙，毁破太祖所事灵像，休废太祖所奉法教，退落太祖所敬师尊"⑦，是违背"百行之本"的孝道。周武帝不甘示弱，回答说尽孝应有权变，不可拘执，"令沙门还俗，省侍父母，成天下之孝"⑧，又"使率土获利，舍戎从夏，六合同一，即是扬名万代，以显太祖，即孝之终也"⑨。

---

①　（南朝梁）僧祐、（唐）道宣：《弘明集·广弘明集》，上海古籍出版社 1991 年版，第 160 页。

②　（南朝梁）僧祐、（唐）道宣：《弘明集·广弘明集》，上海古籍出版社 1991 年版，第 160 页。

③　（南朝梁）僧祐、（唐）道宣：《弘明集·广弘明集》，上海古籍出版社 1991 年版，第 160 页。

④　（南朝梁）僧祐、（唐）道宣：《弘明集·广弘明集》，上海古籍出版社 1991 年版，第 161 页。

⑤　（南朝梁）僧祐、（唐）道宣：《弘明集·广弘明集》，上海古籍出版社 1991 年版，第 160 页。

⑥　（南朝梁）僧祐、（唐）道宣：《弘明集·广弘明集》，上海古籍出版社 1991 年版，第 160 页。

⑦　（南朝梁）僧祐、（唐）道宣：《弘明集·广弘明集》，上海古籍出版社 1991 年版，第 160 页。

⑧　（南朝梁）僧祐、（唐）道宣：《弘明集·广弘明集》，上海古籍出版社 1991 年版，第 160 页。

⑨　（南朝梁）僧祐、（唐）道宣：《弘明集·广弘明集》，上海古籍出版社 1991 年版，第 160 页。

看来,反佛与拥佛之间辩论的主题逐渐聚焦于中华价值观的核心:孝道。北周武帝灭佛与北魏太武帝灭佛的共同点是排外、强制;不同点是周武帝不屠戮沙门,给反对者留有辩解的空间。然而如汤用彤《汉魏两晋南北朝佛教史》第十四章所指出的,其灭佛"审察周详,非率尔从事也。故其废毁至为酷烈"①。该书引《房录》卷十一:"毁破前代关山西东数百年来官私所造一切佛塔,扫地悉尽。融刮圣容,焚烧经典。八州寺庙出四十千,尽赐王公,充为宅第。三方释子减三百万,皆复军民,还归编户。"②周武帝毁佛的结果与魏武帝一样遭到失败,周武帝一死,宣帝登基,旋即复兴佛教,静帝因之,至隋而佛教大盛。

五、三教融合的理论与实践及其历史意义

魏晋南北朝时期,三教在争论中彼此接近和吸收,在改变对方的同时也在改变着自己。这一过程既包含理论上的逐步自觉,也包含实践中的三教兼修。

(一)三教融合论盛行

1.本末内外论。东晋慧远用"内外"调和佛儒,说:"求圣人之意,则内外之道可合而明矣。"③孙绰《喻道论》说:"周孔即佛,佛即周孔,盖外内名之耳。"④北朝道安《二教论》以佛为内教,儒为外教,前已有述。从佛教的角度,内教的佛教当然是本,外教的儒教当然是末。道教人士讲道佛关系时多用"本末",当然以道为本,如葛洪说:"道者,儒之本也;儒者,道之末也。"⑤儒家则强调儒学为首,如晋傅玄说:"夫儒学者,王教之首也"⑥,宋何承天认为:"士所以立身扬名,著信行道者,实赖周孔之教"⑦,而佛教不过是一个支流,所

---

① 汤用彤:《汉魏两晋南北朝佛教史》,北京大学出版社 2011 年版,第 304 页。
② 汤用彤:《汉魏两晋南北朝佛教史》,北京大学出版社 2011 年版,第 304—305 页。
③ (南朝梁)僧祐、(唐)道宣:《弘明集·广弘明集》,上海古籍出版社 1991 年版,第 31 页。
④ (南朝梁)僧祐、(唐)道宣:《弘明集·广弘明集》,上海古籍出版社 1991 年版,第 17 页。
⑤ 王明:《抱朴子内篇校释》,中华书局 1985 年版,第 184 页。
⑥ (唐)房玄龄等:《晋书》,中华书局 2000 年版,第 871 页。
⑦ (南朝梁)僧祐、(唐)道宣:《弘明集·广弘明集》,上海古籍出版社 1991 年版,第 20 页。

谓"善九流之别家,杂以道墨慈悲爱施"①。本末、内外论是三教融合论的初级形态,其特点是:"以我为主",同时承认他教的辅助地位。

2.均善或均圣论。这种理论强调三教之同,而各有利弊,态度比较平等。宋慧琳的《白黑论》又称《均善论》,虽对佛教性空观与报应说有批评,却肯定佛教劝善功能,主张"六度与五教并行,信顺与慈悲齐立"②。宋谢灵运《辨宗论》折中儒佛,认为"释氏之论"得在于圣道"能至",失在于"渐悟";"孔氏之论"得在于"理归一极",失在于"虽颜殆庶",他赞赏道生之论能"去释氏之渐悟,而取其能至;去孔氏之殆庶,而取其一极"③。梁沈约作《均圣论》,认为"内圣外圣,义均理一"④。梁王褒论三教各有特点:"儒家则尊卑等差,吉凶降杀","道家则堕支体,黜聪明,弃义绝仁,离形去智。释氏之义,见苦断习,证灭循道,明因辨果,偶凡成圣"⑤,各有所长,三者"虽为教等差,而义归汲引"⑥,表示自己"既崇周、孔之教,兼循老、释之谈"⑦。梁武帝作《述三教诗》,说:"穷源无二圣,测善非三英","差别岂作意,深浅固物情"⑧,三教虽有深浅而均善。

3.殊途同归论。《易·系辞》讲"天下同归而殊途,一致而百虑"⑨,这是孔子"和而不同"智慧的另一种动态式表述,它承认三教在形式上方法上途径上有诸多差异乃至对立,但在基本精神方向和终极目标上却是一致的,这种理论在三教融合中发挥了巨大作用,有三种说法。第一种:殊途同归,归在圣道。

---

① (南朝梁)僧祐、(唐)道宣:《弘明集·广弘明集》,上海古籍出版社1991年版,第19页。

② (南朝梁)沈约:《宋书》(下),刘韶军等校点,岳麓书社1998年版,第1342页。

③ (南朝梁)僧祐、(唐)道宣:《弘明集·广弘明集》,上海古籍出版社1991年版,第232页。

④ (南朝梁)僧祐、(唐)道宣:《弘明集·广弘明集》,上海古籍出版社1991年版,第126页。

⑤ (唐)姚思廉:《梁书》,中华书局1973年版,第583、584页。

⑥ (唐)姚思廉:《梁书》,中华书局1973年版,第584页。

⑦ (唐)姚思廉:《梁书》,中华书局1973年版,第584页。

⑧ (南朝梁)僧祐、(唐)道宣:《弘明集·广弘明集》,上海古籍出版社1991年版,第365页。

⑨ 宋祚胤注译:《周易》,岳麓书社2000年版,第355页。

如顾欢《夷夏论》所说"道则佛也,佛则道也,其圣则符,其迹则反"①。张融所说"道也与佛逗极无二,寂然不动,致本则同,感而遂通,达迹成异"②。第二种:殊途同归,归在有神。如明山宾所说"夫明有礼乐,幽则有鬼神","有神不灭,乃三圣同风"③。第三种:殊途同归,归在劝善。如宗炳《明佛论》所说"孔老如来虽三训殊路,而习善共辙也"④,北周道安《二教论》所说"三教虽殊,劝善义一,途迹诚异,理会则同"⑤。韦复《三教序》所说"以三教虽殊,同归于善"⑥。

综上之同,可以说三教殊途同归,归于共助国治,如东晋慧远所说,佛教虽礼乖世俗,而能"助王化于治道","道法之与名教,如来之与尧孔,发致虽殊,潜相影响;出处诚异,终期则同"⑦。如刘勰《灭惑论》所说:"夫孝理至极,道俗同贯,虽内外迹殊,而神用一揆。若命缀俗因,本修教于儒礼;运禀道果,固弘孝于梵业"⑧,孔释二教虽有不同,"其弥纶神化,陶铸群生,无异也"⑨。又如僧顺《释三破论》所说:"中外二圣,其揆一也。故《法行》云:先遣三贤,渐诱俗教,后以佛经,革邪从正"⑩。

(二)佛教中国化的两个关隘突破

1.理论思维方式的突破。佛教作为外来文化与中华传统文化的融合经历了长期而曲折的过程。在汉末,它依附于方术和黄老崇拜而传布。魏晋以后,它又借助于玄学而发展。玄学超言绝象的思维方式和话语表述与佛教较为接近,所以佛教中国化首先要玄学化。玄学化开始是名词术语的比附。竺法雅

① (唐)李延寿:《南史》,中华书局1975年版,第1876页。
② (南朝梁)僧祐、(唐)道宣:《弘明集·广弘明集》,上海古籍出版社1991年版,第39页。
③ (南朝梁)僧祐、(唐)道宣:《弘明集·广弘明集》,上海古籍出版社1991年版,第67页。
④ (南朝梁)僧祐、(唐)道宣:《弘明集·广弘明集》,上海古籍出版社1991年版,第12页。
⑤ (明)梅鼎祚编:《释文纪》卷37,上海商务印书馆1934年版,第1—2页。
⑥ (唐)令狐德棻:《周书》,中华书局1971年版,第545页。
⑦ 赵朴初名誉主编:《永乐北藏》第137册,线装书局2000年版,第571、575页。
⑧ (南朝梁)僧祐、(唐)道宣:《弘明集·广弘明集》,上海古籍出版社1991年版,第51页。
⑨ (南朝梁)僧祐、(唐)道宣:《弘明集·广弘明集》,上海古籍出版社1991年版,第52页。
⑩ (南朝梁)僧祐、(唐)道宣:《弘明集·广弘明集》,上海古籍出版社1991年版,第54页。

创"格义"之法:"以经中事数,拟配外书,为生解之例,谓之格义"①。北周道安《二教论》说当时译经用语,"西域名佛,此方云觉;西言菩提,此云为道;西云泥洹,此言无为;西称般若,此翻智慧"②,此乃"借此方之称,翻彼域之宗,寄名谈实"③。六家七宗又进了一步,从理论上使佛学玄学化。僧肇的思想接近般若学本旨,仍然要使用玄学的有无、体用、本末等范畴用语来表达佛教的中观学说。竺道生首倡顿悟之说,向中国化佛学迈进一大步,而其开创之思维,则得力于玄学"得意忘象,得象忘言"④的体悟方式,自谓:"夫象以尽意,得意则象忘;言以诠理,入理则言息。自经典东流,译人重阻,多守滞文,鲜见圆义。若忘筌取鱼,始可与言道矣"⑤,于是乃言顿悟成佛。其体语思维,上接庄子筌蹄妙智,中取玄学言意之辨,下启禅宗自性即悟。中国学僧用此智慧,方能不拘守经文,大胆发明新意。

2.社会价值观念的突破。印度佛教的出世宗旨、风格与儒家治世、忠孝观念最为冲隔,因而佛儒融合要比佛玄融合困难大。可是,佛教要想在中国站稳脚跟,又必须与作为中华文化正宗主导的儒学找到契合点,方能为主流社会所接纳。中国佛教学人认真研究佛儒异同,在保持佛教基本教义前提下,结合中华历史传统,会通佛儒,对佛教教义教理作出创新性解释,以佛教特有的方式认同儒家基本价值观。第一,申明佛教爱国助治,以教辅政,打消统治集团的顾虑。如东晋慧远表示佛教"助王化于治道"⑥,北魏僧官法果说"太祖明叡好道,即是当今如来,沙门宜应尽礼"⑦,把佛教定位在辅政位置上,而不是闹独立,更不求政教合一。第二,宣扬佛教行孝论,与儒家价值观的核心理念对接。不仅认为学佛超度亲祖是间接行大孝,而且强调佛经中本来就有扬孝之

---

① (南朝梁)慧皎,汤用彤校注,汤一玄整理:《高僧传》,中华书局1992年版,第152页。
② (南朝梁)僧祐、(唐)道宣:《弘明集·广弘明集》,上海古籍出版社1991年版,第145页。
③ (南朝梁)僧祐、(唐)道宣:《弘明集·广弘明集》,上海古籍出版社1991年版,第145页。
④ (宋)沈作喆纂:《寓简》,中华书局1985年版,"附录"第4页。
⑤ (南朝梁)慧皎,汤用彤校注,汤一玄整理:《高僧传》,中华书局1992年版,第256页。
⑥ 赵朴初名誉主编:《永乐北藏》第137册,线装书局2000年版,第571页。
⑦ (北齐)魏收:《魏书》第8册,中华书局1974年版,第3031页。

说,如《喻道论》直说:"佛有十二部经,其四部专以劝孝为事。"①第三,阐明佛教道德信条基本认同儒家,且有彰明之功。沈约认为儒家的仁道就是佛法的慈悲,颜之推用佛教五戒比方儒家的五常。第四,倡导儒外佛内的分工合作论。如《明佛论》说:"今依周孔以养民,味佛法以养神"②,《二教论》说:"救形之教,教称为外;济神之典,典号为内。"③

（三）三教或二教兼习成为风气

在儒佛均圣、内外兼用的思想支配下,不少学者佛儒双修,以佛安身,以儒济世。三教或二教兼修的权贵、名士、学者越来越多,成为时尚。东晋重臣王导集儒学、玄谈于一身。支遁佛玄兼长,执东晋清谈学界之牛耳,讲《逍遥游》能标揭新理。东晋慧远"内通佛理,外善群书"④,精《丧服经》,其弟子雷次宗、宗炳、刘遗民、周续之等皆兼习佛儒二学。宋文帝赞扬佛事,又立儒、玄、文、史四学(参见《南史·隐逸·雷次宗传》),并打算在玄武湖中立三神山(参见《宋书·何尚之传》)。张融兼信三教,死葬时"左手执《孝经》、《老子》,右手执小品《法华经》"⑤。周颙"汎涉百家,长于佛理。著《三宗论》","兼善《老》、《易》"⑥。梁武帝深通儒、佛、玄,大煽三教会同之风。梁元帝萧绎敬佩三士:"余于诸僧重招提琰法师,隐士重华阳陶贞白,士大夫重汝南周弘正。"⑦邵陵王萧纶以马枢为学士,"纶时自讲《大品经》,令枢讲《维摩》、《老子》、《周易》,同日发题,道俗听者二千人"⑧。徐孝克"遍通五经,博览史籍"⑨,曾出家为僧,还俗后在钱塘讲学,"每日二时讲,旦讲佛经,晚讲礼传,道俗受业者数百人"⑩。北朝名流亦不乏三教兼修者。北魏孝文帝于"五经之义,览之便

---

① （南朝梁）僧祐、（唐）道宣:《弘明集·广弘明集》,上海古籍出版社1991年版,第18页。
② （南朝梁）僧祐、（唐）道宣:《弘明集·广弘明集》,上海古籍出版社1991年版,第16页。
③ （南朝梁）僧祐、（唐）道宣:《弘明集·广弘明集》,上海古籍出版社1991年版,第142页。
④ （南朝梁）慧皎,汤用彤校注,汤一玄整理:《高僧传》,中华书局1992年版,第221页。
⑤ （梁）萧子显:《南齐书》,中华书局1972年版,第729页。
⑥ （梁）萧子显:《南齐书》,中华书局1972年版,第731、732页。
⑦ （唐）李延寿:《南史》,中华书局1975年版,第899页。
⑧ （唐）李延寿:《南史》,中华书局1975年版,第1907页。
⑨ （唐）姚思廉:《陈书》,中华书局2000年版,第235页。
⑩ （唐）姚思廉:《陈书》,中华书局2000年版,第235页。

讲”,“善谈《庄》、《老》,尤精释义”①。刘献之乃北方大儒,晚年“注《涅槃经》未就而卒”②。儒典经学家卢景裕注《老子》,“又好释氏,通其大义。天竺胡沙门道悕每论诸经论,辄托景裕为之序”③。沈重由南梁入北周,为儒者宗,讲三教义,各教人士前来听讲,“至于阴阳图纬,道经释典,靡不毕综”④。

(四)三教关系的特点

1.三教关系以儒为主导,佛道为辅翼。表现之一是儒家维护君道,皇权至尊,佛道接受政府管理。政府设立僧官,南朝有都邑大僧正、都邑大僧都,北魏有道人统、沙门统、监福曹、昭玄寺。西魏设大宗伯掌管沙门、道士。表现之二是以儒经为治国依凭,并列为官方教育正宗。尊孔读经、尊奉礼教为治国之纲要。东晋戴邈说:“帝王之至务,莫重于礼学。”⑤佛道二教一般不干预国家的政治、军事、官学。表现之三是社会道德风尚仍然以儒家三纲五常为核心理念。佛道二教戒律只能约束信徒,而其道德信条皆认同仁顺忠孝信义,并用神道加以支撑,敬天法祖仍是民众基础性信仰。

2.佛教在哲思奥理上具有优势地位。其宇宙论之宏廓,物性论之玄妙,人生论之脱俗,不仅高出儒学,也超出玄学,大大扩展了精神空间,为知识士人所向往。东晋慧远说:“每寻畴昔,游心世典,以为当年之华苑也。及见老庄,便悟名教是应变之虚谈耳。以今而观,则知沈冥之趣,岂得不以佛理为先?”⑥梁武帝在《述三教诗》中说:“少时学周孔,弱冠勤六经,孝义连方册,仁恕满丹青,践言贵去伐,为善在好生。中复观道书,有名与无名,妙术缕金版,真言隐上清”,“晚年开释卷,犹月映众星。苦集始觉知,因果方昭明,示教唯平等,至理归无生”。⑦慧远与梁武在文化士人中具有代表性,他们追求宇宙人生之奥

---

① (北齐)魏收:《魏书》第1册,中华书局1974年版,第187页。
② (北齐)魏收:《魏书》第5册,中华书局1974年版,第1850页。
③ (北齐)魏收:《魏书》第5册,中华书局1974年版,第1860页。
④ (唐)令狐德棻:《周书》,中华书局1971年版,第810页。
⑤ (南朝梁)沈约:《宋书》(上),刘韶军等校点,岳麓书社1998年版,第197页。
⑥ (南朝梁)僧祐、(唐)道宣:《弘明集·广弘明集》,上海古籍出版社1991年版,第315页。
⑦ (南朝梁)僧祐、(唐)道宣:《弘明集·广弘明集》,上海古籍出版社1991年版,第365页。

秘,在儒学中只获得当生之礼教,进而在老庄道学中扩大了视野,最终在佛教中了悟过去与未来和大千世界的变化无常,使精神得到极大提升,找到一条解脱生死烦恼之路。对于普通民众而言,六道轮回、因果报应、天堂地狱的种种说教,入情入理、简易明白、形象生动,而塔寺佛像、变文俗讲更加强了直观教化的效果,易于导人去恶从善,故佛教在民间受到欢迎。佛教宣示了灵活多样的超度途径:文化人可以修习般若智慧,富有者可以舍财布施,一般人可以持戒、忍辱、精进、禅定,皆能到达天堂彼岸,甚至居家吃斋念佛,也能往生净土。如果说儒学是世俗生活的规则,玄学是精神贵族的情趣,那么佛教便是雅俗共需的高级精神食粮,它的大量信徒是劳苦民众。

3.道家和道教相异相成,共同作为一方,在三教中起中介、平衡和独特的作用。老庄道家及其魏晋时期理论形态——玄学,在士人中流行而不及于大众。道教以神道方式把老庄道家普及于民间。没有道家,道教缺少理论高度;没有道教,道家不能到达社会基层。两者相须相辅,共同在三教关系中建成"文化三角间架"中的一角,发挥着独特的作用。首先,玄学在儒学与佛教之间架设了沟通的桥梁,使佛经易于走进中国社会,使中国逐渐理解佛经。它也为一些隐逸之士提供了一种清静自得的生活方式。其次,在政治与文化上,道教与儒学结成联盟,坚定维护中央政府的权威和中华正统文化的主体地位,容易得到主流社会认同。再次,道教求长生成仙、重养生之道,不仅满足了很多人士追求永恒幸福人生的意愿,而且促进了医学和防病健身之术,有益于民族的延续兴旺,这是它特有的优势。最后,道教与民间信仰关系密切,有广泛草根性,其符箓、斋醮等消灾超度之术及其相互扶助的传统,也能为民间提供精神与生活上的服务,道教有属于自己的发展空间,所以在魏晋南北朝时期有较快发展。

4.三教之间的争论方式以文明辩说为主流,粗野相对是支流。魏晋南北朝时期的三教学者之间,出现了百家争鸣的局面,大致保持了说理、探讨、平等对话、反复辩难的良好学风,很少强词夺理、有意曲解、加人罪名的现象,如果他人不反驳,则自设宾主、自难自答,学者认为只有反复责问才能层层深入、穷根究底,发现真理、修正错误。这种学风在江南尤盛。颜之推赞扬说:"江南文制,欲人弹射,知有病累,随即改之。"①由于有学术自信和尊重他者,僧祐才能编出《弘明集》,主动保存大批反佛资料。由于学术氛围宽松、社会尊重学者,才能够出现一批敢于蔑视权贵、勇于捍卫自家思想的学者勇士,如何承天、范缜、郭祖深,和佛教高僧东晋慧远、北周慧远。由于自由论辩盛行,才促成了学术的繁荣,产生了一批高水平的学术论文,如:《肇论》、《三报论》、《白黑论》、《明佛论》、《神灭论》、《灭惑论》等,它们都是争论的产品,是一次学术上的大丰收。

（五）三教争论与融合的历史意义

1.继承和发扬了中华文化开放包容的传统,增强了吸纳外来成熟、高端文化的能力,通过三教融合,初步养成学习又改造异质文化的习惯和风尚,为隋唐以后更大规模地融会佛教、伊斯兰教、基督教及其他宗教,积累了可贵的经验。对于儒学而言,在汉代它的历史贡献是为统一大帝国提供治国理政的指导思想,为整个社会确立"五常"、"八德"的核心价值观,从而挺立中华民族文化的主体性;魏晋南北朝,则是在三教碰撞和融通中初步展示儒学的开放品格,增大"和而不同"的智慧,使儒学得以在多元文化互鉴中不断焕发出新的生命力而能绵延不绝。

2.为上层集团重新认识三教的性质与功能,着手调整国家思想文化结构,制定新的文化政策,进行了有益的探索和试验,为隋唐统一帝国的思想建设奠定了基础。由于魏晋南北朝处于政治南北分裂、政权频繁更迭的时代,各朝代的三教政策各不相同并时有起伏。如魏晋崇尚玄学并将经学玄学化;南朝梁代崇尚佛教并一度将其国教化;北魏初期崇道反佛,后又三教并尚;北周先是以儒、道、佛为序,继之打击佛教,接着又兴佛。实践的结果表明:儒经的正宗地位不可动;道教的辅助作用不可无,但要防其成为民变的旗帜;佛教有益国治,但要防其过度膨胀;用暴力灭佛非但无益,亦无效;最好的做法是三教并用、各得其所。北魏文成帝把最难处理的儒佛关系予以精辟说明,曰:"夫为帝王者,必祇奉明灵,显彰仁道,其能惠著生民,济益

---

① 庄辉明、章义和:《颜氏家训译注》,上海古籍出版社1990年版,第181页。

群品者,虽在古昔,犹序其风烈。是以《春秋》嘉崇明之礼,祭典载功施之族。况释迦如来功济大千,惠流尘境,等生死者叹其达观,览文义者,贵其妙明,助王政之禁律,益仁智之善性,排斥群邪,开演正觉。故前代以来,莫不崇尚,亦我国家常所尊事也。"①文成帝指明,儒家向来以神道设教,彰显仁道,利益群生;而佛教之达观、妙明为人称赞,有助王政律法,加强仁义道德;历代尊佛,已有成效,故应延续。他引中华古老传统立据,又确认佛教的优势和辅助地位,还述前代历史经验为佐证,代表了当时政治集团对政教、儒佛关系认识的最高水平。

3.儒、佛、道三教的同时流布强化了中华民族文化共同体的凝聚力,不使国家的政治分裂影响人们对中华传统的认同。儒道二教原就是中华本土信仰。佛教对东土的认同及其与儒道的初步融合,也开始进入中华共同体。三教成为中华民族的共同信仰,组成传统文化新的核心。它们不受民族、地域、割据政权的限制而传播于黄河两岸、长江南北、太行东西。儒士、佛僧、道人都可穿越政治边界,自由来往、讲学、弘道于神州大地,弱化了政治分割的消极疏离作用,为后来的政治"大一统"保持了共同的思想基础。

4.儒、佛、道三教的碰撞与融合,丰富和优化了各自的文化传统,又都给整个中华文化带来生气,增添了许多新鲜内容,使之更加多姿多彩。如儒学因玄学而提高了创新经学的能力,由佛教而扩大了宇宙论的视野。佛教因儒学而加大了现实的关怀,由玄学而接通了梵华之路。道家、道教因儒学而强固了中华根基,由佛教而充实了教义教规。在哲学上,道家与佛教开出中国宇宙论、认知论、人生论新天地。在伦理学上,仁爱与慈悲并行,五常与仙道同归,更加丰满。在美学上,刘勰的《文心雕龙》乃千古杰作,其思想实儒、佛、道三教的结晶。在文学艺术创作上,六朝散文充满道家情怀,陶渊明《归去来兮辞》、《桃花源记》可作代表;佛教的形象思维与生动语言则提升和丰富了中国人审美情趣;佛教建筑艺术别具一格,雕塑与绘画高雅壮丽,敦煌莫高窟北朝石窟和姚秦时麦积山石窟精彩绝伦,世所珍重。在无神论与科学的发展上,都得益

---

① (北齐)魏收:《魏书》第8册,中华书局1974年版,第3035—3036页。

于三教自由争辩创造的宽松环境。范缜的《神灭论》脍炙人口。葛洪的《肘后救卒方》、陶弘景的《本草经集注》皆出自道教大师。何承天的历法学、张华的《博物志》,则表现儒者对自然事象的追寻。

第五章　儒、道、佛三教鼎立具全国规模
并成为常制阶段（隋唐时期）

史称"汉唐盛世"，而唐之盛超出汉，在中国历史历代王朝中首屈一指。隋为过渡，唐为大治。唐朝全面昌盛：国家统一稳定，国力强大，经济发达，礼义教化大行，文化教育繁荣，民族关系和洽，对外高度开放，社会思潮活跃，文学艺术缤纷多姿，有泱泱大国之气度，吸引各国人士云集于此。从贞观之治到开元之治，是唐之鼎盛时期，尔后逐渐下滑，时有起伏，但仍不失为东方强国。唐代之兴盛，原因之一是执政者鉴于历史经验，根据新的态势，对汉代"罢黜百家，表章六经"[①]的文化方略作出调整，确立了"三教并奖，各尽其用"的新方略，有效配合了稳定"大一统"国家、建设高度文明繁荣社会的发展目标。儒、道、佛三教皆具全国规模，出现宏大格局，而各有自身的特色和优势，成三足鼎立之势，三教并行作为常制为中央政权文化政策所确定，也成为社会上下认可的新常态。国家的三教政策不断有局部调整乃至出现一时偏失，三教之间的态势也不断有所变化，但总体上三教鼎立的政治认可与思想趋向已经坚固无可改变了。

第一节　儒家经学的一体化、制度化和经世致用

唐代的儒家经学如何评价历来有争议。后来很多儒门中人倾向于认为唐代儒学处于衰落期，而佛教最发达，道教亦有生气，这多少受了韩愈的影响。

---

① 《汉书·武帝纪》，中华书局 1962 年版。

韩愈为了推动儒学复兴运动,力排佛老,强调儒家道统从尧、舜、禹、汤、周文武、周公、孔子传到孟子,之后便已隐埋,其《原道》曰:"火于秦,黄老于汉,佛于魏晋梁隋之间,其言道德仁义者,不入于杨,则入于墨,不入于老,则入于佛"①,唐代儒学似不值一提,所以他要挺身而出,坚守儒家正统,"寻坠绪之茫茫,独旁搜而远绍,障百川而东之,回狂澜于既倒"②。显然,以文豪名世的韩愈,用文学的笔法把道统危机夸大了。"火于秦"不假,"黄老于汉"则是颠倒主次的说法,因为汉代儒家经学正式上升为官学,为治国之道,黄老只盛于汉初。"佛于魏晋梁隋之间",也只是以偏概全的说法。韩愈骨子里要"独尊儒术",所以反对出入佛老,主张"抵排异端,攘斥佛老"③,使儒学独占中华文化。这既不符合儒家"和而不同"、"道并行而不悖"的开放包容传统,无视三教良性互动的历史,也不利于儒学尔后在不同文明互鉴中前行。他的目标不只是倒退,还是独断空想。事实上,儒学自汉代起一直在综合创新中前行,魏晋以后在与佛道二教互动中发展。唐代儒学虽然在理论层面没有佛学光彩,却在经学统一、教育制度、治国理政等方面,达到了汉代未曾达到的新高度,焕发出巨大的活力,对于盛唐事业作出了具有深远历史意义的贡献。唐代儒学的理论体系需要大力开拓,却不能走唯我独尊的封闭之路,只能走出入佛老而后创新之路。

一、儒家经学的统一

隋文帝建国之初,厉行节约,修礼省刑,创立科举制度,奖掖儒、佛、道三教,有开国之君气象。惜乎其人无博大之胸怀,无长远治国之方略,以个人爱好为国家文教方针,每谓群臣曰:"我兴由佛法,故大树佛教,为治国之重";又"无宽仁之度,有刻薄之资","溺宠废嫡,托付失所"④。隋炀帝表面上尊崇三教,尤重经学,开庠序、国子、郡县之学,盛于隋初。但他"空有建学之名,而无

① 马其昶校注:《韩昌黎文集校注》,古典文学出版社 1957 年版,第 8 页。
② 马其昶校注:《韩昌黎文集校注》,古典文学出版社 1957 年版,第 26 页。
③ 马其昶校注:《韩昌黎文集校注》,古典文学出版社 1957 年版,第 26 页。
④ (唐)魏徵、(唐)令狐德棻:《隋书》第 1 册,中华书局 1973 年版,第 55 页。

弘道之实"①。魏徵说他"口诵尧舜之言,而身为桀纣之行"②,实则只以个人骄奢淫逸为乐。《隋书》说他"淫荒无度,法令滋章,教绝四维,刑参五虐,锄诛骨肉,屠剿忠良"③。于是隋朝国运短促,三十余年而亡,仅为唐朝提供了统一的国土和历史经验教训。唐太宗是治国明君,能摆脱个人信仰兴趣的局限和物质享受的私心,以恢宏气度,全面规划长治久安之道,把儒、道、佛三教并奖定为国策,而以儒学治国,用佛教辅教,用道教强族。他说:"朕今所好者,惟在尧、舜之道,周、孔之教,以为如鸟有翼,如鱼依水,失之必死,不可暂无耳"④,可知他以儒理政发自内心,出于自觉。他在贞观十一年诏书中说:"朕之本系,起自柱下"⑤,阐扬道教"庶敦本之俗,畅于九有;尊祖之风,贻诸万叶"⑥,推尊老子道教乃是认祖归宗之举。贞观十五年,他说:"今李家据国,李老在前;若释家治化,则释门居上"⑦,肯定了佛教安定人心、改善民俗的功能。在唐太宗确立三教协作、儒为主导的文化战略指导下,儒、道、佛都得到比较充分的发展,而各个又呈显不同的风貌。

儒家经学的统一趋势,在一生经历了南陈、隋、唐三朝的陆德明所作《经典释文》里就有体现。该书为14部古典及所选注文释音义,其中12部是儒经(另两部是《老子》、《庄子》),只缺《孟子》,所用注本皆是学界推崇的流行本,为后来《五经正义》、《十三经注疏》所本。《经典释文》虽宗南朝学术,却能将南北学风合为一体,又包纳两汉、魏、晋,总括了以往经学成果,成为隋唐经学的先驱。

隋代经学家有两种:一是政治家倡导经学,重在实施;二是经师学者,重在讲论著述。前者有牛弘,曾任礼部尚书,修撰《五礼》百卷,统一国家礼乐典章制度,《隋书·牛弘传》称颂他:"采百王之损益,成一代之典章,汉之叔孙,不

① (唐)魏徵、(唐)令狐德棻:《隋书》第6册,中华书局1973年版,第1707页。
② (宋)司马光:《资治通鉴》(下),上海古籍出版社1987年版,第1291页。
③ (唐)魏徵、(唐)令狐德棻:《隋书》第1册,中华书局1973年版,第95页。
④ (唐)吴兢编著:《贞观政要》,王贵标点,岳麓书社1991年版,第226页。
⑤ (宋)宋敏求编:《唐大诏令集》,商务印书馆1959年版,第587页。
⑥ (宋)宋敏求编:《唐大诏令集》,商务印书馆1959年版,第587页。
⑦ 《中华大藏经》(汉文部分)第60册,中华书局1993年版,第813页。

能尚也。"①学者中成就最著者是刘焯、刘炫。二刘兼通群经,学冠隋代,为学界宗仰。其学渊于北学,又入于南学,撰《五经述义》,集以往经学之大成,似可与郑玄遍注群经相提并论,它与《经典释文》一起为唐初经学的建设铺平了道路。

　　隋代还有一位大儒王通,是有远见的思想家,他为盛世设计治理的蓝图,就是实行仁政德治的王道,"王道盛则礼乐从而兴焉","礼以制行,乐以和德"②。他针对隋炀帝任刑废德,指出:"古之为政者,先德而后刑,故其人悦以恕;今之为政者,任刑而弃德,故其人怨以诈。"③他对于三教关系的态度超出门户之见,从国家整体需要出发,提出"三教于是乎可一矣"④。其所谓"一"是合作共事,这样可"使民不倦",就是民众精神不散乱怠惰。三教作用不同:在政治上"政恶多门",只能用儒;但不可废佛道,三教各有其用,出现灾难是用非其人。他说:"诗书盛而秦世灭,非仲尼之罪也。虚玄长而晋室乱,非老庄之罪也。斋戒修而梁国亡,非释迦之罪也。《易》不云乎:'苟非其人,道不虚行'"⑤,他的意思很明白:如有英明之主,三教可以协同发挥重要而积极的作用。他所期望的弘道之人在唐代终于出现了,那便是唐太宗。

　　唐太宗首先关注的是发展官方经学事业,并有计划有步骤地推动。第一步建立弘文学馆,做组织机构准备。第二步立孔子庙堂于国学,提高孔圣地位。第三步统一五经文字,命颜师古撰《五经定本》,颁于天下。第四步统一五经注本和章句解释,诏孔颖达领衔与诸儒撰《五经正义》一百七十卷,令天下传习。《五经正义》撰于贞观年间,正式颁布于高宗即位之后,它对经学的统一起了关键作用。《五经正义》的特色有:第一,注本的选定以全国通行本为准,如《易经》用王弼《注》,《易传》用韩康伯《注》,《尚书》用伪孔安国《传》,《毛诗》用郑玄《笺》,"三礼"用郑玄《注》,《春秋左氏传》用杜预《注》。

---

① (唐)魏徵,(唐)令狐德棻:《隋书》第5册,中华书局1973年版,第1310页。
② (隋)王通撰,(宋)阮逸注:《中说》,中华书局1985年版,第8、28页。
③ (隋)王通撰,(宋)阮逸注:《中说》,中华书局1985年版,第8页。
④ (隋)王通撰,(宋)阮逸注:《中说》,中华书局1985年版,第17页。
⑤ (隋)王通撰,(宋)阮逸注:《中说》,中华书局1985年版,第14页。

第二,为注作注的"疏",较多继承了刘焯、刘炫的成果。第三,《五经正义》虽标"疏不破注",亦能广为引证,汇纳诸家经说。第四,集体协力合作,孔颖达是主持人,在《五经正义序》中将合作者姓名及承担部分皆一一标明,有马嘉运、赵乾叶等二十余人。第五,《五经正义》不拘泥于所据注文,有选择、补充和超越,如对王弼《周易注》有所弃取,《毛诗正义序》说,其撰写"唯意存于曲直,非有心于爱憎"①,《春秋左传正义序》既说甲杜驳刘,又指出"若两义俱违,则特申短见"②。总之,《五经正义》是五经之学有史以来最大的一次系统整理、总汇和厘定,它虽然没有在疏通五经中建构新的义理体系,却对五经文本的注解做了一次标准化的重要工作,而这项工作恰恰是大唐帝国重新确立儒家经学在中华民族文化共同体中思想主导地位所需要的。汉武帝表彰六经、大力倡导经学官学,但博士分门授徒,经注出于多家,上下对五经文本的理解众说纷纭、莫衷一是,有益于经学的争鸣,却不利于全国思想的统一。《五经正义》选用经过长时间考验的主流经注,并加疏解,定为标准,行于天下,传于后世,如皮锡瑞《经学历史》所言:"自唐至宋,明经取士,皆遵此本","天下奉为圭臬"③,其历史功绩不可谓不大。又如当代史学大家范文澜所评:"唐太宗令孔颖达撰《五经正义》,颜师古定《五经定本》,对儒学的影响,与汉武帝罢黜百家、独尊儒学有同样重大的意义。"④

在《五经正义》之后,贾公彦作《周礼疏》、《仪礼疏》,杨士勋作《穀梁传疏》,徐彦作《公羊传疏》,这样,十三经疏中唐疏占其九。世人常称"汉注唐疏",它们帮助后人读懂儒经本义,使之传承不绝,其影响一直延续到清代和近现代。

二、儒家经学的制度化

经学制度化主要体现在两个方面:一是五经进入科举考试,二是五经指导

---

① (汉)毛亨,(汉)郑玄笺,(唐)孔颖达疏:《毛诗注疏·上·毛诗正义序》,上海古籍出版社 2013 年版,第 2 页。

② (晋)杜预注,(唐)孔颖达等正义:《春秋左传正义》,上海古籍出版社 1990 年版,第 2 页。

③ (清)皮锡瑞,周予同注释:《经学历史》,中华书局 1959 年版,第 198、207 页。

④ 刘洋编:《据史言儒·范文澜说儒》,孔学堂书局 2014 年版,第 59 页。

国家礼制。唐朝科举制度在继承隋朝基础上不断完善化，从京都到地方分层设立学校，以《五经正义》为标准读本，通过科举考试层层选拔人才，由乡贡到州贡再到尚书省，接受吏部考试（玄宗时改当礼部）。科目有秀才、明经、俊士、进士、明法等，其中以明经、进士两科尤为重要，名臣多从这两科出。明经专习儒经，进士要习诗赋，也习五经。考试五经以《五经正义》为标准答案。不论何种出身，只要科举考试及第，就可做官，由此推动了全国士人研读"五经"、追求进身的风气。此后科举制度不断有所调整，延续了一千多年，直到1905 年被废止，对官僚政治、文化教育产生了重大影响。科举制度有种种弊病，如考试帖经，助长死记硬背；读书为当官，使人生功利化；皓首穷经，耗费人才；学而优则仕，不重百业之事等。但不可否认，科举取士制度有其历史贡献：一是按统一标准选拔人才，体现公平竞争原则，有益选优汰劣；二是超越门第血统，使下层人士有机会进入社会中心舞台，参政议事；三是推动全国青少年重视读经习文，成为饱学之士；四是吸纳各地各族优秀人才充实精英队伍，有益国家统一、民族团结；五是普及五经知识，增强儒学仁义道德的文化凝聚力与辐射力。

　　唐朝是新兴的统一王朝，以建设礼义文明之国为己任，必须在五经指导下，依据新的形势，在汉代礼制和魏晋以来礼学成果基础上建立一套新的礼乐制度，才能实现孔子"导之以德，齐之以礼"①的治国之道。唐初，袭用隋礼。唐太宗时，房玄龄、魏徵与诸礼官、学士增修《吉礼》、《宾礼》、《军礼》、《嘉礼》、《凶礼》，是为《贞观礼》。高宗时又增修为《显庆礼》。玄宗开元年间，修成《大唐开元礼》一百五十卷，使中华礼乐文明达到新的高度。《大唐开元礼》集礼制之大成又能创新，克服了以往礼制庞杂矛盾并难以实施的缺点，建立了统一严整又简约易行的礼制体系，将五礼次序定为：吉、嘉、宾、军、凶。《新唐书·礼乐志》说：《大唐开元礼》成，"唐之五礼之文始备，而后世用之，虽时小有损益，不能过也"②。《大唐开元礼》的实行，使儒家礼治理想得以较好地成

---

① （汉）班固：《汉书》，中华书局 2007 年版，第 892 页。
② （宋）欧阳修、（宋）宋祁：《新唐书》，中华书局 1975 年版，第 309 页。

为现实,铸造了大唐文明盛世的气象。它与法典系统的《大唐六典》、《唐律疏议》,共同构成礼法社会的典制基石。

三、儒家经学的经世致用

唐朝儒学的最大成功不在学术理论的创新上,而在治国理政的实践上。从贞观之治到开元之治,证明了一个真理:只要认真按照孔子五经的基本精神和要求去治国安邦,就可以造就一个太平盛世。唐太宗是历史上最具有儒家气象的大政治家,他把孔子儒学所阐述的以民为本、发政施仁、为政以德、德导礼齐、省刑薄敛、政者正也、尊贤使能、敬事而信、温故知新、见贤思齐、观过知仁、廉洁奉公、守俭戒奢、居安思危、文武并用等政治智慧,深印于心,力践于行,不仅使得大唐成为繁荣富强、礼义昌明的东方大国,也展现了五经文化、孔子儒学的文明光彩、常道恒在和强大生命力,他是儒家经学的大功臣。尽管他也有帝王的局限性,但能听得批评、知过则改,有自知之明,这样的帝王在历史上是仅见的。他晚年作《帝范》十二篇以赐太子,曰:《君体》、《建亲》、《求贤》、《审官》、《纳谏》、《去谗》、《戒盈》、《崇俭》、《赏罚》、《务农》、《阅武》、《崇文》,总结了一生修身治国的经验,又告诉太子,他一生只是功大于过,并非尽善尽美,"汝当更求古之哲王以为师,如吾,不足法也"[1]。

玄宗年间,史官吴兢编撰《贞观政要》一书,按专题分类集录唐太宗与45位大臣论政的言论,"人伦之纪备矣,军国之政存焉"[2]。其书专论有40类,重要的有:论君道、论政体、论任贤、论求谏、论纳谏、论君臣鉴戒、论择官、论尊敬师傅、论规谏太子、论仁义、论忠义、论孝友、论公平、论诚信、论俭约、论谦让、论杜谗邪、论悔过、论奢纵、论贪鄙、论崇儒学、论文史、论礼乐、论务农、论刑法、论贡赋、论辩兴亡、论安边、论慎终等。其基本内容与《帝范》相通又加以细化,都体现了儒家"修己以安百姓"并使国家长治久安的价值追求。

唐太宗的治国为君理念,远承尧舜、周孔之道,中鉴秦灭汉兴之史,近取隋

---

① (宋)陈模:《东宫备览》,商务印书馆1939年版,第13页。
② (唐)吴兢编著:《贞观政要·序》,王贵标点,岳麓书社1991年版,第7页。

炀亡隋之戒，积累起丰富的政治思想。计其大者有如下几项。

第一，民为邦本、民水君舟。《贞观政要》引太宗说："为君之道，必须先存百姓，若损百姓以奉其身，犹割股以啖腹，腹饱而身毙。"① 又说："舟所以比人君，水所以比黎庶，水能载舟，亦能覆舟。"② 他认为人君要行仁义，"林深则鸟栖，水广则鱼游，仁义积则物自归之"③，隋朝之灭亡，"正由仁义不修，而群下怨叛故也"④。这就是孟子倡导的得民心者得天下的仁政。

第二，安不忘危，戒奢以俭。太宗君臣讨论的一个重要问题是创业与守成的问题，也就是打天下与治天下的难易问题。太宗问："帝王之业，草创与守成孰难？"⑤ 房玄龄认为草创为难。魏徵认为守成则难，他以隋炀帝为例，"恃其富强，不虞后患。驱天下以从欲，罄万物而自奉"，"君臣道隔，民不堪命，率土分崩"⑥，因此天下"难得易失"。若"不念居安思危，戒奢以俭，德不处其厚，情不胜其欲"⑦，如同"伐根以求木茂，塞源而欲流长"⑧ 一样荒谬，而世情"有善始者实繁，能克终者盖寡"⑨，所以取天下易而守之难。太宗也认为："隋炀帝志在无厌，惟好奢侈，所司每有供奉营造，小有不称意，则峻罚严刑。上之所好，下必有甚，竟为无限，遂致灭亡。"⑩

第三，选贤任能，俊杰在位。唐太宗认为："为政之要，惟在得人。用非其才，必难致治。今所任用，必须以德行、学识为本。"⑪贞观之治的成就很大程度在任人唯贤、精英共治。《贞观政要》介绍了太宗最倚重的八贤：房玄龄、杜如晦、魏徵、王珪、李靖、虞世南、李勣、马周。其中有秦王府旧属下，有来自敌对营垒的谋臣，有的能文，有的尚武，有的出身名门，有的出身低微，只要忠心

---

① （唐）吴兢编著：《贞观政要》，王贵标点，岳麓书社1991年版，第2页。
② （唐）吴兢编著：《贞观政要》，王贵标点，岳麓书社1991年版，第150页。
③ （唐）吴兢编著：《贞观政要》，王贵标点，岳麓书社1991年版，第175页。
④ （唐）吴兢编著：《贞观政要》，王贵标点，岳麓书社1991年版，第174页。
⑤ （唐）吴兢编著：《贞观政要》，王贵标点，岳麓书社1991年版，第5页。
⑥ （唐）吴兢编著：《贞观政要》，王贵标点，岳麓书社1991年版，第6、7页。
⑦ （唐）吴兢编著：《贞观政要》，王贵标点，岳麓书社1991年版，第8页。
⑧ （唐）吴兢编著：《贞观政要》，王贵标点，岳麓书社1991年版，第8页。
⑨ （唐）吴兢编著：《贞观政要》，王贵标点，岳麓书社1991年版，第8页。
⑩ （唐）吴兢编著：《贞观政要》，王贵标点，岳麓书社1991年版，第215页。
⑪ （唐）吴兢编著：《贞观政要》，王贵标点，岳麓书社1991年版，第256页。

服务大唐,皆不拘一格予以信任重用,形成群英共治局面。房玄龄、杜如晦皆为太宗创业功臣。王珪、魏徵是太宗对手李建成的忠实下属,皆性情刚直有见识,而成为太宗的谏官。李靖为隋旧臣,能征战,太宗用为领兵之将,屡建奇功。虞世南为文学之宗,太宗依为文史智囊,谓其有"五绝":德行、忠直、博学、词藻、书翰。李勣为智勇双全武将,太宗依为安边长城。马周本为大臣常何的家客,太宗知其能而擢为大臣,屡有忠言而用之。① 当然,大唐英杰云集,关键是主政者要有识人之智和用人之量。太宗曾令封德彝举贤,封借口未见奇才而不作为,太宗批评他:"君子用人如器,各取所长,古之致治者,岂借才于异代? 正患己不能知,安可诬一世之人。"②

第四,从谏如流,兼听则明。历来创业帝王,以为功高盖世,可以一言九鼎,喜听颂扬之声,厌恶批评之言。唐太宗过人之处,不在个人雄才大略,而在能集思广益,尤善纳谏,更能主动求谏,这在历史上是仅见的。《贞观政要》有《论求谏》、《论纳谏》两篇,其中引太宗之言:"人欲自照,必须明镜;主欲知过,必藉忠臣。主若自贤,臣不匡正,欲不危败,岂可得乎?"③他以隋炀帝暴虐、臣下钳口、国遂灭亡为教训,鼓励臣下做诤臣,以便"令耳目外通,下无怨滞"④。他知道臣属慑于帝威,上言心怀恐惧,而欲谏诤,"必当畏犯逆鳞。所以每有谏者,纵不合朕心,朕亦不以为忤"⑤,所以要"开怀抱,纳谏诤"⑥,听得进逆耳刺耳之言,"不以犯颜忤旨,妄有诛责"⑦。在这种氛围中,出现了历史上著名的诤臣魏徵,其人忠诚而有见识有胆略,以敢谏而青史留名。太宗与之讨论何谓明君暗君,魏徵曰:"君之所以明者,兼听也;其所以暗者,偏信也。"⑧由于言语激切,也引起过太宗的愤怒。《隋唐嘉话》卷上(中华书局1979年版)里记

---

① 参见(唐)吴兢编著:《贞观政要》,王贵标点,岳麓书社1991年版,第51、53、56页。
② (清)阮元辑编:《宛委别藏·致堂读史管见三》,江苏古籍出版社1988年版,第1118页。
③ (唐)吴兢编著:《贞观政要》,王贵标点,岳麓书社1991年版,第58页。
④ (唐)吴兢编著:《贞观政要》,王贵标点,岳麓书社1991年版,第65页。
⑤ (唐)吴兢编著:《贞观政要》,王贵标点,岳麓书社1991年版,第65页。
⑥ (唐)吴兢编著:《贞观政要》,王贵标点,岳麓书社1991年版,第66页。
⑦ (唐)吴兢编著:《贞观政要》,王贵标点,岳麓书社1991年版,第21页。
⑧ (唐)吴兢编著:《贞观政要》,王贵标点,岳麓书社1991年版,第3页。

载有一次太宗罢朝回宫,说要杀掉这个田舍汉,文德皇后问谁触犯了他? 太宗说就是魏徵,"每廷争辱我,使我常不自得"①,皇后立刻穿朝服而拜之说:"妾闻主圣臣忠,今陛下圣明,故魏徵得直言"②,所以要拜贺。贞观十三年,魏徵上《十渐不克终疏》,指出贞观之初太宗躬行节俭、内外康宁,而顷年以来,渐不克终,如到远方求骏马、市珍奇,轻用民力于营为,骄侈日增又杜谏者之口,昵近小人、疏远君子,好尚奇异珍玩,用人由心好恶,以驰骋畋猎为欢,忽略"君使臣以礼",矜放而不专心治道,疲于徭役、百姓劳弊。太宗见疏表示:"朕今闻过能改,庶几克终善事","列为屏障,朝夕瞻仰"。③ 君臣相得如此,才有贞观之治。

第五,重农薄赋,不夺其时。《贞观政要》有《论务农第三十》专论发展农业生产的重要性。该篇引太宗对侍臣说:"国以人(民)为本,人(民)以衣食为本,凡营衣食,以不失时为本","人君简静乃可致耳"④,为此要避免"兵戈屡动,土木不息"⑤。皇太子行冠礼初定二月,太宗恐妨农事,令改用十月,并不顾及阴阳家的禁忌。他表示:"今省徭赋,不夺其时,使比屋之人恣其耕稼,此则富矣。敦行礼让,使乡闾之间,少敬长,妻敬夫,此则贵矣。但令天下皆然,朕不听管弦,不从畋猎,乐在其中矣。"⑥一般帝王掌管天下,目的就是充分满足自己权力欲和享乐欲,而唐太宗的思想境界要高,以百姓富足、礼义通行作为价值追求,这就是孔子、孟子的富民、教民的社会理想。

第六,崇文重礼,明德慎刑。贞观元年,一次朝宴奏《秦王破阵乐》,太宗说当初军事征讨用此乐,虽不如文德之雍容,但功业由武力而成,不敢忘本。封德彝说:"陛下以神武平海内,岂文德之足比"⑦,太宗曰:"戡乱以武,守成以文,文武之用,各随其时。卿谓文不及武,斯言过矣。"⑧太宗自觉意识到治

---

①　(唐)刘𬤇:《隋唐嘉话·大唐新语》,中华书局1957年版,第5页。
②　(唐)刘𬤇:《隋唐嘉话·大唐新语》,中华书局1957年版,第5—6页。
③　(唐)吴兢编著:《贞观政要》,王贵标点,岳麓书社1991年版,第354页。
④　(唐)吴兢编著:《贞观政要》,王贵标点,岳麓书社1991年版,第279页。
⑤　(唐)吴兢编著:《贞观政要》,王贵标点,岳麓书社1991年版,第279页。
⑥　(唐)吴兢编著:《贞观政要》,王贵标点,岳麓书社1991年版,第281页。
⑦　(宋)司马光:《资治通鉴》(下),上海古籍出版社1987年版,第1286页。
⑧　(宋)司马光:《资治通鉴》(下),上海古籍出版社1987年版,第1286页。

国需要崇文。他所著《帝范》中有《崇文》篇专讲礼乐文教之重要,曰:"夫功成
设乐,治定制礼。礼乐之兴,以儒为本。宏风导俗,莫尚于文;敷教训人,莫善
于学。因文而隆道,假学以光身","是以建明堂,立辟雍,博览百家,精研六
艺,端拱而知天下,无为而鉴古今。飞英声,腾茂实,光于不朽者,其唯学乎,此
文术也"①。太宗治国以安民顺因为要,力免苛察激烈之举,曰:"为国之道,必
须抚之以仁义,示之以威信,因人之心,去其苛刻,不作异端,自然安静。"②太
宗与侍臣讨论"民无信不立"的问题,房玄龄曰:"仁、义、礼、智、信,谓之五常,
废一不可。"③贞观十一年,魏徵上书,引《书》"明德慎罚"、"惟刑恤哉"④,指
出:"刑赏之本,在乎劝善而惩恶"⑤,而当时刑赏常由于掌权者之好恶而为之,
"遇喜则矜其情于法中,逢怒则求其罪于事外"⑥,这是一种"刑滥",臣民无所
措其手足。太宗不仅采纳臣下意见,而且强调治世当以宽刑为主,曰:"朕常
问法官刑罚轻重,每称法网宽于往代。仍恐主狱之司,利在杀人,危人自达,以
钓声价。今之所忧,正在此耳。深宜禁止,务在宽平。"⑦

第二节　儒学复兴运动中的排斥佛老与融会佛老

一、傅奕、韩愈排斥佛老

儒学虽然在唐代奠定了牢固的政治意识形态指导地位,毕竟在理论创新
上不如佛道二教,民间学术发展的气势也居三教之末,尤其外来佛教蒸蒸日
上,使一些保守的儒臣和儒者产生一种焦虑感。唐初武德四年,太史令傅奕上
《请废佛法表》,指责佛教妄说罪福,专行十恶,不忠不孝,逃避赋役,故"请胡

① (唐)唐太宗:《帝范》,中华书局1985年版,第42页。
② (唐)吴兢编著:《贞观政要》,王贵标点,岳麓书社1991年版,第174页。
③ (唐)吴兢编著:《贞观政要》,王贵标点,岳麓书社1991年版,第211页。
④ (唐)吴兢编著:《贞观政要》,王贵标点,岳麓书社1991年版,第289页。
⑤ (唐)吴兢编著:《贞观政要》,王贵标点,岳麓书社1991年版,第289页。
⑥ (唐)吴兢编著:《贞观政要》,王贵标点,岳麓书社1991年版,第289页。
⑦ (唐)吴兢编著:《贞观政要》,王贵标点,岳麓书社1991年版,第294页。

佛邪教,退还天竺,凡是沙门,放归桑梓;令逃课之党,普乐输租,避役之曹,恒忻效力"①。傅奕反佛,所持理由皆南北朝反佛旧有之论,且偏重于政治,担心佛徒增多影响国家税收与劳役。僧人法琳撰《破邪论》加以驳斥,得到虞世南支持,高祖对傅奕上书予以搁置。后来傅奕多次上书,在贞观年间掀起新的反佛风潮,不过太宗仍未接受,只是略给佛教以检束。

中唐时期儒者群体中保守主义的典型代表是韩愈。韩愈是唐宋文学八大家之一,他倡导的古文复兴运动和所撰的一系列散文都取得很高成就,影响深远。他有感于儒学创造力下降和佛老兴盛,便举起复兴儒学大旗,提倡承继儒家道统,力排佛老,写下《原道》、《原性》、《原毁》、《论佛骨表》等文,启动了一场包含思想理论和语言文学双重内容的新的社会文化运动,得到后世文人高度评价。如宋代苏轼称颂他"匹夫而为百世师,一言而为天下法","文起八代之衰,而道济天下之溺,忠犯人主之怒,而勇夺三军之帅"②。韩愈明确提出"儒家道统",推尊孟子和《大学》,对宋代道学的诞生有重要启示作用。他的《师说》乃中国教育史名篇,提出师责是"传道、授业、解惑",和"弟子不必不如师,师不必贤于弟子"的教学相长之说,流传千古。韩愈虽是杰出的文学家、教育家,却不是深刻的理论家,故苏轼批评他"其论至于理而不精,支离荡佚,往往自叛其说而不知"③。朱熹肯定韩愈"所以自任者不为不重"④,但指出他"平生用力深处,终不离乎文字言语之工"⑤。韩愈理解的先王之道统就是仁义道德,内容是"其文:《诗》、《书》、《易》、《春秋》。其法:礼、乐、刑、政。其民:士、农、工、贾。其位:君臣、父子、师友、宾主、昆弟、夫妇。其服:麻丝。其

---

①　(南朝梁)僧祐、(唐)道宣:《弘明集·广弘明集》,上海古籍出版社1991年版,第166—167页。

②　马其昶校注:《韩昌黎文集校注》,上海古籍出版社1986年版,第758、759页。

③　(宋)苏轼:《苏轼文集》,顾之川校点,岳麓书社2000年版,第73页。

④　(唐)韩愈,(宋)廖莹中集注:《东雅堂昌黎集注》,上海古籍出版社1993年版,第280页。

⑤　(唐)韩愈,(宋)廖莹中集注:《东雅堂昌黎集注》,上海古籍出版社1993年版,第280页。

居:宫室。其食:粟米、果蔬、鱼肉"①。他所原之道乃是宗法等级社会秩序和生活方式,虽然简明,却有强烈的贵族气息,因为平民难能居宫室、食鱼肉,而且"民不出粟米麻丝、作器皿、通货财、以事其上,则诛"②,突出了权贵的尊优,失却了民本的精义,偏离了孔孟之道方向。时当安史之乱后的唐朝,不复有贞观、开元气象,宪宗皇帝佞佛,韩愈反佛,皆陷于两端之举。元和十四年,宪宗使人从凤翔法门寺迎佛骨入宫供养三天,掀起全国佛教狂热,有焚顶烧指者,有断臂脔(切割)身以为供养者。于是韩愈上《谏迎佛骨表》,谓"佛本夷狄之人",不合先王之道,佛教造成前代"乱亡相继,运祚不长","事佛求福,乃更得祸",百姓不惜身命、弃其生业,混乱秩序,认为佛骨乃"枯朽之骨,凶秽之余",不宜敬奉,建议"以此骨付之有司,投诸水火",如此可"永绝根本,断天下之疑,绝后代之惑",并表示"佛如有灵能作祸祟,凡有殃咎,宜加臣身;上天鉴临,臣不怨悔"③。韩愈语言激切,触怒宪宗,几陷死罪,赖亲贵说情,被远贬潮阳为刺史,遂有"一封朝奏九重天,夕贬潮阳路八千"④之诗。韩愈写有《进学解》,立志"觝排异端,攘斥佛老"⑤,后来在《与孟尚书书》中重申排佛立场,担心佛教之兴"而圣贤之道不明,则三纲沦而九法斁,礼乐崩而夷狄横"⑥,认为"释老之害,过于杨墨"⑦。韩愈缺乏儒家文化的自信,而看不到儒佛互补的前景,甚至在《原道》中提出"人其人,火其书,庐其居"⑧的用行政强制手段消灭

---

① (唐)韩愈,(宋)廖莹中集注:《东雅堂昌黎集注》,上海古籍出版社 1993 年版,第 188 页。

② (唐)韩愈,(宋)廖莹中集注:《东雅堂昌黎集注》,上海古籍出版社 1993 年版,第 187 页。

③ 以上引文见马其昶校注:《韩昌黎文集校注》,上海古籍出版社 1986 年版,第 613—616 页。

④ (唐)韩愈,(宋)廖莹中集注:《东雅堂昌黎集注》,上海古籍出版社 1993 年版,第 178 页。

⑤ 马其昶校注:《韩昌黎文集校注》,上海古籍出版社 1986 年版,第 45 页。

⑥ (唐)韩愈,(宋)廖莹中集注:《东雅堂昌黎集注》,上海古籍出版社 1993 年版,第 280 页。

⑦ (唐)韩愈,(宋)廖莹中集注:《东雅堂昌黎集注》,上海古籍出版社 1993 年版,第 281 页。

⑧ (唐)韩愈,(宋)廖莹中集注:《东雅堂昌黎集注》,上海古籍出版社 1993 年版,第 188 页。

佛教的极端政策,虽然未被采用,却留下了负面的阴影。韩愈反佛不能助推儒学真正复兴,他自己也未能坚守排佛立场。在潮州与大颠和尚密切来往,写信称赞其"所示广大深迥,非造次可谕"、"论甚宏博"①。他还与僧人元惠、灵师、文畅、元十八、令纵等有诗相赠,赞扬他们有风采,为文清越。可见韩愈的个人精神生活仍然在不知不觉中接受了佛教文化的熏陶。

二、柳宗元、李翱融佛补儒

太宗之后诸帝大都承袭了三教并重、多教共存的文化政策而有波动。武则天偏重佛教,但令人撰写《三教珠英》,朝廷遇有大典,常令三教代表人物上殿,宣讲各自经典。唐德宗生辰令三教讲论,其程式是:"初若矛盾相向,后类江海同归。"②政府明令禁止佛道互相攻击,推动了三教合流的趋势和三教兼习的风气。至于唐武宗佞道灭佛,唐末五代周世宗灭佛,乃是偏离中华主脉的政治极端行为,重蹈北魏太武帝、北周武帝的暴政之潭,无益国治,有害文教,很快被历史抛弃。

儒学要创新发展,不能靠排斥佛老;相反,必须吸纳佛老而又超之。唐代有这样初步文化自觉的人,便是与韩愈同时的柳宗元。韩、柳同为古文复兴运动前驱,同是中国文学巨匠,同是儒者,又有深厚友情。但二人政见不同,柳宗元参与永贞革新,韩愈反对永贞革新。韩愈激烈反佛,柳宗元则纳佛补儒。柳氏以儒家圣贤之道安身立命,他在《寄许京兆孟容书》中说,自己的素志是"勤勤勉励,唯以中正信义为志,以兴尧舜孔子之道,利安元元为务"③。他在《报袁君陈秀才避师名书》中表示,"文以行为本,在先诚其中;其外者当先读六经,次《论语》、孟轲书,皆经言","其归在不出孔子"④。但柳氏的闻道求学有大家气度,能包纳三教与百家而贯通之,只是不信长生。他重视老庄诸子,谓

---

① (唐)韩愈,(宋)廖莹中集注:《东雅堂昌黎集注》,上海古籍出版社1993年版,第500页。
② (宋)钱易:《南部新书》,黄寿成点校,中华书局2002年版,第16页。
③ (唐)柳宗元:《柳河东全集》,中国书店1991年版,第320页。
④ (唐)柳宗元:《柳河东全集》,中国书店1991年版,第362页。

"余观老子,亦孔氏之异流也,不得以相抗。又况杨墨申商、刑名纵横之说……皆有以佐世"①,"庄周言天曰自然,吾取之"。柳氏尤喜佛法并研思有得,曾说:"吾自幼好佛,求其道积三十年。"②他中青年参政时多用儒家,在政治上遭受挫折以后,其亲佛情怀复又浓烈,说:"予策名二十年,百虑而无一得,然后知世所谓道,无非畏途,唯出世间法可尽心尔"③,喜读佛典,乐与僧人交游,因是而有《曹溪》、《南岳》诸碑之作。他对佛教及佛儒关系有深度理性的见解,其论可概括为以下几点。

第一,柳氏认为佛教有正宗,有流失,诸派纷陈,而道归于一。所作《龙安海禅师碑》指出:佛法东渐,"传道益微,而言禅最病。拘则泥乎物,诞则离乎真,真离而诞益胜。故今之空愚失惑纵傲自我者,皆诬禅以乱其教,冒于嚣昏,放于淫荒"④。他引禅师之言:"由迦叶至师子,二十三世而离,离而为达摩。由达摩至忍,五世而益离,离而为秀为能,南北相訾,反戾斗狠,其道遂隐。"⑤他赞成龙安海禅师"吾将合焉"的做法,以龙树、马鸣之道为准绳,调和南北两派,"咸黜其异,以蹈乎中,乖离而愈同,空洞而益实"⑥。他在《送琛上人南游序》中提出,佛法备于经论,"法之至莫尚乎《般若》,经之大莫极乎《涅槃》,世之上士,将欲由是以入者,非取乎经论则悖矣"⑦,若弃经论而修禅,必"流荡舛误,迭相师用,妄取空语而脱略方便,颠倒真实,以陷乎己,而又陷乎人"⑧,故应禅教并重。他对于禅宗、天台宗、律宗、净土宗皆一体尊重,认为各有特色,称赞正信正行和会同归真的高僧大德。

第二,柳氏用"体用"统一的观点看待佛法与众多教派的关系,进而看待佛法与俗事的关系。《送巽上人赴中丞叔父召序》赞扬巽上人佛法造诣高深,

① (唐)柳宗元:《柳河东全集》,中国书店 1991 年版,第 281、36 页。
② (唐)柳宗元:《柳河东全集》,中国书店 1991 年版,第 284 页。
③ (唐)柳宗元:《柳河东全集》,中国书店 1991 年版,第 285 页。
④ (唐)柳宗元:《柳河东全集》,中国书店 1991 年版,第 68 页。
⑤ (唐)柳宗元:《柳河东全集》,中国书店 1991 年版,第 68 页。
⑥ (唐)柳宗元:《柳河东全集》,中国书店 1991 年版,第 69 页。
⑦ (唐)柳宗元:《柳河东全集》,中国书店 1991 年版,第 287 页。
⑧ (唐)柳宗元:《柳河东全集》,中国书店 1991 年版,第 287 页。

"穷其书,得其言,论其意,推而大之,逾万言而不烦;总而括之,立片辞而不遗"①,不像一些章句学家"言至虚之极则荡而失守,辩群有之伙则泥而皆存"②。他在《永州龙兴寺修净土院记》中再次称颂巽上人,云其"修最上乘,解第一义。无体空折色之迹,而造乎真源;通假有借无之名,而入于实相。境与智合,事与理并"③。天台宗标榜佛法以一大事因缘出现于世,禅宗强调平常心即道、即事修行、即境开悟,形成人间佛教传统,成为后来中国佛教的主流。这种佛法不离人伦日用、真谛与俗谛圆融无碍的观点,是印度佛教与中国儒学融合的理论基础,也是柳宗元调和佛儒的指导思想。

第三,柳氏明确主张儒佛可以会通互补,不赞成韩愈为崇儒而排佛。《送僧浩初序》专驳韩愈反佛言论。韩愈指斥柳宗元"嗜浮图言"、"与浮图游"④,柳氏坦诚自信地回答:"浮图诚有不可斥者,往往与《易》、《论语》合,诚乐之,其与性情奭然,不与孔子异道","虽圣人复生,不可得而斥也"⑤。柳氏批评韩愈斥佛为夷教之说,"果不信道而斥焉以夷,则将友恶来、盗跖,而贱季札、由余乎? 非所谓去名求实者矣"⑥。世俗之人往往争位争名争利,有正信的僧人"不爱官,不争能,乐山水而嗜闲安者为多。吾病世之逐逐然唯印组为务以相轧也,则舍是其焉从?"⑦他感伤、厌恶、官场的倾轧钻营,而在高雅清越的学僧那里找到了知音。他赞赏浩初"闲其性,安其情,读其书,通《易》、《论语》,唯山水之乐,有文而文之;又父子咸为其道,以养而居,泊焉而无求,则其贤于为庄、墨、申、韩之言,而逐逐然唯印组为务以相轧者,其亦远矣"⑧。

第四,柳氏会通儒佛的具体论点。《送文畅上人登五台遂游河朔序》赞成上人"统合儒释",并有"真乘法印与儒典并用"⑨之语。但如何会通儒佛,柳

① (唐)柳宗元:《柳河东全集》,中国书店1991年版,第284页。
② (唐)柳宗元:《柳河东全集》,中国书店1991年版,第284页。
③ (唐)柳宗元:《柳河东全集》,中国书店1991年版,第311—312页。
④ (唐)柳宗元:《柳河东全集》,中国书店1991年版,第285页。
⑤ (唐)柳宗元:《柳河东全集》,中国书店1991年版,第285页。
⑥ (唐)柳宗元:《柳河东全集》,中国书店1991年版,第285页。
⑦ (唐)柳宗元:《柳河东全集》,中国书店1991年版,第285页。
⑧ (唐)柳宗元:《柳河东全集》,中国书店1991年版,第285页。
⑨ (唐)柳宗元:《柳河东全集》,中国书店1991年版,第283页。

氏语焉不详。其观点散见于论、序、记、碑之中,概括起来有以下几点。一是两家皆以孝道为重,《送元暠师序》说元暠求仁者帮助归葬其先人,又说:"释之书有《大报恩》十篇,咸言由孝而极其业。世之荡诞慢诡者,虽为其道而好违其书,于元暠师,吾见其不违且与儒合也。"① 二是佛学讲生静性善,与儒学相合。《曹溪第六祖赐谥大鉴禅师碑》认为,人性在争斗中"悖乖淫流,莫克返于初","而吾浮图说后出,推离还源,合所谓生而静者"②,大鉴禅师"其教人,始以性善,终以性善,不假耘锄,本其静"③,而《乐记》讲"人生而静,天之性也"④,孟子讲性善,故佛儒相通。三是佛法与《易》皆广大包容。《送玄举归幽泉寺序》曰:"佛之道,大而多容,凡有志乎物外而耻制于世者,则思入焉"⑤,这与《易》"范围天地之化而不过,曲成万物而不遗,通乎昼夜之道而知,故神无方而《易》无体"⑥ 是一致的。四是儒佛与诸家各有所长而有益于世。《送元十八山人南游序》认为孔老诸子"皆有以佐世"⑦,儒佛佐世的功能在劝善化俗。五是僧人从道不随俗,精神高雅,与道家求自由自得及儒家重仁义轻富贵、安贫乐道的思想相合。如元十八"不以其道求合于世,常有意乎古之'守雌'者"⑧,又如文郁"力不任奔竞,志不任烦挐,苟以其所好,行而求之而已尔"⑨。但柳宗元毕竟不是儒学的思想家,他看到了复兴儒学必须会通佛老的方向,却未能开出新儒学的新成果。

刘禹锡也是儒佛会通论者,其《袁州萍乡县杨岐山故广禅师碑》比较了儒佛两家各自的优势:"素王(孔子)立中枢之教,懋建大中;慈氏(释迦牟尼)起西方之教,习登正觉",两家"辕轮异象,至远也同功"。不过"儒以中道御群生,罕言性命,故世衰而寝息;佛以大慈救诸苦,广启因业,故劫浊而益尊"。

① (唐)柳宗元:《柳河东全集》,中国书店1991年版,第286页。
② (唐)柳宗元:《柳河东全集》,中国书店1991年版,第64页。
③ (唐)柳宗元:《柳河东全集》,中国书店1991年版,第65页。
④ 《礼记》:崔高维校点,辽宁教育出版社2000年版,第126页。
⑤ (唐)柳宗元:《柳河东全集》,中国书店1991年版,第288页。
⑥ 宋祚胤注译:《周易》,岳麓书社2000年版,第322页。
⑦ (唐)柳宗元:《柳河东全集》,中国书店1991年版,第281页。
⑧ (唐)柳宗元:《柳河东全集》,中国书店1991年版,第281页。
⑨ (唐)柳宗元:《柳河东全集》,中国书店1991年版,第288页。

佛教有儒学所不及之处，即"革盗心于冥昧之间，泯爱缘于死生之际，阴助教化，总持人天。所谓生成之外，别有陶冶，刑政不及，曲为调柔，其方可言，其旨不可得而言也"①。他看到了佛教有"阴助教化"之功用，比韩愈的见识高出一筹。

李翱是韩愈的学生、著名散文家，是一位忠实的儒家信徒，认为六经之旨是"列天地，立君臣，亲父子，别夫妇，明长幼，浃朋友"②。但他不像韩愈那样只强调臣民对君王的服从和奉献，而十分关注民生疾苦，上书建言用忠臣、摒邪佞、改税法、绝进献、宽租赋、厚边兵、开言路。《平赋书》指出：政权最大危机是"百姓之视其长上如仇雠"，"自古之所以危亡未有不由此者也"③。李翱在思想史上最大的贡献是援佛入儒，写下了《复性书》上、中、下三篇，创作出儒佛结合的理论新成果。《复性书》以孟子性善说和《中庸》性命说为依据，吸收禅宗"见性成佛"、"无念为宗"的思想，建造了自己的性情论和修身论。李翱认为，《中庸》是"性命之书"，其"天命之谓性"揭明性命之源。以人性而言，"人之性皆善"，"百姓之性与圣人之性弗差"，"桀纣之性犹尧舜之性"④。那么世上何以有善恶之异、圣凡之别呢？原因在于一般人之善性受到七情的迷惑，得不到展现："人之所以惑其性者，情也。喜、怒、哀、惧、爱、恶、欲七者，皆情之所为也。情既昏，性斯匿矣。"⑤要想超凡成圣，不必外求，只需去情复性就是了。这就是《复性书》的宗旨。李氏这一说法与儒学正统有异。《中庸》云："喜怒哀乐之未发，谓之中；发而皆中节，谓之和。"⑥朱熹《中庸集注》认为："其未发，则性也，发皆中节，情之正也。"⑦《毛诗序》说："发乎情，止乎礼义。"⑧都认为要节情于礼义，而不是去情。而李翱《复性书》基本上从负面

---

① 以上引文见（清）董诰等编：《全唐文》第 3 册，上海古籍出版社 1990 年版，第 2730 页。
② （清）董诰等编：《全唐文》第 3 册，上海古籍出版社 1990 年版，第 2840 页。
③ （清）董诰等编：《全唐文》第 3 册，上海古籍出版社 1990 年版，第 2852 页。
④ （清）董诰等编：《全唐文》第 3 册，上海古籍出版社 1990 年版，第 2850、2851 页。
⑤ （清）董诰等编：《全唐文》第 3 册，上海古籍出版社 1990 年版，第 2849 页。
⑥ 《礼记》：崔高维校点，辽宁教育出版社 2000 年版，第 186 页。
⑦ （宋）朱熹注：《中庸集注》，上海古籍出版社 1987 年版，第 1 页。
⑧ 李壮鹰主编：《中国古代文论》，高等教育出版社 2001 年版，第 24 页。

论情,"情者,妄也,邪也"①,其所谓性相当于佛性,其所谓情相当于无明,其所谓复性相当于见性成佛。复性之道在于"视听言行,循礼法而动","忘嗜欲而归性命之道","弗虑弗思,情则不生",然后"知本无有思,动静皆离,寂然不动",又"广大清明,照乎天地,感而遂通天下"②,这就是《中庸》说的"至诚"境界。从《复性书》可以看出,李翱的人生价值追求还是儒家的,目标是"制作参乎天地,变化合乎阴阳"③,而在精神境界的提升上,他把《中庸》的"致广大而尽精微"④与禅宗的无念、无住、无相结合起来,用破斥世情的方法来呈现佛性,虽然理论上还未能建起儒家心性论的大厦,可是已经着手采取以儒融佛的方式,转换学术的时代主题(从天人论到心性论),为宋明新儒家的出现开辟道路。

概而言之,韩愈的作用是倡导儒学复兴的新思潮而未找到恰当途径,柳宗元的作用是指明儒学复兴必须走会通佛学之路却无可观成果,李翱的作用是进行以儒融佛的尝试并有创新性论著。韩愈阐扬《大学》,柳宗元阐扬《论语》,李翱阐扬《中庸》,韩、李共同推尊孟子,他们为宋明道学调整经典先后、凸显四书做了先期准备。

第三节　道教的兴盛和理论创新

一、皇室崇道

道教在隋唐时期呈现蓬勃发展态势,其内在原因是它在魏晋南北朝的文化积累及三教会通于此时产生质的飞跃,其外在原因便是隋唐帝国的大力扶持。隋唐诸帝三教并信,使道教有很大生存空间。隋文帝实行代周之际,得到道士张宾的帮助,重用其为华州刺史,道士焦子顺、董子华等亦被擢拔,其建国年号"开皇"采自道经。隋炀帝为求长生,宠信道教,对道士王远知执弟子礼,

---

① (清)董诰等编:《全唐文》第3册,上海古籍出版社1990年版,第2851页。
② 以上引文见(清)董诰等编:《全唐文》第3册,上海古籍出版社1990年版,第2850页。
③ (清)董诰等编:《全唐文》第3册,上海古籍出版社1990年版,第2850页。
④ 《礼记》:崔高维校点,辽宁教育出版社2000年版,第191页。

置玉清玄坛以处之。又依嵩山道士潘诞为之合炼金丹,造嵩阳观,耗费巨资,后发现上当才将其处死。

唐代皇帝于三教中尤崇道教,重要原因是道教所尊教主老子李耳,与李唐皇室同姓,皇家视李耳为皇族始祖,以此神化李氏家族,巩固执政地位。早在唐高祖武德年间,便有此种神话流传于世。《唐会要》卷五十载:"武德三年五月,晋州人吉善行于羊角山,见一老叟乘白马朱鬣,仪容甚伟,曰:'谓吾语唐天子,吾汝祖也,今年平贼后,子孙享国千岁。'高祖异之,乃立庙于其地。"①武德七年,高祖赴终南山谒老子庙。武德八年于终南山造太和宫。武德九年下诏裁抑佛道,而以汰佛为主,肯定老子垂化、贵冲虚、志无为之精神,只是禁止道士"驱驰世务"。

唐太宗为秦王时,道士王远知以符命祝其为天子。及太宗即位,指导思想很明确:依儒家治国理政,建设礼仪制度;用道教佛教协助儒家推行道德教化,安抚民心。由于道教源自老子,他在佛与道之间更注重道教。太宗于贞观十一年下诏书说:"老君垂范,义在清虚;释迦贻则,理存因果",皆有益于弘扬风教;而两相比较,道教更为重要,"然大道之兴,肇于邃古,源出无名之始,事高有形之外,迈两仪而运行,包万物而亭育,故能经邦致治,反朴还淳";可是自佛教西来,崇信者益多,道教反被冷落,"滞俗者闻玄宗(道教)而大笑,好异者望真谛而争归,始波涌于闾里,终风靡于朝廷",这种状态要改变;大唐之建有赖道教,今"鼎祚克昌,既凭上德之庆,天下大定,亦赖无为之功,宜有解张,阐兹玄化"②,因此规定:"自今以后,斋供行立,至于称谓,道士女冠可在僧尼之前,庶敦反本之俗。"贞观十五年,太宗与弘福寺僧人论佛道先后,说明道教在前的缘由是"以老君是朕先宗,尊祖重亲,有生之本,故令在前"③,并不是轻视佛教,故曰:"今李家据国,李老在前;若释家治化,则释门居上。"④他承认佛教

①　(宋)王溥:《唐会要》(上),上海古籍出版社 2006 年版,第 1013 页。
②　以上引文见《令道士在僧前诏》,《太宗》三,《全唐文》卷六,中华书局 1983 年版。
③　(唐)释道宣:《佛道论衡》卷丙《文帝幸弘福寺立愿重施叙佛道先后事第八》,大正新修大藏经本,第 40 页。
④　(唐)释道宣:《佛道论衡》卷丙《文帝幸弘福寺立愿重施叙佛道先后事第八》,大正新修大藏经本,第 41 页。

的教化作用在道教之上。

唐高宗于乾封元年亲赴亳州参拜老子庙,追加老子尊号为"太上玄元皇帝"。武则天登基后尊佛抑道,削去老子尊号,以淡弱李唐的神学光环。及中宗复大唐国号,一依高宗故事,恢复老子尊号。

唐玄宗李隆基最崇道教,道教因之达到鼎盛。他下诏在两京及各州遍立老子庙,据《唐六典》载,开元年间"凡天下观总一千六百八十七所"①。他不断追加老子封号,至天宝十三年,尊为"大圣祖高上大道金阙玄元天皇大帝"。他加封真人真经,天宝元年置崇玄庙,追号庄子为南华真人,文子为通玄真人,列子为冲虚真人,庚桑子为洞虚真人,四真人所著书分别改称《南华真经》、《通玄真经》、《冲虚真经》、《洞虚真经》,两京崇玄学各置博士助教一员、学生百人,道学正式进入官学。他优礼高道,开元九年遣使迎茅山道士司马承祯入京,亲受道教法箓;天宝年间召道士吴筠入京,敕待诏翰林。其间公主嫔妃纷纷入道,睿宗二女出家为女冠,封道号金仙、玉真,玄宗宠妃杨玉环度为太真宫女道士,号太真。唐玄宗崇道与太宗不同,不只是政治需要,还有个人内心虔诚信仰,他亲自为《道德真经》作注,并将其列为诸经之首,颁布天下,令士庶皆习,用老子之道修身治国。《唐明皇再诏下太上老君观》说:"道德者百家之首,清净者万化之源,务本者立极之要,无为者太和之门"②,"夫使天下万姓,饮淳德,食太和,靡然回心而向道,岂予寡薄独能致此?"③"往年布令各家藏《道德》,冀德立而风靡,道存而用,则朕之存祖业,尚家书,出门同人,无愧于天下矣。"④"出门同人"见《周易·同人》卦《象辞》,意谓社会交往无所偏私。玄宗相信老子的《道德经》能够在治国理政和教化民风中起主导作用,这就过度了。开元中,玄宗发使搜访道经,纂成《三洞琼纲》,总计3744卷(一说5700卷),名为"开元道藏",为道教史上第一部道书总集。

唐武宗崇道走向偏执:一是醉心于法箓炼丹,追求个人长生,待道士赵归

① (唐)李林甫:《唐六典》,中华书局1992年版,第125页。
② (清)董诰等编:《全唐文》第1册,上海古籍出版社1990年版,第148页。
③ (清)董诰等编:《全唐文》第1册,上海古籍出版社1990年版,第148页。
④ (清)董诰等编:《全唐文》第1册,上海古籍出版社1990年版,第148页。

真以师礼,为之大修法箓道场,学神仙之术,结果服食金丹中毒而死;二是以道排佛,用政权强力手段,勒令数十万僧人还俗,大量拆毁寺庙,并旁及其他宗教,违背中华中和之道,留下一份不良历史记录。

二、道教清修派著名道士

唐代出现了一批文化素养较高的道教学者,不攀附权贵,亦不避世自好,而是以老庄哲学为指导,致力于道教义理研究,吸收儒学与佛学,融会三教,轻符箓科教,重清修养生,使道教文化向高层次方向推进。

(一)孙思邈

唐代著名道教学者和道医学家,陕西人。《旧唐书》本传称他"弱冠善谈庄老及百家之说,兼好释典"[1],"学殚数术,高谈正一"[2],以其医术高明、热心治病救人,被后世尊为药王。唐太宗、高宗授其爵位官职,固辞不受。著有:《千金方》、《福禄论》、《摄生真录》、《枕中素书》、《会三教论》、《保生铭》、《存神炼气铭》等。其医学理论以阴阳五行、天人一体为基石,谓:"天有四时五行","人有四支五藏","阳用其形,阴用其精,天人之所同也";"良医导之以药石,救之以针剂,圣人和之以至德,辅之以人事,故形体有可愈之疾,天地有可消之灾"[3]。他的治病养生之道强调节欲适作,以德济养,药石与针剂配合,合乎情理,而不相信金丹能使人飞升成仙,只把炼丹作为制药的手段。

(二)王玄览

广汉绵竹人,号洪元先生,在武则天执政时去世,主要著作为《玄珠录》,其道论有佛道融合的鲜明色彩。依据《道德经》,他将大道分为"可道"与"常道":可道生万物,万物有生死;常道生天地,天地能长久,而可道与常道又统一不可分。他认为人皆有"道性",故众生非道而能得道,"道中有众生,众生中有道"[4],众生如何得道? 在于修炼心识。他用佛教法相宗"万法唯识"来

① (唐)张读:《宣室志》,张永钦、侯志明点校,中华书局1983年版,第153页。
② (唐)张读:《宣室志》,张永钦、侯志明点校,中华书局1983年版,第154页。
③ (唐)张读:《宣室志》,张永钦、侯志明点校,中华书局1983年版,第155页。
④ 朱林溥:《玄珠录校释》,巴蜀书社1989年版,第79页。

解说修道之要:首先肯定心生诸法,"心生诸法生,心灭诸法灭,若证无心定,无生亦无灭"①;然后用"体用"解释清净与众生,"识体是常是清净,识用是变是众生"②;再进而阐明修道之途就是"修变求不变,修用以归体"③,从而得到不死清净之真体,便是超凡得道之人。

(三)司马承祯

唐代道教思想领军人物,河内温县人,法号道隐,自号白云子。其道教义理上承茅山宗陶弘景,师事潘师正,致力于道法创思,作道书多种,其中以《坐忘论》、《天隐子》为最重要。一生经历武后至玄宗数朝,数次受召见不以术数而以道德答问。《旧唐书》本传记载,睿宗向他问以阴阳术数之事,司马承祯答曰:"《道经》旨:'为道日损,损之又损,以至于无为',且心目所见者,每损之尚未能已,岂复攻乎异端,而增其智虑哉?"④并申无为理国之道。死后谥贞一先生。

司马承祯之学以老庄为主体,吸收佛家止观学说,儒家正心诚意之说,阐发"主静"、"坐忘"的养生修真理论。《坐忘论》认为人心原"以道为本"⑤,但"心神被染,蒙蔽渐深,流浪已久,遂与道隔"⑥,因而要修道,净除心垢,"使道与生相守,生与道相保,二者不可相离,然后乃长久"⑦。修真之要在于"安坐收心离境,住无所有,不著一物,自入虚无,心乃合道"⑧,此即是"坐忘","坐忘者,何所不忘哉?内不觉其一身,外不知乎宇宙,与道冥一,万虑皆遗"⑨。《天隐子》也讲"彼我两忘",提出修道步骤为五:"一曰斋戒,二曰安处,三曰存思,四曰坐忘,五曰神解"⑩,总为"神仙之道,五归一门"⑪。又提出修道七阶

---

① 朱林溥:《玄珠录校释》,巴蜀书社1989年版,第95页。
② 朱林溥:《玄珠录校释》,巴蜀书社1989年版,第117页。
③ 朱林溥:《玄珠录校释》,巴蜀书社1989年版,第117页。
④ (五代)刘昫:《旧唐书》,中华书局1999年版,第3487页。
⑤ 《道藏》第22册,天津古籍出版社1988年版,第893页。
⑥ 《道藏》第22册,天津古籍出版社1988年版,第893页。
⑦ (宋)张君宝纂辑,蒋力生等校注:《六笈七签》,华夏出版社1996年版,第567页。
⑧ 《道藏》第22册,上海古籍出版社1988年版,第893页。
⑨ 《道藏》第22册,上海古籍出版社1988年版,第892页。
⑩ (唐)司马承祯:《天隐子》,中华书局1985年版,第4页。
⑪ (唐)司马承祯:《天隐子》,中华书局1985年版,第10页。

次：敬信、断缘、收心、简事、真观、泰定、得道。它又把五渐门、七阶次概括为"三戒"："一曰简缘，二曰无欲，三曰静心"①，谓勤行三戒，道将自来。显然，"坐忘"、"静心"、"神解"来自庄子，"断缘"、"无欲"来自佛法。司马承祯的佛道结合的静心、坐忘理论为后世清修派所遵循，其修道之论与外丹、符箓不同，更侧重于老庄道家哲学的自然无为学说。

（四）吴筠

华州华阴人，师事潘师正，传上清经法。《旧唐书》本传记其曾受玄宗召见，玄宗令其待诏翰林，问以道法，吴筠对曰："道法之精无如五千言，其诸枝词蔓说，徒费纸札耳。"②又问神仙修炼之事，对曰："此野人之事，当以岁月功行求之，非人主之所宜适意"③，更像道家之士。著《玄纲论》、《神仙可学论》等书，力图将神仙信仰与老庄之学相结合。《玄纲论》说："或问曰：'道之大旨，莫先乎老庄，老庄之言，不尚仙道，而先生何独贵乎仙者也？'愚应之曰：'何谓其不尚乎？……老子曰：深根固蒂，长生久视之道。又曰：谷神不死。庄子曰：千载厌世，去而上仙，乘彼白云，至于帝乡。又曰：故我修身千二百岁，而形未尚衰。又曰：乘云气，驭飞龙，以游四海之外。又曰：人皆尽死，而我独存。又曰：神将守形，形乃长生。斯则老庄之言长生不死神仙明矣，曷谓无乎！'"④老庄之学，确有神仙思想，吴筠言之不谬。不过老庄重心在追求精神超越和自由，而不特别强调长生成仙。道教徒既认同老庄尊道贵德的哲学，又着力于发挥扩展其中的神仙向往，用以论证神仙实有、可致，这是道教的本色。吴筠不赞成佛教重神轻形，主张形神相守，从炼形入手，进而炼性和炼神，"虚凝淡泊怡其性，吐故纳新和其神，高虚保定之，良药匡辅之"⑤，达到"体与道冥"⑥的状态，便可长生成仙。这其中已有内丹理论的要素。

---

① 《道藏》第 22 册，上海古籍出版社 1988 年版，第 897 页。
② （后晋）刘昫：《旧唐书》，中华书局 1999 年版，第 3488 页。
③ （后晋）刘昫：《旧唐书》，中华书局 1999 年版，第 3488 页。
④ 《道藏》第 23 册，天津古籍出版社 1988 年版，第 680—681 页。
⑤ （宋）张君宝纂辑，蒋力生等校注：《云笈七签》，华夏出版社 1996 年版，第 564 页。
⑥ （宋）张君宝纂辑，蒋力生等校注：《云笈七签》，华夏出版社 1996 年版，第 563 页。

（五）杜光庭

唐末五代道士，赐号广成先生、传真天师。学问渊博，著《道门科范大全集》，集以往道教斋醮仪规之大成。著《道德真经广圣义》，纳儒入道，说："载仁伏义，抱道守谦，忠孝君亲，友悌骨肉，乃美之行也。"①他兼综儒、佛、道，其《说常清净经注》论修炼方法，要求灭"三毒"、断华饰、远滋味、绝淫欲、守三元（上元泥丸脑宫，中元心府绛宫，下元气海肾宫），再进而"炼阴为阳，炼凡成圣"，表现出向内丹学的过渡。

三、道教理论的重大创新——重玄学的建立

道教的创立是老庄哲学的神学化和教规化，追求肉体长生和消灾祈福，于是丹鼎和符箓大兴。魏晋以降，一些清修之士吸收儒家修身养性之说，又摄纳佛教般若学和佛性论的营养，用老庄哲学和玄学加以融通，形成道性论和精神解脱之道，认为长生成仙并非肉体长存、兼有神通，而是身心能够摆脱一切拖累烦恼，获得无限的安宁，出现南朝《升玄内教经》、隋朝《玄门大义》、《本际经》，集中阐发老子"玄之又玄"的义理，正式使用"重玄"概念。至唐初形成特色理论形态，便是重玄学。

（一）成玄英的重玄学

成玄英是唐初著名道教学者，陕州人。《新唐书·艺文志》称，成玄英注《老子道德经》二卷，又有《道德经开题序诀义疏》七卷，注《庄子》三十卷，《疏》十二卷。其重玄学最成熟并对后世产生重大影响者当推《庄子疏》。成玄英在《道德经开题序诀义疏》中回顾重玄学的历史，认为历代解老诸家虽各有所得，但皆不如晋世孙登"托重玄以寄宗"为正。他主张："宜以重玄为宗，无为为体。所言玄者，深远之名，亦是不滞之义；言至深至远，不滞不著，既不滞有，又不滞无；岂唯不滞于滞，亦乃不滞于不滞，百非四句，都无所滞，乃曰重玄。故经云：玄之又玄，众妙之门。"②"百非四句"乃佛教三论宗关于"破执"

---

① （汉）河上公、（唐）杜光庭等注：《道德经集释》（下），中国书店2015年版，第598页。
② 蒙文通辑校：《道书辑校十种》，巴蜀书社2001年版，第551页。

要有无"双遣",不落两边而显中道之义,不仅"执着"要破除,"不执着"也要破除,真正做到顺任自然。成玄英用佛家哲思把老子玄之又玄的义理深化了。成玄英的重玄学要点如下。

第一,将老子的大道论引向庄子的境界说。《庄子疏序》说:"夫《庄子》者,所以申道德之深根,述重玄之妙旨,畅无为之恬淡,明独化之窈冥,钳揵九流,囊括百氏,谅区中之至教,实象外之微言者也。"他认为正是庄子揭示了老子重玄宗旨,乃是一种主客合一的境界。

第二,重玄学用佛教双重否定的方式说明大道存在于非有非无的重玄之域。《齐物论疏》说:"夫玄道窈冥,真宗微妙,故俄而用,则非无而有无;用而体,则有无非有无也。是以有无不定,体用无恒。"①《秋水疏》说:"道者,虚通之妙理"②,大道乃是构通万事万物的微妙之妙理,虽非万物而万物赖之以存。

第三,重玄学认为修道的方式要用老子"为道日损"的负方法和庄子"坐忘"的方法来求得,而且还要进一步将"日损"与"坐忘"也遣除。《大宗师疏》提出三绝:"一者绝有,二者绝无,三者非有非无"③,《在宥疏》说:"身心两忘,物我双遣"④,这就把佛与道的修行合一了。

当然,成玄英未离道教本色,肯定性命双修、自然养生,《养生主疏》说:"养生之妙道,依自然之涯分,必不贪生以夭折也。"⑤成玄英的重玄学在深入融会佛道的基础上提升了道教理论的层次,为金元全真道的兴起做了思想准备,他引入"理"的概念说明大道的本质,也启示了宋明理学,故成为中国思想史上的重要人物。但他的重玄学缺乏修证实功,不能满足道教徒炼养的需要,才有尔后钟吕内丹道的兴起。

(二)李荣的重玄学

李荣号任真子,四川绵阳人。年轻于成玄英,是高宗与武则天时期著名道

①　(唐)成玄英疏,(晋)郭象注:《南华真经注疏》,中华书局 1991 年版,第 30 页。
②　蒙文通辑校:《道书辑校十种》,巴蜀书社 2001 年版,第 551 页。
③　刘文典:《庄子补正》,安徽大学出版社 1999 年版,第 204 页。
④　(唐)成玄英疏,(晋)郭象注:《南华真经注疏》,中华书局 1991 年版,第 30 页。
⑤　刘文典:《庄子补正》,安徽大学出版社 1999 年版,第 95 页。

教领袖,建设重玄学的又一功臣。主要作品有《道德经注》和《西升经注》。在《道德经注》中,他首先解说"道德"二字,"道者,虚极之理也",其特征是"清虚无为",故能无所不包,无处不入。接着论述道与德的关系,"通生曰道","畜养曰德",他从生命哲学上阐述大道乃生生之源,德乃养物之功。面对重玄学核心理念的经典名句"玄之又玄,众妙之门",李荣解释说:"道德玄冥,理超于言象;真宗虚湛,事绝于有无"①,故大道玄之又玄。万物由道而生,故道体隐而道用显,道与物不即不离,故在解释"是谓无状之状,无物之象,是谓惚恍"②时说:"从体起用,自寂之动也;自寂之动,语其无也。俄然而有,摄迹归本;言其有也,忽尔而无。忽尔而无,无非定无;恍然而有,有非定有。"③能从动态上把握大道与万物的体用关系,是李荣高于成玄英之处。李荣把重玄之道用在心性修炼上,认为人的本性是清静无为的,便是道性,而感官欲望导致贪财逐名好色,使人丧失道性;故修道要遣情去欲,返本归道。但他强调重玄之道并非一味地破除有为而无为,应当在修道时因乎自然之性,行中和之道。他在解释"无为而无不为"时说:"惑者闻无为,兀然常拱手,以死灰为大道,土块为至心。恐其封执无为,而不能悬解,故云无为而无不为也"④。他在解释"正言若反"句时,反对离俗修道、入于败灭,强调"反俗而合于道","体柔弱之道,则物无不包;悟幽玄之境,则事无不纳"⑤,修道之人既要借玄道遣除有无之别,又要用重玄之道遣除玄道的局限。李荣看到佛家中道义是一服破除俗见和空执的良药,在解释"道冲而用之或不盈"时说:"借彼中道之药,以破两边之病,病除药遣,偏去中忘,都无所有。"⑥在解释"大道废,有仁义"时说:"夫重玄之境,气象不能私,至虚之理,空有未足议。"⑦按李荣的重玄之道,借佛教中道义之药破除俗见空义之病后,则药亦须遣除,即忘却佛家中道义,这

---

① 蒙文通辑校:《道书辑校十种》,巴蜀书社 2001 年版,第 566 页。
② 蒙文通辑校:《道书辑校十种》,巴蜀书社 2001 年版,第 582 页。
③ 蒙文通辑校:《道书辑校十种》,巴蜀书社 2001 年版,第 582 页。
④ 蒙文通辑校:《道书辑校十种》,巴蜀书社 2001 年版,第 629 页。
⑤ 蒙文通辑校:《道书辑校十种》,巴蜀书社 2001 年版,第 663 页。
⑥ 蒙文通辑校:《道书辑校十种》,巴蜀书社 2001 年版,第 570 页。
⑦ 陈鼓应主编:《道家文化研究》第 19 辑,三联书店 2002 年版,第 296 页。

才是重玄之境。李荣既吸收佛学,又超越佛学,既深化老学,又创新老学,在融会佛老提升修道境界上,达到了很高的水平,也是中国式体认思维一个高峰。

在重玄学指导下的道教清修之道,走上一条不同于符箓科教和隐遁避世之路,而要在人间社会里净化心性,通过精神的升华得道成仙。李荣解释"实其腹,弱其志,强其骨"时说:修道之人如能"道实于怀,德充于内","心志柔弱,顺道无违"①,便"得成仙骨"。解释"清静为天下正"时说:圣人"生死无变于己,寒暑未累于身"②。解释"没身不殆"时说:圣人"与天为期,与道同久,终于此身,永无危殆"③。这样的心灵神仙正是唐宋以后主流道教信仰追求的理想。

四、外丹道的昌盛、危机与钟吕内丹道的兴起

在帝王与贵族倡导下,隋唐时期外丹道黄白之术颇盛。烧炼金丹,以求长生,对贵族而言是追求富贵神仙,对道士而言是要证成真道,也有人借此换得尊荣或骗取钱财。隋代开内丹道的道士苏元朗著《宝藏论》,记载炼丹士所用药金药银近30种。唐代是外丹道的"黄金时代":其一,丹道理论有发展,《周易参同契》大受重视,道士从中发挥出自然还丹说(炉鼎仿自然运行而炼就金丹)、用药相类说(配取丹药依据阴阳和合原则)、火候直符说(依据阴阳消长之道交替使用文火武火进阳火退阴符);其二,形成三大外丹流派:金砂派、铅汞派、硫汞派,以硫汞派最发达;其三,用药原料不断增多,有五金(金、银、铜、铁、锡)、四黄(雌、雄、硫、砒)、八石(朱、汞、鹏、硇、硝、盐、矾、胆),还有铅、石英、云母、赭石等,以及动植物药材,达一百五十余种。但外丹道经不起生活实践的检验,除少数人服丹药有治病健身疗效外,大多数服丹无效且中毒而致速死。唐太宗、宪宗、穆宗、敬宗、武宗、宣宗皆因服丹药而被毒死。诸臣如杜伏威、李道古、李抱真等亦同样下场。由此怀疑和否定外丹道逐渐成为强劲社会思潮,有识之士纷起抨击。有些方士借炼丹骗取富贵钱财,也损害了外丹道的

---

① 转引自杨立志、李程:《道教与长江文化》,湖北教育出版社 2005 年版,第 104 页。

② 转引自杨立志、李程:《道教与长江文化》,湖北教育出版社 2005 年版,第 104 页。

③ 转引自杨立志、李程:《道教与长江文化》,湖北教育出版社 2005 年版,第 104 页。

声誉。迨至唐末五代,外丹道便走上衰落。与此同时,道教内部有为之士,依托传统导引、胎息、行气之术,在后起的道教清修派和重玄学影响下,转而探索内丹道的发展途径。

史家认为,隋朝苏元朗是内丹道正式创立者。《罗浮山志》载,元朗居青霞谷,其弟子竞论服灵芝得成仙,元朗笑曰:"灵芝在汝八景中(见《黄庭经》),盍向黄房求诸?"① 乃著《旨道篇》示之,自此道徒始知有内丹。元朗以为"天地久大,圣人象之;精华在乎日月,进退运乎水火。是故性命双修,内外一道"②,于是借外丹术语以喻内丹,"身为炉鼎,心为神室,津为华池"③,天铅、婴儿喻"身中坎",砂汞、姹女喻"身中离",黄婆喻"身中意",黄芽喻"体中脾","自形中之神入神中之性,此谓归根复命"④,称为还丹。

《钟吕传道集》为五代道士施肩吾(号华阳真人)所作,以钟离权和吕洞宾为丹道之祖。钟、吕是民间八仙之二,乃传说中人物。李养正《道教概说》说,钟离权是唐末五代后汉人,吕洞宾是钟离权弟子,号纯阳子,世称吕祖或纯阳祖师,很受后代道教推崇。《钟吕传道集》以天人合一、阴阳五行为炼养理论基础,认为:"纯阴而无阳者,鬼也;纯阳而无阴者,仙也;阴阳相杂者,人也。"⑤人不修道则死而为鬼,修道得纯阳之体则为仙。修道之方在效法自然天道。"天道以乾为体,阳为用,积气在上;地道以坤为体,阴为用,积水在下"⑥,乾坤交而生万物,天地升降交合,运行不已,故长久坚固;人效法之,便要使肾水与心火升降交合,"上下往复,若无亏损,自可延年"⑦。心为离,名曰阳龙,又名朱砂;肾为坎,名曰阴虎,又名铅。心肾交合,龙虎交媾,变出黄芽,得金丹大

---

① 胡宫博物院编:《罗浮山志会编·虎丘山志·虎邱缀英志略》,海南出版社2001年版,第85页。

② 牟钟鉴:《中国道教》,广东人民出版社1996年版,第90页。

③ 胡宫博物院编:《罗浮山志会编·虎丘山志·虎邱缀英志略》,海南出版社2001年版,第85页。

④ 胡宫博物院编:《罗浮山志会编·虎丘山志·虎邱缀英志略》,海南出版社2001年版,第86页。

⑤ (宋)张伯端,(宋)翁葆光等注:《悟真篇集释》,中央编译出版社2015年版,第24页。

⑥ 《钟吕传道集·西山群仙会真记》,高丽杨点校,中华书局2015年版,第52页。

⑦ 《钟吕传道集·西山群仙会真记》,高丽杨点校,中华书局2015年版,第29页。

药,"保送黄庭"①(脾胃之下,膀胱之上),即是采药。配合以调神御气使归丹田,抽铅填汞,即抽肾中之阳补心中之阴,而养胎仙,真气靠河车搬运,于三丹田中反复进行。"金液玉液还丹,而后炼形,炼形而后炼气,炼气而后炼神,炼神合道,方曰道成。"②此外,尚须存想与内观,并以德行相配合,"而外行不备。化玄鹤而凌空,无缘而得"③。以上可知,苏元朗提出"性命双修"的炼养原则,施肩吾提出心肾交媾、抽铅填汞的炼养原理,和炼形、炼气、炼神的炼养步骤,内丹道于是初步形成。其后传之陈抟、张伯端,内丹道更为发达,基本上取代了外丹道。

终唐之世,道教几成国教,对于巩固大唐秩序起了重要积极作用,也造成一些负面后果,主要是外丹道对人生的误导和对健康的危害。从文化和科技上说,唐代道教对医药学、化学、冶炼术、体育、哲学、文学艺术的发展有推动作用。在医药学上,孙思邈《千金方》集以往中医学之大成,其腑脏之论,针艾之法,脉证之辨,食治之宜,妇婴之疾,七窍之痾,五石之毒,备急之方,以及导引、按摩之术,莫不毕精。唐代将陶弘景所注《神农本草经》陆续增为 53 卷,也称《唐新本草》。在化学上,外丹炼养术虽未炼成不死之丹,却积累了关于硫、汞、铅等元素的知识,特别是硫与汞的分解、化合、提纯已有较高技术。火药的发明,前此已有实验,唐代《真元妙道要略》则有制造火药的明确记载,云:"有以硫黄、雄黄合硝石并蜜烧之,焰起,烧手面及烬屋舍者。"④火药是中国四大发明之一,在世界文明史上产生了难以估量的功用。在金属冶炼上,主要用火法反应,即蒸馏、升华、化合、伏火等法,在密封容器中,用高温促成若干金属熔解形成合金,所谓"点铁成金"、"点铜成金",皆是制造铁或铜的化合物或混合物。在养生上,钟吕内丹道以炼气与炼神相结合,形成一套内养功法,既有宗教神秘成分,也有适于社会人士祛病健身,并形成有别于西方解剖学基础上的人体生理学,它注重活体的运行,可视为东方人体生理学的雏形。在哲学上,

---

① 《钟吕传道集·西山群仙会真记》,高丽杨点校,中华书局 2015 年版,第 81 页。
② 《钟吕传道集·西山群仙会真记》,高丽杨点校,中华书局 2015 年版,第 92 页。
③ 《钟吕传道集·西山群仙会真记》,高丽杨点校,中华书局 2015 年版,第 76 页。
④ 《道藏》第 19 册,天津古籍出版社 1988 年版,第 292 页。

道教重玄学力主三教融合,援佛入道,将佛性说与道性说糅合,推动三教的心性哲学向前发展,而这正是中国哲学发展的新趋势。在文学艺术上,道教仙话激发了人们的想象力,出现八仙传说,形成志怪、神魔文学,如《游仙窟》、《枕中记》、《南柯太守》、《柳毅传》等皆名作,后世多演为戏曲。大诗人李白乃道家诗仙,其诗意境高雅,美妙绝伦。白居易《长恨歌》借助道教仙话,把玄宗与杨玉环的韵事演义为美丽动听的爱情故事,流传后世。阎立本的《十二真君像》,吴道子的《送子天王图》、《八十七神仙卷》,张素卿的《龙虎图》,以及五代阮郜的《阆苑女仙图》,在中国绘画史上都有很高地位。音乐方面司马承祯制《玄真道曲》,道士李会元制《大罗天曲》,贺知章制《紫清上圣道曲》,皆具道家清雅不俗的气韵。

第四节 隋唐佛教的大繁荣和佛教中国化事业的成功

佛教在隋唐迎来传入中国后的鼎盛时期,它使中华文化发展到一个新的阶段,以至于后来中国文化史学者在用某主创学派代表一个历史时期文化时,习称"隋唐佛教",与此前的"魏晋玄学"、此后的"宋明道学(或理学)"相并列。这并非夸张,隋唐佛教的确各项事业兴旺发达,展现出特有的智慧和光彩,辐射到社会生活各个领域,并在世界上成为跨国宗教传布中高度民族化的成功范例。

一、隋唐王朝对佛教的大力扶持

隋文帝杨坚自幼受尼姑智仙抚养,对佛教有特别的亲近感。即位以后大兴佛教,广建佛寺,广度僧尼,广写佛经,广作佛事,据《释迦方志》卷下记载,他在位20年,度僧23万人,建寺3792所,写经13286卷,造像106560座。隋炀帝杨广受菩提戒为佛弟子,亦大办佛事,为晋王时受天台宗宗师智顗所赠"总持菩萨"法号,他回赠智顗为"智者大师"美称。

大唐立国,继续隋朝奖励佛教政策,但加强检校管控。唐太宗本人并不信佛,他扶持佛教是为了神道设教,将已成强势的佛教纳入国家管理系统,使之发挥促进民族团结和社会稳定作用。贞观十五年,与吐蕃松赞干布和亲,送文成公主入藏,促成汉藏和谐并推动了汉藏佛教文化交流。贞观十九年,隆重欢迎玄奘法师西行取经归来,在长安慈恩寺为之建设供 3000 人使用的规模巨大的佛经译场,前后译经 75 部,1335 卷,成为佛经翻译史上的盛举。太宗还亲撰《大唐三藏圣教序》,赞诵佛法功德。

武则天欲建大周当女皇,不宜于宣扬儒家三纲说,便推崇佛教,"以释教开革命之阶,升于道教之上"①,倚重薛怀义,耗巨资大修寺院,大造佛像。对华严宗法藏、禅宗北宗神秀皆礼敬有加。

唐玄宗为消除大周朝影响并突出李家天下的威权,大树道教,对佛教则管束趋紧,实行僧尼度牒制度,控制佛教发展规模。

唐宪宗则偏离"三教并奖"的国策,提升个人信佛作为国事活动,将凤翔法门寺佛骨迎入京城,在宫内供奉三天,遂掀起崇佛狂热,《旧唐书·宪宗纪》载:"王公士庶,奔走舍施,唯恐在后。百姓有废业破产、烧顶灼臂而求供养者"②,由此引起韩愈上《谏迎佛骨表》,不仅未被接受,还被贬潮州。宪宗与韩愈代表着佞佛与反佛两个极端。

唐武宗从另一方向上偏出传统宗教,他崇信道教,在道士赵归真等煽惑下,于会昌五年下令灭佛,共毁大中佛寺 4600 所,小庙 4 万余处,焚毁佛典,令26 万僧尼还俗,对佛教的打击是沉重的。这次会昌灭佛,在客观上抑制了佛教的过度膨胀,增加了国库收入,但为时暂短,未能成为稳定的新国策,一年后宣宗即位便恢复佛教的合法地位。佛教虽然大大衰落,却未被消灭,只是由此内部自我调节,以便适应新的形势。

五代时期,佛教有所发展。周世宗出于增加国家税收的考虑,于显德二年下令严禁私度僧尼,废除所有无敕额的寺院,没收铜质佛像用来铸钱,以充国库。《旧五代史·周世宗纪》载:"所存寺院凡 2694 所,废寺院凡 30336 所,僧尼系籍者 61200 人"③,寺院存者不及废者 1/10,出家人数已经不多了。此后

---

① (宋)司马光:《资治通鉴》,上海古籍出版社 1987 年版,第 1378 页。
② 周殿富主编:《旧唐书·人物全传四》,北京时代华文书局 2015 年版,第 2102 页。
③ (宋)薛居正等撰:《旧五代史》第 5 册,中华书局 1976 年版,第 1531 页。

佛教寺院不再走与国争利之路,而探索农禅结合、自耕自养之路。

二、隋唐译经的成就

翻译典籍是使用不同文字的文化之间交流的必要阶段,这一项事业做得越认真,文化交流就越有实效。中国人对佛经翻译是下了大功夫的,从两汉之交算起,至唐代已有八百余年,延绵不绝,用力颇深,为佛教扎根东土打下牢固基础。其规模较大者,前期有鸠摩罗什在长安主持的译经,唐代则有玄奘法师在长安的译经;前者多倚重西域僧人,后者多倚重中国僧人,他们不仅通晓佛法经义,而且精通孔老之学与汉语,能够依照中华传统思维和语言文字习惯深入表达佛经的内涵,不停留在字面"直译",而能在把握文本前提下"意译",为佛教中国化跨出了坚实步伐。唐代译经形成完整分工制度和严格工作程序。有译主(主持人、定稿人),有证义(评量梵文精义),有证文(在朗读中验证梵文精确度),有书写(用中文音译梵经),有笔受(由梵文译成中文),有缀文(理顺文句而合于中国习惯),有参译(将中国译文回译成梵文以作校正),有刊定(校勘译文使之准确简明),有润文(润色文辞使之雅致),有梵呗(诵读新译经文以检验音韵效果)。唐代译经由于制度严密并能充分发挥众僧分工合作的智慧,成果巨大,质量优等,为后世所赞佩。玄奘主持译经,共译出经论75 部,1335 卷,译文准确又有中国特色,文辞优美。此前此后还有一批高僧从事译经,如不空译密教经典百余部。据不完全统计,唐代共译佛经372 部,2159 卷,基本上将印度佛教主要经论从梵文转成汉文。

此外,经目收集整理工作也有很大进展。唐初有《写经目录》,显庆中有《入藏录》,后又有《古今译经图记》、《大唐内典录》、《大周刊定众经目录》。开元十八年,智昇撰《开元释教录》,收经目 1076 部,5084 卷。为防止手抄本佛经流失焚毁,自隋代起,幽州云居寺僧人开始石刻经文,至清代康熙年间,千余年中共刻经石 15000 余块,佛经 1122 部,3572 卷。于此可知,中国僧人在引入和发展印度佛教事业上的虔诚和力行,没有这样持续的努力,一种外来的庞大宗教是不可能真正扎根于中华文化沃土的。

三、隋唐佛教主要宗派及其中国化的程度

按照汤用彤《隋唐佛教史稿》的说法:"佛法演至隋唐,宗派大兴。所谓宗派者,其质有三:一、教理阐明,独辟蹊径;二、门户见深,入主出奴;三、时味说教,自夸承继道统。用是相衡,南北朝时实无完全宗派之建立。"①如果再加上两条,便是发达而独立的寺院经济和稳定的传法基地有力支撑了宗派的传承。它们仿照中华宗法家族传承制度,编制各自的传法世系,上接印度祖师,下续中国历代祖师,代代相承,为教内认可。在教义教理上,以印度佛说经典为根据,又会通中华儒家道家文化,创建出独具特色的理论体系。由于它们各自中国化的程度不同,对社会的适应能力有异,各宗派兴存的状态和时间亦各不一样,有的迅速壮大,有的逐渐消退,有的则融入其他宗派之中。隋代佛教宗派有天台宗和三论宗。唐代主要佛教宗派有华严宗、唯识宗、禅宗、律宗、净土宗和密宗。

(一)天台宗

创始人智顗,常住天台山,代表作有《法华文句》、《法华玄义》、《摩诃止观》。其教义要点如下。

第一,"五时八教"判教论,对于全部佛教经典与学说加以归类并划分阶位,从中凸显天台宗的重要性。"五时"指佛成道时讲《华严经》,鹿苑时讲《阿含经》,方等时讲《方等》诸经,般若时讲《般若经》,法华、涅槃时讲《法华经》和《涅槃经》。"八教"包括"化仪四教"(顿教、渐教、密教、不定教)和"化法四教"(藏教、通教、别教、圆教)。而天台宗属于佛于第五时说法的圆教。智顗的判教论源于印度,又受到老子"有容乃大"和《易传》"天下一致而百虑,同归而殊途"②的影响,能够包容佛教各教派,给予它们以一定的位置,而把天台宗作为佛教诸教派发展的最理想阶段。

第二,"一心三观"与"三谛圆融"。一心同时可观悟三谛:真如随缘成宇

① 汤用彤:《汤用彤全集》第二卷,河北人民出版社2000年版,第111页。
② (汉)司马迁:《史记》,岳麓书社1988年版,第941页。

227

宙万象,皆不实在故为"假",有此冥悟称为"假观";万象皆假而不实,故为"空",有此冥悟称为"空观";万象既假有又性空,故为"中道",有此冥悟称为"中道观"。此三者于一心中交融,同时观照,称"一心三观"。天台宗基本教义在止观修行,要求修法者在意识主体上处于虚寂状态(空),借助佛法假观(假),去把握事物的真实本质(实相),实相是空与假的统一,故为"中"。世界是假是空,又以中连为一体,"虽三而一,虽一而三,不相妨碍"①,故称"三谛圆融"。天台宗是中国佛教宗派,在儒家入世主流思想影响下,走的是调和出世与入世矛盾的路。其真如、实相的理念来自印度佛教,而其"中道"思想更多地采自老子的"守中"和孔子的"中庸",能够把看起来相反的东西统一起来,并标示出自己特有的"圆融"的思想。

第三,"一念三千"。智顗认为"一念心具三千世界","一念无明法性生"②,对世界的色相与理体的把握皆在一念之中。佛教认为,世间由众多层次即法界组成,共成"三千世界",皆可为人的一念心所把握。但人的一念心要由无明妄心提升为法性真心,才能觉悟,因此要修习止(禅定)观(智慧),通过体悟,达到成佛的境界。"止观"是佛教用语,但它与中华儒道思想有共同点,即主张人对客观世界的认知不能脱离直觉体验,不是在主客对立中把握客体,而是在主客感通中把握客体,这便是体认。老子提出"微妙玄通",孔子提出"知之者不如好之者,好之者不如乐之者"③,孟子说:"万物皆备于我矣。反身而诚,乐莫大焉"④,都强调认知要与感受相结合,与西方哲学主客对立下的知识论大不一样。中国佛教与儒道两家共同构成东方体认哲学,又各有特色,丰富了人类的精神生活。

(二)三论宗

创始人吉藏,世称嘉祥大师,生活跨隋唐两朝。习讲佛经《百论》、《中论》、《十二门论》,而后形成理论体系,故称三论宗。主要著作有《中论疏》、

---

① 赵朴初主编:《永乐北藏》第 160 册,线装书局 2005 年版,第 773 页。
② 曾其海编:《摩诃止观论要》,宗教文化出版社 2010 年版,第 150 页。
③ 杨伯峻、杨逢彬注译:《论语》,岳麓书社 2000 年版,第 53 页。
④ 杨伯峻、杨逢彬注译:《孟子》,岳麓书社 2000 年版,第 225 页。

《十二门疏》、《三论玄义》、《二谛义》、《大乘玄义》等。其论分别语言与真谛之不同，认为语言不能体认真理。《大乘玄义》说："能表是有无，所表非有无"，"文言终不得理"①。三论宗主要理论如下。

第一，"二谛说"。真理有"真谛"与"俗谛"二种，这本是佛教传统说法，吉藏认为对二谛说也不能执着，它是方便施教，需要不断加以超越，于是提出"四重二谛说"：第一重是有为俗谛，空是真谛；第二重是以亦有亦空为俗谛，非有非空是真谛；第三重是以空有为二、非空非有为不二乃是俗谛，以非二非不二为真谛；第四重是言忘虑绝，无所依得，方是真谛。只有在多重否定中和不可言说中才能领悟诸法实相之理，若有所执着即堕入邪见。

第二，"八不中道"。《中论》说："不生亦不灭，不常亦不断，不一亦不异，不来亦不出"②。吉藏《中论疏》认为"八不"之论乃"正观之旨，归方等之心骨，定佛法之偏正，示得失之根原"，"八不即是中道佛性"。③ 吉藏的中道实相论的精义在于把握中道而无任何偏执，如《大乘玄论》所云："通论《三论》，皆得显'中'"④，体现了儒、佛、道三教尚中的共同性；同时又表现出中国佛教在入世与出世之间、在俗见与佛法之间实行调和的特色。

（三）法相唯识宗

宗师为玄奘法师（世称三藏法师）及其弟子窥基（世称慈恩大师）。该宗通过分析"法相"而得出"万法唯识"的结论，故名。以慈恩寺为弘法基地，故又称慈恩宗。以《瑜伽师地论》为根本经典，故又称瑜伽宗。玄奘所学佛法博通众说，译经也总揽大小乘经论，而在中华东土所传以瑜伽行派思想为主，所依主要经典是《解深密经》和《瑜伽师地论》，其主要学说体现在《成唯识论》中。窥基《成唯识论述记》是该宗代表性作品。法相唯识宗的学说要点如下。

第一，"八识说"。该宗认为，"唯识无境"，山河大地均心识所变现。心识

---

① 弘文馆出版社编辑部编：《中国佛教思想资料选编》第 1 卷，弘文馆出版社 1986 年版，第 307 页。

② （隋）吉藏疏：《中论·百论·十二门论》，上海古籍出版社 1994 年版，第 4 页。

③ 佛光大藏经编修委员会主编，星云大师监修：《佛光大藏经·般若藏·宗论部·中论疏》，佛光出版社 1997 年版，第 85、39 页。

④ 郭朋：《中国佛教思想史》中卷，福建人民出版社 1994 年版，第 119 页。

有八：眼、耳、鼻、舌、身、意、末那、阿赖耶。阿赖耶识是八识中最重要的识体，能生其余七识，含藏着产生一切事物和现象的种子，其属性有染有净。因杂染种子而有三界轮回，因无漏净种子而能出世解脱。末那识有思虑作用，与阿赖耶识共生其余六识，普通人因此识而"有我"，修行者又依此识而思量"无我"，进而成佛。

第二，"三自性"和"三无性"。"三自性"有：其一，"遍计所执性"，世俗人通过观察思量而产生种种分别；其二，"依他起性"，能知一切现象皆由因缘从心识派生出来，假有而非真；其三，"圆成实性"，了悟"人我"之假，又知"法我"之无，而显示"真如实性"。"三无性"针对"三自性"而立：其一，"相无性"，我法皆虚妄；其二，"生无性"，一切现象皆因缘而生，既非实有又非全无；其三，"胜义无性"，依据圆成实性而立。

第三，"转识成智"。通过修行，有漏八识转变为无漏八识，从而获得四种智慧：前五识得"成所作智"，为众生行善；第六识意识得"妙观察智"，施行教化；第七识末那识得"平等性智"，普度众生；第八识阿赖耶识得"大圆镜智"，映遍万象。

法相唯识宗是隋唐佛教中最忠于印度大乘有宗的宗派，玄奘与窥基治学严谨，对佛经的翻译与讲解力求准确明达，在他们的推动下，该宗派在太宗、高宗时盛行一时。然而不过四十年便告消退而走向边缘，直到民国初年才有所复苏。究其主要原因，恰在于只是忠实于原典原说而未能结合中华文化实现创新性发展，终究水土不服，根浅株弱，渐被国人冷淡。就法相唯识宗教义而言，其核心概念如"末那识"、"阿赖耶识"、"有漏种子"、"无漏种子"、"宗因喻"等在中华文化语言中找不到相近或相应的话语加以通融，再加上该宗教义侧重于人心理过程的细琐分析，偏离儒家"修己安人"、道家"得意忘言"的思维路向，故很难有效融入中华传统。然而它留下的"万法唯识"的基本命题却与孟子"万物皆备于我"[①]相对应，从而深刻影响了陆王心学，流传不息；其心理分析和因明学在近代中西文化交会中也发挥了积极作用。更要看到，玄

---

① 杨伯峻、杨逢彬注译：《孟子》，岳麓书社 2000 年版，第 225 页。

奘法师西行求法,往返共 19 年(贞观元年赴印,贞观十九年返长安),以艰苦卓绝、至诚不息的精神,历经千难万险,终于完成求取真经的历史使命,此乃世界文明交流史上的伟大壮举,为国际间跨文化和平交往树立了典范,为增进中国与印度的友谊作出了重要贡献。玄奘在印度那烂陀寺展现了中国僧人的学识与辩才,受到印度僧众的尊重。他撰成的《大唐西域记》12 卷成为后人研究古印度史和西域史的珍贵史料。赵朴初指出:"玄奘法师的伟大成就,是由于他的伟大的勇猛精进的精神得来的","玄奘法师的崇高品质,表现在他一生舍身忘我、为法为人的事迹"。① 玄奘法师是古代丝绸之路上的文化丰碑,他的历史功勋是不朽的。

(四)华严宗

创始人法藏,中亚康居人。数度参与译经,尤重《华严经》,一生以讲解《华严经》为要务,主要著作有《华严经探玄记》、《华严经问答》、《华严经旨归》等,形成颇具规模的理论体系。他历经武则天、中宗、睿宗各朝,培养知名弟子十多人。在法藏及其弟子努力下,华严宗成为唐代佛教最具影响力的宗派之一,对宋明理学发生巨大影响。

华严宗的教义理论精要如下。第一,"五教十宗"判教论。"五教":小乘教、大乘始教、大乘终教、顿教、圆教。"十宗":我法俱有宗、法有我无宗、法无去来宗、现通假实宗、俗妄真实宗、诸法但名宗、一切皆空宗、真德不空宗、相想俱绝宗、圆明具德宗。这种判教论把佛法传承史上先后出现的教派以及各种教义的创造,都加以涵盖包容,分别给予其应有的时空定位,同时又把华严宗判为圆满无碍的最高层次的佛法体系,在包纳多元中突出自我主体地位。这是对《易传》殊途同归论的运用,是中华佛教发展的有效途径。

第二,"十玄门"和"六相圆融"。"十玄门":同时具足相应门、因陀罗网境界门、秘京隐显具足门、微细相容安立门、十世隔法异成门、诸藏纯杂具德门、一多相容不同门、诸法相即自在门、唯心回转善成门、托事显法生解门。"十玄门"总体上是说佛法的原理与各法门之间、各法门彼此之间,相互融摄、

---

① 赵朴初:《赵朴初大德文汇》,华夏出版社 2012 年版,第 186 页。

和谐统一,现象上千差万别,本质上互相包含。"六相圆融":六相指"总相"、"别相"、"同相"、"异相"、"成相"、"坏相"。总体与部分、同一性与差异性、众缘和合与各住自法,皆彼此依存,处于相即圆融状态。

第三,"法界缘起"与"四法界"。"法界缘起"是说佛法自性清净心与其各种表现和作用,均处于相互平等、圆融无碍的和谐统一之中。"四法界":事法界(现象界)、理法界(本体界)、理事无碍法界(以理融事)、事事无碍法界(一切事物相互融通)。"法界"指心的状态,"四法界"说要求修佛法者打破世俗一切分别、界限,把"一"与"多"统一起来。华严宗认为:举一尘而尽宇宙,舒一念而该九世。一即一切,一切即一,这就是它的辩证宇宙观,它既与《周易》刚健中正、阴阳互动的宇宙观,老子贵柔守雌、以柔济刚的宇宙观相对应,又是体现自身特色即圆融无碍、一多互摄。这三大宇宙观可称为中国思想史上儒、道、佛三大辩证宇宙观,彼此吸纳,又各具风格,共同推动了中国辩证思维的发展,使得中国人不容易滑入极端、偏邪和一味强调差异对抗的误区,而倾向于包容多样、化解矛盾,用温和主义立身行道。

(五)净土宗

早在东晋,高僧慧远即在庐山结白莲社,与弟子们在阿弥陀佛像前建斋立誓,共期念佛往生西方净土,此为净土宗之源头。而作为宗派的净土宗,其实际创始人是隋唐之际的道绰与善导。据《续高僧传·道绰传》,道绰日念阿弥陀佛名号七万遍,他于贞观年间讲《观无量寿佛经》两百遍,并教人以小豆或念珠记数念佛号次数,著有《安乐集》。善导抄《阿弥陀经》几十万卷,画净土变相图三百幅,著有《观无量寿佛经疏》等书,使净土宗的理论与仪式趋于完备。净土宗的特点是重信仰实践即念佛,不重义理推演和组织制度。其经典是《无量寿经》、《观无量寿佛经》、《阿弥陀经》和《往生论》。由于它简单易行,又能满足人们对和平、安宁、富足、平等的极乐世界的向往,受到下层民众的欢迎,越来越深地扎根于民间,并不断向天台宗、律宗、禅宗等各宗派扩展,成为"天下共宗"。唐武宗会昌法难,损失最轻的是净土宗,因为它不过分依赖寺院经济和讲坛。中华民族自古就有对天界生活的梦想,希望摆脱人间苦难,找到一个充满幸福的地方。因此有月亮神话,有三神山传说,有洞天福地、神仙世界的描绘，有大同世界的追求。这些美丽故事或者只有极少数人才能得到的奇遇，或者只是遥远的社会理想，都不如净土宗对西方极乐世界描述得那么生动具体，而且只要坚持念佛名号，人人皆可死后往生净土，永享欢乐，因此能够对劳苦大众做有效心理安抚，从而信奉者日多。这是儒家、道家和道教难以替代的，或者说净土宗帮助了儒道对人心的维系，成为一种有力量的民间信仰文化。

（六）律宗

律宗是以研习与传持佛教戒律为主的宗派，主要经典是《四分律》，实际创建者是道宣，称南山宗，还有法励及其弟子怀素，建相部宗。后来则有南山宗传人鉴真。戒律是僧众的行为规范，为"经、律、论"三藏之一，为"戒、定、慧"三学之首，它能保证佛教徒的正信正行，神圣不可违背，出家人受戒方为正式僧人，在家信徒亦要持戒谨行。戒有五戒、八戒、十戒、具足戒等，而首戒是不杀害一切有情众生。律为教内教规，包括僧团修行仪式、生活规则以及处罚规定。没有规矩不能成方圆，戒律直接关乎教风的正邪和教团的社会形象，历来为佛教所重。受中国文化和佛教各宗派影响，佛教戒律也因时而调整并在戒律理论上存有争议。律宗也有判教，将佛教诸派分为化教和制教，前者又分性空、相空、唯识三教，后者又分实法、假名、圆教三宗。南山律宗认为本宗是代表佛教最高阶段的圆教宗。

南山律宗在历史上最具影响力的是鉴真大师。开元年间住扬州大明寺，以戒律化导一方，为世所重。天宝元年，应日本留学僧荣寂和普照之请，决定东渡日本传戒，先后五次渡海未成，双目失明，而意志愈坚。终于在天宝十二年，成功渡海到达奈良，受到热烈欢迎。天皇下诏书曰："自今以后，授戒传律，一任和上"①，并授"传灯大师"称号。建唐招提寺，为受戒传律基地。鉴真东渡，开日本律宗之途，并带去众多佛经佛像和大批中华文化典籍、医药著作、艺术作品，为推动中日文化交流、增进两国人民友谊，作出巨大贡献，其意义远超出佛教传播。赵朴初撰《唐鉴真大和尚纪念碑》，以四言长诗颂其功

---

① 任继愈主编：《宗教大辞典》，上海辞书出版社1998年版，第371页。

德,有曰:"惟师之泽,等施两邦。怡怡兄弟,历劫增光","铮铮佛子,作如来将。共战魔军,道义相尚。师之志行,如兰益馨。师之功业,与世更新"。[①] 唐代佛教史上,有玄奘法师陆上取经,有鉴真和尚海上送法,皆坚毅无畏,志于文明,协和中印、中日,光照后世,历代传颂,他们是佛教的骄傲,也是中华的光荣。

(七)密宗

自认为受法身佛大日如来深奥秘密教旨,为"真言"传教,若不经灌顶和密传,不得传授及显示于人,故称密宗。又称"真言乘""金刚乘"。它修习三密:身密(手结印契)、口密(口诵真言密咒)、意密(心中观想大日如来),"三密相应"(瑜伽)可即身成佛,故又称瑜伽密教。它是佛教与婆罗门教相结合的产物,在中国流行于唐代,得力于善无畏、金刚智、不空的阐扬而成为宗派。开元年间,印僧善无畏来长安,带来梵本《大日经》,受到玄宗礼遇,译《大日经》为汉文,收徒一行。一行是著名天文学家,作《大日经疏》,师徒共同传授胎藏界密法。开元八年,南印度僧人金刚智携弟子不空至长安,亦受到玄宗礼遇。不空译出《金刚顶经》,后赴印度与师子国学取密法,天宝五年返长安后为玄宗灌顶,弘传金刚界密法。世称善无畏、金刚智和不空为"开元三大士"。其后有惠果,把三大士密法融会而创"金胎不二"教义,历代宗、顺宗、德宗三朝,称"三朝国师"。贞元二十年,日僧空海来华从惠果受胎藏、金刚二界密法,回国后创日本真言宗,流传至今。密宗因受到帝王贵族层推崇而一度昌隆。但它所具有的过度神秘主义色彩,和它修习中的"女是禅定,男是智慧"[②]以及男女双修的法门,还有"双身欢喜佛"的形象,都表现出印度婆罗门教性崇拜的色彩,与深厚的儒家礼教和中原民间习俗相抵牾,无法加以协调,不久便衰微了。

密宗在我国西藏地区得到发展,成为藏传佛教的组成部分。公元 7 世纪,佛教自印度传入西藏,经历了前弘期和后弘期,与当地苯教在冲突中逐渐融

---

① 赵朴初:《赵朴初大德文汇》,华夏出版社 2012 年版,第 358 页。

② 《续修四库全书》编纂委员会编:《续修四库全书·子部·宗教类》,上海古籍出版社 1996 年版,第 104 页。

合,又传入大、小乘和密宗经典,并接受汉传佛教影响,依据西藏民情风俗,逐渐形成藏传佛教。由宗喀巴大师创立的格鲁派乃是藏传佛教主流,其教义综合大小乘,以龙树中观理论为正宗,通达各派显密教法而自成一家。由于藏传佛教和南传上座部佛教(主要在云南)不是儒、道、佛三教汇聚与密切交往的中心地带,在本书中只附带提及,不再展开细论。

(八)禅宗

按禅宗公认的说法,其祖师传法世系,以菩提达摩为初祖,中经慧可、僧璨、道信、弘忍,到慧能为六祖,开创南宗,同学神秀立北宗。学者的普遍看法,慧能是禅宗的实际创始人,他将禅宗发扬光大,居功至伟,其悟佛法之书曰《坛经》,为中国僧人作品中唯一被佛教界称为"经"的典籍,影响广大深远,在儒、道、佛三教合流中也起到了承上启下的关键作用。按《坛经》记载,五祖弘忍在黄梅东山寺传法,让弟子各出一偈以证心意,上座弟子神秀作偈言:"身是菩提树,心如明镜台。时时勤拂拭,莫使惹尘埃。"①弘忍的评价是:"凡夫依此偈修行,即不堕落;作此见解,若觅无上菩提,即未可得。"②而当时身为伙头僧的慧能不识字,请人代笔写一偈曰:"菩提本无树,明镜亦非台,佛性常清净,何处有尘埃。"③弘忍对此偈深为赞许,认为它直指佛性,得到禅宗真传,于夜间密授衣钵,令其前往岭南传法,后来成就南宗,与神秀北宗分立。

慧能在隐遁体悟中发挥出"直证本心"、"顿悟成佛"的法理,出山后在广东韶关大梵寺、曹溪宝林寺说法,以"见性成佛"的简易法门扫除以往佛教烦琐义理和坐禅苦修方法,适应了中国人"大道至简"的思维习惯,掀起了一场佛教改革运动,刷新了中国佛教面貌。《坛经》最早由弟子法海整理而成,在流传中出现多种版本,如敦煌写本、曹溪原本、宗宝本,后者较为流行。武则天和唐中宗曾召慧能入京而为其所辞,保持了山林佛教本色。

慧能之后,禅宗分成菏泽神会、青原行思、南岳怀让三大系统。其中南岳怀让弟子众多,以马祖道一最著名,百丈怀海即出其门下,著《百丈清规》,倡

---

① (宋)普济:《五灯会元》(上),苏渊雷点校,中华书局1984年版,第52页。
② (唐)慧能,郭朋校释:《坛经校释》,中华书局1983年版,第14页。
③ (唐)慧能,郭朋校释:《坛经校释》,中华书局1983年版,第16页。

导"一日不作,一日不食"①开农禅开行新风,减少了对政府与施主的依赖。怀海门下又出现沩山灵祐和仰山慧济,形成沩仰宗,于五代盛极一时。由黄檗希运和临济义玄创立的临济宗成为禅宗中最发达的流派,临济宗以机锋峻烈的禅风而著称,义玄甚至提出"逢佛杀佛,逢祖杀祖"②的激烈言论,目的是打破权威和成见,直接面向佛法本身。青原行思门下有石头希迁,强调"即心即佛,心佛众生,菩提烦恼,名异体一"③。希迁七世法孙清凉文益创法眼宗,以"三界唯心,万法唯识"为纲,是吸收唯识宗思想入禅。文益再传弟子永明延寿阐扬"理事不二,贵在圆融",将华严宗与禅宗融为一体,编《宗镜录》一百卷。从青原、石头门下又分化出云门宗和曹洞宗。文偃创云门宗,强调无心顺任自然,应物而无累于物,其宗风为"孤危耸峻,人难凑泊",有云门三句:"一句函盖乾坤,一句截断众流,一句随波逐浪。"④曹洞宗创始人为洞山良价和曹山本寂,其宗风有"家风细密,言行相应,随机利物,就语接人"⑤的特色。至此,禅宗发展出沩仰、临济、曹洞、云门、法眼五宗,形成公案语录、机锋棒喝特有的禅门传法方式,生动泼辣,敢于破除教条,体现随机点化的鲜明个性,既有激发人们觉解潜能的作用,也会产生任情随意、猜测误断的弊病。

禅宗的义理与修行方式。在印度佛教里,"禅"是"静虑"的意思,乃"六度"之一。禅宗主张用禅定来概括讲法修习,故称禅宗。慧能的顿悟法门把般若实相学与涅槃佛性论相结合,以人的清净本性为基点,主张直指本性、顿悟成佛。据《坛经》所载,慧能南宗义理要点有以下四点。

其一,"识心见性",净土就在自身,无须外求,故曰:"本性是佛,离性无别佛","万法尽在自心,何不从自心中顿见真如","东方人造罪,念佛求生西方。西方人造罪,念佛求生何国? 凡愚不了自性,不识身中净土,愿东愿西,悟人在处一般。所以佛言:'随所住处恒安乐'"⑥,批评了净土宗的往生说,用孟子

---

① (宋)普济:《五灯会元》(上),苏渊雷点校,中华书局 1984 年版,第 136 页。
② (宋)普济:《五灯会元》(下),苏渊雷点校,中华书局 1984 年版,第 891 页。
③ (宋)普济:《五灯会元》(上),苏渊雷点校,中华书局 1984 年版,第 255 页。
④ (宋)普济:《五灯会元》(下),苏渊雷点校,中华书局 1984 年版,第 935 页。
⑤ (宋)智昭编撰,尚之煜释读:《人天眼目释读》,上海古籍出版社 2015 年版,第 165 页。
⑥ 丁福保笺注:《坛经》,上海古籍出版社 2011 年版,第 39、54、66 页。

的性善说,阐发佛性论,排除一切外向追求,全力发现本心,将中国性善说发挥到极致。

其二,"不立文字,教外别传",凡夫与佛只在迷悟之间,故曰:"但直下无心,本体自现","诸佛妙理,非关文字","前念迷即凡夫,后念悟即佛。前念著境即烦恼,后念离境即菩提","生来坐不卧,死去卧不坐。一具臭骨头,何为立功课"①,既反对读经拜佛,也不赞成枯形坐禅,而主张在经典、坐禅之外自悟自证,于一念之间脱凡入圣,"苦海无边,回头是岸","放下屠刀,立地成佛",这种顿悟成佛之说深受老庄静观玄览、得鱼忘筌的道家体悟思维影响,将老子清静无为说发挥到顶点。当然,人性自有利钝,渐修与顿悟可因人而异。

其三,"若欲修行,在家亦得,不由在寺","佛法在世间,不离世间觉。离世觅菩提,恰如求兔角"②,修禅无须脱离人间日常生活,只要认准佛性在心,随处皆可证成真如,故曰:"在家能行,如东方人心善。在寺不修,如西方人心恶。但心清净,即是自性西方","祖曰:'吾与大众作《无相颂》。但依此修,常与吾同处无别。若不依此修,剃发出家,于道何益'"③,其《无相颂》有曰:"心平何劳持戒,行直何用修禅。恩则孝养父母,义则上下相怜"④。禅宗主张"运水搬柴即是妙道"⑤,这就使本来出世的佛教,具有了儒家"修身、齐家、治国、平天下"⑥的入世品格,强调在入世中出世,成佛不离人伦日用,既符合中华民族关注现实人生的传统,又可吸引广大民间信众信仰禅宗。

其四,"无念为宗,无相为体,无住为本"⑦,这是禅宗义理的总纲。所谓"无念为宗"是"于念而无念"⑧,所说"无相为体"是"于相而离相"⑨,所云"无

①　丁福保笺注:《坛经》,上海古籍出版社 2011 年版,第 102、46、146 页。
②　丁福保笺注:《坛经》,上海古籍出版社 2011 年版,第 74、61 页。
③　丁福保笺注:《坛经》,上海古籍出版社 2011 年版,第 74 页。
④　丁福保笺注:《坛经》,上海古籍出版社 2011 年版,第 74 页。
⑤　任继愈:《任继愈禅学论集》,商务印书馆 2005 年版,第 163 页。
⑥　《礼记》:崔高维校点,辽宁教育出版社 2000 年版,第 222 页。
⑦　丁福保笺注:《坛经》,上海古籍出版社 2011 年版,第 80 页。
⑧　丁福保笺注:《坛经》,上海古籍出版社 2011 年版,第 80 页。
⑨　丁福保笺注:《坛经》,上海古籍出版社 2011 年版,第 80 页。

住为本"是"于诸法上,念念不住,即无缚也"①。总之,对于外界事物及是非虽然有念有相而不执着停留,不起妄念,不为其拖累熏染,而能彰显自性清净。这是把魏晋玄学"应物而无累于物"②用于佛教修习而创立的禅学,认为人若能"来而不喜,去而不留"③,便可得大自在,享有精神上的绝对自由。

禅宗认为,世间烦恼痛苦皆由人心对外境的各种执着而生,若能破除执着,由迷转悟,回归本心,则可达到"常乐我净"的涅槃境界,获得自由安乐的人生。故慧能在告别世间前,教导门下弟子说:"自性若悟,众生是佛。自性若迷,佛是众生。自性平等,众生是佛。自性邪险,佛是众生","外无一物而能建立,皆是本心生万种法。故经云:'心生,种种法生;心灭,种种法灭'"④,他留下了《自性真佛偈》作为遗嘱。偈曰:"真如自性是真佛,邪见三毒是魔王。邪迷之时魔在舍,正见之时佛在堂。性中邪见三毒生,即是魔王来住舍。正见自除三毒心,魔变成佛真无假。法身报身及化身,三身本来是一身。若向性中能自见,即是成佛菩提因。本从化身生净性,净性常在化身中。性使化身行正道,当来圆满真无穷。淫性本是净性因,除淫即是净性身。性中各自离五欲,见性刹那即是真。今生若遇顿教门,忽悟自性见世尊。若欲修行觅作佛,不知何处拟求真。若能心中自见真,有真即是成佛因。不见自性外觅佛,起心总是大痴人。顿教法门今已留,救度世人须自修。报汝当来学道者,不作此见大悠悠。"⑤慧能大师此偈,以明达七言长诗总结了他一生修佛的体验与觉悟,为弟子和求法者指出一条自我解脱的智慧之路。其禅法的精义:一是佛与魔皆在内而不在外;二是发明善心即可化魔为佛;三是觉悟成佛必须驱除淫邪;四是只要回归自性,人皆可以成佛。

禅宗作为一种信仰心理学有深刻内涵,值得人们借鉴。尽管世间苦难并非全由邪见所生,但不可否认生活中大量烦恼缘于贪、嗔、痴三毒,即所谓"烦

---

① 丁福保笺注:《坛经》,上海古籍出版社 2011 年版,第 81 页。
② 冯友兰:《中国哲学简史》,涂又光译,北京大学出版社 1985 年版,第 276 页。
③ 牟钟鉴:《道家和道教论稿》,宗教文化出版社 2014 年版,第 315 页。
④ 丁福保笺注:《坛经》,上海古籍出版社 2011 年版,第 192—193 页。
⑤ 丁福保笺注:《坛经》,上海古籍出版社 2011 年版,第 194 页。

恼自寻",生活中常见一些人正道不走,好日子不过,偏要寻衅挑事,给自己制造麻烦;即是像战争、侵略、压迫、冲突这一类的社会苦难,还不是少数利益集团的贪欲、野心、自大、怨恨、痴迷这一类的心中魔鬼在作怪吗?其结果往往既害人又害己,包括法西斯主义的残忍、罪恶和最终覆灭,在佛教禅宗看来都是邪迷中的人类的愚不可及的行为。所以,人类要走向和平、安宁、幸福,除了物质生活的不断改善,还必须提高精神文明的程度,把人性之善发扬起来,克服各种恶习,养成善美、包容、泰然的良好心境,才能减少人间的磨难,迈向大同的光明之途。禅宗的智慧,人人皆可汲取。

四、隋唐佛教对中华社会和文化的影响

佛教是一种新颖的生命力鲜活的信仰文化,它在隋唐的繁荣,不仅表现为自身壮大与创新,而且表现在对社会生活全方位的强大辐射上。

(一)法会、斋会和公益慈善事业

佛教有佛诞日、盂兰盆会、僧斋会等庆典聚会日,以寺院为平台,举行上香、读经、拜佛、梵呗等宗教仪式,斋会为僧人和民众提供斋食,既是一种公益活动,也具有求雨、祈福、消灾、报恩等意义,常常吸引大批百姓前来参加。佛教还办义邑、法社,以在家信众为主体,僧人协助,其中净土社和华严社较为活跃,使佛教能够与社会大众建立经常性的来往。大的寺院建立悲田善病坊,为大众施药、治病、救孤、解困,成为社会福利的组成部分。

(二)佛教与中国哲学

佛教是哲理型宗教,理论思维发达精细,既能弥补儒家超越精神不足的缺欠,又能提升道家抽象思维层次,因此受到中国学人欢迎,隋唐佛学遂构成中国哲学思想史的重要发展阶段。它与儒道的互动关系,前文已有提及,后文将有细说,此处从略。

(三)佛教与中国语言文学

佛教极大丰富了日常汉语,如世界、如实、实际、平等、相对、绝对、体会、觉悟、刹那、彼岸、因缘、烦恼、解脱、方便、知识、清规戒律、一针见血、一弹指间、五体投地、功德无量、不可思议、皆大欢喜、大千世界、借花献佛等,有生动的表现力,

如赵朴初所说:"如果我们要完全撇开佛教文化的话,恐怕连话也说不周全了。"①

在文学上,许多佛经本身就是典雅的文学作品,如《维摩诘经》、《法华经》、《楞严经》、《百喻经》,为晋、唐、宋历朝文人所喜爱。流行于唐代的变文,即是佛教经文演变为通俗地说唱文学,形成一种新的文体,如郑振铎所说:"从唐以后,中国的新兴的许多文体,便永远地烙印上了这种韵文散文合组的格局。讲唱变文的僧侣们,在传播这种新的文体结构上,是最有功绩的。变文的韵式,至今还为宝卷、弹词、鼓词所保存,真可谓源微而流长了。"②起于唐初而盛于中唐的俗讲,与变文同时发生,就是通俗地讲唱佛经,增加趣味的故事,它与变文一起使民间文学走上新阶段,丰富了大众的精神生活。在禅宗影响下,唐代禅诗盛行,其特色是以禅入诗,借诗喻禅,强调理趣和意境,作者有的本身就是禅师,有的是喜禅的文人。如诗僧皎然《送维谅上人归洞庭》诗云:"从来湖上胜人间,远爱浮云独自还。孤月空天见心地,寥寥一水镜中山。"唐代有"诗佛"之称的王维,其山水诗极具禅味,如《鹿柴》诗云:"空山不见人,但闻人语响。返景入深林,复照青苔上。"诗与禅之互渗,盖由于两者皆因感悟而生,皆以形象表达,有内在的一致;而诗的艺术表现力可以加强禅的感染力,禅的觉悟度又可加强诗的深邃度。

(四)佛教与艺术

唐代音乐、舞蹈深受佛道二教影响,因而清悠典雅、轻盈如飞。如《霓裳羽衣歌》,白居易对之有精彩描绘,诗句有:"飘然转旋回雪轻,嫣然纵送游龙惊","翔鸾舞了却收翅,唳鹤曲终长引声。"白居易还有诗《胡旋女》云:"胡旋女,出康居,徒劳东来万里余。中原自有胡旋者,斗妙争能尔不如。"胡旋女的舞姿与服饰颇似敦煌佛教壁画中伎乐人的形象。莫高窟220窟壁画"东方药师净土变"中,有两个伎乐天,展臂旋舞,佩戴飘绕,多姿多彩,其形象与仪态与胡旋舞极为相似。

唐代佛曲大盛,不仅演奏于寺院,还传播于宫廷和民间。净土宗祖师善导

---

① 赵朴初:《佛教与中国文化的关系》,《文史知识》1986年第10期。
② 郑振铎:《中国俗文学史》,花山文艺出版社1998年版,第166—167页。

作《法事赞》、《往生赞》、《般舟赞》等,其赞云:"咸然奏天乐,畅发和雅音,歌叹最胜尊,供养弥陀佛。"①唐懿宗在佛诞日于宫中结彩为寺,宫廷音乐家"李可及尝教数百人作四方菩萨蛮队"②,"作菩萨蛮舞,如佛降生"③。韩愈有诗云:"街东街西讲佛经,撞钟吹螺闹宫庭"④,可知佛乐之盛。

石窟造像与壁画艺术在隋唐时期达到新的规模和新的审美高度。洛阳龙门石窟在唐代兴起新的开凿造像热潮,其中奉先寺石窟由武则天亲自督造,宏大雄伟,正中卢舍那大佛高 17.14 米,体态端庄、表情宁静、优雅、慈祥,体现了佛教"无缘大慈、同体大悲"的博大胸怀,令瞻仰者肃然起敬,乃古今神人雕像中之精品。龙门雕像不再是以往"秀骨清相"的风格,而具有丰满高贵、雍容典雅、仁慈亲和的唐代人物艺术特色。敦煌莫高窟唐代神人造像比以往色彩更丰富,肌肤质感强烈,佛像额丰颐圆、端严崇高,又含蓄和善。130 窟倚坐佛像坐高 30 米,96 窟倚坐大佛高 33 米,是莫高窟现存最大唐塑佛像。山西五台山是文殊菩萨道场,现存南山寺即建于唐,有释迦、文殊、普贤、天王等佛像 17 尊。佛光寺东大殿重建于晚唐,佛像呈唐代艺术风格。贞元年间,四川乐山依凌云山凿成弥勒大佛,顶圆 10 丈,目广 2 丈,高 36 丈,气势恢宏,眼界高远,是现今存留的最大古佛像,体现出大唐雄阔气象,可谓稀世珍宝。吴道子等著名绘画艺术家,为佛教所吸引,投身于石窟和寺院壁画创作之中,他一生绘制壁画三百余墙,画像千姿百态,栩栩如生,能达到"天衣飞扬,满壁风动"的效果,刻画天国的美好,佛与菩萨的慈爱,伎乐天女的秀丽,护法神的勇武,具有很强的艺术感染力。

第五节 隋唐儒、道、佛三教关系综论

一、三教关系的新格局

隋唐时期儒、道、佛三教关系有不同于魏晋南北朝的新格局。第一,三教

---

① 田青主编:《中国宗教音乐》,宗教文化出版社 1997 年版,第 13 页。
② 田青主编:《中国宗教音乐》,宗教文化出版社 1997 年版,第 13 页。
③ 田青主编:《中国宗教音乐》,宗教文化出版社 1997 年版,第 14 页。
④ 田青主编:《中国宗教音乐》,宗教文化出版社 1997 年版,第 14 页。

各自都在统一的帝国尤其是大唐帝国里具有了全国性大教规模,并牢牢地站稳了脚跟,真正形成三足鼎立之势,成为中华民族三大精神支柱。两汉以儒独强,黄老为辅,佛道初兴。魏晋南北朝时期,三教在不同年代不同割据政权下发展极不平衡,波动性很大,如儒家经学南北风格迥异,道教在北魏盛,佛教在南梁盛,都没有全国性中心。大唐巩固以后,儒家经学统一起来,并与治国理政、科举制度相结合,在全国政治、道德、文化生活中具有不可动摇的主导地位。道教依靠李氏皇权的支持和一批道教学者的理论创新,成为一支壮观的文化力量。佛教在义理的中国化和向民间普及上取得重大进展,呈现一片繁荣景象。

第二,国家管理文化和宗教的政策,在吸取南北朝三教辩论成果的基础上形成全国统一的三教并奖政策和僧、道官管理制度,这套制度包括国家对宗教人员、场所、活动、规模的必要管理,也包括教内建立较为严格的清规戒律实行自我管理。国家对道教、佛教在信仰层面放得开,但在社会实体与活动层面则实行比较严密的管理,以解决由于寺院和僧众过滥而影响国家赋税收入的矛盾。虽然不同时期有起有伏,个别时期出现偏离,多数情况下能够大致保持稳定,基本上以儒学为正宗,以道教、佛教为辅翼,成为一种能够延续为传统的国策。

第三,三教之间也有摩擦和斗争,如傅奕反佛、韩愈反佛,但都未能成为大的社会思潮,三教都在努力向对方汲取营养,彼此渐行渐近,其会通的主要理念是"殊途同归"论,承认有种种差别;同时,又认真寻找总目标和基本点的一致,又都坚持以我为主,综合其他。三教会通已经成果初显,道教有重玄学出现,佛教有禅宗诞生,都给自己开创了新天地。只有儒学,其援佛摄道刚在起步阶段,其政治优势尚未有效转化为学术优势,柳宗元、刘禹锡、李翱都属于新儒学萌生期的探索者。

二、三教会通理论家宗密和三教关系文献学家道宣

(一)宗密与《原人论》

宗密,果州西充人,生于唐德宗建中元年,卒于唐武宗会昌元年。早年习

禅宗，从菏泽宗道圆出家，后来在澄观门下学华严宗，世称圭峰大师。其佛教思想在教内会通禅教，在教外会通儒、佛、道三教。其《华严原人论序》不赞成学人各执一宗，于天地人不能原之至源，而认为："孔、老、释迦，皆是至圣，随时应物，设教殊途，内外相资，共利群庶。"①当然差别是有的："虽皆圣意，而有实有权；二教惟权，佛兼权实。策万行，惩恶劝善，同归于治，则三教皆可遵行；推万法，穷理尽性，至于本源，则佛教方为决了。"②他说："儒道二教，说人畜等类，皆是虚无大道生成养育，谓道法自然，生于元气，元气生天地，天地生万物。故智愚贵贱，贫富苦乐，皆禀于天，由于时命，故死后却归天地，复其虚无。"③他认为儒道二教"不备明顺逆起灭，染净因缘，故习者不知是权，执之为了"④。若从权设方便说教而言，儒道二教是有益的；但从究竟原道而言，只有佛教才直达本原，对宇宙人生之奥义有彻底解决。

同时宗密对佛教内部不同派别也做了分疏，认为浅深有差，等次不同。他将佛教分为五等：一、人天教，二、小乘教，三、大乘法相教，四、大乘破相教，五、一乘显性教。他认为，人天教讲三世业报、善恶因果，"虽信业缘，不达身本"⑤；小乘教讲"以色心二法，及贪嗔痴为根身器界之本也，过去未来，更无别法为本"⑥，故"专此教者，亦未原身"⑦；大乘法相教者，"说一切有情，无始以来，法尔有八种识，于中第八阿赖耶，是其根本"⑧，其教义使人"方知我身唯识所变，识为身本"⑨；大乘破相教，"破前大小乘法相之执，密显后真性空寂之理"⑩，而"此教但破执情，亦未明显真灵之性"⑪。他认为，以上四教非浅即

---

① （唐）宗密：《原人论》，《大正藏》第45册，第708页。
② （唐）宗密：《原人论》，《大正藏》第45册，第708页。
③ （唐）宗密：《原人论》，《大正藏》第45册，第708页。
④ （唐）宗密：《原人论》，《大正藏》第45册，第708页。
⑤ （唐）宗密：《原人论》，《大正藏》第45册，第708页。
⑥ （唐）宗密：《原人论》，《大正藏》第45册，第709页。
⑦ （唐）宗密：《原人论》，《大正藏》第45册，第709页。
⑧ （唐）宗密：《原人论》，《大正藏》第45册，第709页。
⑨ （唐）宗密：《原人论》，《大正藏》第45册，第709页。
⑩ （唐）宗密：《原人论》，《大正藏》第45册，第709页。
⑪ （唐）宗密：《原人论》，《大正藏》第45册，第709页。

偏,只有一乘显性教方是"佛了义实教"①,"说一切有情,皆有本觉真心,无始以来,常住清净,昭昭不昧,了了常知,亦名佛性,亦名如来藏"②,如《华严经》所云:"无一众生而不具有如来智慧,但以妄想执著而不证得;若离妄想,一切智、自然智、无碍智即得显前"③,只有"至教原之,方觉本来是佛,故须行依佛行,心契佛心,返本还源,断除凡习"④,如此便是佛,此即《原人论》之本旨。

宗密在外部综合儒、道、佛三教而又以佛教为高,在内部综合各教派又以华严宗为高,其指导思想是华严宗的"一多圆融"理念,故他在《禅源诸诠集都序》中说:"至道归一,精义无二,不应两者;至道非边,了义不偏,不应单取。故必会之为一,令皆圆妙。"⑤真理只有一个,而其论说可有多种方式,所以要给予三教学说以应有的位置。冯友兰在《中国哲学史》下册中评道,宗密"上为以前佛学,作一总结;下为以后道学,立一先声。盖宋明道学出现前之准备,已渐趋完成矣"⑥。冯友兰又在《中国哲学史新编》中册中进一步评价宗密《原人论》,说:"《原人论》的'儒道亦是'的说法,预示宋明道学的出现。事实上,《原人论》所说的一乘显性教已为宋明道学提供了一个基本的内容。"⑦

(二)道宣与《广弘明集》

道宣,丹徒人,生于隋开皇十六年,卒于唐高宗乾封二年,曾参与玄奘主持的译经工作,依智首习律,为律宗南山宗代表人物。一生著述很多,除律学外,主要作品有:《续高僧传》、《集古今佛道论衡》、《大唐内典录》等,所编撰的《广弘明集》三十卷,是继南朝梁代僧祐《弘明集》之后又一部研究儒、道、佛三教关系和佛教发展史的重要文献资料的汇编。它选辑了魏晋至隋唐间的一系列珍贵的佛学论文、论辩文章、帝王诏书等,皆有自己的绍介和述记,补充了《弘明集》遗漏,更收集了《弘明集》之后到唐高宗元年的相关历史文献,为正

① (唐)宗密:《原人论》,《大正藏》第45册,第710页。
② (唐)宗密:《原人论》,《大正藏》第45册,第710页。
③ 《大方广佛华严经》,《大正藏》第10册,第272页。
④ (唐)宗密:《原人论》,《大正藏》第45册,第710页。
⑤ (唐)宗密:《禅源诸诠集都序》,《大正藏》第48册,第400页。
⑥ 冯友兰:《三松堂全集》第三卷,河南人民出版社2001年版,第249页。
⑦ 冯友兰:《中国哲学史新编》中卷,人民出版社1998年版,第553页。

史和僧传所不载者,居功至伟。他与僧祐皆有信仰的自信和包容,故能收录批判佛教的文章,呈现辩论双方的原貌,此点尤值得称赞。道宣在《广弘明集序》中肯定了僧祐撰《弘明集》能"详括梁晋,列辟群英,留心佛理,构叙篇什"①,但"有梁所撰,或未讨寻,略随条例,铨目历举"②,故有《广弘明集》之作。该集所收文献共有444篇之多,作者130余人。重要篇章有如:戴逵的《释疑论》、何承天《报应问》、道安(北周)《二教论》、甄鸾《笑道论》、沈约《均圣论》、法琳《破邪论》、李师正《内德论》、梁武帝《述三教诗》、颜之推《归心篇》等。道宣在《广弘明集》中自撰36篇,包括总序与10篇分序。道宣编辑《广弘明集》虽兼收三教,但目的是弘法明教,主体性很明确。故在《弘明集后序》中说:"余所集《弘明》,为法御侮。通人雅论,胜士妙说,摧邪破惑之冲,弘道护法之堑,亦已备矣。然智者不迷,迷者乖智。若导以深法,终于莫领,故复撮举世典,指事取征。言非荣华,理归质实,庶迷途之人,不远而复。总释群疑,故曰弘明。"③他的分篇序之《辩惑篇序》归纳反佛观点:"俗之惑者,大略有二:初惑佛为幻伪,善诱人心;二惑因果沉冥,保重身世"④,因而偏信于老庄,道宣驳之,重点在说明老庄道家不如佛教,"佛经无叙于李聃,道书多涉于释训"⑤。

道宣编选《广弘明集》,不仅在于从理论比较上说明三教虽可并行而以佛法优胜,更在于总结以往政教关系的经验教训,说明王权不应废佛而应兴佛,佛教能够适应中华社会的需要,起积极作用;兴佛是英明之举,而灭佛必然带来灾难;佛教界要努力获得君王和朝臣的理解、亲近和支持,以便顺利发展。他写了《叙元魏太武废佛法事》、《叙周武帝集道俗议灭佛法事》、《叙释慧远抗周武帝废教事》、《叙任道林辩周武帝除佛法诏》,批评灭佛之惑,褒扬护法之明。针对傅奕《高识传》而写《叙列代王臣滞惑解》,并对慧琳《均圣论》、范缜

① (唐)道宣:《广弘明集》卷一,《大正藏》第52册,第97页。
② (唐)道宣:《广弘明集》卷一,《大正藏》第52册,第97页。
③ (南朝梁)僧祐:《弘明集》卷十四,《大正藏》第52册,第95页。
④ (唐)道宣:《广弘明集》卷五,《大正藏》第52册,第117页。
⑤ (唐)道宣:《广弘明集》卷五,《大正藏》第52册,第117页。

《神灭论》、顾欢《夷夏论》做了批评。他写了《叙梁武帝舍事道法》、《叙齐高祖废道法事》,赞扬了梁武帝、齐文宣帝兴佛法的功绩。他收录唐太宗《三藏圣教序》、唐高宗《述三藏圣教序》等文,称赞其奖掖佛教的做法,又自撰《叙太宗皇帝命道士在僧前表》,收录僧人智实等人的言行,批评二帝先道后佛的诏令。道宣注意总结王权与佛教的关系,在政主教辅的前提下,要求王权给予佛教以高度的尊重,为佛教争取高于道教的合法地位,希望达到他所理想的儒、佛、道三教关系的平衡。

第六章　儒、道、佛三教理论深层融合并出现学说创新高潮阶段（宋、辽、金、西夏、元、明时期）

这一时期从北宋建立（公元 960 年）到明朝灭亡（公元 1644 年），大致有七百年。政治上统一与分裂并立，稳定与变动交替，民族战争频仍。经济上宋、元、明皆一度繁荣，普遍的地主私有制取代门阀士族垄断，农工商发达。教育上科举制度完备，士阶层地位进一步上升。思想文化上多元通和传统深入发展，学术思想空前活跃，连续出现理论创新的高峰。这一时期三教关系发展到了新阶段：一是在三教互动中继佛教出现禅宗这一理论高峰之后，儒学也出现由理学、心学、气学三大学派构成的宋明道学理论高峰，和金元明时期道教内丹学理论高峰，大大丰富了中国人的哲学智慧；二是三教之间突破了晋唐间“殊途同归”论和“同归于善”的功能求同模式，进入到理论内部的互摄互渗，形成“你中有我、我中有你”的血肉交融的格局；三是三教之间讨论的中心议题由天人关系进入到心性问题，心文化在学术研究中的主轴地位凸显出来，成为一种时代精神。尽管三教人士在口头上互相批评、指斥的声音不绝于耳，事实上三教之间在智见上更为贴近；同时“三教一家”、“分工协作”的主张流布于世，甚得人心。

这一时期一个重要特点是儒家一流人才辈出，活跃于社会文、史、政、经的中心舞台。钱穆说：“宋儒学术三途，一曰政事治道，一曰经史博古，一曰文章子集，会诸途而并进，同异趋于一归，是为北宋诸儒之学风。及理学家出而其风丕变。”[①]除北宋五子、朱、陆、王外，还有大批名士。范仲淹为北宋庆历新政

---

① 钱穆：《朱子新学案》第一册，九州出版社 2011 年版，第 15 页。

的精神领袖,儒家的政治家兼思想家,其道德人格和《岳阳楼记》"先天下之忧而忧,后天下之乐而乐"的名句对后人的激励作用超出多少大书专著!他对佛老的态度是赞其理而约其行,他在《上执政书》中说:"夫释道之书,以真常为性,以清净为宗,神而明之,存乎其人","其徒繁秽,不可不约",他撰《十六罗汉因果识见颂序》曰:"余尝览释教《大藏经》,究诸善之理,见诸佛菩萨施广大慈悲力,启利益方便门,自天地山河,细及昆虫草木,种种善谕,开悟迷徒"①。

欧阳修为北宋一代儒宗,其学兼综经、史、子集而又有开新,与范仲淹、王安石、司马光、苏轼齐名,他虽排斥佛老,但不主张强力打击,而认为应"修本以胜之","礼义者胜佛之本也"②,至于道家、道教,"上智任之自然,其次养内以却疾,最下妄意而贪生"③,要区别看待,并校订《黄庭经》。

宋初三先生胡瑗、孙复、石介,为儒学复兴之先锋。司马光为儒家史学之功臣,所编著《资治通鉴》与《史记》并列为中国史学上两座丰碑,朱熹评曰:"温公可谓仁智勇。他那治国救世处,是甚次第!其规模稍大,又有学问。其人严而正"④。司马光善于融会儒佛,其《解禅偈》云:"忿怒如烈火,利欲如铦锋。终朝长戚戚,是名阿鼻狱。颜回安陋巷,孟轲养浩然。富贵如浮云,是名极乐国。孝弟通神明,忠信行蛮貊。积善来百祥,是名作因果。仁人之安宅,义人之正路。行之诚且久,是名光明藏。言为百代师,行为天下法。久之不可掩,是名不坏身。道义隆一身,功德被万物。为贤为大圣,是名菩萨佛。"⑤

苏氏蜀学更具有开放性,苏氏父子对于儒、道、佛三教都有精心研究体悟,又以艺术家的气质契入庄子禅宗的哲思,苏轼有《观世音菩萨颂》:"慈近乎仁,悲近乎义,忍近乎勇,忧近乎智。四者似之,而卒非是。有大圆觉,平等无二。无冤故仁,无亲故义,无人故勇,无我故智。彼四虽近,有作有止。此四本

---

① 曾枣庄、刘琳主编:《全宋文》第九册,巴蜀书社 1990 年版,第 752 页。
② 黄公渚选注:《欧阳修文》,崇文书局 2014 年版,第 6 页。
③ 张春林编:《欧阳修全集》,中国文史出版社 1999 年版,第 426 页。
④ (清)黄宗羲原著,全祖望补修:《宋元学案》第一册,陈金生、梁运华点校,中华书局 1986 年版,第 347 页。
⑤ (宋)司马光:《司马温公集编年笺注》(六),巴蜀书社 2009 年版,第 176 页。

无,有取无匮。有二长者,皆乐檀施,其一大富,千金日费,其一甚贫,百钱而已。我说二人,等无有异。吁观世音,净圣大士,遍满空界,挈携天地,大解脱力,非我敢议。若其四无,我亦如此。"①如林语堂《苏东坡传》所云:"从佛教的否定人生,儒家的正视人生和道家的简化人生,这位诗人在思想观念中冶炼出一种新的混合人生观。"②一些保守的儒者因苏轼兼信佛教而斥蜀学非儒学正宗,乃是一种偏见,因为无论口头排佛与否,大多数儒家学者在事实上莫不融佛通老,这已是时代潮流。

宋元人文领域学派林立,人才济济,名士颇众。二程后学中有杨时、谢良佐等。南宋朱熹、陆九渊的同时或之后有张栻、吕祖谦、黄幹、陈淳、真德秀、魏了翁、王应麟等。元代有大儒赵复、许衡等,力倡程朱理学而使之上升为官学,《四书集注》遂成为科举取士标准答案。

明初有政界名儒宋濂、刘基、方孝孺、薛瑄。王守仁心学之前有陈献章、湛若水,王守仁之后有邹守益、钱德洪、王畿、耿定向、刘宗周、王艮、何心隐、李贽、颜钧、罗汝芳、吕坤、焦竑等。在宽松文化环境和心学个性化思维影响下,出现了中国文化史上继先秦、魏晋之后又一次思想解放运动和文艺百家争鸣、百花齐放的活泼局面。学术之外,涌现出高拱、张居正、海瑞、戚继光一批军政家,李时珍、徐霞客、徐光启、宋应星一批科技家,徐渭、汤显祖、袁宏道、冯梦龙、凌濛初一批文艺家。历史证明,文化只有开放,才能促其繁荣。

第一节　儒家经学的重大变迁

一、"四书"成为儒家诸经之核心要典,科举推动"四书"的流布

唐代有十二经,即《周易》、《尚书》、《毛诗》、《周礼》、《仪礼》、《礼记》、《春秋左传》、《春秋公羊传》、《春秋穀梁传》、《论语》、《孝经》、《尔雅》。宋代儒经序次的最大变化是《孟子》由子书上升为经书,构成十三经,同时《礼记》

---

① 《苏轼全集》,王文诰注,于宏明点校,时代文艺出版社2001年版,第3338页。
② 林语堂:《苏东坡传》,宋碧云译,江苏人民出版社2015年版,第4页。

中的《大学》与《中庸》两篇单列。北宋淳熙年间,朱熹以《大学》、《中庸》、《论语》、《孟子》为"四书",他用毕生精力作《四书集注》,影响深远,使"四书"地位与"五经"同列。朱熹认为,《大学》中"经"的部分是"孔子之言而曾子述之","传"的部分是"曾子之意而门人记之",《中庸》是"孔门传授心法"而由"子思笔之于书以授孟子",《大学》、《中庸》、《论语》、《孟子》四书合起来,代表着由孔子经过曾子、子思传到孟子这样一个儒家道统,二程和他自己则是这一衰败的儒家道统的继承者和发扬者。元代延祐年间,复行科举,以《四书集注》为考试标准读本,此后"四书"地位超出"五经"。"四书"集中体现着孔孟之道的人生理想和价值追求,与整个"五经"的冗长、繁复相比,它主题明确,含义深邃,文字简练,便于普及,又有朱熹的精粹注释,更能唤起人们的良知,拨动人们的心弦,故而成为传统社会后期道德教化的主要经典依据。元至清末,科举制度日益完备,至1905年被废止,一千多年中一直是中国打破血统与出身差异、按统一标准、严格程序选拔治国人才的主要方式,虽然后来弊病丛生,也不能适应当代社会治理的需要,但它对于维护中华民族文化共同体、促进经典(尤其"四书")教育的发展、推动文化人在地区间流动、提升士人阶层的社会地位,是起了重要作用的。科举制度的长期施行,乃是儒学生存与发展的强而有力的制度支撑。

二、经学发展超越汉学训诂经学而倡导宋学义理之学

皮锡瑞《经学历史》将北宋经学称为"经学变古时代"[1],是有一定道理的,他看到庆历以后经学学风大变,不再拘泥于章句之学,"五经"之学皆弃汉唐注疏而另寻治经途径。但皮氏重汉学尤钟情于今文经学,故对于宋学删削"五经"的做法有批评,却又贬元明经学为"经学积衰时代"[2],并赞清代考据学为"经学复盛时代"[3],不仅立论褊狭,又与其今文经学偏重微言大义而厌其章句训注的立场相悖。这是不足取的。宋、元、明经学实乃中国儒家经学史上

---

① (清)皮锡瑞,周予同注释:《经学历史》,中华书局1959年版,第220页。
② (清)皮锡瑞,周予同注释:《经学历史》,中华书局1959年版,第274页。
③ (清)皮锡瑞,周予同注释:《经学历史》,中华书局1959年版,第295页。

一个崭新的发展阶段,它在援佛融老的过程中,创造性地解释了儒家经典,围绕心性问题,把儒家德性文化提升到形而上的层次,建立了道学体系,世称新儒家,并影响到社会政治和制度建设,成为传统社会后期的主流思想。

北宋仁宗庆历中范仲淹推行新政,提出改革"十事",整顿吏治,减轻赋役,修武强兵。思想家李觏依据《周礼》和《周易》,论图通过重农、节用达到富国强兵的目标。宋神宗熙宁年间,王安石实行变法,重点解决人才不足、财用不足的问题,对《周礼》、《尚书》、《诗经》作出新的解释,目的还是富国强兵。王安石轻视《春秋》,斥之为"断烂朝报"。王安石变法企图将经术与改革相结合,遭到司马光等保守力量的反对,并未成功。政改虽未收到实效,社会风气却出现宽松和更新的局面,因而学界大师辈出,学派林立,思想趋于活跃,中华理论思维形成一个高峰期。北宋有周敦颐、邵雍、程颢、程颐、张载,南宋有朱熹、陆九渊、叶适、陈亮。学派有濂、洛、关、闽,以及苏氏蜀学、荆公新学、永嘉学派、永康学派等。按照冯友兰的分类法,在宋元明道学之下,有三大主流学派:程(颢、颐)朱(熹)理学、陆(九渊)王(守仁)心学、张(载)王(廷相)王(夫之)气学。晚明则有阳明后学的泰州学派活跃于民间。当代的新儒学,如新理学、新心学、新气学,皆是以宋明道学为统绪并融合西学加以创新而形成的。宋明时期,道学扩展到政治、社会、民间和文化各领域,造就了一个儒家的社会。

三、宋、元、明儒家经学的三大特色

(一)援佛融老达到理论的深层次,使新儒学既出入佛老又超出佛老

陈寅恪站在中华立场,用佛教话语指出:"佛教经典言:'佛为一大事因缘出现于世。'中国自秦以后,迄于今日,其思想之演变历程,至繁至久。要之,只为一大事因缘,即新儒学之产生,及其传衍而已。"[①]他认为佛教对新儒学起了催生作用。至于道家、道教,陈寅恪又指出:"凡新儒家之学说,似无不有道

---

① 冯友兰:《三松堂全集》第三卷,河南人民出版社 2001 年版,第 460 页。

教或与道教有关之佛教为先导。"①他肯定这种思想开放又坚守本位的中华传统，说："其真能于思想上自成系统，有所创获者，必须一方面吸收输入外来之学说，一方面不忘本来民族之地位。此两种相反而适相成之态度，乃道教之真精神，新儒家之旧途径，而两千年吾民族与他民族思想接触史之所昭示者也。"②陈氏对三教并立之说十分认同，说："自晋至今，言中国之思想，可以儒、释、道三教代表之。此虽通俗之谈，然稽之旧史之事实，验以今世之人情，则三教之说，要为不易之论。"③

（二）新儒家经学所依据的经典，主要是《周易》和《四书》

如三苏解经，有《苏氏易传》、《论语说》、《孟子解》等。周敦颐有《太极图说》、《易说》、《易通》。邵雍有《皇极经世》、《先天图》。张载有《正蒙》、《易说》、《论语说》、《孟子说》。程颢有《识仁篇》，程颐有《伊川易传》。朱熹有《周易本义》、《四书集注》。陆九渊有《白鹿洞书院论语讲义》。王守仁有《大学问》、《传习录》。王夫之有《张子正蒙注》、《读四书大全说》、《周易外传》、《尚书引义》、《读通鉴论》。这些新儒家学者，也兼注道家、道教经典，如朱熹有《阴符经注》、《周易参同契注》，王夫之有《老子衍》、《庄子通》。宋明道学家之所以偏重《周易》和《四书》，是由于这些经典都具有很强的哲理性和人生价值论，可以从中发挥出关于宇宙、社会、生命的终极关切，建构新的意义世界。而《老子》、《庄子》及道教经典则有益于从中领悟天人之道，把握事物内在的本质。

（三）新儒家经学在致力于探讨主观精神世界的同时，其主流派对于治国安邦有所忽略

用传统话语说，它内圣强而外王弱，不能完全适应中华民族蓬勃发展的需要。孔子儒学以"修己以安百姓"④、"修身齐家治国平天下"⑤为基本宗旨，因

---

① 冯友兰：《三松堂全集》第三卷，河南人民出版社 2001 年版，第 461 页。
② 冯友兰：《三松堂全集》第三卷，河南人民出版社 2001 年版，第 462 页。
③ 冯友兰：《三松堂全集》第三卷，河南人民出版社 2001 年版，第 461 页。
④ 杨伯峻、杨逢彬注译：《论语》，岳麓书社 2000 年版，第 142 页。
⑤ 参见《礼记》：崔高维校点，辽宁教育出版社 2000 年版，第 222 页。

此要兼顾做人与做事、成己与成物。而程朱理学与陆王心学在"尊德性而道问学,致广大而尽精微"①上有突出成就,而在"极高明而道中庸"②上用心不足,如何富国、如何安民、如何强兵,未能有可行性论说规划,专在"存天理,灭人欲"和"致良知"上下功夫。新儒家未始不关心社会现实,如张载"横渠四句"有博大人文关怀,王守仁"知行合一"强调有行才有真知。但理学家关注的理论问题在"穷理尽性"上,心学家关注的理论问题在"发明本心"上,而把经世致用看作附带就可以解决的问题。就王守仁一个人而言,他一生在学问与事业两方面皆有非凡成就,不仅创发了心学,而且带兵平定朱宸濠等叛乱,立下大功,这样的儒家学者在历史上是少见的。然而,他并未将社会事业的经验有效地收纳到他的学说之中。叶适、陈亮以及后来的王廷相等学者,都站在道学之外批评道学,反对低头拱手以谈性命,强调事功重要,事外无道,理在事中,但他们是非主流学派,不能改变宋明道学造成的学术态势。

第二节　宋、元、明道学对佛老的深层融合

一、道学的开创者周敦颐和邵雍及其理论特色

(一)周敦颐的道学——承道教、摄佛学

周敦颐,字茂叔,因在庐山立濂溪学堂,世称濂溪先生,主要著作为《太极图说》和《通书》,对后世道学发展影响很大。他的理论依托《周易》与《中庸》,深受老子道家和道教影响;同时也吸纳佛教,体现了三教会同。按照黄宗羲之弟黄宗炎的《图学辨惑》,《太极图》由汉朝河上公作,原名《无极图》,讲方士炼养之术,钟离权以此传吕洞宾,吕洞宾传于陈抟,陈抟将《无极图》刻于华山石壁,开创以图式解析《易》理之新风,陈抟又传于穆修,穆修传于周敦颐。可知周敦颐《太极图说》与道教有极深渊源关系。

---

① 《礼记》:崔高维校点,辽宁教育出版社2000年版,第191页。
② 《礼记》:崔高维校点,辽宁教育出版社2000年版,第191页。

《易传》讲宇宙生成:"易有太极,是生两仪,两仪生四象,四象生八卦"①,里边包含着宇宙由混沌状态分化出阴阳而后阴阳交感生成万物的思想。《吕氏春秋·大乐》,将"太极"称为"太一",说:"万物所出,造于太一,化于阴阳"②,"太一出两仪,两仪出阴阳。阴阳变化,一上一下,合而成章"③。《淮南子·天文训》又将《易》与《老子》结合,说:"道始于一,一而不生,故分而为阴阳,阴阳合和而万物生,故曰:'一生二,二生三,三生万物'。"④道家哲学解《易》、解《老》重点在讲"顺以生人",而道教《无极图》体现道教"逆以成丹"之说,即修道要逆向进行,以便达到"生道合一"境界。故《无极图》最下方为"玄牝之门",通过"炼精化气"、"炼气化神",使真气贯通于五脏六腑,名曰"五气朝元"(金、木、水、火、土),水(肾)火(心)交媾为"取坎填离",达到"炼神还虚"、"复归无极",乃成圣胎,超凡成仙。这是陈抟内丹炼养的过程。

周敦颐的《太极图说》是在吸收陈抟《无极图》的营养并在综合《易》、《老》的基础上向道家宇宙生成的复归。其创新处在于:一曰"无极而太极"⑤,提出了"无极"的概念并将其置于"太极"之前。这里显然应用了《老子》"道生一"的哲学发生论思想。"道"是宇宙原初状态,是"潜在",是"无",即"无极"从中生出"一"则是"混沌未分"状态,是"有",即"太极",符合当代英国宇宙学家霍金"宇宙起源于无"的见解。二曰从"太极"引出阴阳五行,超出了《易传》的宇宙发生范式,糅合了阴阳家的思想,故曰:"太极动而生阳,动极而静,静而生阴,静极复动。一动一静,互为其根,分阴分阳,两仪立焉。"⑥"阳变阴合,而生水火木金土,五气顺布,四时行焉。"⑦"五行,一阴阳也;阴

---

① 高亨:《周易大传今注》,清华大学出版社 2010 年版,第 404—405 页。
② (战国)吕不韦:《吕氏春秋》,戴宏韬译注,黄山书社 2002 年版,第 49 页。
③ (战国)吕不韦:《吕氏春秋》,戴宏韬译注,黄山书社 2002 年版,第 49 页。
④ (汉)刘安撰:《淮南子》,陈静注译,中州古籍出版社 2010 年版,第 62 页。
⑤ 北京大学《儒藏》编纂与研究中心编:《儒藏》(精华编一八六),北京大学出版社 2014 年版,第 12 页。
⑥ 北京大学《儒藏》编纂与研究中心编:《儒藏》(精华编一八六),北京大学出版社 2014 年版,第 12 页。
⑦ 北京大学《儒藏》编纂与研究中心编:《儒藏》(精华编一八六),北京大学出版社 2014 年版,第 12 页。

阳,一太极也。太极本无极也"①,"'乾道成男,坤道成女',二气交感,化生万物。万物生生而变化无穷焉"②。他用五气说五行,又将阴阳、四时、五行整合为一体,分明吸收了《吕氏春秋·十二纪》的时空图式。三曰"立人极",即"中正仁义而主静"③,这是圣人确立的做人标准;他认为万物之中"惟人也,得其秀而最灵"④,故应以"仁义"为做人之道,同时"无欲故静",要见素抱朴、少私寡欲,这就在修身成人的途径上把孔孟儒家与老庄道家结合起来了。《太极图说》确立的宇宙发生论成为而后道学家公认的宇宙生成模式,其仁义主静之说亦极大地影响了道学的心性修养。

　　周子《通书》用《易》理论诚,在《孟子》"诚者,天之道也;思诚者,人之道也"⑤和《中庸》"不诚无物"⑥的基础上,系统讲诚。一是讲诚之源,"'大哉乾元,万物资始',诚之源也"⑦;二是讲诚之立,"乾道变化,各正性命,诚斯立焉"⑧;三是讲诚之质,"纯粹至善者也"⑨;四是讲诚之体用,"寂然不动者,诚也,感而遂通者,神也"⑩,诚体是静是明,诚用是动是行;五是讲诚之位,"诚者圣人之本"⑪,"圣,

---

①　北京大学《儒藏》编纂与研究中心编:《儒藏》(精华编一八六),北京大学出版社 2014 年版,第 13 页。

②　北京大学《儒藏》编纂与研究中心编:《儒藏》(精华编一八六),北京大学出版社 2014 年版,第 13 页。

③　北京大学《儒藏》编纂与研究中心编:《儒藏》(精华编一八六),北京大学出版社 2014 年版,第 14 页。

④　北京大学《儒藏》编纂与研究中心编:《儒藏》(精华编一八六),北京大学出版社 2014 年版,第 14 页。

⑤　杨伯峻、杨逢彬注译:《孟子》,岳麓书社 2000 年版,第 125 页。

⑥　《礼记》:崔高维校点,辽宁教育出版社 2000 年版,第 191 页。

⑦　北京大学《儒藏》编纂与研究中心编:《儒藏》(精华编一八六),北京大学出版社 2014 年版,第 31 页。

⑧　北京大学《儒藏》编纂与研究中心编:《儒藏》(精华编一八六),北京大学出版社 2014 年版,第 31 页。

⑨　北京大学《儒藏》编纂与研究中心编:《儒藏》(精华编一八六),北京大学出版社 2014 年版,第 31 页。

⑩　北京大学《儒藏》编纂与研究中心编:《儒藏》(精华编一八六),北京大学出版社 2014 年版,第 34 页。

⑪　北京大学《儒藏》编纂与研究中心编:《儒藏》(精华编一八六),北京大学出版社 2014 年版,第 31 页。

诚而已矣。诚,五常之本,百行之源也"①,如此说来,成圣成贤就是要反身而诚,为善去邪,真实无妄,这是圣人之学的根基。《通书》发挥了《太极图说》"立人极"的做人之道,贯通形上形下,把诚提到"尊德性而道问学"②的核心地位,确实抓住了孔孟儒学的精神实质,那就是要使修己以安百姓的大学之道成为有生命活力的、由仁人志士精诚践履的道德文化,而不是言而不行的虚套空话。诚是儒学的灵魂,伪是儒学的大敌,是诚还是伪,决定着儒学的命运。周敦颐在《通书》中说:"士希贤,贤希圣,圣希天。"③他提出了道学追求的总目标就是学做圣贤,而大尧则天,这就是人法圣、圣法天了。后来二程与朱熹皆十分推尊周敦颐。吕荣阳曰:"二程初从濂溪游,后青出于蓝。"④朱熹曰:"濂溪在当时,人见其政事精绝,则以为宦业过人;见其有山林之志,则以为襟怀洒落,有仙风道气,无有知其学者。唯程太中(二程之父,括号内为笔者加)知之,宜其生两程夫子也。"⑤

总括而言,周敦颐之道学,出入孔老,以《易》通之,这是比较明显的。又观其《爱莲说》,谓:"予独爱莲之出淤泥而不染,濯清涟而不妖,中通外直,不蔓不枝,香远益清,亭亭净植,可远观而不可亵玩焉",则知其亦受到佛教熏陶。佛经常借莲花喻佛性清净,谓世间"既有杂染,亦有清净"⑥,"彼若解脱,不染不著"⑦,便可入涅槃"常乐我净"境界。禅宗进而认为人皆具真如佛性,因无明而缘生万法,只要明心见性,虽处于世间而不为其所染,便可证得涅槃。自此中国方知有"染净"之说。可知周子之道已经摄取了禅学之要,将其融入

---

① 北京大学《儒藏》编纂与研究中心编:《儒藏》(精华编一八六),北京大学出版社 2014 年版,第 32 页。

② 《礼记》:崔高维校点,辽宁教育出版社 2000 年版,第 191 页。

③ 北京大学《儒藏》编纂与研究中心编:《儒藏》(精华编一八六),北京大学出版社 2014 年版,第 37 页。

④ (清)黄宗羲原著,全祖望补修:《宋元学案》第一册,陈金生、梁运华点校,中华书局 1986 年版,第 520 页。

⑤ (清)黄宗羲原著,全祖望补修:《宋元学案》第一册,陈金生、梁运华点校,中华书局 1986 年版,第 521 页。

⑥ 《大般若波罗蜜多经》卷三百三十三,《大正藏》第 6 册,第 710 页。

⑦ 《中阿含经》卷七,《大正藏》第 1 册,第 468 页。

到孔老儒学之中。

(二)邵雍的道学——承道《易》、摄佛学

邵雍,字尧夫,号康节,河南人,曾居苏门百源之上读书、研习,后人称其学派为百源学派。一生不仕,与司马光、二程相亲善。主要学术著作为《皇极经世》,诗集为《击壤集》。他是北宋五子中特立独行的象数学派,其《皇极经世》一书用《易》道数理构建起一个贯通天人的大时空的模式,说明宇宙变化、社会治乱的规律。其子邵伯温解说《皇极经世》,云:"《皇极经世》之所为书,穷日月星辰飞走动植之数,以尽天地万物之理;述皇帝王霸之事,以明大中至正之道。阴阳之消长,古今之治乱,较然可见矣。"[①],"至大之谓皇,至中之谓极,至正之谓经,至变之谓世。大中至正,应变无方之谓道。"[②]该书有"观物内外篇"最具哲理性。《皇极经世》就是以象数方式"究天人之际,通古今之变"(司马迁语)。

邵雍之学称"先天学",其《先天图》为李之才所传授,从源头上说要追寻到道教内丹学家陈抟,在继承和发扬道教《易》学并回宗孔孟仁学的路数上,他与周敦颐是殊途同归的。《宋史·朱震传》云:"陈抟以先天图传种放,放传穆修,穆修传李之才,之才传邵雍。"[③]因此,邵雍十分崇敬陈抟,并写诗加以赞颂,《观陈希夷先生真及墨迹》诗句云:"未见希夷真,未见希夷迹。止闻希夷名,希夷心未识。及见希夷迹,又见希夷真。始知今与古,天下长有人。希夷真可观,希夷墨可传。希夷心一片,不可得而言。"[④]邵雍以陈抟所传《伏羲四图》中的《伏羲八卦次序》、《伏羲八卦方位》为先天图,以《易传·说卦》的《文王八卦次序》、《文王八卦方位》为后天图。按照冯友兰的说法,所谓"先天"是指在伏羲、文王画卦以前就有"无字天书"《周易》了,经伏羲、文王而成的《周易》是"有字人书",故称"后天"。他用先天图式来推演自然、人事的变化,说:

---

① (宋)邵雍:《邵雍全集》,郭彧、于天宝点校,上海古籍出版社2015年版,第301页。
② (宋)邵雍撰,(明)黄畿注,卫绍生校理:《皇极经世书》,中州古籍出版社1993年版,第452页。
③ (元)脱脱等撰:《宋史》第37册,中华书局1977年版,第12908页。
④ (宋)邵雍:《邵雍集》,郭彧整理,中华书局2010年版,第374页。

"图虽无文,吾终日言未尝离乎是,盖天地万物之理尽在其中矣。"①

第一,讲天地年谱,用"元"、"会"、"运"、"世"计算时间,30 年为 1 世,12世为 1 运,30 运为 1 会,12 会为 1 元,天地是有始有终的,其寿数总计为129600 年,即 1 元的年数。

第二,讲自然界演进规律,"太极既分,两仪立矣。阳下交于阴,阴上交于阳,四象生矣。阳交于阴阴交于阳而生天之四象,刚交于柔柔交于刚而生地之四象,于是八卦成矣。八卦相错,然后万物生焉"②。邵雍的自然演进是按照"一分为二"的模式逐步展开的,"是故一分为二,二分为四,四分为八,八分为十六,十六分为三十二,三十二分为六十四"③,而且还要分下去,"十分为百,百分为千,千分为万"④,至于无穷,但"合之则为一,衍之则为万"⑤,如树之有根有干又枝叶繁茂。自然界在演进中是由阴阳两股力量消长、盛衰、转化来推动的。

第三,讲社会历史的发展变化是按照"皇、帝、王、霸"四种模式进行的,"用无为则皇也,用恩信则帝也,用公正则王也,用智力则霸也,霸以下则夷狄,夷狄而下是禽兽也"⑥。依此而论古今史,"三皇春也,五帝夏也,三王秋也,五伯冬也。七国,冬之余冽也。汉王而不足。晋,伯而有余。三国,伯之雄者也。十六国,伯之丛者也。南五代,伯之借乘也。北五代,伯之传舍也。隋,晋之子也。唐,汉之弟也。隋季诸郡之伯,江汉之余波也。唐季诸镇之伯,日月之余光也。后五代之伯,日未出之星也"⑦。邵雍的历史观基本上采用了老子的"失道而后德,失德而后仁,失仁而后义,失义而后礼"⑧的文明退化论,但认为其间有起伏,特别称赞汉唐有王道之气象。不过人类历史也要随着天地

---

① (宋)邵雍:《邵雍集》,郭彧整理,中华书局 2010 年版,第 150 页。
② (宋)邵雍:《邵雍集》,郭彧整理,中华书局 2010 年版,第 107 页。
③ (宋)邵雍:《邵雍集》,郭彧整理,中华书局 2010 年版,第 107—108 页。
④ (宋)邵雍:《邵雍集》,郭彧整理,中华书局 2010 年版,第 108 页。
⑤ (宋)邵雍:《邵雍集》,郭彧整理,中华书局 2010 年版,第 108 页。
⑥ (宋)邵雍,常秉义注释:《〈皇极经世〉导读》,中央编译出版社 2009 年版,第 520 页。
⑦ (宋)邵雍:《邵雍集》,郭彧整理,中华书局 2010 年版,第 29 页。
⑧ 陈鼓应注释:《老子今注今译》,商务印书馆 2003 年版,第 215 页。

的毁灭、重生而有新的再造。

第四,讲人修养成为圣贤的途径在于"以物观物",培养大公无私的心态,"以物观物,性也;以我观物,情也。性公而明,情偏而暗"①,实际上是要求人们按老子所说的"以百姓心为心"、"以天下观天下"②。邵雍曰:"是知我亦人也,人亦我也,我与人皆物也。此所以能用天下之目为己之目,其目无所不观矣。"如此一来,"其见至广,其闻至远,其论至高,其乐至大,能为至广至远至高至大之事,而中无一为焉,岂不谓至神至圣者乎"③。要做到以物观物,不单纯是认识方法,更是道德之心的修养。周敦颐注重诚心的树立,邵雍则注重诚心发为直行,故云:"为学养心,患在不由直道。去利欲由直道任至诚,则无所不通。天地之道直而已,当以直求之。"④直道与枉道相对立,要求人们做事要秉公方正,以义为依,不因私心而拿原则做交易。

第五,讲心物一体论,发挥孟子"万物皆备于我"的思想,标明其学说以"心"为本原,"先天学,心学也,故图皆自中起,万化万事生乎心也","心为太极"⑤,"圣人之心即天地之心也"⑥,"是故知太极者,有物之先本已混成,有物之后未尝亏损,自古及今,无时不存,无时不在。万物无所不禀,则谓之曰命;万物无所不本,则谓之曰性;万物无所不主,则谓之曰天;万物无所不生,则谓之曰心。其实一也。古之圣人穷理尽性以至于命,尽心知性以知天,存心养性以事天,皆本乎此也"⑦。这样,邵雍用"太极即心"将《易传》、《孟子》综合起来,为道学家穷理尽性开出了天人合一的路向。

邵雍属于儒家,因为他以三皇五帝为神主,以《周易》和孔孟仁学为旨归。他又深深地吸纳了道家老子的"道法自然"、"万物得一以生"的观点与道教陈

---

① (宋)邵雍:《邵雍集》,郭彧整理,中华书局2010年版,第152页。
② 陈鼓应注释:《老子今注今译》,商务印书馆2003年版,第253、271页。
③ (宋)邵雍:《邵雍集》,郭彧整理,中华书局2010年版,第49页。
④ (宋)邵雍:《邵雍集》,郭彧整理,中华书局2010年版,第173页。
⑤ (宋)邵雍:《邵雍集》,郭彧整理,中华书局2010年版,第152页。
⑥ (清)黄宗羲原著,全祖望补修:《宋元学案》第一册,陈金生、梁运华点校,中华书局1986年版,第474页。
⑦ (清)黄宗羲原著,全祖望补修:《宋元学案》第一册,陈金生、梁运华点校,中华书局1986年版,第475页。

抟《先天图》的理念。他还得力于佛教。

其一,中国儒典《周易》讲天地演化而不讲成毁,老子道家讲大道循环往复也不讲成毁,只有佛教讲"成、住、坏、空"四劫,成劫是世界成立期,住劫是世界存续期,坏劫是世界破坏期,空劫是世界空漠期,然后世界重新开始新一轮四劫,每一周期都在亿万年以上。这样一种宇宙时间动态观显然为邵雍所借鉴,他结合中华文化,推演出自己的世界年谱。方立天引用僧人仁潮对邵雍"一元之数"的评论,说:"仁潮依据佛教教义,肯定了邵雍的天地有生灭,时间有变化的观点,但认为所说一'元'十二'会'为十二万九千六百年时间和佛教讲的劫量不一致;再是认为邵雍说天地灭时,不仅天地坏了,人也没有了,这也和佛教说法不相符合的。"[1]邵雍具体说法与佛教不同,但思路是一致的,他的天地生灭论是受佛教启示而生成的。

其二,邵雍讲"万事生乎心"、"心为太极"、"尽心知性"虽然受到孟子的影响,主要还是受到佛教"万法唯心"熏习,如《大智度论》云:"三界所有,唯心所作"[2],尤其是禅宗倡导明心见性、观心见性,更关乎心性修养而为道学家所重,如慧能所说"若向性中能自见,即是成佛菩提因"[3]。可以说邵雍的先天学是潜用而非显引佛教哲学。

二、道学的奠基者张载的关学——融孔老和批佛道

张载(1020—1077年),字子厚,陕西人。因地处关中,故称其学为关学,因家住横渠镇,世称横渠先生。冯友兰认为他开创道学中气学一派,在中国思想史上的地位,约略相当于欧洲哲学史上康德的地位,能承上启下,广博恢宏,孕育出众多新说,影响巨大。留下的著作以《正蒙》最重要,存于《张子全书》,当代又收入《张载集》(有中华书局本)。

张载认为"气"是宇宙的本原,取之《庄子》的气论。《庄子·逍遥游》说:

---

① 方立天:《中国佛教哲学要义》中册,宗教文化出版社 2015 年版,第 608 页。
② 《大智度论》卷二十九,《大正藏》第 25 册,第 276 页。
③ 《六祖大师法宝坛经》,《大正藏》第 48 册,第 362 页。

"野马也,尘埃也,生物之以息相吹也。"①《庄子·知北游》说:"人之生,气之聚也;聚则为生,散则为死。若死生为徒,吾又何患!故万物一也,是其所美者为神奇,其所恶者为臭腐;臭腐复化为神奇,神奇复化为臭腐。故曰:'通天下一气耳。'圣人故贵一。"②该篇认为天地万物的本原(最基本的元素)是气,人与万物的生灭都是气之聚散的表现,世间的美丑、神凡亦皆是气的变化形态,因此人不必厚彼薄此,而要顺应变化。

张载将气本论提升并系统化了,其《正蒙·太和篇》开篇说:"太和所谓道,中涵浮沉、升降、动静、相感之性,是生𬘩缊、相荡、胜负、屈伸之始"③,"散殊而可象为气,清通而不可象为神。不如野马、𬘩缊,不足谓之太和"④。又说:"太虚无形,气之本体,其聚其散,变化之客形尔"⑤,"太虚不能无气,气不能不聚而为万物,万物不能不散而为太虚"⑥,"气之聚散于太虚,犹冰凝释于水。知太虚即气,则无无"⑦,"由太虚,有天之名;由气化,有道之名。合虚与气,有性之名;合性与知觉,有心之名"⑧,"鬼神者,二气之良能也"⑨,"天道不穷,寒暑也;众动不穷,屈伸也;鬼神之实,不越二端而已矣"⑩。张载将"气"视为宇宙最细小最基本的元素,它如同空气,是实在的可聚可散的物质微粒,它充满宇宙(太虚),通过相感相荡不断生成万物。所谓"道"乃是气的变化之称,所谓"鬼神"乃是阴阳二气的能动之称,所谓"物性"乃是太虚之气的客形,所谓"心"乃是有形体之人的知觉。张载不承认心造万有,不承认有脱离万物的"道",不承认有鬼神操弄人间,不承认有永恒不变的事物,世界的千事万物、千变万化皆是气的内在对应力量互动的过程展现,包括四季的转换。总体

① 陈鼓应注释:《庄子今注今译》上册,商务印书馆 2007 年版,第 8 页。
② 陈鼓应注释:《庄子今注今译》下册,商务印书馆 2007 年版,第 646 页。
③ (宋)张载:《张载集》,章锡琛点校,中华书局 1978 年版,第 7 页。
④ (宋)张载:《张载集》,章锡琛点校,中华书局 1978 年版,第 7 页。
⑤ (宋)张载:《张载集》,章锡琛点校,中华书局 1978 年版,第 7 页。
⑥ (宋)张载:《张载集》,章锡琛点校,中华书局 1978 年版,第 7 页。
⑦ (宋)张载:《张载集》,章锡琛点校,中华书局 1978 年版,第 8 页。
⑧ (宋)张载:《张载集》,章锡琛点校,中华书局 1978 年版,第 9 页。
⑨ (宋)张载:《张载集》,章锡琛点校,中华书局 1978 年版,第 9 页。
⑩ (宋)张载:《张载集》,章锡琛点校,中华书局 1978 年版,第 9 页。

世界没有生灭,只有幽明,其能形容的外在状态称为气,其清通而不可形容的深层存在称为神,神不过是气的内层本质,世上没有神秘而不可捉摸的东西。

从气本论出发,张载批判了道家和佛教的宇宙观,说:"太虚不能无气,气不能不聚而为万物,万物不能不散而为太虚。循是出入,是皆不得已而然也。然则圣人尽道其间,兼体而不累者,存神其至矣。彼语寂灭者往而不反,徇生执有者物而不化,二者虽有间矣,以言乎失道则均矣。聚亦吾体,散亦吾体,知死之不亡者,可与言性矣。"①张载批评佛教寂灭之说,有见于气之散,无见于气之聚;道教长生之说,有见于气之聚,无见于气之散,都偏离了大道。又说:"知虚空即气,则有无、隐显、神化、性命通一无二"②,"若谓虚能生气,则虚无穷,气有限,体用殊绝,入老氏'有生于无'自然之论,不识所谓有无混一之常;若谓万象为太虚中所见之物,则物与虚不相资,形自形,性自性,形性、天人不相待而有,陷于浮屠以山河大地为见病之说"③。张载认为由气组成的宇宙(太虚)是无始无终、永恒存在的乾坤世界,不能归结为一无所有或人心幻化,那都是"以人见之小因缘天地"④,其结果是在理论上偏离了《周易》"一阴一阳之谓道","范围天地之化而不过"⑤的"大中之矩,遂使儒、佛、老、庄混然一途"⑥。当然,张载的气本论并非在肯定气世界的同时贬低人心的作用,恰恰相反,他要用儒家"大其心"的态度去拥抱天地万物,把个人的生命融入宇宙的生命,即"聚亦吾体,散亦吾体"⑦,如此便"死而之不亡"⑧,这就是穷理尽性的功夫。他在《大心篇》中说:"大其心则能体天下之物,物有未体,则心为有外。世人之心,止于闻见之狭。圣人尽性,不以见闻梏其心,其视天下无一物非我"⑨,这就是以人心合天心。张载的"大心说",不是在宇宙论上销天地而

---

① (宋)张载:《张载集》,章锡琛点校,中华书局1978年版,第8页。
② (宋)张载:《张载集》,章锡琛点校,中华书局1978年版,第8页。
③ (宋)张载:《张载集》,章锡琛点校,中华书局1978年版,第8页。
④ (宋)张载:《张载集》,章锡琛点校,中华书局1978年版,第8页。
⑤ (宋)张载:《张载集》,章锡琛点校,中华书局1978年版,第8页。
⑥ (宋)张载:《张载集》,章锡琛点校,中华书局1978年版,第8页。
⑦ (宋)张载:《张载集》,章锡琛点校,中华书局1978年版,第7页。
⑧ (宋)张载:《张载集》,章锡琛点校,中华书局1978年版,第7页。
⑨ (宋)张载:《张载集》,章锡琛点校,中华书局1978年版,第24页。

归于心识，而是在人生论上扩心胸以包纳天地，这是道学与佛学的重要差别。张载对佛道二教的批判，已经超出隋唐时期儒者傅奕、韩愈等人的政治层面"夏夷论"的水平，进入到哲学本体论的高层次。

《正蒙》的《太和篇》、《参两篇》、《神化篇》等篇接着《易传》的阴阳哲学讲宇宙发展的对立统一规律。《太和篇》说："两不立则一不可见，一不可见则两之用息。两体者，虚实也，动静也，聚散也，清浊也，其究一而已"①，"气本之虚则湛一无形，感而生则聚而有象。有象斯有对，对必反其为；有反斯有仇，仇必和而解"②，"天大无外，其为感者絪缊二端而已"③。《参两篇》说："地所以两，分刚柔男女而效之，法也；天所以参，一太极两仪而象之，性也"④，"若阴阳之气，则循环迭至，聚散相荡，升降相求，絪缊相糅，盖相兼相制，欲一之而不能，此其所以屈伸无方，运行不息，莫或使之，不曰性命之理，谓之何哉？"⑤《神化篇》说："气有阴阳，推行有渐为化，合一不测为神"⑥，"见几则义明，动而不括则用利，屈伸顺理则安身而德滋。穷神知化，与天为一，岂有我所能勉哉？乃德盛而自致尔！"⑦

张载讲对立统一，其精要有：其一，"两"与"一"即对立与统一不可分；其二，一切事物的生存发展皆依赖于"两端"或"两体"的相互作用而进行，永不止息；其三，阴阳相推，有快有慢，有显有隐，其难以测度者称之为"神"；其四，对立面斗争终归要统一，便是"仇必和而解"⑧，这是终极目标；其五，圣人要"穷神知化"，洞悉事物发展变化之理，因而顺理而安身，这就是性命之学；其六，"太和"来源于《易·乾卦·象辞》"保合太和，乃利贞"⑨，是宇宙阴阴会合、各正性命的总体状态，也是宇宙存在的常态。

---

① （宋）张载：《张载集》，章锡琛点校，中华书局 1978 年版，第 9 页。
② （宋）张载：《张载集》，章锡琛点校，中华书局 1978 年版，第 10 页。
③ （宋）张载：《张载集》，章锡琛点校，中华书局 1978 年版，第 10 页。
④ （宋）张载：《张载集》，章锡琛点校，中华书局 1978 年版，第 10 页。
⑤ （宋）张载：《张载集》，章锡琛点校，中华书局 1978 年版，第 12 页。
⑥ （宋）张载：《张载集》，章锡琛点校，中华书局 1978 年版，第 16 页。
⑦ （宋）张载：《张载集》，章锡琛点校，中华书局 1978 年版，第 17 页。
⑧ 冯友兰：《中国哲学史新编》下卷，人民出版社 1999 年版，第 129 页。
⑨ 高亨：《周易大传今注》，清华大学出版社 2010 年版，第 40 页。

中国人的辩证思维,从《周易》《老子》,经玄学、佛学,到宋明道学,都在阐述矛盾普遍存在并化生事物的多样性、推动事物变化发展的同时,强调对立面之间的关系是互补的,是相反或相辅而相成的,不是对抗到底的,正常的世界应当是在包容差异与多样性中保持总体上的和谐。在这方面,儒、道、佛三教比较一致。张载无法料到,九百多年以后,冯友兰在他的《中国哲学史新编》第五册中(注释为三卷本)用张载的思想对辩证法重新作了解释,说:"客观的辩证法只有一个,但是人们对于它的认识和了解可以有很多,至少有两个。一个统一体的两个对立面是矛盾的统一,这是都承认的,但是一种认识可以以矛盾为主,另一种认识可以以统一为主。后者认为'仇必和而解',前者认为'仇必仇到底'。这是两种辩证法思想的根本差别。"①他在《中国现代哲学史》第十一章《〈中国哲学史新编〉总结》中再次提到张载的辩证法,说:"革命家和革命政党,原来反抗当时的统治者,现在转化为统治者了。作为新的统治者,他们的任务就不是要破坏什么统一体,而是要维护这个新的统一体,使之更加巩固,更加发展。这样,就从'仇必仇到底'的路线转到'仇必和而解'的路线"②,"'仇必和而解'是客观的辩证法。不管人们的意愿如何,现代的社会,特别是国际社会,是照着这个客观辩证法发展的"③,"人是最聪明、最有理性的动物,不会永远走'仇必仇到底'那样的道路。这就是中国哲学的传统和世界哲学的未来"④。冯友兰把张载的"仇必和而解"的辩证法提到空前高度,将它与人类的前途命运联系起来,举起了当代贵和哲学的旗帜,展示出古代哲学家的伟大智慧和中华文明的崇高理想。

张载有《西铭》一篇,其文曰:"乾称父,坤称母,予兹藐焉,乃混然中处。故天地之塞,吾其体;天地之帅,吾其性。民吾同胞,物吾与也"⑤,"圣其合德,贤其秀也。凡天下疲癃残疾、茕独鳏寡,皆吾兄弟之颠连而无告者也。于时保

---

① 冯友兰:《中国哲学史新编》下卷,人民出版社1999年版,第129页。
② 冯友兰:《中国现代哲学史》,三联书店2009年版,第232页。
③ 冯友兰:《中国现代哲学史》,三联书店2009年版,第233页。
④ 冯友兰:《中国现代哲学史》,三联书店2009年版,第234页。
⑤ (宋)张载:《张载集》,章锡琛点校,中华书局1978年版,第62页。

之，子之翼也；乐且不忧，纯乎孝者也"①，"富贵福泽，将厚吾之生也；贫贱忧戚，庸玉汝于成也。存，吾顺事，没，吾宁也"②。冯友兰认为"这是道学中的一篇具有纲领性的著作"③。《西铭》构造出后期儒家典型的人生论境界，就是把个人的生命与宇宙的大生命融为一体，以天为父，以地为母，以民众为同胞兄弟，以动植万物为同类伙伴，都要予以关照；顺境固然有益生存发展，逆境亦可磨炼心性品格；活着就要尽职尽责，死去便如同长久休息。这种人生态度是孔老双兼的，既有慈爱天下、以万物为一体的情怀与担当，又能顺应自然、化祸为福，达观地对待生死。其中许多名句已经广传于社会，成为人生的座右铭。它虽认同道家，却不认同道教。冯友兰将儒、佛、道三教的人生观做了比较："道教讲'长生'，佛教讲'无生'，儒教讲'乐生'。'长生'、'无生'和（无顿号，改之）'乐生'这六个字可以分别概括儒、释、道三教的特点。"④

载于《张子语录》的"横渠四句"："为天地立志，为生民立道，为去圣继绝学，为万世开太平"⑤，最能体现儒家的宇宙生命情怀、历史使命感和求大同的志向抱负，把个体人生与"赞天地之化育"、"修己以安百姓"、"人能弘道，非道弘人"、"老者安之，少者怀之，朋友信之"联系起来，把人的生命意义提到一个崭新的高度，成为后来仁人志士的价值追求。

三、道学布局者二程的洛学及其对佛老的消化

程颢，字伯淳，生于 1032 年，卒于 1085 年，世称明道先生。程颐，字正叔，生于 1033 年，卒于 1107 年，世称伊川先生。程氏兄弟先世居中山，后徙河南，迁家洛阳，故世称其学为洛学。按照冯友兰的说法，二程虽同为道学家，其思想倾向并不一致，程颢为心学之先驱，程颐则为理学之先驱。事实上二程之间

---

① （宋）张载：《张载集》，章锡琛点校，中华书局 1978 年版，第 62 页。
② （宋）张载：《张载集》，章锡琛点校，中华书局 1978 年版，第 63 页。
③ 冯友兰：《中国哲学史新编》下卷，人民出版社 1999 年版，第 130 页。
④ 冯友兰：《中国哲学史新编》下卷，人民出版社 1999 年版，第 131 页。
⑤ （宋）张载：《张载集》，章锡琛点校，中华书局 1978 年版，第 320 页。

有同有异,重视"理"或"天理"是二者之所同,而"天理"问题是宋明道学的核心问题,至于二者之异是个性的次要的差别。中华书局于1980年编辑出版《二程集》,包括《遗书》(二程弟子所记二程语录,朱熹编订)、《外书》(《遗书》补编)、《文集》(二程诗文)、《易传》(二程注释《易经》)、《经说》(二程解说儒经)、《粹言》(二程弟子杨时润色二程语录,张栻编订)六种。黄宗羲编《宋元学案》,则分列《明道学案》、《伊川学案》。

二程与张载不同,张载建立了道学的气本论,二程则建立了道学的理本论。二程颇重"天理",其《遗书》有云:"天理云者,这一个道理,更有甚穷已?不为尧存,不为桀亡"①,"元无少欠,百理俱备"②,"理则天下只是一个理,故推之四海而准,须是质诸天地,考诸三王不易之理"③,"父子君臣,常理不易,何曾动来?因不动,故言寂然;虽不动,感便通,感非自外也"④,"有物必有则,一物须有一理"⑤,"如百尺之木,自根本至枝叶,皆是一贯"⑥不待人安排,所以又称为天理。二程所谓理或天理,是指事物存在的本质规定性和运行规律,它不以人的意志为转移。从整个宇宙来说,有其存在和发展的总本质和总规律,如阴阳四时变迁的客观规律;从社会人生来说,人际关系有它的确定秩序如君臣父子夫妇。从自然现象和社会现象上看,千变万化、千姿百态,但都受制于内在的理,所以"理"又称为"道"。在二程看来,"气"是可感可变的现象界,"理"是现象背后不变的本质界;前者是形而下者,后者是形而上者,故云:"'一阴一阳之谓道',道非阴阳也,所以一阴一阳者道也"⑦,"阴阳,气也。气是形而下者,道是形而上者,形而上者则是密也。"⑧道之所以称之为"密",是由于它看不见摸不到却真实存在于事物内部。

---

① (宋)程颢、程颐:《二程集》,王孝鱼点校,中华书局1981年版,第31页。
② (宋)程颢、程颐:《二程集》,王孝鱼点校,中华书局1981年版,第31页。
③ (宋)程颢、程颐:《二程集》,王孝鱼点校,中华书局1981年版,第38页。
④ (宋)程颢、程颐:《二程集》,王孝鱼点校,中华书局1981年版,第43页。
⑤ (宋)程颢、程颐:《二程集》,王孝鱼点校,中华书局1981年版,第193页。
⑥ (宋)程颢、程颐:《二程集》,王孝鱼点校,中华书局1981年版,第153页。
⑦ (宋)程颢、程颐:《二程集》,王孝鱼点校,中华书局1981年版,第67页。
⑧ (宋)程颢、程颐:《二程集》,王孝鱼点校,中华书局1981年版,第162页。

　　从当代哲学的高度看,二程所论"理"(或"道")与"气"(或"物")的关系,就是本质与现象、一般与特殊的关系,现象或特殊是"迹"是"用",可以直观、感受,本质或一般是"所以迹"是"体",只能用理性加以把握。程颢说:"天者理也,神者妙万物而为言者也"①,"吾学虽有所受,天理二字却是自家体贴出来的"②,相当自负。在中国思想史上,先秦《易传》及诸子已使用"理"的语词,《系辞》有"俯以察于地理"③,《说卦》有"穷理尽性以至于命"④,《韩非子·解老》有"理者成物之文也",《庄子·天下》有"判天地之美,析万物之理"⑤,《荀子·解蔽》有"凡以知,人之性也;可以知,物之理也"。但他们所谓"理",尚未提升到宇宙根本规律的高度,如张岱年所指出的:"在先秦哲学,所谓理,皆以分殊言"⑥,"二程子所谓理,则以总一言,认为万物唯有一理,此理乃究竟本根"⑦。二程论理,既有分殊,又有总一,尤其"天理"之提出,为理学设置了最高理念,乃是二程的理论创造,其新颖处在于"天理"不仅是宇宙运行的普遍规律,同时还是天地生生之德的生命原理,因而它也成为人间社会伦理的基本法则,从而成为理学的最高概念。不过二程并不把"道"与"器"、"理"与"物"、"体"与"用"割裂为二,而是强调前者就在后者之中。程颢说:"形而上为道,形而下为器,须著如此说。器亦道,道亦器。"⑧程颐也强调"体用一源"⑨。

　　程颢发挥孔子仁学思想,集而为《识仁篇》,云:"仁、义、礼、智、信五者,性也。仁者,全体;四者,四支。仁,体也。义,宜也。礼,别也。智,知也。信,实也"⑩,"医书言手足痿痹为不仁,此言最善名状。仁者,以天地万物为一体,莫

---

① (宋)程颢、程颐:《二程集》,王孝鱼点校,中华书局1981年版,第132页。
② (宋)程颢、程颐:《二程集》,王孝鱼点校,中华书局1981年版,第424页。
③ 宋祚胤注译:《周易》,岳麓书社2000年版,第321页。
④ 宋祚胤注译:《周易》,岳麓书社2000年版,第375页。
⑤ 陈鼓应注释:《庄子今注今译》下册,商务印书馆2007年版,第984页。
⑥ 张岱年:《中国哲学大纲》,昆仑出版社2010年版,第60页。
⑦ 张岱年:《中国哲学大纲》,昆仑出版社2010年版,第61页。
⑧ (宋)程颢、程颐:《二程集》,王孝鱼点校,中华书局1981年版,第4页。
⑨ (宋)程颢、程颐:《二程集》,王孝鱼点校,中华书局1981年版,第689页。
⑩ (宋)程颢、程颐:《二程集》,王孝鱼点校,中华书局1981年版,第14页。

非己也。认得为己,何所不至? 若不有诸己,自不与己相干"①,"学者须先识仁。仁者,浑然与物同体,义、礼、智、信皆仁也。识得此理,以敬诚存之而已"②。程颢认为,人与万物都是大生命体的有机组成部分,仁者应有与万物同体的感受,如同人体各部位之间痛痒相关、休戚与共,若只顾自己,对他人与万物漠不关心,就是麻木不仁的病态。如此一来,程颢"识得此理"的"理"就不只是本体论和认知论层面上的本质或规律,而注入了博爱的情愫,成为情理兼具的人生境界论意义上的价值追求,这是程颢理学独特的地方。

程颢有一篇与张载论心性的文章,叫《定性书》,讨论人心如何不为外物所累的问题,其论曰:"所谓定者,动亦定,静亦定,无将迎,无内外。苟以外物为外,牵己而从之,是以己性为有内外也。且以性为随物于外,则当其在外时,何者为在内? 是有意于绝外诱,而不知性之无内外也。既以内外为二本,则又乌可遽语定哉? 夫天地之常,以其心普万物而无心;圣人之常,以其情顺万物而无情。故君子之学,莫若廓然而大公,物来而顺应"③,"人之情各有所蔽,故不能适道,大率患在于自私而用智。自私则不能以有为为应迹,用智则不能以明觉为自然"④,"与其非外而是内,不若内外之两忘也。两忘则澄然无事矣。无事则定,定则明,明则尚何应物之为累哉!"⑤程颢之意是说普通人"自私而用智",故将内外分割,其性或心不能不"随物于外"而起伏不定,焦虑不安;而圣人之心普照万物,其情普顺万物,无一己之私,"廓然大公,物来而顺应"⑥,故不作内(己)外(物)的区隔,这就是"内外之两忘"。如此,便可做到心性平静恒定,自如应对环境又不受环境变动的拖累。这实际上是对玄学"应物而无累于物"⑦的发挥,也是对禅宗"无住为本"的应用,只不过在具体价值指向上有别:玄学家以自然为本,禅宗以真如为本,而程颢以仁爱为本,却又在破除

① (宋)程颢、程颐:《二程集》,王孝鱼点校,中华书局1981年版,第15页。
② (宋)程颢、程颐:《二程集》,王孝鱼点校,中华书局1981年版,第16页。
③ (宋)程颢、程颐:《二程集》,王孝鱼点校,中华书局1981年版,第460页。
④ (宋)程颢、程颐:《二程集》,王孝鱼点校,中华书局1981年版,第460—461页。
⑤ (宋)程颢、程颐:《二程集》,王孝鱼点校,中华书局1981年版,第461页。
⑥ 冯友兰:《三松堂全集》第十一卷,河南人民出版社2000年版,第278页。
⑦ 冯友兰:《中国哲学简史》,涂又光译,北京大学出版社1985年版,第276页。

私欲我执、要把人的精神境界提升到与天地万物一体化的高度上是一致的。佛家讲"戒、定、慧"三学,其禅定的要求是"出入来去坐卧行住一心不乱"①,"行住坐卧饮食语言。一切威仪心常定故……不依止欲界,不住色无色行,行如是禅定,是菩萨遍行"②,"外离相为禅,内不乱为定。外若著相,内心即乱;外若离相,心即不乱。本性自净自定"③。程颢《定性书》突出一个"定"字,用以讲内心修养,在儒学史上是首次,无疑是受启于佛教的禅定之说,化而用之,故有新意。

程颐一生致力于《周易》研究,其心得集载于《易传》。其《易传序》说:"易,变易也,随时变易以从道也。其为书也,广大悉备,将以顺性命之理,通幽明之故,尽事物之情,而示开物成务之道也。圣人之忧患后世,可谓至矣。去古虽远,遗经尚存。然而前儒失意以传言,后学诵言而忘味,自秦而下,盖无传矣。予生千载之后,悼斯文之湮晦,将俾后人沿流而求源,此《传》所以作也。《易》有圣人之道四焉:'以言者尚其辞,以动者尚其变,以制器者尚其象,以卜筮者尚其占。'吉凶消长之理,进退存亡之道,备于辞。推辞考卦,可以知变,象与占在其中矣。君子居则观其象而玩其辞,动则观其变而玩其占。得于辞,不达其意者有矣;未有不得于辞而能通其意者也。至微者理也,至著者象也。体用一源,显微无间。观会通以行其典礼,则辞无所不备。故善学者,求言必自近。易于近者,非知言者也。予所传者辞也,由辞以得其意,则在乎人焉。"④程颐《易序》说:"《易》之为书,卦爻象象之义备,而天地万物之情见"⑤,"六十四卦,三百八十四爻,皆所以顺性命之理,尽变化之道也。散之在理,则有万殊;统之在道,则无二致。所以'《易》有太极,是生两仪',太极者道也,两仪者阴阳也。阴阳,一道也。太极,无极也。万物之生,负阴而抱阳,莫不有太极,莫不有阴阳,絪缊交感,变化不穷"⑥,"至哉《易》乎!其道至大而

①　《摩诃般若波罗蜜经》卷十七,《大正藏》第 8 册,第 342 页。
②　《法华经安乐行义》,《大正藏》第 46 册,第 700 页。
③　《六祖大师法宝坛经》,《大正藏》第 48 册,第 353 页。
④　(宋)程颢、程颐:《二程集》,王孝鱼点校,中华书局 1981 年版,第 689 页。
⑤　(宋)程颢、程颐:《二程集》,王孝鱼点校,中华书局 1981 年版,第 690 页。
⑥　(宋)程颢、程颐:《二程集》,王孝鱼点校,中华书局 1981 年版,第 690 页。

无不包,其用至神而无不存"①,"故得之于精神之运,心术之动,与天地合其德,与日月合其明,与四时合其序,与鬼神合其吉凶,然后可以谓之知《易》也"②。

总括程颐的《易》论,其要点有:其一,《易》之道广大悉备,它揭示了天地万物人事运动发展的内在真相和普遍规律,即是"性命之理"、"吉凶消长之理,进退存亡之道";其二,《易》之道由太极而生阴阳,由阴阳交感而生万物而出变化,其阴阳变化不测之用即是"至神";其三,《易》之道有体有用,其体乃"至微"之理,其用乃"至著"之象,而体用一源、显微无间,即体即用,本质与现象不能分割;其四,事物性命之理既统一于大道,又散而为万殊,理在总体上既是一,又可有多种形态,这就提出了理学家"理一分殊"的命题;其五,《易》之道之功用在于使人具有天地境界,"与天地合其德,与日月合其明,与四时合其序,与鬼神合其吉凶"③,如此便具有了圣人气象,同时洞悉事物变化规律,"通幽明之故,尽事物之情",而能把握"开物成务之道",做好安邦济世的事业。以上就是理学家追求的人生智慧和价值理想。程颐与程颢相比,更注重对"性命之理"的认知和运用,同时其"体用一源"、"理一万殊"的观念显然接受了佛教华严宗"理事无碍"、"一多圆融"智见的熏习。

程颐有《颜子所好何学论》,指出孔子独称颜渊好学,"然则颜子所独好者,何学也?学以至圣人之道也。圣人可学而至欤?曰:'然。学之道如何?'曰:'天地储精,得五行之秀者为人'"④。"其本也真而静,其未发也五性具焉,曰仁义礼智信。形既生矣,外物触其形而动于中矣。其中动而七情出焉,曰喜怒哀乐爱恶欲。情既炽而益荡,其性凿矣。是故觉者约其情使合于中,正其心,养其性,故曰性其情。愚者则不知制之,纵其情而至于邪僻,梏其性而亡之,故曰情其性。凡学之道,正其心,养其性而已。中正而诚,则圣矣。君子之学,必先明诸心,知所养,然后力行以求至,所谓自明而诚也。故学必尽其心,

---

① (宋)程颢、程颐:《二程集》,王孝鱼点校,中华书局1981年版,第690页。
② (宋)程颢、程颐:《二程集》,王孝鱼点校,中华书局1981年版,第690页。
③ (宋)程颢、程颐:《二程集》,王孝鱼点校,中华书局1981年版,第690页。
④ (宋)程颢、程颐:《二程集》,王孝鱼点校,中华书局1981年版,第577页。

尽其心，则知其性，知其性，反而诚之，圣人也。"①程颐相信，人皆可为尧舜，因为人性本善。之所以不善往往是纵其情而梏其性，只要能以性制情而不是以情移性，能正心养性，反身而诚，便可成为圣人。可见他与李翱不同，不是去情复性，而是养性制情，使情合于中。这里体现了理学家性理学说的特质，即其学的主要目的不是增加对于外部世界的知识，而是学会涵养人性，使之达到圣贤品德的高度，造就出文明人类，体现了中华德性文化的特质。儒、道、佛三教都致力于人性的涵养，儒家重在涵养人的德性，道家重在涵养人的灵性，佛家重在涵养人的悟性。

程子曾说："昔受学于周茂叔，每令寻仲尼颜子乐处，所乐何事？"②这是强调道学不是给人一种纯知识，而是教人寻找精神快乐，如孔子所说："知之者不如好之者，好之者不如乐之者。"③孔子表述自己的快乐："饭疏食饮水，曲肱而枕之，乐亦在其中矣。"④又赞扬颜回："贤哉，回也！一箪食，一瓢饮，在陋巷，人不堪其忧，回也不改其乐。贤哉，回也。"⑤朱熹《论语集注·雍也》引程子："箪瓢陋巷非可乐，盖自有其乐尔。'其'字当玩味，自有深义。"⑥在二程看来，孔颜之学是一门引导人们追求精神快乐、可以使人"受用"的学问。其乐何事？按孔孟自己和《易传》的表述，其乐有：乐学（学而时习之不亦乐乎），乐道（志于道，君子忧道不忧贫），乐友（有朋自远方来不亦乐乎），乐山水（智者乐水，仁者乐山），乐天知命（《系辞上》：乐天知命，故不忧），乐家、乐义、乐教（君子有三乐），总之，所乐来自自然、他者的感通，来自对真善美的追求和受用，而与钱财、权力无关，因此圣人之学必须达到"乐在其中"的程度，方能算是真正领悟。程颢《秋日偶成》诗云："闲来无事不从容，睡觉东窗日已红。万物静观皆自得，四时佳兴与人同。道通天地有形外，思入风云变态中。富贵

---

① （宋）程颢、程颐：《二程集》，王孝鱼点校，中华书局1981年版，第577页。
② （宋）朱熹：《四书章句集注》，中华书局1983年版，第87页。
③ （宋）朱熹：《四书章句集注》，中华书局1983年版，第89页。
④ （宋）朱熹：《四书章句集注》，中华书局1983年版，第97页。
⑤ （宋）朱熹：《四书章句集注》，中华书局1983年版，第87页。
⑥ （宋）朱熹：《四书章句集注》，中华书局1983年版，第87页。

不淫贫贱乐，男儿到此是豪雄。"①又有《偶成》诗云："云淡风轻近午天，傍花随柳过前川。时人不识余心乐，将谓偷闲学少年。"②这就是一种"浑然与物同体"的审美感受。

二程道学的理本论是在与儒家词章、训诂之学以及气本论的竞争中，在与佛教、道家道教的互动比较中，创立起来的。它使儒学经历了魏晋玄学和隋唐佛学的冲击之后，在理论上走出低谷，与气本论一起重新建立了儒家哲学的高地，而且也显示了相比气本论的优越之处，即气本论更多地带有结构论的实在论特征，而理本论则更多地具有境界论的形上学特征又能不离人伦日常，化佛道之大智而为己用，从而初步改变了三教哲学层面上佛强儒弱的格局。程颐说："今之学者有三弊：一溺于文章，二牵于训诂，三惑于异端。苟无此三者，则将何归？必趋于道矣。"③可见他对于儒学要走什么新路是有清醒认知的。

二程理学给予朱熹以直接的本质性影响；反之，朱熹对二程的推崇，也使二程理学得以光大昌明。朱熹在《程氏遗书》后记中说，《遗书》是他家旧藏并增以访求所得而整理成书，共25篇。朱子记载，伊川门人尹焞得朱光庭所抄伊川语录呈进，伊川说："某在，何必读此书。若不得某之心，所记者徒彼意耳。"④朱子发表议论说："夫以二先生倡明道学，于孔孟既没、千载不传之后，可谓盛矣"⑤，"先生之学，其大要则可知已。读是书者，诚能主敬以立其本，穷理以尽其知，使本立而知益明，知精而本益固，则日用之间，且将有以得乎先生之心，而于疑信之传，可坐判矣"⑥，其敬重之情溢于言表。朱子在《大学章句序》中说："大学之书，古之大学所以教人之法也"⑦，"及孟子没而其传泯焉"⑧，"自是以来，俗儒记诵词章之习，其功倍于小学而无用；异端虚无寂灭之

---

① （宋）程颢、程颐：《二程集》，王孝鱼点校，中华书局1981年版，第482页。
② （宋）程颢、程颐：《二程集》，王孝鱼点校，中华书局1981年版，第476页。
③ （宋）程颢、程颐：《二程集》，王孝鱼点校，中华书局1981年版，第187页。
④ （宋）程颢、程颐：《二程集》，王孝鱼点校，中华书局1981年版，第6页。
⑤ （宋）程颢、程颐：《二程集》，王孝鱼点校，中华书局1981年版，第6页。
⑥ （宋）程颢、程颐：《二程集》，王孝鱼点校，中华书局1981年版，第6页。
⑦ （宋）朱熹：《四书章句集注》，中华书局1983年版，第1页。
⑧ （宋）朱熹：《四书章句集注》，中华书局1983年版，第2页。

教,其高过于大学而无实。其他权谋术数,一切以就功名之说,与夫百家众技之流,所以惑世诬民、充塞仁义者,又纷然杂出乎其间"①,"天运循环,无往不复。宋德隆盛,治教休明。于是河南程氏两夫子出,而有以接乎孟氏之传。实始尊信此篇而表章之,既又为之次其简编,发其归趣,然后古者大学教人之法、圣经贤传之旨,粲然复明于世。虽以熹之不敏,亦幸私淑而与有闻焉。顾其为书犹颇放失,是以忘其固陋,采而辑之,间亦窃附己意,补其阙略,以俟后之君子"②。朱子认为二程接孟子而续传《大学》之教,并以二程私淑弟子的身份为《大学》编辑补缺。朱子又在《中庸章句序》中述儒家道统之传承,从尧舜至孟子而失传,"而异端之说日新月盛,以至于老佛之徒出,则弥近理而大乱真矣。然而尚幸此书之不泯,故程夫子兄弟者出,得有所考,以续夫千载不传之绪;得有所据,以斥夫二家似是之非"③。朱子还在《论语序说》后引程子曰:"学者当以《论语》、《孟子》为本。《论语》、《孟子》既治,则六经可不治而明矣。读书者当观圣人所以作经之意,与圣人所以用心,圣人之所以至于圣人,而吾之所以未至者,所以未得者"④,又在《孟子序说》中引程子曰:"孟子有功于圣门,不可胜言。仲尼只说一个仁字,孟子开口便说仁义"⑤,"孟子性善、养气之论,皆前圣所未发"⑥。仅以上所引便可知,二程确实为宋代道学尤其理学的创建者:二程接续了孔孟的仁义之道,使体现儒家精神的人生哲学以理学的方式复兴;又确立四书作为新时期儒学的首要经典,表而举之于五经之上,开出儒学新阶段;并揭明学圣人之道不在记诵言词而在求得圣人之心意、学习圣人之为人处世;授朱子以道统之传、以性理之学,成为朱子学体系的基石。后人习称"程朱理学",把二程与朱熹紧紧地连在一起,是符合历史实际的。

---

① （宋）朱熹:《四书章句集注》,中华书局1983年版,第2页。
② （宋）朱熹:《四书章句集注》,中华书局1983年版,第2页。
③ （宋）朱熹:《四书章句集注》,中华书局1983年版,第15页。
④ （宋）朱熹:《四书章句集注》,中华书局1983年版,第44页。
⑤ （宋）朱熹:《四书章句集注》,中华书局1983年版,第199页。
⑥ （宋）朱熹:《四书章句集注》,中华书局1983年版,第199页。

四、道学的集大成者朱熹的闽学和对佛老的深层融会

朱熹(1130—1200年),字元晦,号晦庵,原籍徽州婺源人,出生并在福建长大,受学于李侗,尔后续接二程之学。他中进士后五十余年中,在朝为官时间很短,任地方官九年,任经筵侍讲四十余日,一生主要时间是在福建讲学,故世称其学为闽学。朱熹是道学中理学的集大成者,建立起理学思想体系,影响尔后儒学发展和社会主流思想达六七百年,是宋元明新儒家主要代表人物。他的学问渊博而富有哲思,主要著作有《周易本义》、《诗集传》、《四书集注》、《通鉴纲目》、《楚辞集注》、《韩文考异》、《阴符经注》、《周易参同契注》等。朱子编《河南程氏遗书》,与吕祖谦合编《近思录》,以二程的思想精粹为主,收纳周敦颐、张载的言论,为初学者提供进入理学的门径。按朱子所写"序"所说:周子、程子、张子之书,"广大闳博",初学者不知所入,"因共掇取其关于大体而切于日用者,以为此编"①,其后此书长久被关注,注解续补者众多,遂成为理学的经典。朱子过世,后人将其遗文编为《朱文公文集》,将其语录编为《朱子语类》。其学传到朝鲜和日本,成为中国学术文化在东亚最有影响力的学派。朱子学之所以恢宏博深,开拓出与汉学相对待的宋学大格局,其关键的因素在于朱子能在广泛认真考察和积累自然社会各种知识基础上,自觉继承发扬儒家的道统,并综合吸纳佛老体用论、人生论、辩证观的明觉,化而用之于理学的建构,展现出高超的理论思维能力和阔大的视野。

《宋史·道学传》说,三代盛时,道行天下而无道学之名,"文王、周公既没,孔子有德无位,既不能使是道之用渐被斯世,退而与其徒定礼乐,明宪章,删《诗》,修《春秋》赞《易象》,讨论《坟》、《典》,期使五三圣人之道昭明于无穷。故曰:'夫子贤于尧、舜远矣。'孔子没,曾子独得其传,传之子思,以及孟子,孟子没而无传。两汉而下,儒者之论大道,察焉而弗精,语焉而弗详,异端邪说起而乘之,几至大坏。千有余载,至宋中叶,周敦颐出于舂陵,乃得圣贤不

---

① (宋)朱熹,(宋)吕祖谦编,查洪德注译:《近思录》,中州古籍出版社2004年版,第379页。

传之学，作《太极图说》、《通书》，推明阴阳五行之理，命于天而性于人者，了若指掌。张载作《西铭》，又极言理一分殊之旨，然后道之大原出于天者，灼然而无疑焉。仁宗明道初年，程颢及弟颐寔生，及长，受业周氏，已乃扩大其所闻，表章《大学》、《中庸》二篇，与《语》、《孟》并行，于是上自帝王传心之奥，下至初学入德之门，融会贯通，无复余蕴。迄宋南渡，新安朱熹得程氏正传，其学加亲切焉。大抵以格物致知为先，明善诚身为要，凡《诗》、《书》六艺之文，与夫孔孟之遗言，颠错于秦火，支离于汉儒，幽沉于魏、晋、六朝者，至是皆焕然而大明，秩然而各得其所。此宋儒之学所以度越诸子，而上接孟氏者欤。其于世代之污隆，气化之荣悴，有所关系也甚大。道学盛于宋，宋弗究于用，甚至有厉禁焉。后之时君世主，欲复天德王道之治，必来此取法矣"①。元代推崇程朱理学，故由脱脱等主修的《宋史》专立《道学传》于《儒林传》之前，在韩愈《原道》道统论基础上以程朱理学接续孟子，而有道统新论。其论大致能代表元、明、清三代主流社会对程朱理学的评价，虽然有较浓的官学色彩，然而若就孔孟儒学本来就以"修己安人"的义理之学为主轴而言，自有其合理的内核。朱熹为官期间，本着通经致用、以道事君的精神，多次上书言事，要求皇帝格物致知，坚持抗金，正心术以立纪纲，存天理而抑人欲，在治国理政上以恤民为本，亲贤臣而远小人，爱养民力，修明军政，对于政事之失当，往往直言无讳，切中时弊，因而触怒君王，又开罪于权臣宦官。及至韩侂胄得势，横罪朱学为"伪学"，朱门为"伪党"，乃至"逆党"，必欲除之而后快，此即"庆元伪学之禁"。朱熹不因此而有所惧缩，与诸生讲学依旧，展现出大儒的道义坚守。《宋史·道学传·朱熹》说："其为学，大抵穷理以致其知，反躬以践其实，而以居敬为主。尝谓圣贤道统之传散在方册，圣经之旨不明，而道统之传始晦。于是竭其精力，以研究圣贤之经训。"②倡明和创新儒家道统是朱熹的主要理论贡献。

（一）理本论与理气说

朱子说："天地之间，有理有气。理也者，形而上之道也，生物之本也；气

---

① （元）脱脱等撰：《宋史》第 36 册，中华书局 1977 年版，第 12709—12710 页。
② （元）脱脱等撰：《宋史》第 36 册，中华书局 1977 年版，第 12769 页。

也者,形而下之器也,生物之具也。是以人物之生,必禀此理然后有性,必禀此气然后有形。其性其形虽不外乎一身,然其道器之间,分际甚明,不可乱也。"①朱子认为,任何事物都具有性和形两个方面:性是它的本质属性,是这个事物的理,它是看不见的,却是实在而不变的;形是它的结构成分,是这个事物的气,它是有形象并可变的。譬如"阶砖便有阶砖之理"②,"竹椅便有竹椅之理"③,"舟只可行之于水,车只可行之于陆"④,它们各有自己不变的性能,便是理;至于它的质料和形状,那是多种多样而变化的,便是气。这样一来,朱子就把一个本质世界和现象世界区别开来了。用现代哲学的话语表述,本质是事物内在的本性,现象是本质的外部表现;前者要靠理性去把握,后者可以通过感官去感知;本质与现象可以一致也可以不一致,甚至有与本质相反的假象;科学的任务就是透过纷纭复杂的现象去准确把握事物内藏的本质。朱子一方面强调性理的重要,另一方面也不赞成将性理与形气割裂。他在回答理与气是否有先后的问题时说:"此气是依傍这理行,及此气之聚,则理亦在焉。盖气则能凝结造作,理却无情意,无计度,无造作。只此气凝聚处,理便在其中。且如天地间人物草木禽兽,其生也,莫不有种,定不会无种子白地生出一个物事。这个都是气。若理,则只是个净洁空阔底世界,无形迹,他却不会造作;气则能酝酿凝聚生物也。但有此气,则理便在其中。"⑤如此一来,朱子就用"体用论"和"性形论"的思路把理学与气学统一于理本论的框架之内了。朱子承接程颢,讲"天理",即强调理是天地万物的根本,故曰:"合天地万物而言,只是一个理","未有天地之先,毕竟也只是理。有此理,便有此天地,若无此理,便亦无天地","有理,便有气流行,发育万物"⑥。朱子的本意并非说在天地之先有个理独立存在,而是说天地总是要遵循一定规律生成,也可以说理在逻辑上而非事实上先于气。当时虽无此表述话语而有此抽象思维是难能可

---

① (宋)朱熹:《朱熹集》第5册,郭齐、尹波点校,四川教育出版社1996年版,第2947页。
② (宋)黎靖德编:《朱子语类》第一册,王星贤点校,中华书局1986年版,第61页。
③ (宋)黎靖德编:《朱子语类》第一册,王星贤点校,中华书局1986年版,第61页。
④ (宋)黎靖德编:《朱子语类》第一册,王星贤点校,中华书局1986年版,第61页。
⑤ (宋)黎靖德编:《朱子语类》第一册,王星贤点校,中华书局1986年版,第3页。
⑥ (宋)黎靖德编:《朱子语类》第一册,王星贤点校,中华书局1986年版,第2、1页。

贵的。

　　朱子的理本论,从显处说是由二程理学而来,从潜处说是由中国佛教哲学而来。天台宗智𫖮讲"性是实性,实性即理性"①,"如来藏理,含一切法"②。华严宗法藏说:"事虽宛然,恒无所有,是故用即体也,如会百川以归于海;理虽一味,恒自随缘,是故体即用也。如举大海以明百川,由理事互融故,体用自在。"③可知程颐的"体用一源,显微无间"实出于此,而朱子因之。"法界"在华严宗的用义包含本质与现象的界域。澄观作《华严法界玄镜》,提出"四法界"说,其中"事法界"指多样性的现象界,"理法界"指一切现象的共同本质乃是性空,"理事无碍法界"指事物的本体与现象圆融统一,"事事无碍法界"指事物之间的差别皆因性空而圆融无碍。朱子的理本论与理气论借鉴了华严宗的四法界说,其不同处在于佛教以性空释理,朱子以属性释理,一遮一铨,至于以理指称形而上本体则相同也。禅宗支系五代法眼宗创始人清凉文益作《宗门十规论》说:"大凡祖佛之宗,具理具事,事依理立,理假事明,理事相资,还同目足。若有事而无理,则滞泥不通;若有理而无事,则汗漫无归。欲其不二,贵在圆融。"④石头希迁把理分为性理与物理,并说:"执事元是迷,契理亦非悟"⑤,应当触事而真,把理与事统一起来。二程出入佛老几十年,朱子虽口头反佛,却也佩服佛法的精微深邃,说:"今之不为禅学者,只是未曾到那深处;才到那深处,定走入禅去也。"⑥中国佛教哲学已在会通儒道中达到一个新高度,儒家哲学只有吸收它才能超越它,只有超越它才能使自己重新走上中国哲学的高峰。

　　(二)理一分殊论

　　"理一"是指宇宙间最高真理只有一个,"分殊"是指最高真理体现在万物万事中具有的多样性。程颐最早提出理一分殊的思想。李侗继而讲得更明

---

①　《摩诃止观》卷五下,《大正藏》第46册,第53页。
②　《妙法莲华经玄义》卷三下,《大正藏》第33册,第714页。
③　《华严经义海百门》,《大正藏》第45册,第635页。
④　《宗门十规论》,《卍新续藏》第63册,第37页。
⑤　《五灯会元》卷第五,《卍新续藏》第80册,第108页。
⑥　(宋)黎靖德编:《朱子语类》第二册,王星贤点校,中华书局1986年版,第415页。

确:"吾儒之学,所以异于异端者,理一而分殊也。理不患其不一,所难者分殊耳。"①朱子对此借张载之学加以发挥,说:"《西铭》通体是一个'理一分殊',一句是一个'理一分殊'。"②朱子的理一分殊论,有以下几个含义。

其一,说明作为宇宙本体的太极与万物之性的统一关系。曰:"合而言之,万物统体一太极也;分而言之,一物各具一太极也。"③这是从静态上说。

其二,说明作为宇宙本源的太极与万物生成分化的统一关系。太极分为阴阳,化为五行,散为万物,又不离本根,故曰:"自下推而上去,五行只是二气,二气又只是一理。自上推而下来,只是此一个理,万物分之以为体"④,"如一粒粟生为苗,苗便生花,花便结实,又成粟,还复本形。一穗有百粒,每粒个个完全。又将这百粒去种,又各成百粒。生生只管不已,初间只是这一粒分去。物物各有理,总只是一个理。"⑤这是从动态上说。

其三,说明宇宙多样事物、人间各种道理之间的统一关系。朱子注《中庸》"万物并育而不相害,道并行而不相悖,小德川流,大德敦化,此天地之所以为大也"⑥时说:"天覆地载,万物并育于其间而不相害;四时日月,错行代明而不相悖。所以不害不悖者,小德之川流;所以并育并行者,大德之敦化。小德者,全体之分;大德者,万殊之本。川流者,如川之流,脉络分明而往不息也。敦化者,敦厚其化,根本盛大而出无穷也。"⑦朱子用百川同源来说明多样性事物之间是万殊与一本的关系。他在注《论语·里仁》"曾子曰:'夫子之道,忠恕而已矣'"⑧时说:"盖至诚无息者,道之体也,万殊之所一本也;万物各得其

---

① （清）黄宗羲原著,全祖望补修:《宋元学案》第四册,陈金生、梁运华点校,中华书局1986年版,第2758页。
② （宋）黎靖德编:《朱子语类》第七册,王星贤点校,中华书局1986年版,第2522页。
③ 北京大学《儒藏》编纂与研究中心编:《儒藏》(精华编一八六),北京大学出版社2014年版,第14页。
④ （宋）黎靖德编:《朱子语类》第六册,王星贤点校,中华书局1986年版,第2374页。
⑤ （宋）黎靖德编:《朱子语类》第六册,王星贤点校,中华书局1986年版,第2374页。
⑥ （宋）朱熹:《四书章句集注》,中华书局1983年版,第37页。
⑦ （宋）朱熹:《四书章句集注》,中华书局1983年版,第37—38页。
⑧ （宋）朱熹:《四书章句集注》,中华书局1983年版,第72页。

所者,道之用也,一本之所以万殊也。"①他在这里指明"理一"即是"至诚无息",即是道体;而"万殊"即是"万物各得其所",即是道用。由此,"理一分殊"的义蕴更为彰明,就是自然与社会的整体和谐观,就是文化与真理的多样性和谐共处观,是孔子"和而不同"和《易传》"天下同归而殊途,一致而百虑"②的哲学新形态。

朱子这一理论的跃升,得益于佛教智慧的启示,他说:"释氏云:'一月普现一切水,一切水月一月摄',这是那释氏也窥见得这些道理。"③朱子引文出自玄觉《永嘉正道歌》,是禅宗用"月印万川"的比喻,说明真如与万象、一与多的互摄关系,真切而生动,故朱子运用来说明"理一分殊",分殊是理一的展现,与理一并非二物。

(三)心统性情论与十六字心传

朱子对张载提出的心统性情论赞颂备至,认为是孟子、二程所不及,曰:"横渠'心统性情'一句,乃不易之论。孟子说心许多,皆未有似此语端的"④,"'心统性情'。二程却无一句似此切"⑤。朱子认为心兼性情并主导之,"性,其理;情,其用。心者,兼性情而言"⑥,"性以理言,情乃发用处,心即管摄性情者也"⑦。他认为人性乃天道在人身上的体现,"性者,人所受之天理。天道者,天理自然之本体"⑧,它是纯善的,称为天地之性或义理之性。但人禀气有明晦之别,故有气质之性,"论天地之性,则专指理言;论气质之性,则以理与气杂而言之"⑨,故人性有善有恶。从性与情的关系而言,"性无不善,心所发为情,或有不善"⑩,"人之生不能不感物而动,曰:'感物而动,性之欲也,言亦

---

①　(宋)朱熹:《四书章句集注》,中华书局1983年版,第72页。
②　宋祚胤注译:《周易》,岳麓书社2000年版,第355页。
③　(宋)黎靖德编:《朱子语类》第二册,王星贤点校,中华书局1986年版,第399页。
④　(宋)黎靖德编:《朱子语类》第七册,王星贤点校,中华书局1986年版,第2550页。
⑤　(宋)黎靖德编:《朱子语类》第七册,王星贤点校,中华书局1986年版,第2513页。
⑥　(宋)黎靖德编:《朱子语类》第二册,王星贤点校,中华书局1986年版,第475页。
⑦　(宋)黎靖德编:《朱子语类》第一册,王星贤点校,中华书局1986年版,第94页。
⑧　(宋)朱熹:《四书章句集注》,齐鲁书社1988年版,第5页。
⑨　(宋)黎靖德编:《朱子语类》第一册,王星贤点校,中华书局1986年版,第67页。
⑩　(宋)黎靖德编:《朱子语类》第一册,王星贤点校,中华书局1986年版,第92页。

性所有也,而其要系乎心君宰与不宰耳。'心宰则情得其正,率乎性之常,而不可以欲言矣。心不宰则情流而陷溺其性,专为人欲矣"①。人心主宰性情而得乎其正,则为天理,人心不宰而情溺其性,则为人欲,故"天理人欲之判、中节不中节之分,特在乎心之宰与不宰,而非情能病之,亦已明矣"②。于此可知,朱子的"天理"概念是兼含人性与人情的,只要求性有其常、情得其正;而其"人欲"概念非指人情之正,乃指人情之滥。而性与情须由心统领才能中节。那么,什么是朱子理解的"心"呢?朱子说:"心者气之精爽"③,"性者,道之形体,心者,性之郭郭"④,"须是有个心,便收拾得这性,发用出来"⑤,"性是心之道理,心是主宰于身者。四端便是情,是心之发见处"⑥。朱子学中,"性"、"情"、"心"三者是有区别的。"性"特指人性之善,即今日所谓的道德理性。"情"特指人的情感欲望,有善有恶。"心"特指有主观意志的思维能力,朱子称之为"知觉",它是活生生的自我意识,能够支配自己的思想行为。

从程颐起依据伪《古文尚书·大禹谟》"人心惟危,道心惟微,惟精惟一,允执厥中"⑦十六字,将心分为人心和道心,主张:"人心私欲,故危殆。道心天理,故精微。灭私欲则天理明矣。"⑧朱子认为,这十六字乃尧舜道统之心传,他在程子心论基础上又作发挥。其《中庸章句序》说:"心之虚灵知觉,一而已矣。而以为有人心、道心之异者,则以其或生于形气之私,或原于性命之正,而所以为知觉者不同,是以或危殆而不安,或微妙而难见耳。然人莫不有是形,故虽上智不能无人心,亦莫不有是性,故虽下愚不能无道心。二者杂于方寸之间,而不知所以治之,则危者愈危,微者愈微,而天理之公卒无以胜夫人欲之私

① 朱杰人、严佐之、刘永翔主编:《朱子全书》第23册,上海古籍出版社2002年版,第3115—3116页。
② 朱杰人、严佐之、刘永翔主编:《朱子全书》第21册,上海古籍出版社2010年版,第1395页。
③ (宋)黎靖德编:《朱子语类》第一册,王星贤点校,中华书局1986年版,第85页。
④ (宋)黎靖德编:《朱子语类》第七册,王星贤点校,中华书局1986年版,第2549页。
⑤ (宋)黎靖德编:《朱子语类》第一册,王星贤点校,中华书局1986年版,第64页。
⑥ (宋)黎靖德编:《朱子语类》第一册,王星贤点校,中华书局1986年版,第90页。
⑦ (宋)黎靖德编:《朱子语类》第一册,王星贤点校,中华书局1986年版,第207页。
⑧ (宋)程颢、程颐,潘富恩导读:《二程遗书》,上海古籍出版社2000年版,第369页。

矣。精则察夫二者之间而不杂也,一则守其本心之正而不离也。从事于斯,无少间断,必使道心常为一身之主,而人心每听命焉,则危者安,微者著,而动静云为自无过不及之差矣。"①朱子论人心、道心与程子有所异,不是简单地将人心等同私欲、道心等同天理,而是指出上智与下愚皆兼有人心(形气之私)、道心(性命之正),混处于方寸之间;知觉程度低者不懂得如何治心,则人心不断膨胀危殆,道心不断萎缩隐晦,如此便使天理屈从于人欲;知觉程度高者能精察人心与道心的区别,守住本心之正,使道心居于支配地位,使人欲居于从属地位,也就是用道德理性主导情感欲望,那就是"允执厥中"了。朱子在《中庸章句序》中结合《中庸》文本,进一步指出:"其曰'天命率性',则道心之谓也;其曰'择善固执',则精一之谓也;其曰'君子时中',则执中之谓也"②,认为《中庸》对于古圣贤之道,能"提挈纲维、开示蕴奥"③,在诸前圣之书中"未有若是之明且尽者也"④,可谓推崇备至。

朱子的心统性情论与人心、道心兼存说较之程颐的天理、人欲二分说更接近社会人生的实际,使人有亲切感,是他能体贴人伦日用而形成的,同时也是他默用佛教心性论精义而化融的结果。早在晋代,郗超作《奉法要》推介佛教基本教义、教规,讲"六情",引证"经云:'心作天,心作人,心作地狱,心作畜生,乃至得道者也,亦心也'","是以行道之人,每慎独于心,防微虑始,以至理为城池",其论"天理之于罪福",意在明因果报应,而其说修道须修向善之心,以至理、天理维护心之纯正,则可以通向程朱理学。禅宗慧能认为,自性本净,识心见性即可成佛,而心有正邪、有悟迷,"世人心正,起智慧观照,自开佛知见"⑤,"悟者自净其心"⑥。道一法师云:"平常心是道"⑦,"道不用修,但莫污染","非

---

① (宋)朱熹:《四书章句集注》,上海古籍出版社 2006 年版,第 21 页。
② (宋)朱熹:《四书章句集注》,中华书局 1983 年版,第 15 页。
③ (宋)朱熹:《四书章句集注》,中华书局 1983 年版,第 15 页。
④ (宋)朱熹:《四书章句集注》,中华书局 1983 年版,第 15 页。
⑤ 《南宗顿教最上大乘摩诃般若波罗蜜经六祖惠能大师于韶州大梵寺施法坛经》,《大正藏》第 48 册,第 342 页。
⑥ 《南宗顿教最上大乘摩诃般若波罗蜜经六祖惠能大师于韶州大梵寺施法坛经》,《大正藏》第 48 册,第 341 页。
⑦ 《景德传灯录》卷二十八,《大正藏》第 51 册,第 440 页。

离真而有立处,立处即真,尽是自家体"①。禅宗旨趣在悟道成佛,解脱一切烦恼,与朱子理学旨趣在传儒家圣贤之道不同;但禅宗讲明心见性,要人"自净其心",即起正念、除邪见、莫污染,这种知觉功夫与朱子修心养性之学,皆是导人向善,两者可相向而行,互相借鉴。事实上,禅学与朱学也正是这样做的。

(四)格物致知与诚意正心论

朱子在《大学章句序》中强调大学之书乃是"教人之法","教之以穷理、正心、修己、治人之道"②。《大学》开宗明义:"大学之道,在明明德,在亲民,在止于至善。"③朱子视"此三者,大学之纲领也"④。接着《大学》提出达到明明德于天下的八个步骤:格物、致知、诚意、正心、修身、齐家、治国、平天下,朱子说:"此八者,大学之条目也。"⑤朱子对格物致知,作了补传,曰:"所谓致知在格物者,言欲致吾之知,在即物而穷其理也。盖人心之灵莫不有知,而天下之物莫不有理,惟于理有未穷,故知有不尽也。是以《大学》始教,必使学者即凡天下之物,莫不因已知之理而益穷之,以求至乎其极。至于用力之久,而一旦豁然贯通焉,则众物之表里精粗无不到,而吾心之全体大用无不明矣。此谓物格,此谓知之至也。"⑥格物致知是朱子理学的方法论,认为世上万事万物皆有其理,人心之灵知要依赖已知之理去把握事物未知之理,不断用力,务求透彻。但是,事物是无穷的,事物之理也是无限的,人心不可能一一皆去把握,必须加以会通,"只是这一件理会得透,那一件又理会得透,积累多,便会贯通"⑦,"心无限量,如何尽得? 物有多少,亦如何尽得尽? 但到那贯通处,则才拈来便晓得,是为尽也"⑧。朱子的格物致知论其前半部讲即物穷理,有益于人们积累知识,增加对自然社会内在规律的认识。由此,朱子本人学问广博,

① 《景德传灯录》卷二十八,《大正藏》第51册,第440页。
② (宋)朱熹:《四书章句集注》,中华书局1983年版,第1页。
③ (宋)朱熹:《四书章句集注》,中华书局1983年版,第3页。
④ (宋)朱熹:《四书章句集注》,中华书局1983年版,第3页。
⑤ (宋)朱熹:《四书章句集注》,中华书局1983年版,第4页。
⑥ (宋)朱熹:《四书章句集注》,中华书局1983年版,第6—7页。
⑦ (宋)黎靖德编:《朱子语类》第三册,王星贤点校,中华书局1986年版,第1140页。
⑧ (宋)黎靖德编:《朱子语类》第四册,王星贤点校,中华书局1986年版,第1425页。

世所公认,且使理学不同于后来陆王心学专注内心,表现出"为学日益"的特色。但是其格物致知论的后半部讲豁然贯通,便与前半部脱节了,而且说得太过,就是圣人也无法做到"众物之表里精粗无不到"、"吾心之全体大用无不明"①。冯友兰鉴于朱子《大学》"格物补传"前后脱节,他又补充上几句,说:"在'以求至乎其极'下面加说:'此穷物理也,穷物之理乃所以穷人之理。苟明此道,敬以行之',下面就接着'而一旦豁然贯通焉'。"②

朱子的本意是想通过不断格物致知,做到对天道造化和人伦道德的贯通,真正升入至善的境界,而这只有靠体悟而非致知所能致,甚至如老子所说要"为道日损"。这显然又是接受了禅宗渐修与顿悟说的影响。朱子即物穷理,恰如北宗神秀"时时勤拂拭"的渐修;而其"一旦豁然贯通",又恰如《坛经》慧能所说"前念迷即凡夫,后念悟即佛。前念著境即烦恼,后念离境即菩提","若起正真般若观照,一刹那间,妄念俱灭。若识自性,一悟即至佛地"③。朱子所说"一旦豁然贯通"与慧能所说"一悟即至佛地",皆非指人的认知能力应达到的目标,而是指人的心灵境界应进入的高度,其共同点是能超脱世俗物质欲望和狭隘情思,能有纯净精神的受用,其相异处在于朱子指向天人合一境界,慧能则指向物我两忘境界,可谓同途而殊归。

诚意正心为《大学》所述八条目之要义,紧随格物致知之后,为修身之关键所在。朱子注曰:"心者,身之所主也。诚,实也。意者,心之所发也。实其心之所发,故其一于善而无自欺也。"④朱子讲格物致知乃是为了穷理养性,使天理能克人欲、道心主宰一身,这便是诚意正心,有此修身之本才能齐家、治国、平天下。而朱子诚意正心之学首先是希望能诚人君之意、正人君之心,这是国家治乱的根本所在。在君权至上的帝制社会,人君心术之正与否,确实关乎国之兴衰,但人君之品格又岂是贤臣名儒所能左右? 这便是朱子学面临的他不曾自觉意识到的制度性困惑。《宋史·道学传·朱熹》记述朱子数次上

---

① (宋)朱熹:《四书章句集注》,齐鲁书社1992年版,第6页。
② 冯友兰:《中国哲学史新编》下卷,人民出版社1999年版,第172页。
③ 丁福保笺注:《坛经》,上海古籍出版社2011年版,第46、55页。
④ (宋)朱熹:《四书章句集注》,中华书局1983年版,第3—4页。

疏,有言:"盖天下之纪纲不能以自立,必人主之心术公平正大,无偏党反侧之私,然后有所系而立。"①又有言:"愿陛下自今以往,一念之顷必谨而察之:此为天理耶,人欲耶?果天理也,则敬以充之,而不使其少有壅阏;果人欲也,则敬以克之,而不使其少有凝滞。推而至于言语动作之间,用人处事之际,无不以是裁之,则圣心洞然,中外融澈,无一毫之私欲得以介乎其间,而天下之事将惟陛下所欲为,无不如志矣。"②这是用孔子"七十而从心所欲不逾矩"的圣贤标准要求"家天下"的君王,用心极善而未免太脱离实际。故事先有人从中劝说朱子,"以为'正心诚意'之论上所厌闻,戒勿以为言"③,而"熹曰:'吾平生所学,惟此四字,岂可隐默以欺君乎'"④,他深信《大学》"自天子以至于庶人,壹是皆以修身为本"⑤,故继续上书希望君王从修身做起,"以求放心为之本"⑥,而后能齐家、治国,朱子真乃诚直之真君子也。孔子修己之学的精要在于正心诚意,按朱子通常说法,正心要求公私分明,并非大公无私;诚意要求表里如一、实在去做,有此二者何虑安百姓之事不成?只是不必要求世人包括执政者"中外融澈,无一毫之私欲得以介乎其间"⑦就可以了。

为加强格物致知、诚意正心的力度和保障,从二程到朱子又特别强调了修身态度上的"敬"。程颐说:"涵养须用敬,进学则在致知。"朱子认为"敬字功夫,乃圣门第一义"⑧,又说"居敬穷理,二者不可偏废"⑨。"敬"是儒家提倡的对人对事要尊重、要严肃、要认真的态度,孔子讲"敬事而信"⑩、"临之以庄则敬"⑪、

---

① (元)脱脱等撰:《宋史》第36册,中华书局1977年版,第12753页。
② (元)脱脱等撰:《宋史》第36册,中华书局1977年版,第12757页。
③ (元)脱脱等撰:《宋史》第36册,中华书局1977年版,第12757页。
④ (元)脱脱等撰:《宋史》第36册,中华书局1977年版,第12757页。
⑤ (宋)朱熹:《四书章句集注》,中华书局1983年版,第4页。
⑥ (元)脱脱等撰:《宋史》第36册,中华书局1977年版,第12765页。
⑦ (元)脱脱等撰:《宋史》第36册,中华书局1977年版,第12757页。
⑧ 钱穆:《朱子新学案》第一册,九州出版社2011年版,第108页。
⑨ 钱穆:《朱子新学案》第一册,九州出版社2011年版,第111页。
⑩ (宋)朱熹:《四书章句集注》,中华书局1983年版,第49页。
⑪ (宋)朱熹:《四书章句集注》,中华书局1983年版,第58页。

"居处恭,执事敬"①、"修己以敬"②,孔子论孝,不仅在于养亲,更在于敬亲:"至于犬马,皆能有养;不敬,何以别乎?"③所以要孝敬。《礼记·学记》有"敬业乐群"之说。"敬"关乎人格的尊严和诚实,所以重要,常与"诚"相连而谓"敬诚",成为修己安人之基石,做人做事如无敬诚,则格物穷理、尽性至命便形同虚设。

(五)仁乃生意论

朱子学中最为生动而有活力的部分是以"生意"说"仁"。他上承《周易》"天地之大德曰生"的生命观,视整个自然与社会为一大生命体,"仁"乃是宇宙生物之心,曰:"天地之心别无可做,'大德曰生',只是生物而已"④,"仁者,天地生物之心"⑤,"人受天地之气而生,故此心必仁,仁则生矣"⑥,"仁字有生意,是言人之生道也"⑦,"仁本生意,乃恻隐之心也"⑧。朱子把"仁者爱人"扩展为"仁者爱生",包括爱天地万物;把人心之仁溯源于天地生物之仁,从而把五常之仁与天地之德贯通为一体,使孔孟仁学上升到宇宙大生命学的高度,也是对张载"民胞物与"的发挥。朱子著《仁说》,云:"天地以生物为心者也,而人物之生又各得夫天地之心以为心者也,故语心之德,虽其总摄贯通、无所不备,然一言以蔽之,则曰仁而已矣,请试详之。盖天地之心,其德有四:曰元亨利贞,而元无不统。其运行焉,则为春夏秋冬之序,其春生之气无所不通。故人之为心,其德亦有四:仁义礼智,而仁无不包。其发用焉,则为爱恭宜别之情,而恻隐之心无所不贯。故论天地之心者,则曰乾元坤元,则四德之体用不待悉数而足;论人心之妙者,则曰仁人之心也,则四德之体用不待遍举而该。盖仁之为道,乃天地生物之心,即物而在,情之未发而情体已具,情之既发而其

---

① (宋)朱熹:《四书章句集注》,中华书局1983年版,第146页。
② (宋)朱熹:《四书章句集注》,中华书局1983年版,第159页。
③ (宋)朱熹:《四书章句集注》,中华书局1983年版,第56页。
④ (宋)黎靖德编:《朱子语类》第五册,王星贤点校,中华书局1986年版,第1729页。
⑤ 钱穆:《朱子新学案》第一册,九州出版社2011年版,第382页。
⑥ (宋)黎靖德编:《朱子语类》第一册,王星贤点校,中华书局1986年版,第85页。
⑦ 钱穆:《朱子新学案》第一册,九州出版社2011年版,第392页。
⑧ (宋)黎靖德编:《朱子语类》第五册,王星贤点校,中华书局1986年版,第1691页。

用不穷,诚能体而存之,则众善之源、百行之本莫不在是,此孔门之教所以必使学者汲汲于求仁也。"①朱子还申明仁在伦理道德中的核心地位,认为"仁包四德","问:仁何以能包四者。曰:人只是这一个心,就里面分为四者。且以恻隐论之,本只是这恻隐,遇当辞逊则为辞逊,不安处便为羞恶,分别处便为是非。若无一个动底醒底在里面,便也不知羞恶,不知辞让,不知是非"②。朱子将《周易》"大人者,与天地合其德"③与孔孟仁义之说有机结合,以仁为体,创发出生态伦理之学,是对儒学一大贡献。故钱穆评论曰:"朱子专就心之生处、心之仁处着眼,至是而宇宙万物乃得通为一体。当知从来儒家发挥仁字到此境界者,正惟朱子一人。"④

朱子对孔孟仁学还有一重要创新性阐释,就是对体现"仁"的"忠恕之道"有精彩解读,一曰"中心为忠,如心为恕";一曰"尽己之谓忠,推己之谓恕"⑤。又引程子曰:"以己及物,仁也;推己及物,恕也。"⑥这是对孔孟"仁者爱人"之说最有见识的阐发,即儒家的仁爱乃是诚挚的爱(忠)和互尊的爱(恕),都是将心比心、由己而及于他者,彼此是平等的,能够在互相感动中表达爱,而"己所欲施于人"的强迫的单向的爱,往往会导致怨与恨,忠恕之爱是最伟大的真爱,这是儒学具有永恒价值之所在。当代中国思想巨匠、社会学大师费孝通说:"儒家思想的核心,就是推己及人。"⑦若就此再作发挥,则新仁学即可攀上理论高峰,而且最具孔孟儒学本色。可惜朱子学已经设定了理本体框架,又受了《中庸》"未发已发"论的影响,朱子只能用"理"的概念释"仁",曰:"仁义礼智是未发底道理,恻隐羞恶辞让是非是已发底端倪","仁是体,爱是用,又曰爱之理,爱自仁出也"⑧,"仁是理,孝弟是事,有是仁后,有是孝弟"⑨。将仁归

---

① 朱子学会编:《朱子学年鉴2011—2012》,厦门大学出版社2013年版,第38—39页。
② 钱穆:《朱子新学案》第二册,九州出版社2011年版,第137页。
③ 宋祚胤注译:《周易》,岳麓书社2000年版,第15页。
④ 钱穆:《朱子新学案》第一册,九州出版社2011年版,第61页。
⑤ (宋)朱熹:《四书章句集注》,中华书局2011年版,第71页。
⑥ (宋)朱熹:《四书章句集注》,中华书局2011年版,第71页。
⑦ 费孝通:《推己及人》(上),大众文艺出版社2010年版,第108页。
⑧ 钱穆:《朱子新学案》第一册,九州出版社2011年版,第82页。
⑨ 钱穆:《朱子新学案》第二册,九州出版社2011年版,第149页。

结为理乃是朱子理学的局限,按照孔子、孟子的本义,仁就是爱人之心、就是恻隐之心,仁本身就是一种发自内心的情,有"不忍"、"不安"的自发性,再加上后天的教育、修身而使之自觉,即"发乎情,止乎礼义"①。因此"仁"应是"情"与"理"的统一,再依"敬诚"而行之,便能实现了。

朱子理学后来成为元、明、清三代的官学,得到大力推崇,汉代以来逐步确立的中华民族基本道德规范"三纲、五常、八德"以理学形态得到进一步巩固,更加展现礼法对社会行为的控制作用,辐射到社会生活方方面面,有益于社会秩序的稳定和道德风气的建设。同时,朱子理学过于强调人们的共性而忽略人们的个性,又不恰当地将情与理相限隔,这一先天缺陷为后来理学家所发展,为权贵统治者所利用,遂出现"远人情以论天理"乃至"以理杀人"的悲剧。于是有陆王心学和反理学思潮兴起,给予补正和批判。

(六)朱子理学与佛老

宋代理学家中除杨简、真德秀等少数学者认同佛学外,大多数的学术立场是反佛的,但他们的目的是重新树立儒家道统的正宗地位,不被佛老边缘化,并不主张如韩愈那样用强力手段排佛,也不赞成口头攻击。他们意识到儒、道、佛三教的关系是三种思想文化体系的关系,不是政治力量之间的关系,只能在和平竞赛中靠儒学自身做大做强来超越佛老,从而树立儒学的学术权威,这是一番争取人心的事业。欧阳修看到这一点,说:"佛法为中国患千余岁,千岁之患遍于天下,岂一人一日之可为。民之沉酣,入于骨髓,非口舌之可胜。然则将奈何? 曰:莫若修其本以胜之。"②这"修其本"包含了对佛老的借鉴和吸收。在综合佛老、创新儒学并使之再度引领学术潮流的事业中,朱子起了中坚的作用。

朱子早年深喜禅学,后来以捍卫孔孟圣教之学为己任,对于儒佛之异同,有较真切了解。他论佛儒之异:"释氏只要空,圣人只要实。释氏所谓敬以直内,只是空豁豁地,更无一物,却不会方外。圣人所谓敬以直内,则湛然虚明,

---

①　李壮鹰主编:《中国古代文论》,高等教育出版社 2001 年版,第 24 页。
②　钱穆:《朱子新学案》第一册,九州出版社 2011 年版,第 17 页。

万理具足,方能义以方外。"①释氏以因缘说性空,儒家以性理说真实。如佛经《中论·观四谛品》曰:"众因缘生法,我说即是空。亦为是假名,亦是中道义","众缘具足,和合而物生,是物属众因缘,故无自性,无自性故空,空亦复空。但为引导众生故,以假名说,离有无二边,故名为中道"(青目释)。佛教所说中道,只是承认事物假有却不真实,乃是众缘和合故无自性。而孔子却说:"天何言哉?四时行焉,百物生焉",②朱子注曰:"四时行,百物生,莫非天理发见流行之实,不待言而可见。"③孟子与《中庸》说:"诚者,天之道也。"④朱子注曰:"诚者,理之在我者皆实而无伪,天道之本然也。"⑤因此,佛与儒在关于宇宙万物的存在问题上可以说是一空一实。朱子也看到禅宗的人间性,所谓"运水搬柴无非妙道",但他指出:"龟山举庞居士云:神通妙用,运水搬柴,以比徐行后长。不知徐行后长乃谓之弟,疾行先长则为不弟。如曰运水搬柴即是妙用,则徐行疾行,皆可谓之弟耶?"⑥"须是运得水搬得柴是,方是神通妙用。若运得不是,搬得不是,如何是神通妙用?"⑦朱子指明,禅宗所谓"佛法在世间,不离世间觉"⑧,其指向是心要无住无念,内中没有"理"的位置;而儒家讲"徐行后长"(行动上尊敬长者)是以"五常"、"八德"之理为指导的,两者表面相似而含义不同。所以朱子说:"吾以心与理为一,彼以心与理为二。彼见得心空而无理,此见得心虽空而万理咸备。"⑨

朱子又论佛儒之同。他说:"佛氏之学,与吾儒有甚相似处。如云:有物先天地,无形本寂寥;能为万象主,不逐四时凋。又曰:扑落非它物,纵横不是尘;山河及大地,全露法王身。又曰:若人识得心,天地无寸土。看他是甚么样

---

① 钱穆:《朱子新学案》第一册,九州出版社2011年版,第160页。
② (宋)朱熹:《四书章句集注》,中华书局1983年版,第180页。
③ (宋)朱熹:《四书章句集注》,中华书局1983年版,第180页。
④ (宋)朱熹:《四书章句集注》,中华书局1983年版,第282页。
⑤ (宋)朱熹:《四书章句集注》,中华书局1983年版,第282页。
⑥ 钱穆:《朱子新学案》第一册,九州出版社2011年版,第161页。
⑦ 钱穆:《朱子新学案》第一册,九州出版社2011年版,第162页。
⑧ 《六祖大师法宝坛经》,《大正藏》第48册,第351页。
⑨ 钱穆:《朱子新学案》第一册,九州出版社2011年版,第161页。

见识。区区小儒，怎生得出他手。此是法眼一派宗旨如此。"①他很钦佩法眼宗以虚通心法观照宇宙万物的高超境界，而他的理学正是借用佛家心法确立儒家的虚灵知觉与神通妙用之心学。但他认为禅宗有本源有末流，"禅只是个呆守法。如麻三斤、干屎橛。他道理初不在此上。只是教他只思量这一路，把定一心，不令散乱，久后光明自发"②，"老佛亦尽有可取处"③。钱穆评论朱子对禅学得失的见解，云："此处朱子即以禅宗功夫来证说禅宗境界，指出禅家参话头功夫之真实意义，即在所谓磨擦此心，剥尽外皮，精光独露。此一说法，乃是从妙喜书中得来。在理学家中，慧眼如炬，真能抉发禅家秘密，击中禅家病痛者，实惟朱子一人。"④我们可以说，朱子学能摄佛教之智而强儒学之魂。

朱子对"老学"包括道家和道教，同样采取纳其营养而固儒家本根并胜出的态度。首先是对老庄大道论的运用。"道"的本义是道路，逐步抽象化出方向、原理、规律、法则等义。孔子论道，大致在治国之道、为人之道的形而下范围。《易传·系辞》为儒道两家共有的经典，其受老子影响，首次将"道"指向形而上的一般原理，即"形而上者谓之道，形而下者谓之器"⑤，又说"一阴一阳之谓道"，实指阴阳变化的内在规律，"道"已超出单纯社会人事而指向天、地、人三才，因此从《易传》开始儒道两家已在哲学层面上会合了。朱子重点讲理，但认为理之总体便是道，在这方面他是明确认可老子的。他说："道者，古今共由之理。如父慈子孝，君仁臣忠，是一个公共底道理。德便是得此道于身"⑥，"自天地以先，羲黄以降，都即是这一个道理，亘古今未尝有异"⑦，"老子说：'失道而后德，失德而后仁，失仁而后义'，若离了仁义，便是无道理了，

---

① 钱穆：《朱子新学案》第一册，九州出版社 2011 年版，第 162 页。
② 钱穆：《朱子新学案》第一册，九州出版社 2011 年版，第 163 页。
③ 钱穆：《朱子新学案》第一册，九州出版社 2011 年版，第 168 页。
④ 钱穆：《朱子新学案》第一册，九州出版社 2011 年版，第 163 页。
⑤ 宋祚胤注译：《周易》，岳麓书社 2000 年版，第 343 页。
⑥ 钱穆：《朱子新学案》第一册，九州出版社 2011 年版，第 466 页。
⑦ 钱穆：《朱子新学案》第一册，九州出版社 2011 年版，第 466 页。

又更如何是道"①。罗整庵《困知记》有云:"朱子惟答柯国材一书云:'一阴一阳,往来不息,即是道之全体'。"②朱子的道论更侧重在尧舜孔孟道统的继承发扬,认为道统是一个合天人、贯古今的圣神继天道、立人极的统绪,他的责任就是接续道统,不使失传,这已经是化老庄之大道为儒家之学了。对于道教,朱子采取有选择地接纳态度,一为太极图说,二为主静功夫。朱子极赞周敦颐的《太极图说》,曾与陆九渊书信往复加以讨论,几近万言,认为"太极乃天地万物本然之理,亘古亘今,颠扑不破者也"③,则其上承陈抟应无疑矣。对于周敦颐的主静功夫,朱子亦加承接并作出适当调整。他说:"周子谓'静无而动有',静不是无,以其未形而谓之无。非因动而后有,以其可见而谓之有耳。横渠'心统性情'之说甚善。性是静,情是动,心则兼动静而言。"④他对周子太极图主静立人极之说有自己的解说:"濂溪云:定之以中正仁义而主静。中与仁是发动处,正是当然定理处,义是截断处。常要主静,岂可只管放出,不收敛"⑤,他教郭德元"用半日静坐,半日读书"⑥,而静坐并非无思虑,"当静坐涵养时,正要体察思绎道理,只此便是涵养。"⑦可知朱子之主静已经把道教的清静功夫化为涵养了,所以他主张用"敬"来理解"静"。

五、陆九渊的心学与佛老

陆九渊(1139—1193年),字子静,抚州金溪(今属江西)人,晚年曾讲学于贵溪象山,自号象山居士,世称象山先生。陆子与朱子同时,又有密切交往与论辩,是宋明心学创始人,恰与理学代表朱子对立,又为朱子看重。朱子说:"南渡以来,八字着脚,理会着实工夫者,惟某与陆子静二人而已。"⑧陆九渊少

---

① 钱穆:《朱子新学案》第一册,九州出版社2011年版,第466页。
② 钱穆:《朱子新学案》第一册,九州出版社2011年版,第467页。
③ (清)黄宗羲原著,全祖望补修:《宋元学案》第一册,陈金生、梁运华点校,中华书局1986年版,第508页。
④ 钱穆:《朱子新学案》第二册,九州出版社2011年版,第383页。
⑤ 钱穆:《朱子新学案》第二册,九州出版社2011年版,第385页。
⑥ 钱穆:《朱子新学案》第二册,九州出版社2011年版,第393页。
⑦ 钱穆:《朱子新学案》第二册,九州出版社2011年版,第392页。
⑧ (宋)陆九渊:《陆九渊集》,钟哲点校,中华书局1980年版,第507页。

年时就感到程颐之言不类孔孟,又觉得孔子之言简易,程子之言支离,因读《孟子》而自得,遂追求简易功夫,立心学纲纪。

（一）心学的宇宙观和天人观

陆子心学最典型的表述是:"宇宙便是吾心,吾心即是宇宙。千万世之前,有圣人出焉,同此心同此理也。千万世之后,有圣人出焉,同此心同此理也。东南西北海有圣人出焉,同此心同此理也。"[1]又说:"宇宙内事,是己分内事。己分内事,乃宇宙内事。"[2]以往中国学界套用苏联的唯心唯物模式,以陆子"宇宙即吾心"为据,将其归为"主观唯心论",实则不明白心学本义。陆子不仅承认宇宙是客观的,而且还是无限的,同时认为宇宙是有规律法则的,其本质在于理,充满其间,理之总体便是道,它包括天道、地道和人道。他说:"此理塞宇宙,所谓道外无事,事外无道"[3],"道塞宇宙,非有所隐遁。在天曰阴阳,在地曰柔刚,在人曰仁义"[4]。在宇宙有理、道包众理的观点上,陆子与朱子并无不同,这也是整个道学的共识。陆子特别强调的是心道合一、心理合一。他认为"仁义者,人之本心"[5],它来自天地之道,具有普遍性永久性,但"愚不肖者不及焉,则蔽于物欲而失其本心,贤者智者过之,则蔽于意见而失其心"[6]。因此,宇宙不曾限隔人,人自限隔宇宙,陆子之心学就是要打破这种限隔,使人心包纳宇宙而恢复其本来面貌。在这一点上,陆子与朱子的"吾心之全体大用无不明"也是比较接近的,只是陆子讲得比较简洁明快。

陆子讲论心学最大的特色在于:他不赞成程颐的即物穷理和朱子的格物致知,认为其缺陷是"支离",而他要倡导修养的简易功夫,即"先立乎其大者"。他说:"近有议吾者云:'除了先立乎其大者一句,全无伎俩',吾闻之曰:诚然"[7]。他说:"心只是一个心,某之心,吾友之心,上而千百载圣贤之心,下

---

① （宋）陆九渊:《陆九渊集》,钟哲点校,中华书局 1980 年版,第 273 页。
② （宋）陆九渊:《陆九渊集》,钟哲点校,中华书局 1980 年版,第 273 页。
③ （宋）陆九渊:《陆九渊集》,钟哲点校,中华书局 1980 年版,第 474 页。
④ （宋）陆九渊:《陆九渊集》,钟哲点校,中华书局 1980 年版,第 9 页。
⑤ （宋）陆九渊:《陆九渊集》,钟哲点校,中华书局 1980 年版,第 9 页。
⑥ （宋）陆九渊:《陆九渊集》,钟哲点校,中华书局 1980 年版,第 9 页。
⑦ （宋）陆九渊:《陆九渊集》,钟哲点校,中华书局 1980 年版,第 400 页。

而千百载复有一圣贤,其心亦只如此。心之体甚大,若能尽我之心,便与天同。为学只是理会此。"①"圣人之言自明白。且如'弟子入则孝,出则弟'。是分明说与你入便孝,出便弟,何须得传注。学者疲精神于此,是以担子越重。到某这里,只是与他减担,只此便是格物。"②陆子的意思是:人的本心只要发明出来,便与圣贤同,而此本心直通宇宙之道,便能达到天人一体的境界,这便是"宇宙即吾心,吾心即宇宙"的本义,这便是"先立乎其大"者的简易功夫。他认为发明本心最直接明快,而即物穷理没尽头,越走担子越重,达不到全体大用的目的。这是陆学与朱学最大的区别。陆子心学本质上是境界论和修养论,它不是西哲所谓宇宙发生论、本体论及认识论,在方法论上则强调直觉和体悟。陆子反对执于传注,但不反对读经,关键在于不要跟着传注走,而要得圣贤之心,体经书之意,所以反对教条式训诂之学而倡导创发式义理之学。他说:"学苟知本,六经皆我注脚。"③"或谓陆先生云:'胡不注六经?'先生云:'六经当注我,我何注六经。'"④陆子学最有创新儒学的自觉意识,故心学大家都是儒学的思想勇士。

(二)本心即公理说

陆子推崇孟子"四端"之说,阐之以论本心即理。他说:"四端者,即此心也;天之所以与我者,即此心也。人皆有是心,心皆具是理,心即理也"⑤,多种多样的事物的理各不相同,因之"天下之理无穷,若以吾平生所经历者言之,真所谓伐南山之竹,不足以受我辞。然其会归,总在于此"⑥,具体的理固然众多,而根本原理只有一个,"理乃天下之公理,心乃天下之同心。圣贤之所以为圣贤者,不容私而已"⑦。可知陆子所说"本心"乃圣贤之公心,此心本为天下人所同有,而"公心"即具"公理"之心,能够认知天地生物之道并在人伦日

① (宋)陆九渊:《陆九渊集》,钟哲点校,中华书局1980年版,第444页。
② (宋)陆九渊:《陆九渊集》,钟哲点校,中华书局1980年版,第441页。
③ (宋)陆九渊:《陆九渊集》,钟哲点校,中华书局1980年版,第395页。
④ (宋)陆九渊:《陆九渊集》,钟哲点校,中华书局1980年版,第522页。
⑤ (宋)陆九渊:《陆九渊集》,钟哲点校,中华书局1980年版,第149页。
⑥ (宋)陆九渊:《陆九渊集》,钟哲点校,中华书局1980年版,第397页。
⑦ (宋)陆九渊:《陆九渊集》,钟哲点校,中华书局1980年版,第196页。

用中践行之,故"心即理"乃是"本心即公理",这正是人们应该找回来的人性之精粹。陆子认为"天理人欲"、"道心人心"之说容易导致析"天人"为二,故说:"天理人欲之言,亦自不是至论。若天是理,人是欲,则是天人不同矣"①,"谓'人心,人伪也;道心,天理也'非是。人心,只是说大凡人之心,惟微,是精微,才粗便不精微,谓人欲天理,非是"②。他认为人心只一个,精粗是相对而言,不可太绝对,"人亦有善有恶,天亦有善有恶(日月蚀、恶星之类),岂可以善皆归之天,恶皆归之人?"③陆子的本心即公理说,乃是在天人一体的前提下的境界涵养说,要求人们向圣贤学习,以仁爱包容和公平正义之心对待人与事,故曰:"万物森然于方寸之间,满心而发,充塞宇宙,无非此理"④,"收拾精神,自作主宰。万物皆备于我,有何欠缺。当恻隐时自然恻隐,当羞恶时自然羞恶,当宽裕温柔时自然宽裕温柔,当发强刚毅时自然发强刚毅"⑤。

陆子心学的精华就在"收拾精神,自作主宰"八个字。如何去做? 陆子认为切要处在"辨志",即"义利之辨",这就是去私意立公理的"先立乎其大者"的简易功夫。他说:"必有大疑大惧,深思痛省,决去世俗之习,如弃秽恶,如避寇仇,则此心之灵自有其仁,自有其智,自有其勇,私意俗习,如见晛之雪,虽欲存之而不可得,此乃谓之知至,乃谓之先立乎其大者。"⑥"先立乎其大者"不在积累知识,不在格物穷理,而在于经过一番省察体悟,从功利境界跃升到道德境界,则心之仁智勇自然呈现,本心自立自主,"内无所累,外无所累,自然自在"⑦,则超然轻清而无往不适了。

陆子心学并非被指责的那样"空疏不实",它不光要明心,还要践行,而且只有能实行,才算有真知,故说:"为学有讲明,有践履"⑧,"然必一意实学,不

---

① (宋)陆九渊:《陆九渊集》,钟哲点校,中华书局1980年版,第395页。
② (宋)陆九渊:《陆九渊集》,钟哲点校,中华书局1980年版,第462—463页。
③ (宋)陆九渊:《陆九渊集》,钟哲点校,中华书局1980年版,第463页。
④ (宋)陆九渊:《陆九渊集》,钟哲点校,中华书局1980年版,第423页。
⑤ (宋)陆九渊:《陆九渊集》,钟哲点校,中华书局1980年版,第455—456页。
⑥ (宋)陆九渊:《陆九渊集》,钟哲点校,中华书局1980年版,第196页。
⑦ (宋)陆九渊:《陆九渊集》,钟哲点校,中华书局1980年版,第468页。
⑧ (宋)陆九渊:《陆九渊集》,钟哲点校,中华书局1980年版,第160页。

事空言,然后可以谓之讲明。若谓口耳之学为讲明,则又非圣人之徒矣"①。他说的"就心上理会"②,"须是血脉骨髓理会实处始得"③,他不反对读书,但不要停留在口耳之间,而主张从中理解圣贤之心,并能在政教、经济、人伦中处处加以体现。如荀子所说"君子之学也,入乎耳,著乎心,布乎四体,形乎动静"④,这是儒家经世致用的传统。

(三)朱陆异同

朱子与陆子是学术之友,二人有多次争论,但都是道学内部之争,主要是理论的着力点和修身方法上有区别,而其价值理想和道统观念是一致的。二子都认为"人同此心,心同此理,圣贤之传在于不失本心",故陆子说"心即理",朱子说:"人心万理具备,若能存得,便是圣贤"⑤。可是二子对于修养步骤,有不同理解。淳熙二年,陆九渊、陆九龄兄弟与朱熹及一批学者相会于铅山鹅湖寺,是为儒学史上留有盛名的"鹅湖之会"。朱陆发生激烈辩论。据参与者朱泰卿(亨道)说:"鹅湖之会,论及教人。元晦之意,欲令泛观博览,而后归之约。二陆之意,欲先发明人之本心,而后使之博览。朱以陆之教人为太简,陆以朱之教人为支离,此颇不合。先生更欲与元晦辩,以为尧舜之前何书何读?复斋止之。"陆子后来用诗加以表达:"易简工夫终久大,支离事业竟浮沉。"⑥三年后朱子和陆九龄诗云:"旧学商量加邃密,新知培养转深沉。"⑦他认定旧学要研究,新知要培养,皆不可废而要两全之,这样才能使人的学问邃密深沉。他批评陆九渊:"其病却在尽废讲学而专务践履,却于践履之中要人提撕省察,悟得本心。此为病之大者。"⑧朱子又说:"人心所见不同,圣人方见得尽。今陆氏只要渠心里见得底方谓之内,才自别人说出,便指为外。所以指

---

① (宋)陆九渊:《陆九渊集》,钟哲点校,中华书局1980年版,第160页。

② (宋)陆九渊:《陆九渊集》,钟哲点校,中华书局1980年版,第444页。

③ (宋)陆九渊:《陆九渊集》,钟哲点校,中华书局1980年版,第445页。

④ 张觉:《荀子译注》,上海古籍出版社1995年版,第9页。

⑤ 钱穆:《朱子新学案》第一册,九州出版社2011年版,第152页。

⑥ (宋)陆九渊:《陆九渊集》,钟哲点校,中华书局1980年版,第301页。

⑦ (宋)朱熹:《朱熹集》第1册,郭齐、尹波点校,四川教育出版社1996年版,第185页。

⑧ 陈荣捷:《朱熹》,三联书店2012年版,第182页。

文义而求之者皆不为内。只是专主生知安行,学知以下一切皆废"①,"简策之言,皆古先圣贤所以加惠后学,垂教无穷,所谓'先得我心之同然'。凡我心之所得,必以考之圣贤之书"②。这里分明是《中庸》所说"尊德性"与"道问学"两者之争,故朱子点明:"自子思以来,教人之法,惟以尊德性、道问学两事为用力之要。今子静所说,专是尊德性事,而熹平日所论,却是问学上多了"③,"今当反身用力,去短集长,庶几不堕一边"④。但是陆子却不接受朱子平心之论,而谓:"朱元晦欲去两短,合两长,然吾以为不可。既不知尊德性,焉有所谓道问学。"⑤陆子个性强,不愿妥协。但从后来道学发展史看,程朱理学重道问学,从格物致知入手,其长在于容易使人伦道德规范注入教学过程,从而化为社会共同体行为法则,使社会稳定有序;其失在于抑制个性发展,逐渐丧失其内在人文精神,成为桎梏人性的教条,不独是支离而已。陆王心学重尊德性,从先立乎其大者入手,其长在于张扬自我意识、自主精神,不为外在种种说教包括经书所制约,而树立起道德人格,发挥独创精神,开拓文化事业;其失在于空谈性命,学问根基不深,不关注社会民生,唯我独尊,不能集思广益,亦不利于儒学的健康发展。因此,朱学与陆学是应该也能够互补的。朱陆之间还有"无极、太极"之争,人物评价之争,此不赘述。

(四)陆子心学与禅学

陆子学与朱子学相比,在思维方法、修养途径和话语运用上更与禅宗契合。陆子所讲"心即理"、"吾心即是宇宙",把人对宇宙万事万物的认知归结为本心的全体大用,是在吸收华严宗"一多圆融"的基础上直接运用禅宗直指本心、明心见性的智慧而形成的。慧能说:"万法尽在自心,何不从心中顿见真如"⑥,"菩提只向心觅,何劳向外求玄。"⑦因此,反对大量读经拜佛,也不赞

---

① 钱穆:《朱子新学案》第一册,九州出版社2011年版,第153页。
② 钱穆:《朱子新学案》第一册,九州出版社2011年版,第153页。
③ 钱穆:《朱子新学案》第一册,九州出版社2011年版,第158页。
④ 钱穆:《朱子新学案》第一册,九州出版社2011年版,第158页。
⑤ 钱穆:《朱子新学案》第一册,九州出版社2011年版,第159页。
⑥ 《六祖大师法宝坛经》,《大正藏》第48册,第351页。
⑦ 《六祖大师法宝坛经》,《大正藏》第48册,第352页。

成苦行与坐禅,并且成佛只在迷悟一念间,"前念迷即凡夫,后念悟即佛"①。禅宗为使人刹那间觉悟,宗师开启弟子时常用"机锋"、"棒喝"等非说理的警示方式。陆子的心学就是一种向自家心头找寻宇宙真理的方式,只是他向自心寻觅的不是真如实相,而是以伦理道德为内涵的公理。他自谓有一套异于常规的教学方法:"某平时未尝立学规,但常就本上理会。有本自然有末,若全去末上理会,非惟无益。今既于本上有所知,可略略地顺风吹火,随时建立,但莫去起炉作灶。"②其《年谱》说:"先生所以诲人者,深切著明,大概是令人求放心。其有志于学者,数人相与讲切,不复以言语文字为意。"③陆子把孟子的反身而诚与禅宗的明心见性高度统一起来了。

陆九渊弟子众多,在江西者史称"槐堂诸儒",在浙东四人史称"甬上四先生",从而形成陆子心学学派。朱子曾评论曰:"金溪学问,真正是禅。"④陆子弟子中近禅用禅最昭明者是杨简。杨简说:"孔子曰心之精神是谓圣,即达磨谓从上诸佛,惟以心传心,即心是佛,除此外更无别佛。"⑤他认为心包纳万事万物:"人皆有是心,是心皆虚明无体,无体则无际畔,天地万物尽在吾虚明无体之中"⑥,因此修养方法必须简洁明快、直向本心:"人皆有至灵至明、广大至智之性,不假外求,不由外得,自求自根自神明。"⑦他在《杨氏易传》中说:"天地之道,其为物不贰,八卦者易道之变化,六十四卦者,又变化中之变化也,物有大小,道无大小;德有优劣,道无优劣。其心通者,洞见天地人物尽在吾性量之中,而天地人物之变化皆吾性之变化,尚何本末精粗大小之间。"⑧于此可知,杨简深谙佛教万法唯心、观心摄法之精要,并习用"不假外求"、"性量"等

---

① 《六祖大师法宝坛经》,《大正藏》第48册,第350页。
② (宋)陆九渊:《陆九渊集》,钟哲点校,中华书局1980年版,第457页。
③ (宋)陆九渊:《陆九渊集》,钟哲点校,中华书局1980年版,第489页。
④ (宋)黎靖德编:《朱子语类》第八册,王星贤点校,中华书局1986年版,第2973页。
⑤ 潘富恩、徐洪兴:《中国理学》第3卷,东方出版中心2002年版,第83页。
⑥ 潘富恩、徐洪兴:《中国理学》第3卷,东方出版中心2002年版,第82页。
⑦ 张伟主编:《慈湖心舟——杨简学术研讨会论文集》,浙江大学出版社2012年版,第10—11页。
⑧ 张伟主编:《慈湖心舟——杨简学术研讨会论文集》,浙江大学出版社2012年版,第12页。

佛教话语。陆子心学的习禅倾向到明代阳明心学及其后学时更加发展并深化了。陆子后学把孟子"先立乎其大者"、"求其放心"的意念发挥到极致，也把禅宗"即心成佛"、"不假外求"的智慧运用到尽处。

六、元代理学与朱陆合流

（一）辽、金、西夏三教关系总体格局

在两宋时期和元代以前，中国处于政治分裂、割据政权并存的时期，也是民族矛盾尖锐、民族战争频繁的时代。辽朝以契丹族为主体，据有北方广大领土，后为金人打败。金朝以女真族为主体，攻破辽朝后，领土不断由东北向华北发展，把宋朝压缩到长江以南，盛时据有河北、河南广大土地，后为蒙古军所灭。西夏以党项族为主体，长期据有西北广大地区，立国 190 年，后为蒙古军所灭。辽、金、西夏与宋，虽然政治上分治，军事上对峙，但文化仍然是一个中华共同体，儒、道、佛三教为它们共同信奉，彼此文化与宗教往来从未中断，精神纽带是牢固的，不过在三教中各有偏重而已。辽朝仿效中原文化，推崇儒学和礼教，建立郊社宗庙礼制。辽太祖曾问臣下祀有大功德者何先？皇太子耶律倍回答："孔子大圣，万世所尊，宜先。"[①]太祖大悦，即建孔子庙，诏皇太子春秋释奠。神册三年，诏建孔子庙、佛寺、道观，三教并受奖掖。道宗大安二年，召权翰林学七赵孝严、知制诰王师儒等讲《五经》大义。道教与佛教相比，则佛强道弱。

金朝进入黄河流域后，接纳宋朝礼乐典章制度。皇统元年，熙宗诣文宣王庙祭孔，对儒臣说："为善不可不勉。孔子虽无位，以其道可尊，使万世高仰如此。"[②]世宗对宰臣说："朕所以命令翻译《五经》，正是想让女真人知道仁义道德所在。"[③]章宗下诏修孔庙，设文院译写儒经。大定中，祭孔配以颂圣之辞，有云："巍乎圣师，道全德隆。修明五常，垂教无穷"，"禀灵尼丘，垂芳阙里。

---

① （元）脱脱等：《辽史》，中华书局 2000 年版，第 823 页。

② （元）脱脱：《金史》，中华书局 1999 年版，第 533 页。

③ 许嘉璐主编，曾枣庄分史主编：《二十四史全译·金史》第一册，汉语大词典出版社 2004 年版，第 147 页。

生民以来,孰如夫子"①,可知金朝崇儒之诚。同时佛道皆尊,并于其间有河北新道教崛起,从而开启了道教发展新阶段。

西夏地处西北,立国之初,立"蕃学",创西夏文。后来效法宋朝,设官分职,用西夏文翻译儒家经典,设立"国学"渐行中国之风,并推行科举制度。虞集《道园学古录》说:"西夏之盛,礼事孔子,极其尊亲。"②三教相比之下,西夏以佛教为最盛,这与该地区乃东西交会通道、佛教一向流行有直接关联。

这一时期民族大规模冲突不断,同时民族融合也在进行,其中儒、佛、道三教尤其儒学起了文化黏合剂的重要作用。由于三朝处在接受和消化三教文化的过程,重吸收而少创新,学术层面上无明显开拓,主要是传承宋代道学成果。以金朝为例,苏氏蜀学最为流行,受其影响,三教融通风气颇盛,主政者与文坛领袖(如赵秉文、王若虚)都推尚苏轼。其时文章大家李纯甫(屏山先生)提倡三教合流,《宋元学案》谓其"晚年喜佛,力探奥义。自类其文,凡论性理及关佛老二家者,号'内稿',其余应物文字为'外稿'。又解《楞严》、《金刚经》、《老子》、《庄子》、《中庸集解》、《鸣道集解》,号为'中国心学,西方文教',数十万言"③,"援儒入释,推释附儒,既已决波排澜"④,又引《尧峰文钞·鸣道集说序》云:"其说根柢性命,而加之以变幻诡谲,大略以尧、舜、禹、汤、文、武之后,道术将裂,故奉老聃、孔子、孟子、庄周泊(至)佛如来为五圣人,而推老、庄、浮屠之言,以为能合于吾孔、孟。又推唐之李习之、宋之王介甫父子、苏子瞻兄弟,以为能阴引老、庄、浮屠之言,以证明吾孔、孟诸书。"⑤又对于辟佛者加以掊击,认为唐宋以来"未有纵横捭阖敢于佪(背向)圣人之规矩如屏山者"⑥。可见,李纯甫以儒家身份而大力拥抱佛老之学达到十分开放的程度,乃为一般

---

① (元)脱脱:《金史》,中华书局1999年版,第534页。

② (元)虞集:《虞集全集》(上),天津古籍出版社2007年版,第321页。

③ (清)黄宗羲原著,全祖望补修:《宋元学案》第四册,陈金生、梁运华点校,中华书局1986年版,第3317页。

④ 沈善洪主编:《黄宗羲全集》,浙江古籍出版社1992年版,第886页。

⑤ (清)黄宗羲原著,全祖望补修:《宋元学案》第四册,陈金生、梁运华点校,中华书局1986年版,第3317页。

⑥ (清)黄宗羲原著,全祖望补修:《宋元学案》第四册,陈金生、梁运华点校,中华书局1986年版,第3317—3318页。

儒者所侧目。李纯甫明确主张三教归一，认为三教"其心则同，其迹则异；其道则一，其教则三"，"其相通也，如有关龠；其相合也，如有符玺。相距数千里，如处一室；相继数万世，如在一席"①，又说："学至佛则无可学者。乃知佛即圣人，圣人非佛。西方有中国之书，中国无西方之书"②，"伊川诸儒虽号深明性理，发扬六经、圣人心学，然皆窃吾佛书者也"③，对于这种偏佛倾向，自然受到正统儒者的攻击。

金元之际宋代道学渐入北方，刊布张九成《道学发源》，始倡程朱理学，赵秉文、王若虚为其写了前、后序。王序说："三数年来，其传（《道学发源》）乃始浸广，好事者往往闻风而悦之。今省庭诸君，尤为致力，慨话以兴起斯文为己任，且将与未知者共之，此《发源》之书所以汲汲于锓木也。"④由于张九成援佛入儒，受到朱熹批评。但王若虚有自己独特见解，他在《论语辨惑》中说："宋儒之议论，不为无功，而亦不能无罪焉。彼其推明心术之微，剖析义利之辨，而斟酌时中之权，委曲疏通，多先儒之所未到，斯固有功矣。至于消息过深，揄扬过侈，以为句句必涵气象，而事事皆关造化，将以尊圣人，而不免反累。名为排异端，而实流于其中，亦岂为无罪也哉！"⑤于此可知，金朝儒者有清明理性者，对程朱理学的评论，褒贬有度，见识是过人的。

（二）元代理学的兴盛

金元之际，蒙古族以游牧铁骑兴起于北方，成吉思汗大军横扫亚欧大陆，威震寰宇。成吉思汗不仅是位大军事家，也是位大政治家，他在西征路上就在思考如何稳定和治理中华广袤大地众民。因此邀全真高道丘处机西行雪山，当面求教治国之道；又重用辽朝皇室后裔耶律楚材，向他咨询以儒理政之策，皆是向往以儒、佛、道为核心的中华文化，欲吸纳之。这种主动中国化的意向，为元朝执政者所继承。耶律楚材早有儒佛分工合作之自觉，说："以吾夫子之

---

① 周良霄、顾菊英：《元史》，上海人民出版社2003年版，第752页。
② 周良霄、顾菊英：《元史》，上海人民出版社2003年版，第752页。
③ 沈善洪主编：《黄宗羲全集》，浙江古籍出版社1992年版，第887页。
④ （金）王若虚：《滹南遗老集——附续诗集》，中华书局1985年版，第291页。
⑤ （金）王若虚：《滹南遗老集——附续诗集》，中华书局1985年版，第17页。

道治天下,以吾佛之教治一心,天下之能事毕矣。"①又说:"吾夫子之道治天下,老氏之道养性,释氏之道修心。此古今之通议也,舍此以往皆异端耳。"②元初在耶律楚材倡议下,修孔庙,兴儒学,较早地发展文教事业,同时包纳佛教、道教,使元代文化既具有中华主体性,又具有多元开放性,耶律氏之功不可没。

元朝由蒙古贵族掌政,但中华文化共同体仍须延续,汉族学者要意识到这一点是不容易的。理学家赵复被元军所俘,初欲自杀,姚枢救之并劝说:"众以同祸。爱其全之,则上承千百年之统,而下垂千百世之绪者,将不再是身耶。"③于是赵复随姚枢北上,献程朱著作8000余卷,并传授道学。在姚枢、刘因、许衡诸儒推动下,程朱理学在元朝兴起,遂成为国家主导思想。大儒许衡协助元世祖忽必烈大力推行汉法,尤其着力在全国范围普及朱子学,使"海内家蓄朱子之书,人习圣贤之学"④。朱子理学成为元朝官学,并主导国政科举,引领社会风尚。以往学界对这一现象多有负面评价,认为禁锢人心、存理灭欲,成为权贵控制民众的手段。这固然有某种道理。若换一个角度,从民族学和文化学的视野看,朱子学权威地位的确立,乃是汉武表彰六经之后,在新的历史条件下,中华文化主导学说儒学的又一次大整合,它延续了中华民族的文化血脉,加固了各民族多元一体的思想纽带,以表彰四书和尊崇"天理"为新特色,把中华传统道德和核心价值提升到一个新的高度,使中华民族共同体在精神上有一致的心理归宿。若这样看,朱子的历史地位和作用可与孔子、董仲舒相并列而为三。金克木在《主题学的试用——读〈大学〉》一文中指出:"孔子处在开始分崩离析趋向不稳定的天下,董仲舒处在统一的稳定的天下,朱熹处在分崩已久要趋向大统一的天下。在欧洲、印度、中国三大文化共处的'天下'中,这也正好是三个重要时期,出现大思想家。"⑤朱子的理学,尤其是《四书集注》,高度凝练地阐明了孔孟之道的道统精髓,适应了经历数百年分裂后

---

① (元)耶律楚材撰,向达校注:《西游录》,中华书局1981年版,第13页。
② (元)耶律楚材:《湛然居士文集》,中华书局1985年版,第120页。
③ 查洪德编校:《姚燧集》,人民文学出版社2011年版,第63页。
④ 周良霄、顾菊英:《元代史》,上海人民出版社1993年版,第704页。
⑤ 金克木、段晴、江力编:《师道师说·金克木卷》,东方出版社2013年版,第138页。

人们向往国家统一、社会安定、风尚淳厚的精神需求,并非单靠政治集团提倡才兴盛起来的。

赵复(1215—1306 年),德安(湖北安陆)人,北上在燕京太极书院讲授程朱理学,推崇四书,虞集在《跋济宁李璋所刻九经四书》中说:"昔在世祖皇帝(忽必烈)时,先正许文正公(许衡)得朱子四书之说于江汉先生赵氏(复),深潜玩味,而得其旨,以之致君泽民,以之私淑诸人。而朱氏诸书,定为国是,学者尊信,无敢疑二。(赵复)其于天理民彝,诚非小补,所以继绝学,开来世,文不兹乎。"[1]又说:"群经、四书之说,自朱子折衷论定,学者传之,我国家尊信其学,而讲诵授受,必以是为则,而天下之学,皆朱子之书"[2],赵复诚为朱子学之大功臣。

许衡(1209—1281 年),河内(河南沁阳)人,世称鲁斋先生。《宋元学案》有《鲁斋学案》,著作有《许文正公遗书》、《许鲁斋集》。他在儒学史上的主要贡献:一是帮助元朝行汉法、尊理学;二是在继承朱学道统基础上糅合陆九渊心学,推动朱陆合流。他向忽必烈上书言事,为《时务五事》,云:"国朝土宇旷远,诸民相杂,俗既不同,论难遽定。考之前代,北方奄有中夏,必行汉法可以长久,故魏、辽、金能用汉法历年最多,其他不能实用汉法,皆乱亡相继,史册具载,昭昭可见也","以是论之,国家当行汉法无疑也","陛下笃信而坚守之,……则天下之心,庶几可得,而致治之功庶几可成也"[3]。于是与刘秉忠、张文谦一起,依据礼制,为元朝定官制、立朝仪;与王询、郭守敬订历法,以儒家六艺之学教习蒙古贵族弟子。推崇朱熹《四书集注》,使其在元祐年间定为科举标准读本。他被忽必烈擢为京兆提学、国子祭酒、左丞,身居高位,培养出一大批博通儒学的蒙古族官员,有力地推进了汉、蒙文化的融合,使儒学成为元朝各族文化沟通的思想桥梁。在理学的阐释上,许衡既强调身外格物、"穷理以明心",又主张直持本心、"明心以穷理",在朱陆之间会通。他说:"凡物之

①　(元)虞集:《道园学古录》,商务印书馆 1937 年版,第 674 页。
②　(元)虞集:《道园学古录》,商务印书馆 1937 年版,第 611 页。
③　《元代奏议集录》,陈得芝辑点,浙江古籍出版社 1998 年版,第 88、89、90 页。

生,必得此理,而后有是形,无理则无形"①,很注重"理"的本体性和普遍性,合于朱子理本体论;又说:"自然之良能,不待学而能者"②,天地之理虽至大深远,只要人"至诚"求之于己,就可"体道"而得天理,"与天地同体",这种"反求吾心"的进路肇示了明代王守仁"致良知"的端倪。

刘因(1247—1293年),容城(河北徐水)人,以静修自号,遗著有《静修先生文集》。刘因在文坛有名望,但因不满元朝杀伐过重而不愿为官,隐居山野,走了一条消极不合作之路。学术上他推崇理学,认为:"邵(雍),至大也;周(敦颐),至精也;程(颢、颐),至正也;朱子,极其大,尽其精,而贯之以正也"③,可见他对朱子的敬重。刘因的理学思想有自己的特色:一是用《易传》讲"生生不息之理",使天理的生命属性更为凸显;二是讲"人欲化而天理,血气化而性情"④,这就要扩充自身善端,平心养气;三是讲"道无时而不有,无处而不在也。故欲为善、为君子,盖无时无处而不可"⑤,不在用世与否;四是兼用邵雍"观物"与庄子"齐物"之论,以便达到天地人、圣贤我"全而通"物我合一境界;五是讲"古无经史之分,《诗》、《书》、《春秋》皆史也,因圣人删定笔削,立大经大典,即为经也"⑥,由此后来才有章学诚"六经皆史"的命题,此论的积极作用是用历史的眼光看待经典的发生,消极作用是用史学的方法淡化经典的价值。

(三)朱陆合流的趋势

从道学理论本身而言,朱子理学与陆子心学皆本于《周易》、四书,而欲发扬孔孟修己安人之道、《大学》正心教人之学而提出的,只是在"尊德性"与"道问学"的侧重上有所不同,在"自明诚"与"自诚明"的途径上有所差异,并非是根本对立的,可以说各有所见也各有所偏,因此有互补的可能与必要。从实际情况而言,元朝程朱理学成为官学后带来教条化、烦琐化的弊端,生命力下降,

① (元)许衡:《许衡集》,淮建利、陈朝云点校,中州古籍出版社2009年版,第3页。
② (元)许衡:《许衡集》,淮建利、陈朝云点校,中州古籍出版社2009年版,第112页。
③ 《元史》,中国文史出版社2003年版,第885页。
④ 李修生主编:《全元文》第13册,江苏古籍出版社1999年版,第396页。
⑤ 李修生主编:《全元文》第13册,江苏古籍出版社1999年版,第374页。
⑥ 李修生主编:《全元文》第13册,江苏古籍出版社1999年版,第390页。

需要注入内在活力;陆子心学理论体系不足,后学衰微,也需要朱学"笃实"工夫,加强论证。朱陆"兼综"、"和会"便可相得而共荣,这是客观情势的需要,于是有郑玉、吴澄、虞集等人出来会通朱陆。

郑玉在《送葛子熙之武昌学录序》中说:"以予观之,陆子之质高明,故好简易;朱子之质笃实,故好邃密。盖各因其质之所近而为学,故所入之途有不同尔。及其至也,三纲五常,仁义道德,岂有不同者哉?况同是尧、舜,同非桀、纣,同尊周、孔,同排释、老,同以天理为公,同以人欲为私。大本达道,无有不同者乎?后之学者,不求其所以同,惟求其所以异。江东(朱子学)之指江西(陆子学),则曰此怪诞之行也;江西之指江东,则曰此支离之说也,而其异益甚矣。此岂善学圣贤者哉?朱子之说,教人为学之常也;陆子之说,高才独得之妙也。二家之学,亦各不能无弊焉。陆氏之学,其流弊也如释子之谈空说妙,至于鲁莽灭裂,而不能尽夫致知之功;朱氏之学,其流弊也如俗儒之寻行数墨,至于颓惰委靡,而无以收其力行之效。然岂二先生立言垂教之罪哉?盖后之学者之流弊云尔。"[1]郑玉之评能超出学派局限,因而比较公允。

吴澄也认为:"朱陆二师之为教一也。而二家庸劣之门人,各立标榜,互相诋訾,至于今。"[2]他较偏陆学,强调本心之学乃自尧舜,中经周孔,以逮周、程、张、邵"莫不皆然",称"陆子有得于道,壁立万仞"[3]。

虞集为吴澄门生,他摘编朱子书信,认为朱子生前即感到自身不足,故反身而求,说:"朱子答叶公谨书云:近日亦觉向来说话有大支离处,反身以求,正坐自己用功亦未切尔,因此减去文字功夫,觉得气象甚适","然窃观其反身以求之说,克己求仁之功,今学者且看孟子道性善求放心之说,直截如此用功","朱子尝叹'道问学'之功多,'尊德性'之意少,正谓此也"[4]。这是确切的,朱陆有异有同,二人诚以相待,切磋学问,此种优良学风往往为后学所抛

---

① 李修生主编:《全元文》第46册,凤凰出版社2004年版,第314页。
② (清)黄宗羲原著,全祖望补修:《宋元学案》第四册,陈金生、梁运华点校,中华书局1986年版,第3046页。
③ (清)黄宗羲原著,全祖望补修:《宋元学案》第三册,陈金生、梁运华点校,中华书局1986年版,第1920页。
④ (元)虞集:《道园学古录》,商务印书馆1937年版,第686页。

弃,令人惋叹。所幸有识者渐多,能以包容心和创造力推动道学发展,才有明代心学的崛起。由此我们得知,明代王阳明心学并非仅仅是陆九渊心学的继续和发展,事实上它也是元代朱陆合流的结果,扩而言之,它还是儒、佛、道三教进一步理论融合的新成果,从而才有王学博大、灵明、精细、感人的气象。

七、王阳明心学的兴起及其特色和成就

(一)明初理学的盛衰

明初百余年是朱学统治并达到高峰的时代,严格讲是官方政治化理学统治的时代,恰恰也是程朱理学走向僵化、成为钳制社会思想的工具从而生命力衰落的时代。官方理学定于一尊的标志是明成祖钦定三部大书出台。三部大书即《五经大全》、《四书大全》、《性理大全》,成为政治意识形态的法典依据,具有至上权威。明成祖在三部《大全》御制"序"里说:"厥初圣人未生,道在天地;圣人既生,道在圣人;圣人以往,道在六经。六经者,圣人为治之迹也。六经之道明,则天地圣人之心可见,而至治之功可成。六经之道不明,则人之心术不正,而邪说暴行侵寻蠹害,欲求善治,乌可得乎?朕为此惧,乃者命儒臣编修《五经》、《四书》,集诸家传注而为《大全》。凡有发明经义者取之,悖于经旨者去之。又辑先儒成书及其论议格言,辅翼《五经》、《四书》,有裨于斯道者,类编为帙,名曰《性理大全》","遂命工悉以锓梓,颁布天下,使天下之人获睹经书之全,探见圣贤之蕴,由是穷理以明道,立诚以达本,修之于身,行之于家,用之于国,而达之天下。使国不异政,家不殊俗,大回淳古之风,以绍先王之统,以成熙皞之治,将必有赖于斯焉"。[①] 应当说,朱棣自觉意识到治国理政非孔孟之道莫属,而程朱理学强调纲常礼教的神圣性和普遍性,最适于统一全国上下的思想,建立道德自律、监督标准,所以用理学阐发五经、四书原理,推行于天下。他是明代最有作为的皇帝,其建设礼仪之邦的构想有真诚合理的内涵,理学与三部《大全》也起到了普及儒学、从思想上巩固中华文明共同体的积极作用。当然,从制作上说,《大全》袭取旧作、编辑仓促,尤其《五经大

---

① 陈文新主编:《四书大全校注》(上),武汉大学出版社 2009 年版,第 8 页。

全》的质量颇受后来经学家诟病，明以后流行不广，这是事实。更重要的是明成祖及其后继者不能正己而后正人，且着重于"三纲"之专断，而不发扬儒家仁恕爱民之道，徒制大典，又有何用？还欲"使家不异政，国不殊俗"①，不包容多样性民族民俗文化，此种文化专制，必然失去人心。

只有理学学者，如宋濂、刘基、薛瑄、吴如弼、曹端、胡居仁等人能按朱子之教做人。其中宋濂对明初确立以儒治国方略有很多谋划，他对佛典有潜心研究，谓："予本章逢之流，四库书（经、史、子、集）颇尝习读。逮至壮龄又极潜心于内典，往往见其说广博殊胜，方信柳宗元谓（佛）与《易》、《论语》合者为不妄。"②宋濂明确讲儒佛合一，而且用佛教中道思维来识心明理，说："西方圣人（佛祖）以一大事因缘，出现于世，无非觉悟群迷，出离苦轮。中国圣人（孔孟）受天眷命，为亿兆生民主，无非化民成俗，而跻于仁寿之域。前圣后圣，其揆一也。"③又说："天生东鲁、西竺二圣人，化导烝民，虽设教不同，其使人趋于善道，则一而已。为东鲁之学者，则曰：我存心养性也。为西竺之学者，则曰：我明心见性也。究其实，虽若稍殊，世间之理，其有出心之外者哉？"④，他还进而用佛法破执之义来实现儒家灭欲明德的目的，说："盖宗儒典则探义理之精奥，慕真乘则荡名相之粗迹，二者得兼，则空有相资；真俗并用"，"处乎世间，不着世间，如环之无端，不见其止；如刀之剖水，不见其迹"⑤，他在儒佛相资、真俗并用上达到了一定的高度，而这正是宋明道学家常用的方法，所不同者，只是有人明说，有人潜用而已。他还用庄子"齐物"、"坐忘"的道家思维论证物我合一的境界，说："吾本为白，而黑何加焉？吾本无黑，而白何形焉？是谓白黑忘矣，白黑忘而有无齐矣，有无齐而是非泯矣；是非泯而非非者绝矣；非非

---

① 白寿彝总主编，王毓铨主编：《中国通史》第九卷，上海人民出版社 2015 年版，第 344 页。

② （明）宋濂著，黄灵庚编辑校点：《宋濂全集》第二册，人民文学出版社 2014 年版，第563—564 页。

③ （明）宋濂著，黄灵庚编辑校点：《宋濂全集》第二册，人民文学出版社 2014 年版，第630 页。

④ （明）宋濂著，黄灵庚编辑校点：《宋濂全集》第二册，人民文学出版社 2014 年版，第563 页。

⑤ （明）宋濂著，黄灵庚编辑校点：《宋濂全集》第二册，人民文学出版社 2014 年版，第517 页。

者绝,则天与人凝而合矣。"①由此,他对朱陆也采取了调和的态度。方孝孺维护明室正统,不降朱棣,被杀夷族,黄宗羲对他的评价是:"持守之严,刚大之气,与紫阳真相伯仲"②,把他看作第二个朱熹。

以上明前期这些理学家保持了儒家"行己有耻"的独立品格,各有义理之作和事功之行,但已无力挽回理学的颓势了。

(二)阳明心学的创立

在王学兴起之前,有陈献章江门心学作为陆学向王学的过渡;在王学兴起的同时,还有湛若水对江门心学的发展,与王守仁心学相辅。陈献章开启了明代心学之大门,如《明史·儒林传序》所言:"原夫明初诸儒,皆朱子门人之支流余裔,师承有自","学术之分,则自陈献章、王守仁始","嘉、隆而后,笃信程、朱,不迁异说者,无复几人矣"③。陈献章的心学用他自己的话可概括为:"天地我立,万化我出,而宇宙在我。"④同时他又吸纳佛老,有诗云:"人世万缘都大梦,天机一点也长生。"⑤又说:"学者以自然为宗,不可不著意理会。"⑥他的心学法门是虚一而静,"为学当求诸心。必得所谓虚明静一者为之主,徐取古人紧要文字读之,庶能有所契合,不为影响依附,以陷于徇外自欺之弊,此心学法门也"⑦。在这里,他把儒、佛、道明心养性之学贯通起来了。

湛若水的心学有自己明确的定义:"何谓心学?万事万物莫非心也"⑧,何谓心?"虚灵方直而不偏,心之本体,所谓天理。是心也,人人之所同有","心即理也,理即心之中正也"⑨。可知他是主张人同此心、心同此理的。

王守仁(1472—1529 年),字伯安,浙江余姚人。因结庐于会稽山之阳明洞,世称阳明先生,有《王文成公全书》38 卷流传于世,今整理为《阳明全集》,

---

① (明)宋濂:《宋学士全集》,中华书局 1985 年版,第 956 页。
② (清)黄宗羲:《明儒学案》下册,沈芝盈点校,中华书局 1985 年版,第 1045 页。
③ (清)张廷玉等:《明史》第六册,中华书局 2000 年版,第 4827 页。
④ 刘兴邦:《白沙心学》,社会科学文献出版社 2012 年版,第 12 页。
⑤ 刘兴邦:《白沙心学》,社会科学文献出版社 2012 年版,第 231 页。
⑥ 刘兴邦:《白沙心学》,社会科学文献出版社 2012 年版,第 58 页。
⑦ 张岱年主编:《中国哲学大辞典》,上海辞书出版社 2014 年版,第 191 页。
⑧ 关步勋等主编:《湛甘泉研究文集》,花城出版社 1993 年版,第 96 页。
⑨ (明)湛若水编:《圣学格物通》(二),广西师范大学出版社 2015 年版,第 756、857 页。

其中以《大学问》、《传习录》最为重要。其道学以"龙场悟道"为契机而有大觉解,遂为明代心学之宗师。其事功以平定朱宸濠叛乱为大事业,因功升兵部尚书,封新建伯,遂为儒学史上兼"内圣"(创发圣学)与"外王"(治国安邦)的罕有人才。黄宗羲叙述其学术历程说:"先生之学,始泛滥于词章,继而遍读考亭(朱熹)之书,循序格物,顾物理吾心终判为二,无所得入。于是出入佛、老者久之。及至居夷处困,动心忍性,因念圣人处此更有何道?忽悟格物致知之旨,圣人之道,吾性自足,不假外求。其学凡三变而始得其门。自此之后,尽去枝叶,一意本原,以默坐澄心为学的。有未发之中,始能有发而中节之和,视听言动,大率以收敛为主,发散是不得已。江右以后,专提致良知三字,默不假坐,心不待澄,不习不虑出之自有天则。盖良知即是未发之中,此知之前更无未发;良知即是中节之和,此知之后更无已发。此知自能收敛,不须更主于收敛;此知自能发散,不须更期于发散。收敛者,感之体,静而动也;发散者,寂之用,动而静也。知之真切笃实处即是行,行之明觉精察处即是知,无有二也。居越以后,所操益熟,所得益化,时时知是知非,时时无是无非,开口即得本心,更无假借凑泊,如赤日当空而万象毕照。是学成之后又有此三变也。"①这里是讲王守仁心学思想的演进过程:从默坐澄心到致良知再到知行合一,凡三变。黄宗羲又概述了阳明心学精义,说:"先生以圣人之学,心学也,心即理也,故于致知格物之训,不得不言'致吾心良知之天理于事事物物,则事事物物皆得其理'。夫以知识为知,则轻浮而不实,故必以力行为功夫。良知感应神速,无有等待,本心之明即知,不欺本心之明即行也,不得不言'知行合一'。此其立言之大旨不出于是。而或者以释氏本心之说颇近于心学,不知儒释界限只一理字。释氏于天地万物之理,一切置之度外,更不复讲,而止守此明觉。世儒则不恃此明觉,而求理于天地万物之间。所为绝异,然其归理于天地万物,归明觉于吾心,则一也。向外寻理,终是无源之水、无根之木,总使合得,本体上已费转手,故沿门乞火与合眼见暗,相去不远。先生点出心之所以为心,不在明觉而在天理,金镜已坠而复收,遂使儒释疆界渺若山河,此有目者所共

---

① 黄宗羲:《明儒学案》卷十"姚江学案"。

睹也。"①黄氏指明,阳明心学之旨:一是"心即理",二是"致吾良知",三是"知行合一"。同时他又从自身的理解,说明阳明心学与佛教禅学之间的异同,同在归物理明觉于心,异在释氏只求心呈明觉而阳明强调心即理。

1.心即理。阳明曾学朱子,于亭前格竹子而无所获。龙场悟道后,他抛弃了程朱"涵养须用敬,进学在致知"的路数,专一向内在诚意正心上下功夫。他说:"新本(朱子《大学章句》)先去穷格事物之理,即茫茫荡荡,都无着落处,须用添个'敬'字,方才牵扯得向身心上来。然终是没根源。若须用添个'敬'字,缘何孔门倒将一个最紧要的字落了,直待千余年后要人来补出?正谓以诚意为主,即不须添'敬'字,所以提出个'诚意'来说,正是学问的大头脑处。"②阳明认为心外无事、心外无理,而他所说的"理",主要指人的伦理规则,即五常之道,人对待自然万物亦须以仁义之心而感应之,故诚意最为紧要,不赞成从知识、技能上去求圣人,而希圣的功夫只在人格的树立、心境的提升。《传习录》上载阳明与学生答问:"爱问:'至善只求诸心,恐于天下事理有不能尽。'先生曰:'心即理也。天下又有心外之事、心外之理乎?'爱曰:'如事父之孝,事君之忠,交友之信,治民之仁,其间有许多理在,恐亦不可不察。'先生叹曰:'此说之蔽久矣,岂一语所能悟?今姑就所问者言之:且如事父,不成去父上求个孝的理;事君,不成去君上求个忠的理,交友治民,不成去友上、民上求个信与仁的理。都只在此心,心即理也。此心无私欲之蔽,即是天理,不须外面添一分。以此纯乎天理之心,发之事父便是孝,发之事君便是忠,发之交友、治民便是信与仁。只在此心去人欲、存天理上用功便是。'"③在这里,阳明所谓"心即理",心是指道德之心,理是指人伦之理,除此之外的事理便与正心诚意了不相关。

此处"心即理"不是从认识论意义上把客观事理归结为主观心识,而是从伦理学意义上把道德行为归结为主体心意。他说:"意之所用,必有其物,物

---

①　(明)王守仁,吴光、钱明、董平编校:《王阳明全集》(下),上海古籍出版社2015年版,第1279—1280页。

②　(明)王守仁:《传习录》,王晓昕译注,中华书局2017年版,第147页。

③　(明)王守仁:《传习录》,王晓昕译注,中华书局2017年版,第10页。

即事也。如意用于事亲，即事亲为一物；意用于治民，即治民为一物；意用于读书，即读书为一物；意用于听讼，即听讼为一物。凡意之所用无有无物者，有是意即有是物，无是意即无是物矣。"①阳明"南镇观花"，说："尔未看此花时，此花与汝心同归于寂，尔来看此花时，则此花颜色一时明白起来，便知此花不在你的心外。"②阳明没有说人未来看此花，此花便不存在，而是说此花只有进入人的视野才能成为感知和审美对象。推而广之，人们虽然共同生活在天地之间，从意义论角度讲，每个人都各有自己的世界，也就是他的精神活动所能达到的地方。他与弟子有一段对话："先生曰：'尔看这个天地中间，甚么是天地的心？'对曰：'尝闻人是天地的心。'曰：'人又是甚么教做心？'对曰：'只是一个灵明。''可知充天塞地中间，只有这个灵明，人只为形体自间隔了。我的灵明，便是天地鬼神的主宰。天没有我的灵明，谁去仰他高？地没有我的灵明，谁去俯他深？鬼神没有我的灵明，谁去辨他吉凶灾祥？天地鬼神万物，离却我的灵明，便没有天地鬼神万物了；我的灵明离却天地鬼神万物，亦没有我的灵明。如此，便是一气流通的，如何与他间隔得？'又问：'天地鬼神万物，千古见在，何没有了我的灵明，便俱无了？'曰：'今看死的人，他这些精灵游散了，他的天地万物尚在何处？'"③在这里，"心即理"从伦理学的意义扩大到感知论和审美观，强调每个人的心灵都是该人生活所在世界的全部，心赋予该人的感知世界以人生的意义，在阳明眼里，纯客观的世界是没有的。为此他有一总结性说明："身之主宰便是心，心之所发便是意，意之本体便是知，意之所在便是物"④，"所以某说心外无理，心外无物"⑤。阳明把张载"为天地立心"发展到极致，从而把人的主体意识和主观能动性发挥到极致。阳明的本旨是让人心与社会人群及天地万物形成精神上的感应流通，使之一体化，并非是用人心去宰制世界，也不是销物于心，这一点是必须分清的。

① （明）王守仁：《传习录》，王晓昕译注，中华书局 2017 年版，第 173 页。
② （明）王守仁：《传习录》，王晓昕译注，中华书局 2017 年版，第 375 页。
③ （明）王守仁：《传习录》，王晓昕译注，中华书局 2017 年版，第 432 页。
④ （明）王守仁：《传习录》，王晓昕译注，中华书局 2017 年版，第 19 页。
⑤ （明）王守仁：《传习录》，王晓昕译注，中华书局 2017 年版，第 19 页。

2.知行合一。孔子重视言行一致,修己要"先行其言而后从之",对人要"听其言而观其行",甚至轻言重行,"君子欲讷于言而敏于行","君子耻其言而过其行",最好是"言忠信,行笃敬"。孔子如此重行,盖由于生活中有言无行、言行脱节的现象十分普遍,成为社会一大流行病,故用力矫正。

阳明在此基础上更进了一步,明确提出"知行合一"的命题,把包括言行关系在内的知行问题的讨论提到一个新的高度,对后世影响巨大。《传习录》载阳明与学生讨论知行问题,"爱曰:'如今人尽有知得父当孝、兄当弟者,却不能孝、不能弟,便是知与行分明两件。'先生曰:'此已被私欲隔断,不是知行的本体了。未有知而不行者。知而不行只是未知。'①'就如称某人知孝,某人知弟,必是其人已曾行孝行弟,方可称他知孝知弟。'②'某尝说知是行的主意,行是知的功夫;知是行之始,行是知之成。'"③"此须识我立言宗旨。今人学问,只因知行分作两件,故有一念发动,虽是不善,然却未曾行,便不去禁止。我今说个知行合一,正要人晓得一念发动处,即是行了。发动处有不善,就将这不善的念克倒了。须要彻根彻底,不使那一念不善潜伏在胸中。此是我立言宗旨"④,"知之真切笃实处,即是行;行之明觉精察处,即是知"⑤。以上可知,阳明讲"知行合一",主要在伦理生活范围,针对两种社会弊端:一是动机不纯,一是有言无行。在阳明看来,道德行为应是动机与效果的统一,动机不善,即使尚未造成恶果,只是早晚问题,已是在行了;如只是口头上,并不打算实行,那不能算真知,真知者必以行动践履之,所以真知与笃行是一体的。

阳明"知行合一"之说有极大的警世作用,不仅切中时弊,而且具有历史意义,有益于纠正人类言行不一的通病,维护正义信仰的价值,实际上就是落实诚的哲学,破除虚假现象,还原一个真实的世界。当然,知行关系是复杂的并具有动态性,知行合一是一个过程,可以归到社会实践的系统,但我们仍然

① (明)王守仁:《传习录》,王晓昕译注,中华书局 2017 年版,第 14 页。
② (明)王守仁:《传习录》,王晓昕译注,中华书局 2017 年版,第 15 页。
③ (明)王守仁:《传习录》,王晓昕译注,中华书局 2017 年版,第 15 页。
④ (明)王守仁:《传习录》,王晓昕译注,中华书局 2017 年版,第 335—336 页。
⑤ (明)王守仁:《传习录》,王晓昕译注,中华书局 2017 年版,第 159 页。

要充分估量阳明知行合一说的开风气的巨大作用。当代哲学家贺麟说:"阳明的知行合一说,本有两个含义,亦可以说是有两个说法:一是补偏救弊的知行合一,一是本来如是的知行合一,或知行本来的体段。所谓补偏救弊的说法,即是勉强将知行分为二事,有人偏于冥行,便教之知以救其弊;有人偏于妄想,便教之行以救其弊。必使他达到明觉精察之行,真切笃实之知,或知行合一而后已"①,"至于阳明所谓知行本来的体段,或本来的知行合一说,似亦相当于我们所谓自然的知行合一论"②,"这与我们认学问思辨皆为知行合一体,皆为显知隐形的看法,几可说完全相同"③。当今中国社会,许多学校采"知行合一"为校训,大大拓展了知与行的范围。

3.致良知。阳明良知之说本于孟子,指人性之善端,后来有了人生曲折经历的磨炼而有更深切体悟。阳明认为良知是人的是非之心:"是非之心,不虑而知,不学而能,所谓良知也。良知之在人心,无间于圣愚,天下古今之所同也。"④这些都是继承孟子。而他创发良知说在于:一是将良知与天理合一,二是良知使人有狂者气象。他说:"良知是天理昭明灵觉处,故良知即是天理。思是良知之发用。若是良知发用之思,则所思莫非天理矣"⑤,"若是私意安排之思,自是纷纭劳扰,良知亦自会分别得"⑥。他讲述自己的心路历程:"我在南都以前,尚有些子乡愿的意思在。我今信得这良知真是真非,信手行去,更不着些覆藏。我今才做得个狂者的胸次。"⑦由此他才能用本心判定是非而不必引经据典,说出了一般儒者说不出的放言高论:"夫学贵得之心。求之于心而非也,虽其言之出于孔子,不敢以为是也,而况其未及孔子者乎! 求之于心而是也,虽其言之出于庸常,不敢以为非也,而况其出于孔子者乎!"⑧阳明的

---

① 贺麟:《近代唯心论简释》,商务印书馆 2011 年版,第 66 页。
② 贺麟:《近代唯心论简释》,商务印书馆 2011 年版,第 67 页。
③ 贺麟:《近代唯心论简释》,商务印书馆 2011 年版,第 67 页。
④ (明)王守仁:《传习录》,王晓昕译注,中华书局 2017 年版,第 278 页。
⑤ (明)王守仁:《传习录》,王晓昕译注,中华书局 2017 年版,第 254 页。
⑥ (明)王守仁:《传习录》,王晓昕译注,中华书局 2017 年版,第 254 页。
⑦ (明)王守仁:《传习录》,王晓昕译注,中华书局 2017 年版,第 404 页。
⑧ (明)王守仁:《传习录》,王晓昕译注,中华书局 2017 年版,第 266 页。

本意并非要否定孔子的伟大,而是把孔子作为圣贤而不是神。因此,子曰并非句句是真理,而要经过自己的独立判断加以选择和灵活运用,这正是保证孔子儒学的真精神得以保持发扬,从而避免陷入僵化泥潭所需要的,孔子如有知也会加以称赞。为了引导社会生活,每一时代都会树立思想权威,然而随着思想趋于保守,权威往往又会成为社会前进的障碍,这时需要有创造力又有胆略的思想家出来挑战权威,跨越障碍,创建新的思想学说,继续引领社会前进。程朱理学就是明初的思想权威,朱熹《四书集注》相对于前人之注有重大发挥,但认为其中每一句话都是颠扑不破的真理,只是后人解释有所不同,于是朱子学渐成障碍,窒息思想界的生气。阳明以深邃而清新的思想和狂放豪迈的胆气批判程朱,又挑战孔子的绝对权威,遂能掀起一场思想解放运动,延续至明末,这是难能可贵的。

阳明心学宗旨在致良知,所谓"致",既包括扩充良知、去除物欲,如阳明所云"今日良知见在如此,只随今日所知扩充到底;明日良知又有开悟,便从明日所知扩充到底"①;也包括推致良知于事物,故云"所谓致知格物者,致吾心之良知于事事物物也"②。阳明晚年把致良知学说归纳为四句话,作为定论以传弟子,称为"四句教"。《传习录》载他与学生德洪(钱德洪)、汝中(王畿)"天泉证道","汝中举先生教言曰:'无善无恶是心之体,有善有恶是意之动,知善知恶是良知,为善去恶是格物'"③,对此四句如何理解,德洪与汝中有争议,阳明认为二人之见可相资为用,利根之人可直悟本体即是功夫,有习心的人先在意念上实落为善去恶,然后本体明尽。阳明再次强调"四句"是其宗旨,可随人指点,利根者难遇,有习心之人居多,因此要"教他在良知上实用为善去恶功夫"④。

四句教的第一句:"无善无恶是心之体。"阳明说:"人心本体原是明莹无

---

① (明)王守仁:《传习录》,王晓昕译注,中华书局 2017 年版,第 335 页。
② (明)王守仁:《传习录》,王晓昕译注,中华书局 2017 年版,第 167 页。
③ (明)王守仁:《传习录》,王晓昕译注,中华书局 2017 年版,第 408 页。
④ (明)王守仁:《传习录》,王晓昕译注,中华书局 2017 年版,第 409 页。

滞的,原是个未发之中。"①又说:"无善无恶者理之静,有善有恶者气之动。不动于气,即无善无恶,是谓至善"②,"心体上着不得一念留滞"③,"良知本体原来无有,本体只是太虚"。由此可知,阳明所说无善无恶心之体,是综合了《中庸》未发谓中之说,老子至仁不仁、有生于无之说,佛家禅宗无念、无住之说,而后形成的,具有最高的超越性,但已偏离了孟子的性善说。故黄宗羲要加以解释:"其实无善无恶者,无善念无恶念耳,非谓性无善无恶也。"

第二句:"有善有恶是意之动。"这是下落到现实人生层面,人人皆有意念发生而有所追求和行动,而意念掺杂善恶,常为物欲所蔽,因此要诚意正心,才能使心体明彻。在人性论上,阳明是倾向于人性善恶混的,但在价值导向上不持中立态度,主张兴善去恶。

第三句:"知善知恶是良知。"这是阳明对良知的独特发挥,他把孟子"恻隐之心"、"羞恶之心"、"辞让之心"、"是非之心"融而为良知,在好善恶恶之诚意基础上强调了"知善知恶"的知觉意识,也就是道德的自觉,它包含了"情"与"理",良知是对是非善恶的判断力,没有这种判断力,道德意识便只能处在自发状态,难免杂有不善的冲动。

第四句:"为善去恶是格物。"阳明对格物的理解与朱子即天下事物而穷其理然后贯通不同,而是在良知引导下去除恶念、扩充善念,并达到知行合一,处处落实在待人接物上,充分实现道德的完满。他在《大学问》中说:"今焉于其良知所知之善者,即其意之所在之物而实为之,无有乎不尽;于其良知所知之恶者,即其意之所在之物而实去之,无有乎不尽,然后物无不格,而吾良知之所知者,无有亏欠障蔽,而得以极其致矣。"如此,无须乎先穷物理而物无不格,显然,这是一条"自诚明"的简易修身之路。但阳明的"四句教"如同禅宗的教法,内涵丰富而不条分缕析,善用点拨启示方式教人,故引起后学歧义纷争。

4.万物一体之仁。阳明论仁接近程颢又有发挥。他所说的"心即理"就是

---

① （明）王守仁:《传习录》,王晓昕译注,中华书局2017年版,第409页。
② （明）王守仁:《传习录》,王晓昕译注,中华书局2017年版,第110页。
③ （明）王守仁:《传习录》,王晓昕译注,中华书局2017年版,第431页。

人与天地万物相关一体的真情实感，不是一种纯理念，故说："盖天地万物一体之仁，疾痛迫切，虽欲已之而自有所不容已。"①《大学问》里在解说大人之学时，阳明有一段精彩表述："大人者以天地万物为一体者也，其视天下犹一家，中国犹一人焉。若夫间形骸而分尔我者，小人矣。大人之能以天地万物为一体也，非意之也，其心之仁本若是，其与天地万物而为一也。岂惟大人，虽小人之心亦莫不然，彼顾自小之耳。是故见孺子之入井，而必有怵惕恻隐之心焉，是其仁之与孺子而为一体也。孺子犹同类也，见鸟兽之哀鸣觳觫而必有不忍之心焉，是其仁之与鸟兽而为一体也。鸟兽犹有知觉者也，见草木之摧折而必有怜恤之心焉，是其仁之与草木而为一体也。草木犹有生意者，见瓦石之毁坏而必有顾惜之心焉，是其仁之与瓦石而为一体也。是其一体之仁也，虽小人之心亦必有之，是乃根于天命之性，而自然灵昭不昧者也，是故谓之明德。"阳明讲天地一体之仁，至此达到彻里彻外、廓然大公的新高度。阳明心学的主旨就是追求人的生命主体的超脱自得、真挚活泼、生机盎然，这是良知的发用。他把仁心落实到良知上，说："知是心之本体，心自然会知。见父自然知孝，见兄自然知弟，见孺子入井自然知恻隐，此便是良知，不假外求。若知良知之发，更无私意障碍，即所谓'充其恻隐之心，而仁不可胜用矣。'"②这是阳明用良知之说发挥孔孟仁学最为光彩夺目的一章。但他对于情与理、知与意的相互关系仍未全部打通，而把"心"置于"仁"之上，未能以仁为体来解说良知，仍有欠缺处。

另外，阳明虽讲天地万物一体之仁，但他并不赞成墨子的兼爱之说，而是主张爱有差等，以家庭亲情之爱为本源向外推广，这才符合生生之道，故曰："仁是造化生生不息之理"③，"父子兄弟之爱，便是人心生意发端处，如木之抽芽。自此而仁民，而爱物，便是发干、生枝、生叶。墨氏'兼爱''无差等'，将自家父子兄弟与途人一般看，便自没了发端处……便不是生生不息，安得谓之

---

① （明）王守仁：《传习录》，王晓昕译注，中华书局 2017 年版，第 283 页。
② （明）王守仁：《传习录》，王晓昕译注，中华书局 2017 年版，第 23 页。
③ （明）王守仁：《传习录》，王晓昕译注，中华书局 2017 年版，第 98 页。

仁?"①这是传承了《论语》"孝悌为仁之本"和孟子"亲亲而仁民,仁民而爱物"之说,比墨子兼爱之说更合乎人情事理。冯友兰认为,"《大学问》是一篇完整的哲学著作"②,"《大学问》和朱熹的《格物补传》,是心学和理学两派的代表作,两派的目标都是使人成为完全的人,但两派各有其入手处。心学的入手处是'致良知',理学的入手处是'即物穷理'。《格物补传》由'穷物理'转入'穷人理',所以显得两橛。心学专讲'穷人理',所以显得直截"③。

阳明以生生不息论仁,体现了对生命的尊重。用之于教育,则强调生命成长的护养和生命主体的发育。他尤其关注儿童教育,反对只知检束、严求,"若待拘囚"式的苛刻训制,而代之以生动活泼的诱导。他说:"大抵童子之情,乐嬉游而惮拘检,如草木之始萌芽,舒畅之则条达,摧挠之则衰萎。今教童子,必使其趋向鼓舞,中心喜悦,则其进自不能已。譬之时雨春风,沾被卉木,莫不萌动发越,自然日长月化;若冰霜剥落,则生意萧索,日就枯槁矣。"④顺其性情成长而启发之,不放纵亦不强迫,这是儿童教育的真谛,符合儿童身心发育的规律,今日仍然是适用的。阳明还主张教学要培养学子不盲从而能独立思考的能力,说:"夫学,贵得之心"⑤,"夫君子之论学,要在得之于心。众皆以为是,苟求之心而未会焉,未敢以为是也;众皆以为非,苟求之心而有契焉,未敢以为非也",通过教学,激励学子勇于追求和坚持真理,成长为独立而不倚的学人。由此,自然要因材施教、启发式教学,而不整齐划一、强人从己,所以他称赞孔子的教学方式,谓:"圣人教人,不是个束缚他通做一般,只如狂者便从狂处成就他,狷者便从狷处成就他。人之才气如何同得?"⑥

5.阳明心学与佛老。中国儒、佛、道三教合流,在宋明以前,佛道向儒家德文化靠拢较多。再具体一点说,佛教在社会层面向儒家接近,在哲学层面则大量运用老庄道家话语表述禅的智慧;道家、道教高度认同儒家道德,在哲学层

① (明)王守仁:《传习录》,王晓昕译注,中华书局2017年版,第99页。
② 冯友兰:《中国哲学史新编》下卷,人民出版社1999年版,第201页。
③ 冯友兰:《中国哲学史新编》下卷,人民出版社1999年版,第202页。
④ (明)王守仁:《传习录》,王晓昕译注,中华书局2017年版,第305页。
⑤ (明)王守仁:《传习录》,王晓昕译注,中华书局2017年版,第266页。
⑥ (明)王守仁:《传习录》,王晓昕译注,中华书局2017年版,第361页。

面则走道佛融会之路。宋至明,儒家摆脱以往自大、保守、被动局面,更大胆主动地摄取佛老的智慧,在理论上进行开拓创新。其中,程朱理学吸收佛教华严宗"四法界"说与"一多圆融"说较多,而陆王心学则吸收佛教禅宗"明心见性"说与"顿悟"说较多;无论是理学还是心学对于老子的"大道"论和庄子的"物我合一"说,都有深层吸纳。不过在表达上,有人坦而述之,有人则阳斥而阴摄之。

阳明心学是近佛教尤其禅宗与老学的,可以分述如下。

其一,"心即理"、"心外无事、心外无理"与华严宗"知一切法,即心自性,成就慧身,不由他悟"①和禅宗"世人性本清净,万法从自性中生"是相契的。"万法唯心"是佛教的基本教义之一,求那跋陀罗《楞伽师资记》直接说:"理即是心。心能平等,名之曰理,理照能明,名之曰心,心理平等,名之为佛心。"②阳明也认为自家"心即理""如佛家说心印相似"③。

其二,"一念发动处便是行"与禅宗"此须心行,不在口念"、"一念修行,自身是佛"相一致。禅宗极重人心念头的发动,故说:"前念迷即凡,后念悟即佛。"

其三,"无善无恶是心之体"与禅宗"佛性非善非不善"、"无是无非,无善无恶"皆指向绝对超越的心境。顾宪成指出:"佛学三藏十二部五千四百八十卷,一言以蔽之,曰无善无恶,观《七佛偈》,了然矣。"

阳明"四句教"之首句,其实也与老庄道家的哲思密切相关。老子认为善与恶、美与丑相对待而立,不是理想状态,最高的理想是超越相对而达到顺任自然、返璞归真的有道之世,故曰:"天地不仁,以万物为刍狗;圣人不仁,以百姓为刍狗。"④天地与圣人的"不仁",乃是超越了一般的仁,而达到至仁。庄子也说:"大道不称,大辩不言,大仁不仁"⑤。阳明也说无善无恶是至善(见

① 《大方广佛华严经》卷第十七,《大正藏》第10册,第88页。
② 《楞伽师资记》,《大正藏》第85册,第1284页。
③ (明)王守仁:《传习录》,王晓昕译注,中华书局2017年版,第324页。
④ 陈鼓应:《老子注译及评介》,中华书局1984年版,第78页。
⑤ 陈鼓应:《庄子今注今译》上册,商务印书馆2007年版,第91页。

上文），并非否定仁善，而是追求最高的仁善。

其四，阳明自己多处讲心学与佛老的关系，虽也有指斥佛老之言，但肯定佛老的地方还是很多的。他认为佛、老、杨、墨，"彼于圣人之道异，然犹有自得也"。他不赞成有儒者只讲儒佛之异而不敢称引佛学，说："释氏之说亦自有同于吾儒，而不害其为异者，惟在于几微毫忽之间而已，亦何必讳于其同，而遂不敢以言；狃于其异，而遂不以察之乎？"阳明早年笃志佛老，而后入于周、程道学之路，故对佛老有深入了解，说："大抵二氏之学，其妙与圣人只有毫厘之间。"①阳明传道常用禅家语，引用禅师故事，仿禅宗公案话头启示弟子，这种方式对于重体悟而轻格致的心学来说是有益的。其《示诸生》诗云："尔身各各自天真，不用求人更问人；但致良知成德业，谩从故纸费精神。乾坤是易原非画，心性何形得有尘？莫道先生学禅语，此言端的为君陈。"又《咏良知四首示诸生》（其四）云："无声无臭独知时，此是乾坤万有基。抛却自家无尽藏，沿门持钵效贫儿。"后两句用《传灯录》之语，对后世影响颇大。

其五，阳明用佛的同时也时时标示两者相异处，表露儒家之本心。"或问：'释氏亦务养心，然要之不可以治天下，何也？'先生曰：'吾儒养心，未尝离却事物，只顺其天则自然，就是工夫。释氏却要尽绝事物，把心看作幻相，渐入虚寂去了。与世间若无些子交涉，所以不可以治天下。'"②阳明进而指出，佛氏弃绝人伦是成就私心，"又问：'释氏于世间一切情欲之私都不染着，似无私心。但外弃人伦，却似未当理。'曰：'亦只是一统事，都只是成就他一个私己的心。'"③禅宗以"无念为宗，无相为体，无住为本"。阳明批评禅宗并未做到"不着相"，而他自己真能用"不着相"来对待人伦关系，曰："先生尝言：'佛氏不着相，其实着了相。吾儒着相，其实不着相。'请问。曰：佛怕父子累，却逃了父子；怕君臣累，却逃了君臣；怕夫妇累，却逃了夫妇。都是为个君臣、父子、夫妇着了相，便须逃避。如吾儒有个父子，还他以仁；有个君臣，还他以义；有

---

① （明）王守仁：《传习录》，王晓昕译注，中华书局 2017 年版，第 139 页。
② （明）王守仁：《传习录》，王晓昕译注，中华书局 2017 年版，第 371 页。
③ （明）王守仁：《传习录》，王晓昕译注，中华书局 2017 年版，第 100 页。

个夫妇,还他以别,何尝着父子、君臣、夫妇的相?"①阳明的"不着相"不是逃避,而是在人伦中尽责却不受拖累,也就是王弼心中"应物而无累于物"的圣人,这确实比避俗出家、居于山林者高明。

6.阳明心学的历史地位和作用。当代思想史家嵇文甫指出:"王阳明是宋明五百年道学史上一位最有光辉的人物。由他所领导起来的学术运动,是一种道学革新运动,也就是一种反朱学运动"②,"这次革新运动,发端于白沙,而大成于阳明。我们分析阳明的学说,处处是打破道学的陈旧格套,处处表现出一种活动自由的精神,对于当时思想界实尽了很大的解放作用"③,"独断独行,自作主张。什么圣贤榜样,道理格式,都不放在眼里"④,"阳明实可算是道学界的马丁·路德。他使道学中兴,使道学更加精练"⑤,"他一方面大刀阔斧,摧毁传统思想的权威,替新时代做一种扫除工作,同时他又提出许多天才的启示,替新时代做一种指导工作"⑥。

蔡元培的评价是:"阳明以至敏之天才,至富之阅历,至深之研究,由博返约,直指本原,排斥一切拘牵文义区画阶级之习,发挥陆氏心理一致之义,而辅以知行合一之说。孔子所谓我欲仁斯仁至,孟子所谓人皆可以为尧舜焉者,得阳明之说而其理益明。虽其依违古书之文字,针对末学之弊习,所揭言说,不必尽合于论理,然彼所注意者,本不在是。苟寻其本义,则其矫朱学末流之弊,促思想之自由,而励实践之勇者,其功固昭然不可掩也。"⑦

熊十力评论道:"逮有明阳明先生兴,始揭出良知,令人掘发其内在无尽宝藏,一直扩充去、自本自根、自信自肯、自发自辟,大洒脱、大自由,可谓理性大解放时期(理性即是良知之发用)。程朱未竟之功,至阳明而始著。此阳明

---

① (明)王守仁:《传习录》,王晓昕译注,中华书局2017年版,第344页。
② 嵇文甫:《晚明思想史论》,北京出版社2016年版,第3页。
③ 嵇文甫:《晚明思想史论》,北京出版社2016年版,第7页。
④ 嵇文甫:《晚明思想史论》,北京出版社2016年版,第19页。
⑤ 嵇文甫:《晚明思想史论》,北京出版社2016年版,第19页。
⑥ 嵇文甫:《晚明思想史论》,北京出版社2016年版,第19页。
⑦ 蔡元培:《中国伦理学史》,中国文史出版社2016年版,第164页。

之伟大也。"①

阳明心学对当代新儒家的影响至深至巨,以熊十力为宗师的唐君毅、牟宗三、徐复观及再传弟子杜维明,皆以阳明心学接续孔孟源头活水,又融西学而开出当代儒学新形态。

八、王门后学与泰州学派

王阳明是明中叶以后引导时代潮流的一面旗帜。阳明之后,心学学派众多:有徐爱、钱德洪、王畿、黄绾为代表的浙中学派,有邹守益、聂豹、罗洪先、胡直为代表的江右学派,有黄省曾、周冲等人的南中学派,有蒋信、冀元亨等人的楚中学派,有穆孔晖、张后觉等人的北方学派,有薛侃、周坦等人的粤闽学派,有王艮、罗汝芳、颜钧、何心隐等人的泰州学派,而浙中、泰州又分五支,江右分九支。心学流四方,人才满天下,百舸竞进,盛况空前。这一时期在儒学界还有罗钦顺、王廷相、吴廷翰、吕坤、顾宪成、高攀龙、刘宗周、黄道周、孙奇逢、张溥、傅山等一批卓有成就的大学者。还有杨慎、焦竑、陈第等一批考据博学家。有李时珍、徐霞客、朱载堉、徐光启、宋应星等一批医药学、地理学和科技专家。有高拱、张居正、海瑞、戚继光等一批政治军事家。有徐渭、汤显祖、袁宏道、冯梦龙、凌濛初等一批文学家、艺术家。整个思想文化界、文学艺术界呈现百家争妍、一片兴隆的景象。这一时期文化一大特色是阳明心学广泛渗透到文艺界,心学哲学成为文艺的灵魂,从而出现徐渭的"本色论"、公安派袁氏三兄弟的"性灵说",出现《西游记》、《牡丹亭》、《金瓶梅》、《三言》、《二拍》等经典长短篇小说与戏曲。伴随着商品经济的空前繁荣,在心学带动下,一场中国式的文艺复兴运动似乎正在兴起,不仅是哲学和文艺,还包括社会伦理、民间风俗都在朦胧中透露出新的时代曦光。下面在王门后学中择其代表性人物及学说而简述之。

（一）王畿

王畿(1498—1583 年),字汝中,号龙溪,浙江山阴人。其学要在辨先天、

---

① 熊十力:《略谈〈新论〉要旨(答牟宗三)》,《学原》1948 年第 2 卷第 1 期。

重正心,故可称为"先天正心之学"。他独到之处在于用先天、后天区别正心与诚意:"正心,先天之学也;诚意,后天之学也"①,理由是"心本至善,动于意始有不善。若能在先天心体上立根,则意所动自无不善,一切世情嗜欲自无所容,致知功夫自然易简省力"②,"若在后天动意上立根,未免有世情嗜欲之杂,才落牵缠,便费斩截,致知功夫转觉繁难"③。这是王畿对阳明四句教的发挥,特别强调良知心体的先天具足、清净至善,乃性命之源,人能立根于心体即是致良知,本体即功夫,故曰:"以良知致良知。"④王畿说:"千古圣学,只从一念灵明识取,只此便是入圣真脉路。"⑤他把学、教、格物、诚意、正心皆归结为识取良知灵明本体,这种"易简直接"的功夫,体现和发展了阳明心学回归本心的明快了当,把心学重主体解悟的风格以更鲜明的方式展现出来。

王畿之学在阳明援老融佛的进路上走得更远,并坦然而认之,以为可以借佛老之"虚寂"而使自家理论升华。他在《三教堂记》中说:"三教之说,其来尚矣。老氏曰虚,圣人之学亦曰虚;佛氏曰寂,圣人之学亦曰寂;孰从而辨之?世之儒者,不揭(揣)其本,类以二氏为异端,亦未为通论也"⑥,"人受天地之中以生,均有恒性,初未尝以某为儒、某为老、某为佛而分授也。良知者,性之灵,以天地万物为一体,范围三教之枢。不徇典要,不涉思为。虚实相生而非无也,寂感相乘而非灭也。与百姓同其好恶,不离伦物感应,而圣功证也。学佛老者,苟能以复性为宗,不沦于幻妄,是即道释之儒也;为吾儒者,自私用智,不能普物而明宗,则亦儒之异端而已。毫厘之辨,其机甚微。吾儒之学明,二氏始有所证。须得其髓,非言思可得而测也"⑦。这段话很重要、很精辟也很客观。儒、道、佛三教途径虽异,然皆指向人性的复归与升华,因而可以互借相得;不仅儒家借重佛老而能识"虚实相生"、"寂感相乘"之道,而且"吾儒之学

---

① (明)王畿撰,吴震编:《王畿集》卷十六,凤凰出版社2007年版,第445页。
② (明)王畿撰,吴震编:《王畿集》卷一,凤凰出版社2007年版,第10页。
③ (明)王畿撰,吴震编:《王畿集》卷一,凤凰出版社2007年版,第10页。
④ (明)罗洪先撰,徐儒宗编:《罗洪先集》卷六,凤凰出版社2007年版,第185页。
⑤ (明)王畿撰,吴震编:《王畿集》卷十六,凤凰出版社2007年版,第451页。
⑥ (明)王畿撰,吴震编:《王畿集》卷十七,凤凰出版社2007年版,第486页。
⑦ (明)王畿撰,吴震编:《王畿集》卷十七,凤凰出版社2007年版,第486页。

明,二氏始有所证",亦即儒亦能为佛老所用;当然三教彼此仍然保有各自的特色。

中国思想史的后期发展过程,客观上就是如此,人们态度的差别只在主观上能否自觉认知并坦诚说出而已。王畿之学明白标举禅宗,主张"圣狂之分无他,只在一念克与罔之间而已,一念以定,便是缉熙之学。一念者,无念也,即念而离念也。故君子之学,以无念为宗"①,又说:"若是真致良知,只宜虚心应物,使人人各得尽其情,能刚能柔,触机而应,迎刃而解,更无些子掺入,譬之明镜当台,妍媸自辨,方是经纶手段"②,此处直用禅宗话头。其禅理诗云:"念中本无念,已发即未发;妄念斯为失,克念斯谓得;此念无动静,往来同日月;动静亦强名,乾坤偶对列;日月凝其精,匪凝将空裂;无处亦无方,有之即成惑;寄语同心人,切莫生分别。"③可以说,王畿已将禅老之学融入骨髓而又不失儒家应世本来面貌。

王畿对阳明是师其神而不师其论,具有学得之于心而不必以圣贤之言为标准的狂放豪迈之气概,故以独立创新为枢要。他说:"天下之公学,非先师所得而私也。"④其志向是:"一生若要做个千古真豪杰,会须掀翻箩笼、扫空窠臼、彻内彻外、彻骨彻髓、洁洁净净、无些复藏、无些陪奉,方有个宇泰收功之期"⑤,主张对"先师之言,一般还须转个关捩子"⑥,"方是享用大世界、出世大豪杰,方不落小家相"⑦。由此,他大大发展了阳明心学的个性至真、敢辟新径的精神,成为批判正统儒学的异见闯将。李贽称赞他为"圣代儒宗,人天法眼;白玉无瑕,黄金百炼"⑧之人,"遂令良知密藏,昭然揭日月而行中天;顿令洙泗渊源,沛乎决江河而达四海"⑨。龙溪之学其得在于"日新之谓盛德",不

---

① (明)王畿撰,吴震编:《王畿集》卷十五,凤凰出版社2007年版,第440页。
② (明)王畿撰,吴震编:《王畿集》卷一,凤凰出版社2007年版,第8页。
③ (明)王畿撰,吴震编:《王畿集》卷十八,凤凰出版社2007年版,第560页。
④ (明)王畿撰,吴震编:《王畿集》卷八,凤凰出版社2007年版,第178页。
⑤ (明)王畿撰,吴震编:《王畿集》卷九,凤凰出版社2007年版,第206页。
⑥ (明)王畿撰,吴震编:《王畿集》卷九,凤凰出版社2007年版,第207页。
⑦ (明)王畿撰,吴震编:《王畿集》卷七,凤凰出版社2007年版,第167页。
⑧ (明)李贽:《焚书　续焚书》卷三,中华书局1975年版,第121页。
⑨ (明)李贽:《王龙溪先生告文》,《焚书　续焚书》卷三,中华书局1975年版,第121页。

使儒学守旧僵化;但亦有过于追求新奇独见之偏,其弊在常离公理而泛滥无涯,亦会伤及常道而损害群体。孔子云"不得中行而与之,必也狂狷乎。狂者进取,狷者有所不为也",给予偏激进取之行以适当肯定,但也提醒人们"过犹不及",要以正矫枉,不应以枉矫枉。然而历史总是在左右摇摆中行进,中庸是个理想的目标,虽难以达到,却有益于不断矫正各种偏向。

(二)聂豹与罗洪先

聂豹(1487—1563年),字文蔚,自号双江。罗洪先(1504—1564年),字达夫,号念庵。二人乃江右学派中被视为偏离王学正统者。聂豹提出"良知本寂",罗洪先提出"良知本静",皆带有较多佛老色彩。《明儒学案》记载聂豹之学的创发与遭同门的质疑:"先生之学,狱中闲久静极,忽见此心真体光明莹彻,万物皆备。乃喜曰:此未发之中也守是不失,天下之理,皆从此出矣。乃出,与来学立静坐法,使之归寂以通感,执体以应用。是时同门为良知之学者,以为未发即在已发之中。盖发而未尝发,故未发之功,却在发上用;先天之功,却在后天上用。其疑先生之说者有三:其一,谓道不可须臾离也,今日动处无功,是离之也;其一,谓道无分别于动静也,今日功夫只是主静,是二之也;其一,谓心事合一,心体事而无不在,今日感应流行,着不得力,是脱落事为,类于禅语也"[1],"唯罗念庵(洪先)深相契合,谓双江所言,真是霹雳手段,许多英雄瞒昧,被他一口道著,如康庄大道,更无可疑"[2]。对于"类于禅语"的指责,聂豹的回答是:"夫禅之异于儒者,以感应为尘烦,一切断除而寂灭之。今乃归寂以通天下之感,致虚以立天下之有,主静以该天下之动,又何嫌于禅哉。"[3]于此可知,聂豹之学所据乃《易传》"《易》无思也、无为也,寂然不动,感而遂通天下之故,非天下之至神,其孰能与于此";其用佛老寂静之说在于深化一己之心学,这是他无法回避的;不过最终仍要通天下之有、感天下之动,即落实为人伦日用,故不离儒家本色。

罗洪先之学以主静为特色。他首先把"静"与"明"与"善"联结起来,云:

---

① (清)黄宗羲:《明儒学案》卷十七,沈芝盈点校,中华书局1986年版,第372—373页。
② (清)黄宗羲:《明儒学案》卷十七,沈芝盈点校,中华书局1986年版,第373页。
③ (清)黄宗羲:《明儒学案》卷十七,沈芝盈点校,中华书局1986年版,第376页。

"夫良知者,言乎不学不虑、自然之明觉,盖即至善之谓也"①,"盖人生而静,未有不善;不善,动之妄也。主静以复之,道斯凝而不流矣"②,"良知者,静而明也。妄动以杂之,几始失而难复矣。故必有收摄保聚之功,以为充达长养之地,而后定静安虑由此出"③。那么主静由何处入手? 由"戒惧"起始:"良知犹言良心,主静者求以致之,收摄敛聚,自戒惧入精微。"④何谓精微? 曰:"今岁体会得内外两忘一言,真是致良知之功"⑤,这实际上就是禅家的功夫。罗洪先著有《异端论》一文,说:"儒者指释氏莫不曰:异端、异端。及考其故,而弃伦理遗之。夫不君,其大也。夫圣人立中国生民之命,设名教以绝祸乱之源,莫大于明物而察伦。而释氏顾遗弃之,其相去不啻南北之背驰。"⑥但这只是"习其常谈,未有察其所认然也"⑦,更深层的原因在于佛教欲脱生死之困。生死乃"生人之所必有,圣人不以为病而不为生死之所拘,故能与世同好恶。而为佛之说者,首欲脱之"⑧。罗洪先道出了儒与佛之间的根本性差别在于儒家讲"生顺死宁"(张载)而佛家讲"三世因果",而六道轮回、因果报应正是佛教最能吸引民众的信仰观念,也恰恰是儒学所欠缺的地方。罗洪先之学是精英之学,他追求大爱的精神境界,综合张载的《西铭》、程颢的《识仁篇》与阳明的"万物一体之论"而提出仁体之说,把"极高明而道中庸"合为一体,云:"能以天地万物为体,则我大;不以天地万物为累,则我贵。夫以天地万物为体者,与物为体,本无体也;于无体之中而大用流行,发而未尝发也。静坐而清适,执事而安肃,处家而和婉,皆谓之发,而不可执以为体。常寂常虚,可卷可舒,全体廓如。"⑨如此,精神上获得最大的自由自主,而行为上从容应世致用却不为其拖累,这就是内圣外王的人生理想。

---

① (清)黄宗羲:《明儒学案》卷十八,沈芝盈点校,中华书局1986年版,第415页。
② (清)黄宗羲:《明儒学案》卷十八,沈芝盈点校,中华书局1986年版,第415页。
③ (清)黄宗羲:《明儒学案》卷十八,沈芝盈点校,中华书局1986年版,第415页。
④ (明)罗洪先撰,徐儒宗编:《罗洪先集》卷十一,凤凰出版社2007年版,第474页。
⑤ (明)罗洪先撰,徐儒宗编:《罗洪先集》卷八,凤凰出版社2007年版,第308页。
⑥ (明)罗洪先撰,徐儒宗编:《罗洪先集》卷二,凤凰出版社2007年版,第27页。
⑦ (明)罗洪先撰,徐儒宗编:《罗洪先集》卷二,凤凰出版社2007年版,第28页。
⑧ (明)罗洪先撰,徐儒宗编:《罗洪先集》卷二,凤凰出版社2007年版,第28页。
⑨ (明)罗洪先撰,徐儒宗编:《罗洪先集》卷十五,凤凰出版社2007年版,第669页。

（三）泰州学派诸硕儒

泰州学派是明代思想史上的奇葩；由于明中晚期是中国历史上出现近代新质的变革时期，泰州学派也算得上是整个中国思想史上的奇葩。其代表性人物有：王艮（1483—1541 年）、王襞（1511—1587 年）、颜钧（1504—1596年）、何心隐（1517—1579 年）、罗汝芳（1515—1588 年）、焦竑（1540—1619年）、李贽（1527—1602 年）等人。

1.王艮，字汝止，号心斋，泰州人，中年师承阳明，又开辟出独特的泰州学派。其学有鲜明的平民风格：一是强调"百姓日用即道"，二是重视平民教育，而这两者又联结在一起，能把眼光更多地投向下层民众，使圣贤之道生活化。《年谱》载："先生言百姓日用是道。初闻多不信。先生指僮仆之往来、视听、持行、泛应动作处，不假安排，俱是顺帝之则，至无而有，至近而神"①，"愚夫愚妇，与知能行便是道"②。他力去道的神圣性，说："圣人之道无异于百姓日用；凡有异者，皆谓之异端"③，故而异端并非佛老，而是脱离民生日用的高调阔论。百姓用之道必须满足起码的物质生活，而不必急于道德的提升，故云："即事是学，即事是道。人有困于贫而冻馁其身者，则亦失其本而非学也。夫子曰：'吾岂匏瓜也哉，焉能系而不食？'"④他继承孟子王道仁政思想，著《王道论》，主张"务本而节用"，大力发展农业生产，节省上层集团开支，说："今天下田制不定，而游民众多。制用无节而风俗奢靡。所谓一人耕之，十人从而食之；一人蚕之，百人从而衣之，欲民之无饥寒不可得也。饥寒彻身，而欲民之不为非，亦不可得也。"⑤

---

① （明）王艮著，陈祝生主编：《明儒王心斋先生遗集》卷三《年谱》，《王心斋全集》，江苏教育出版社 2001 年版，第 72 页。

② （明）王艮著，陈祝生主编：《明儒王心斋先生遗集》卷一《语录》，《王心斋全集》，江苏教育出版社 2001 年版，第 6 页。

③ （明）王艮著，陈祝生主编：《明儒王心斋先生遗集》卷一《语录》，《王心斋全集》，江苏教育出版社 2001 年版，第 10 页。

④ （明）王艮著，陈祝生主编：《明儒王心斋先生遗集》卷一《语录》，《王心斋全集》，江苏教育出版社 2001 年版，第 13 页。

⑤ （明）王艮著，陈祝生主编：《明儒王心斋先生遗集》卷二，《王心斋全集》，江苏教育出版社 2001 年版，第 64 页。

他不同于以往的程朱理学和陆王心学主流派,不把功夫用在君子的成圣成贤上,而是将圣人之道落实为民生第一,切实担起"安百姓"的责任。他重视道德教化,主张改革弊端层出的科举制度,"先德行而后文艺",目的是选拔贤能之士,劝天下之人为善,而发展平民教育是体现孔子"有教无类"、全面推动社会文化发展的根基。王栋评论王艮平民之学的重要时说:"自古士农工商,业虽不同,人人皆共此学。孔门犹然。考其弟子三千,而身通六艺者才七十二,其余则皆无知鄙夫耳。至秦灭汉兴,惟记诵古人遗经者,起为经师,更相授受。于是指此学独为经生文士之业,而千古圣人原与人人共同共明之学,遂泯灭而不传矣。天生我师,崛起海滨,慨然独悟,直超孔子,直指人心。然后愚夫俗子,不识一字之人,皆知自性自灵,自完自足,不假闻见,不烦口耳,而二千年不传之消息,一朝复明。先师之功,可谓天高而地厚矣"①,显然平民教育能打破贵族的文化垄断,提高普通百姓的人文素质,意义是重大的。

王艮之学还有两大特色:一是强调个人的尊严与彼此的互尊,二是以学为乐。他的"淮南格物"说认为:"格如格式之格,即絜矩之谓。吾身是个矩,天下国家是个方,絜矩则知方之不正由矩之不正也,是以只去正矩,却不在方上求。矩正则方正矣"②,"格物,知本也;立本,安身也。安身以安家而家齐,安身以安国而国治,安身以安天下而天下平也。故曰:'修己以安人','修己以安百姓'"③。"安身"词语最早见于《周易·系辞下》,云:"精义入神以致用也,利用安身以崇德也。"后来与"立命"连用,重点在安顿人的精神生命,使心灵有所归依。王艮讲"安身"转而强调个体生命的健康、安全、自爱、尊严,兼顾身心两个方面,这是受了老子明哲保身和"贵以身为天下,若可寄天下;爱以身为天下,若可托天下"的影响。他解释大学之道说:"止至善者,安身也;安身者,立天下之大本也。本治而末治,正己而物正,大人之学也。是故身也

---

① 陈祝生主编:《明儒王一庵先生遗集》,《王心斋全集》,江苏教育出版社2001年版,第161页。

② 陈祝生主编:《明儒王心斋先生遗集》,《王心斋全集》,江苏教育出版社2001年版,第34页。

③ (明)王艮著,陈祝生主编:《明儒王心斋先生遗集》卷一《语录》,《王心斋全集》,江苏教育出版社2001年版,第34页。

者,天下万物之本也;天地万物,末也。知身之为本,是以明明德而亲民也。身未安,本不立也。不知安身,则明明德、亲民却不曾立得天下国家的本,是故不能主宰天地、斡旋造化。"①他坦然地讲明哲保身:"明哲者,良知也。明哲保身者,良知良能也,所谓不虑而知、不学而能者也,人皆有之,圣人与我同也。知保身者,则必爱身如宝。"②王艮把《大学》以立德为主的修身为本论改造成爱养自我生命的安身为本论,将自爱提到前所未有的高度,体现了自我意识的觉醒。他不提倡为爱人而自残、动辄舍身为国的行为,"若夫知爱人而不知保身,必至于烹身割股,舍生杀身,则吾身不能保矣"③,"吾身不能保,又何以保天下国家哉"④。王艮的明哲保身论,本意并非提倡损人利己,而是强调爱惜自我的重要,发挥墨子兼爱的思想,提倡尊重爱护每一个体之人,达到互爱互尊、平等相处的目标。他主张"我之不欲人之加诸我","吾亦不欲加诸人",爱己与爱人是统一的,"爱人者,人恒爱之"⑤,如"人不爱我,非特人之不仁,己之不仁可知矣"⑥。王艮还发挥孔子"学而时习之,不亦乐乎"的思想,把学习大学之道当作人生大乐事,作《乐学歌》,曰:"人心本自乐,自将私欲缚。私欲一萌时,良知还自觉。一觉便消除,人心依旧乐。乐是乐此学,学是学此乐。不乐不是学,不学不是乐。乐便然后学,学便然后乐。乐是学,学是乐。呜呼!天下之乐,何如此学;天下之学,何如此乐。"⑦《乐学歌》是王艮依据阳明"乐是人心之本体"的理念发挥而成的,突出了儒学提升精神境界带来的心灵愉

---

① (明)王艮著,陈祝生主编:《明儒王心斋先生遗集》卷一《语录》,《王心斋全集》,江苏教育出版社2001年版,第33页。

② (明)王艮著,陈祝生主编:《明儒王心斋先生遗集》卷一《语录》,《王心斋全集》,江苏教育出版社2001年版,第29页。

③ (明)王艮著,陈祝生主编:《明儒王心斋先生遗集》卷一《语录》,《王心斋全集》,江苏教育出版社2001年版,第29页。

④ (明)王艮著,陈祝生主编:《明儒王心斋先生遗集》卷一《语录》,《王心斋全集》,江苏教育出版社2001年版,第29页。

⑤ (明)王艮著,陈祝生主编:《明儒王心斋先生遗集》卷一《语录》,《王心斋全集》,江苏教育出版社2001年版,第30页。

⑥ (明)王艮著,陈祝生主编:《明儒王心斋先生遗集》卷一《语录》,《王心斋全集》,江苏教育出版社2001年版,第30页。

⑦ (明)王艮著,陈祝生主编:《明儒王心斋先生遗集》卷二,《王心斋全集》,江苏教育出版社2001年版,第54页。

悦与充实,把情与理高度统一起来;同时也表现出王艮之学的简易、平和的平民性格,不赞成把学问做得艰涩繁难,让人视为畏途。

2.王襞,字宗顺,号东厓,王艮次子。中年之后以讲学为生涯,曾受罗汝芳之聘讲学安徽宁国水西书院,继而讲学于福建建宁府、江苏金陵,受耿定向之聘主讲泰州安定书院、仪征书院、苏州讲席,又主会金陵,士民云集,风动东南。李贽拜其门下。晚年多在家乡讲学,有教无类,从游者众,上至士人官吏,下至工匠渔盐,皆受其惠,是推行平民教育的主力。史称:"心斋特起鱼盐之中,超悟独诣,尽扫语言文字之习。诸子继其后,亹亹勿替,新新无已,可谓盛矣。尝忆东厓南游,都人士陶铸兴起者不可缕数,皆从精神丰采得之,未尝曰某从某语进也"①。王襞之学继王艮的良知自足之说,更会通禅学不离人伦日用之道,深入阐发《中庸》率性谓道之论,强调"性本具足,率性而众善出焉,天之命也。率天性之命,即是道"②,"舜之事亲,孔之曲当,一皆出于自心之妙用耳,与'饥来吃饭倦来眠'同一妙用也"③。

受王艮、王襞父子之教而著称之平民学者有樵夫朱恕、陶匠韩贞等。朱恕,以打柴为生,为学有成而不失本色,安贫乐道,不改生业,与衣冠中人交往而保持其自尊。韩贞,以制陶为业,从朱恕学,又得拜王艮为师,二年后归家以教童蒙为业,又多义举,十年中声名远播。他以明道化人为己任,不赴显贵召请,不受所赠财物,"先生学有得,毅然以倡道化俗为任,无问工贾佣隶,咸从之游,随机因质诱诲之,化而善良者以千数"④。

3.颜钧,字子和,号山农,江西人。由徐樾引荐,拜王艮为师。四方讲学,得弟子罗汝芳。其学依托《大学》、《中庸》而成一家之言,可称为"大中仁学",强调自我仁心之自主妙用。云:"人人好仁无尚,心心知秉莫能,以遂精

---

① 陈祝生主编:《明儒王东厓先生遗集》卷首,《王心斋全集》,江苏教育出版社2001年版,第205页。

② 陈祝生主编:《明儒王东厓先生遗集》卷一,《王心斋全集》,江苏教育出版社2001年版,第215页。

③ 陈祝生主编:《明儒王东厓先生遗集》卷一,《王心斋全集》,江苏教育出版社2001年版,第217页。

④ 刘元卿:《刘元卿集》(下),彭树欣编校,上海古籍出版社2014年版,第964页。

神,为时时生生化化循环无终始也。天是之谓'从心所欲不逾矩',夫是之谓一团生气育类人。自致广大高明,自尽精微中庸,自乐止乎至善,玉英斐也。精神莫能,岂虚间哉。"①所谓"莫能",来自孟子,意指精神灵妙莫测,又称"神莫"。他很看重人的主体精神的潜在力量与高度,云:"心之精神是谓圣,圣不可知之谓神,不知其然而然之谓莫,即夫子五十知天命以后翊运精神成片之心印。羲农亦从心以为性情,而默会神莫。"②他自称其学为"中正之道",云:"夫是中也,主乎大之生。夫是大也,家乎中之仁。是故为学以翕丽乎万善之妙,晰庸而适达乎中正之道。是道是妙,根乎氤氲,化工天成,知格明哲,以律修齐治平。出类拔萃,震乎乐在其中,巧力覆载持帱,以峙三纲九经。此尼夫独慎中和,以止至善,聚斐切磋琢磨,瑟侗喧赫于杏坛者也。耕樵(颜钧自称)神会心领,亦矢誓必有为"③,"故晰剖《大学》、《中庸》之绪功,合晰仁道翊运之矢毅,表彰杏坛邱隅之独至"④。可知颜钧之大中仁学,注重发挥人性仁心向善之自觉、自运、自成,以造就神妙无比的人生境界,而其价值追求仍在修齐治平,用儒学化民成俗。颜钧遗文散湮已久,论者多依据黄宗羲《明儒学案·泰州学案》提供的资料和评说。晚近其家乡族刻本《颜山农先生遗集》被发现,经学者黄宣民(中国社会科学院历史所研究员,已故)校订整理,成《颜钧集》,正式出版,人们才得以更全面了解其思想言行。

4.何心隐,本名梁汝元,字柱乾,号夫山,江西人。曾随颜钧学"心斋立本之旨",以游学为业。其关联政治之事有二:一是参与倒权相严嵩的谋划,败露后逃避四海;二是反对张居正禁止讲学、拆毁书院之举,与之辩论,维护学术自由。最后为严嵩党羽逮捕,遭到杀害。其遗文有《爨桐集》,李贽有《何心隐

① 《中华大典》工作委员会、《中华大典》编纂委员会编纂:《中华大典·哲学典·儒家分典·六》,云南教育出版社2007年版,第5664页。

② 《中华大典》工作委员会、《中华大典》编纂委员会编纂:《中华大典·哲学典·儒家分典·六》,云南教育出版社2007年版,第5664页。

③ 《中华大典》工作委员会、《中华大典》编纂委员会编纂:《中华大典·哲学典·儒家分典·六》,云南教育出版社2007年版,第5390页。

④ 《中华大典》工作委员会、《中华大典》编纂委员会编纂:《中华大典·哲学典·儒家分典·六》,云南教育出版社2007年版,第5390页。

论》,邹元标有《梁夫山传》,还有《明儒学案·泰州学案》相关部分。当代学者容肇祖整理出《何心隐集》,行于世。

何心隐之学,最具个性的是批评"无欲",主张"育欲",直斥理学的"存天理,灭人欲"之论。其《辩无欲》指出,周敦颐之无欲是道家语,不同于孔孟之寡欲,指出:"欲惟寡则心存,而心不能以无欲也。欲鱼欲熊掌,欲也。舍鱼而取熊掌,欲之寡也。欲生欲义,欲也。舍生而取义,欲之寡也"①,"欲仁,非欲乎? 得仁而不贪,非寡欲乎? 从心所欲,非欲乎? 欲不踰矩,非寡欲乎?"②"然则濂溪之无欲,亦'无欲观妙'之无欲乎?"③著《聚和老老文》,进而提出"育欲"之见:"所欲者曰欲。货色,欲也;欲聚和,欲也。族未聚和,欲皆逐逐。虽不欲货色,奚欲哉? 族既聚和,欲亦育欲。虽不欲聚和,奚欲哉?"④"昔公刘虽欲货,然欲与百姓同欲,以笃前烈,以育欲也。太王虽欲色,亦欲与百姓同欲,以基王绩,以育欲也。育欲在是,又奚欲哉? 仲尼欲明明德于天下,欲治国、欲齐家、欲修身、欲正心、欲诚意、欲致知在格物,七十从其所欲,而不逾平天下之矩,以育欲也。育欲在是,又奚欲哉? 汝元亦奚欲哉? 惟欲相率相辅相维相育,欲聚和以老老焉,又奚欲哉?"⑤于此可知,何心隐之育欲说,一是将欲求兼顾物欲与神欲,提高其层次,二是将个人欲求与百姓欲求结合起来,而使人欲得到合情合理的发育,不能以灭人欲来存天理,那样是违背人性的,也是行不通的。

容肇祖在《何心隐及其思想》一文中给予何心隐以极高评价,说:"泰州一派是王守仁派下最切实、最有为、最激烈的一派,何心隐是这派的后起,而亦是最切实、最有为、最激烈中的一人。他抱着极自由、极平等的见解,张皇于讲学,抱济世的目的,而以宗族为试验,破家不顾,而以师友为性命,所谓'其行类侠'者。卒之得罪于地方官,得罪于时宰,亦所不惜。他是不畏死的,遂欲

① (明)何心隐著,容肇祖整理:《何心隐集》卷二,中华书局1960年版,第42页。
② (明)何心隐著,容肇祖整理:《何心隐集》卷二,中华书局1960年版,第42页。
③ (明)何心隐著,容肇祖整理:《何心隐集》卷二,中华书局1960年版,第42页。
④ (明)何心隐著,容肇祖整理:《何心隐集》卷三,中华书局1960年版,第72页。
⑤ (明)何心隐著,容肇祖整理:《何心隐集》卷三,中华书局1960年版,第72页。

藉一死以成名。他的思想是切实的,所谓'不堕影响'。他以为欲望是可以寡而不可以无,可以选择而不可以废。欲以张皇讲学,聚育英才,以补天下的大空。他的目的太高,而社会的情状太坏,故此为当道所忌,不免终于以身殉道了。"①

5.罗汝芳,字惟德,号近溪,江西人。师事颜钧,随其四处讲学。后结识耿定向,并曾答首辅徐阶之问,谓育人才、兴讲学为时务之要。其讲学之业至老年弥笃,而受益者弥众。《明儒学案》说:"顺风下拜者不计其数,而接引友朋,随机开发者,亦不计其数。身所止处,辄弟子满座,而未尝以师席自居。及门者数千人,直下承当者亦众。"②其时,王畿与罗汝芳两家门徒最盛,而以后者演讲最具魅力。黄宗羲的评论是:"论者谓龙溪(王畿)笔胜舌,近溪舌胜笔。顾盼呿欠,微谈剧论,所触若春行雷动,虽素不识学之人,俄顷之间,能令其心地开朗,道在眼前。一洗理学浮浅套括之气,当下便有受用,顾未有如先生者也。"③其学上承阳明,以仁为体,而经典则推崇《大学》,曰:"孔门之学在于求仁,而《大学》便走孔门求仁全书也。盖仁者浑然与物同体,故大人联属家、国、天下以成其身。今看明明德而必曰'于天下',则通天下皆在吾明德之中也。其精神血脉何等相亲"④,"此书一明,不唯学者可身游圣神堂奥,而天下万世真可使之物物各得其所也。大哉仁乎,斯其至矣"⑤。又曰:"孔子一生求仁,而曰中心安仁者,天下一人者也。其心将以仁其身者,仁万世人人之身。"⑥罗汝芳进而以"赤子之心"论说仁心之纯真浑然,功夫之率性无束,曰:"反思原日天初生我,只是个赤子,而赤子之心却说浑然天理"⑦,"赤子出胎,

---

① 《容肇祖集》,齐鲁书社1989年版,第388页。
② (清)黄宗羲著:《明儒学案》卷三十四,沈芝盈点校,中华书局1986年版,第760页。
③ (清)黄宗羲著:《明儒学案》卷三十四,沈芝盈点校,中华书局1986年版,第762页。
④ (明)罗汝芳撰,方祖猷、梁一群、李庆龙等编校整理:《罗汝芳集》,凤凰出版社2007年版,第8页。
⑤ (明)罗汝芳撰,方祖猷、梁一群、李庆龙等编校整理:《罗汝芳集》,凤凰出版社2007年版,第8页。
⑥ (明)罗汝芳撰,方祖猷、梁一群、李庆龙等编校整理:《罗汝芳集》,凤凰出版社2007年版,第5页。
⑦ (明)罗汝芳撰,方祖猷、梁一群、李庆龙等编校整理:《罗汝芳集》,凤凰出版社2007年版,第74页。

最初啼叫一声。想其叫时，只是爱恋母亲怀抱。却指着这个爱根而名为仁，推充这个爱根以来做人。合而言之，曰仁者人也，亲亲为大。若做人的常自亲亲，则爱深而其气自和，气和而其容自婉，一些不忍恶人，一些不敢慢人。所以时时中庸，其气象出之自然，其功化成之浑然也"①，"汝若果然有大襟期，有大气力，又有大识见，就此心安乐意而居天下之广居，明目张胆而行天下之达道。功夫难得凑泊，即以不凑泊为功夫；胸次茫无畔岸，便以不依畔岸为胸次。解缆放船，顺风张棹，则巨浸汪洋，纵横任我，岂不一大快事也耶"②。罗汝芳的赤子说，以爱亲为基，以真纯为质，以任情为行，其对于社会的最大影响在"解缆放船"四字，也就是主张解放思想、发扬个性。

6.焦竑，字弱侯，号漪园、澹园，江宁（今南京）人。青年时受学于耿定向，中年以后结交王襞、李贽、罗汝芳，受其影响，焦竑之学表现出更多批判精神和个性化特色。他知识渊博，著作很多，如：《国史经籍志》、《养正图解》、《澹园集》、《焦氏笔乘》、《老子翼》、《庄子翼》、《玉堂丛语》等。他与李贽友谊甚笃，为其作《藏书序》。李贽冤死狱中，焦竑作《追荐疏》，并为之编印《李氏遗书》。他对李贽的评价是："以为未必是圣人，可肩一狂字，坐圣人第二席"③，正统学者目为"狂悖"之论。

他认为孔孟之学乃"尽性至命之学"，而汉唐以来其学有明有晦。他批评程朱之学"不从性宗悟入，而以依仿形似为工"，支离于外物，"旁搜物理，而于一片身心反置之不讲"④。他推重心学，"阳明先生始倡良知二字示学者，反求诸身，可谓有大功矣"⑤。阳明之后，他赞赏王艮、王襞，并直接追随罗汝芳，认为王艮之后，"罗先生衍其余绪，则可谓横发直指，无复余蕴矣"⑥，"盖当支离

---

① （明）罗汝芳撰，方祖猷、梁一群、李庆龙等编校整理：《罗汝芳集》，凤凰出版社2007年版，第74—75页。
② （明）罗汝芳撰，方祖猷、梁一群、李庆龙等编校整理：《罗汝芳集》，凤凰出版社2007年版，第62页。
③ （清）黄宗羲：《明儒学案》卷三十五，沈芝盈点校，中华书局1986年版，第830页。
④ （明）焦竑：《澹园集》，中华书局1999年版，第87页。
⑤ （明）焦竑：《澹园集》，中华书局1999年版，第87页。
⑥ （明）焦竑：《澹园集》，中华书局1999年版，第245页。

困蔽之余,直指本心以示之,学者霍然如桎得脱、客得归,始信圣人之必可为,而阳明非欺我也"①。焦竑之学有三个特点。

第一,强调自悟自证,学问之路不能依傍任何门户,要靠自家体贴而出。儒家不惟不借禅家之路,亦不借儒家之路,"学者当尽扫古人之刍狗,从自己胸中辟取一片乾坤,方成真受用,何至甘心死人脚下?"②这是震撼人心的呼喊。由此他粪土章句之学,谓"唐疏宋注,锢我聪明"③,"汉宋诸儒之所疏,其糟粕也"④,不遗余力鼓吹在学问上的个性自由、独立人格。

第二,公开宣称三教合一,只问真理,不分学派。他认为良知自足,各家以自己的方式将其说出:"道是吾自有之物,只烦宣尼与瞿昙道破耳。非圣人一道,佛又一道也。"⑤他认为孔孟性命之学为后儒丢失,却为佛教发明,故"释氏诸经即孔孟之义疏"⑥,"释之所疏,孔孟之精也;汉宋诸儒之所疏,其糟粕也"⑦,"释氏之典一通,孔子之言立悟"⑧。当然,他还是儒者,对佛教只采其理而拒其仪:"辟佛者欲尽废其理,佞佛者又兼取其迹,总是此中未透脱故耳。"⑨他要取中道而行之。他赞赏道家而批评道教,在道教中又摈弃外丹而首肯全真。他认同道家精神:"道以深为根,以约为纪,以虚极静笃为至。"他不赞成孔老互绌,而主张互补:"儒学绌老子,老子亦绌儒学。绌儒学者,非独不知儒,亦不知老。绌老子者,非独不知老,亦不知儒。"⑩《老子》乃"明道之书","为无为,事无事,而为与事举不足以碍之"⑪。孔孟寓无于有,而学者拘于有而不通乎无,故庄子着重发挥无之义,"庶几乎助孔孟之所不及"⑫。

---

① (明)焦竑:《澹园集》,中华书局1999年版,第245页。
② (明)焦竑:《焦氏笔乘》,上海古籍出版社1986年版,第230页。
③ (明)焦竑:《焦氏笔乘》,上海古籍出版社1986年版,第227页。
④ (明)焦竑:《焦氏笔乘》,上海古籍出版社1986年版,第229页。
⑤ (明)焦竑:《澹园集》,中华书局1999年版,第745页。
⑥ (明)焦竑:《焦氏笔乘》,上海古籍出版社1986年版,第229页。
⑦ (明)焦竑:《焦氏笔乘》,上海古籍出版社1986年版,第229页。
⑧ (明)焦竑:《焦氏笔乘》,上海古籍出版社1986年版,第227页。
⑨ (明)焦竑:《澹园集》,中华书局1999年版,第719页。
⑩ (明)焦竑:《焦氏笔乘》,上海古籍出版社1986年版,第227页。
⑪ (明)焦竑:《澹园集》,中华书局1999年版,第136页。
⑫ (明)焦竑:《澹园集》,中华书局1999年版,第138页。

第三,在强调性命之学的同时不废典籍之学,主张"非博学不能成约"。他广泛涉猎经、子、文、史、佛、道,及博物、典制、金石、目录各领域,对于《易》学、文献学颇有研究。他的看法是:其一,"某所谓尽性至命,非舍下学而妄意上达也。学期于上达,譬掘井期于及泉也"①。其二,"礼乐行艺,靡物不举"②,"论政献囚献馘,皆必于学"③,"网之得鱼,常在一目,而非众目不能成网。人之会道,常于至约,而非博学不能约"④。其三,学问之途多端,清虚、义理、名节、词章之学,若能究本,皆足以复性至命;若离本而求学,则"名节为逐物,词章为溺心,清虚增其桎梏,义理益其盖缠节"⑤。其四,求学以知心,用行以成知,"口说不济事,要须实践"⑥,这是对阳明"知行合一"的发挥。实践的最大事项是治理天下。他在廷试策对中提出实政实心的主张:"臣闻帝王之临驭宇内也,必有经治之实政,然后其具彰而有以成整齐天下之化;必有宰治之实心,然后其本立而有以妙转移天下之机。"⑦身居官位要通晓政务,"明习国朝典制为要"⑧。他重视励本农以足国,常俭朴以化人,主张富民利民。他反对义利割裂论:"自世猥以仁义功利为二涂,不知即功利而条理之乃义也。"⑨其五,重视文字、音韵、训诂,开考据学新风。他在《小学衍义序》中说:"余少侍先师耿恭简公(耿定向)于南都,尝语余曰:'先哲谓:学无小学一段功夫故根基不立'。"⑩《焦氏笔乘》中有古书真伪的考辨,有对传注的评说,有关于许慎"六书"的议论,有对《诗经》音韵的新见。焦竑好友陈第研究《诗经》有成,得知焦竑有"古诗无叶音"之说,赞为"千载笃论",于是作《毛诗古音考》四卷加以发挥。焦竑、陈第二人所用的引证、辨伪、勘误的方法,正是后来

①　(明)焦竑:《澹园集》,中华书局 1999 年版,第 80 页。
②　(明)焦竑:《澹园集》,中华书局 1999 年版,第 235 页。
③　(明)焦竑:《澹园集》,中华书局 1999 年版,第 235 页。
④　(明)焦竑:《焦氏笔乘》,上海古籍出版社 1986 年版,第 205 页。
⑤　(明)焦竑:《澹园集》,中华书局 1999 年版,第 19 页。
⑥　(明)焦竑:《澹园集》,中华书局 1999 年版,第 715 页。
⑦　(明)焦竑:《澹园集》,中华书局 1999 年版,第 6 页。
⑧　(明)焦竑:《澹园集》,中华书局 1999 年版,第 123 页。
⑨　(明)焦竑:《澹园集》,中华书局 1999 年版,第 272 页。
⑩　(明)焦竑:《澹园续集》,中华书局 1999 年版,第 757 页。

清代学者的考据学之先声。他们未曾想其文字、音韵、训诂的文献学方法,在清代乾嘉年间,竟发展成为一代学术的主流。

7.李贽,号卓吾,福建人。他宦途二十多年,与个性自由相抵触而深为痛苦,于是辞官到湖北黄安依友人耿定理生活,后移居麻城龙湖,筑芝佛院以居,由深有和尚奉侍,在此隐居二十年,读书、写作。著作有:《焚书》《藏书》《续藏书》、《易因》等。他崇敬王畿、罗汝芳,师事王襞,与焦竑为友,深得泰州之传,是泰州学派重要成员。何心隐被杀,李贽写《何心隐传》以深切悼念,写信给耿定向,批评耿氏虽讲道学,而不能为救援何心隐出力,是假道学,于是耿氏深为不满,派人拆毁芝佛院,驱逐李贽。万历二十九年,李贽到北通州友人马经纶家住。明廷将他逮捕,罪名是"敢倡乱道,惑世诬民"。翌年,李贽在狱中自杀身亡。

李贽最有代表性的作品是《童心说》。其论云:"夫童心者真心也"①,"夫童心者,绝假纯真,最初一念之本心也。若失却童心,便失却真心;失却真心,便失却真人。人而非真,全不复有初矣。童子者,人之初也;童心者,心之初也"②。但人们多失掉童心,为什么?被流行的"道理闻见"所遮蔽,而道理闻见又来自"多读书识义理",以为是圣人之意,不知古之圣人"纵不读书而童心固自在也,纵多读书亦以护此童心而使之勿失焉耳"③,而学者却"以多读书识义理障其童心"④,"童心既障,于是发而为言语,则言语不由衷;见而为政事,则政事无根柢;著而为文辞,则文辞不能达。非内含于章美也,非笃实生辉光也,欲求一句有德之言,卒不可得。所以者何? 以童心既障,而以从外入者闻见道理为之心也"⑤,"言虽工,于我何与? 岂非以假人言假言,而事假事、文假文乎? 盖其人既假,则无所不假矣。由是而以假言与假人言,则假人喜;以假事与假人道,则假人喜;以假文与假人谈,则假人喜。无所不假,则无所不喜。

---

① (明)李贽:《焚书 续焚书》卷三,中华书局1975年版,第98页。
② (明)李贽:《焚书 续焚书》卷三,中华书局1975年版,第98页。
③ (明)李贽:《焚书 续焚书》卷三,中华书局1975年版,第98页。
④ (明)李贽:《焚书 续焚书》卷三,中华书局1975年版,第98页。
⑤ (明)李贽:《焚书 续焚书》卷三,中华书局1975年版,第98页。

满场是假，矮人何辨也。然则虽有天下之至文，其湮灭于假人而不尽见于后世者，又岂少哉！何也？天下之至文，未有不出于童心焉者也"①。李贽针对社会生活中人性被异化的现实，向思想界提出用"真"破"假"的历史性任务，并且如此旗帜鲜明，如此尖锐深刻，这在历史上是空前的。

从人类文明史看，人性的演变，在丰富化、知识化的同时，原初的纯朴性真质性则呈退化状态。从一个人的成长看，随着知识的增加和经历的积累，多数人渐失童年的纯真而变得世故。

从中国思想史看，孔孟原始儒学，在与时俱进、创新发展的同时，常常被教条化、权力化，成为桎梏人性的枷锁，从而走向自身的反面。由此，人变成假人，言变成假言，事变成假事，社会充满了虚假现象。李贽提倡童心，以真破假，以纯破伪，对于挽救世道人心不啻是惊天震雷，有巨大醒世作用。其"真假之辨"，一是来源于儒家的诚学，故曰："故诚者，其道自然，足谓自然，是以谓之天地。诚之者，之其所自然，是谓择善，是以谓之人也。"②二是来源于道家的真学，老子讲"智慧出，有大伪"。因此要返璞归真，"含德之厚，比如赤子"，"复归于婴儿"。三是来源于佛教的禅学，如《成唯识论》所言："真谓真实，显非虚妄；如谓如常，表无变易。谓此真实，于一切位常如其性，故曰真如。"③依此而言，李贽的"童心说"在理论上是儒、道、佛三教融合的产物。

从时代精神变迁的角度看，李贽所谓童心的具体指向，则是晚明商品经济繁荣和新市民阶层形成所孕育出的新义利观的产物，即从程朱理学"以去私为公"为修身之要转变为对正当私利的公开宣示与维护。李贽申明，私心即为人心，亦即是童心、真心，故云："夫私者，人之心也。人必有私，而后其心乃见；若无私，则无私矣。"④李贽所谓"私"，并非损人利己之私，而是人的生存发展和幸福的正常欲求，是个体对自身权益的关切，符合孔子"见利思义"的要求，而道学家往往抹杀人的自爱自利，一味讲大公无私，远人情以论天理，遂

①　（明）李贽：《焚书　续焚书》卷三，中华书局 1975 年版，第 98 页。

②　关海鹰主编：《回族典藏全书》，甘肃文化出版社 2008 年版，第 293 页。

③　（唐）玄奘译，韩廷杰校释：《成唯识论校释》卷九，中华书局 1998 年版，第 598 页。

④　（明）李贽：《焚书　续焚书》卷三，中华书局 1975 年版，第 68 页。

陷于伪善。

　　李贽运用童心说对伪道学口诛笔伐，指出："世之好名者必讲道学，以道学之能起名也。无用者必讲道学，以道学之足以济用也。欺天罔人者必讲道学，以道学之足以售其欺罔之谋也。"①他进而议论经典和圣人，指出：《六经》与《论语》、《孟子》并非都是圣人之言，即是"圣人之言"，亦不可"遽以为万世之至论"，"然则《六经》、《语》、《孟》，乃道学之口实，假人之渊薮也，断断乎其不可以语于童心之言明矣"②。他不神化孔子，谓："夫天生一人，自有一人之用，不待取给于孔子而后足也。若必待取足于孔子，则千古以前无孔子，终不得为人乎？"③又说："前三代吾无论矣，后三代汉唐宋是也。中间千百余年，而独无是非者，岂其人无是非哉？咸以孔子之是非为是非，故未尝有是非耳。"④李贽对于儒、释、道三教持平等态度，其《三教品序》说："三教圣人，顶天立地，不容异同明矣。故曰：'天下无二道，圣贤无两心'"⑤，"凡圣学，皆为穷究自己生死根因，探讨自家性命下落"，"唯三教大圣人知之，故竭平生之力以穷之。虽得心应手之后，作用各不同，然其不同者特面貌尔。既是分为三人，安有同一面貌之理？……曷不于三圣人之所以同者而日事探讨乎？"⑥李贽反对歧视妇女，说："谓人有男女则可，谓见有男女岂可乎？谓见有长短则可，谓男子之见尽长，女人之见尽短，又岂可乎？"⑦这可以视为妇女解放的先声。应当说，李贽反潮流的大胆言论，多数都是破除思想权威束缚的有创见的新论；但也有因激愤而过度的偏言，如完全否定孔子在中华文明中的崇高地位，是不够妥当的。当时的主要问题并不是"以孔子之是非为是非"，而是孔子之是非并未被真用，只是私利集团的华丽包装。把论题从"真假孔子"转换为"是非孔子"是离开了李贽童心说的本意，也削弱了批判的锋芒和意义，这也许是他未

① （明）李温陵：《李贽文集初潭集》卷二十，北京燕山出版社1998年版，第324页。
② （明）李贽：《焚书　续焚书》卷三，中华书局1975年版，第99页。
③ （明）李贽：《焚书　续焚书》卷一，中华书局1975年版，第16页。
④ （明）李贽：《藏书》，中华书局1959年版，第1页。
⑤ 容肇祖：《明代思想史》，齐鲁书社1992年版，第254页。
⑥ （明）李贽：《续焚书》卷一，社会科学文献出版社2000年版，第1页。
⑦ （明）李贽：《焚书　续焚书》卷二，中华书局1975年版，第59页。

能意识到的问题。

(四)泰州学派的历史评价

明清之际,黄宗羲编著《明儒学案·泰州学案》,其评论是:"阳明先生之学,有泰州、龙溪而风行天下,亦因泰州、龙溪而渐失其传。泰州、龙溪时时不满其师说,益启瞿昙之秘而归之师,盖跻阳明而为禅矣。然龙溪之后,力量无过于龙溪者,又得江右为之救正,故不至于十分决裂。泰州之后,其人多能以赤手搏龙蛇,传至颜山农、何心隐一派,遂复非名教之所能羁络矣。顾端文曰:'心隐辈坐在利欲胶漆盆中,所以能鼓动得人,只缘他一种聪明,亦只有不可到处。'羲以为非其聪明,正其学术也。所谓祖师禅者,以作用见性。诸公掀翻天地,前不见有古人,后不见有来者。释氏一棒一喝,当机横行,放下挂杖,便如愚人一般。诸公赤身担当,无有放下时节,故其害如是。"①黄宗羲对王龙溪尚有宽待,而对王艮之后诸人则批评有加:一谓其陷于利欲,冲破名教;二谓其师禅学而又过之。而前者并不公正,后者则是偏见。但黄氏在行文中亦时有同情和赞语。黄氏谓"山农游侠,好急人之难"②,而何心隐之学"盖一变而为仪、秦之学矣"③,对于罗汝芳则谓"先生之学,以赤子良心、不学不虑为的,以天地万物同体、彻形骸、忘物我为大"④,又引朱国祯语曰"弱侯(焦竑)自是真人,独其偏见不可开"⑤。此中可体察黄宗羲对泰州学派的矛盾心境。黄氏之《泰州学案》多卷,所列学人较众,唯独不为李贽立案,是一憾事。

当代大学者容肇祖著《明代思想史》既继承《明儒学案》而又过之。前文已引容氏对何心隐的高度评价,他在《明代思想史》中说:"其实王艮学派,一传为徐樾,再传为颜钧,三传而为罗汝芳、何心隐,是朝着解放的路径而进步的。"⑥因此,不赞成黄宗羲将何心隐之学视为张仪、苏秦之学而首肯李贽评何心隐为圣人,这是历史上第一位给予泰州学派以思想解放者评价的学者。他

---

① (清)黄宗羲:《明儒学案》卷三十五,沈芝盈点校,中华书局1986年版,第703页。
② (清)黄宗羲:《明儒学案》卷三十五,沈芝盈点校,中华书局1986年版,第703页。
③ (清)黄宗羲:《明儒学案》卷三十五,沈芝盈点校,中华书局1986年版,第711页。
④ (清)黄宗羲:《明儒学案》卷三十五,沈芝盈点校,中华书局1986年版,第762页。
⑤ (清)黄宗羲:《明儒学案》卷三十五,沈芝盈点校,中华书局1986年版,第830页。
⑥ 容肇祖:《明代思想史》,齐鲁书社1992年版,第237页。

在书里用很大篇幅写李贽,将其作为左派王学的重要代表,说:"李贽的思想,是从王守仁一派解放的革命的思想而来,他几乎把一切古圣贤的思想或偶像打破了,到了极自由、极平等、极解放的路上。而他又是一个自然主义、适性主义的思想家,在批评方面贡献了不少创新的独特的见解。"①我受到他的启示而提出这样的见解:如果把先秦百家争鸣和魏晋南北朝玄、佛、道、儒并进看作是中国思想史上的两次思想解放运动,那么明代中后期由王学及其后掀起的充满生机的学术争妍,可称为第三次思想解放运动。其特色是鼓吹自信、破斥依他,挺立主体精神,提升个性和独立人格,从而释放出无穷的精神创造力量。我们还要替泰州学派辩诬,它并不如正统派王世贞所斥的那样,泰州学派至颜钧而"鱼馁肉烂",主张好贪财色皆自性生,完全不把名教道义放在眼里。其实他们有其底线,即中华美德;他们批评正统派的僵化、虚伪,正是要恢复发扬中华文明的真精神,只是有过激之言而已。当然,容氏的《明代思想史》也有其时代局限性,它兼受五四新文化运动正负两方面的影响,在充分肯定王学革命意义的同时,缺乏对孔子儒学核心价值的"同情之默应,心性之体会"(汤用彤语)。

第三节　全真道在三教圆融中壮大及江南净明道的儒道一体化

一、宋、元、明道教发展概况与王朝崇道

继隋唐之后,宋、元、明三代,道教出现一个活跃的新时期。从道教自身的发育而言,内丹学经过陈抟和张伯端的综合创新,其理论更为深化和系统,逐渐趋于成熟;道教教派衍生分化,至金元之后形成全真、正一两大教派的稳定格局,与儒家道学、佛教禅学鼎足而立。全真道南宗兴起于宋,全真道北宗兴起于金。北宗后来成为道教主流,内部出现诸多教派,其中丘处机创立的龙门

---

① 容肇祖:《明代思想史》,齐鲁书社1992年版,第256页。

派兴旺发达,教义教理、组织制度和社会影响都有跨越式的提升,有鲜明三教合一的色彩,是后期道教的主要代表。南方正一道,除原有正一、上清、灵宝三大系统,也出现了神霄、清微、天心、净明等新教派,亦呈显出融儒治佛的特色。

从政教关系而言,宋、元、明三朝君王皆大力扶树道教,使道教获得较好的政治环境。宋真宗尊道,制造天书符瑞、天神下临等神迹,把传统的昊天上帝与道教玉皇大帝合为一体,尊为至上神,托玉皇之命,封赵宋始祖为保生大帝。宋真宗为太上老君上封号为"混元上德皇帝"。由王钦若总领,整理道籍成《宝文统录》,后经张君房重修,成《天宫宝藏》,撮其精要为《云笈七签》,享有"小道藏"之美称。真宗还封第二十四代天师张正随为"真静先生",开启天师受皇帝封号"先生"之始。真宗表示:"朕奉希夷(陈抟)以为教,法清静以临民。"[①]宋徽宗崇信道士通真先生林灵素,册己为"教主道君皇帝",成为历史上独一无二的集天神、教主、人君为一身的皇帝,又诏太学、辟雍各置《内经》、《道德经》、《庄子》、《列子》博士二员,把道书列为经学典籍。《宋史·徽宗本纪》指出,他失国于金人的缘由,一是"恃其私智小慧,用心一偏,疏斥正士,狎近奸谀";二是"溺信虚无,崇饰游观,困竭民力","怠弃国政,日行无稽"。[②]徽宗信道的积极成果是修成《万寿道藏》,又称《政和道藏》,为最早雕版印本。随着北宋的灭亡,以符箓祈禳为主的旧道教渐趋衰落,以炼养和劝善为主的新道教逐次兴起,使道教发展发生一大转折。南宋理宗曾召见正一道第三十五代天师张可大,命其提举三山(龙虎山、茅山、阁皂山)符箓,赐号"观妙先生"。理宗以皇帝身份向世人推荐道教劝善书《太上感应篇》,亲题"诸恶莫作,众善奉行"八字,由名儒真德秀代序与跋,宰相郑清之作赞文,由太乙宫道士胡莹微负责刊印,于是该书得到广泛传布,并在普及中华传统道德的方向上促进了儒、道、佛的融合。

金元之际,北方兴起三个道教新教派:一是太一教,以金代天眷中道士萧抱珍为宗师,传太一三元符箓之术,教风近于南方天师道;二是真大道教,由金

---

① (元)脱脱等撰:《宋史》卷462,中华书局1977年版,第13515页。

② (元)脱脱等撰:《宋史》卷8,中华书局1977年版,第418页。

代道士刘德仁所立,其教以苦节危行为要;三是全真道,兴于金,而盛于元。太一教和真大道教皆一度受金、元二朝皇室器重,但皆于元末衰微,独全真道壮大持久。《元史·释老志》皆有记载。民国时期宗教史学者陈垣著《南宋初河北新道教考》用大量碑刻资料论述了以上三教的兴起演化,成为研究这段历史的经典之作。由于丘处机赴雪山见成吉思汗之故,元代朝廷推重全真道,太祖命丘处机掌管天下道教;同时元廷也倚重南方正一道,元世祖召见第三十六代天师张宗演,命他主领江南道教,成祖召见第三十八代天师张与材,授正一教主,主领三山符箓。元廷亦宠信张留孙、吴全节师徒二人,赐号"玄教大宗师"。

明代皇帝多推重道教。明成祖永乐帝恢复建文帝时被夺印诰的第四十三代天师张宇初的封号,尤醉心于武当山玄武(真武)大帝崇拜及张三丰,大修武当山道观,加封真武为"北极镇天真武玄天上帝"。永乐年间,成祖命第四十三代天师张宇初辑校《道藏》,未就。英宗正统间,诏通妙真人邵以正督校,增所未备,于正统十年刊校告成,是为《正统道藏》,共 5305 卷,480 函。神宗万历三十五年,第五十代天师张国祥辑续《道藏》,称《万历续道藏》。正续《道藏》共 5485 卷,512 函。明世宗中年以后专信道教斋醮、长生之术,不理朝政,大权旁落于权臣严嵩之手,封赏正一道士邵元节、陶仲文,自封为帝君,热心斋醮青词(奉于天神的奏章表文),故大臣争以青词取宠。后来严嵩贬死,徐阶代为首辅,情况稍有好转。世宗死前似有所悟,遗诏有云"只缘多病,过求长生,遂至奸人诳惑"[1],但仍未能自责深悔。

二、全真道的兴起、昌盛

(一)张伯端在南方为全真道奠基

全真道南宗创始人张伯端是北宋天台人,号紫阳真人。其时并无"全真"称谓。北方全真道于金元之际兴起以后,认为张伯端及其教派注重内丹炼养、性命双修、悟真成仙,有别于南方流行的以斋醮祈禳为主的天师道,而与北宗

---

① (清)夏燮:《明通鉴》卷六十三,中华书局 1959 年版,第 2486 页。

教义正相契合,故称其为全真道南宗。张伯端著《悟真篇》,其在后世之影响
与唐司马承祯《坐忘论》齐名。《悟真篇》推崇《道德经》和《阴符经》,继承陈
抟"顺行生人,逆修成丹"的炼养程式,融摄佛家禅宗自悟之说,用《周易》阴阳
之道解说金丹大法,将"以坎中之阳填离中之阴"作为金丹炼养之关键,目标
是炼成纯阳之体。其"性命双修"之学与北宗"先性后命"不同,主张"先命后
性"。其《悟真篇》序说:"命之不存,性将焉存?""先以修命之术,顺其所欲,
渐次导之于道。"修命是基础,先从筑基入手,继而炼精化气,然后炼气化神,
最后炼神还虚,达成炼虚合道。炼养内丹起始于命功,完成于性功。所谓命
功,要炼气,即是生理训练;所谓性功,要炼神,即心理训练。儒、佛、道三家皆
重心性之学,也就是注重性功,在这方面可以相通互补;唯有命功,即炼养形
气,结成金丹,则为道教所独有。《悟真篇》不赞成避世隐居、闭户修炼,而主
张修道者要行善积德,即功行两全,云:"若非积行施阴德,动有群魔作障
缘"①,"德行修逾八百,阴功积满三千,均齐物我与亲冤,始合神仙本愿"②,用
外行配合内功,则仙道离人不远。这就开启了后来全真道内修与外行相结合
尤重善行的大方向。20世纪道教学大师陈撄宁评价张伯端时说:"紫阳师一
刀笔吏耳,彻悟后,居然能用非常手段斩绝尘缘,不可谓非大智大勇矣!《悟
真篇》'序'所言涉猎三教经书,以至刑法书算、医卜战阵、天文地理之术,靡不
详究。虽古圣哲何以加兹,岂公门中人所能望其项背哉? 除金丹玄旨直接魏
祖(魏伯阳)心传而外,尚有悟真篇外集,深契达摩最上一乘之妙道,久已收入
佛教禅宗语录内。性命双修之学,至师始集大成,前无古人,后无来者。"③陈
撄宁不仅评价极高,而且指出《悟真篇》是融会三教之作,故而能集大成。

（二）王重阳在北方正式创立全真道

王重阳,原名中孚,字允卿。应武举后更名德威,字世雄。入道后改名王
喆,字知名,号重阳子。咸阳人,生于宋政和二年,卒于金世宗大定十年。自谓
于金正隆间遇至人而得道,于大定三年结茅终南刘蒋村,收徒无几,倡道关中

---

① （宋）张伯端原著,张振国著:《悟真篇导读》,宗教文化出版社2001年版,第117页。
② （宋）张伯端原著,张振国著:《悟真篇导读》,宗教文化出版社2001年版,第153页。
③ 转引自王沐:《道教丹功宗派漫谈》,《中国道教》1987年第2期。

而效果不佳,遂焚居只身东游,至胶东宁海(今山东牟平)会马钰于怡老亭,收七大弟子:马钰(丹阳)、孙不二(清静)、谭处端(长真)、刘处玄(长生)、丘处机(长春)、王处一(玉阳)、郝大通(广宁)。大定八年、九年,王重阳带领七大弟子在文登、宁海、福山、莱州一带建立起五个以"三教"为标识的教团会社,即:"三教七宝会"、"三教金莲会"、"三教三光会"、"三教玉华会"、"三教平等会",即"三州五会",标志着全真道正式兴起。大定十年,王重阳率领丘、刘、谭、马四大弟子启返关中之途,死于汴京。七大弟子修道传教于山东、河北、河南一带,以清节苦行而惊世骇俗,引起社会的关注。

王重阳对道教的革新,主要有以下几点。

第一,将道教由鬼神崇拜之教提升为身心解脱之教。当时的道教,普遍流行着斋醮、符箓、外丹等法术,而缺乏大道的引领。重阳祖师用老庄的道家哲学将道教由热心术数上升为使人安身立命之道,着力于造就一种自然主义的生活态度,较好发挥道教净化心灵、调节心理的巨大功能,使人生摆脱焦虑,趋于安宁。这是老庄道家在宗教化为道教之后的一次向道家哲的复归,同时保留了道教的基本信仰,因而是一次螺旋式的升华。重阳教化丹阳,要他断12字:酒、色、财、气、攀、援、爱、念、忧、愁、思、虑。他在诗里写道:"色财丛里寻超越,酒肉林中觅举升。"[1]他明确提出"超越"的理念,要学道者摆脱名利、享乐、烦恼的羁绊,实现"真性"即真我的显现,获得心灵的清静与自由。他所理解的长生已不是前期葛洪说的肉体飞升,而是精神自我的永驻,是"真性不乱,万缘不挂,不去不来,此是长生不死也"[2],他批评以往道人"欲永不死而离凡世者,大愚不达道理也"[3],这是道教义理的一次深刻的变革。元代李鼎《大元重修古楼观宗圣宫记》说:"二经(指《道德经》上下篇)授受而教行矣。世既下降,传之者或异,一变而为秦汉之方药,再变而为魏晋之虚玄,三变而为隋唐之禳袚,其余曲学小数,不可殚纪。使五千言之玄训束之高阁,为无用之具

① 王重阳:《重阳全真集》卷一,《道藏》第二十五册,文物出版社、上海书店、天津古籍出版社1988年版,第696页。
② 《道藏》第二十五册,文物出版社、上海书店、天津古籍出版社1988年版,第807页。
③ 《道藏》第二十五册,文物出版社、上海书店、天津古籍出版社1988年版,第154页。

矣。金大定初，重阳祖师出焉，以道德性命之学，唱为全真，洗百家之流弊，绍千载之绝学。"①元代徐琰《郝宗师道行碑》说："道家者流，其源出于老庄，后之人失其本旨，派而为方术，为符箓，为烧炼，为章醮，派愈分而迷愈远，其来久矣。迨乎金季，重阳真君，不阶师友，一悟绝人，殆若天授，起于终南，达于昆仑，招其同类而开导之，锻炼之，创立一家之教曰全真。其修持大略以识心见性、去情去欲、忍耻含垢、苦己利人为之宗。……老庄之道于是乎始合。"②重阳祖师以宗教的方式来发扬老庄精神，更易于使之向民间普及，就是要为陷溺于尘世利海中的人们找回真实而健康的自我。正如台湾复初先生所言："在这个人类生命深为人造文明所迷惑及缴绕，而遗忘了存在之本源以及生命之真正意义及价值的时代当中，借鉴于这样的运动（指王重阳创立全真道），重新穿透由人类自身所建构起来的种种谜团、障蔽，重新开启对于内在灵性的体悟及追求，这正是全真道的兴起对于这个时代的重大启示所在。"③

第二，高唱三教一家，力促三教融合。道教早期主张汇合儒道，但对佛教多有排斥；后来受三教合流思潮影响，逐步融儒摄佛，唐以后尤着力会通道禅，不过仍强调以道为主。重阳祖师则完全开放，打破门户之见，鲜明地举起三教一家、三教平等的旗帜，实行三教联合的传道路线。他在诗中说："释道从来是一家，两般形貌理无差"④，"儒门释户道相通，三教从来一祖风"⑤，"心中端正莫生邪，三教搜来做一家；义理显时何有异，妙玄通后更无加"⑥，他有一个生动的比喻："三教者，不离真道也，喻曰：似一根树生三枝也。"⑦金源璹《终南山重阳真人全真教祖碑》说："真人劝人诵《般若心经》、《道德》、《清静》经及《孝经》，云可修证。"⑧他选用三教最精练的经典作为全真道的经典，向世人

①　《道藏》第十九册，文物出版社、上海书店、天津古籍出版社 1988 年版，第 555 页。

②　《道藏》第十九册，文物出版社、上海书店、天津古籍出版社 1988 年版，第 740 页。

③　复初：《中国十二、十三世纪的"灵性觉醒"运动》，载《丹道文化》第 26 期"王重阳专辑"，台湾丹道文化教育基金会 2002 年版。

④　《道藏》第二十五册，文物出版社、上海书店、天津古籍出版社 1988 年版，第 691 页。

⑤　《道藏》第二十五册，文物出版社、上海书店、天津古籍出版社 1988 年版，第 693 页。

⑥　《道藏》第二十五册，文物出版社、上海书店、天津古籍出版社 1988 年版，第 696 页。

⑦　《道藏》第二十五册，文物出版社、上海书店、天津古籍出版社 1988 年版，第 802 页。

⑧　《道藏》第十九册，文物出版社、上海书店、天津古籍出版社 1988 年版，第 725 页。

推广。其词云："释演空寂，道谈清静，儒宗百行周全。三枝既立，递互阐良缘。尼父名扬至圣，如来证大觉金仙。吾门祖老君睿号，从古至今相传。玄玄，同一体，谁高谁下，谁先谁后，共扶持邦国，普化人天。浑似沧溟大海，分异派，流泛诸川。然如是，周游去处，终久尽归源。"①重阳祖师讲三教一家最值得称道的是强调三教平等、不比高低，如此博大心怀在诸教中是罕见的。他把"平等"看得很重："窃以平等者，道德之祖，清静之元。"②他认为"道德"、"清静"的本意在于"平等"，即无限包容心，无分别心，无排他意，一视同仁，一体皆爱，只要有益于仁慈救人，诸教皆为知己。他的平等观已超出三教范围，达到了"以道观之，物无贵贱"的宇宙境界。

第三，性命双修，先性后命。重阳祖师认为："根是性，命是蒂"，"宾者是命，主者是性"③。性命双修，以性功为主，兼修命功，其要在澄心静意，故云："只用心中清静两个字，其余都不是修行"，"晋真人云：若要真功者，须是澄心定意，打叠神情，无动无作，真清真静，抱元守一，存神固气，乃真功也"④。从此，全真道修行之功集中于清静二字，由南宗的先命后性改变为先性后命，由重心在生理训练转移到重心在心理训练。

第四，教义简明易行，道法落实到民间大众。全真道内丹哲理阐扬老庄智慧，微妙玄通，哲思深奥，重阳祖师却立志将它推向大众，进入民间日常生活。其途径之一，就是将玄理用浅显流畅的口语加以表述，尤其擅长将道意化为形象生动的诗句，具有民歌的风格和美感，读着朗朗上口，使人喜闻乐见；在大众化的语言文字中凝结着丹道功法，简练易学，便于操作。《叹世》诗云："堪叹世间名与利，朝贪暮爱没休时。悟来恰似观棋者，迷后浑如败者棋"⑤，用下棋比喻世俗人生，用观棋比喻悟道，既形象又贴切。《唐公求修行诗》云："修行

---

① 转引自赖贤宗：《简论全真养生与三教会通》，载《丹道文化》第26期"王重阳专辑"，台湾丹道文化教育基金会2002年版。
② 《道藏》第二十五册，文物出版社、上海书店、天津古籍出版社1988年版，第788页。
③ 《道藏》第三十二册，文物出版社、上海书店、天津古籍出版社1988年版，第807页。
④ （金）王重阳著，白如祥辑校：《王重阳集》，齐鲁书社2005年版，第256页。
⑤ 《道藏》第二十五册，文物出版社、上海书店、天津古籍出版社1988年版，第746页。

切忌顺人情,顺着人情道不成","学道修真非草草,时时只把心田扫"①,"净清便是神仙路,只要闲中养内颜"②,"洁己存心归大善,常行恻隐之端"③。

其进入民间途径之二,就是确立明白实用的教义教规,以道人为骨干,组织民间教团会社,让普通人学习全真道的生活方式。《重阳立教十五论》可视为全真教义教规文本,其要有:(1)凡出家者,先须投庵,身依心安,气神和畅;(2)学书不寻文乱目,宜采意心解;(3)精研药物,活人活命;(4)修盖茅庵,以遮日月,但不雕染峻宇而绝地脉;(5)道人必择高明者合伴;(6)凡静坐者须心如泰山,不动不摇,毫无思念;(7)调和五行精气于一身,以正配五气;(8)紧肃理性于宽慢之中以炼性;(9)入圣之道,须苦志多年,积功累行;(10)超脱欲界、色界、无色界等。以上是对出家道士的要求。在家信道者只要交纳一点会费,便可参加三州五会的会团活动,于是民间信众在短期内迅速增多。据《历世真仙体道通鉴续编》卷一称:"远近风动,与会者千余人。"④又据《金莲正宗记》卷二称:一年多内,重阳祖师能够"普化三州,同归五会"。在客观上是三州地处割据政权边缘,世情多变,民心不宁,需要精神慰藉;在主观上,重阳与七大弟子有特立独行、不随波逐流的巨大人格魅力,教义教规又清新易行,便能打动民众,使心向往之。胶东三州地区历史上三教文化有深厚根基,道风成俗,文才多有,经重阳祖师点拨以崭新道学,遂使三州成为全真道的真正发祥之地。

(三)丘处机是全真道兴旺发达的扛鼎人物

如果说王重阳是全真道创立的祖师,马丹阳是建设全真祖庭的领袖,王玉阳是坚守胶东基地和推动全真道走向全国的功臣,那么丘处机长春真人便是把全真道推向鼎盛的栋梁大贤。他的德行和功勋,特别是西行雪山会见成吉思汗的成功,使他在全真道历史上的地位超出王重阳,成为中国道教史上第一人。由于他有大功德于平民百姓,而成为古今赞颂、全民爱戴的历史伟人。他

---

①　《道藏》第二十五册,文物出版社、上海书店、天津古籍出版社1988年版,第704页。

②　《道藏》第二十五册,文物出版社、上海书店、天津古籍出版社1988年版,第747页。

③　《道藏》第二十五册,文物出版社、上海书店、天津古籍出版社1988年版,第757页。

④　《道藏》第五册,文物出版社、上海书店、天津古籍出版社1988年版,第416页。

用全副生命铸成的"丘祖精神",不仅仅属于道教界,也属于儒、道、佛三教,更属于整个中华民族。元初儒者陈时可《长春真人本行碑》称他为"百世异人"。清代罗浮山高道陈铭珪《长春道教源流》称他为"古之博大真人",可与大禹、后稷、孔子、墨子相并列,赞之为大仁、大慈、大勇之人,丘祖是当之无愧的。丘祖精神可概述如下。

第一,志道苦修的精神。丘祖投入重阳门下,学道最早,而成道最迟。曾在陕西磻溪修道六年,后在龙门山修道七年,"日乞一食,行则一蓑","昼夜不寐者六年",砥砺道志,磨炼心性,且深研教理,体玄悟道,如其弟子李志常《长春真人西游记》所说:"真积力久,学道乃成"①,故其道业深厚,道力宏大,"坚忍人之所不能堪,力行人之所不能守,以自致于道"②,具有了全真大士的品质,尔后方能经得起各种艰难困苦的考验,成就伟大的事业。

第二,仁厚爱民的精神。元太祖十四年(1219年)丘祖应成吉思汗之诏请,西行赴雪山时已有73岁高龄,此行不仅路途遥远艰辛,还要面对一位领兵征战、威震亚欧、不可一世的军事统帅。而他决意率弟子18人西行,固然由于他预见到蒙古汗国将兴,要为全真道前程打造适宜政治环境,更在于他看到连年征战,生灵涂炭,人民苦难,出于护生爱民之心,趁此机遇,运用自身的影响力劝说大汗罢兵或停止杀戮,以减轻征伐给人民造成的伤害。他在北上西行之初,给燕京道友赠诗云:"十年兵火万民愁,千万中无一二留;去岁幸逢慈诏下,今春须合冒寒游;不辞北岭三千里,仍念山东二百州;穷急漏诛残喘在,早教身命得消忧。"③他在西域路上写诗云:"我之帝所临河上,欲罢干戈致太平"④,其仁厚爱民之心跃然而出。

成吉思汗诏请并咨询丘祖,既想借重丘祖在北方的威望,稳定治下的汉族社会,也想求得健身长生之道。成吉思汗有感于丘祖不应金与宋的诏请而单应大汗的诏请,且年高毅勇,诚心跋涉而来,又态度不卑不亢、立论正大,作为

---

① (元)李志常著,党宝海译注:《长春真人西游记》,河北人民出版社2001年版,第3页。
② 李修生主编:《全元文》第27册,凤凰出版社2004年版,第662页。
③ (元)李志常著,党宝海译注:《长春真人西游记》,河北人民出版社2001年版,第22页。
④ (元)李志常著,党宝海译注:《长春真人西游记》,河北人民出版社2001年版,第80页。

政治家的成吉思汗从内心是佩服的。《元史·释老传》说:"处机每言,欲一天下者必在乎不嗜杀人。及问为治之方,则对以敬天爱民为本。问长生久视之道,则告以清心寡欲为要。太祖深契其言,曰:'天锡仙翁,以寤朕志。'命左右书之,且以训诸子焉。于是锡之虎符,副以玺书。不斥其名,惟曰神仙。"①

丘祖西行,经越数十国,长途万余里,历险战场,避寇叛域,绝粮沙漠,自昆崙至雪山(今阿富汗之兴都库什山),往返凡四载,其艰辛非言语可描述。《元史·释老传》还说:"处机还燕,使其徒持牒招求于战伐之余,由是为人奴者得复为良,与滨死而得更生者,毋虑二三万人。中州人至今称道之。"②这是丘祖一生最大功德,其仁厚爱民精神乃由儒、道、佛三教共铸而成,故有"敬天爱民"之劝,有"清心寡欲"之答,有慈悲救人之举。清代乾隆皇帝为北京白云观丘祖殿题联云:"万古长生不用餐霞求秘诀,一言止杀始知济世有奇功",这是对丘祖业绩的定评。当代大学者南怀瑾先生评论云:"唐代玄奘法师,为了求法,在交通阻塞的当时,单人渡戈壁沙漠等地的险阻,远到印度去留学18年,声名洋溢中外,功业长留人世,这也是一件永为世人所崇拜的事实。可是人们却遗忘了当成吉思汗武功鼎盛的时期,他远自印度边境,也为了一位学者道士,派兵东来中国,迎接丘长春。而且更忽略了丘长春的先见之明,他不辞辛苦地到了雪山以南,是为得预先布置,保持民族国家文化的传统。这是多么可歌可泣,而且含有无限悲愤的历史往事!"③南怀瑾先生把丘祖西行与玄奘西行相提并论,认为可歌可泣,乃是前人未有的新见。需要修正补充的是:一是成吉思汗并未派大兵接迎丘祖,只派近臣刘仲禄持诏来见丘祖,带少量亲兵而已;二是丘祖西行固然是为了保持民族国家文化的传统,而且其效果后来在元朝文化中显现,但丘祖心里更急迫的是拯救战乱中的百姓生命。如果说玄奘西行是文化之旅,那么丘祖西行就是生命之旅,各有特色,但都是伟大的远行,都值得我们歌颂。

第三,慈勇自尊的精神。《老子》说:"慈,故能勇","夫慈,以战则胜;以守

---

① (明)宋濂等撰:《元史》卷二百二,中华书局1976年版,第4525页。
② (明)宋濂等撰:《元史》卷二百二,中华书局1976年版,第4525页。
③ 南怀瑾:《中国道教发展史略》,复旦大学出版社1996年版,第109页。

则固"。孔子说:"仁者不忧,智者不惑,勇者不惧。"丘祖之勇来源于仁慈,又能以智慧辅之,故临大事而有静气,有自尊亦有节制,面威武而能从容。西行雪山本身就是一次勇敢者的长征。如何劝说征战中的军事统帅是一大难题:声色俱厉固不可行,逢迎随顺更不可取,而丘祖不卑不亢,游刃有余。成吉思汗嘉赞丘祖远来会见之举,丘祖答曰:"山野奉诏而赴者,天也。"①他把雪山之行归之为顺应天意,既可表示此行之神圣庄严,又能避免对成吉思汗感恩,从而保持自己的庄重身份。丘祖以"敬天爱民"回答成吉思汗为治之问,以"清心寡欲"回答成吉思汗长生之问,皆是禀诚直陈,有益国家和人生,不玄虚夸诞,故能打动成吉思汗。清咸丰间,罗浮山陈铭珪在《长春道教源流》"序"中说:"至丘长春子,当杀运方炽之时,以七十余岁之老翁,行万数千里之绝域,断断然以止杀劝其主,使之回车,此则几于禹稷文己溺己饥,而同符于孔席不暇煖、墨突不得黔之义,盖仁之大者也。"②又云:"夫长春一老道士耳,非有战胜之能、理财之术、素结于太祖也。以太祖之枭雄,躬为不孝,而进以批鳞逆耳之谈,交浅言深,宜其相戾,而太祖乃深悦之者,盖其真诚感格,实发其天良,而非但以天威警动之矣。"③丘祖有儒家之仁恕,道家之慈勇,佛家之悲愿,墨家之俭苦,故而有一种超常的感人力量,遂成就一桩伟大光辉之事业。

第四,朴实纯正的精神。丘祖曾言:"俺五十年学得一个'实'字。"④他的"实"有四义:一曰平实之实,不用神异方术骗人;二曰诚实之实,待人以真,有话直说;三曰实用之实,兴教济世,有益大众;四曰质实之实,不尚浮华,简朴自守。当他西行成功,赐爵大宗师,掌管天下道教,诏免道院和道人一切赋税差役,可谓声名显赫,万民敬佩。但丘祖毫无扬扬自得、放纵摆阔之态,继续保持艰苦朴素的作风,继续履行苦己利人的责任。他在西行回程路上对弟子说:"今大兵之后,人民涂炭,居无室、行无食者皆是也,立观度人,时不可失,此修

---

① (元)李志常著,党宝海译注:《长春真人西游记》,河北人民出版社2001年版,第80页。
② (清)陈铭珪撰:《长春道教源流》,广文书局有限公司1976年版,第3页。
③ (清)陈铭珪撰:《长春道教源流》,广文书局有限公司1976年版,第3页。
④ (元)尹志平:《清和真人北游语录》,《道藏》第33册,文物出版社、上海书店、天津古籍出版社1988年版,第159页。

行之先务,人人当铭记诸心。"①他把救人作为修道第一义,这正是全真道受民众欢迎的根本原因。《北游语录》说:"长春师父初入长春宫,登宝玄堂,见栋宇华丽,陈设一新,立视良久乃出。众邀之坐,不许。此无他,恐消其福也。"②可见他自律之严且一以贯之。

第五,包容谦和的精神。丘祖秉承重阳祖师之教导,力主儒、道、佛三教平等和融合。丘祖除精心研读道经外,于主要儒书佛典皆熟知能诵。其诗云:"儒释道源三教祖,由来千圣古今同。"③他仿效佛教"众生皆有佛性"之说,倡导有情皆有道性,《长春祖师语录》云:"凡有七窍者,皆可成真"④,"饿鬼畜生,皆堪成佛"⑤。又云:"吾宗所以不言长生者,非不长生,超之也。"⑥所谓超生即是佛教禅宗无念、无住的解脱之道,故云:"一念无生即自由,心头无物即仙佛。"与南宗比较,丘祖更重性功,故云:"吾宗唯贵见性,水火配合其次也"⑦,"三分命术,七分性学"⑧,其性功是佛道合一的:"去声色,以清静为娱;屏滋味,以恬淡为美。"

在教内,丘祖上与师祖,中与同门,下与弟子,皆能和谐相处,虚心好学,默契配合,而无半点争较之心。七真同门,亲如兄弟,虽有路途阻隔,而心气洽通,不拘派系,不别内外,弟子互换门庭毫无困难,从未发生争夺衣钵一类事情;相反,丘祖之后,弟子互让掌教之职,有思贤之德,无权位之心,皆丘祖遗教所致。

对教外人士,丘祖谦和礼遇、相助有义。《长春真人本行碑》说:"凡将帅来谒,必方便劝以不杀人,有急必周之;士有俘于人者,必援而出之;士马所至,以师与之名,脱欲兵之祸者甚众;度弟子皆视其才何如,高者挈以道,其次训以

① 孙勐、罗飞编著:《北京道教石刻》,宗教文化出版社2011年版,第41页。
② (金)丘处机、赵卫东辑校:《丘处机集》,齐鲁书社2005年版,第565页。
③ (金)丘处机:《磻溪集》卷一,《道藏》第25册,文物出版社、上海书店、天津古籍出版社1988年版,第815页。
④ (金)丘处机著,赵卫东辑校:《丘处机集》,齐鲁书社2005年版,第150页。
⑤ (金)丘处机著,赵卫东辑校:《丘处机集》,齐鲁书社2005年版,第149页。
⑥ (金)丘处机著,赵卫东辑校:《丘处机集》,齐鲁书社2005年版,第150页。
⑦ (金)丘处机著,赵卫东辑校:《丘处机集》,齐鲁书社2005年版,第153页。
⑧ (金)丘处机著,赵卫东辑校:《丘处机集》,齐鲁书社2005年版,第150页。

功行,又其次化以罪福,罔有遗者。"①这就是一体皆爱的思想与实践,在他心里没有教门的分隔、民族的亲疏、阶层的高下,真正表现出天下一家的胸襟。

丘祖精神体现了中华民族追求真理的精神、博爱济世的精神、自强无畏的精神、质朴无华的精神、宽厚海涵的精神,值得我们发扬光大。

丘祖著作主要有《大丹直指》《摄生消息论》《磻溪集》等。丘祖之后,全真历任掌教尹志平、李志常、张志敬、王志坦、祁志诚等,皆得元皇室所赐真人号,多出任玄教大宗师,能秉承丘祖遗训,弘扬道法,济世利民,使全真道进入全盛时期。又传入江南,与南宗合流,以武当山为中心,发展南方全真道,著名学者有李道纯、李月溪、金志扬、陈致虚等。李道谦撰《祖庭内传》《七真年谱》《甘水仙源录》等,对全真道史资料积累有突出贡献。宋披云与弟子秦志安在平阳玄都观编纂道经,完成《玄都宝藏》,凡7800余卷。元朝有两次焚道经之举,缘于佛道利益之争、先后之较,而以佛胜道败为结果,这是三教合流中的逆流,亦是支流,事态未有扩大。全真道在元末的衰落,主要在于内部渐趋腐化,铺张奢侈,结纳权贵,与世俗之浊风同流合污,如掌教人张志仙、孙德彧、蓝道元、蔡道泰等,既无功德,又有伤风败俗之行,故不再受世人敬重。

(四)李道纯内丹学的中和思想

李道纯是元代江南全真道著名学者、杰出的内丹学大家。著有《中和集》《全真集玄秘要》《三天易髓》《道德会元》等,而以《中和集》为代表。他力主三教归一,其《中和集》说:"禅宗、理学与全真,教立三门接后人"②,"会得万殊归一致,熙台内外总登春"③;其《三天易髓》明言:"引儒释之理证道,使学者知三教本一。"④他认为,儒家的太极、佛教的圆觉、道教的金丹,是名三而实一,三教修习皆尚静定。《中和集》阐内丹炼养之要:"以太虚为鼎,太极为炉,清净为丹基,无为为丹田,性命为铅汞,定慧为水火,窒欲惩忿为水

① (金)丘处机著,赵卫东辑校:《丘处机集》,齐鲁书社2005年版,第414页。
② 《道藏》第4册,文物出版社、上海书店、天津古籍出版社1988年版,第514页。
③ 《道藏》第4册,文物出版社、上海书店、天津古籍出版社1988年版,第514页。
④ 李道纯:《道教五派丹法精选》,中医古籍出版社1989年版,第138页。

火交,性情合一为金木并,洗心涤虑为沐浴,存诚定意为固济,戒定慧为三要"①,把儒、佛、道三教熔为一炉而又不失全真本旨。李道纯以《中庸》的中和思想为纲,开拓全真内丹学,用"守中致和"对"归根复命"和"性命双修"加以综合创新。《中和集》说:"中是儒宗,中为道本,中是禅机。这三教家风,中为捷径,五常百行,中立根基。动止得中,执中不易,更向中中认细微"②,他用"中"的理念把三教贯穿为一体。岑孝清博士《李道纯中和思想及其丹道阐真》(宗教文化出版社 2010 年版)认为李氏的中和思想包括玄学、易学、丹学、通学四学。玄学讲"虚静通和"的宇宙论,易学讲"神通致和"的心易论,丹学讲"守中致和"的丹道论,通学讲"通变致和"的三教论。该书认为,李氏中和论首先继承发展了道教中和思想:继承在"虚静道性"、"中为玄关",发展在"虚静为中"、"守中致和"。此丹学后来成为全真主流,如明代高第《性命圭旨》论守中为要诀,强调儒、佛、道三家合用为上乘;清代刘一明《指南针序》说:"中正之道","为贯通三教之理","在儒为中庸,在释谓之一乘,在道谓之金丹"③。李氏中和论又融通了儒家中和思想:他依《中庸》尽诚和"十六字真传",将"中"确立为丹道之本,而云:"存诚至要先穷理,穷理神功在尽诚,诚极理穷天大本,性天发露大光明。乐天知命真君子,尽理穷微大圣人,只要厥中为大本,全明大本便通神。"④李氏中和论还会通了佛教中和思想。他在《咏儒释道三教总赠程洁庵》中云:"二身一体,三心则一,消碍悟空,显微无间,不立有无,戒定慧,无有定法,虚彻灵通,真如觉性,常乐我净,朝阳补破衲,对月了残经。"⑤以此表达其对佛理的认识,还是比较到位的。李氏说:"一念融通万虚澄,三心剔透诸缘息。"有人问:"先生云'三教一理'极荷开发。但释氏涅槃,道家脱胎,似有不同处。"他答道:"涅槃与脱胎只是一个道理。脱胎者,脱去凡胎也,岂非涅槃乎?如道家炼精化气,炼气化神,炼神还虚,即抱本归一,

①　(元)李道纯、(元)萧廷芝:《中和集》,上海古籍出版社 1989 年版,第 59 页。
②　《李道纯集》,岳麓书社 2010 年版,第 78 页。
③　(清)刘一明著,曹志清等点校:《指南针》,太原人民出版社 1990 年版,"前言"第 1 页。
④　《清庵莹蟾子语录》卷 6,转引自岑孝清:《李道纯中和思想及其丹道阐真》,宗教文化出版社 2010 年版,第 271 页。
⑤　《李道纯集》,岳麓书社 2010 年版,第 194 页。

与释氏扫空一理,无差别也。"①

中华中和思想成为中国哲学的主流思想,为三教之所同,又各有特色。儒家可称为仁礼中和之道,或曰大中中和之道。道家可称为阴阳中和之道,或曰性命中和之道。佛教可称为因缘中和之道,或曰空有中和之道。

(五)明代全真道内丹炼养术的分化

明代全真道隐微并南北汇合,而武当道教独兴,正一道显贵,几代天师掌管全国道教事。全真道中最为全国上下仰慕的高道是张三丰。张三丰师事火龙真人,其本人事迹具有传说神秘色彩,其托名作品于清代道光年间编成《张三丰先生全书》。明代全真道的教理以三教归一为特色,以性命双修为宗旨。在修习内容与方式上,有的偏重于修性,有的偏重于修命,有的主张自身清修,有的主张男女(夫妻)合修。《张三丰先生全书》有鲜明三教合一色彩,认为内丹所说铅汞即是孔孟所言仁义:"仁属木,木中藏火,大抵是化育光明之用,乃曰仁;义属金,金中生水,大抵是裁制流通之用,乃曰义。"②它以儒学的心性修养和伦常践行来讲功行两全,强调尽人道便可成仙道,故云:"只要素行阴德,仁慈悲悯,忠孝信诚,全于人道,仙道自然不远也。"③又学禅宗即俗而真,倡导"在家出家,在尘出尘,在事不留事,在物不恋物",颇具有禅学无住无念的风格。在具体炼养步骤上,《张三丰先生全书·大道歌(道情歌)》说:"未炼还丹先炼性,未修大药先修心,心定自然丹信至,性清然后药材生。"④内药指身中元精,外药指虚空中真一之炁,"内药养性,外药立命,性命双修,方合神仙之道"。至一阳初动,及时采药封固,炼化精气,称"金液还丹"。由修心炼性而达精气化神,由有为而达无为,率此天性以复其天命,即可得道。

明代内丹家形成"性→命→性"的炼养程式,从摄心修性起,经炼化精气修命,到最后"粉碎虚空"以了性。多数内丹家主张单修,少数倡导双修。东派陆西星主张夫妻同炼,其《青天歌注》云:"学道初关先须炼己,炼己者克己

---

① (元)李道纯、(元)萧廷芝:《中和集》,上海古籍出版社1989年版,第142、83页。
② (明)张三丰:《张三丰全集》,浙江古籍出版社1990年版,第2页。
③ 陈全林点校:《新编张三丰先生丹道全书》,团结出版社2008年版,第22页。
④ 陈全林点校:《新编张三丰先生丹道全书》,团结出版社2008年版,第83页。

也,克己去私,私欲净尽,本体湛然,乃见真性。"①见性后,采药临炉,取坎填离,炼化精气,这时须男女合修。其《玄肤论》云:"须知彼我之气,同一太极之所分,其中阴阳之精互藏其宅,有不可以独修者。"②女体之中藏有真阳,男体之中藏有真阴,故须男女合炼,阴阳互补,共炼同成。

明代道教内丹术,不仅在教内流行,还扩展到儒家学者之中。如王阳明曾炼内丹数十年,肯定它有健身养生、调适身心之用,《传习录》说:"只是一件,流行为气,凝聚为精,妙用为神。"③

三、江南净明忠孝道——儒道合一、佛道相融的新道派

净明道是儒道合一的典型。它奉祀许逊真人,而许逊为西晋人,提倡孝道,在豫章一带传道三十余年,形成教团雏形,其后统绪绵绵不绝。唐高宗时,道士胡惠超、张蕴、郭璞被后人尊为净明道三师。宋真宗封许逊为神功妙济真君。宋室南渡之年,道士周真公在南昌一带宣传净明教义,称许逊等六真人降神于渝水,出示净明灵宝秘法,后许真人又降临玉隆万寿宫,授飞仙度人经、净明忠孝大法,"真公得之,建翼真坛,传度弟子五百余人"④。元初有南昌西山隐居儒士刘玉(1257—1310年),自称25岁时遇胡惠超,被告知"净明大教将兴,当出八百弟子,汝为之师"⑤,于是刘玉借诸仙真传授之名,正式创立净明道宗。净明道以许逊(许旌阳)为第一代祖师,刘玉为第二代,黄元吉为旌阳三传,徐异为四传,赵宜真为五传,刘渊然为六传,其时已入明初。清代以后,净明道衰微无闻。《净明忠孝全书》六卷,刊《道藏》太平部,卷一至卷五题为"净明传道法师黄元吉编集,嗣法弟子徐慧校正",卷六题为"净明法子玉隆陈

---

① 陆西星:《邱长春真人青天歌测疏》,《藏外道书》第5册,巴蜀书社1992年版,第357页。
② 陆西星:《玄肤论》,《藏外道书》第5册,巴蜀书社1992年版,第361页。
③ (明)王守仁撰:《传习录》(上),《王阳明全集》卷一,上海古籍出版社2014年版,第22页。
④ 黄元吉编集,徐汇校正:《净明忠孝全书》,《道藏》第24册,文物出版社、上海书店、天津古籍出版社1988年版,第629页。
⑤ 黄元吉编集,徐汇校正:《净明忠孝全书》,《道藏》第24册,文物出版社、上海书店、天津古籍出版社1988年版,第629页。

天和编集,庐陵徐慧校正",卷首有序文七篇,该书集有净明历代法师传记,而以刘玉之作或语录为主,书成于元泰定四年。

净明道的宗旨在"净明忠孝"四字。刘玉说:"何谓净? 不染物。何谓明? 不触物。不染不触,忠孝自得","净明只是正心诚意,忠孝只是扶植纲常","本心以净明为要,行制责在忠孝"。①"净明"二字本取于佛教自性本净本明、一尘不染之义,用以标立修道者应达到的内心境界。如同佛教所说那样,净明家认为人心本来是纯净透明的,但为后天物欲私情所蔽,而成不净不明,所以要修道以返其初。刘玉说:"人之一性本自光明,上与天通,但苦多生来渐染熏习,纵忿恣欲,曲昧道理,便不得为人之道。"②修净明之道,就是教人清心寡欲,正心诚意,不为利欲所动,无贪嗔,无褊狭,不怨怒,做到心地广大清明。在修心的同时还要尽忠尽孝,并把忠君孝亲加以扩充。刘玉说:"大忠者一物不欺,大孝者一体皆爱"③,这就回归了儒家"尽己之谓忠,推己之谓恕"④的精义所在。刘玉明确表示净明道要用忠孝扶植纲常,但世儒只将其作为陈词而已,净明道"却务真践实履"⑤。其功过格规定救众的具体要求,如救助饥渴与寒冻之民,埋葬无主之骨、无土之尸,周济行旅,修桥补路,济生利民等。由是净明道远近闻知,仰向从游者众,既为上层、学者赞许,又得到下层民众崇敬。黄元吉、徐异、刘渊然先后赴京师讲学和受封。明代阳明后学王龙溪、罗汝芳等对净明道亦有称誉。

净明道毕竟还是道教,要讲修道成仙,但它有自己的路数。它鄙薄传统的内丹外丹、辟谷吐纳之道术,认为净明忠孝道的修养和实践乃是上乘内丹之道。《净明大道说》云:"要不在参禅问道、入山炼形,贵在乎忠孝立本,方寸净

---

① 黄元吉编集,徐汇校正:《净明忠孝全书》,《道藏》第24册,文物出版社、上海书店、天津古籍出版社1988年版,第635页。

② 黄元吉编集,徐汇校正:《净明忠孝全书》,《道藏》第24册,文物出版社、上海书店、天津古籍出版社1988年版,第635页。

③ 黄元吉编集,徐汇校正:《净明忠孝全书》,《道藏》第24册,文物出版社、上海书店、天津古籍出版社1988年版,第635页。

④ (宋)朱熹:《四书章句集注》,中华书局1983年版,第72页。

⑤ 黄元吉编集,徐汇校正:《净明忠孝全书》,《道藏》第24册,文物出版社、上海书店、天津古籍出版社1988年版,第635页。

明,四美具备,神渐通灵,不用修炼,自然道成。"①刘玉说:"惩忿则心火下降,窒欲则肾水上升,明理不昧则元神日壮,福德日增,水上火下,精神既济,中有真土为之主宰,只此便是正心修身之学,真忠至孝之道"②,修持既久,则"非必长生而长生之性存,死而不昧,列于仙班,谓之长生"③。净明道追求的长生,不是肉体永存,而是德性不亏,与儒家的圣贤极为接近。净明道也讲符箓祈禳,但主张行符法应以内修为本,以至诚感动天地,消得心中魑魅魍魉,便可使外邪自然熄灭。净明道把儒家伦理直接化为宗教教义和戒律,把修习道法与儒家修身济世之道融为一体,这既是儒学宗教化的成功尝试,也是道教史上相当新颖独特的改革创新,同时也是道教向儒家靠拢的表现。由于它丧失了较多的传统道教特色,所以只可作为道教的支流和地区性道教而存在,未能一直流传下去。

第四节　佛教与儒道的合流及其代表学说

一、佛教在宋、辽、金、西夏、元、明发展的概况

这一时期佛教的主流在朝着内部禅净教融合、外部儒佛道贯通的方向继续发展。由于宋明儒家道学的繁盛和国家的大力推行,相比之下,佛教在社会生活中的地位不如唐朝,总体上有所下降,但在精神领域的影响力仍在进一步扩大。佛学不断有所创新,而且与儒学、道学形成良性互动、相得益彰的关系。佛教在这一阶段不同朝代、不同地域呈现不同的面貌,其社会作用是有差异的。

两宋时期,禅宗是佛教中最具实力的宗派,五家中的沩仰、法眼衰微,临

---

① 黄元吉编集,徐汇校正:《净明忠孝全书》,《道藏》第 24 册,文物出版社、上海书店、天津古籍出版社 1988 年版,第 634 页。

② 黄元吉编集,徐汇校正:《净明忠孝全书》,《道藏》第 24 册,文物出版社、上海书店、天津古籍出版社 1988 年版,第 634 页。

③ 黄元吉编集,徐汇校正:《净明忠孝全书》,《道藏》第 24 册,文物出版社、上海书店、天津古籍出版社 1988 年版,第 614 页。

济、云门、曹洞三家持续发展,且不断向士大夫阶层渗透,又从不立文字转为"文字禅",编撰灯录和语录,形成新的文体,拓展了传播渠道。临济宗入宋,有黄龙慧南和杨岐方会两支日趋活跃,黄龙支系有克文建立庞大僧团,杨岐支系有克勤力推文字禅,其后有大慧宗杲首倡"看话禅",批评曹洞正觉的"默照禅",为临济宗开拓了进路。曹洞宗以芙蓉道楷最为知名。云门宗传法弟子在文偃之后有雪窦重显、大觉怀琏、明教契嵩为优秀者。文字禅是将著名禅师的传法言论记录下来,成为"语录",作为评判对错的"公案",进行学习和解读,并加以评唱,推动了禅教的配合。默照禅是为纠正文字禅太重语言文字之美而忽略禅悟的偏向而提出的,倡导者为曹洞宗的宏知正觉,主张在静默中修禅,在观照中悟道,因此特重禅定。看话禅以大慧宗杲为代表,批评默照禅以心歇心、妄分动静、使人迷茫,而认为日用行卧皆是道,主张参究禅师"活句"的话头,超越字面含义,直下把握内在的禅机。宋代佛教在禅宗之外,天台宗、律宗、华严宗、唯识宗、净土宗都有继承和演化,其中净土信仰在普及于民间的同时,与各宗派相融会,形成禅净教一体化的趋势。

辽代佛教在契丹贵族大力扶持下,蒸蒸日上,并且在下层有很大规模,如"千人邑社"就是佛教民间团体,协助寺庙开展活动。教派以华严宗、密宗最为发达,但理论创新不多。

金代皇室对佛教既提倡又限制,佛教诸教派中以禅宗最为流行。最著名的禅师是曹洞宗僧人万松行秀。据《五灯严统》载,行秀"于孔老庄周百家之学,无不会通","儒释兼备,宗说精通,辩才无碍",力主以儒治国,以佛治心。其俗家弟子耶律楚材为金、元两朝重臣,受到成吉思汗器重,他认为"三圣之说,不谋而合"[1],"若夫吾夫子(孔子)之道治天下,老氏之道养性,释氏之道修心,此古今之通议也。舍此以往,皆异端耳"[2]。金代比丘尼崔法珍在山西解州天宁寺断臂发愿,募集资金,补充雕刻北宋官版《大藏经》,经过二十余年,完成《赵城金藏》,共7000卷,为佛教史上一大盛举。当代《中华大藏经》

---

① 石峻等编:《中国佛教思想资料选编》第三卷第三册,中华书局1983年版,第141页。
② 石峻等编:《中国佛教思想资料选编》第三卷第三册,中华书局1989年版,第140页。

将其完整收入。

元代的宗教政策是多元并奖的,推崇佛教,尤为礼敬藏传佛教,使佛教迅速从战乱低谷中恢复起来。据宣政院至元二十八年统计,全国共有"寺宇二万四千三百一十八所,僧尼二十一万三千一百四十八人"①。至元代中叶,僧尼总数超过百万。《元史·释老传》说:"若夫天下寺院之领于内外宣政院,曰禅、曰教、曰律,则固守其业。"②汉传佛教主流仍是禅宗,由临济、曹洞统领佛界。代表人物除万松行秀外,还有印简,被称为临济中兴大师。印简弟子刘秉忠,参与军政大计。元代蒙古族贵族政治上颇注重蒙藏团结,信仰上更依重藏传佛教。元世祖封藏僧八思巴为帝师,命其统领藏区政教事务并掌管全国佛教,使喇嘛教享有国教地位,又较顺利地向北方传播。《元史·释老传》说:"元起朔方,固已崇尚释教,及得西域,世祖以其地广而险远,民犷而好斗,思有以其俗而柔其人。"③蒙古族执政者考虑到北方广大地域的民人好勇喜斗,如《中庸》所说"北方之强",社会不易稳定,故借鉴藏区治之以喇嘛教的成功经验,推广其教,用佛教柔性克制民间刚性,这是一种巩固"大一统"国家的长远战略考量。

明代皇室继续尊崇佛教,但在具体政策上有所调整。例如,废除喇嘛僧在全国的特权,同时给予适度的尊重,明确规定僧人不得干预政治及其他世俗事务。佛教中,净土是天下共信,故在民间广为流行;禅宗仍是主要教派,在知识界颇受欢迎。士林中研习佛法者所在多有,如翰林学士宋濂撰著辑为《护法录》,泰州学派李贽作《文字禅》、《净土诀》等,文论家袁宏道著有《西方合论》。明初禅宗临济宗名僧有楚石梵琦、笑岩德宝、密云圆悟、汉月法藏等,曹洞宗名僧有无名慧经、无异元来、永觉元贤等。万历间,佛教思想形成开拓创新高峰期,出现明僧四大家:云栖祩宏、紫柏真可、憨山德清、蕅益智旭,他们是禅教净互补、佛儒道会通的有力推动者。④

----

① (明)宋濂:《元史》,中华书局 2000 年版,第 110 页。
② (明)宋濂:《元史》,中华书局 2000 年版,第 3026 页。
③ (明)宋濂:《元史》,中华书局 2000 年版,第 3023 页。
④ 参见牟钟鉴、张践:《中国宗教通史》,社会科学文献出版社 2000 年版;方立天主编:《中国佛教简史》,宗教文化出版社 2001 年版。

二、宋明时期佛教界推扬三教融合的代表人物及其主要论说

(一)孤山智圆

智圆(976—1022年),天台宗门人,俗姓徐,自号中庸子。他力主"三教同源"、"各有其能"、"宗儒为本"。他在《闲居编自序中》说自已"于讲佛经外,好读周、孔、扬、孟书。往往学为古文,以宗其道,又爱吟五七言诗,以乐其性情"①。对于佛教之传入,他认为中国人应持欢迎的态度:"浮图之教流于华夏者,其权舆于东汉乎! 其于训民也,大抵与姬公、孔子之说共为表里耳。何耶? 导之以慈悲,所以广其好生恶杀也;敦之以喜舍,所以申乎博施济众也;指神明不灭,所以知乎能事鬼神之非妄也;谈三世报应,所以证福善祸淫之无差也。使夫黎元迁善而远罪,拔情而反性。核其理也,则明逾指掌;从其化也,则速若置邮。"②他喜好儒典,尤爱《中庸》,认为"言中庸者,龙树所谓中道义也"③,尔后"或荡于空,或胶于有","荡空也过,胶有也不及"④,"唯中道为良"。在儒佛关系上,中庸之道可以纠正偏执两端之失,故曰:"世有限于域内者,见世籍之不书,以人情之不测,故厚诬于吾教,谓弃之可也。世有滞于释氏者,自张大于己学,往往以儒为戏。岂知非仲尼之教,则国无以治,家无以宁,身无以安","国不治,家不宁,身不安,释氏之道何由而行哉? 故吾修身以儒,治心以释,拳拳服膺,罔敢懈慢,犹恐不至于道也,况弃之乎? 呜呼! 好儒以恶释,贵释以贱儒,岂能庶中庸乎?"⑤"夫儒、释者,言异而理贯也,莫不化民俾迁善远恶也。儒者,饰身之教,故谓之外典也。释者,修心之教,故谓之内典也。惟身与心,则内外别矣,蚩蚩生民,岂越于身心哉? 非吾二

①　石峻等编:《中国佛教思想资料选编》第三卷第一册,中华书局1987年版,第118页。
②　石峻等编:《中国佛教思想资料选编》第三卷第一册,中华书局1987年版,第119页。
③　曾枣庄、刘琳主编,四川大学古籍整理研究所编:《全宋文》第8册,巴蜀书社1990年版,第289页。
④　曾枣庄、刘琳主编,四川大学古籍整理研究所编:《全宋文》第8册,巴蜀书社1990年版,第289页。
⑤　曾枣庄、刘琳主编,四川大学古籍整理研究所编:《全宋文》第8册,巴蜀书社1990年版,第289页。

教,何以化之乎? 嘻! 儒乎,释乎,其共为表里乎!"他认为三教"其旨本融,守株则塞,忘筌乃通"①。孤山智圆不仅认可儒学,而且视之为佛教流行的社会基础,并将其修身之学纳入僧人修行的规范之中,其自号"中庸子"就是表示对中庸之道的服膺和运用,使儒释两家融为一体。民国学者陈寅恪在冯友兰《中国哲学史》"审查报告三"中指出:"北宋之智圆提倡《中庸》,甚至以僧徒而号中庸子,并自为传以述其义(孤山《闲居编》)。其年代犹在司马君实作《中庸广义》之前(孤山卒于宋真宗乾兴元年,年47),似亦于宋代新儒家为先觉。"②陈先生对智圆在推动宋代新儒家从儒佛融通中兴起的作用,作了深刻的说明和高度的评价。

(二)明教契嵩

契嵩(1007—1072 年),字仲灵,俗姓李,藤州镡津(今广西藤县)人,为云门宗学僧。著《辅教编》、《传法正宗记》、《传法定祖图》等,曾受仁宗嘉奖,赐号"明教大师",归隐杭州灵隐寺。后人集其论著而成《镡津文集》。

北宋时期,一些儒家学者如欧阳修等人既在事实上融佛,又在口头上排佛,不肯放下韩愈辟佛老的旗帜。针对这种情况,契嵩不是简单地批驳,而是在理论层次上论证儒佛相依相佐。正如《镡津明教大师行业记》作者陈舜愈所说:"当是时,天下之士,学为古文,慕韩退之排佛而尊孔子"③,"仲灵独居,作《原教》、《孝论》十余篇,明儒、释之道一贯,以抗其说。诸君读之,既爱其文,又畏其理之胜而莫之夺也,因与之游"④。可见契嵩之作对于消解儒者歧佛之偏见,推动佛儒之会合是起了积极作用的。他指出,圣人之教与道,其本为一,而各家权设不同:"夫圣人之教,善而已矣。夫圣人之道,正而已矣。其人正,人之;其事正,事之。不必僧,不必儒,不必彼,不必此。彼此者,情也;僧

---

① 曾枣庄、刘琳主编,四川大学古籍整理研究所编:《全宋文》第 8 册,巴蜀书社 1990 年版,第 289 页。

② 冯友兰:《中国哲学史》附录《陈寅恪:审查报告三》,重庆出版社 2009 年版,第 464 页。

③ (宋)苏轼,李之亮笺注:《苏轼文集笺注(诗词附)》第八册,巴蜀书社 2011 年版,第493 页。

④ (宋)苏轼,李之亮笺注:《苏轼文集笺注(诗词附)》第八册,巴蜀书社 2011 年版,第493 页。

儒者,迹也。圣人垂迹,所以存本也;圣人行情,所以顺性也。存本而不滞迹,可以语夫权也;顺性而不滞情,可以语夫实也。"①他在给仁宗的上书中,引《尚书》"皇极"之说,谓:"夫王道者,皇极也;皇极者,中道之谓也。"②(按:孔颖达疏曰:"皇,大;极,中也。凡立事,当用大中之道")"佛之道亦曰中道",所以"佛之道与王道合也"③。在《辅教编》里,他用儒家仁义解说禅宗之心,曰:"《坛经》之所谓心者,亦义之觉也,心之心也。"④他运用"理一分殊"的思维,进而说:"古之有圣人焉,曰佛,曰儒,曰百家,心则一,其迹则异。夫一焉者,其皆欲人为善者也;其异焉者,分家而各为其教者也"⑤,"方天下不可无儒、无百家,不可无佛。亏一教,则损天下之一善道。损一善道,则天下之恶加多矣。夫教也者,圣人之迹也。本也者,圣人之心也。见其心,则天下无有不是。循其迹,则天下无有不非。是故贤者贵知夫圣人之心。"⑥这一解说既坚持了佛教心生万法的教义,又融入了儒家居仁由义、行善积德的圣贤之道,其出发点超出了对佛教的维护,而是为了整个社会的治理,统筹兼顾,发挥各教各家的劝善功能,以改良道德风尚。这一心胸是博大的。

契嵩如同智圆,推尊《中庸》,著《中庸解》,曰:"君子将有为也,将有行也,必修《中庸》然后举也。饮食可绝也,富贵崇高之势可让也,而《中庸》不可去也。其诚其心者,其修其身者,其正其家者,其治其国者,其明明德于天下者,舍《中庸》其何以为也?"⑦这完全是一位儒家学者的口吻。儒家认为孝乃百善之首、宗法伦理之本,契嵩亦大力赞颂孝道,曰:"夫孝也者,大戒之所先也。戒也者,众善之所以生也。为善微戒,善何生耶?为戒微孝,戒何自耶?故经曰:使我证成于无上正真之道者,由孝德也。"⑧同时,"夫五戒有孝之蕴","今

---

① (宋)契嵩、钟东、江晖点校:《镡津文集》,上海古籍出版社2016年版,第34页。
② (宋)契嵩、钟东、江晖点校:《镡津文集》,上海古籍出版社2016年版,第152页。
③ (宋)契嵩、钟东、江晖点校:《镡津文集》,上海古籍出版社2016年版,第152页。
④ (宋)契嵩、钟东、江晖点校:《镡津文集》,上海古籍出版社2016年版,第61页。
⑤ (宋)契嵩、钟东、江晖点校:《镡津文集》,上海古籍出版社2016年版,第46页。
⑥ (宋)契嵩、钟东、江晖点校:《镡津文集》,上海古籍出版社2016年版,第47页。
⑦ (宋)契嵩、钟东、江晖点校:《镡津文集》,上海古籍出版社2016年版,第73页。
⑧ (宋)契嵩、钟东、江晖点校:《镡津文集》,上海古籍出版社2016年版,第49页。

夫天下欲福,不若笃孝,笃孝不若修戒",出家守戒,为父母追冥福,就是大孝,"夫孝,诸教皆尊之,而佛教殊尊也","佛也极焉。以儒守之,以佛广之;以儒人之,以佛神之。孝其至且大哉!"①如此一来,佛教不但谨遵孝道,而且比之儒家,更能使孝道神圣化。他向宋仁宗申明,兼用儒与佛,有益于国治,"儒、佛者,圣人之教也,其所出虽不同,而同归于治","愿垂天下,使儒者儒之,佛教佛之,各以其法赞陛下之治化"②。契嵩为了使佛教戒律与儒家规范相契合,用五戒之律解说五常之德:"五戒,始一曰不杀,次二曰不盗,次三曰不邪淫,次四曰不妄言,次五曰不饮酒。夫不杀,仁也;不盗,义也;不邪淫,礼也;不饮酒,智也;不妄言,信也。"③这样一来,戒律与名教通而为一,佛儒之融会可以普及于一般士民和信众了。契嵩的佛儒会通,有理论高度,有全局观念,有要义互释,又简易宜行,诚为难得,故能打动当政者和儒学界。

(三)大慧宗杲

宗杲(1089—1163 年),临济宗杨岐派高僧,俗姓奚,宣州宁国(今安徽省宁国市)人,为圆悟克勤之门下。曾因与主战派张九成为道友遭流放,后主持杭州灵隐寺,再主径山,名传遐迩。宋孝宗赐号"大慧禅师",又号"大慧普觉禅师"。作品有《大慧普觉禅师语录》,收入《大正藏》卷四七。宗杲虽是方外僧人,却有强烈忧国忧民意识,提倡忠义。其《语录》云:"菩提心则忠义心也,名异而体同。但此心与义相遇,则世出世间,一网打就,无少无剩矣。"④他认为"王事"与"民事"都是菩提心的表现:"所谓王事民事,一一明了,一一无差,然后卷舒自在、纵夺临时,皆吾心之常分,非假于他术。"⑤他用佛教的染净说解释忠义与奸邪:"忠义奸邪与生俱生。忠义者处奸邪中,如清净摩尼宝珠置于淤泥之内,虽百千岁不能染污。何以故? 本清净故。奸邪者处忠义中,如杂

①　(宋)契嵩、钟东、江晖点校:《镡津文集》,上海古籍出版社 2016 年版,第 48、54、55 页。
②　(宋)契嵩、钟东、江晖点校:《镡津文集》,上海古籍出版社 2016 年版,第 149、161 页。
③　(宋)契嵩、钟东、江晖点校:《镡津文集》,上海古籍出版社 2016 年版,第 54 页。
④　纯闻主编:《云居法汇》第六册,《大慧普觉禅师法语卷二十四·示成机宜》,大象出版社 2014 年版,第 68 页。
⑤　纯闻主编:《云居法汇》第五册,《大慧普觉禅师住径山能仁禅院语录卷第六》,大象出版社 2014 年版,第 98 页。

毒置于净器,虽百千岁亦不能改。何以故?本性浊秽故。"①他强调忠义之士不怕奸邪,因为本性清净,是故悟真如佛法者必忠义之士。宗杲用佛教真俗不二论来说明儒家"为学"与"为道"的一体性,不赞成理学家把"尊德性"与"道问学"析为两事,说:"大率为学为道一也。而今学者往往以仁义礼智信为学,以格物忠恕一以贯之之类为道。仁乃性之仁,义乃性之义,礼乃性之礼,智乃性之智,信乃性之信。义理之性亦性也。作无义事,则背此性。作有义事,即顺此性。然顺背在人,不在性也。仁义礼智信在性,不在人也","若识得仁义礼智信之性起处,则格物忠恕一以贯之在其中矣"②。这种把道德修养归结为心性之本的说法,正是启示了后来陆王心学与程朱理学不同的思维路向,即强调发明本心。宗杲特重孟子,其《语录》中有云:"以斯道觉斯民,儒者之事也。吾佛亦曰:性觉妙明,本觉妙明。又:佛者,觉也,既已自觉,而以此觉觉诸群迷,故曰大觉。"③宋儒往往援引孟子辟杨墨之言来辟佛老,宗杲认为这是一种弃本逐末、寻章摘句的行为,而孟子的性善说与佛性论在根本上是一致的。宗杲是性情中人,颇有游侠无畏之风,曾写讽刺奸佞之偈:"身着维摩裳,头裹庞公帽,资质似柔和,心中实躁暴。开口便骂人,不分青白皂。编管在衡阳,莫非口业报?永世不放还,方始合天道"④,不怕奸臣当道,不畏贬斥放逐,我行我素,以呈现真性为乐。无论凡圣和三教,只要自觉为真人,皆能打成一片:"儒即释、释即儒,僧即俗、俗即僧,凡即圣、圣即凡,我即尔、尔即我,天即地、地即天,波即水、水即波。酥酪醍醐搅成一味,瓶盘钗钏镕成一金",关键在于建立自信:"不疑佛,不疑孔子,不疑老君,然后借老君、孔子、佛鼻孔,要自出气。"⑤可知宗杲颇有大丈夫气概,且深入儒学精髓,故能融三教为一。

---

① 纯闻主编:《云居法汇》第六册,《大慧普觉禅师法语卷二十四·示成机宜》,大象出版社2014年版,第67页。

② 纯闻主编:《云居法汇》第六册,《大慧普觉禅师法语卷二十八·答汪状元》,大象出版社2014年版,第124页。

③ 纯闻主编:《云居法汇》第六册,《大慧普觉禅师法语卷第二十·示觉空居士》,大象出版社2014年版,第23页。

④ 纯闻主编:《云居法汇》第六册,《大慧普觉禅师年谱》,大象出版社2014年版,第264页。

⑤ 纯闻主编:《云居法汇》第六册,大象出版社2014年版,第28页。

(四)明代四大家之一:云栖袾宏

袾宏(1535—1615 年),字佛慧,号莲池,俗姓沈,杭州仁和(今浙江省杭州市)人。自幼习儒业,成年后历尽坎坷,尔后出家为僧。云游各地,回杭州五云山,结庵而居,题名云栖,弘化佛法。以其渊博学识与高尚品格而名闻远近,为朝野推重。其学主禅、教、净合一,其著作合编为《云栖法汇》。

袾宏在《竹窗随笔·经教》中说:"离教而参,是邪因也;离教而悟,是邪解也。"①他又强调律、经、禅的汇通,《云栖遗稿》曰:"若人持律,律是佛制,正好念佛;若人看经,经是佛说,正好念佛;若人参禅,禅是佛心,正好念佛"②,他认为持律、看经、参禅都是需要的,都能加强念佛(即净土信仰),使人彻悟佛法。由于兼融诸派,净土宗推尊他为"莲宗第八祖",华严宗以他为圭峰宗密下二十二世。德清赞誉他为"法门得佛之全体大用者也"③。他是位心地开阔的高僧,一方面在内部综合佛教诸派,另一方面在外部会通三教之学。就佛儒关系而言,他不主张二教合一,而赞成殊途同归。《竹窗随笔·儒佛配合》曰:"佛儒二教圣人,其设化各有所主,固不必歧而二之,亦不必强而合之。何也? 儒主治世,佛主出世。"④不过二教可相资为用,《竹窗随笔·儒佛交非》曰:"儒与佛,不相病而相资。试举其略。凡人为恶,有逃宪典于生前,而恐地狱于身后,乃改恶修善。是阴助王化所不及者,佛也。僧人不可以清规约束者,畏刑罚而弗敢肆,是显助佛法所不及者,儒也。"⑤他在《正讹集·三教一家》中认为,三教"理无二致,而深浅历然;深浅虽殊,而同归一理。此所以为三教一家也"。⑥ 由此可知,"三教一家"的观念已在此时成为社会通识。袾宏特重孝

---

① (明)云栖袾宏撰,明学主编:《莲池大师全集》第三册,上海古籍出版社 2011 年版,第1403 页。

② (明)云栖袾宏撰,明学主编:《莲池大师全集》第三册,上海古籍出版社 2011 年版,第1755 页。

③ 石峻等编:《中国佛教思想资料选编》第三卷第二册,中华书局 1987 年版,第 285 页。

④ (明)云栖袾宏撰,明学主编:《莲池大师全集》第三册,上海古籍出版社 2011 年版,第1459 页。

⑤ (明)云栖袾宏撰,明学主编:《莲池大师全集》第三册,上海古籍出版社 2011 年版,第1441 页。

⑥ (明)云栖袾宏撰,明学主编:《莲池大师全集》第三册,上海古籍出版社 2011 年版,第1532 页。

与忠二德,他在《竹窗随笔·孝亲之行总论》中指出:"世人病释氏无父,而释氏之孝其亲反过于世人。"①他在《兰盆盛会》中举出目连救母的故事,赞曰:"生养死葬,小孝也。生俾底豫,死俾流芳,大孝也。生导其正信,死葬其灵神,大孝之大孝也。"②以忠君而言,僧俗有所不同,而僧之重道辅世,亦是大忠,其《高尚之行总论》曰:"道充于岩穴,而名闻于廊庙,上度吾君,下度吾民,非弘法利生之正务乎? 独惜大道不立,而枉己以求荣者,贻释子之羞也。噫!为僧者,诚以道自重,使国王大臣闻天下有乐道忘势之僧,而叹之羡之,其忠亦多矣,岂必面陈献替,而后为忠乎?"③如此说来,释家不仅能尽忠,而且能激励风气,尽其大忠。

(五)明代四大家之二:紫柏真可

真可(1543—1603 年),字达观,号紫柏,江苏吴江人。年十七,从虎丘云岩寺明觉出家。20 岁受具足戒,遍游名山大寺,学经教,研相宗,习华严,参禅悟,学无常师,通诸家之学。万历间,刊刻《方册藏》(《嘉兴藏》)。万历三十一年(1603 年),因《妖书》案,被仇家陷害,下狱受刑,年底卒世。其著作由德清等人编为《紫柏尊者全集》、《紫柏尊者别集》、《附录》。明人顾仲恭在《跋紫柏尊者全集》中评述真可:"最可敬者,不以释迦压孔老,不以内典废子史。于佛法中,不以宗压教,不以性废相,不以贤首废天台。"④他是内融外通的佛教思想家。他对内融合性与相、宗与教:"法相如波,法性如水。后世学者,各专其门,互相排斥,故波之与水不能通而为一"⑤,"宗、教虽分派,然不超乎佛语与佛心。传佛心者,谓之宗主;传佛语者,谓之教主"⑥。对外会通佛、儒、道:"夫身心之初,有无身心者,湛然圆满而独存焉。伏羲氏得之而画卦,仲尼

---

① (明)云栖袾宏撰,明学主编:《莲池大师全集》第二册,上海古籍出版社 2011 年版,第 829 页。

② (明)云栖袾宏撰,明学主编:《莲池大师全集》第二册,上海古籍出版社 2011 年版,第 830 页。

③ (明)云栖袾宏撰,明学主编:《莲池大师全集》第二册,上海古籍出版社 2011 年版,第 839 页。

④ 蔡惠明编写:《高僧传新编》,浙江天台国清寺 1989 年版,第 101 页。

⑤ (明)紫柏真可撰,明学主编:《紫柏大师全集》,上海古籍出版社 2013 年版,第 330 页。

⑥ (明)紫柏真可撰,明学主编:《紫柏大师全集》,上海古籍出版社 2013 年版,第 104 页。

氏得之而翼《易》,老氏得之二篇(道、德二经)乃作,吾大觉老人得之,于灵山会上拈花微笑。""自是由阿难氏乃至达磨氏、大鉴氏、南岳氏、青原氏……世出世法,交相造化。"①真可的内外融会论奠基于自性圆满之初心,与陆王心学的"心即理、心外无事"高度吻合,故曰:"以心观物,物无大小;以物累心,心不能觉。惟能觉者,始知心外无物。"②倘能复归本心,一切外在差异皆可消解。真可作《五常偈》,把儒家的仁义礼智信"五常"说成是"人人本自有"的"五如来",归依礼敬"五常",便可成就佛果。真可用孟子之学来阐释佛性说,其《法语》曰:"孔子之心当如何求? 术诸孟子而已。欲求孟子之心者,求诸己而已矣。自心既得,孔孟之心得矣。自心如何求? 当于日用中求也","心虽变幻不测,出入无时,然不出物我之间。若离物我求心,即如泼波觅水也。若即物是心,又成认贼为子也。离不是心,即不是心,毕竟如何是心? 于此参之,真积力久,一旦豁然而悟,则孟子求放心效验,不待求于孟子矣。"③如此便是佛性真如。《法语》又曰:"无论若儒若释若道,先妙悟自心,而博达群书,谓之'推门落臼',自然之妙。用之出世,则谓之最上乘;以之经世,则谓之王道。此真学真才也。"④《法语》将心学推到极致:"若人识得心,大地无寸土。有土有人,有人有法,有圣有凡,有世出世。一寸土不可得,则一切何存? 自是痴人不了自心,情见不破,妄生分别,在儒被儒缚,在老被老杀,在佛被佛累","是以佛祖真子乘愿而来,可儒可佛,至于种种异道,随类利生,如水银堕地,颗颗成圆"。⑤ 这就是随缘觉悟,触处皆真,万法归心的境界了。真可在文化界友朋众多,著名文学家冯梦祯、汤显祖曾从他游学,大学者钱谦益、董其昌曾撰文表彰他的功德。

(六)明代四大家之三:憨山德清

德清(1546—1623 年),字澄印,号憨山。少年即通诗书礼典。年十九在

---

① (明)紫柏真可撰,明学主编:《紫柏大师全集》,上海古籍出版社 2013 年版,第 270 页。
② (明)紫柏真可撰,明学主编:《紫柏大师全集》,上海古籍出版社 2013 年版,第 158 页。
③ (明)紫柏真可撰,明学主编:《紫柏大师全集》,上海古籍出版社 2013 年版,第 132、133 页。
④ (明)紫柏真可撰,明学主编:《紫柏大师全集》,上海古籍出版社 2013 年版,第 121 页。
⑤ (明)紫柏真可撰,明学主编:《紫柏大师全集》,上海古籍出版社 2013 年版,第 123 页。

金陵栖霞寺出家,学禅净双修、华严教义,遍游北京、五台、东海牢山(崂山),致力于公益慈善事业。万历二十三年(1595年)神宗以"私创寺院"为罪名将德清发配充军到广东雷州。曾入曹溪,修复六祖慧能南华寺并任住持。得到赦免后,定居庐山五乳峰法云寺,为大众讲《法华》、《楞严》、《金刚》、《起信》、《唯识》诸经论,撰成《华严经纲要》80卷。其弟子将其论著编为《憨山大师梦游全集》55卷。德清的思想是内融禅、教、净,外通佛、儒、道,有大家气度。《净土指归序》曰:"吾佛世尊,摄化群生,所说法门,方便非一。而始终法要,有性相二宗,以其机有大小,故教有顿渐之设。末后分为禅教二门,教则引摄三根,禅则顿悟一心。"①,所以他倡导"性相双融"、"禅净双修"。他认为修行之要唯有禅净二门,《法语·示慧镜心禅人》曰:"初参禅未悟之时,非念佛无以净自心,然心净即悟心也。菩萨既悟,而不舍念佛,是则非念佛无以成正觉。"②对于儒、佛、道三教关系,德清持开放包容态度,而首先要识透"万法唯心"的道理,其《观老庄影响论》曰:"余幼师孔不知孔,师老不知老,师佛不知佛。退而入于深山大泽,习静以观心焉,由是而知三界唯心,万法唯识。既唯心识观,则一切形,心之影也;一切声,心之响也。是则一切圣人,乃影之端者;一切言教,乃响之顺者。由万法唯心所现,故治世语言,资生业等,皆顺正法;以心外无法,故法法皆真。迷者执之而不妙,若悟自心,则法无不妙。心法俱妙,唯圣者能之。"③依此而言,以佛而斥儒道者,非单不知儒道,更不知佛法之妙。由识悟万法唯心观照世间之学,便可无出世与世间之异,故曰:"由是观之,佛法岂无世谛,而世谛岂尽非佛法哉?由人不悟大道之妙,而自画于内外之差耳,道其然乎!窃观古今卫道藩篱者,在此,则曰彼外道也;在彼,则曰此异端也。是皆不悟自心之妙,而增益其戏论耳。盖古今之圣人无他,特悟心之妙者,一切言教,皆从妙悟心中流出,应机而示深浅者也。"④德清用佛家的三界唯心说解释

---

① 石峻等编:《中国佛教思想资料选编》第三卷第二册,中华书局1987年版,第331页。
② 蔡惠明编写:《高僧传新编》,浙江天台国清寺1989年版,第118页。
③ (明)那罗延曲、(明)海印沙门释德清,逸尘注解:《〈老子道德经憨山注〉解读》,同济大学出版社2013年版,第8页。
④ (明)那罗延曲、(明)海印沙门释德清,逸尘注解:《〈老子道德经憨山注〉解读》,同济大学出版社2013年版,第5页。

了三教及诸家之同归，又用应机方便说解释了各教之间的差异，他是站在佛家立场上包纳诸多学说的，他能够信佛教而又超出佛教，这就是难得的心胸。他进而指出，学习儒典、老庄与诸子，乃是学佛必要的功课；反之，不学佛亦不能真知儒道，故曰："学佛而不通百氏，不但不知世法，而亦不知佛法。解《庄》而谓尽佛经，不但不知佛意，而亦不知《庄》意。此其所以难明也。故曰：自大视细者不尽，自细视大者不明。余尝以三事自勖曰：不知《春秋》不能涉世，不知老庄不能忘世，不参禅不能出世。知此，可与言学也。"①德清将其归结为"为学三要"，他把儒、道、佛的功能分别纳入"涉世"、"忘世"、"出世"三个层面，比较恰当地揭示了儒、道、佛三家在人生从现实到超越的阶梯上所起的不同作用。

德清喜读《老子》、《庄子》，著《道德经解》，尤钟情于庄子。曾谓："闲尝私谓：中国去圣人即上下千古，负超世之见者，去老唯庄一人而已。载道之言，广大自在，除佛经，即诸子百氏，究天人之学者，唯《庄》一书而已。"②德清认为"以老文简古而旨幽玄，则庄实为之注疏"③。他进而用佛解老，而且只有援佛才能做到解老，故曰："老氏所宗，以虚无自然为妙道，此即《楞严》所谓分别都无，非色非空，拘舍离等，昧为冥谛者是已。此正所云'八识空昧'之体也。以此识最极幽深，微妙难测，非佛不足以尽之。"④又曰："杳杳冥冥，其中有精，其精甚真。由其此体至虚至大，故非色以能生诸缘，故非空不知天地万物皆从此识变现，乃谓之自然。由不思议熏，不思议变，故谓之妙。至精不杂，故谓之真。天地坏而此体不坏，人身灭而此性常存，故谓之常。万物变化皆出于此，故谓之天地之根、众妙之门。"⑤于此可知，德清读老庄是下了大功夫的，因此能入其内而又出其外。

（七）明代四大家之四：蕅益智旭

智旭（1599—1655年），字素华，号八不道人，晚称蕅益老人，江苏吴县人。少年时受理学影响，著文力辟佛老。后来接受袾宏佛学，在云栖寺受戒为僧。游访南方诸省，晚年定居浙江灵峰，以著述弘法为务。其文集由弟子编为《灵峰宗论》，又有目录、综述多种，还注释儒典而成《周易禅解》、《四书蕅益解》等。

智旭对儒学有过深入探究，尔后又致力于佛教天台宗心性之学，故能从心为本体的高度融会儒佛。他认为，佛儒二教皆为尽心之学，曰："佛祖、圣贤之学无他，求尽其心而已。尽其心者，不于心外别立一法，不于心内欠缺一法。是故为子臣弟友，只孝忠顺信，充恻隐、羞恶、辞让、是非之心，而仁义不可胜用。造次颠沛必于是，可以久处约，长处乐，皆由了达心性故也一六祖云：法法皆通，法法皆备，而无一法可得，名最上乘。"①同时，他认为大道在人心，是三教的共同最高追求："大道之在人心，古今唯此一理，非佛祖圣贤所得私也。统乎至异，会乎至同，非儒释老所能局也。克实论之，道非世间，非出世间，而以道入真，则名出世；以道入俗，则名世间。真与俗皆迹也，迹不离道"②，"儒与老，皆乘真以御俗，令俗不逆真者也；释乃即俗以明真，真不混俗者也"③。由此，他把心性与大道融为一体，改造了儒家道统说，使之容纳了佛教的法统。

智旭与其他诸佛家不同在于，他不满足于从理论上说明三教殊途同归，而且又以佛家学僧的身份直接诠注儒家经典，其中《周易禅解》、《四书蕅益解》最有代表性。《周易禅解》依佛门"四悉檀"义解说卦爻辞，即他在《周易禅解》"序"中说的："吾所解《易》者无他，以禅入儒，诱儒知禅耳。"④其目的是引导喜《易》者进入佛教法门，领略禅的智慧。《四书蕅益解》的写作目的在于使信佛者了解《四书》深意，从而知晓儒佛之真心是一体的，故在"自序"中说："蕅益子，年十二谈理学而不知理，年二十习玄门而不知玄，年二十三参禅而

---

① 蕅益著述：《灵峰宗论》，孔宏点校，北京图书出版社2005年版，第251页。
② 蕅益著述：《灵峰宗论》，孔宏点校，北京图书出版社2005年版，第330页。
③ 蕅益著述：《灵峰宗论》，孔宏点校，北京图书出版社2005年版，第330页。
④ （明）智旭著，方向东、谢秉洪校注：《周易禅解》，广陵书社2006年版，"序"第2页。

不知禅,年二十七习律而不知律,年三十六演教而不知教。逮大病几绝,归卧九华,腐滓以为馔,糠秕以为粮,忘形骸,断世故,万虑尽灰,一心无寄,然后知儒也、玄也、禅也、律也、教也,无非如杨叶与空拳,随婴孩所欲而诱之。诱得其宜,则哑哑而笑;不得其宜,则呱呱而泣。泣笑自在婴孩,于父母奚加损焉。顾儿笑则父母喜,儿泣则父母忧,天性相关,有欲罢而不能者。"①智旭认为,无论何学何教,皆是以不同方式发明人性之本心。因此可以相互配合,回归如婴儿般的纯真之性。他在《中庸直指》中以佛解儒,谓:"一部《中庸》,皆是约生灭门,返往归真。修道之事,虽有解、行、位三,实非判然三法,一一皆以真如理性,而为所悟、所观、所证。真至今文,结归'无声无臭',可谓因果相符,性修不二矣。"②但他随即指明,这是他用佛法对《中庸》的深解,并非儒者《中庸》本意,故曰:"但此皆用《法华》开显之旨来会权文,令成实义,不可谓世间儒学本与圆宗无别也。"③他看重孝道,曰:"儒以孝为百行之首,佛以孝为至道之宗。"④他认为佛儒二教关键不在名相而在是否是真佛真儒,曰:"儒之德业学问,实佛之命脉骨髓。故在世为真儒者,出世乃为真佛。"⑤又曰:"非真释不足以治世……而真儒亦足以出世。"⑥又曰:"惟学佛然后知儒,亦惟真儒乃能学佛。"⑦在这里,智旭把儒佛一体化,使两者具有内在的相互依存的关系,这实际上反映了明代儒家佛学化和佛家儒学化都达到很高的程度,真正是"你中有我,我中有你"了。

第五节　宋、元、明时期儒、道、佛
三教融合的特点和高度

中国思想史上儒、道、佛三教合流至此时期进入一个崭新的阶段,达到一

---

①　(明)蕅益大师:《四书蕅益解》,中国水利水电出版社 2012 年版,第 1 页。
②　蕅益著述:《灵峰宗论》,孔宏点校,北京图书出版社 2005 年版,第 782 页。
③　蕅益著述:《灵峰宗论》,孔宏点校,北京图书出版社 2005 年版,第 783 页。
④　蕅益著述:《灵峰宗论》,孔宏点校,北京图书出版社 2005 年版,第 420 页。
⑤　蕅益著述:《灵峰宗论》,孔宏点校,北京图书出版社 2005 年版,第 129 页。
⑥　蕅益著述:《灵峰宗论》,孔宏点校,北京图书出版社 2005 年版,第 451 页。
⑦　蕅益著述:《灵峰宗论》,孔宏点校,北京图书出版社 2005 年版,第 461 页。

个前所未有的高度。其特点可概括为以下几点。

第一,儒学通过发扬道统,吸纳佛老,创建了宋明道学,攀登上理论的新高峰。它一改魏晋六朝隋唐时期儒学只能固守政治和道德阵地,而在哲学层面上落后于佛学和全真学的被动状态,在三教中重新全面据有主导地位,而佛道为之辅翼。按照冯友兰《中国哲学史新编》第五册的说法,宋明道学,下分理学(二程、朱熹)、心学(陆九渊、王阳明)、气学(张载、王夫之)三大支,是儒家的"人学",其典型命题是"仁者浑然与物同体",它追求的人生境界具有"超道德、超社会的意义"。追求完美的宇宙人生哲学,中西方有三条道路:柏拉图是本体论的路子的代表,康德是认识论的路子的代表,道学家是伦理学的路子的代表。

道学的最高境界是"孔颜乐处",就是"天人合一"、"物我合一",体验到"万物一体之仁"的至善之乐。

道学为什么能达到哲学的新境界呢?一是它继承了老子的道论,从而用"道"建立起新儒学的宇宙论。老子把"道"视为宇宙的初始,说:"道生一,一生二,二生三,三生万物";又视"道"为宇宙本体,说:"道者万物之奥","渊兮似万物之宗","道常无为而无不为";"道"是超言绝象的,故说:"道可道,非恒道"。孔子讲"道",主要在治国与做人层面上使用,如"先王之道"、"志于道"、"吾道一以贯之","人能弘道"、"天下有道"、"君子学道"等。宋明道学则把先王之道提升到宇宙万物之道,视之为宇宙真理,也就是"天理",从而使孔孟之道第一次有了自己的本体论哲学,同时也使新儒学获得了道学的称呼。阳明"四句教"首句:"无善无恶是心之体",就是以老庄"至仁不仁"的大道为良知本体的。

二是它阐扬了融合着儒道两家智慧的《易传》的哲学思维,如《系辞》所云:"一阴一阳之谓道。继之者善也,成之者性也。仁者见之谓之仁,智者见之谓之智,百姓日用而不知","易无思也,无为也,寂然不动,感而遂通天下之故","形而上者谓之道,形而下者谓之器,化而裁之谓之变,推而行之谓之通,举而错之天下之民,谓之事业","天地之大德曰生","天下同归而殊途,一致而百虑";如《说卦》所云:"穷理尽性以至于命","昔者圣人之作《易》也,将以顺性命之理:是以立天之道曰阴与阳,立地之道曰柔与刚,立人之道曰仁与义。兼三才而两之,故六画而成卦"。宋明道学家充分运用《易传》的哲学资源,把形上之道与形下之器、寂然不动之体与感而遂通之用结合起来,因而有"体用一源,显微无间"的哲思;用"同归殊途,一致百虑"作为对待不同学说、学派的基本态度,因而才能与佛老互学互渗,相得益彰;甚至将"穷理尽性以至于命"作为道学的基本追求,而成为理学、心学、气学的共识。

三是它顺应佛教佛性论和道教道性论成为哲学中心论题的时代变迁,并深度吸纳佛老尤其是禅宗思想,以四书为新经典,建立起自己博厚多姿的心性论,形成理论高地。禅宗是佛教中国化的成功典范,它将佛教"万法唯心"的教理与老子"道隐无名"、孟子"求其放心"的思想相结合,提出"不立文字,教外别传;直指人心,见性成佛"的参禅之道,独树一帜,沛然而下,莫之能御。道学家将禅宗智慧潜移于儒家心性论中,形成"心即理"、"致良知"的学说,其用意皆在发明本心、不假外求、止于至善。当然,朱子理学在讲"道心惟微"、"一旦豁然开朗"的同时,也讲格物穷理,他从华严宗"理事无碍"、"一月普现一切水,一切水月一月摄"中得到启示,建立起"理一分殊"学说。

至于周敦颐的《太极图说》来自道教内丹学,邵雍的"先天学"演义道教《易经》六十四卦的象数学,从而成为北宋道学的先驱,都是明晰无疑的历史事实。尔后,"易有太极,是生两仪,两仪生四象,四象生八卦"演义为"太极→阴阳→五行→万物→人类"的宇宙生成图式,成为主流社会的共识。总之,可以说宋明道学是涵泳于佛老而后超越于佛老的。

第二,三教人士在坚守自身经典、核心信仰的同时,对于其他二教的经典和要义都有潜心研习、深层把握,从而使三教融合达到了哲学的高度。三教融合不停留在浅层次的功能求同上,而深入到人性根基的相通处,故能有"同情之默应,心性之体会"①,做到彼此真诚地尊重和互学,达到"同无妨异,异不害同;五色交辉,相得益彰;八音合奏,终和且平。"②程、朱、陆、王都娴熟佛典,且

---

① 汤用彤:《汉魏两晋南北朝佛教史》,北京大学出版社2011年版,第487页。
② 《三松堂自序》,三联书店1984年版,第355页。

有领悟,如王阳明用禅宗"无相为体"解说"君臣、父子、夫妇"的"仁、义、别"之伦,谓不着相即不须逃避。而佛教高僧皆研读和推崇《四书》,前文已述,高度认同纲常名教,尤其是"忠""孝"二德,不仅论证其与佛法一致,进而说明纲常名教乃佛教生存的根基和题中应有之义,善于用儒学阐释佛理。全真道高道皆精通佛典与儒典,其内丹学一方面破斥肉身成仙,追求精神解脱,向佛教靠拢;另一方面讲天命之性,强调人伦善行,向儒家接近。如元代李道纯在《三天易髓》中所说:"引儒、释之理证道,使学者知三教本一。"①

第三,三教理论在心性之学上达到高度统一,构建起三教融合的哲学基石。儒家心性之学起始于孟子,约化于《易传》,光大于张载,论证于朱熹,精彩于阳明。孟子首次将天道与人性合一,提出"万物皆备于我"、"尽心知性知天"、"存心养性事天"的命题,人的成长要"先立乎其大者",也就是扩充人性中"仁义礼智"的善端,便可与天道相通。《易传》归纳出"穷理尽性以至于命"的论断,指出修养心性之路是从探究事理中发挥人性之善,达到了知天命的目标。张载讲"大其心则能体天下之物",把天地万物与己一体化,故有"民胞物与"的情感,而人的责任是"为天地立心,为生民立命",这就是大人之心。朱熹讲天理之学,似乎是理本论不是心本论,其实他是用天理来启发人心的,故有"人心惟危,道心惟微"的孔门传授心法之论,强调"人心私欲,道心天理",相信"人同此心,心同此理",故格物穷理是为了"一旦豁然贯通,众物之表里精粗无不到,吾心之全体大用无不明",所以他的理学亦可归结为心性之学。阳明直标心学,并不是不讲天理,而是强调心即理、良知即是天理,人心之爱要达到"万物一体之仁",人与天地万物痛痒相关,宇宙乃是一大型生命体,人作为天地的灵明要爱护一切生物及无生物,形成宇宙规模的关怀,这是一个"大我"的心态。

道家从老子起,就用大道的智慧扩展人的容量,纯朴人的心性,故说:"上善若水"、"知常容,容乃公,公乃全,全乃天,天乃道,道乃久"、"圣人常无心,以百姓心为心",同时又说:"含德之厚,比于赤子"、"常德乃足,复归于朴"、

---

① 李道纯:《道教五派丹法精选》,中医古籍出版社1989年版,第138页。

"见素抱朴,少私寡欲",目的是成就一个能拥抱天地自然的文明人。老子与孔子不同,不走人性伦理化的道路,而走人性自然化的道路。在老子思想的指导下,宋至元兴起的全真道内丹学,提倡和践行性命双修,其性功指心理训练,借鉴儒佛心性修习之学,提高道德境界;其命功则是生理训练,炼精化气,炼气还神,炼神还虚,炼虚合道,最终目标是达到"生道合一",获得生命的永存。全真道虽然有自己独特的炼养理论,但其哲学的重心到后来愈益重视心性的提升和苦己利人的善行。

至于以禅宗为代表的佛学,皆标举"万法唯心"的旗帜,在"识心见性"上发挥其智见。禅宗的"无念为宗,无相为体,无住为本",都是要破除我法二执,净化心性,以其"无我"而成就"常乐我净"之"大我",从而把心性之学推到一个"会当凌绝顶,一览众山小"的境地。儒、道、佛三教的心性学或有各种差异,但追求内心的至善是相同的,所以能够携起手来,在互学中开拓人类精神领域的新世界。

第四,三教人士中高唱"三教一家者"大有人在,同时主张分工合作,共同维持社会秩序、人伦道德,改良人性,发挥扬善抑恶的作用。如王学中的王畿在《三教堂记》中说:"佛老以复性为宗,不沦于幻妄,即是儒学。而儒以私用智,即是异端。"①焦竑在《焦氏笔乘》中说:"释氏之典一通,孔子之言立悟。"②北宋禅僧克文说:"法法本然,心心本佛,官也私也,僧也俗也,智也愚也,凡也圣也,天也地也,悟则视同一家,迷则千差万别。"③全真道丘处机有诗云:"儒释道源三教祖,由来千圣古今同"④。但三教各有侧重,亦不可混而为一,而要各尽其宜,互补共事。有几种提法:其一,孤山智圆:"吾修身以儒,治心以释"⑤;其二,耶律楚材:"吾夫子之道治天下,老氏之道养性,释氏之道修

① （明）王畿撰,吴震编:《王畿集》卷十七,凤凰出版社2007年版,第486页。

② （明）焦竑撰:《焦氏笔乘》,上海古籍出版社1986年版,第227页。

③ （宋）赜藏主编集:《古尊宿语录》,中华书局1994年版,第793页。

④ （金）丘处机:《磻溪集》卷一,《道藏》第25册,文物出版社、上海书店、天津古籍出版社1988年版,第815页。

⑤ 石峻等编:《中国佛教思想资料选编》,中华书局1987年版,第125页。

心"①;其三,憨山德清:"不知《春秋》,不能涉世;不精老庄,不能忘世;不参禅,不能忘世"②;其四,《性命圭旨》:"儒曰存心养性,道曰修心炼性,佛曰明心见性。"③

第五,在三教会合中有四部经典起了思想核心的作用,即儒家的四书,道家的《老子》,儒道兼习的《周易》,佛家的《坛经》。由于朱熹作《四书集注》,用《大学》的修己治人之教、《中庸》的中和至诚之道,与孔子、孟子仁义之学相配合,化佛老于其内,用理学家的睿智作创发性诠释,使得儒学呈现出"尊德性而道问学,致广大而尽精微,极高明而道中庸"的博大精深气象,极大地提升了儒学的理论层次,加强了儒学对人心的凝聚力、对各种思想的辐射力,成为整个社会的宝典。

《周易》是儒道两家共有的经典,它所阐发的阴阳之道、天地人三才之道、感通变化之道,既为儒学提供了宇宙观和方法论,又成为道教内丹学的理论模式和方法进路。

《老子》一书是老子大智慧的结晶,它以至简的文字积藏着至富的精思,成为智见的孵化器,不断孕育出丰富的社会人生哲理,其妙化之潜力,令人叹为观止。它所阐发的"大道",是真理,是哲学,也是信仰,对于人类克服人性的异化,走向返璞归真,有莫大教益,因此其书常行不衰,为三教所共识。

慧能大师弘法集《坛经》,在唐、宋、元、明各代,以其大慈大悲的人格、明心见性的洞见、简洁生动的话语,征服了广大士子,成为人们进学的必读书,无论是佛徒还是教外人士都能从中受到心灵的净化,从而提高自己的精神境界。

四书所阐扬的忠恕之道、尽心知性知天、和而不流、修身为本,《易传》所论述的思想一致百虑、同归殊途,《老子》所揭示的圣人无私、不争之德、有容乃大、知和曰常,《坛经》所点拨的无念为宗、无相为体、无住为本、众生平等,皆是人类自觉觉人、和谐共处之道,因而能够"美美与共"。儒典讲"道并行而

① 耶律楚材撰:《湛然居士文集》,中华书局1985年版,第120页。
② (明)那罗延屈、(明)海印沙门释德清,逸尘注解:《〈老子道德经憨山注〉解读》,同济大学出版社2013年版,第15页。
③ (清)尤侗撰:《性命圭旨》卷一,屈丽萍点校,太原出版社1988年版,第8页。

不悖”，道经讲“长而不宰”，佛经讲“月印万川”，皆承认真理的多元性，从而使三教学说在坚守自身传统的同时，具有了超越自我、尊重他者的能力。宋、元、明时期，儒、道、佛的四典流行，成为三教融合的精神柱石。

第七章　儒、道、佛三教融合思潮的下移
与扩展阶段(明清时期)

明代既是三教理论深度融合的时期,又是三教一体思潮下移与扩散阶段,在三教关系史上具有跨越性,故将其分属两个阶段。清代的儒、道、佛三教皆有新学派产生、三教融合仍在继续,但在三教关系上已无重大的理论突破,三教融合思潮的发展趋势,以下移与扩散为主。

第一节　明末至清末儒、道、佛三教发展概况

一、儒学的发展

(一)明清之际三大家:黄宗羲、顾炎武、王夫之

明清之际是中国社会一次大变动时代,民族矛盾、阶级矛盾和新旧矛盾空前激烈,促使一些有识儒者认真总结既往,探索未来新路,涌现出继往开来并一直影响到近现代的三大思想家:黄、顾、王。

黄宗羲(1610—1695 年),字太冲,号南雷,浙江余姚人,学者尊称梨洲先生。其代表作有《明儒学案》、《宋元学案》、《明夷待访录》。20 世纪 80 年代以后,浙江古籍出版社陆续出版了《黄宗羲全集》共 12 册。

《明夷待访录》是一部批判君主专制、呼唤民主政体的具有近代启蒙性质的名著,对于清末民初的革命思想家谭嗣同、梁启超等人有直接影响。黄氏在《题辞》中说:"吾虽老矣,如箕子之见访,或庶几焉。岂因'夷之初旦,明而未融',遂秘其言也?"[1]该书有《原君》、《原臣》、《原法》等篇,还讲到置相、学校、

---

① （清）黄宗羲:《明夷待访录》,段志强译注,中华书局 2011 年版,第 1 页。

取士、建都、方镇、田制、兵制、财计、胥吏、奄官等社会管理各个方面，内容十分丰富。《原君》尖锐批判君主专制，指出在这种制度下，皇帝把天下当成私产，"传之子孙，受享无穷"①，造成无尽的灾难，"屠毒天下之肝脑，离散天下之子女，以博我一人之产业"②，"敲剥天下之骨髓，离散天下之子女，以奉我一人之淫乐"③，"然则为天下之大害者，君而已矣"④，"天下之人怨恶其君，视之如寇仇，名之为独夫，固其所也"⑤。《原臣》说："我之出而仕也，为天下，非为君也；为万民，非为一姓也"⑥，天下治乱"不在一姓之兴亡，而在万民之忧乐"⑦。《原法》指出："三代以上有法，三代以下无法"⑧，三代以下"其所谓法者，一家之法而非天下之法也"⑨，"法愈密，而天下之乱即生于法之中"⑩，应当有"公天下"之法，"有治法而后有治人"⑪。书中提出了一系列具有民主主义色彩的社会改革方案，如设置宰相掌政务以分疏君权，建立学校议政以制约中央，实行计口授田以解除民困，用奖励"绝学"（科技）来取代旧式科举，发展工商业以促进民富，实行征兵以充实军备。顾炎武读《明夷待访录》后写信给黄宗羲，说："读之再三，于是知天下之未尝无人，百王之敝可以复起，而三代之盛可以徐还也。"⑫冯友兰在《中国哲学史新编》第六十章中说："黄宗羲所设计的政治制度有三大支柱，一个是君，一个是相，一个是学校。这是现代西方资产阶级政治中的君主立宪制的一个雏形。"⑬此书于清乾隆时遭到查禁，于清末才重见天日。

----

① （清）黄宗羲：《明夷待访录》，段志强译注，中华书局 2011 年版，第 8 页。
② （清）黄宗羲：《明夷待访录》，段志强译注，中华书局 2011 年版，第 8 页。
③ （清）黄宗羲：《明夷待访录》，段志强译注，中华书局 2011 年版，第 8 页。
④ （清）黄宗羲：《明夷待访录》，段志强译注，中华书局 2011 年版，第 8 页。
⑤ （清）黄宗羲：《明夷待访录》，段志强译注，中华书局 2011 年版，第 9 页。
⑥ （清）黄宗羲：《明夷待访录》，段志强译注，中华书局 2011 年版，第 14 页。
⑦ （清）黄宗羲：《明夷待访录》，段志强译注，中华书局 2011 年版，第 16 页。
⑧ （清）黄宗羲：《明夷待访录》，段志强译注，中华书局 2011 年版，第 21 页。
⑨ （清）黄宗羲：《明夷待访录》，段志强译注，中华书局 2011 年版，第 21 页。
⑩ （清）黄宗羲：《明夷待访录》，段志强译注，中华书局 2011 年版，第 24 页。
⑪ （清）黄宗羲：《明夷待访录》，段志强译注，中华书局 2011 年版，第 25 页。
⑫ （清）黄宗羲，孙卫华校释：《明夷待访录校释》，岳麓书社 2011 年版，第 1 页。
⑬ 冯友兰：《中国哲学史新编》（下），人民出版社 1999 年版，第 375 页。

顾炎武（1613—1682 年），字宁人，江苏昆山人，学界称亭林先生。其代表作为《日知录》三十二卷。他用儒家经世致用之学批判宋明理学与心学是"清谈孔孟"，"以明心见性之空言，代修己治人之实学"①，故使"神州荡覆，宗社丘墟"②。他提出"理学，经学也"③的命题，以纠正"今之所谓理学，禅学也"④的弊病。他开启了清代考据训诂的治经学风，以达到通经致用的目的。顾炎武不是沉迷于文字考辨而忽略修齐治平的书斋学者，他提倡实学是为了发明圣人之道的宗旨："曰博学于文，曰行己有耻。自一身以至于天下国家，皆学之事也。"⑤他对后世影响最大的观点，是提出"亡国"与"亡天下"不同，关键在于中华文化的兴亡。他说："有亡国，有亡天下。亡国与亡天下奚辨？曰：易姓改号，谓之亡国。仁义充塞，而至于率兽食人，人将相食，谓之亡天下。"⑥"是故知保天下，然后知保其国。保国者，其君其臣肉食者谋之；保天下者，匹夫之贱，与有责焉耳矣。"⑦他是站在中华民族立场上为以儒家仁义之道主导的中华文化发声，极大地提高了中国人的文化自觉意识，此后，"天下兴亡，匹夫有责"成为仁人志士的担当。

王夫之（1619—1692 年），字而农，湖南衡阳人，晚年隐居石船山，学界称船山先生。其著作很多，主要有《张子正蒙注》、《周易外传》、《尚书引义》、《读通鉴论》、《思问录内外篇》、《读四书大全说》等。其书初不为人知，清道光、咸丰以后始流于世，且日益为世人所重视，至今不衰。他从哲学上对宋明道学进行了全面批判总结，形成博大体系。冯友兰先生在《中国哲学史新编中》把王夫之之学称为"后期道学的高峰"。他的学说继承发展了张载的气

① （清）顾炎武撰，黄汝成集释：《日知录集释》，栾保群、吕宗力校点，上海古籍出版社 2014年版，第 158 页。
② （清）顾炎武撰，黄汝成集释：《日知录集释》，栾保群、吕宗力校点，上海古籍出版社 2014年版，第 158 页。
③ （清）顾炎武：《亭林诗文集》，华忱之点校，中华书局 1983 年版，第 58 页。
④ （清）顾炎武：《亭林诗文集》，华忱之点校，中华书局 1983 年版，第 58 页。
⑤ （清）顾炎武：《亭林诗文集》，华忱之点校，中华书局 1983 年版，第 41 页。
⑥ （清）顾炎武撰，黄汝成集释：《日知录集释》，栾保群、吕宗力校点，上海古籍出版社 2014年版，第 297 页。
⑦ （清）顾炎武撰，，黄汝成集释：《日知录集释》，栾保群、吕宗力校点，上海古籍出版社 2014年版，第 298 页。

学,在理学与心学之外独辟蹊径。一是在理气关系上,强调气外无理、天下惟器,故曰:"气外更无虚托孤立之理"①,"天下惟器而已矣"②,"无其器则无其道"③;二是在新旧关系上,强调变化日新、日生日成,故曰:"天地之德不易,而天地之化日新"④,"夫性者生理也,日生则日成也"⑤;三是在"能"(认识能力)"所"(认识对象)关系上,强调因所发能、能必副所,故曰:"境之俟用者曰所,用之加乎境而有功者曰能"⑥;四是在知行关系上,不赞成程朱的知先行后,也反对阳明的知行合一,而提出"行可兼知,而知不可兼行"⑦,"君子之学,未尝离行以为知也"⑧,他重视学习认知,更重视行动实践。冯友兰先生认为:"王夫之的贡献是旧时代的总结,黄宗羲的贡献是新时代的前驱。"⑨

(二)颜李学派

颜元(1635—1704年),字易直,号习斋,直隶博野人,著《四存编》。他反对理学静坐读书之虚,而提倡"实文、实行、实体、实用,卒为天地造实绩,而民以安,物以阜"⑩。他的习行实学是:"如天不废予,将以七字富天下:垦荒,均田,兴水利;以六字强天下:人皆兵,官皆将;以九字安天下:举人才,正大经,兴礼乐。"⑪钱穆先生在《中国近三百年学术史》中评曰:"习斋治兵农,所以为富强;习六艺礼乐,所以为教化。内圣外王,胥于实事实行见之。"⑫

李塨(1659—1733年),字刚主,号恕谷,河北蠡县人。青年时师事颜元,以六德、六行、六艺为学之本,期于致用。广交四方贤士,以传播颜元实学为

---

①　(清)王夫之:《读四书大全说》(下),中华书局1975年版,第660页。
②　(清)王夫之:《周易外传》,中华书局1977年版,第203页。
③　(清)王夫之:《周易外传》,中华书局1977年版,第203页。
④　(清)王夫之:《思问录俟解》,中华书局1956年版,第23页。
⑤　(清)王夫之:《尚书引义》,中华书局1976年版,第63页。
⑥　(清)王夫之:《尚书引义》,中华书局1976年版,第141页。
⑦　(清)王夫之:《尚书引义》,中华书局1976年版,第78页。
⑧　(清)王夫之:《尚书引义》,中华书局1976年版,第78页。
⑨　冯友兰:《中国哲学史新编》(下),人民出版社1999年版,第332页。
⑩　(清)颜元:《存学编》,中华书局1985年版,第8页。
⑪　(清)戴望:《颜氏学记》,刘公纯标点,中华书局1958年版,第68页。
⑫　钱穆:《中国近三百年学术史》下册,商务印书馆1997年版,第193页。

务。他认为宋明之亡在于"笔墨之精神多,而经济之精神少"①。他赞赏颜元批判汉儒"正其谊不谋其利,明其道不计其功",而代之以"正其义以谋其利,明其道而计其功"②,进而批判汉儒上述两语,说:"学者奉斯言为旨,则学无事功,举世陆沉,此言之祸可胜道哉!"③

(三)乾嘉学派:惠栋和戴震

乾嘉学派是指繁荣于清代乾隆、嘉庆年间的儒家经学学派,发扬汉代古文经学传统,力反宋明道学"尊德性"、"极高明"的追求,而在儒经文献资料的整理、文本的复原上下功夫,擅长考据、训诂、文字、音韵,以其学风质朴,又称朴学。朴学的兴起,从儒学学术自身的发展演化而言,它是宋明道学尚虚理、重内圣的反动,而把文献辨伪、考证作为学问的主攻方向,是明清实学的组成部分;从社会环境的变化而言,清代满族统治集团推崇四书,把程朱理学作为社会意识形态,不再需要理论上进一步更新发展,不愿见到学者有新思想提出,反而使理学教条化、政治化,形成有礼无仁的礼教;朝廷编辑《四库全书》时把大批不符合主导思想的论著加以焚毁(焚毁图书 3000 余种,70 万部,还有大量删改),而对于疑似反满的儒者之作,大兴文字狱,实行某种文化专制主义,这就驱使学人远离文网,而埋首于文献学之中。乾嘉考据学是清代儒家经学的主流和特色,它为理论研究夯实了资料基础,又开启了近现代语言学、文字学、文献学的先河,其中也不乏有创见的思想家。

早在明代后期,焦竑、陈第就注重经典文本的考证,认为"无小学一段功夫故根基不立"④。而清朝建立后,有毛奇龄、阎若璩、姚际恒、朱彝尊等从事古籍辨伪整理。至乾嘉,出现以惠栋为代表的吴派,以戴震为代表的皖派,还有王念孙、王引之、段玉裁、阮元诸人,形成清代学术的全盛时期。王念孙的《广雅疏证》,王引之的《经传释词》、段玉裁的《说文解字注》、阮元校勘的《十三经注疏》,都是后来经学研究必备的文献书典。

---

① (清)戴望:《颜氏学记》,刘公纯标点,中华书局 1958 年版,第 184 页。
② (清)颜元:《颜元集》上册,中华书局 1987 年版,第 163 页。
③ (清)冯辰:《李恕谷先生年谱》卷一,清道光十六年刻本,第 14 页。
④ (明)焦竑撰:《澹园集》(下册),李剑雄点校,中华书局 1999 年版,第 757 页。

　　惠栋(1697—1758年),字定宇,江苏吴县人。笃信汉学,对诸经皆有考证。江藩在《国朝汉学师承记》中概述惠栋的学术成就:"年五十后,专心经术,尤邃于《易》,谓宣尼作《十翼》,其微言大义,七十子之徒相传,至汉犹有存者。自王弼兴而汉学亡,幸传其略于李鼎祚《集解》中。精研三十年,引申触类,始得贯通其旨,乃撰《周易述》一编,专宗虞仲翔,参以荀、郑诸家之义,约其旨为注,演其说为疏,汉学之绝者千有五百余年,至是而粲然复章矣。"①又撰《九经古义》等。惠栋是以复兴汉代易学作为他复兴汉学先导的,其学并非只注重文字考订,而是要明了儒经的古义。例如,他用《周易》"修辞立其诚"②解释《大学》、《中庸》的"慎独";把《尧典》的"克明俊德"与《大学》的"明明德"视为一体;引《荀子·宥坐》文"孔子曰:'吾闻宥坐之器者,虚则欹,中则正,满则覆'"③来解说"中正";他认为"《易》道深矣,一言以蔽之曰:时中。"④;他引《周易》与汉儒说明"中和"之道,不仅在于"未发"、"已发",而且有多重含义:在礼乐关系上,"礼,中也;乐,和也"⑤,在治国理政上,引《尚书·洪范》"王象天,以情性覆成五事,为中和之政也"⑥。钱大昕在《惠先生栋传》中说:"惠氏世守古学,而先生所得尤深,拟诸汉儒,当在何邵公、服子慎之间,马融、赵岐辈不能及也。"⑦

　　戴震(1724—1777年),字东原,安徽休宁人。一生著作中最具代表性的是《孟子字义疏证》,另有《原善》、《绪言》、《孟子私淑录》等。治学严谨、精细,重经典文本的考订,故曰:"仆自十七岁时,有志闻道,谓非求之《六经》、孔孟不得,非从事于字义、制度、名物,无由以通其语言。宋儒讥训诂之学,轻语言文字,是欲渡江而弃舟楫,欲登高而无阶梯也。为之三十余年,灼然知古今治乱之源在是。"⑧《孟子字义疏证》中有《与某书》,强调:"我辈读书,原非与

①　(清)江藩、(清)方东树:《汉学师承记(外二种)》,三联书店1998年版,第30页。
②　(清)惠栋:《周易述》,上海古籍出版社1990年版,第224页。
③　王云五主编:《易例及其他二种》,商务印书馆1936年版,第35页。
④　(清)惠栋:《周易述》,上海古籍出版社1990年版,第107页。
⑤　王云五主编:《易例及其他二种》,商务印书馆1936年版,第22页。
⑥　王云五主编:《易例及其他二种》,商务印书馆1936年版,第25页。
⑦　(清)李元度撰:《国朝先生事略》(上),易孟醇校点,岳麓书社2008年版,第1051页。
⑧　(清)戴震撰,何文光整理:《孟子字义疏证》,中华书局1961年版,第184页。

后儒竞立说,宜平心体会经文,有一字非其的解,则于所言之意必差,而道从此失。"①他批评宋明之儒:"宋以来儒者,以己之见硬坐为古圣贤立言之意,而语言文字实未之知。其于天下之事也,以己所谓理强断行之,而事情原委隐曲未能得,是以大道失而行事乖。"②戴震既批判理学家忽略训诂考证,在理论上也反对理学吸收佛老、重理轻欲的观点,认为:"理也者,情之不爽失也,未有情不得而理得者也。"③理和欲不是对立的,欲只可节而不可禁,因为这是行仁义的需要:"人之生也,莫病于无以遂其生。欲遂其生,亦遂人之生,仁也;欲遂其生,至于戕人之生而不顾者,不仁也"④,"天理者,节其欲而不穷人欲也。是故欲不可穷,非不可有;有而节之,使无过情,无不及情,可谓之非天理乎!"⑤如果以不合人情之理治国,"尊者以理责卑,长者以理责幼,贵者以理责贱,虽失,谓之顺;卑者、幼者、贱者以理争之,虽得,谓之逆。于是下之人不能以天下之同情、天下之所同欲达之于上;上以其理责下,而在下之罪,人人不胜指数。人之死于法,犹有怜之者;死于理,其谁怜之!"⑥"酷吏以法杀人,后儒以理杀人,浸浸乎舍法而论理,死矣,更无可救矣!"⑦

　　平心而论,宋儒的"存天理,灭人欲"之说,本意是限制权贵者的穷奢贪欲,并非限制普通百姓的生存需求,然而其理论上将"天理"与"人欲"对立,留下了重大漏洞,统治者便以"天理"为名扼杀民众的日常情欲和正当诉求,并且常常以"存天理"的名义迫害忠义之士和下层百姓的抗争,使"天理"成为专制独裁者的帮凶,用"理"杀起人来比"法"还要酷烈,因为在刑戮之外的社会舆论也变得冷酷无情。所以,戴震批判"以理杀人",事实上是针对饱受专制政治扭曲的理学,其震撼力也在这里,而不是指向学术性的理学,这是需要说明的。另外,戴震在判"以理杀人"的同时,把佛老之学也拉进来作为批判对

---

① （清）戴震:《戴东原集》卷九,《与某书》,四部丛刊景经韵楼本,第103页。
② （清）方东树:《汉学商兑》卷中之上,清光绪十一年刻本,第29页。
③ （清）戴震:《孟子字义疏证》,何文光整理,中华书局1961年版,第1页。
④ （清）戴震:《孟子字义疏证》,何文光整理,中华书局1961年版,第8页。
⑤ （清）戴震:《孟子字义疏证》,何文光整理,中华书局1961年版,第11页。
⑥ （清）戴震:《孟子字义疏证》,何文光整理,中华书局1961年版,第10页。
⑦ 王云五主编:《戴东原集》第二册,商务印书馆1934年版,第33页。

象,就显得打击面过宽、情绪偏执了。他说:"宋儒出入于老、释,故杂乎老、释之言以为言"①,"人知老、庄、释氏异于圣人,闻其无欲之说,犹未之信也;于宋儒,则信以为同于圣人"②,"呜呼,杂乎老、释之言以为言,其祸甚于申、韩如是也!"③其实老、佛之"无欲"与"天理、人欲"之辨不在一个层面上,前者是关于个人对物欲的态度,后者是关于宗法伦理与情感需求的关系,不应搅在一起。再者,老子讲"以百姓心为心"、"损有余以补不足";佛教的伦理原则是去恶从善、平等慈悲、自利利他。老与佛皆悲天悯人,关注民间疾苦。又何况此时的三教已深度融合,如果仍持排斥佛老态度就不合时宜了。

(四)章学诚的经史会通论

章学诚(1738—1801年),字实斋,浙江会稽人。他擅长文史,其经学思想的特色是将经学与史学加以融会,用史学的观念和方法治经,从而在宋学与汉学之外开出一条独特的儒经研究之路。其代表作为《文史通义》。他认为考证、词章、义理三种学问应并举兼修,不赞成互相贬斥,说:"学问之途,有流有别。尚考证者薄词章,索义理者略证实,随其性之所近而各标独得,则服、郑训诂,韩、欧文章,程、朱语录,固已角鼎峙而不能上下。必欲各分门户,交相讥议,则义理入于虚无,考证徒为糟粕,文章只为玩物。汉唐以来,楚失齐得,至今嚣嚣,有未易临决者。惟自通人论之则不然,考证即以实此义理,而文章乃所以达之之具。事非有异,何谓纷然。"④他进而指出,三种学问的目的皆在于求道:"义理必须探索,名数必须考订,文辞必须娴习,皆学也,皆求道之资,而非可执一端谓尽道也。君子学以致其道,亦从事于三者,皆无所忽而已矣。"⑤本着这种兼修求道的观点,章学诚对于宋学、汉学、考据学都有比较公允的评价。尤其难得的是他不赞成乾嘉学人反宋学而排斥佛老,指出:"当问其果类圣人君子否耳","必斤斤而摘其如何近释,如何以老,不知释老亦人,其间亦

① (清)戴震:《孟子字义疏证》,何文光整理,中华书局1961年版,第9页。
② (清)戴震:《孟子字义疏证》,何文光整理,中华书局1961年版,第10页。
③ (清)戴震:《孟子字义疏证》,何文光整理,中华书局1961年版,第10页。
④ (清)章学诚:《与族孙汝南论学书》,《章学诚遗书》,文物出版社1985年版,第224页。
⑤ (清)章学诚:《与朱少白论文》,《章学诚遗书》,文物出版社1985年版,第335页。

有不能与圣人尽异者"①。章学诚在理论上的最大创新是提出"六经皆史"的论点,说:"六经皆史也。古人不著书,古人未尝离事而言理,六经皆先王之政典也"②,"古之所谓经,乃三代盛事,典章法度,见于政教行事之实"③,"六艺非孔氏之书,乃周官之旧典也。《易》掌太卜,《书》藏外史,《礼》在宗伯,《乐》隶司乐,《诗》领于太师,《春秋》存乎国史。夫子自谓述而不作,明乎官司失守,而师弟子之传业,于是判焉"④。他之所以强调"六经皆史",一是要避免"离器而言道",可以见事"深切著明";二是要避免"离事而著理",如此可以使圣人之道不为空言所蔽。章学诚的"六经皆史"之论,从正面说,有益于人们历史地、具体地把握六经的真实内涵,既发掘其中蕴含的恒常真理,又能够识别其随时变化的形态,不迷信其字句;从负面说,其影响至民国年间,章太炎提倡整理"国故",把经学变成纯粹古史考证,而抹杀其中的"道"即价值导向,使经学从属于西学中的科学主义指导下的史学或史料学,从而失去了经学培植中华精神的活的灵魂。

(五)龚自珍、魏源的觉醒与新思路

龚、魏所处的时代是中国社会历史性大转变的时代,即鸦片战争前后,一方面帝制社会走到后期,迅速衰落,未有复兴的前景,作为社会主导思想的儒学渐渐失去生命活力;另一方面西方工业文明崛起,展示出比东方传统农业文明全方位优越的新样式,引领了世界潮流,并以咄咄逼人之势进入亚洲和中国。满清政治集团闭关锁国、夜郎自大、不思改革。儒家经学,无论是汉学或宋学也到了穷途末路,无法继续下去。于是有先知先觉者站出来大声疾呼,唤醒沉睡中的中国人,努力在思想上开出一条新路来。

龚自珍(1792—1841年),别号定庵,浙江仁和(今杭州)人。梁启超在《清代学术概论》中评曰:龚氏"往往引《公羊》义讥切时政,诋排专制;晚岁亦耽佛学,好谈名理"⑤,"晚清思想之解放,自珍确与有功焉"⑥。龚自珍引《公

---

① (清)章学诚:《章学诚遗书》,文物出版社1985年版,第82页。
② (清)章学诚:《章学诚遗书》,文物出版社1985年版,第1页。
③ (清)章学诚:《章学诚遗书》,文物出版社1985年版,第8页。
④ (清)章学诚:《章学诚遗书》,文物出版社1985年版,第10页。
⑤ (清)梁启超:《清代学术概论》,上海古籍出版社1998年版,第74页。
⑥ (清)梁启超:《清代学术概论》,上海古籍出版社1998年版,第74页。

羊春秋》的"三世说"，把一个朝代分为"治世"、"衰世"、"乱世"三个时期，认为自己正处在衰世，表面上没有乱，却正酝酿着大乱。他所写《乙丙之际著议》二十五篇描绘当时的社会景象："左无才相，右无才史，阃无才将，庠无才士，陇无才民，廛无才工，衢无才商。"①即或有才士才民出，"则百不才督之缚之，以至于戮之"，"徒戮其心，戮其能忧心、能愤心、能思虑心、能作为心、能有廉耻心、能无渣滓心。"②他最忧虑的是社会沉闷、压抑人才、正气不振、寡廉鲜耻，因此呼吁变法改革。他用诗来发出心声："九州生气恃风雷，万马齐喑究可哀；我劝天公重抖擞，不拘一格降人才。"③龚自珍的呼声震荡着几代中国人的心灵。

　　魏源（1794—1857年），字默深，湖南邵阳人，在鸦片战争中参加过抗英斗争，撰《圣武记》、《海国图志》等。其《书古微》、《诗古微》收入《清经解续编》。魏源的思想有两大特色：一是提倡今文经学经世致用的传统，二是放眼世界，力主洋为中用。他给今文经学家刘逢禄文集所写"序"中说："今日复古之要，由训诂声音以进于东京典章制度，此齐一变至鲁也，由典章制度以进于西汉微言大义，贯经术、政事、文章于一，此鲁一变至道也。"④他的微言大义中包含着对君主独裁的限制，《默觚》说："天下岂一身斁！""故天子自视为众人中之一人，斯视天下为天下之天下"，"独得之见，必不如众议之参同也。"⑤已有民主思想之萌芽。魏源借助林则徐的《四洲志》而编撰《海国图志》，于1842年刊行，在该书《自叙》中明示著书的目的是"为以夷攻夷而作，为以夷款夷而作，为师夷长技以制夷而作"⑥。自此之后，"师夷长技以制夷"成为主流社会的共识，所谓"师夷"主要是学习西方工业科技文明之长以图自强，因此而有后来的洋务运动。洋务运动领导者之一左宗棠在《重刊〈海国图志〉序》中说：

---

① 《龚自珍诗文选译》，朱邦蔚、关道维译注，巴蜀书社1994年版，第7页。
② 《龚自珍诗文选译》，朱邦蔚、关道维译注，巴蜀书社1994年版，第7页。
③ 《龚自珍全集》，上海古籍出版社1999年版，第521页。
④ 《魏源集》（上），中华书局1976年版，第242页。
⑤ 《魏源集》（上），中华书局1976年版，第67、44、35页。
⑥ 《魏源集》（上），中华书局1976年版，第207页。

"《海国图志》所拟方略,非尽可行,而大端不能加也。"①

（六）康有为的今文经学和谭嗣同的仁学

晚清经学今古文并行,皆有大学者出现。古文大家有:俞樾,代表作《群经平议》《经义述闻》;孙诒让,代表作《周礼正义》,其《墨子间诂》集清代注墨之大成;阮元是跨越乾隆至道光的学者,不仅组织编撰《经籍纂诂》,校刊《十三经注疏》,而且组织汇刊《皇清经解》,其后王先谦续刻《皇清经解续编》。今文经学家:皮锡瑞,代表作《经学历史》,此书经过民国学者周予同注解而发生重大影响。

康有为(1858—1927年),字广厦,号长素,广东南海人。受廖平影响,热心提倡今文经学,成为晚清今文经学复兴的代表。他于光绪十四年(1888年)上书变法。甲午战争失败后,康有为联合1300多名举子,上书朝廷,要求拒和、迁都、变法,史称"公车上书"。为光绪召见,网罗人才,锐意变法维新。戊戌变法失败后,亡命海外。民国成立后回国,其政见仍坚持君主立宪,不与孙中山革命共和相协调。学习西方模式,发起孔教运动,将儒学宗教化而未成功。著作有《新学伪经考》、《孔子改制考》、《大同书》等。

在政治上康有为学习英国,主张"虚君共和"、"君民合治",大权交给内阁。在学术上他以公羊学为依据,大讲"托古改制",攻击《春秋左传》是刘歆伪作。其《大同书》是根据《春秋公羊传》的"三世说"(据乱世、升平世、太平世),结合《礼运》"小康"、"大同"之说,又吸收西方博爱之说,还融入佛教慈慈、平等、解脱之说,构建"大同之世"的社会理想。《大同书》认为众生处在诸苦之中,"总诸苦之根源,皆因九界而已。九界者何? 一曰国界,分疆土、部落也;二曰级界,分贵贱、清浊也;三曰种界,分黄、白、棕、黑也;四曰形界,分男女也;五曰家界,私父子、夫妇、兄弟之亲也;六曰业界,私农、工、商之产也;七曰乱界,有不平、不通、不同、不公之法也;八曰类界,有人与鸟兽、虫鱼之别也;九曰苦界,以苦生苦,传种无穷无尽,不可思议。"②《大同书》接着说:"吾救苦之

_____

① 《左宗棠全集·家书·诗文》,刘诀诀等校点,岳麓书社2014年版,第227页。
② (清)康有为:《大同书》,辽宁人民出版社1994年版,第66页。

道,即在破除九界而已。第一曰去国界,合大地也;第二曰去级界,平民族也;第三曰去种界,同人类也;第四曰去形界,保独立也;第五曰去家界,为天民也;第六曰去产界,公生业也;第七曰去乱界,治太平也;第八曰去类界,爱众生也;第九曰去苦界,至极乐也。"①实现大同世界的精神力量从何而来?"有知觉则有吸摄,磁石犹然,何况于人。不忍者吸摄之力也",人有"不忍之爱质","如气之塞于空而无不有也,如电之行于气而无不通也,如水之周于地而无不贯也,如脉之周于身而无不彻也"。②

康有为的《大同书》虽然具有空想的成分,没有指出通向大同的切实之路,但它对于现行的社会制度,包括中国的宗法等级制度、西方的私人资本制度以及种族歧视、残杀动物、人生烦恼等提出了批判,融合了儒家大同说、性善说,道家回归自然说,佛家慈悲平等、救苦极乐说,社会主义的公产联合说,设计出人类共同体的未来境界,表达了人类向往和平共荣、天下太平的崇高追求。

谭嗣同(1865—1898年),字复生,号壮飞,湖南浏阳人。戊戌变法失败,谭嗣同等被杀,为"戊戌六君子"之一。留下《仁学》一书,连同其他著作,后人编为《谭嗣同全集》。谭嗣同的《仁学》,乃是划时代的作品,有对儒家精华仁学的继承和创新,有对被君主专制扭曲的礼教三纲的尖锐批判,有对中国未来走向世界的设计,最具新旧转换的价值。《仁学》向僵化的名教猛烈开火:"嗟乎,以名为教,则其教已为实之宾,而决非实也。又况名者由人创造,上以制其下而不能不奉之,则数千来,三纲五伦之惨祸烈毒,由是酷焉矣。君以名桎臣,官以名轭民,父以名压子,夫以名困妻,兄弟朋友各挟一名以相抗拒,而仁尚有少存焉者得乎。"③谭氏攻击的名教就是"三纲"的工具化、虚伪化,连带被"三纲"等级化的"五伦"以及为之辩护的种种说教,而主张用仁学"冲决网罗":"网罗重重,与虚空而无极。初当冲决利禄之网罗,次冲决俗学若考据、若词章之网罗,次冲决全球群学之网罗,次冲决君主之网罗,次冲决伦常之网罗,次

---

① (清)康有为:《大同书》,辽宁人民出版社 1994 年版,第 85 页。
② (清)康有为:《大同书》,辽宁人民出版社 1994 年版,"绪言"第 1 页。
③ (清)谭嗣同撰,吴海兰评注:《仁学》,《仁学一》,华夏出版社 2002 年版,第 23 页。

冲决天之网罗,次冲决全球群教之网罗,终将冲决佛法之网罗。"①谭氏在冲决名教网络的同时以极大的热情,综合创新儒家仁学。他认为"凡为仁学者,于佛书当通《华严》及心宗、相宗之书;于西书当通《新约》及算学、格致、社会学之书;于中国书当通《易》、《春秋公羊传》、《论语》、《礼记》、《孟子》、《庄子》、《墨子》、《史记》及陶渊明、周茂叔、张横渠、陆子静、王阳明、王船山、黄梨洲之书。"②可知他主张在内部会通儒、道、佛及诸子,又特重个性解放的思想传统;在外部会通中学和西学,西学中既有基督教,也有人文学与科学技术,这是中国思想家中最早提出融会中西的主张。

什么是仁学呢?"仁以通为第一义。以太也,电也,心力也,皆指出所以通之具。"③"以太"是谭氏借用当时传入的西方自然科学的概念而加以发挥,其用意是找到联通宇宙万物的原质。他的最大理论贡献是用"通"来重新解说"仁"的内涵,认为"通之象为平等","通有四义":一曰"中外通",破"闭关绝市"、"重申海禁",要通学、通政、通教、通商;二曰"上下通",破等级隶属;三曰"男女通",破"三纲五伦之惨祸烈毒"和"死节之说";四曰"人我通",破"妄分彼此,妄见畛域,但求利己,不恤其他"。他以"通"释"仁",运用了多项思想资源:如引《易》首言元,即继言亨;元、仁也,亨、通也。仁者"寂然不动,感而遂通天下之故"。又引《庄子》"道通为一",④此语讲通之义最为浑括。又引墨子兼爱之说,引佛家无相与唯心之说,引耶稣教爱人如己之说,他将诸说打通,加以综合重塑,遂推出新仁学。其仁学以"通"为最大特色,一要破除等级束缚,获得人的独立自由;二要打破闭关锁国,实行对外开放,发展工商事业。这样,儒家的仁学便被谭氏赋予了崭新的时代精神,从而具有了现代社会平等互尊、开放富民的新质。谭氏把"仁者爱人"提到新高度,强调"博爱之为仁",而不通则不能博爱,有爱心而固塞,必然导致欲爱之反害之,故"仁不仁之辨,于其通与塞"。他不赞成墨子尚俭、非乐和道家过度黜奢崇俭,而主张

① 何执编:《谭嗣同集》,岳麓书社 2012 年版,第 312 页。
② (清)谭嗣同:《仁学》,吴海兰评注,华夏出版社 2002 年版,第 8 页。
③ 何执编:《谭嗣同集》,岳麓书社 2012 年版,第 313 页。
④ 何执编:《谭嗣同集》,岳麓书社 2012 年版,第 313、318、320、361、317、318、313 页。

致力于"开物成务"、"通商惠工"，要从开源上找富民的出路，因为"源日开而日亨，流日节而日困"①，只讲"静"和"俭"是"两愚"，"兼此两愚，固将杀尽含生之类而无不足"②，因此，通商乃通人我之一端，"相仁之道也"③，"为今之策，上焉者，奖工艺，惠商贾，速制造，藩货物，而尤扼重于开矿。庶彼仁我而我亦有以仁彼，能仁人，斯财均而已亦不困矣"④。

由以上内容可以作出这样的评论：谭嗣同是中国走向现代化、实行改革开放的最早思想家。只可惜戊戌变法失败，谭氏英年早逝，其仁学尚未形成严整体系，未能形成巨大影响。只有冯友兰先生慧眼识人，在《中国哲学史新编》第六册中给以很高的评价："谭嗣同回答了当时时代提出的问题，指明了时代前进的方向，就这两点说他不愧为中国历史中的一个大运动的最高理论家，也不愧为中国历史中一个代表时代精神的大哲学家。"⑤

二、道家和道教及佛教的发展

这一时期，老庄道家一方面在道教中发展，尤其是全真道的内丹学融冶老庄哲学，与性命修习相结合；另一方面儒家学者研习老庄成为常态，而其中以批评为主者有之，以吸收为主者有之。

（一）儒家学者学术研究中的老庄道家

王夫之的著作之一是《老子衍》，该书以批判为主，写作目的是："夫之察其悖者久之，乃废诸家以衍其意。盖入其垒，袭其輺，暴其恃，而见其瑕矣。见其瑕而后道可使复也。"⑥对于老子，诸家皆不得其要，唯"司马迁曰：'老聃无为自化，清静自正'近之"。王夫之认为老子的道是消极的，还是要信奉尧舜礼乐教化之道才能挽救衰世的危机，"故于圣道所谓文之以礼乐以建中和之

---

①　何执编：《谭嗣同集》，岳麓书社 2012 年版，第 345 页。
②　何执编：《谭嗣同集》，岳麓书社 2012 年版，第 347 页。
③　何执编：《谭嗣同集》，岳麓书社 2012 年版，第 349 页。
④　何执编：《谭嗣同集》，岳麓书社 2012 年版，第 350 页。
⑤　冯友兰：《中国哲学史新编》（下），人民出版社 1999 年版，第 501 页。
⑥　（清）王夫之：《老子衍　庄子通》，中华书局 1962 年版，第 13 页。

极者,未足以与其深也"①。

王夫之著有《庄子通》和《庄子解》,对庄子也是批评为主,同时适当肯定其中一些积极的因素。他在《庄子通》叙中说自己面对乱世而处于山中,似乎与庄子避世相似,可是他非但不快乐,反而自问:"得无大疚愧"?"予固非庄子之徒也",是"不容不出乎此"②。《庄子通》"齐物论"说得更明白:是"智穷道丧,而别求一藏身之固"③。他对庄子的"逍遥游"有批判地吸收,《庄子解》认为人与物是相互依存的,"不予物以逍遥者,未能有逍遥者也"④,"唯丧天下者可有天下,任物各得,安往而不适其游哉。"⑤

魏源著有《老子本义》和《论老子》,对老子以表彰为主。《老子本义》说:"《老子》救世之书也"⑥,"老子见学术日歧,滞有溺迹,思以真常不弊之道救之"⑦。《论老子》说:"圣人经世之书,而《老子》救世之书也。"⑧《老子本义》说:"盖《老子》之书,上之可以明道,中之可以治身,推之可以治人"⑨。这在历史上是有验证的:"汉人学黄老者,盖公、曹参、汲黯为用世之学,疏广、刘德为知足之学,四皓为隐退之学,子房犹龙,出入三者,体用从容。汉宣始承黄老,济以申韩,其谓王伯杂用,亦谓黄老王而申韩伯也。惟孔明澹泊宁静,法制严平,似黄老非黄老,手写申韩教后主,而实非申韩。呜呼!甘酸辛苦味不同,蕲于适口,药无偏胜,对症为功,在人用之而已。"⑩《论老子》指出,儒与道可以相合:"老子言我有三宝:一慈、二俭、三不敢为天下先。慈非仁乎?俭非义乎?不敢先非礼乎?"⑪当然,二者又有不同,乃是阴阳互补,"圣人之道恒以扶

① (清)王夫之:《老子衍 庄子通》,中华书局1962年版,第13页。
② (清)王夫之:《老子衍 庄子通》,中华书局1962年版,第75页。
③ (清)王夫之:《老子衍 庄子通》,中华书局1962年版,第77页。
④ (清)王夫之:《老子衍 庄子通》,中华书局1962年版,第77页。
⑤ (清)王夫之:《老子衍 庄子通》,中华书局1962年版,第77页。
⑥ 魏源全集编辑委员会编:《魏源全集》第十二册,岳麓书社2011年版,第20页。
⑦ 魏源全集编辑委员会编:《魏源全集》第十二册,岳麓书社2011年版,第17页。
⑧ 魏源全集编辑委员会编:《魏源全集》第十二册,岳麓书社2011年版,第9页。
⑨ 魏源全集编辑委员会编:《魏源全集》第十二册,岳麓书社2011年版,第84页。
⑩ 中华书店出版社编辑部编:《魏源集》上册,中华书局1976年版,第260页。
⑪ 中华书店出版社编辑部编:《魏源集》上册,中华书局1976年版,第258页。

阳抑阴为事"①，而"老子主柔宾刚"，"其体用皆出于阴"②，这正符合"天地之道一阳一阴"③的要求，只要善用便有益国治。

（二）道教的发展概述

清代前期正一道衰落，清政府热心理学和藏传佛教黄教，对正一道态度冷淡。唯有龙虎山法官娄近垣著《黄箓科仪》，集当时斋醮科仪、牒文、符箓之大成，又倡导佛、仙、圣三教同道一心之说。其《阐真篇》说：得道者"无心于物，故心心皆佛心；无心于道，故处处是道体"④，从无住、无心之性功入手，炼精化气，以修命功，最后达到"易彼幻形，成其真体，出此真体，转彼幻形"⑤的仙真境地，这是将禅学融入修道之中。

全真道于明季道风颓敝，教戒松弛。龙门派第七代律师王常月出来清整戒律，开坛说戒，在北京和各地设坛授戒，度正规弟子甚众，教风大振，被誉为全真中兴之祖。从此，全真龙门派得到较大发展，其盛况有如禅宗的临济宗，故世有"临济、龙门半天下"之说。王常月讲戒，由弟子整理成《龙门心法》二十讲，其中有"皈依三宝"、"忏悔罪业"、"断除障碍"、"舍绝爱源"、"戒行精严"、"忍辱降心"、"清净身心"、"济度众生"、"了悟生死"、"功德圆满"等，都是佛道互融的。

清初有伍冲虚、柳华阳建"伍柳派"，借禅法说丹术，有《金仙证论》。康熙时有高道朱元育，著《参同契阐幽》、《悟真篇阐幽》，会三教之要同归内丹，为世推重。雍乾之际有高道张清夜著《玄门戒白》云："道德五千言，总以清静为宗；金丹四百字，惟期守真是务"，"大道出于纲常，纲常外无大道"⑥，把儒道融为一体。龙门派第十一代道士刘一明为内丹学大家，有《道书十二种》，出入儒佛，另创新词，说清修派之丹法，极为透彻，又有深厚的炼养功夫，为全真一代宗师。他融会儒、道、佛三教，说明性命双修的次第。《修真九要》将丹法

---

① 中华书店出版社编辑部编：《魏源集》上册，中华书局1976年版，第261页。
② 中华书店出版社编辑部编：《魏源集》上册，中华书局1976年版，第261页。
③ 中华书店出版社编辑部编：《魏源集》上册，中华书局1976年版，第261页。
④ 转引自牟钟鉴：《中国道教》，广东人民出版社1996年版，第161页。
⑤ 转引自牟钟鉴：《中国道教》，广东人民出版社1996年版，第161页。
⑥ 蒙文通辑校：《道书辑校十种》，巴蜀书社2001年版，第1200、1201页。

顺序分为:勘破世事,积德修行,尽心穷理,访求真师,炼己筑基,和合阴阳,审明火候,外药了命,内药了性,最后以"粉碎虚空"为了当。其返本归真,继承了全真道本色;其渐修兼顿悟之道,吸收了佛教禅学;其尽心穷理之说,则用儒学,力申"儒即是道,道即是儒,儒外无道,道外无儒"[①]。

清康熙间,彭定求选取明《正统道藏》中 200 多种道书,编成《道藏辑要》,是为《道藏》节本,易于使用和流行。此外,出现一批新道书或道教经典注释,如董德宁、闵一得、傅金铨、朱珏等道人对《参同契》、《阴符经》、《悟真篇》等有各种解说,并发明丹道新义。值得一提的是,有清一代,教外学者亦参与道书注释,如惠栋有《太上感应篇注》,李光地有《参同契注》、《阴符经注》,蒋国祚有《太上黄庭内景经注》、《太上黄庭外景经注》。

晚清全真道有几位全真内丹学高道,如李涵虚为内丹道西派创始人,代表作《道窍谈》;刘名瑞为南无派二十代宗师,著有《道源精微歌》等,融道佛于内丹;黄元吉著有《道德经注释》等,其性命双修的秘诀是:动处炼性,静处炼命,而仁慈是本。

(三) 中国佛教的发展

有清一代,佛教的演变呈现出与以往历史时期不同的特点:第一,汉传佛教总体上处于衰落,仍以禅宗为主,以净土宗为各派共信,世俗化过程加速,民间信徒众多;第二,藏传佛教由于清廷联络蒙、藏,压制汉、回的民族政策,而得到大力扶持,上升为全国规模的、有强劲政治影响力的大教派;第三,译经、刻经盛行,而有《龙藏》、《频伽大藏经》出版;第四,居士佛教兴起,成为佛学的主流。

1.禅宗。禅宗以临济、曹洞为主,临济下分出天童系、盘山系,曹洞下分出寿昌系与云门系,构成清代禅宗主体。天童系名僧有:密云圆悟、隐元隆琦、木陈道忞、破山海明等。隐元于清初赴日本,开创了日本的黄檗宗。盘山系名僧有:箬庵通问、玉林通琇。寿昌系的名僧有:为霖道霈、觉浪道盛。道盛认为,广义上的"集大成"是以佛学为中心集儒、佛、道三家之大成,狭义上的"集大

---

① 转引自牟钟鉴:《中国道教》,广东人民出版社 1996 年版,第 166 页。

成"是以禅宗为中心集佛家诸说之大成。他主张"真儒不必辟佛，真佛不必辟儒"，并说："吾佛祖之道，至于五宗，亦当有集大成者，故吾作《会祖规》，以追孔子集大成之意。"①其弟子编成《天界觉浪道盛禅师全录》及《语录》，传于世。

2.藏传佛教。藏传佛教在藏族、蒙古族中广为流行。15世纪初，宗喀巴大师创立黄教。16世纪以后黄教力量强盛，并形成达赖、班禅活佛转世制度。清朝建立后给予达赖、班禅以很高礼遇。又封赐外蒙古哲布尊丹巴和内蒙古章嘉两大活佛，建立转世制度。为了稳定藏区社会，清廷完善了活佛转世制度，其中必要的一环是"金瓶掣签"，即活佛转世必须由驻藏大臣向皇帝报告，得到批准，由驻藏大臣监督抽签，结果要由皇帝认可，以防止地方势力从中操控。乾隆皇帝常在避暑山庄及外八庙会见朝拜的蒙古王公和藏族高僧。北京城东北雍和宫曾为雍亲王府，乾隆年间改为藏传佛教寺庙，成为藏传佛教在全国佛教界居于中心地位的象征。

3.居士佛教。佛教居士教团自古即有，而在清后期异军突起，出现一批颇具影响力的大学者，致力于开拓佛教文化教育事业，使佛教呈现新的面貌。同治年间，郑学川在扬州创立江北刻经处，与许云虚、杨文会、贯如法师等倡刻《方册藏》，15年间刻经3000余卷。

杨文会(1837—1911年)，字仁山，创办金陵刻经处，刻印了一大批普及本流通佛典，促进了近代法相唯识学的振兴。他又以刻经处为基地开办佛学堂与"祇洹精舍"，培养知识僧侣，研讨佛学理论。前后随其学习佛学而成为社会名流者，有谭嗣同、章太炎、欧阳渐、韩清净、梅撷芸、蒯若木等。梁启超评论说：晚清"有杨文会者，得力于华严，而教人以净土，流通经典，孜孜不倦。今代治佛学者，什九皆闻文会之风而兴也"②。赵朴初说："近世佛教昌明，义学振兴，居士之功居首。"③

① 转引自麻天祥：《中国禅宗思想发展史》，武汉大学出版社2007年版，第414页。
② (清)梁启超：《佛学研究十八篇》，商务印书馆2014年版，第17页。
③ (清)杨文会：《杨仁山全集》，黄山书社2000年版，第624页。

三、儒、道、佛三教合流思潮的下移

由于三教长期接近融通,其思想从精英信仰逐渐下移为民间信仰,形成一种广阔的社会信仰文化,人们或三教共信,或三教中偏信于一教、二教,三教边际日渐模糊,三教更多地成为民俗,进入人们日常生活。这个过程起于宋代,兴于明代,盛于清代。三教合流思潮下移有三种主要表现:一是下落为民间宗教,二是催生出民间劝善书,三是演化为宗教性民俗文化。

(一)儒、道、佛三教合流对民间宗教的影响

明代是民间宗教迅速兴旺、异常活跃、教派众多的时期。这里主要是指组织化的民间宗教,而民俗性的民间宗教(俗称民间信仰)作为一种民俗文化则遍及城乡社区。从社会学的角度讲,民间宗教的兴盛是中国宗法等级社会后期民间力量发展壮大的表现,民众越来越把命运转向依靠自身力量,立教自救。同时,儒、道、佛三教合流与文化辐射,又为民间宗教提供了信仰资源、思想营养和组织模式。儒学有乡土儒学,道教有民间道教,佛教有民间佛教,三者与相对独立的民间宗教互相影响,彼此界限模糊。民间宗教的基本信众是农民、手工业者、矿工、流民、漕运水手、城市贫民,信众人数不下数百万之多,其主要骨干也生活在下层,这是它与作为上层信仰的儒、道、佛三教不同的地方。如果算上民俗性民间宗教,其信仰者在数千万至上亿,人数多于官方宗教的信众。民间宗教各教派具有地方性和流动性,没有全国统一的教会组织,往往得不到官方的承认,处在秘密或半秘密状态,偶尔也进入贵族内部以谋发展,但始终未能成为合法宗教。在社会矛盾加剧、民众灾难深重之时,一些民间宗教成为下层群众自救和反抗压迫的组织形式,被统治者目为"异端邪教",屡遭残酷镇压,但屡挫屡兴,与王权相始终。其经书多以"宝卷"称之。以下是主要教派。

1.白莲教。白莲教起于宋元的净土阿弥陀信仰,结莲社做佛事以求往生西方净土。中期引入弥勒信仰,弥勒是未来佛,教众相信"弥勒下凡、明王出世",包含着"变天"思想。元明交替之际,朱元璋借白莲教反元建明,立国后又加以禁断,以避免其动摇新政权的稳定。后期(明中叶至清末)白莲教演化出数以百计的教门,成为民众反抗运动的一面宗教旗帜。明清主流社会往往

分不清其教门差别,而笼统以白莲教称之。

2.罗祖教。简称罗教,创始人罗梦鸿(1442—1527年),又名罗清,教徒尊称为罗祖,山东莱州人。罗氏原是禅宗临济宗人,熟悉佛教。他于明成化十八年(1482年)创立罗教,著经卷五部六册:《苦功悟道卷》、《叹世无为卷》、《破邪显正钥匙卷》(上下册)、《正信除疑自在卷》、《巍巍不动泰山深根结果宝卷》。书中大量引用《金刚经》、《涅槃经》、《般若经》、《华严经》、《圆觉经》,而以禅宗、净土宗为主,奉达摩为正宗,尊崇六祖慧能,主张"三教共成一理"。其教义借用禅宗而着重发挥"虚空"之义,曰:"忽然参透虚空,未曾有天有地,先有不动虚空"[1],"佛人僧俗善恶,三教菩萨修正,天堂地狱经书,这些都有坏。本来面目,从无量旷大劫来,永劫不坏","也无古佛,也无众生;这个长存,再无别事;本来无一物,何处有尘埃"[2]。他不承认世上一切事物,包括佛祖、菩萨,只承认一个绝对的永劫不坏的宇宙本体"真空",这是"本分家乡",而尘世是"流浪家乡",最终归宿是本分家乡。他又提出"无生父母":"单念四字:阿弥陀佛,念得慢了,又怕彼国天上,无生父母不得听闻"[3],"无生父母"是天下人的共同父母,是众生的来源。从此,民间宗教形成"无生父母,真空家乡"八字真诀,"无生父母"演为"无生老母"。事实上,罗教亦吸收了老子"以其不自生,故能长生"、"致虚极,守静笃"、"天下万物生于有,有生于无"的思想,加上了佛教的"性空"理念,混而用之,所以罗教又被称为无极教、无为教。当时高僧德清、袾宏曾加以批判,认为是"外道"、"假正助邪"。明王朝则以"左道"明令查禁。明万历四十六年(1618年),南京礼部烧毁五部六册,告示中说:"照得无为教惑世诬民,原系《大明律》所禁"[4],"其言皆俚俗不经,能诱无知良民,听从煽惑,因而潜结为非,败俗伤化,莫此为甚","再不许私习

---

[1]　喻松青:《明清白莲教研究》,四川人民出版社1987年版,第33页。
[2]　喻松青:《明清白莲教研究》,四川人民出版社1987年版,第33页。
[3]　马西沙、韩秉方:《中国民间宗教史》,上海人民出版社1992年版,第210页。
[4]　(明)沈潅:《南宫署牍》卷四,转引自马西沙、韩秉方:《中国民间宗教史》,中国社会科学出版社2004年版,第145页。

无为等自取死罪。"①

3.大乘教。大乘教是罗教一个分支,自身又分成两支,从北京、华北流传到江南。《龙华宝经》说:"西大乘,吕菩萨","东大乘,石佛祖"。西大乘由京郊女尼吕牛所创,被认为是观世音下凡。后来又有张姓女尼,法名归圆,仿罗清撰成新五部六册。其思想出于大乘佛教,入于罗清,信奉无生老母、无极老祖,宣扬末世劫变。万历年间,冀东蓟州人王森(原名石自然)自称古佛转世,自号法王石佛,又称闻香教主。信奉释迦佛、燃灯佛、未来佛,宣扬三期末劫,返本归源,后被捕下狱死。其徒徐鸿儒等于天启二年(1622年)举行起义,自号中兴福烈帝,建元大乘兴胜。以红巾为标志,攻破郓城、邹县、滕县,一时声势浩大。一月余失败被捕杀。刑前自称法门弟子已愈二百万。王森子孙仍世代传教,改称清茶门教、一炷香教、大乘圆顿教等。

4.黄天教。又称黄天道、皇天教。教名来源于三世三天信仰。据后来清代官方档案披露,该教信奉三佛三天:"过去是燃灯佛","度道人道姑,是三叶金莲为苍天";"现在是释迦佛","度僧人尼姑,是五叶金莲为青天";"未来是弥勒佛","度在家贫男贫女,是九叶金莲为黄天"②,以黄天为未来美好理想,故名。该教由北直隶万全卫李宾创立于明嘉靖年间。教徒尊李宾为普明佛。李死后,教权由其妻王氏(道号普光)接续。普光死后,教权传大女普净、二女普照。此五人称黄天教五佛祖。其后还有郑光祖(普静)、汪长生(普善)传教于江南。普明写的《普明宝卷》,体现出佛道结合又独自发挥的特色。他说古弥陀"驾法船,游苦海,普度众生。随类化,劝人人,回心转意。受三皈,和五戒,指你真经。舍凡情,发弘誓,超出三界",这是弥陀信仰。《普明宝卷》又要求人们兼修性命之功:"坎离交,性命合,同为一体","性命合,同一粒,黄婆守定。结金丹,九转后,自有神通","天无圆缺人无老,人无生死月常明。无饥无饿无寒暑,无染无污自清凉。寿活八万一千岁,十八童颜不老年"③,这是全

---

① (明)沈淮:《南宫署牍》卷四,转引自马西沙、韩秉方:《中国民间宗教史》,中国社会科学出版社2004年版,第145页。

② 《清代档案史料丛编》三辑,中华书局1979年版,第65页。

③ 马西沙、韩秉方:《中国民间宗教史》,上海人民出版社1992年版,第449、450页。

真道内丹功夫。《普静宝卷》明确提出三教圆融:"一切众生归天去,收元了道,三教归一。"①黄天教又引入罗教无生老母信仰,认为尘世群生在灵山与无生老母失散,沦于苦海,弥陀古佛下凡,化为明师真人,指引群生回归家乡。黄天教在教义上杂糅了佛道及罗教,又不受佛教法统、道教道统制约,有很大的随意性。其教团活动延续到清代。

5.弘阳教。又称红阳教、混元红阳教。教祖飘高,俗名韩太湖,创教于明万历二十二年(1594年)。他结交贵族与太监,将弘阳教宝卷在皇家内经厂印刷,借御印经典之名,使宝卷流通天下。但其教始终未得到朝廷正式承认,主要在民间流行。

飘高仿罗清,造《红阳五部经》,是谓"大五部",又造"小五部"。其教义主体是三阳说和红阳劫变说。按照《混元教弘阳中华经》"序"的说法:过去是"青阳之世",燃灯古佛掌教;未来是"白阳之世",弥勒佛掌教;现在是"红阳之世",释迦佛掌教。红阳之世,人间遭受大劫难,飘高祖师下凡东土,拯救苦海中群生,登上法船,驶上幸福天宫,故红阳教当兴。红阳教主神是混元老祖,又称无极老祖,与无生老母是夫妻,共同执掌天宫,主宰人间。红阳教尊老子为"老君圣人",与释迦、孔子一起,在"三教堂"受供奉。它的道德信条,宣扬善恶报应、恭敬三宝、孝养双亲、和睦邻里、爱成子嗣等,与传统伦理相适应。但它的三世说和末世劫变说具有变天思想,与国家政权相抵触,容易引起民众对现状不满情绪而诱发反抗,故被统治者视为"邪教"、"异端",而遭到查禁和镇压。

6.三一教。它是由知识分子社团演变为宗教的特例,创始人是福建儒家学者林兆恩(1517—1598年)。林氏中年探究三教深义,收徒讲学,立"东山宗孔堂",又立"三纲五常堂",形成颇有影响的学术社团。晚年,林氏以教主自居,学堂演为教堂,举行宗教祭祀,教众称他为三一教主。三一教堂供奉四大偶像:孔子,儒仲尼氏,圣教宗师;老子,道清尼氏,玄教宗师;如来,释牟尼氏,禅教宗师;林兆恩,夏午尼氏,三一教主。林兆恩去世后,形成三大支派,传教于大江南北。清代三一教继续流行,又传至台湾和东南亚,至今在福建和海外

---

① 马西沙、韩秉方:《中国民间宗教史》,上海人民出版社1992年版,第460页。

仍然存在。林氏著作汇为《林子全集》，其教义主张三教合一，而又归儒宗孔。其书有曰：三教"譬之树然，夫树一也，分而为三大支：曰儒、曰道、曰释"，"释迦之寂灭，道之虚无，儒之格致，其旨一也"①，但孔子之教"最切于民之日用之常，而又不可一日无焉"，"孔氏之教之大，无一而不在孔氏所容蓄之中"②。其又有"非非三教"之论，即"以三教之非而非之"，如荀学不识性，汉儒晦心性、坏道脉，韩愈性三品谬戾，朱子注训太早，伊川检束太严，总之非理学而赞心学；道教长生之说虚怪妄诞，而钟吕内丹之学应有继承；佛教禅学明心见性、不假外求乃为真传正宗，不婚娶延嗣、不事常业、参禅枯坐皆不宜行。林氏以心学通释三教："以人之心，至理咸具，欲为儒则儒，欲为道则道，欲为释则释，在我而已，而非有外也。"③他发大心愿要合三教为一，使之归于"中一道统"，即"言心与精而为一，而会归于黄中之中而允执之者，此尧舜之所以开道统之传，而为万古圣学之宗也"。阳明后学泰州学派何心隐为之大加赞美，对林氏说："儒、释、道大事也正为孔老释迦作了，以后只三教合一是一件大事，又被吾子作了。"④

7.八卦教。创始人刘佐臣，清康熙初年创教于鲁西南单县一带，编造经书《五女传道》，又依《八卦图》收编教徒、组织教团系统，故称八卦教。还称五荤道收元教、清水鼓、天理教、九宫教、先天教、在理教。八卦为八宫，加上中央宫，故称九宫教。它的组织原则是"内安九宫，外立八卦"，八卦各有支派和掌教人，组织严密。《五女传道》又称《五圣传道》，"五女"由观音、普贤、白衣、鱼篮、文殊五位菩萨幻化而成，却用道家丹道点化世人。其修道方法是先入静，然后炼气，使之流转，"靠尾闾，透三关，透出云门天外天"，最后结成"圣胎"，运上泥丸宫，透出元神，便可超凡入仙。乾隆年间，八卦教徒刘照魁供出《八卦教理条》，以八卦卦画、口诀为纲目讲解修道要领，其宗旨是通过炼丹，超脱生老病死的悲苦，以佛教观照，以道教普度。清官方《军机处录付奏折》中有八卦教经卷文，教人"若明真性达天理，就与前贤皆无二"，天理"在天上

---

① 《三教合一大旨》，《林子三教正宗统论》，北京出版社1998年版，第676页。
② 转引自马西沙、韩秉方：《中国民间宗教史》，上海人民出版社1992年版，第770页。
③ 《三教合一大旨》，《林子三教正宗统论》，北京出版社1998年版，第676页。
④ 转引自马西沙、韩秉方：《中国民间宗教史》，上海人民出版社1992年版，第841—842页。

元亨利贞,落地下春夏秋冬,落人身仁义礼智",以"仁义礼智信"为五行,以"不杀不盗不淫不毁不欺"为五戒,以"温良恭俭让"为五常。同时它信奉"真空家乡,无生父母",认为世界经历三个阶段:第一阶段青阳时期,无生老母派燃灯佛下凡,度脱皇胎儿女两亿人;第二阶段红阳时期,无生老母派释迦佛下凡,又度脱皇胎儿女两亿人;第三阶段白阳时期,无生老母派弥勒佛下凡,将度脱系其余皇胎儿女92亿人,回到天宫即真空家乡,过永远的幸福生活。八卦教认为,目前人类正处在红阳劫尽、白阳将兴之时,灾难空前,罪恶遍是,因此人们要入教迎接新的社会,并预言清政权当亡,故受到镇压。但八卦教屡剿屡起,绵延不绝。从乾隆中期到鸦片战争,八卦教由民间宗教转化为农民起义运动,发生了清水教起义和"癸酉之变"。乾隆中,清水教首领王伦领导武装起义,攻城略地,发展成数千人队伍。失败刑死者1700余人,震动全国。嘉庆中,八卦教首领林清、李文成、冯克善等发动武装进攻京城斗争,一度攻入紫禁城东华门、西华门,失败后被处决700余人。同时,八卦教在直、鲁、豫三省十几州县起事,震撼了华北大地,失败后有七八万人惨遭屠杀。道光年间,教首曹顺又发动一次武装起事,失败被杀,同死者百余人。

　　8.天地会。天地会创立于清乾隆年间,最初活动于福建、广东一带,是穷苦劳动者借以自保互助的民间组织。从乾隆五十一年台湾林爽文起义开始,天地会明确提出"反清复明"的口号,发展成为具有宗教色彩的政治结社。尔后传至江南多省及南洋华侨地区。天地会又称"洪门"、"三合会"。"洪"字有两解:一曰明太祖年号洪武,二曰"洪"乃"漢"字去"中土",不忘复兴汉族,皆与反清复明相联系。入会者皆姓洪。三合会则表示天、地、人三才之合。据萧一山《清代通史》引,天地会有入会仪式,香主的演词大略是:"天地万有,回复大明,灭绝胡虏。吾人当同生同死,仿桃园故事,约为兄弟,姓洪名金兰,合为一家。拜天为父,拜地为母,日为兄,月为姊妹,复拜五祖及始祖万云龙等与洪家之全神灵。吾人当行陈近南之命令,历五湖四海,以求英雄豪杰。焚香设誓,顺天行道,恢复明朝,报仇雪耻,啜血盟誓,神明降鉴。"[①]以上可知,天地会

---

　　①　萧一山:《清史大纲》,上海古籍出版社2014年版,第28—29页。

的宗教信仰来自中国传统的敬天地、法祖先,旁及日月,将其改造成与官方"奉天承运"相对立的"替天行道"的反抗性宗教,如同《水浒传》里英雄聚义。同时,天地会具有浓厚的民族革命气息。咸丰年初,湖南焦亮改名洪大全,联合天地会各派势力,在广东发动反清斗争,自称天德皇帝。曾与太平军联合,但因宗教信仰与政治纲领不同而貌合神离。上海天地会分支小刀会首领刘丽川等率众发动上海起事,失败被杀,余众一部分加入太平军,一部分辗转江西参与天地会起义。哥老会亦是天地会分支,会员旧军人居多,按仁义礼智信分为五门,各有门主统帅。孙中山领导的辛亥革命,初借重于帮会力量,尤其倚重于天地会、哥老会,孙中山、郑士良皆洪门中人。国民党发源于兴中会,而兴中会之骨干力量多天地会、哥老会成员。黄兴、马福益之华兴会,陶成章、沈英、张恭之龙华会,皆以哥老会为基础。海外华侨对国民革命之资助,新军起义之发动,皆赖会党之力量。清代末年,民间宗教秘密结社,孕育出近代政党组织如国民党,把宗教反抗提升为种族革命,又进而提升为国民革命,这既是民众觉醒的过程,也是民众组织程度提高的过程。

9.一贯道。创始人和教主是山东青州王觉一,创教于同治年间,传播于鲁、豫、苏、皖、鄂数省。王觉一自称古佛降生,其《古佛天真考证龙华宝卷》说:"古佛出世,设立宗门,有凡有圣,有修有证"[1],"置立为起,收源为落,一字为宗,大乘为法,圆顿为教,古佛法门,末后一着,千门万户,尽归佛门"[2],讲龙华三会,末劫将至之时,古佛最后一次普度众生,故称"末后一着教"。

一贯道之名起于孔子之言:"吾道一以贯之。"但王觉一要一以贯之的不限于儒家忠恕之道,而是要贯通儒、佛、道三教,使其归于一。王觉一著有《三易探源》、《学庸圣解》、《一贯探源》等书,阐述三教一贯之旨:以穷理尽性以至于命为修道要义;末劫来临,入道修持可以免劫;修炼内丹功法,炼精化气,炼气化神;供奉无极、太极、皇极三图,学习诸佛诸祖咒语。从光绪八年起,一贯道在江苏、湖广一带组织抗清暴动,失败后,王觉一避匿,光绪十年死于天津杨

[1] 转引自马西沙、韩秉方:《中国民间宗教史》,上海人民出版社1992年版,第869页。
[2] 转引自马西沙、韩秉方:《中国民间宗教史》,上海人民出版社1992年版,第869页。

柳青。

10.余论。明清民间宗教教门众多，其间分化组合未曾间断，又处在秘密状态，脉络半显半隐、难以厘清，教门名目繁多、难以穷尽。除上述九种教门，清代还有圆教、青莲教（斋教）、真空教等，不一而足。其共性可归纳为几点：一是脱胎于儒、佛、道三教又有诸多变异；二是多神崇拜而以无生老母为至上神；三是宣扬三期末劫、以救劫应变为任务；四是教团组织实行家长式统治；五是经书宝卷多用说唱形式、易于普及；六是活动方式与民间祭祀、治病、健身、文艺相结合；七是常与民众反抗运动相联系而非法存在；八是生命力顽强，在挫折中流传到近代。

这里要补充说明的是，有两个具有宗教色彩的民间组织与上述民间宗教不同，属于特例。特例之一是太平天国运动。1850年，洪秀全于广西金田村发动反清武装暴动，声势浩大，纵横十多年，一度占领南京，在曾国藩湘军围剿下，最后于同治三年（1864年）失败。太平军的宗教信仰是改造基督教而成的"拜上帝教"，对于孔子儒学及孔庙予以破坏扫荡，又攻击佛道二教，见庙宇即毁，见神像即焚，损害甚重。冯友兰先生在《中国哲学史新编》第六十五章中认为，太平天国要实行基督教神权政治，"如果洪秀全和太平天国统一了中国，那就要把中国拉回到西方的中世纪，使中国的近代化推迟了几个世纪"，"曾国藩的成功阻止了中国的后退，他在这一方面抵抗了帝国主义的文化侵略，这是他的一个大贡献"①。特例之二是义和团运动。义和团初称义和拳，原是山东农村习棒练拳的民间组织，而组织上具有八卦教形式，但信仰上不讲无生老母、真空家乡和三阳劫变，而以神话传说和明清小说中神怪为崇拜对象，极为驳杂。其政治目标是扶清灭洋。19世纪末活跃于北京，一度为清廷所笼络，于1900年发动对西方列强租界、使馆的攻击，后遭到八国联军的打击而失败，却表现出抗击帝国主义的大无畏英雄气概，但有盲目排外、仇外的情绪。它是明清具有宗教性的民间组织中，最早举起反对帝国主义旗帜的团体。以上两个特例，均是由于近代西方势力及其文化大举进入中国而诱发出来的。

① 冯友兰：《中国哲学史新编》（下），人民出版社1999年版，第419页。

(二)儒、道、佛三教合流推动民间普及读物与劝善书流行

1.儒学普及读物。儒学的普及在历史上早就进行,但蒙学读物广泛流传却在明清两代,而学人予有力焉。

《三字经》,作者为南宋王应麟,其扩充、增补、修订和解释,却多仰仗明清学者,如清人王相作《三字经训诂》,影响很大。至民国,《三字经》被定为"启蒙小学用书",少年儿童多借此书初步了解中国历史文化和修身之要。

《百家姓》,最初亦编著于宋代,有 438 个姓,后增补到 504 个姓,明清时期出现《千家姓》。清朝康熙皇帝有《御制百家姓》,可知上层重视的程度。《百家姓》于数百年间几乎家喻户晓,加强了中国人的宗族意识、寻根意识和中华民族多姓多族大家庭的一体感。

《千字文》,作于南朝梁武帝时周兴嗣之手,广受社会欢迎。唐僧人义净有《梵语千字文》,宋胡寅有《叙古千字文》,明吕裁之有《吕氏千字文》,清吴省兰有《恭庆皇上七旬万寿千字文》,其文采在蒙学读物中独领风骚。

《弟子规》,作者是清代著名学者、教育家李毓秀。该书对于普及《论语》、教导青少年做人做事、为学的道理,起了很大作用,受到广泛欢迎。该书发挥《论语》中"弟子入则孝,出则悌,谨而信,泛爱众,而亲仁,行有余力,则以学文"一段话,乃是孔子的教学大纲,包括了孝悌、忠信、仁爱、恭谨等做君子的主要功夫。《弟子规》将其加以发挥,落实为社会行为规范,具体而详尽,不离通常生活,紧扣人伦日用,颇便于青少年参照实行。

《幼学琼林》,明末清初程允升著,清人邹圣脉,民国费有容、叶浦荪、蔡东藩等增补。全书用对偶句写作,包含天文地理、历史人物、儒道佛三教的知识,有大量成语典故,颇便于青少年学作诗词散文。该书有钟际华白话句解,更便于阅读流传。

《龙文鞭影》,明代萧良有作,清初杨臣诤增订。初集 4248 字,二集 4024字。四字一句,两句一节,八字对偶骈行,每句四字浓缩一个典故,共 2056 个古典故事。韵律严整,便于诵记,选材多来自子部、史部,弥补了四书五经的不足。

《声律启蒙》,清代进士车万育作。该书内容包罗万象,形式对偶句式,读

者可以从中获得语言、音韵、修辞的训练,以便于进行作诗、填词、为文的写作。

《朱柏庐治家格言》,作者是明末清初学者朱柏庐。其格言上承朱熹的《朱子家训》,而又更加具体、简洁、切实,共500余字,流传数百年不衰,是《颜氏家训》以来影响面最大的家训。其主要内容是依据儒家思想,教导家人与后代要勤俭持家、教子有方、谨守伦常、慎终追远、与人为善、家门和顺、戒争贵让。传统社会以家庭为单位,家训就是家庭教育的教科书,通过家训的学用,树立忠厚传家的良好家风。这是对四书五经的重要补充。

2.道教劝善书。明清两代,作为道教道德信条通俗化形态的各种劝善书广为流行,成为儒家伦理教育的重要补充和淳化民间风俗的有效手段。宋代李昌龄撰《太上感应篇》,其在明清的民间传播势头强劲,并得到皇帝、王公大臣、名儒文士的关注与支持。顺治帝写有《劝善要言序》,黎士弘、梁宪、耿介、施闰章、周灿、彭定求、陈廷敬、汤来贺、彭绍升、陆陇其、惠栋、朱珪、丁晏、俞樾等名士皆为《太上感应篇》作注或作序或作疏,官绅富者捐资印施所在多有。该篇1200字,以太上老君为至上神,宗旨是"福祸无门,唯人自招,善恶之报,如影随形",列26善行,170恶行,强调"积德累功,慈心于物","忠孝友悌,正己化人,矜孤恤寡,敬老怀幼"。在内容上,主于儒家伦理,在方式上将道教承负说与佛教报应说结合起来,发挥神道设教的作用。

流行于世的劝善书还有《关帝觉世真经》、《文昌帝君阴骘文》、《吕祖功过格》、《文帝孝经》等,后来皆收入《道藏辑要》。"阴骘"是积阴德之义。《阴骘文》以天人感应和因果报应为依据,宣讲儒家道德规范,也有道佛二教戒条,以文昌帝君故事说明广行阴德,将获善报,列出忠主、孝亲、敬兄、信友、敬老怜贫、矜孤恤寡、不谋人财、不淫人妻女、不恃富欺穷、不依权势辱善良等数条行为准则,认为若依此而行,则百福并臻,千祥云集,近则善报个人,远则福泽子孙。《功过格》类似反省日记,列善意、善言、善行若干条为功格,恶意、恶言、恶行若干条为过格,信奉者每日将己善事列入功格,将己恶事列入过格,逐日清理自己的所想所为,一月一小比,一年一大比,善长则恶消,恶增则善减,功多则得福,过多则得咎,自审言行,自知后果,便可激励自己向善去恶。

3.佛教通俗读本、说唱文学和劝善书。佛教在中国化过程中早就致力于佛法讲论的大众化、通俗化。慧能《坛经》就是一部口语而生动的弘法、说法之佛典,普通人一听即懂,故能在平民中广为流布。为了在民间扩大影响,中国僧人宣传教义创造了变文、宝卷、弹词、鼓词的说唱文学,采用"转读"、"梵呗"、"唱导"的方式,有说有唱,生动引人。"变文"就是说唱佛经故事,如《维摩诘经变文》、《大目乾连冥间救母变文》、《降魔变文》。佛教宝卷形成于宋代而盛行于明清,用佛教故事宣扬因果报应,宋以来有《香山宝卷》、《鱼篮宝卷》、《目连三世宝卷》等,明清有《梁山泊宝卷》、《土地宝卷》、《药名宝卷》等。明清还盛行弹词,将宝卷发展成为一种曲艺,有说有唱,便于民众在娱乐中接受三教劝善之义。

佛教居士家训中最有代表性的是《了凡四训》。作者袁了凡,江苏吴江人,生活于明代万历年间,进士出身,做过朝官和县官,后受冤返乡。他信仰佛教,坚持诵经持咒、参禅打坐、修习止观;同时行善布施,关心民生。所作《了凡四训》,以家训教子方式宣传儒、佛、道三教思想:其一"立命篇",宣讲"命由我作,福自己求","即命当荣显,常作落寂想;即时当顺利,常作拂逆想;即眼前足食,常作贫窭想;即人相爱敬,常作恐惧想;即家世望重,常作卑下想;即学问颇优,常作浅陋想。远思扬祖宗之德,近思盖父母之衍;上思报国之恩,下思造家之福;外思济人之急,内思闲己之邪"。其二"改过篇",宣讲"未论行善,需先改过",要求"第一要发耻心","第二要发畏心","第三须发勇心"。其三"积善篇",宣讲"积善之家,必有余庆",而"善有真有假,有端有曲,有阴有阳,有是有非,有偏有正,有半有满,有大有小,有难有易,皆当深辨",所以为善要穷理才能达到最好效果。其四"谦德篇",宣讲"满招损,谦受益",要相信"举头三尺,决有神明。趋吉避凶,断然由我。须使我存心制行,毫不得罪于天地鬼神,而虚心屈己,使天地鬼神时时怜我,方有受福之基"。

袁了凡在《了凡四训》之外有其五"功过格",把善恶之行按等级量功过,如"救免一人死"可"准百功","度一受戒弟子"可"准三十功","劝息一人讼"可"准五功","赞一人善"可"准一功","致一人死"可"准百过","破一人婚"可"准五十过","讪谤一切正法经典"可"准五过","没一人善"可"准一过",等。该家训对于三教不分彼此,皆予阐扬,且在信佛同时,亦尊信传统的天命鬼神,内容上以儒家伦常为主,是具有典型性的混合劝善书。

(三)儒、道、佛三教同时渗透到民俗文化生活中

中国的民间习俗一向具有鲜明的宗教性,与天祖鬼神崇拜有密切联系,同时具有民族性、地区性、多样性的特色,因而千姿百态。其宗教性民俗有一条主线贯穿其中,就是避祸求福、逢凶化吉,依神道改善德风,使心理得到安慰,让生活更为丰富。影响民俗的宗教,最长久和最普遍的是中国自古就有的传统信仰:天神、祖灵、社稷、圣贤、日月、山川、江河、湖海、风雨、雷电、方位、百物等多种神灵及其祭祀,而以敬天法祖为核心,从制度文化层面上讲,它们属于儒家礼教的重要组成部分,即《礼记·祭统》所说:“礼有五经,莫重于祭。”①明清以降,这种宗教性礼俗文化更加繁荣昌盛。影响民俗的宗教,还有道教与佛教。两教在演进过程中,一方面与在学术层面上与宋明新儒学互动互渗,另一方面下落为民间道教与民间佛教,与民俗性民间宗教文化交融相生,逐渐打成一片,时刻影响着民众的日常生活。

1.儒家礼教祭祀风俗。从汉以后,敬祭天祖百神的民俗便逐步形成和稳定发展,不断有局部调整,但无大局上变更。明清时期的敬祭活动更为细密、更为普及,从汉族扩展到蒙、满等许多少数民族,敬天法祖真正成为整个中华民族的基础性信仰。

节日岁时中的宗教民俗。“百节年为首”,是汉族和众多少数民族最重视的节日,合家团聚,祝福吉祥,欢庆新年。春节家庭供奉“天地君亲师”和祖宗牌位及诸神像。腊月祭灶,挂桃符,除夕守岁,燃放爆竹,初一祭祖,初五祭财神,十五闹元宵。二月二,“龙抬头”,舞龙灯,祭龙王,祈求风调雨顺。三月三为上巳节,招魂续魄,祓除不祥,祈子祈年,民间有“禊祭”,“引以为流觞曲水”,傣族、白族等过泼水节。清明节扫墓祭祖,戴柳避邪。五月五,端午节,吃粽子,竞龙舟,念屈原,挂菖蒲,插艾草,驱瘟疫。七月七,乞巧节,念牛郎织女,祝有情人终成眷属。七月十五,中元节,祭百鬼,荐亡灵。八月十五,中秋

① (唐)孔颖达疏:《礼记疏》,《祭统第二十五》,清嘉庆二十年南昌府学重刊宋本十三经注疏本,第1146页。

节,共赏月,祈团圆。九月初九,重阳节,登高望远,佩插茱萸,饮菊花酒,吃重阳糕。腊月初八,腊八节,煮腊八粥,施舍穷人。

人生礼仪中的宗教民俗。初生礼,行"洗三";百日礼,称"百岁",穿百家衣,戴长命锁;周岁礼,做"抓周"。命名礼,排八字,取吉名。成人礼,男称冠礼,女称笄礼。婚礼,"合二姓之好,上以事宗庙,而下以继后世"①,还有拜天地之仪。寿礼,民间信仰寿翁,即南极仙翁。丧葬礼,慎终追远,入土为安,守孝"做七","生事之以礼,死葬之以礼,祭之以礼",这是孝道的全过程。明清丧服更为细琐严格。

民间俗神崇拜。玉皇崇拜,宋以后古传昊天上帝与道教玉皇大帝合一,民间修玉皇庙以祭之,又将传说中的西王母称王母娘娘,匹配玉皇而合祭。中国台湾地区民间称西王母为瑶池金母,奉祀她的慈惠堂遍布全岛。关公以其"忠义"而受到敬拜,明以后升为"关圣帝君",关帝庙遍及全国城乡,关帝职能由伏魔驱邪而扩大到治病消灾、巡察冥司、招财进宝,几为全能之神。财神,早有比干、范蠡,后有赵公明,民间正月初五拜五路财神,即赵公元帅、招宝财神、纳珍财神、招财财神、利市财神,商铺皆设灵位祭之,以求财路亨通,买卖兴旺。城隍,乃城镇保护神,其神常以该地英雄功臣之神灵充当之,如北京城隍庙供奉明代清官杨椒山和明末文天祥,上海城隍庙供奉汉朝霍光、明朝秦裕伯、清末爱国将领陈化成。文昌帝君,乃是文教之神,学子士人祭拜他以求功名,文教用品商店祭拜他以求生意兴隆。福禄寿三星,代表人们对富有、尊贵、长寿的追求,明代小说《警世通言》有一篇《福禄寿三星度世》,民间期盼"三星高照喜临门"。

农业神与海神。中国是家族社会,又以农业立国,故在天坛、地坛祭天地之下便是宗庙祭祖,社稷祭农业神。明清两代,朝廷在北京南郊设天坛祭天,北郊设地坛祭地,在故宫午门两侧按左宗庙右社稷的礼制设太庙与社稷坛。社是土地神,稷是粮食神。下落到民间便有各地土地庙祭土地神,有乡社祭粮食神。社日是民众聚会欢乐的时刻,举行祭祀并娱神文艺活动,成为地方性超

---

① (唐)孔颖达疏:《礼记疏》,清嘉庆二十年南昌府学重刊宋本十三经注疏本,第1385页。

出家族的群体行为,后来"社日聚会"简化为"社会"概念,表达政权之外、家庭之上的群体组织形式与生活方式。

中国有很长海岸线,民众出海捕鱼和航海经商都要与变化无常的大海打交道,逐渐出现对海神妈祖的信仰,乞求解救海难,保佑船民平安。妈祖信仰起于宋代,由湄州岛逐步向南北沿海扩展,成为中国沿海共同供奉的江海女神,宋、元、明、清各朝朝廷皆有敕封,如"天妃"、"天后"、"圣母"。沿海城市,如天津、烟台、南京、上海、宁波、泉州、厦门,直到广州、香港、澳门等,皆有天后宫、妈祖庙。台湾有妈祖庙八百多座,信众在 1400 万以上,是全台湾最大的信仰群体。后来妈祖信仰与佛教、道教相融通,时而被纳入佛教系统,时而被纳入道教系统,但始终保持了相对的独立性。

圣贤崇拜。圣贤崇拜是中华民族的古老传统,所崇拜的圣贤不是法力无边的大神,而是创发中华文明、有大功德于民的文化英雄祖先,其纪念的意义大于祈福的动机。社会上下都崇拜炎帝黄帝,视为中华民族的缔造者,再是尧、舜、禹、汤、周文武和孔子,皆设庙按时加以祭拜,起到凝聚中华民族共同体的作用,同时继承和发扬圣贤的文明、仁德、爱民、贵和、创新的优良传统。其中,对后世影响最大的是祭拜孔子。西汉起奉祀孔子,唐开元中祭孔升为中祀,清同治中祭孔升为大祀。孔子文庙大成殿中,颜、曾、子思、孟子为四配,下有十哲及历代大儒陪祀。各地建文庙,意在提倡儒家文化,强调道统的延续性,树立孔子大成至圣先师的道德至尊形象,推动进学、教化的风气,与其他民间神灵祭祀有所不同。

2.道教、佛教影响下的宗教性民俗。节日与庙会。二月十九是观音菩萨诞辰日,浙江普陀山进香朝拜者不计其数。四月初八佛诞日,围绕佛寺,民众有盛大庆祝活动。三元节:道教认为天官赐福,生于正月十五,为上元;地官赦罪,生于七月十五,为中元;水官解厄,生于十月十五,为下元,每逢三节,道观与民众一起庆祝,把祭祀与文娱相结合。中元节,佛教做盂兰盆会,供养十方僧众,民众施斋供僧,寺庙举行法会和水陆道场,使地狱受苦者得到解脱。北京有庙会数十处,每月定期开放的道教宫观有东岳庙、吕祖阁、崇元观,佛教寺庙有白塔寺、护国寺、隆福寺;逢年开放的道教宫观有白云观、碧霞元君庙,佛教寺庙有大钟寺、雍和宫、万寿寺。民间说法是："初一东岳庙,十五逛花灯,燕九白云观,三十雍和宫","财神庙里借元宝,觉生寺里砍大钟,东岳庙里拴娃娃,白云观里去顺星,城隍庙里看火判,崇元观里看花灯,火神庙里亮宝会,庙会最盛是帝京"。北京是明清两代京都,其市民宗教生活具有代表性。

烧香拜神,进山祈福。中国民众,尤其汉族,出家为僧道者少,在家为居士者亦不多,而常常到庙观里烧香拜佛或拜仙者是广大人口。到庙里求神保佑人畜平安、五谷丰登、消灾免祸、健康长寿、多子多孙,或临时遇到难题而拜神祈福,成为民众生活常态。各地众多佛寺道观除了为出家人提供栖居活动场所外,一个重要社会功能便是向周边民众开放,满足他们日常生活中随时出现的宗教需求。全国名山大寺都是俗家弟子和普通民众向往的神圣之地,在家信众定期或不定期从四面八方长途跋涉来此进香,参佛拜仙,祈得保佑。佛教名山名寺五台山、峨眉山、普陀山、九华山,国清寺、栖霞寺、慈恩寺、华严寺、大明寺、少林寺、南华禅寺;道教武当山、绵山、崂山、青城山、泰山、龙虎山,天师府、中岳庙、永乐宫、楼观台、青羊宫,都具有信仰文化的巨大吸引力和辐射力。为满足世俗社会的精神需求,佛寺道观还经常与社会人士联合举办规模较大的"水陆道场"(佛教)和斋醮祈禳大会(道教),都有大量民众参加。明清两代,儒家式的书院、宗祠,与佛教寺院、道教宫观,交错并存,遍布城乡各地,成为民众多元信仰活动场所,有益于凝聚族群,推动乡土文明,满足民众在天祖佛仙崇拜中寄托消解苦难、向往幸福生活的理想,也有助道德教化和基层社会稳定。

服务丧葬,超度亡灵。佛僧与道士一项重要的社会服务,便是登门参与民间丧葬活动,为亡灵转生和超度做法事,以慰藉死者家属,有钱人家常常佛道并请,以加大追荐的力度。《红楼梦》是小说,但表现了当时富家做丧事的样态,比史录还要生动。第十三回写秦可卿死后宁国府办丧事:"择准停灵七七四十九日,三日后开丧送讣闻。这四十九日,单请一百零八众僧人在大厅上拜大慈忏,超度前亡后死鬼魂;另设一坛于天香楼,是九十九位全真道士,打十九日解冤洗业醮。然后停灵于会芳园中,灵前另外五十众高僧、五十位高道,对坛按七作好事。"这是上层贵族丧葬的规模,普通人家无法比拟。但民间丧事中,近佛寺者请僧人,近道观者请道士,却所在多有,而且不计是佛是道,只是规模较小而已。

吃素与放生。自梁武帝以来,素食成为佛教徒清规,逐步影响到民间,成为一种常见的习俗。少数在家虔诚教徒,全年吃素,称为"长斋"。更多俗家信众,定期或不定期吃素,称为"花斋"。素食后来得到许多人的喜爱,形成饮食文化系列,不仅能够使人们增强泛爱生物的情怀,也有益于人们改善饮食结构,促进健康。

放生是从佛教慈爱有情众生的教义中引发出来的。民间有慈悲心的人士,看到被人猎获的禽兽和捕捞的鱼类未死,用钱买下,放归山林江河。有些寺庙和地方修建放生池,或举行放生活动,推动此类慈善之举,人们视之为一种行善积德的事。

念佛与气功。佛教净土宗至明清泛化为民间信仰,以其简单易行在民间广泛流行,日常手数念珠口念佛号者不计其数,尤其年老多病者和不宜出门的妇女更喜念佛,日诵万遍或更多,以此观想佛陀,清心寡欲,摆脱怨苦,消解不良杂念,能有效调节身心健康。

道教内丹讲性命双修,其"炼气化神"以上乃是道内人士的宗教修习和神秘体验,一般人难以掌握。其"炼精化气"的初级功法则易于在民间普及,有益祛病健身。明清以来,民间修炼气功的活动活跃而普遍,大都从道教内丹学演化而来,如明代道书《性命圭旨》就衍生出许多气功功法,成为中国民众养生的重要方式。

观音与弥勒。佛教诸多菩萨中,最受民众敬爱的是观世音菩萨和弥勒佛,不仅使人们尊崇,而且感到亲近。观音在印度佛教里是男性形象,进入中国后,在母性情结影响下,演变成女性形象,具有大慈大悲、救苦救难的伟大情怀和智慧,深入到千家万户之中,成为家庭供养最普及的佛像。她是慈祥的,有一颗大爱的心;她是美丽的,风姿绰约,光彩照人;她又是法力无边的,能够起死回生、解冤消灾、治病救人、降雨救旱、送子护婴。她的形象多姿多彩,有千手千眼观音、十一面观音、如意轮观音、白衣观音、水月观音、杨柳观音、鱼篮观音、送子观音。

弥勒佛是未来佛,其在中国的形象有三种:一是高贵的弥勒,以浙江新昌大佛和四川乐山大佛为代表,神态严肃;二是造反的弥勒,民间宗教信奉的"弥勒下凡,明王出世"就是;三是和乐的弥勒,即大肚弥勒,又称布袋和尚。大肚弥勒,本名契此,五代后梁僧人,于浙江奉化岳林寺坐化,其形象融会了儒家的和乐、道家的洒脱和佛家的慈悲,成为完全中国化的弥勒造型,常有对联在其左右:"大肚能容,容天下难容之事;开口便笑,笑世上可笑之人。"表现出乐观、随和、自在、宽厚的神态,符合中华民族的性格和愿望,因而到处受到欢迎。一般佛寺,山门安放大肚弥勒,欢迎前来礼佛的人们;而民间佛堂、佛龛或宅屋,也多供奉弥勒,保佑平安。

八仙、东岳与真武。八仙是道教传说中八位修炼成仙者,即铁拐李、汉钟离、张果老、何仙姑、蓝采和、吕洞宾、韩湘子、曹国舅,有老有幼,有贵有贱,有男有女,有文有野,能代表社会各阶层,形成巧妙的组合,故受到各种群体的喜爱。以八仙为题材的民间故事很多,如"八仙过海"、"八仙庆寿"等,山东蓬莱有蓬莱阁,传说即八仙出海之处。

东岳大帝即泰山神,宋代封为"东岳天齐仁圣大帝",据说东岳大帝掌管人间生死,乃百鬼之主、幽冥灵地之神,设阴曹地府,立七十五司,专审死者生前行为,然后根据其功罪给予相应发落,很受民间关注,故加以祭拜。各地皆有东岳庙,香火很盛。

真武本称玄武,即龟与蛇的异名,乃北方星宿之神。明成祖据有天下,谓真武大帝显圣相助,封之为"北极镇天真武玄天上帝",在湖北武当山大修真武道观,作为真武修行祖庭,并在北京与全国各地修建真武庙,奉祀真武大帝,期以祛魔消灾、护国佑民。

善恶报应说的流行。人们很早就关注善恶与福祸的关系,而不得其解。开始有"福善祸淫"说,认为冥冥中有鬼神监督人间行为,善者赐福,恶者施祸。此说多与现实不符。《易传》又提出"积善之家必有余庆,积不善之家必有余殃",后来道教提出"承负"说,云先人有过必流灾后世,如果国家昏乱,整个社会将承受报应。这种家族与社会报应说能提高人们的家庭责任心和社会使命感,但亦有不足令人信服的缺欠。佛教传入后,提出"三世因果报应"说,东晋慧远著《三报论》,认为业有三报:现报、生报、后报,应有迟速,报有先后,它对世上善恶与福祸不相应的现象作了解释:"世或有积善而殃集,或有凶邪而致庆,此皆现业未就而前行始应。"善人得祸乃前世作恶之报,其今世之善必将报福于后世;恶人得福乃前世为善之报,其今世之恶必将报祸于后世。"三报论"不仅圆满解释了现实中善恶与福祸不对应的矛盾现象,而且也起到了激励积善、惩戒恶行的作用,因此广受中国大众的欢迎。后来中国人把佛教三报论讲的自然因果改造成灵魂投胎、佛神赏罚,把六道轮回与阴曹地府结合起来,使三世报应说具象生动,成为民间的一种主流意识,在明清两代大行其道。明代流行于社会的冯梦龙小说"三言两拍",多讲三世因果报应。如"蒋兴哥重会珍珠衫",蒋兴哥之妻王三巧因丈夫外出经商不慎失身,后来从正房变成偏房,而骗奸王三巧的徽商陈大郎在路上病亡,其妻平氏后来成了蒋兴哥正妻,其题诗云:"恩爱夫妻虽到头,妻还作妾亦堪羞。殃祥果报无虚谬,咫尺青天莫远求。"①这是现报的故事。清代蒲松龄《聊斋志异》中有"三生"一篇,讲刘孝廉能记前世事,一世为缙绅,因有恶行,二世罚作马,受尽苦楚,绝食而死,投胎为犬,被主人杖杀,再投胎为蛇,誓不残害生类,死后复投胎为人。又有一篇"四十千",写王家生子时,梦一人奔入,告其欠四十千钱归还,遂置四十千钱于室,凡儿衣食病药皆从中取用,至钱用毕而儿死。作者说:"盖生佳儿,所以报我之缘。生顽儿,所以取我之债。生者勿喜,死者勿悲也。"②这一类故事宣传多做好事,弥补前愆,求得福报,富贵不骄,贫贱不悲,广积阴德,解困救急,虽牛马畜类亦加爱悯善待,相信好人终有好报,恶人终有恶报,只是有早有晚而已,这对于道德教化是有积极作用的。

四、儒、道、佛三教合流思潮的扩展

儒、道、佛三教文化作为中华文化的核心,具有极大的辐射力和影响力,不

---

① (明)冯梦龙:《喻世明言》,华夏出版社 2013 年版,第 28 页。
② 赵伯陶注评:《聊斋志异译注新评》,人民文学出版社 2016 年版,第 155 页。

断向社会其他文化领域扩展,这种扩展在明清两代达到高潮。主要表现为三个方面:一是向其他大的宗教扩展,二是向文学艺术扩展,三是向近代人文学者扩展,第三点在讲康有为、谭嗣同时已述及,下文不赘。下面讲一、二方面扩展。

(一)三教向其他大的宗教扩展

1.对天主教的影响。明代后期,天主教耶稣会传教士利玛窦来中国和平传教,他有广博的中华文史积累,兼有西方天文、历算、地理知识,懂得如何结交中国上层和士人精英,因而传教有明显效果。1598年,利玛窦进京向万历皇帝进献自鸣钟、铁弦琴、《圣经》、圣像等礼物,得到住京默许。又发展了徐光启、李之藻、杨廷筠为教徒,称中国天主教"三柱石",扩大了影响。在教义教理上他采取了儒学化的方略,以期适应中国社会。他著《天主实义》,把中国自古就有的"昊天上帝"与"天主"等同,云:"历观古书,而知上帝与天主特异以名也。"①他把儒家的"仁"与天主教的"爱"等同;把理学家重义轻利、存天理灭人欲与天主教蔑视现实世界、追求天国理想混而为一;又肯定儒家孝道,而发挥为三大义务:向天主尽孝,向国君尽孝,向生父尽孝。冯应京在《天主实义》"序"中说:利玛窦"引六经之语以证其实,而深诋空谈之误"②,故批评佛教禅宗和王学末流空疏之失。徐光启在《跋二十五言》中说:《天主实义》里"百千万言中,求一语不合忠孝大旨,求一语无益人心世道者,竟不可得"③。可见利玛窦的天主教儒学化是成功的。利玛窦的儒化工作有实用的一面,他坦称:"把孔夫子这位儒教奠基人留下的某些语焉不详的字句,通过阐释为我所用。"④这只能说他对孔学尚有不透彻的理解。但他对儒学和中华文化是热爱的、敬重的,所以他最早将四书译成拉丁文寄回意大利,尔后有比利时人金尼阁将五经译成拉丁文传回西方,开启了中国经典西传的道路,助推了欧洲启

---

① 朱维铮主编:《利玛窦中文著译集》,复旦大学出版社2001年版,第21页。

② 转引自谢和耐:《中国文化与基督教的冲撞》,于硕等译,辽宁人民出版社1989年版,第16—17页。

③ 转引自谢和耐:《中国文化与基督教的冲撞》,于硕等译,辽宁人民出版社1989年版,第98页。

④ 德礼贤:《利玛窦全集》第2卷。

蒙运动。利玛窦根据儒家的朋友理论写出一篇《友论》说:"临难之顷,则友之情显焉。盖事急之际,友之真者益近密,伪者亦疏散矣。"又说:"我荣时请而方来,患时不请自来,夫友哉!"①这真是彻悟之语,这就是中华忠义之士看重的患难之中见真情。

清初天主教罗马教廷改变了利玛窦路线,禁止中国天主教徒祭天、祭祖、祭孔,挑起"礼仪之争",触犯了中国人敬天、尊孔、法祖的基本信仰,康熙下谕驱逐教士,谓:"自今以后,若不遵利玛窦的规矩,断不准在中国住,必须回去。"②遂导致雍、乾、嘉三朝禁教。

2.对伊斯兰教的影响。明朝有不少建国功臣是回族,如常遇春、胡大海、汤和、邓愈、沐英、蓝玉等,故朝廷对伊斯兰教的政策是优厚的,几代皇帝都称赞并下谕保护伊斯兰教,这就为儒伊融会创造了宽松政治环境。永乐年间,回族穆斯林、"三保太监"郑和奉使率当时世界上最强大的舰队出洋,远至非洲,到宣德中七下西洋。郑和下西洋促进了中国与亚、欧、非三十余国的经济、政治、文化交流,始终是和平之旅,成为海上丝绸之路的壮丽诗篇。明成祖秉承儒家"协和万邦"的对外文明原则,申明"内安诸夏,外抚四夷,一视同仁,咸期生遂"的和平外交方针。郑和下西洋,遵循"君主天下,施恩布德","不可欺寡,不可凌弱,共享太平之福"的圣训,故受到各国的欢迎和礼遇。这一伟大文明外交背后,有儒伊融洽的要素。还有,明代著名的思想家李贽是回族学者,他力融儒、佛、道三教,提出"童心说",在明代阳明心学史上占有重要位置。他融入学界之深,竟使学者们忘记了他的民族身份,前文已述不赘。

明代回族伊斯兰教学者将伊斯兰教经典进行汉文翻译,并用汉文著述,以便适应广大回民日常使用汉语言文字的需要,更有益于推动伊斯兰教中国化特别是儒学化的事业,以便使伊斯兰教在中国扎根发展。伊斯兰教的汉文译著事业,始于明代后期,活跃于清代前期,其中以王岱舆、刘智、马启西、马德新

---

① 朱维铮主编:《利玛窦中文著译集》,复旦大学出版社 2001 年版,第 108、112 页。

② [意]马国贤:《清廷十三年:马国贤在华回忆录》,李天纲译,上海古籍出版社 2013 年版,第 148 页。

最负盛名,称"四大哈里发"。王岱舆是明万历年间人,其汉文译著有《正教真诠》、《清真大学》、《希真正答》。《正教真诠》贯穿以儒解伊的精神,提倡"人生在世有三大正事:乃顺主也,顺君也,顺亲也"[①]。用"五常"诠注"五功":念经不忘主则具仁心,施真主之赐予穷者为义,拜真主与拜君亲为礼,戒自性者为智,朝觐而能守约为信。倡导性命之学:"先天为命,后天为性,命为种子,性乃果子。"[②]赞颂"忠恕"之道:"真者化灭诸邪,忠者斩除万有,此为人之大本也","克己恕人,方能进入正道"。[③] 肯定"克己复礼":"若非礼勿视,必须正视;若非礼勿听,必须正听;若非礼勿言,必须正言。"[④]儒家学者何汉敬在该书"序"中说:"其教众不废君臣、父子、夫妇、兄弟、朋友之序,而洁己好施更广吾儒所不足。"[⑤]王岱舆《清真大学》是阐述伊斯兰教宇宙观的著作,他结合宋明理学提出中国式伊斯兰教宇宙生成模式:真一(真主)→数一(无极、太极)→阴阳→天地(日月星辰)→土水火气→世界万物。王岱舆的汉文译著受到回族的普遍重视,也得到儒学界的高度关注和评价。

刘智,江苏上元(今南京)人,活动于清初,代表作:《天方性理》、《天方典礼》、《天方至圣实录》、《五功释义》等,他将伊斯兰教哲学与儒家及佛老哲学加以会通,完整地构建出中国伊斯兰教思想体系。《天方典礼》将伊斯兰教"真一"说与理学"太极"说相结合,说:"真一有万殊之理,而后无极有万殊之命,太极有万殊之性,两仪有万殊之形"[⑥],"真宰无形,而显有太极,太极判而阴阳分,阴阳分而天地成,天地成而万物生,天地万物备,而真宰之妙用贯彻乎

---

① （明）王岱舆:《正教真诠清真大学希真正答》,余振贵点校,宁夏人民出版社1987年版,第89页。

② （明）王岱舆:《正教真诠清真大学希真正答》,余振贵点校,宁夏人民出版社1987年版,第163页。

③ （明）王岱舆:《正教真诠清真大学希真正答》,余振贵点校,宁夏人民出版社1987年版,第88、94页。

④ （明）王岱舆:《正教真诠清真大学希真正答》,余振贵点校,宁夏人民出版社1987年版,第115页。

⑤ （明）王岱舆:《正教真诠清真大学希真正答》,余振贵点校,宁夏人民出版社1987年版,第603页。

⑥ （清）马注:《清真指南》,宁夏人民出版社1988年版,第77页。（经查,文中引用的这句并非出自《天方典礼》）。

其中"①。格物致知终极目的是认主,而认主必先认己,"视己身之灵明,而知有性;参天地之造化而知有主"②。刘智在中国主流学界有广泛影响。内阁学士兼礼部侍郎徐元正为《天方性理》作序,赞美该书"言性理恰与吾儒合;其言先天后天、大世界小世界之源流次第,皆发前人所未发,而微言妙义视吾儒为详",又说:"天方圣人创之于前,群贤宿学传之于后,白门刘子汉译以授中国,中国将于是书复窥见尧舜禹汤文武周孔之道,则是书之作也,虽以阐发天方,实以光大吾儒"③。可见儒者对之认同度是很高的。《天方典礼择要解》于乾隆四十七年进呈,成为唯一收入《四库全书》书目中的伊斯兰教作品,《四库提要》称赞该书"习儒书,授经义,文颇雅瞻"。刘智的汉文译著直接影响到中国伊斯兰新教派西道堂的诞生。西道堂创始人马启西饱览《四书》、《五经》与诸子百家,又深研刘智论著,于清光绪年间在甘肃南部临潭创建西道堂教门,他讲道的主要内容是刘智与王岱舆的思想,被称为"汉学派"。他后来被军阀马安良杀害,但西道堂创立的宗教、经济、文化三位一体的东方"乌玛"共同体却一直延续下来。马启西的著作被焚毁,留下若干对联可窥其学之一斑:"穷神之化至精学问在无我,复命归真第一人品要如他","把斋贵清心上地,拜主须养性中天","开之谓言微解妙解一本诚,是大人致知学问;斋之取意身齐心齐情欲正,为君子克己功夫","忠厚留有余地步,和平养无限天机","体大公而遵主命,善身善世,洵哉仁熟义尽;本真诚以履圣行,成己成人,允矣道全德备"④,他把儒伊二教思想融为一体了,其中也有佛老的智慧。

马德新(1794—1874年),字复初,是清后期享誉云南的回族穆斯林大学者。他遭遇一个民族矛盾尖锐、当权者喜用暴力压迫的时代。他开创云南经堂教育,并于咸丰、同治年间领导云南东南回民起义,后与政府议和,投身学术。他精通阿拉伯文化与语言,坚守伊斯兰教核心信仰,又熟悉汉文与儒家思

---

①　(清)刘智,纳文波译注:《天方典礼译注》,云南省少数民族古籍整理出版规划办公室编,云南民族出版社 1990 年版,第 2 页。

②　(清)刘智,纳文波译注:《天方典礼译注》,云南省少数民族古籍整理出版规划办公室编,云南民族出版社 1990 年版,第 79 页。

③　转引自秦慧彬:《中国的伊斯兰教》,商务印书馆 1997 年版,第 96 页。

④　以上见《马启西诗联》,西道堂编印 1992 年版。

想,在国家、民族、宗教三者认同上采取务实、理性、宽容的态度,化解民族矛盾,推动伊斯兰教走以儒诠伊、以儒补伊的中国化道路,在学术上取得丰硕成果。马德新认为儒家重人道而伊斯兰教重天道,这是两者不同点,但两者可以互补,有益社会人生。其书《四典会要·幽明释义》说:"周公孔子是治今世之圣人","专以人情为贵,只言人与人相处之理","彼尧舜周公之专任在人道,而天道亦在其中。故唯以伦理为重,而不言生前死后之事",而天方圣人"以天道为己任,言人与真宰(真主)相处之道,而人道亦在其中"①。他在《礼功精义》"自序"中说:"清真所尊奉者,造化天地、养育万物、维纲数理、掌握人神之真宰也。儒门称之为天,是天下万世所公共者也。其所持守者,顺天、事天、敬天、畏天,亦千古万国所当行之公礼也。"②他借助于儒典《大学》与宋儒理欲说,提出明德说,要人们克除私欲、培植明德之性,而"五功乃真宰示人医心之良方也。五功实为近主之道,近主者明,明来暗消"③。马德新以儒益今世,以伊求来世,提倡中国式的两世吉庆,把今生与来生有机统一起来。

清初伊斯兰教形成四大门宦:虎非耶、嘎的林耶、哲赫忍耶、库不忍耶,清后期出现的新教派如依黑瓦尼以及门宦后续的花寺门宦、穆夫提门宦、撒拉教、哲赫忍耶门宦,皆在不同程度上使自身教义教规与组织形态中国化,其中吸收最多的是儒学和宗法文化。其经堂教育多吸收儒家私塾和书院的经验,形成发达有效的宗教教育模式。

(二)三教向文学故事扩展

中国文学史发展的阶段性特色,最常见的说法是"先秦散文、汉赋、唐诗、宋词、元曲、明清小说",虽不完整,却抓住了要害。明清小说最为发达,不少作品成为文学经典,受到全民喜爱,流传至今不衰。而小说从思想内容、艺术构思,到题材情节、语言文字,都深受儒、道、佛三教文化熏陶,与三教形影不

---

① (清)马德新撰,杨永昌、马继祖标注:《四典要会》,青海人民出版社1988年版,第67、68页。

② (清)马德新撰,杨永昌、马继祖标注:《四典要会》,青海人民出版社1988年版,第19页。

③ 李伟、吴建伟主编:《回族文献丛刊》,上海古籍出版社2008年版,第223页。

离。一般民众主要是通过这些小说以及其戏曲、说唱形式，而不是经书文本，来认识三教，接受三教的价值追求和人生智慧，寓教于乐，所发挥的善美作用极其巨大。

1.神魔小说《西游记》和《封神演义》。《西游记》是吴承恩（作者尚有争议）在民间传说的基础上加工而成，以宗教神话故事为艺术形式，以神魔斗争为主要线索，深刻、幽默而又具象地表现了人间正义与邪恶之间的对立斗争。它所塑造的唐僧、猪八戒、孙悟空等生动形象把神性、人性和兽性糅合在一起，再加上奇异变幻的情节、浪漫多彩的环境，把读者引入一个神奇无比的世界，大大满足了人们理想追求和审美情趣，受到千千万万人的喜爱。《西游记》里有三个组织系统，分别代表儒、道、佛三教。以玉皇大帝为首的天宫和以唐太宗为首的朝廷，代表儒家政治管理模式。以太上老君为首的神仙真人，代表道教的理想世界。以佛祖如来佛为首的菩萨和高僧，代表佛教的精神圣域。三个系统集于一书，高度地将其形象化、艺术化、感性化，尤其是齐天大圣孙悟空大闹天宫、降妖伏魔的神猴形象，使人津津乐道，百说不厌。三教神话借助于小说而具有了永恒魅力。《西游记》的诗词和用语，多出自全真道内丹学专业术语，非内行者难以为之，于是有人认为《西游记》作者应是丘处机。不论如何，丘祖弟子李志常所著《长春真人西游记》，启发了《西游记》作者，应有较高可信度。

《封神演义》取材于武王克商的故事，利用道教神话传说，表现阐教与截教之间的斗争，突出姜子牙的高超神性，让他祭坛封神。小说塑造了哪吒等神人生动形象，赋予封神英雄以奇特的相貌和神通的能力，表现出人对自身局限性的超越和丰富的想象力。如杨任掌内生眼，雷震子肋下长肉翅，哪吒能化出三头六臂，土行孙能土遁、水遁等。该书艺术成就不如《西游记》，但书中故事也广传民间，为后来戏曲所本，也扩大了道教的影响。姜太公一度成为民间祭祀的武圣人。

2.历史演义小说，以《三国演义》为代表。元末明初罗贯中在《三国志》和民间传说基础上写成《三国演义》，后人评述是"七分实，三分虚"。小说中通过关羽的形象宣扬儒家忠义精神；描写诸葛孔明足智多谋，不仅料敌如神，通晓天文地理,而且能预知吉凶,呼风唤雨,祈禳北斗,显圣定军山,有浓重高道色彩;其开篇词《点绛红》曰:"滚滚长江东逝水,浪花淘尽英雄。是非成败转头空,青山依旧在,几度夕阳红",表现出佛教空观思想。

3.英雄传奇小说,以《水浒传》为代表。作者施耐庵写梁山好汉起义及受招安的故事。水泊梁山英雄"替天行道","忠义厅"议事,表现的是与官方"奉天承运"、效忠君王完全相反的造反的天道观和忠义观,但最后终于受朝廷招安,回归于纲常名教。全书受佛道影响很明显。该书以张天师祈禳瘟疫开始,洪太尉误走妖魔,于是三十六天罡、七十二地煞下凡,成一百零八将。写宋江遇九天玄女,接受三卷天书,写入云龙公孙胜斗法破高廉,属于道教仙魔之争。写鲁智深五台山出家和在大相国寺倒拔垂杨柳,与佛教有关,但佛教因素不如道教大。

4.世情小说《金瓶梅》与《红楼梦》。《金瓶梅》作于明代隆庆至万历年间,作者署名:兰陵笑笑生。当代文艺家郑振铎在《插图本中国文学史》中对此书有高度评价,说:"《金瓶梅》的出现,可谓中国小说的发展的极峰。在文学的成就上说来,《金瓶梅》实较《水浒传》、《西游记》、《封神传》为尤伟大。《西游》、《封神》,只是中世纪的遗物","《水浒传》也不是严格的近代的作品","只有《金瓶梅》却彻头彻尾的一部近代期的作品"①。确如郑氏所言,《金瓶梅》不写神魔,不写英雄,而写"真实的民间社会的日常的故事"。这里再补充说明,《金瓶梅》也不写传统社会忠义与邪恶的斗争,而写明代随着商品经济的繁荣而兴起的新市民阶层的生活,因此在价值观上有了质的飞跃,开始重利轻义、重欲轻理了,因此超脱了儒家的礼教。但是它在信仰上仍然没有摆脱传统宗教尤其佛道二教的文化,因为宗教已经浸润在现实中,成为市民精神生活的组成部分。如第二十九回"吴神仙冰鉴定终身",写云游吴道士"知十三家子平,善晓麻衣相法,又晓六壬神课",对西门庆一家相面的预言,一一应验。第三十九回"寄法名官哥穿道服",写西门庆儿子官哥寄名玉皇庙,吴道官铺设道坛为官哥求福。第六十二回"潘道士法遣黄巾士",写潘道士为李瓶儿作

① 郑振铎:《插图本中国文学史》下册,中央编译出版社2012年版,第752页。

法驱邪治病,解禳无效。在佛教文化方面,第七十四回"薛姑子佛口谈经",写尼姑到月娘屋里宣讲经卷,演唱佛曲。第八十四回"吴月娘大闹碧霞宫,曾静师化缘雪涧洞",写泰山石道士与恶绅殷天锡勾结欺凌吴月娘,又写普静法师要化度月娘之子。第一百回"普静师幻度孝哥儿",对应第八十四回,写吴月娘因金兵入侵而逃难,路遇普静法师,在永福寺将孝哥儿送普静做徒弟。全书以吕洞宾三首诗开头:"豪华去后行人绝,箫筝不响歌喉咽;雄剑无威光彩沈,宝琴零落金星灭。""玉阶寂寞坠秋露,月照当时歌舞处;当时歌舞人不回,化为今日西陵灰。""二八佳人体似酥,腰间仗剑斩愚夫;虽然不见人头落,暗里教君骨髓枯。"这几首诗是要人看破"酒、色、财、气"。书末以善恶有报诗句结尾,曰:"阀阅遗书思惘然,谁知天道有循环。西门豪横难存嗣,敬济癫狂定被歼。楼月善良终有寿,瓶梅淫佚早归泉。可怪金莲遭恶报,遗臭千年作话传。"作者把因果报应作为最终的精神寄托。

《红楼梦》作于清乾隆年间。朝廷尊孔子、崇理学、重藏佛、轻道教。《红楼梦》作者曹雪芹却反理学、亲禅宗、好道教。红楼之梦就是要批判有礼无仁的礼教之不合人性,三纲之丑陋,赞美女性之清纯、男性之混浊,通过荣宁二府兴衰的故事,揭示父权家长制贵族大家庭金玉其表、败絮其里的真相和大厦将倾的暗淡前景。作者寄以浓墨深情的主人公宝玉,厌恶仕途经济、读经制文、官场应酬,他"愚顽"、"乖僻",性格处处与正统不合,具有反叛精神。在这个意义上,《红楼梦》是一部批判君权后期礼教的大书。而作者用来指导写作的思想主要是佛道两家,再加上左派王学。书中一僧一道形影不离。佛教的"三法印"是:诸法无我,诸行无常,涅槃寂静。而红楼故事正是富贵无常、人生如梦的写照,故第一回提示:"此回中凡用'梦'用'幻'等字,是提醒阅者眼目,亦是此书立意本旨。"第五回红楼梦曲说:"看破的,遁入空门;痴迷的,枉送了性命。好一似食尽鸟投林,落了片白茫茫大地真干净。"人生不过是一个暂时的舞台,乱哄哄你方唱罢我登场,甚荒唐,到头来都是为他人作嫁衣裳。贾宝玉不过是一块顽石的幻化,每遇变故焦虑,便去参禅悟道,最后终于"悬崖撒手","弃而为僧"。佛教使作者保持对现实生活有一种清醒批判的意识。

就全书整体而言,道家与道教的影响似乎更大一些。一是宝玉的形象有似魏晋玄学家阮籍的再生，他风流多情却不轻浮浪荡，喜欢女子而止于情爱，厌恶功名利禄而不敢公开反抗，很像当年阮籍肆情而不溺于淫、疾俗而不及于烈。故作者又号"梦阮"。宝玉失意时就去读《庄子》参禅，为晴雯作芙蓉诔文，自语道："我又不希罕那功名，不为世人观阅称赞，何必不远师楚人之《大言》、《招魂》、《离骚》、《九辩》、《枯树》、《问难》、《秋水》、《大人先生传》等法"，"喜则以文为戏，悲则以言志痛"，这个传统正是源于楚文化的道家文学传统。二是宝玉与黛玉喜欢元曲《西厢记》和明剧《牡丹亭》，向往个性解放、爱情自由。而《牡丹亭》作者汤显祖深受左派王学影响，仰慕李贽，与主张性灵说的公安三袁息息相通，主张率性而行，纯任自然，是王学与道家的融合。三是跛足道人用《好了歌》点化甄士隐，其词曰："世人都晓神仙好，惟有功名忘不了！古今将相在何方？荒冢一堆草没了。世人都晓神仙好，只有金银忘不了！终朝只恨聚无多，及到多时眼闭了。世人都晓神仙好，只有娇妻忘不了！君生日日说恩情，君死又随人去了。世人都晓神仙好，只有儿孙忘不了！痴心父母古来多，孝顺儿孙谁见了？"这首《好了歌》要人看破世情，体悟"世上万般，好便是了，了便是好"，只有了结世事，出家修道，才能获得永生。四是《红楼梦》多用道教仙话构思"太虚幻境"，诗词多用道教典故，用语多有"蓬莱"、"瑶池"、"丹药"；大观园不宁，道士做法事驱邪逐妖；人物情节有清虚观张法官结交权贵，天齐庙道士王一帖卖假药为生，走家串户马道婆能说会道，宁府贾敬烧丹炼汞中毒而死。看来作者倾心于老庄道家和道教清修，追求超俗无累的精神境界，而对于符箓、外丹和道教的庸俗化是批判的。《红楼梦》所写的佛教和道教虽不能当作史料，但它来源于生活又深刻反映了生活，比一些支离破碎的史料更有典型意义和情理上（非事实上）的真实性，是儒、道、佛三教关系的一个形象化的表达。

5.白话短篇小说"三言两拍"。明代小说集，流传甚广。"三言"指《喻世明言》、《警世通言》、《醒世恒言》，冯梦龙著。"两拍"指《初刻拍案惊奇》、《二刻拍案惊奇》，凌濛初著。该小说集大量采用宗教故事为题材，颇能反映当时民间多元信仰的状况。且从标题上作一分类选述。《喻世明言》中以道教故事为题材的有："张道陵七试赵升"、"陈希夷四辞朝命"；以佛教故事为题材的有："闲云庵阮三偿冤债"、"月明和尚度柳翠"、"梁武帝累修成佛"；以传统鬼神崇拜故事为题材的有："滕大尹鬼断家私"、"闹阴司司马貌断狱"。《警世通言》中与道教相关的有："庄子鼓盆成大道"、"陈可常端阳仙化"、"旌阳宫铁树镇妖"。《醒世恒言》中与道教相关的有："灌园叟晚逢仙女"、"勘皮靴单证二郎神"；与佛教相关的有："佛印师四调琴娘"。《初刻拍案惊奇》中与道教相关的有："西山观设箓度亡魂开封府备棺追活命"、"丹客半黍九还富翁千金一笑"；与佛教相关的有："乔兑换胡子宣淫显报施卧师入定"、"闻人生野战翠浮庵静观尼昼锦黄沙弄"。《二刻拍案惊奇》中与道教相关的有："小道人一着饶天下女棋童两局注终身"；与佛教相关的有："王渔翁舍镜崇三宝白水僧盗物丧双生。"以上诸类故事，有的宣传善恶报应、六道轮回，有的赞美仙道超凡、救世度人，也有的借助故事抨击藏身于佛道界的坏人坏事。当然还有大量宣扬儒家"五常"、"八德"、忠孝节义的故事，而且佛道故事也都以儒家伦理作为底线，体现神道设教。

6.文言短篇小说《聊斋志异》。清初蒲松龄在广泛搜罗民间神话传说的基础上，加工撰成《聊斋志异》，四百多篇故事，将现实生活内容披上一层浪漫幻想的彩衣，内中有儒、道、佛三教文化要素，有传统天神鬼灵崇拜，有狐仙精怪、鱼精花妖，人鬼相亲、人物（动植物）相化，能促人出神陶醉，又能使人入理清醒。蒲松龄在"自序"中说："被萝带荔，三闾氏感而为骚（指屈原）；牛鬼蛇神，长爪郎吟而成癖（指李贺）。自鸣天籁，不择好音，有由然矣（指庄子）"，"才非干宝，雅爱搜神（干宝著《搜神记》）；情同黄州，喜人谈鬼（苏轼在黄州故事）"，"然五父衢头或涉滥听（见《檀弓》），而三生石上颇悟前因（见《续酉阳杂俎》），放纵之言有未可概以人废者"，"盖有漏根因未结人天之果，而随风荡堕竟成藩溷之花（范缜对萧子良），茫茫六道何可谓无其理哉！""案冷疑冰集腋成裘，浮白载笔仅成孤愤之书（韩非《孤愤》）"。蒲氏序表明，他继承了楚文化浪漫幻想文学传统，认同佛教因果之说，而以鬼狐神话表达人间伦理，发出愤世嫉俗之声。在《聊斋志异》名篇里，《席方平》写不畏强暴的正义人格，《司文郎》、《于去恶》写科场的黑暗，《梦狼》写虎官吏狼给民众造成的痛苦，《促织》写权贵享乐对小民的逼迫，都有强烈的批判现实主义的精神，是儒家传统的重要特色。《崂山道士》、《画皮》、《癫道人》、《仙人岛》等篇皆与道教故事相关联,而《金和尚》、《番僧》、《齐天大圣》、《僧术》又与佛教故事相关联。其神话故事实中有虚、虚中有实,对于三教资源统合用之,与民间野鬼杂神并而绘之,表现民间信仰生活的杂而多端,而其文言的简练生动,文采的绚丽多姿,达到了文言短篇小说的高峰,引人入胜,脍炙人口,广传人间。

7.游记小说《老残游记》。清末刘鹗著《老残游记》,揭露吏治之黑暗,人民之痛苦,有强烈的批判现实主义精神。书中对儒、道、佛三教有独特描述。作者推崇的山间隐士黄龙子,是亦道、亦佛、亦儒的人物,其诗有云:"曾拜瑶池九品莲,希夷授我《指元篇》","菩提叶老《法华》新,南北同传一点灯"。他用《周易》预测社会事变,是位大预言家。泰山碧霞宫一位道士的女儿玙姑向客人转述黄龙子的话:"儒、释、道三教,譬如三个铺面挂了三个招牌,其实都是卖的杂货,柴米油盐都是有的。不过儒家的铺子大些,佛道的铺子小些,皆是无所不包的。""凡道总分两层:一个叫道面子,一个叫道里子。道里子都是同的,道面子就各有分别了。"作者用生活语言表述了对三教关系的看法,认为三教本质上是混一的,只是表现方式有所区别而已。

8.三教各自的小说。可举三部为代表。儒家的《包公案》,明代作品,歌颂清官,抨击贪腐,表达社会人们对法治公平的诉求。道家的《绿野仙踪》,清人李百川著,写冷于冰访师求道,炼丹成仙,可视为道教百科全书式小说。佛家的《济公全传》,清人郭小亭著,写活佛济公混迹人间,而又神通广大,济世度人,成为民众喜爱的偶像。

至于三教对明清两代戏曲艺术、建筑艺术、绘画、音乐、舞蹈的影响,可参见拙作《宗教·文艺·民俗》(中国社会科学出版社2006年版),这里从略。

第八章 儒、道、佛三教边缘化与奋力复兴阶段(民国时期及其延伸)

第一节 社会历史背景概述

一、中国近代的苦难和社会转型的曲折

这一阶段从辛亥革命起到 20 世纪后期,其时代特征是中国结束了秦汉以来两千多年帝制社会,在内忧外患中开始了现代社会转型的曲折进程。这一阶段是从 1840 年鸦片战争中国逐步成为西方列强半殖民地就开始了。就国内说,1851 年到 1864 年的太平天国运动,以天父上帝为唯一真神,视先圣先贤、佛祖神仙为妖魔,猛烈冲击儒、道、佛三教。

从中西关系上说,建立在宗法等级社会和农业自然经济基础上的古老中国,被起自文艺复兴、壮于工业革命、盛于科技猛进的商品经济发达的西方欧美列强所全面超越,而资本的本性是贪婪。因此,必然出现帝国主义和殖民主义的扩张侵略,从而有两次鸦片战争、八国联军火烧圆明园,闭关锁国、暮气深重的中国在较量中惨败。

日本明治维新后脱亚入欧,成为东亚新兴的帝国主义国家和中国的恶邻,甲午战争打败中国,使中国割地赔款,又进而侵占朝鲜半岛,在中国领土上发动日俄战争,进而发动"九一八"事变,侵占东北三省,向南进军,发动"卢沟桥事变",侵占上海和南京,制造"南京大屠杀",欲灭亡整个中国并称霸亚洲和太平洋。中华民族在亡种灭族的最危险关头,开始从沉睡中觉醒,组成抗日统

一战线,与法西斯浴血奋战 14 年,终于取得鸦片战争以来第一次抗击外部侵略的胜利。后来,在中国共产党领导下,实现了一百多年仁人志士梦寐以求的国家独立与解放,中国人从此在政治上站立起来了。

从社会转型而言,鸦片战争后,有识之士致力于社会改革,尤其甲午战争后,康有为等发起改良运动,力图在原有体制基础上学习西方,建立开明君主制,史称"戊戌变法",遭到慈禧为首的保守派镇压,变法维新失败。于是,革命派孙中山领导辛亥革命,推翻满清,建立民国,实行民主共和。但社会陈旧势力过大,屡遭挫折,袁世凯称帝失败,接着是军阀混战多年,民主建国又被日寇入侵打断。直到新中国成立,国家才初步统一,开始现代化经济与民主法制建设。改革开放以来,社会发展实现战略重点转移,以经济建设为中心,社会管理走上中国特色社会主义之路,取得巨大成就,正在迈向全面建成小康社会的目标。

二、西学的猛烈冲击和儒、道、佛的衰微

就思想文化层面而言,中国先进人士为了救国救民,从清代末年即向西方寻找真理,认为中国近代贫困落后是传统文化陈腐过时造成的,必须用西学取代。张之洞在《劝学篇》中提出"中学为体,西学为用"而得不到有力回应。严复(1854—1921 年)认为,"以夷为师"并非指科技等"形而下之粗迹",而是西方的文化精神,即"以自由为体,以民主为用"(《原强》),而中国之弊害在君主专制。他将赫胥黎《天演论》翻译到中国,用生物进化论观点看待中西社会之关系,乃是生存竞争的关系,相信优胜劣败,弱肉强食,其说立刻发生了重大影响。从正面看,它激励了中国人发愤图强,振兴国家,以免在世界竞争中被淘汰出局;从负面说,它开启了文化进化论和欧洲中心论在中国的市场,简单化地把中华传统文化视之为低于西方文化的发展阶段,为全盘西化论流行创造了文化学基础。

应当说,儒、道、佛三教自身的惰性加上被衰败的政治制度所扭曲,其禁锢人们个性自由和进取精神的负面的作用成为主要方面,必然要受到改革者指斥。尤其承担着主导社会思想的儒学,创新乏力,因循守旧,展示不出光彩的

内涵,反而成为社会革新的思想障碍,受到社会进步潮流的猛烈冲击更是难以避免。于是在以"科学"与"民主"为旗帜的五四新文化运动中,孔子儒学成为思想革命的主要对象。"打倒孔家店"是新一代文化精英的时代口号,无论是欧美自由派的胡适,还是以俄为师的李大钊、陈独秀,抑或是民主主义者的鲁迅,都成为批孔反儒的勇将。当然,他们并不把斗争矛头都指向孔子,而更多地指向丧失仁爱精神的理学和礼教。不过,对于广大进步青年而言,难以精细地区分孔子本义和过时的孔家店,他们把"尊孔读经"看作是保守反动,而把批孔反儒看作是进步革命,并将儒学与科学、民主完全对立起来,使儒学与"封建专制主义"成为同义语而为主流社会所认同。儒学不仅被边缘化,而且被妖魔化。相反,西方文化得到无上的赞美。胡适在《请大家来照镜子》中认为中国文化导致中国落后①。因此必须全盘西化。陈独秀在《〈新青年〉罪案答辩书》中宣称:"要拥护那德先生(民主),便不得不反对孔教。"②他认为:"欲建设西洋式之新国家,组织西洋式的新社会,以求适今世之生存,则根本问题,不可不首先输入西洋式社会国家之基础,所谓平等人权之新信仰,对于与此新社会新国家新信仰不可相容之孔教,不可不有彻底之觉悟,猛勇之决心;否则不塞不流,不止不行。"③鲁迅《在现代中国的孔夫子》评道:"孔夫子曾经计划过出色的治国的方法,但那都是为了治民众者即权势者设想的方法,为民众本身的却一点也没有。"④他在《狂人日记》中借狂人之口说:"我翻开历史一查,这历史没有年代,歪歪斜斜的每页上都写着'仁义道德'几个字。我横竖睡不着,仔细看了半夜,才从字缝里看出字来,满本都写着两个字是'吃人'。"⑤他还在《论"费厄泼赖"应该缓行》中攻击儒家"恕道"和"中庸",认为"忠厚是无用的别名",主张"痛打落水狗",在《死》中宣称:"主张宽容的

①　参见胡适:《胡适文集》卷二《请大家来照镜子》,花城出版社 2013 年版,第 421 页。

②　载陈寿立编:《中国现代文学运动史料摘编》(上),北京出版社 1985 年版,第 32 页。

③　陈独秀:《宪法与孔教》,载《陈独秀文章选编》(上),三联书店 1984 年版,第 148 页。

④　鲁迅:《在现代中国的孔夫子》,《鲁迅文集·散文诗歌》,中国商业出版社 2016 年版,第 266 页。

⑤　鲁迅:《狂人日记》,《鲁迅小说全集》,群言出版社 2015 年版,第 8 页。

人,万勿和他接近。"①其话语决绝无情,把儒学整个抹黑了。

民国中,由于帝制崩灭、宗法等级社会解体,国家郊社宗庙制度也随之坍塌。天坛、地坛、太庙、社稷,以及先农、日、月、星、辰、五岳、四渎等国家宗教祭祀大典一概废止,先进思想家批判"君权天授"、"称天为治"的君主政治的奉天承运观念,这是历史的必然。清末,废止科举。民国初蔡元培出任教育总长,明令废除大中小学经典教育,而将儒家经典肢解,纳入文、史、哲各科,遂使中国新一代青少年丧失中华元典训练,其后果是"数典忘祖"。佛道二教虽未成为新文化运动的主要批判对象,却在科学主义强大思潮中成为先进人士眼中的过时的必将被取代的旧文化。以胡适为代表的实证史学,把国学研究变成"整理国故",单单抹去其价值内涵;胡适对佛教禅宗的研究也把注重力放在训诂、辨伪、校勘上,并以科学与否来评论禅宗,认为"禅宗佛教里百分之九十,甚或百分之九十五,都是一团胡说、伪造、诈骗、矫饰和装腔作势"②,完全抹杀其宇宙人生大智慧;道教呢?"道教已被今天的一般学术界贬低为一团迷信了。道教中的一套'三洞七辅'的所谓圣书的《道藏》,便是一大套从头到尾、认真作假的伪书","其中充满了惊人的迷信,极少有学术价值。"③胡适是大学者,有其历史功绩,但对西学盲目崇拜,对"科学万能"深信不疑,看不到作为工具理性的西方实验科学不能使人安身立命,也不了解佛道教存在的根源、发展规律和社会功能的两重性,及其作为价值学、智慧学、心理学的意义,其结果是把"科学"视若上帝,也分不清佛道文化的精华与糟粕,恰恰陷于自身所反对的迷信和非科学的状态。这是他所始料不及的。鉴于新文化运动势头之宽猛和胡适、陈独秀、鲁迅等青年领袖引领社会学术风气数十年,西方文化的科学、民主、自由等现代理念成为五四以来的主流意识,而西方文化的科学主义、单线进化论和一神教原教旨主义也随之席卷中国,中华文化的核心儒、道、佛三教的悲惨命运就可想而知了。

---

① 鲁迅:《其他散文汇编·死》,《鲁迅文集·散文诗歌》,中国商业出版社 2016 年版,第297 页。

② 胡适口述,唐德刚译注:《胡适口述自传》,广西师范大学出版社 2005 年版,第 244 页。

③ 胡适口述,唐德刚译注:《胡适口述自传》,广西师范大学出版社 2005 年版,第 244 页。

　　这次西方文化之进入中国和历史上印度佛教之传入，在社会历史文化背景上有很大不同。佛教进入时，中国处在汉唐盛世，儒学正宗地位牢固，中国人民族文化信心十足，能够主动引进和消化佛教，成功使之中国化，中国并未因此而成为佛教国家，而是吸收佛教，更新儒学，增强了中华文化的丰富性。鸦片战争以后至民国，中国衰败不堪，政腐民穷，儒学僵化，佛道因循，万马齐喑，受尽列强欺辱，后期才开始苏醒。在西方强势国力与文化进攻下，主流精英丧失文化自信，急欲引进西方文明以自救，既无暇研究西学之优劣，也未能辨析中学之精粗，实行拿来主义，以解近渴，甚至妄图通过毁掉祖传的文化达到救危存亡的目的，未曾意识到这样下去，中国只能是列强的文化殖民地而不能自立于世界民族之林。由此之故，中国文化危机日益加深，长期作为中华思想文化内核铁三角间架的儒、道、佛一齐被挤出中心舞台，下落到低谷，特别是儒学面临一场生死的考验。贺麟先生在《儒家思想之开展》中指出："西洋文化之输入，给儒家思想一个试验，一个生死存亡的大试验，大关头。假如儒家思想能够把握，吸收，融会，转化西洋文化，以充实自身，发展自身，则儒家思想便生存复活，而有新的开展。如不能经过此试验，渡过此关头，就会死亡，消灭，沉沦，永不能翻身。"[①]这场文化考验，既是儒学发展的危机，也是儒学复兴的契机。应当指出，尽管儒学退出民国学术主流，但它的纲常礼俗却仍在民间流行，依然是中国民众生活的道德规则，特别是"五常"、"八德"已扎根在民间文化沃土之中，流淌在人们的血液里，呈现在家庭、家族、乡社的人伦日用中，虽然有所减弱，却不会因为社会运动的批判而消失。

　　民国期间，政府的宗教政策呈现新旧交错的样态，一方面引进西方的宗教信仰自由，实行政教分离；另一方面又对不同宗教采取不同的态度，例如开放基督教和民间宗教，管控伊斯兰教和藏传佛教，限制佛教和道教。而不同时期不同地区，在管理上又各有不同。政府支持"庙产兴学"，没收大批佛道教寺观及其土地产业，美其名曰：办教育，实际上是限制佛道二教的发展，认为它们只占社会资源而无益于国家发展。1928 年，国民政府颁布神祠存废标准，清

---

　　①　贺麟：《文化与人生》，上海文艺出版社 2001 年版，第 4 页。

理民间传统宗教信仰,保留的有:伏羲、神农、黄帝、仓颉、禹、孔子、孟子、岳飞、关帝、土地、灶神、太上老君、元始天尊、三官、天师、吕祖、风雨雷神等;废除的有:日、月、火、五岳、四渎、龙王、城隍、文昌、送子娘娘、财神、瘟神、赵玄坛、狐仙等。这个神祠存废标准的制定者缺乏中国传统宗教的常识,把本来属于敬天法祖教系统和道教系统的神祠硬分成"存"与"废"两类,采取相反的方针,可见当时的宗教政策十分混乱。1912 年,江西都督府一度视正一道为"封建迷信"而冲击龙虎山天师府,取消天师封号及封地,致使六十二代天师张元旭不得不迁往上海,联络北方全真道,以图复兴道教。六十三代天师张恩溥一度被监禁,于 30 年代要求政府恢复天师封号被拒绝,只许登记为宗教团体,但规定不得进行巫觋活动。由于精英层普遍轻视宗教,便出现各种"宗教取代论":胡适、陈独秀的"科学取代宗教论",蔡元培的"美育取代宗教论",梁漱溟的"伦理取代宗教论",冯友兰的"哲学取代宗教论",都认为各种宗教在未来现代化中国都没有正当必要的地位。

三、三教的转机、复苏和三教关系新特点

在西化大潮冲击下,儒学枝叶枯萎了,根系还在,等待着复苏的春风。道教与佛教虽然也在式微,但作为有大量民间信众的宗教仍然顽强生存着。西方文化的大冲洗,对三教是打击,也是激励,还是借鉴,可以把坏事变成好事,从中焕发出新的生命。正如贺麟先生在《儒家思想之开展》中所指出的:新文化运动最大的贡献,在于破坏扫除儒家的僵化躯壳形式部分及其束缚个性的腐化传统部分,并没有打倒孔孟的真精神、真意思、真学术,反而做了洗刷和扫除的功夫,使得孔、孟、程、朱的真面目更显露出来。[①] 这既超越了守旧派的故步自封,也超越了激进派的简单粗暴,表现出非凡的远见卓识。例如,陈独秀对孔教的攻击是与反君主专制联系在一起的,他的批判锋芒是指向"三纲",说:"儒者三纲之说,为一切道德政治之大原。君为臣纲,则民于君为附属品,而无独立之人格矣;父为子纲,则子于父为附属品,而无独立自主之人格矣;夫

---

① 参见贺麟:《文化与人生》,上海文艺出版社 2001 年版,第 1 页。

为妻纲,则妻于夫为附属品,而无独立自主之人格矣"①,"缘此金科玉律之道德名词,曰忠、曰孝、曰节,皆非推己及人之主人道德,而为以己属人之奴隶道德也"②。陈独秀揭露"三纲"的等级依附从而扼杀人格独立,恰恰是贺麟指出的后期儒学的束缚个性的腐化部分,必须清除;但陈氏未能意识到,"五常"、"八德"的基本内涵却体现了儒学的真精神、真面目,尤其仁爱忠恕之道,不正是他赞美的"推己及人之主人道德"吗? 可以说,新文化运动在客观上为儒学的推陈出新作出了贡献。

事实上,西学的大举进入,不仅打破了三教因循不前、生气日消的状态,促成人们对以往文化进行全面反思,而且带来近代西方文化科学、民主、自由、平等的崭新理念和西方哲学的求真理性、逻辑分析方法,为三教的当代转型提供了新的思维方式和实用工具,加速了三教旧貌换新颜的进程。于是,在民国年间,有当代新儒家兴起,其代表人物有梁启超、章炳麟、梁漱溟、张君劢、马一浮、陈寅恪、熊十力、冯友兰、贺麟、钱穆、方东美、容肇祖及牟宗三、唐君毅、徐复观等,形成可观的学术文化运动。20 世纪 20 年代张君劢与丁文江有"科学与人生观"之争:张氏认为人生观与科学不同,具有主观性、直觉性、个体性,而科学具有客观性、规律性、相同性;丁氏认为科学是万能的,应树立科学人生观,斥张氏为"玄学鬼"。这是哲学价值论与科学主义的争论,张氏要保卫中国哲学的意义世界,不赞成人生的"科学化",是有道理的。1935 年,上海十教授联名发表《中国本位的文化宣言》,强调要建设中国本位文化,有选择地吸收欧美文化,"检讨过去"、"把握现在"、"创造未来",这是一种民族文化主体性的觉醒。

佛教有太虚法师推动佛教复兴运动,倡导人间佛教,影响巨大,尔后有赵朴初居士加以传承弘扬;有弘一法师弘传戒律,严整教门;有虚云、圆瑛、印顺等法师品学超俗;有欧阳渐、汤用彤、陈垣、吕澂等开展当代佛学研究。

道教有陈撄宁大师创建新仙学,有易心莹、岳崇岱更新道教,有许地山、傅

---

① 田晓青主编:《民国思潮读本》第一卷,作家出版社 2013 年版,第 422 页。
② 田晓青主编:《民国思潮读本》第一卷,作家出版社 2013 年版,第 423 页。

勤家、陈垣、陈国符开拓当代道教学研究。

以上可见，三教的精英既不放弃自身优良文化传统，又勇于接纳外来新文化营养，更化已有的学说，跟上时代前进步伐，进行综合创新，促成三教的复苏。本章论及民国时期有若干三教代表人物的学术活动跨越到当代，则述其始终。至于20世纪后半叶的全新人物，则不在本书论述范围之内了。

三教关系由于时代的深刻变化而具有了一系列新特色。

第一，三教从社会主流思想文化退居支流，欧美思想文化和后来居上的马克思主义与社会主义文化成为社会发展的主导思想，而后者成为中国共产党的信仰，在中华民族抗击外来侵略、实现民族独立解放的事业中发挥了巨大的决定性作用。这样一来，中国思想文化形成新的三家并存结构：马克思主义、西方文化、中华文化，彼此在冲突中交融，儒、道、佛三教共同组成中华传统思想文化，在边缘地带生存发展。

第二，三教之间不仅极少摩擦，而且进一步互纳，造就出一批亦儒、亦道、亦佛的跨教学人，有的尚有教统身份，有的则难以归统，如梁漱溟参佛向儒，熊十力化佛成儒，而梁启超则非儒、非道、非佛却又高度认同三教文化，此类学者所在多有，可称为通儒或通士。

第三，三教之间的互动皆与中西文化之间的互动息息相关，三教革新发展的主要动力和资源不是来自三者内部，而是来自西方文化，三教人士必须回应西学的严峻挑战，致力于批判地吸收和中西融合，致力于返本开新、综合创新、推陈出新，其现代意识、世界观念大大增强了。

第四，三教文化由于摆脱了君主专制体制的扭曲和政治意识形态的约束而成为独立的民间的信仰和学术，在爱国守法、劝善止恶的前提下，可以自由发展、百家争鸣，如陈寅恪所标举的"独立之精神，自由之思想"，又有西学理论和方法的借鉴，遂造成民国时期三教学术的繁荣、昌盛，形成中国当代新学术形态，显示出生动活泼的景象。

第五，三教文化以其巨大的潜在魅力和动能，继续向其他宗教和民间宗教扩展，影响到这些宗教在坚持中国化方向的路上前行，更好地适应中国社会。如伊斯兰教出现王宽、王静斋、哈德成、达浦生、马松亭、庞士谦、杨仲明、马坚、马翼邻、白寿彝等大学者,高举爱国爱教、民族团结、宗教和睦的大旗,吸收中华、西方、阿拉伯三家思想,创新伊斯兰教学术和教育,成就巨大。天主教和基督教放弃使中国基督教化的征服立场,转而采取基督教中国化的策略。1919年,罗马教皇公开承认天主教与儒教"虽各迥别,道本同源,皆存心养性之学"①。基督教则开展"本色教会"运动,"使教会与中国文化结婚,洗刷西洋的色彩"②。在抗日战争中,伊斯兰教、天主教、基督教三教主流人士和广大教徒是爱国的,在抗日救国事业中作出了贡献。民间宗教由于摆脱了帝制社会的打压而走向公开化,进一步衍生发展,新教门众多。其教义继续保持三教混合的色彩。其政治倾向则分化各异,有的爱国抗日,有的独行于民间,少数为日伪所掌控利用,还有的流传海外,成为华人社团。

第二节　三教复兴中的代表人物及其思想学说

一、出入三教与西学的通士大师

(一)中西合璧的民主主义革命伟大先行者:孙中山

孙中山(1866—1925年),名文,字德明,号逸仙,广东香山县翠亨村人。幼习儒学,少年游夏威夷,青年毕业于香港西医书院,获硕士学位,因而广泛接触西方文化,又认真习读中华经典,于是兼有中西文化综合素养。他在《上李鸿章书》中自述:"圣贤六经之旨,国家治乱之源,生民根本之计,则无时不往复于胸中;于今之所谓西学者,概已有所涉猎,而所谓专门之学,亦已穷求其一已。"③稍后他在《复翟理斯函》中又述:"文早岁志窥远大,性慕新奇,故所学多博杂不纯。于中学则独好三代两汉之文,于西学则雅癖达文之道(Darwinism),而格致政事,亦常浏览。至于教则崇耶苏,于人则仰中华之汤武暨美国

---

① 转引自卓新平:《基督教犹太教志》,上海人民出版社1998年版,第170页。
② 转引自国家宗教事务局四司、政法司组编:《宗教政策法规教程》,宗教文化出版社2014年版,第100页。
③ 《孙中山全集》第一卷,中华书局1981年版,第16页。

华盛顿焉。"①由此可见，孙中山主动接受了中华之学和欧美基督教与进化论以来的人文主义与科学。他所领导的辛亥革命和提出的三民主义，乃是中西文化融合的辉煌成果。

孙中山与五四新文化运动旗手们的不同有两点：一是不赞成在学习西方时全盘否定中华文化，二是着力于在中西融合中进行建设性的理论创新和社会实践，开辟出新制度、新生活。发动革命，推翻帝制，建立民国，实行民主共和，这是学习西方，以法国、美国为蓝本的结果，如他自己所说："中国革命的思潮是发源于欧美，平等自由的学说也是由欧美传进来的"②，"中国人的民权思想都是由欧美传进来的。所以我们近来实行革命，改良政治，都是仿效欧美"③。但他不是简单照搬，而有中华文化的滋养，故他在辛亥革命爆发后《在欧洲的演说》中说明了建国方针："组织联邦共和政体尤为一定不易之理。彼将取欧美之民主以为模范，同时仍取数千年前旧有文化而融贯之。"④在这一过程中，他不断地调整改进理论纲领和行动方针，使之较充分适应中国国情。现将其三民主义分而述之。

其一，民族主义。开始时口号是"驱逐鞑虏，恢复中华，建立民国，平均地权"，有明显的汉族"华夷之辨"的成分，仅视国民革命为汉族推翻满清帝制压迫的行动，比较狭隘。后来受儒家天下为公大同思想的影响，扩大为包括多民族的中华民族的革命，建立多民族统一的民主共和国。孙中山在《临时大总统宣言书》中宣示："国家之本，在于人民。合汉、满、蒙、回、藏诸地为一国，即合汉、满、蒙、回、藏诸族为一人，是曰民族之统一。"⑤同时强调民族平等，故《临时约法》明确规定："中华民国人民一律平等，无种族、阶级、宗教之区别。"⑥他提出"国族"的概念，包纳五族，名曰：中华。于是中华民族成为中华文明共同体的名称。在对外关系上，强调独立、平等、和平、反霸、大同。《临

---

① 《孙中山全集》第一卷，中华书局1981年版，第48页。
② 《孙中山全集》第九卷，中华书局1986年版，第293页。
③ 《孙中山全集》第九卷，中华书局1986年版，第314页。
④ 《孙中山全集》第一卷，中华书局1981年版，第560页。
⑤ 《孙中山全集》第二卷，中华书局1982年版，第2页。
⑥ 《孙中山全集》第二卷，中华书局1982年版，第220页。

时大总统宣言书》宣示对外方针："临时政府成立以后，当尽文明国应尽之义务，以期享文明国应享之权利。满清时代辱国之举措与排外之心理，务一洗而去之；与我友邦益增睦谊，持和平主义，将使中国见重于国际社会，且将使世界渐趋于大同。"①孙中山引用孟子倡王道、反霸道的思想，赞美中国文化以德化人，批评西方文化以力压人，说："东方的文化是王道，西方的文化是霸道；讲王道是主张仁义道德，讲霸道是主张功利强权。讲仁义道德，是由正义公理来感化人；讲功利强权，是用洋枪大炮来压迫人。"②孙中山最早提出"振兴中华"的口号，他的民族主义既是现代的又是中国特色的，达到了历史上未曾有过的新高度。

其二，民权主义。孙中山把西方民主与儒家大同结合起来，设计出中国模式。《中国国民党第一次全国代表大会宣言》说："若国民党之民权主义，则为一般平民所共有，非少数者所得而私也。"③孙中山要用"天下为公"的思想提升民权主义，目的是要"把中国改造成一个'全民政治'的民国，要驾乎欧美之上"。④ 他在辛亥革命之前就考察西方行政、立法、司法三权分立之利弊得失，形成"五权宪法"的民主制构想，在三权之外，加设考选（考试）权和纠察（监察）权，这两权是吸收中国古代科举制度和御史监察制度的营养而提出的。

其三，民生主义。民生主义是孙中山三民主义的重心所在，就是要解决民众长期贫困的问题，实现共同富裕，其途径有二：一曰平均地权，二曰节制资本。平均地权来源于孟子"制民之产"，做到"耕者有其田"，则广大农民因有恒产而有恒心，农业生产得到快速发展，衣食无忧，则天下就太平了。孙中山说："若能将平均地权做到，则社会革命已成七八分了。"⑤他看到中国革命的基本问题是农民问题、土地问题。节制资本是孙中山既要学习西方自由市场经济、发展工业，又看到垄断资本造成的贫富分化、劳动者痛苦的弊病，而提出

---

① 《孙中山全集》第二卷，中华书局1982年版，第2页。
② 《孙中山全集》第十一卷，中华书局1986年版，第407页。
③ 《孙中山全集》第九卷，中华书局1986年版，第120页。
④ 《孙中山全集》第九卷，中华书局1986年版，第314页。
⑤ 《孙中山全集》第二卷，中华书局1982年版，第320页。

的中国道路。他观察到资本主义经济的发展趋向是"以经济集中代替自由竞争"①,"欲救其弊,只有将一切大公司组织归诸通国人民公有之一法"②,这就要实行"共产",走大同之路,故"民生主义,就是社会主义,又名共产主义,即是大同主义"③。可知孙中山的民生主义最接近社会主义,是想用大同理想把土地与企业的所有权合理地给予全体国民,而不是集中在少数人手里,要做到公平竞争和共同富裕。

其次,三民主义综论。孙中山综合论述其社会理想:"三民主义的意思,就是民有、民治、民享","就是国家是人民所共有,政治是人民所共管,利益是人民所共享","就是孔子所希望之大同世界"。④ 用"民有、民治、民享"来解说三民主义是精彩之论。

在国民道德建设上,孙中山提出新八德,对中华传统道德加以继承和发展,他认为社会主义人道主义的自由、平等、博爱,可以提升中华美德,使之普及。他说:"讲到中国固有的道德,中国人至今不能忘记的,首先是忠孝,次是仁爱,其次是信义,其次是和平"⑤,但要依据新的时代精神加以改造,如忠德,"不忠于君,要忠于国,要忠于民","要忠于事","孝字,中国尤为特长,更是不能不要","仁爱是中国的好道德","墨子讲的兼爱,与耶苏所讲的博爱是一样的","信义,中国古时对于邻国和对于朋友都是讲信的,实在比外国人好得多;像日本等帝国主义,既不讲信,也不讲义。爱和平,更是中国人一种极好的道德,现在世界上的国家和民族只有中国是讲和平的;外国都是讲战争,主张帝国主义去灭人的国家",认定新八德必须弘扬,因为"这些便是我们的民族精神"⑥。孙中山还强调《中庸》讲的"仁、智、勇"三达德应成为"军人精神之要素"⑦。从此以后,"忠孝、仁爱、信义、和平"新八德就流行于民国,成为国

① 《孙中山全集》第六卷,中华书局1985年版,第396页。
② 《孙中山全集》第六卷,中华书局1985年版,第397页。
③ 《孙中山全集》第九卷,中华书局1986年版,第355页。
④ 《孙中山全集》第九卷,中华书局1986年版,第394页。
⑤ 《孙中山全集》第九卷,中华书局1986年版,第243页。
⑥ 《孙中山全集》第九卷,中华书局1986年版,第244—246页。
⑦ 《孙中山全集》第六卷,中华书局1985年版,第16页。

民道德的导向。

孙中山的三民主义和新八德为中国从传统君主制社会向现代民主制社会转型开拓出新路，是兼收中西文化之长、剔除其短而后融会形成的，是意识到中国现代化要把西方文明、社会主义与中华文明三者化为一体的第一人，颇适合中国的国情。孙中山撰写的《建国方略》中，提出"心理建设""实业建设""社会建设"的建国系统工程；其心理建设多采用心本论的阳明心学，其实业建设多采用西方的市场管理和企业文化，其社会建设则合中西文化而用之，然而未能得到有效实行而不断地被冲折被扭曲。民国建立后，先是遭到袁世凯复辟帝制的逆转，孙中山不得不发动二次革命。接着是军阀混战，由国共合作而建立的国民军北伐刚刚胜利，孙中山便去世了。孙中山的《遗嘱》说："余致力于国民革命，凡四十年，其目的在求中国之自由平等。积四十年之经验，深知欲达到此目的，必须唤起民众，及联合世界上以平等待我之民族，共同奋斗。现在革命尚未成功。凡我同志，务须依照余所著建国方略、建国大纲、三民主义及第一次全国代表大会宣言，继续努力，以求贯彻。最近主张开国民会议及废除不平等条约，尤须于最短时间，促其实现。是所至嘱。"①他的理想就是使中国成为世界平等的一员，人民自由幸福太平。但不久蒋介石发动"四一二"反革命政变，国共破裂，蒋围剿苏区，而日本帝国主义发动侵略中国的战争，并从东北向内地扩大，内忧与外患一齐加到中国人头上，救危存亡成为当务之急。直到国共二次合作，建立国内外抗日统一战线，八年浴血奋战，终于打败日本法西斯。国民党蒋介石背弃孙中山三民主义和"联俄、联共、扶助农工"三大政策，发动内战，失掉民心，败退台湾。中国人民在中国共产党的领导下取得新民主主义革命的胜利，建立中华人民共和国，废除了一切不平等条约，中国才获得了独立与解放，实现了孙中山提出的国家统一、民族平等、民生富裕、独立自主、睦邻友好、和平反霸的理想。

（二）兼习诸家与西学的古文经学终结者：章炳麟

章炳麟（1869—1936年），字枚叔，号太炎，浙江余杭人。早年总编《民

---

① 《孙中山全集》第十一卷，中华书局1986年版，第639—640页。

报》,与同盟会合作,鼓吹排满革命,要求共和民权,反对君主立宪、开明专制,与代表康有为维新派《新民丛报》相对立,对孙中山领导的国民革命有贡献。后来专注于学术,博通于六经诸子百家,兼习西学,成为古文经学的集大成者和康有为今文经学的有力批判者,又用西方实证史学结束了传统经学的历史。其言论多发前人之未发,有警世启新的作用。他发展了章学诚"六经皆史"的观点,说:"孔氏之教,本以历史为宗,宗孔氏者,当沙汰其干禄致用之术,惟取前王成迹可以感怀者,流连弗替。《春秋》而上,则有《六经》,固孔氏历史之学也。《春秋》而下,则有《史记》、《汉书》,以至历代书志、纪传,亦孔氏历史之学也。"[1]他批评康有为今文经学托古改制之说:"世儒不明,或言孔子素王,将定法制以待汉家。汉法既不原本《春秋》,而孔子又不能草具仪法,徒以时事寄言,令人占射,其拙甚于上古结绳。若将自任素王者,是乃规为更姓改物以创制而旌其伐。"[2]他把提倡"国学"纳入推行民族主义的视野,说:"故仆以为民族主义如稼穑然,要以史籍所载人物、制度、地理、风俗之类为之灌溉,则蔚然以兴矣。不然,徒知主义之可贵,而不知民族之可爱,吾恐其渐就萎黄也。"[3]他认为维新派事事以日本明治维新为榜样是可耻的,"自弃其重,而倚于人,君子耻之焉,始反本以言国粹"[4]。

章氏于史学、法学、语文逻辑学、宗教思想、哲学,皆有独见,而其中深受西学理性主义的影响。如他主张无神论,研究法相宗是其"分析名相"与近代逻辑科学相一致;反对建立孔教是因其违背"智者以达理",而孔子乃泛神论者,与宗教无关。章氏著《原儒》、《原道》、《原名》、《原墨》、《明见》、《订孔》、《原法》,用近代科学方法对诸子百家之学给予整理,将之纳入西方学科体系,其得在于启明科学理性,其失在于消解生命智慧。

他对孔子儒学的态度有二:一是承认孔子作为历史学家、教育家的贡献;二是批判孔子是趋时"国愿"之学,开五四反孔先河。他在《诸子学略说》中

---

① 《章太炎全集》(四),上海人民出版社 1985 年版,第 371 页。
② 《章太炎全集》(三),上海人民出版社 1984 年版,第 412 页。
③ 《章太炎全集》(四),上海人民出版社 1985 年版,第 371 页。
④ 《章太炎全集》(四),上海人民出版社 1985 年版,第 207 页。

说:"有商订历史之孔子,则删定六经是也;有从事教育之孔子,则《论语》《孝经》是也。由前之道,其流为经师;由后之道,其流为儒家。""孔子之教,唯在趋时","所谓中庸者,是国愿也,有甚于乡愿者也。孔子讥乡愿而不讥国愿,其湛心利禄又可知也。""用儒之道德,故艰苦卓厉者绝无,而冒没奔竞者皆是。"①章氏居然抹杀孔子仁义道德之历史功绩和造就仁人志士之历史事实,其偏激之言已复非古文经学所可容忍,或者说他已经用西方科学理性打倒了整个传统经学。

章氏复绌老子,斥道:"老子以其权术授孔子,而征藏故书,亦悉为孔子诈取,孔子之权术乃有过于老子者","道士依旁其说,推为教祖,宾(实)与老子无与"。②

章氏在《建立宗教论》中比较中西思想史上宗教与哲学之间的起伏互替:"道德普及之世,即宗教消熔之世也。于此有学者出,存其德音,玄其神话,而以高尚之理想经纬之,以成学说,若中国之孔、老,希腊之琐(苏)格拉底、柏拉图辈,皆以哲学而为宗教之代起者。琐氏柏氏之学,缘生基督;孔子老子之学,迁为汉儒,则哲学复成宗教。"③他看到汉儒倡阴阳五行、天人感应之学,认为是向宗教倒退,故称赞王充"作《论衡》,趣以正虚妄,审向背,怀疑之论,分析百端,有所发擿,不避上圣,汉得一人焉,足以振耻,至于人(今)亦鲜有能逮者也"④。他对汉代反潮流的理性思想家王充的高度赞扬,足以显示其学的特立独行风格,但不能由此而否定董仲舒天人感应之学"屈君而伸天"的积极意义。哲学与宗教并非是决然对立的。

章氏著《思乡原》上下两篇,讥评宋儒和清代公羊学,说:"乡原者,多持常训之士,高者即思雒(洛)闽,雒(洛)、闽之学,明以采稍敝蠹,及清,为佞人假借,世益视之轻","雒、闽所以拙者,以其生于长吏闻人之间,不更稼穑,不知人情隐曲,故节行不及中庸,徒谨敕寡过,事君以诚","程、杨、王、朱者,可谓

① 《章太炎政论选集》,中华书局 1977 年版,第 271 页。
② 《章太炎政论选集》,中华书局 1977 年版,第 272 页。
③ 《章太炎全集》(四),上海人民出版社 1985 年版,第 418 页。
④ 《章太炎全集》(三),上海人民出版社 1984 年版,第 444 页。

乡原之秀,中行则未也"。① 他有《正颜》、《释戴》两篇,针砭宋明儒学而赞美颜元、戴震实学。《正颜》曰:"明之衰,为程朱者痿弛而不用,为陆王者奇觚而不恒,诵数冥坐与致良知者既不可任,故颜元返道于地官,以向三物者,德、行、薮(艺)也,斯之谓格物。"②《通程》谓:"晚世戴震,宣究其义,明理欲不相外,所以县群众、理民物者,程氏之徒,莫能逮也。"③

    章氏往往狂傲自大、睥睨群贤,他高扬"析析名理,察于人文"的理性方法,认为"智者以达理而洒落,愚者以怀疑而依违"④,力求条理缜密,故其学易于与西方近代人文社会科学接轨,而偏离中华儒、佛、道的圆觉悟道精神。他的学问确实博通古今,兼收中西。一是上自老、庄、孔、孟、荀、韩诸子,中经汉、魏、六朝、唐、宋、明、清各家,下至清末康有为、谭嗣同、严复,均有独到见解,尤钟荀、韩。二是称引西洋哲学,上自古希腊埃利亚学派、斯多噶学派,以及苏格拉底、柏拉图、亚里士多德、伊壁鸠鲁,中经培根、休谟、贝克莱、莱布尼茨、斯宾诺莎,近世则有康德、费希特、黑格尔、叔本华、尼采、达尔文,广为涉猎。对于佛教法华、华严、法相、禅宗诸家经典亦可随手引证。按侯外庐的总结,他的哲学研究方法是"以分析名相始,以排遣名相终"⑤;其体系精髓是"采(操)《齐物》以解纷,明天倪以为量,割制大理,莫不孙顺"⑥;其自负使命是终结"汉宋争执",打破"秦汉以来,依违于彼是之间,局促于一曲之内"的僵化局面,更进而统一"华梵圣哲之义谛东西学人之所说"⑦。然而章氏志虽大,而器量不足,虽有建树而未成思想巨匠,重要原因之一是无体大思精之孔老智慧,遂停留在博而杂的大学问家水平上,只是一名忽略精神价值的经师。章氏有言:"近世经师,皆取是为法:审名实,一也;重佐证,二也;戒妄牵,三也;守凡例,四也;断

① 《章太炎全集》(四),上海人民出版社1985年版,第129—132页。
② 《章太炎全集》(三),上海人民出版社1984年版,第469页。
③ 《章太炎全集》(三),上海人民出版社1984年版,第454页。
④ 《章太炎全集》(四),上海人民出版社1985年版,第195页。
⑤ 章太炎:《章太炎生平与学术自述》,江苏人民出版社1999年版,第166页。
⑥ 姜义华:《章炳麟评传》,南京大学出版社2002年版,第556—557页。
⑦ 侯外庐:《中国近代启蒙思想史》,人民出版社1993年版,第218页。

情感,五也;汰华辞,六也。六者不具而能成经师者,天下无有。"①他要把经学变成只重证据的纯知识体系,而与人生意义、经世安邦了不相关,取消了"师者传道"的第一重任。由是之故,章太炎结束了传统经学,而未能开出新型经学。他对诸子百家所作的历史学的研究,由于摒弃了司马迁"究天人之际,通古今之变,成一家之言"的鉴古知今的目标,而变成西方近代实证史学的附庸,后来出现的否定中华上古文明和尧舜之道、只以考据标榜的《古史辨》派,就起源于章太炎的史学观。

(三)荟萃中西、博通史论的思想家:陈寅恪

陈寅恪(1890—1969 年),江西修水人。曾留学欧美多年,熟悉多国文化与文字。精研经、史、子、集四部典籍兼及佛经,尤长于史学且有史识。民国中为清华国学院四大导师(陈寅恪、梁启超、王国维、赵元任)之一。学问广涉宗教学、史学、文学、语言学、人类学、校勘学诸领域,而以中古史研究闻名于世。其作品:《唐代政治史述论稿》、《隋唐制度渊源略论稿》等,皆为学界所重。他的学问影响世人最巨的还不是各种有独特见解的学术成果,而是在其为学为人中透露出来的独立人格、远见卓识和宽大胸怀,而这正是现代学人和学术所应具有的精神风貌。试举其精要数条而述之。

其一,标举当代学人应有之品格:独立之精神,自由之思想。1929 年陈寅恪所撰《清华大学王观堂先生纪念碑铭》曰:"士之读书治学,盖将以脱心志于俗谛之桎梏,真理因得以发扬。思想而不自由,毋宁死耳。斯古今仁圣所同殉之精义,夫岂庸鄙之敢望。先生以一死见其独立自由之意志,非所论于一人之恩怨,一姓之兴亡……来世不可知也,先生之著述或有时而不章,先生之学说或有时而可商,惟此独立之精神,自由之思想,历千万祀,与天壤而同久,共三光而永光。"②陈寅恪所赞美的未必是王国维的学术观点,亦不是他投湖自杀的行为,而是他为自己文化理想殉身的高尚人格和精神,绝不曲学阿世,而此种人格与精神由古贤气节操守与当世学术自由而融成,乃是真学术的灵魂。

---

① 《章太炎全集》(四),上海人民出版社 1985 年版,第 119 页。
② 陈寅恪:《陈寅恪集·金明馆丛稿二编》,三联书店 2009 年版,第 246 页。

他在《柳如是别传》第一章缘起中说:"夫三户亡秦之志,九章哀郢之辞,即发之当日之士大夫,犹应珍惜引申,以表彰我民族独立之精神,自由之思想。何况出于婉娈倚门之少女,绸缪鼓瑟之小妇,而又为当时迂腐者所深诋,后世轻薄者所厚诬之人哉!"①于此可知,"独立之精神,自由之思想",绝不止于学人士大夫所应具备,它乃是整个中华民族不卑不亢、不屈不挠的品格与尊严。

其二,阐明对古史前贤的研究要有同情之理解,境界之沟通。他既不赞成单凭一些资料作现象描述,也反对穿凿附会、主观臆测。陈氏给冯友兰《中国哲学史》上卷写的《审查报告一》中说:"凡著中国古代哲学史者,其对于古人之学说,应具了解之同情,方可下笔。盖古人著书立说,皆有所为而发;故其所处之环境,所受之背景,非完全明了,则其学说不易评论。而古代哲学家去今数千年,其时代之真相,极难推知。吾人今日可依据之材料,仅为当时所遗存最小之一部;欲藉此残余断片,以窥测其全部结构,必须具备艺术家欣赏古代绘画雕刻之眼光及精神,然后古人立说之用意与对象,始可以真了解。所谓真了解者,必神游冥想,与立说之古人,处于同一境界,而对于其持论所以不得不如是之苦心孤诣,表一种之同情,始能批评其学说之是非得失,而无隔阂肤廓之论。"②又说:"但此种同情之态度,最易流于穿凿附会之恶习;因今日所能见之古代材料,或散佚而仅存,或晦涩而难解,非经过解释及排比之程序,绝无哲学史之可言。然若加以联贯综合之搜集,及统系条理之整理,则著者有意无意之间,往往依其自身所遭际之时代,所居处之环境,所熏染之学说,以推测解释古人之意志。由此之故,今日之谈中国古代哲学者,大抵即谈今日自身之哲学者也;所著之中国哲学史者,即其今日自身之哲学史者也。其言论愈有条理系统,则去古人学说之真相愈远,此弊至今日之谈墨学而极矣。今日之墨学者,任何古书古字,绝无依据,亦可随其一时偶然兴会,而为之改移,几若善博能呼卢成卢,喝雉成雉之比,此近日中国号称整理国故之普通状况,诚可谓长叹息者也。今欲求一中国古代哲学史,能矫傅会之恶习,而具了解之同情者,则冯

---

① 陈寅恪:《柳如是别传》(上册),三联书店 2001 年版,第 3—4 页。
② 陈寅恪:《陈寅恪集·金明馆丛稿二编》,三联书店 2009 年版,第 279 页。

君此作,庶几近之。"①下面还论及考据学所谓"伪材料"不可一笔抹杀,如能考出其时代与作者,则变为真材料了。

陈氏上述评冯之论是针对当时"整理国故"一派而发的,其见识远远超出了他们。章太炎要"断情感",陈氏则要"了解之同情";胡适写《中国哲学史大纲》上卷,以中国古代哲学材料佐证其理解的美国实用主义,陈氏则不指名地批评那不过是其"自身的哲学史";古史辨派动辄判定多种古籍为"伪书",陈氏则力证这些古籍有历史价值。陈氏要求今日学者要神游冥想,与古人处于同一境界,就是批评一些居高临下、以今非古的学者,他们对古贤没有敬意,不能真切体会、与之沟通,是无法产生高水平新史学的。这些观点至今仍具有生命力。

其三,揭明当代文化建设要不忘民族之本位,兼有世界之胸襟。他在为冯友兰《中国哲学史》下卷写的《审查报告三》中说:"至道教对输入之思想,如佛教摩尼教等,无不尽量吸收。然仍不忘其本来民族之地位。既融成一家之说以后,则坚持夷夏之论,以排斥外来之教义。此种思想上之态度,自六朝时亦已如此。虽似相反,而实足以相成。从来新儒家即继承此种遗业而能大成者。窃疑中国自今日以后,即使能忠实输入北美或东欧之思想,其结局当亦等于玄奘唯识之学,在吾国思想史上既不能居最高之地位,且亦终归于歇绝者。其真能于思想上自成系统,有所创获者,必须一方面吸收输入外来之学说,一方面不忘本来民族之地位。此两种相反而适相成之态度,乃道家之真精神,新儒家之旧途径,而两千年吾民族与他民族思想接触史之所昭示者也。"②陈氏此段话高度概括了两千多年中华文化在中外交流中发展的历史经验,即民族主体要保持而外来文化要吸纳。他表扬了道家对中华传统的坚守和对佛教的包容,肯定了宋明新儒家会通佛老而能大成,检讨了唯识宗因照搬印度佛教而归于衰微,从而预言北美、东欧思想的引进必须走中国化道路,否则不能持久。这是新文化建设多么伟大的创见和构想,至今仍在熠熠生辉。

---

① 陈寅恪:《陈寅恪集·金明馆丛稿二编》,三联书店2009年版,第280页。

② 陈寅恪:《陈寅恪先生全集》,(台北)里仁书局1979年版,第1365页。

其四，阐释中国思想以儒、释、道三教为代表而能优势互补。陈寅恪在上述为冯友兰《中国哲学史》下卷所写《审查报告三》中，站在多元文明交流互学的高度，用很大篇幅回溯了三教合流的历史，说明了"五色交辉，相得益彰"（冯友兰语）的道理。他说："佛教经典言：佛为一大事因缘出现于世。中国自秦以后，迄于今日，其思想之演变历程，至繁至久。要之，只为一大事因缘，即新儒学之产生，及其传衍而已。"①"今此书作者（指冯友兰）取西洋哲学观念，以阐明紫阳之学，宜其成系统而多新鲜。然新儒家之产生，关于道教之方面，如新安之学说，其所受影响甚深且远。自来述之者皆无惬意之作。近日常盘大定推论儒道之关系，所说甚繁，仍多未能解决之问题。盖道藏之秘籍，迄今无专治之人，而晋南北朝隋唐五代数百年间，道教变迁传衍之始末，及其与儒佛二家互相关系之事实，尚有待于研究。此则吾国思想史上前修所遗之缺憾，更有俟于后贤之追补者也。南北朝时即有儒、释、道三教之目（北周卫元嵩撰《齐三教论》七卷），见《旧唐书经籍志》，至李唐之世，遂成固定之制度。如国家有庆典，则召集三教之学士讲论于殿廷，是其一例。故自晋至今，言中国之思想，可以儒、释、道三教代表之。此虽通俗之谈，然稽之旧史之事实，验以今世之人情，则三教之说，要为不易之论。儒者在古代本为典章学术所寄托之专家。李斯受荀卿之学，佐成秦治。秦之法制实儒家一派学说之所附系。《中庸》之'车同轨，书同文，行同伦'（即太史公所谓'至始皇乃能并冠带之伦'之'伦'），为儒家理想之制度，而于秦始皇之身而得以实现之也。汉承秦业，其官制法律亦袭用前朝。遗传至晋以后，法律与礼经并称。儒家《周官》之学悉采入法典。夫政治社会一切公私行动莫不与法典相关，而法典为儒家学说具体之实现。故两千年来华夏民族所受儒家学说之影响最深最巨者，实在制度法律公私生活之方面；而关于学说思想之方面，或有转不如佛道二教者。如六朝士大夫号称旷达，而夷考其实，往往笃孝义之行，严家讳之禁，此皆儒家之教训，固无预于佛老之玄风也。释迦之教义，无父无君，与吾国传统之学说、存在之制度，无一不相冲突。输入之后，若久不变易则决难保持。是以佛教学说能

---

① 陈寅恪：《陈寅恪先生全集》，（台北）里仁书局1979年版，第1363页。

于吾国思想史上发生重大久长之影响者,皆经国人吸收改造之过程。其忠实输入不改本来面目者,若玄奘唯识之学,虽震荡一时之人心,而卒归于消沉歇绝。近虽有人焉,欲燃其死灰,疑终不能复振,其故匪他,以性质与环境互相方圆凿枘,势不得不然也。六朝以后之道教,包罗至广,演变至繁。不似儒教之偏重政治社会制度,故思想上尤易融贯吸收。凡新儒家之学说,似无不有道教或与道教有关之佛教为之先导。如天台宗者,佛教宗派中道教意义最富之一宗也。其宗徒梁敬之与李习之之关系,实启新儒家开创之动机。北宋之智圆提倡《中庸》,甚至以僧徒而号中庸子,并自为传以述其义。(孤山《闲居编》)其年代尤在司马君实作《中庸广义》之前。(孤山卒于宋真宗乾兴元年,年四十七)似亦于宋代新儒家为先觉。”这里大段引述陈氏审查报告原文,盖因近代学者对于三教关系史少有系统论说,而陈氏之文不啻是一篇简要的三教合流综述,其学术价值在于指出三教在互动中更新,有佛教、道教之异质滋润才有宋明新儒学,而佛教、道教又能弥补儒家在理论思想层面的缺欠,还可借儒家之现实人生关切使佛教、道教适应中国社会。用如此积极态度评说三教关系史,在近代学人中是少见的。当然,陈氏之文亦有不足,除了内容上过于简略,对于儒家在中国历史上的主导作用,更多强调法律制度层面,因而略去孔子、孟子与汉代六经之学,只谈荀子、李斯、秦始皇之法制官制及其传承,而不谈汉以后“导之以德,齐之以礼”和德主刑辅的治国之道及“五常”、“八德”对中国道德生活的引领。其原因也许在于陈氏受五四新文化运动反孔的影响,有意回避“宣扬旧道德”的指责。

其五,申明当代学者要能成为民族兴衰之托命者,开出学术新区域。陈氏在《王静安先生遗书序》中说:“自昔大师巨子,其关系于民族盛衰学术兴废者,不仅在能承续先哲将坠之业,为其托命之人,而尤在能开招学术之区宇,补前修所未逮。故其著作可以转移一时之风气,而示来者以轨则也。先生之学博矣,精矣,几若无涯岸之可望,辙迹之可寻。然详绎遗书,其学术内容及治学方法,殆可举三目以概括之者。一曰取地下之实物与纸上遗文互相释证。……二曰取异族之故书与吾国之旧籍互相补正。……三曰取外来之观念与固有之材料互相参证。……此三类之著作,其学术性质固有异同,所用方法亦不尽符会,要皆足以转移一时之风气,而示来者以轨则。吾国他日文史考据之学,范围纵广,途径纵多,恐亦无以远出三类之外。"①他指出了考据学的新方向,从研究方法上说,是把地下考古资料与古文献资料相互印证,把多元民族史籍与传统经史子集相互补充,把外国新学术观念与中国文史资料相互参照,打破清代旧有考据学多在故纸堆里做学问的局限,开出宗教、语言、文学、历史比较研究的天地。例如,陈氏广涉敦煌学、突厥学、藏学、蒙古学和西方语言文化学等领域,故其视野阔大,新见迭出。从理论构建上说,他钟情于新宋学。他在《邓广铭〈宋史职官志考证〉序》中说:"吾国近年之学术,如考古、历史、文艺及思想史等,以世局激荡及外缘薰习之故,咸有显著之变迁。将来所止之境,今固未敢断论。惟可一言蔽之曰:宋代学术之复兴,或新宋学之建立是已。华夏民族之文化,历数千载之演进,造极于赵宋之世。后渐衰微,终必复振。譬诸冬季之树木,虽已凋落,而本根未死,阳春气暖,萌芽日长,及至盛夏,枝叶扶疏,亭亭如车盖,又可庇荫百十人矣。"②陈氏欲以学术振兴中华,而中华学术文化本根未死,终必复振,其引领者在思想学派之建立,则新宋学能担起旧邦新命的历史使命。当代新儒家的崛起及其对宋明儒学的承接与创新,证实了陈寅恪的英明预见。

(四)与时俱进、综合开新的思想巨匠:梁启超

梁启超(1873—1929 年),字卓如,号任公,广东新会人。师从康有为,是戊戌变法的骨干,人称"康梁"。百日维新失败后逃往日本。辛亥革命后回国,曾任袁世凯政府司法总长。袁世凯称帝,梁启超积极支持讨袁护国运动。第一次世界大战结束,梁氏游历考察欧洲一年。此后,梁氏致力于办报、办学、讲学和著书立说,受聘为清华国学院四大导师之一。其政治生涯跌宕起伏,为社会潮流的先锋人物。其政论、理论与文论均能与新时代步伐相呼应,创发极多,成为民国前期最具影响力的大思想家,被誉为"舆论之骄子,天纵之文豪"。民国成立后,他与康有为正式分道扬镳:康氏仍坚守虚君共和、托古改

---

① 陈寅恪:《陈寅恪先生全集》,(台北)里仁书局 1979 年版,第 1435—1436 页。
② 陈寅恪:《陈寅恪集·金明馆丛稿二编》,三联书店 2009 年版,第 277 页。

制,成为帝制时代最后的陪殉之士;梁启超则大步跨入国民立宪的新军队伍,并以自己的方式推动中国政治、经济、文化、教育的更新,成为现代社会的开拓者。所以康有为属于清末士人,梁启超则属于民国学人。梁启超学贯中西,为中国思想界一代宗师,这是大家公认的。就其自身特色而言,有这样几点:一是他兼政治家与学者,两方面都有出色业绩;二是他兼综中西,皆能取精用宏,弃其糟粕,优优相合;三是他具有广博的书本知识,又有实地考察和实证体验,能够理论联系实际;四是他能不断超越自我,日新更化,与时代步伐相呼应;五是他的文化改良主义既不同于国粹派的守旧,又有别于文化激进主义的文化自卑与全盘西化,而主张在继承中创新,有益于民族文化的切实复兴。

梁启超在学术理论上的综合创新列以下数项简述之。

其一,在中西文化比较大视野中重新定位以儒学为主导的中华文明恒在价值,分清其常道与变道,揭示其中国特色和当代意义。他早年文化观较激进,曾提出"破坏主义"来批判旧文化。后期趋于稳健与理性,他在1927年出版的《儒家哲学》第一章中,首先比较中西哲学之差异,说:"西方哲学之出发点,完全由于爱智","西洋哲学由宇宙论或本体论趋重到论理学(指逻辑学),更趋重到认识论,彻头彻尾都是为'求知'起见,所以他们这派学问称为'爱智学',诚属恰当。""中国先哲虽不看轻知识,但不以求知识为出发点,亦不以求知识为归宿点,直译的 philosophy,其含义实不适于中国,若勉强借用,只能在上头加个形容词,称为人生哲学。中国哲学以研究人类为出发点,最主要的是人之所以为人之道:怎样才算一个人? 人与人相互有什么关系?"①梁氏认为世界哲学大致分三大派:印度、犹太等专注重人与神的关系,希腊及现代欧洲专注重人与物的关系,中国专注重人与人的关系。"中国一切学问,无论哪一时代,哪一宗派,其趋向皆在此一点,尤以儒家为最博深切明。"②梁氏接着揭明儒学之中心思想:"儒家哲学范围广博,概括说起来,其功用所在,可以《论语》'修己安人'一语括之。其学问最高目的,可以《庄子》'内圣外王'一语括

---

① 《梁启超全集》(9),北京出版社1999年版,第4954页。
② 梁启超:《清代学术概论》,凤凰出版集团、江苏文艺出版社2007年版,第104页。

之。做修己的功夫，做到极处，就是内圣；做安人的功夫，做到极处，就是外王。至于条理次第，以《大学》上说得最简明。《大学》所谓'格物致知诚意正心修身'，就是修己及内圣的功夫；所谓'齐家治国平天下'，就是安人及外王的功夫。"①以上经典式概括，流行至今。梁氏进而述及儒家哲学范围，认为孔子说的"仁智勇三者，天下之达德也"，"自儒家言之，必三德具备，人格才算完成。这样看来，西方所谓爱智，不过儒家三德之一，即智的部分。所以儒家哲学的范围，比西方哲学的范围，阔大得多"。② 梁氏把儒家哲学史上讨论的主要问题归纳为四："一、性之善恶，孟荀所讨论。二、仁义之内外，孔（告）孟所讨论。三、理欲关系，宋儒所讨论。四、知行分合，明儒所讨论。"③在《儒家哲学》第二章中，梁氏讨论了儒学的历史变迁及价值，批驳了文化激进派对儒学的粗暴否定。他认为儒学如此著名学说值得研究，本不成问题："不过近来有许多新奇偏激的议论，在社会上渐渐有了势力，所以一般人对儒家哲学异常怀疑。青年脑筋中，充满了一种反常的思想，如所谓'专打孔家店'，'线装书应当抛在茅坑里三千年'等等。"④他认为这好比毒药，也许能把身体中的病毒泻泻，但不能当饭吃。

梁氏总结儒学的价值：一曰它是中国文化的代表，"研究儒家哲学，就是研究中国文化"；二曰它有可变者亦有不可变者，《礼记》所谓"有可与民变革者，有不可与民变革者"，如"仁、智、勇三达德"不分地点时间都适用；三曰儒家理想"人人有士君子之行"，这是为社会树立榜样，不能斥之为"贵族"文化；四曰历代帝王以儒家为招牌实行专制，但儒家最有力之学派，从孔孟到朱王，都具有反抗精神，"儒家哲学也可以说是伸张民权的学问，不是拥护专制的学问；是反抗压迫的学问，不是奴辱人民的学问"；五曰"儒家与科学，不特两不相悖，而且异常接近。因为儒家以人作本位，以自己环境作出发点，比较近于

① 《梁启超全集》，北京出版社1999年版，第4955页。
② 《梁启超全集》，北京出版社1999年版，第4955页。
③ 《梁启超全集》，北京出版社1999年版，第4955页。
④ 《梁启超全集》，北京出版社1999年版，第4956页。

科学精神"。① 结论是:"研究儒家道术,在今日实为有益,而且必要。"②于此可见,梁氏的儒学观是具有民族情愫的又是理性中道的。

其二,以积极客观的态度包纳老子道学与佛教。梁氏酷爱老子哲学,评价甚高,著《老子哲学》一文,说:"老子的大功德,是在替中国创出一种有系统的哲学。他的哲学,虽然草创,但规模很宏大,提出很多问题供后人研究。他的人生观是极高尚而极适用。庄子批评他,说道:'以本为精,以末为粗,以有积为不足,澹然独于神明居。……常宽容于物,不削于人,可谓至极。关尹老聃乎,古人博大真人哉。'这几句话可当足老子的像赞了。"③他不赞成视老子学说为厌世哲学,认为"无为"中"有为",后退中猛进,让人明智而辩证地对待社会问题,促进和谐。老子哲学核心是"道",是宇宙、社会、人生之道,其理论基础是自然主义,要人们按自然法则行事。

梁启超早年对佛教就抱有兴趣,1922 年入支那内学院听欧阳渐讲唯识,"方知有真佛学"。他对佛教有情感上信仰的成分,有理性的研究,后期著有一系列学术价值较高的佛学著作。在中国佛学史方面,写有《中国佛法兴衰沿革说略》、《佛教教理在中国之发展》等书,不仅论述了中国佛教之变迁,还阐释了佛教兴衰变革的原因和规律,指出:"夫佛教本非世教也,然信仰佛教者,十九皆以厌世为动机,此实无庸为讳。故世愈乱而逃入者愈众,此士大夫奉佛之原因也。"④同时佛法之兴还须出现道安这样一批有造诣的高僧。在文化交流方面,他指出佛经对中国文学的三大影响:一是扩大了汉语词汇,二是变更了汉语语法和文体,三是将佛教元素渗透到文学创作中去,"近代一二巨制《水浒》、《红楼》之流,其结体用笔,受《华严》、《涅槃》之影响者实甚多"⑤。他还写有《佛教与西域》、《中国印度之交通》等文章,讲述佛教在中印文化交流中的作用。在佛学理论方面,他视佛学为一种探究宇宙及人生价值,"以求

① 《梁启超全集》,北京出版社 1999 年版,第 4957—4958 页。
② 《梁启超全集》,北京出版社 1999 年版,第 4958 页。
③ 易鑫鼎编:《梁启超选集》下卷,中国文联出版社 2006 年版,第 945 页。
④ 《梁启超全集》,北京出版社 1999 年版,第 3717 页。
⑤ 《梁启超全集》,北京出版社 1999 年版,第 3807 页。

得自由解放而人生最高之目的者也"①的学问,将之归纳为因缘观、业与轮回、无常与无我、解脱与涅槃四点,写下了《印度佛教概观》、《佛教教理在中国之发展》、《说四阿含》等。他对佛法有一个现代式概括:"佛家所说的叫着'法'。倘若有人问我法是什么?我便一点不迟疑回答:'就是心理学'。"②他吸收了西方心理学的视角,从心理学的高度看佛法的功能,可以说是别开生面,大大超越了科学主义把宗教与科学相对立的局限。佛教或者说一切宗教最本质的属性并不是给人一种真实可靠的科学知识,而是对痛苦心灵的抚慰,对烦恼心态的解脱,它是高级的信仰心理学,所以它有存在的价值,不是科学所能代替的。

其三,辨析宗教与哲学的差别,提出现代新式宗教观。梁启超也尊孔,但不赞成把儒学改造成宗教的孔教运动。他写下《保教非所以尊孔论》,认为西方人所谓宗教,乃是"迷信信仰","以灵魂为根据,以礼拜为仪式,以脱离尘世为目的,以涅槃天国为究竟,以来世祸福为法门",奉其教者,"莫要于起信,莫急于伏魔",故窒人思想自由,持门户以排外。而"孔子则不然,其所教者,专在世界国家之事,伦理道德之原,无迷信,无礼拜,不禁怀疑,不仇外道"。因此"孔子者,哲学家、经世家、教育家,而非宗教家也","孔子,人也,先圣也,先师也,非天也,非鬼也,非神也"。③他断言:"世界若无政治、无教育、无哲学,则孔教亡。苟有此三者,孔教(指教育之教)之光大,正未艾也。"④他主张宗教信仰自由选择,但必须"划定政治与宗教之权限,使不相侵超"。他在《评非宗教同盟》一文中指出"宗教是各个人信仰的对象",其特征是:"第一,信仰是情感的产物,不是理性的产物。第二,信仰是目的不是手段。"认为"宗教是神圣,认宗教为人类社会有益且必要的物事",感慨"中国人现在最大的病根,就是没有信仰"。⑤他在《论宗教家与哲学家之长短得失》一文中指出,"哲学贵

---

① 梁启超:《饮冰室合集·专集》第十四册,中华书局2015年版,第7925页。
② 《梁启超全集》,北京出版社1999年版,第3898页。
③ 《梁启超文集》,北京燕山出版社2009年版,第130—131页。
④ 《梁启超文集》,北京燕山出版社2009年版,第136页。
⑤ 《梁启超全集》,北京出版社1999年版,第3717页。

疑,宗教贵信"①,宗教道德可以感人动物,成就惊天动地事业,宗教可以与哲学互补。梁氏关于宗教与哲学的区分,关于孔子儒学不是宗教而是哲学之定性,关于信仰自由、政教分离的主张,皆是中西结合的产物,是民国学者中的最高水平,具有划时代的意义,是中国宗教观历史上的里程碑。

其四,比较中西文化彼此之短长,促使两者优势互补。梁启超在第一次世界大战后访欧一年,对西方社会有了切身体验,回国写下《欧游心影录》,比较全面考察和评价了西方文化的优劣。他认为西方文明遭受的战争灾难,根源在经济自由主义造成的贫富悬殊和社会对立,社会达尔文主义和个人主义盛行,滋生出军国主义和帝国主义。他说:"现在贫富阶级的大鸿沟,一方面固由机器发明,生产力集中变化;一方面也因为生计上自由主义成了金科玉律,自由竞争的结果,这种恶现象自然会演变出来呀。这还罢了,到19世纪中叶,更发生两种极有力的学说来推波助澜。一个就是生物进化论,一个就是自己本位的个人主义……所以就私人方面论,崇拜势力,崇拜黄金,成了天经地义;就国家方面论,军国主义、帝国主义,变了最时髦的政治方针。这回全世界国际大战争,其起源实由于此。"②另外,相信"科学万能",也使欧洲人失去"安身立命"之所在。这是多么深刻而清醒的见识! 不惟当时学界所未可及,就是到今天也没有过时。尽管如此,梁氏仍然肯定西方文化的优点,一是"自由批评",因而能保持其自我检讨能力也保存了文化的活力,因此"思想解放,只有好处,并无坏处"③;二是在反对科学主义的同时要大力发展科学,推动物质文明高度发展,"这回战争中各种发明日新月异,可惜大半专供杀人之用。经此番大创,国际上总有三几十年平和可望,好好的拿来应用,物质文明一定更加若干倍发达"④;三是个性解放很必要,有独立人格才会有独立国家,他称为"尽性主义":"这尽性主义,是要把各人的天赋良能,发挥到十分圆满。……就社会国家而论,必须如此,然后人人各其用所长,自动地创造进化,合起来便

---

① 梁启超:《饮冰室合集・专集》第四册,中华书局2015年版,第799页。
② 《梁启超全集》,北京出版社1999年版,第2972页。
③ 《梁启超全集》,北京出版社1999年版,第2981页。
④ 《梁启超全集》,北京出版社1999年版,第2978页。

成强固的国家,进步的社会。"①以上三点是西洋文化的优长,恰恰就是中华文化的不足,因而中国才落在西方的后面。但也要看到西洋文化的不足,恰恰就是中华文化的优长,因此他既不赞成故步自封、夜郎自大的"西学中源说",也不赞成"把中国甚么东西都说得一钱不值"的历史虚无主义,而要善于运用西学资源来改造和振兴中华文化:"要发挥我们的文化,非借他们的文化做途径不可。因为他们研究的方法,实在精密,所谓'工欲善其事,必先利其器'。"②梁氏曾撰文,用"凡两异性结合,其所得结果必改良"的生物学原理,来比喻中西文明的优势互动,谓:"盖大地今日只有两种文明,一泰西文明,欧美是也;二泰东文明,中华是矣。二十世纪,则两文明结婚之时代也。……彼西方美人,必能为我家育宁馨儿以亢我宗也。"③

二、当代新儒家代表性学者及其学说

当代新儒家是指起于 20 世纪 20 年代的儒家新学派,加"当代"二字,是为了区别于宋明新儒家并标示其当代特征。其思想方向有别于国粹派,更不同于激进的西化派,而是主张在保持儒学主体性的前提下,融会西学,"返本开新",构建儒学的现代理论形态,人们称之为"文化保守主义",更准确的定位应是"文化改良主义",有坚守,有革除,更有创新。它的着力点不在破坏旧有的文化,而在推陈出新的文化建设上。由于旧文化惰性的顽固和反传统激进派的强劲,文化的"革命"成为最时兴的口号,文化的"改良"则被视为与旧势力妥协的表现而受到主流学者的指责,新儒家只能是属于支流的学派,在边缘地带奋力耕耘。当整个社会由昂奋趋于理性以后,当代新儒家逐渐被人们看重,他们在事实上代表了中国当代新文化运动真正健康的方向。这是一大批各自为战的学者,用学术的力量汇集成流淌不息、渐行渐阔的思想长河。可以列出一系列名单:辜鸿铭、张君劢、林语堂、梁漱溟、熊十力、马一浮、冯友兰、贺麟、钱穆、方东美,以及稍晚的唐君毅、牟宗三、徐复观等。

① 《梁启超全集》,北京出版社 1999 年版,第 2980 页。
② 《梁启超全集》,北京出版社 1999 年版,第 2980 页。
③ 梁启超:《饮冰室合集》第 7 册,中华书局 1989 年版,第 4 页。

　　本书限于篇幅只择取其中梁、钱、熊、冯、贺、方六人及稍晚的唐、牟、徐三人而简要述其与三教、与中西相关的学说。这样做并非说其他几位不重要,其实他们皆有神来之笔。例如辜鸿铭,非并顽固守旧,而是兼识中西文化,精通欧洲近十国文字,见识高明。他写有《中国人的精神》,通过中西比较,认定典型中国人"总体印象是温良","这种温良乃是同情与智能这两样东西相结合的产物","中国人有一颗爱心","他们过着一种心灵的生活,一种情感的或人类之爱的生活","真正的中国人有着童子之心和成年人的智慧","人类所有纯真的情感均可以容纳在一个中国字中,这就是'仁'"[1]。他从生活中洞察中国人的性格和心灵,与激进者抹黑国民性相反,去讴歌中国民众的纯朴与善良,是颇令人感动的。

　　又如林语堂,是将中华文化推介到欧美的大功臣,他在《吾国与吾民》一书中能用平和公允的态度评说中国人性格的优缺点和特征,其书第四章"人生之理想"指出:"中国人明确认为:人生的真谛在于享受纯朴的生活,尤其是家庭生活的欢乐和社会诸关系的和睦"[2],接着对比中西之不同:"中国与欧洲的不同,似乎在于西方人有更大的能力去获取和创造,享受事物的能力则较小,而中国享受仅有一点东西的决心和能力都比较大。"[3]他评论儒家:"对庸见或通情达理精神的信仰是儒家人文主义的组成部分,正是这种合情合理的精神才使得中庸之道——儒家的中心思想——得以产生。"[4]对于道家和道教,林氏认为它正好弥补了儒家太现实主义的不足,"老子的自然主义哲学通过老百姓的心理因而与中国人对灵魂世界的解释结合了起来","道教为人们提供了儒教所未能提供的虚幻美妙的孩童世界"。[5] 对于佛教,林氏认为"佛教对中国人的作用,与其他宗教对外国人的作用是一致的,亦即一种拯救黎民百姓摆脱困境的作用"。"佛教作为一种哲学,也作为一种宗教,征服了中国。

---

① 辜鸿铭:《中国人的精神》,海南出版社1986年版,第65、66页。
② 林语堂:《中国人》,学林出版社1994年版,第110页。
③ 林语堂:《中国人》,学林出版社1994年版,第110页。
④ 林语堂:《中国人》,学林出版社1994年版,第117—118页。
⑤ 林语堂:《中国人》,学林出版社1994年版,第125页。

哲学为文人学士们受用,宗教为普通人受用"。① 林氏对儒、道、佛三教的评说是通情达理的,对中西民族性格差异的说法也有洞见。

再如马一浮,主张六艺统摄一切学术:"六艺者,即是《诗》、《书》、《礼》、《乐》、《易》、《春秋》也。此是孔子之教,吾国二千余年来普通承认一切学术之原,皆出于此。""何以言六艺赅摄一切学术? 约为二门:一、六艺统诸子;二、六艺统四部。"②这一观念未必能得到普遍认同,但他对儒学和中华文化的价值有深邃把握,且能以佛证儒。梁漱溟赞马一浮为"千年国粹,一代儒宗"。在贺麟眼里,马一浮是"代表传统中国文化的仅存硕果",其主持复性书院在经学废止、西学昌茂的环境中保存了传统书院教育的特色,其功绩亦应得到后人纪念。尤其值得一提的是:民国初年蔡元培为教育部长,聘马一浮为教育部秘书长,蔡主废经,马坚持经不可废,遂发生冲突,不足半个月,马即辞职回家。马一浮关于现代教育需保存经典训练的主张,后来为朱自清与叶圣陶所认同,在这一点上马比蔡要高出一等。

以上辜鸿铭、林语堂、马一浮三人之简介,足以说明以儒学为基点的学者群体是人才辈出的。

(一) 出入佛儒的新文化学创始者:梁漱溟

梁漱溟(1893—1988 年),字寿铭,生于北京。社会活动家兼思想家。曾执教于北京大学,抗日前在山东推动乡村建设。主要著作有《东西文化及其哲学》、《中国文化要义》、《人心与人生》。梁氏在心灵上"一生归宿于佛法",而在社会事业上"归宗儒学","前人云:'为往圣继绝学,为万世开太平',此正是我一生的使命。"③他受王心斋的影响,在佛学与儒学之间架起了桥梁,使他由思想者演而为活动家。梁氏是当代新儒家中最早提出新文化学的大儒,他的文化哲学及其社会实践,为中华文化在困境中的复兴,开出一条新路,其价值至今不衰。

其一,提出不同民族文化多线演化理论,论证了中华传统文化在世界多元

① 林语堂:《中国人》,学林出版社 1994 年版,第 131 页。
② 《马一浮集》第一册,浙江古籍出版社 1996 年版,第 12 页。
③ 梁漱溟:《我的努力与反省》,漓江出版社 1987 年版,第 290 页。

文化中应有的崇高地位和特色。清末民初，文化的单线进化论在中国盛行，认为世界文化与其经济发展水平相对应，走在一条共同的路上，西方文化是先进的，中国文化是落后的，中西文化的差别是人类文化发展高级阶段与低级阶段的差别，因此中国文化的现代化必须走西方文化之路。这样一来，中国文化"低级"的帽子就戴定了，毫无优势可言了。梁氏不是简单地为中华文化辩护，而是从文化理论上突破单线进化论，提出多元文化观，开出一个新视野。他在《东西文化及其哲学》里论述西方文化、中国文化、印度文化之间的差别本质上并非历史发展先后的不同，而是由于民族性的差别造成的"根本精神"和"文化路向"上的不同，因而各有特色，不能以优劣论之。书中认为文化"不过是那一民族生活的样法"，指出："所有人类的生活大约不出这三个路径样法：（一）向前要求；（二）对于自己的意思变换、调和、持中；（三）转身向后去要求。这是三个不同的路向。"西方文化"所走的是第一条路向——向前的路向"，因此有"征服自然之异采"、"科学方法的异采"、"德谟克拉西（民主）的异采"。"中国文化是以意欲自为、调和、持中为其根本精神的。印度文化是以意欲反身向后要求为其根本精神的"。① 近世西方文化"理智的活动太强太盛"，"精神上也因此受了伤，生活上吃了苦"。印度文化"唯一独盛的只有宗教之一物"，印度人是"努力于解脱这个生活的，既非向前，又非持中，乃是翻转向后"。② 梁氏所持的态度是："第一，要排斥印度的态度，丝毫不能容留；第二，对于西方文化是全盘承受，而根本改过，就是对其态度要改一改；第三，批评的把中国原来态度重新拿出来。"③梁氏拒绝印度文化，"承受"西方文化并加以改造，更新和发扬中国文化。他对西方文化持"全盘承受、根本改过"的态度，本意是在继承弘扬中国文化的基础上把西方文化接受下来加以变化，与抛弃中国文化而"全盘西化"的主张有本质的不同。

梁氏在《中国文化要义》一书里描绘中国的民族品性，其特点有：自私自利、勤俭、爱讲礼貌、和平文弱、知足自得、守旧、马虎、坚忍及残忍、韧性及弹

---

① 《梁漱溟全集》第一卷，山东人民出版社 2005 年版，第 382、383 页。
② 梁漱溟：《东西文化及其哲学》，商务印书馆 2009 年版，第 394 页。
③ 梁漱溟：《东西文化及其哲学》，商务印书馆 2009 年版，第 202 页。

性、圆熟老到。可将其与林语堂《吾国与吾民》中所列对照,林氏在该书列"中国之德性"有:圆熟、忍耐、无可无不可、老猾俏皮、和平、知足、幽默、保守性八项,与梁氏所列十项大致吻合。梁漱溟进而指出:中国文化在人类文化中是早熟的,如早就认识到"民有民享之理";中国人虽重义务、轻权利,但"起因于伦理尊重对方",乃是讲求"道德上之义务,非法律上之义务",比之"近代西洋人既由相争而达于互相承认"看起来不及,实则超过。还有:"中国一则以理性早名,趋重于道德自觉向上,宗教遂以不足;再则以理性早启,乃不以对物者对人,更且以对内者对外,唯相安是尚,不尚武力","西洋文化是从身体出发,慢慢发展到心的;中国却有些径直从心发出来,而影响了全局。前者是循序而进,后者便是早熟。'文化早熟'之意义在此"①。梁氏认为早熟后之中国,"由此遂无科学","长于理性短于理智","陷于盘旋不进",出现种种病态,因此需要引进西方文化以促使中国文化再生。同时,早熟的中国文化也将显示它的现代价值和未来意义,为世界今后的文化发展作出贡献。中国文化的民族性是不能丢弃的,他在《中国民族自救运动之最后觉悟》一文中指出:"一民族真生命之所寄,寄于其根本精神,抛开了自家的根本精神,便断送自家前途。"②中华民族的根本精神便是儒家文化的伦理理性。

其二,伦理本位和以道德代宗教。梁氏在《中国文化要义》第五章"中国是伦理本位的社会"中指出,与西洋相比,中国是家族社会,重家庭伦理,"中国缺少宗教,以家庭伦理生活来填补它"。但他又说:"如果说中国亦有宗教的话,那就是祭祖祀天之类",它"不以拜天而止,不能称之曰拜天教;不以拜祖先而止,亦不是宗法社会的祖先教。它没有名称,更没有其教徒们的教会组织。不得已,只可说为'伦理教'。因其教义,恰不外乎这伦理观念;而其教徒亦就是这些中国人民。"③该书第六章"以道德代宗教",认为:"人类文化都是以宗教开端,且每依宗教为中心。"④宗教的共同点在于"一切宗教都从超绝于

① 《梁漱溟全集》第三卷,山东人民出版社 2005 年版,第 258 页。
② 《梁漱溟全集》第五卷,山东人民出版社 2005 年版,第 105 页。
③ 《梁漱溟全集》第三卷,山东人民出版社 2005 年版,第 90 页。
④ 《梁漱溟全集》第三卷,山东人民出版社 2005 年版,第 97 页。

人类知识处立他的根据，而以人类情感之安慰、意志之勖勉为事"①。近代以来，科学发达，理智增强，宗教失势，遂不可挽。中国上古亦离不开宗教，但周孔以来"三千年的文化，其发展统一不依宗教做中心"，"中国之风教文化，孔子实为其中心"②。祭天祀祖成为孔子教化内涵的一部分，外来宗教都表示尊重孔子。而孔子无宗教所必具之要素，相信人都有理性，具有是非之心。孔子虽未排斥和批评宗教，却"一面极力避免宗教之迷信与独断，而一面务为理性之启发"。"这是道德，不是宗教"，"在中国代替宗教者，实周孔之'礼'。不过其归趣，则在使人走向道德之路，恰有别于宗教，因此我们说：中国以道德代宗教"。③ 梁氏进而解说他理解的中国人的道德理性。理性是什么？"这里且以清明安和四字点出之，形容之。而显然与理性相违者，则有二：一是愚蔽偏执之情，一是强暴冲动之气"④，"这是孔子所最怕的"⑤，"这二者在古代宗教每不能免；他既避之若不及，于是也就脱出宗教之路"⑥。儒家"把古宗教转化为礼，更把宗教所未及者，亦无不礼乐化之。所谓'礼乐不可斯须去身'，盖要人常不失于清明安和，日远于愚蔽与强暴而不自知"⑦。

梁氏与林语堂一样，都历数中国人品性的优缺点，同时也都怀有一颗乡土厚情之心，称赞中华民族的美德：梁氏誉之为"清明安和"，林氏则誉之为"圆熟、慈和、智慧"⑧并以新秋精神形容之。梁漱溟的中国文化伦理本位，儒家把古宗教转化为礼，为道德以及用"清明安和"四字形容中华人文理性，都是卓著的识见。但是，儒家伦理完全取代了宗教吗？并没有，不然何以需佛道予以补充呢？中国是一个多民族、多宗教的国家，许多少数民族既受儒学人文理性熏陶，同时未曾离开它的宗教。即使汉族民众在以"五常"、"八德"为基本道

---

①　《梁漱溟全集》第三卷，山东人民出版社2005年版，第98页。
②　《梁漱溟全集》第三卷，山东人民出版社2005年版，第103页。
③　《梁漱溟全集》第三卷，山东人民出版社2005年版，第106页。
④　《梁漱溟全集》第三卷，山东人民出版社2005年版，第112页。
⑤　《梁漱溟全集》第三卷，山东人民出版社2005年版，第112页。
⑥　《梁漱溟全集》第三卷，山东人民出版社2005年版，第112页。
⑦　《梁漱溟全集》第三卷，山东人民出版社2005年版，第113页。
⑧　林语堂：《吾国与吾民》，陕西师范大学出版社2016年版，第303页。

德的同时也信仰天神祖灵及各种神灵,虽然杂而多端,其生活却离不开多神崇拜。历史证明,宗教可以变迁而不能被取代,既不能被科学所取代,也不能被道德所取代,在中国,宗教恰恰是道德的助力,佛教、道教都是传布儒家伦理的功臣。

其三,儒、道、佛三家皆是社会人生的需要。梁氏后期撰写《东方学术概观》,论述了儒、道、佛三家的特色和功用。他认为儒者孔门之学"不是外在事物知识之学,亦非某些哲学玄想,而是就在他自身生活中力争上游的一种学问。这种学问不妨称之为人生实践之学。假若许可我们再多说一点,那便是其力争上游者力争人生在宇宙间愈进于自觉、自立、自如也。"①他强调儒学是一种生活化的学问,是对提升文明人生的一种自觉。那么道家之学呢? 它与儒家乃是同源而异流,恰可以相对应而互补。"儒家道家皆渊源自古,而儒家代表其正面,道家代表其负面。言其思想路数特殊的由来,即在早有悟于宇宙变化而于自家生命深有体认——其向内多于向外在此。类乎'太极'、'阴阳'、'天地'、'乾坤'、'性命'等等皆其共同常用的词汇概念,而各有其所侧重。"②这就点明了儒道作为中国文化两个主要侧面的互应性。具体到生命的体认上,两家"同在生命上用功夫,但趋向则各异。儒家为学本于人心,趋向在此心之开朗以达于人生实践上之自主、自如。道家为学所重在人身,趋向在此身之灵通而造乎其运用自如之境"。"个体生命寄于此身,而人心则是其社会生命的基础。""孔子关心当世政教,汲汲遑遑若不容已;而老子反之,隐遁幽栖,竟莫知其所终。学术上所以分明两途者,即其一从心,其一从身之异也。然两家学问功夫入手处又无不在人心内蕴之自觉。"③梁氏以人身法自然之学将老子道家与求仙道教连为一体,曰:"道家之言曰:顺则生人(子嗣),逆则成(神)仙。其功夫入手处便是逆的,非自然的;同时又是顺的,必须顺乎其自然才行。故此学以自然为宗。自然者,人身通乎宇宙生命流行有其阴阳演变法则之自然也,初不可以人意措手其间。洎乎功夫到家,自觉朗照之处意识可

---

① 《梁漱溟全集》第七卷,山东人民出版社 2005 年版,第 330 页。
② 《梁漱溟全集》第七卷,山东人民出版社 2005 年版,第 338 页。
③ 《梁漱溟全集》第七卷,山东人民出版社 2005 年版,第 339 页。

通，则又不难自为运用。那便为号曰'至人'、'真人'者是已。"①梁氏揭明："道家起自摄生养生之学也"，因此医学发达，可以补西医所不及，气功疗法和针灸之效为世所公认。

关于佛家之学，梁氏回忆自己早年崇佛而排儒道，后来称扬孔孟而讥笑道家，后期则于儒、道、佛三教皆有正面认知。佛教有小乘、大乘，大乘佛教"出世间又回到世间；出而不出，不出而出"。"破执是佛家宗旨"，"佛家之学，盖从世间迷妄生命中解放之学也"，"破我执，净烦恼障；破法执，净所知障"，"质言之，佛家之路即是要从迷妄生活中静歇下来，《楞严经》云：'歇即菩提'是已"。② 梁氏引其旧著《印度哲学概论》曰："佛法虽统以破执为归，而自有其缓急次第，方便区处。唯以化度众生而言说，其言无意于通玄而用心于导愚。化度固要于开明，而导愚宜有方便。由是随缘应机，教法遂有层次类别。质言之，佛法中固不建立迷执即所谓宗教式信仰者以增益众生之执取，而次第开导犹不无宗教式信仰之遗留。逐渐蜕化，以至于无执。观其改革之点，宗教式信仰之精神全亡，根本已摧，而安俗顺序之迹又般般可考。凡本土固有之思想、学术、传说深识世法即是佛法。"故"说于众生有益者皆是佛说，若无益者则是外道"③。梁氏引《金光明经》云，一切世间所有善论皆因此经。梁漱溟对于佛法一生追求且深有领悟，内中已体现了儒家"道并行而不相悖"和老子"容乃公，公乃全，全乃天，天乃道，道乃久"的包容精神。同时他申明佛法已不是宗教式的迷执，然而为权设方便仍保留宗教式信仰之遗存，这就是作为哲学之佛法与作为宗教之佛教同时并存之缘由。在梁氏心里，佛法始终是一种非宗教式的人生智慧，并以劝善为要义，同时也能理解和包容民众拜佛的宗教式的信仰。

其四，新文化观的社会实践：乡村建设。梁漱溟是一位有深切人文关怀并身体力行的新儒家。他意识到乡土文明乃是中华文明的根基，而中国农村在近代帝国主义、专制主义和民国军阀压榨下开始破产，农民饱受战乱、匪祸、酷

① 《梁漱溟全集》第七卷，山东人民出版社2005年版，第341页。
② 《梁漱溟全集》第七卷，山东人民出版社2005年版，第355—356页。
③ 《梁漱溟全集》第一卷，山东人民出版社2005年版，第64页。

政的压榨,陷于水深火热之中,这样下去乡村没有出路,中国及其文化也没有出路。于是他起而提倡并投身乡村建设运动,试图找到一条切实改变中国的新路。1928年,他在广东创办乡治讲习所,1929年应邀担任河南村治学院教务长。1931年他同河南村治学院的朋友一起在山东开办乡村建设研究院,以"知行合一"为宗旨研讨乡村建设理论,培训乡村建设干部,在邹平与菏泽进行颇具规模的乡村建设试验。七年后,这场具有划时代意义的乡村建设运动因日寇侵占山东而结束,虽未结出硕果,却留下宝贵经验和启示。他在《乡村建设理论》中指出,中国乡村已遭三种力量破坏:一是兵祸匪乱、苛捐杂税的政治破坏力,二是外国经济侵略、洋行买办的经济破坏力,三是礼俗、制度、学术、思想的改变而来的文化破坏力,"原来中国社会是以乡村为基础,并以乡村为主体的;所有文化,多半是从乡村而来,又为乡村而设,法制、礼俗、工商业等莫不如是。在近百年中,帝国主义的侵略,固然直接间接都在破坏乡村,即中国人所作所为,一切维新革命民族自救,也无非是破坏乡村。所以中国近百年史,也可以说是一部乡村破坏史"①。那么如何救治? 在寻找不到外部力量的时候只能起于乡村自救运动,从更长远看,"中国乡村建设运动是起于中国社会积极建设之要求"②,"是起于重建一新社会构造的要求"③,建设新的礼俗、新的秩序、新的组织,发展新式农业、提倡合作、设立农业银行,实行地方自治,而社会主义是值得参考的。他在《山东乡村建设研究院设立旨趣及办法概要》中强调指明:只有乡村问题得到解决,中国问题才能真正解决:"只有乡村安定,乃可以安辑流亡;只有乡村产业兴起,可以广收过剩的劳力;只有农产增加,可以增进国富;只有乡村自治当真成立,中国的政治才算有基础;只有乡村一般的文化提高,才算中国社会有进步。总之,只有乡村有办法,中国才算有办法,无论在政治上、经济上、教育上都是如此。"④他对村治学院和乡村建设研究院的学员有三项精神陶炼:一是合理人生态度的指点;二是中国历史文

① 《梁漱溟全集》第二卷,山东人民出版社2005年版,第150页。
② 《梁漱溟全集》第二卷,山东人民出版社2005年版,第155页。
③ 《梁漱溟全集》第二卷,山东人民出版社2005年版,第161页。
④ 《梁漱溟全集》第五卷,山东人民出版社2005年版,第225页。

化的分析;三是人生实际问题的讨论。他要以学带乡,使"社会学校化"。乡村建设不能走日本的路,也不能走西方资本主义道路,而要走一条"民治化"、"生产与分配社会化"的社会主义道路。他认为"吾为农国,农业根本不适于资本主义而适于社会主义"①。

梁漱溟既有中华自强不息之志勇,又有厚德载物之情怀,其在《中国民族自救运动之最后觉悟》的"八、我们今后的新趋势"结尾处展示其历史的担当与远见:"西洋文化之撞进门来,虽加我重创,乃适以启我超出绝境之机;其为惠于吾族者大矣! 凡今日一切问题皆若不得解决者,正以见问题之深且大,意义不寻常,而极勉吾人之为更大努力,以开此人类文化之新局也。呜呼! 吾人其当如何以负荷此使命!"②

(二)出佛入儒的尊生健动哲学创建者:熊十力

熊十力(1885—1968年),原名继智、升恒、定中,号子真、漆园、逸翁,湖北黄冈人。早年参加辛亥革命和护法运动。1918年起进入学界,专心研发中华学术理论。曾在南京从欧阳竟无学习佛法,1922年以后受蔡元培之聘为北京大学讲师,继之为教授至20世纪50年代末。其代表性著作有:《新唯识论》、《佛家名相通释》、《读经示要》、《十力语要》、《论六经》、《原儒》、《体用论》、《明心篇》、《乾坤衍》、《存斋随笔》等。熊氏是狂者型学者,个性极强,但非"狂妄",而是在博通中、印、西三学基础上创建自家独特哲学体系,不受诸家原有传统约束,自由自在地发表议论,具有极高的文化自信,也展现出超群的人生智慧。他还具有变通、切磋的品格,在与马一浮、梁漱溟、钱穆、汤用彤、吕澂等交流、争辩中不断超越自我,更新和改进自己的学说,努力激活以《周易》为导向的儒家哲学恒久价值,以实现中华民族文化的复兴。他在现代新儒家群体中被誉为"中心开启性人物",不仅是学术影响最大的一位,而且带启出现代新儒家第二代的唐君毅、牟宗三、徐复观三位大师级学者,使新儒家薪火相传,发扬光大。

---

① 《梁漱溟全集》第四卷,山东人民出版社2005年版,第913页。
② 《梁漱溟全集》第五卷,山东人民出版社1990年版,第116页。

其一,忧患意识中的文化自觉。熊氏忧国忧民,不唯要坚决抗日,救危存亡,更要振作民族精神,拯救民族文化自尊心的丧失,接续民族文化的生命,认为这是救国的根本之途。如果心理上仰人鼻息,甘随人后,民族是没有希望的。因此,建立文化自信自觉关乎民族的兴衰。他对五四激进派否定传统文化深为忧虑,《十力语要初续》说:"吾于五四运动以后,菲薄固有,完全西化之倾向,窃有所未安焉!"①"清季迄今,学人尽弃固有宝藏,不屑探究,而于西学亦不穷其根柢,徒以涉猎所得若干肤泛知解妄自矜炫,凭其浅衷而逞臆想,何关理道?集其浮词而名著作,有甚意义?以此率天下而同为无本之学,思想失自主,精神失独立,生心害政,而欲国之不依于人、种之不奴于人,奚可得哉?天积众刚以自强,世界积无量强有力分子以成至治。有依人者,始有宰制此依者,有奴于人者,始有鞭笞此奴者,至治恶可得乎?吾国人今日所急需要者,思想独立、学术独立、精神独立,一切依自不依他,高视阔步而游乎广天博地之间,空诸依傍,自诚、自明,以此自树,将为世界文化开发新生命,岂惟自救而已哉!"②熊氏对当时中国面临的自主性危机有清醒认识,对文化激进主义和"全盘西化"论有鞭辟入里的批判,指出他们对中华自家文化宝藏并无深究,对于西学亦满足于浅解,却逞其妄智,欲率天下而行,其害莫大焉。事实确是如此,西化派破坏有余而立新无能,在中华文化研究与西学研究上皆无可观建树,只是善于制造声势,吸人眼球,自鸣得意,以为"救国良方",而对"文化自杀"的后果茫然不知。

熊氏治学并非泥古守旧,恰恰在于打破门户与学派,推出自创新意。他在《新唯识论》语体文本中说:"吾平生著述与笔札之属,字字从胸中流出"③,"陆象山云:六经皆我注脚,未可如言取义(如言,即执著言说之谓)。"④提倡"自本自根、自信自足、自发自辟"⑤的精神,具有陆王心学"入乎其内,出乎其

---

① 熊十力:《十力语要初续》,上海书店出版社2007年版,第18页。
② 《熊十力全集》第五卷,湖北人民出版社2001年版,第25页。
③ 《熊十力全集》第三卷,湖北人民出版社2001年版,第538页。
④ 《熊十力全集》第三卷,湖北人民出版社2001年版,第539页。
⑤ 《熊十力全集》第五卷,湖北人民出版社2001年版,第22页。

外"的气象。熊氏虽不通西文,却能经由汉译本比留学生更能了解西方哲学,并努力融会中国与西方哲学的精华,建立起中国式本体论哲学,为海外学界所称道。1968年版《大英百科全书》为他立传,赞誉他的哲学是佛学、儒家与西学三者要义综合的独创者。更使人感叹的是,熊氏之文化自信在当时已意识到中国文化不仅能振兴中华,亦"将为世界文化开发新的生命",非大智慧者不能有如此远见。

其二,《新唯识论》、《体用论》与新哲学。熊氏的新哲学概括言之,便是"体用不二"、"翕辟成变",①《新唯识论》奠其基,《体用论》充其实。熊氏深研佛学,取佛家体用论而化之。《新唯识论》不赞成"把本体当做是离我的心而外在的事物",②也不赞成"否认本体,而专讲知识论者"③,"易言之,即不了解万物本原与吾人真性本非有二(此中真性,即所谓本心。以其为吾人所以生之理,则云真性。以其主乎吾身,则曰本心),遂至妄臆宇宙本体为离自心而外在,故乃凭量智以向外求索。"④那么,本体是什么? 曰:"本体所以成其为本体者,略说六义:一、本体是备万理、含万德、肇万化,法尔清净本然。法尔一词,其含义有无所待而成的意思。清净者,没有染污,即没有所谓恶之谓。本然者,本谓本来,然谓如此。当知,本体不是本无今有的,更不是由臆想安立的,故说本来。他是永远不会有改变的,故以如来一词形容之。二、本体是绝对的,若有所待,便不名为一切行的本体了。三、本体是幽隐的,无形相的,即是没有空间性的。四、本体是恒久的,无始无终的,即是没有时间性的。五、本体是全的圆满无缺的,不可剖割的。六、若说本体是不变易的,便已涵着变易了,若说本体是变易的,便已涵着不变易了,他是很难说的。本体是显现为无量无边的功用,即所谓一切行的,所以说是变易的;然而本体虽显现为万殊的功用或一切行,毕竟不曾改移他的自性。他的自性,恒是清净的、刚健的、无滞

---

① 《熊十力全卷》第一卷,湖北人民出版社2001年版,第670页。
② 《熊十力全卷》第三卷,湖北人民出版社2001年版,第17页。
③ 《熊十力全集》第三卷,湖北人民出版社2001年版,第17页。
④ 《熊十力全集》第三卷,湖北人民出版社2001年版,第17页。

碍的,所以说是不变易的。"①《体用论》又说:"有问:'本体具何等义?'答曰:略说四义:一、本体是万理之源,万德之端,万化之始(始,犹本也)。二、本体即无对即有对,即有对即无对。三、本体是无始无终。四、本体显为无穷无尽的大用,应说是变易的。然大用流行毕竟不曾改易其本体固有生生、健动,乃至种种德性,应说是不变易的。"②熊氏论本体乃是结合中西哲学而为之,他受西方哲学启示,要为宇宙万事万物寻求一个绝对的、根本的终极存在,但这个绝对存在既不是脱离万事万物的"绝对理念",又非主宰万有的绝对唯一神"上帝";他受老子和《周易》哲学的熏陶,把本体理解为体用一如、与万事万物不可分离又赋予万事万物品性的大道,它"衣养万物而不为主"、"道常无为而无不为",它"曲成万物而不遗"、"生生之谓易"、"寂然不动,感而遂通天下"、"天行健,君子以自强不息"。故熊氏强调本体的无主宰性、与事物的不可分割性,即"体用不二";又强调本体的"生生、健动",实际上视本体为宇宙运动变化的生命之源,故又称本体为"恒转","恒字是非断的意思,转字是非常的意思","不常不断,才是能变,才成为大用流行"。所以熊氏的"体用不二"论不仅是中国式的,而且较多地体现了《周易》哲学的精神,即尊生健动的精神。当然其中也有佛家和阳明心学的要素,如赋予本体以"湛然"、"清净"、"无滞无碍"、"离相"、"离染"等属性,认为"心体即性体之异名。以其为宇宙万有之源,则说为性体,以其主乎吾身则说为心体"③。这是中国儒家"天人合一"的传统。

"翕辟成变"则是熊氏的本体运动观,是从《易·系辞》"夫坤其静也翕,其动也辟,是以广生焉"和"阖户谓之坤,辟户谓之乾,一阖一辟谓之变,往来不穷谓之通"而来的。翕是凝聚生物,辟是分化出新,"以本体之流行现似一翕一辟,相反而成化,此之谓变,亦谓之用"④。熊氏也用"屈伸"、"乾坤"来作表达,皆来源于《周易》哲学。他推崇"《易大传》所以赞扬至精之运与生命之流者,庶几尽其蕴矣。乾为生命和精神,坤为物质和能力,宇宙万有只是此两方

---

① 《熊十力全集》第三卷,湖北人民出版社2001年版,第75页。
② 《熊十力全集》第七卷,湖北人民出版社2001年版,第14页。
③ 《熊十力全集》第六卷,湖北人民出版社2001年版,第116页。
④ 《熊十力全集》第五卷,湖北人民出版社2001年版,第14页。

面,何可否认"①。而"翕必待辟而后见(为)流行"②,"从宇宙全体之发展而观,阳明、刚健之辟,一步一步破物质之闭锢而复其焇明主动之贞常性"③。

熊氏的新哲学可以称之为尊生健动的生命哲学。他在《读经示要》中总结自己的学术生涯,曰:"吾平生之学,穷探大乘,而通之于《易》。尊生而不可溺寂,彰有而不可耽空,健动而不可颓废,率性而无事绝欲。此《新唯识论》所以有作,而实根柢《大易》以出也(上来所述,尊生、彰有、健动、率性,此四义者,于中西哲学思想,无不包通,非独矫佛氏之偏失而已。王船山《易外传》颇得此旨,然其言散见,学者或不知综其纲要)。魏晋人祖尚虚无,承柱下之流风,变而益厉,遂以导入佛法。宋儒受佛氏禅宗影响,守静之意深。而健动之力,似疏于培养,寡欲之功密,而致用之道,终有所未宏。"④"晚明有王船山,作《易内外传》,宗主横渠,而和会于濂溪、伊川、朱子之间,独不满于邵氏。其学尊生以箴寂灭,明有以反空无,主动以起颓废,率性以一情欲,论益恢宏,浸与西洋思想接近矣。"⑤此一段话乃是熊十力新哲学之精髓,其要在"尊生、彰有、健动、率性"四义,上承横渠关学,出佛氏而入《易》学,真正彰显了儒家的仁爱、贵生、自强、中正的品格,重视生命的主体性、生动性和创造性,"无宗教之迷,无离群、遗世、绝物等过失。亦不至沦溺于物欲而丧失灵性生活"⑥,强调精神生命的自发自开与活泼洒脱。这是儒家哲学的真精神、真意趣,而为熊氏新哲学表而出之,气势宏大,理念深邃,开智感人,故其身后弟子弥众,遂形成新儒学学派群体。

其三,以儒为主,化用佛学与道学。唯识学是熊氏哲学来源之一,其讲"万法唯识"、"唯识无境",以"真如"、"佛性"消解主客观的对立,对熊氏有启迪智慧之功。但熊氏超越此唯识旧说,而有新论。《新唯识论》说:"唯识为言,但遮外境,不谓境无,以境与识同体不离,故言唯识。唯者殊特(特殊)义,

---

① 《熊十力论著集之二》,中华书局1994年版,第450页。
② 《熊十力全集》第三卷,湖北人民出版社2001年版,第102页。
③ 《熊十力全集》第七卷,湖北人民出版社2001年版,第22页。
④ 《熊十力全集》第三卷,湖北人民出版社2001年版,第916页。
⑤ 《熊十力全集》第四卷,湖北人民出版社2001年版,第140页。
⑥ 《熊十力全集》第七卷,湖北人民出版社2001年版,第95页。

非唯独义。识能了境,力用殊特,说识名唯,义亦摄境。岂言唯识,便谓境无?"①于此可知,《新唯识论》与旧论同在"识可摄境",无离识之境;异在新论强调识境"同体",不赞成旧论销境归识。

在宇宙观和方法论上,熊氏主张借鉴唯识法相以增强逻辑精神,与西方哲学相会通。其《佛家名相通释》一书足证其对佛教历史、教义、宗派着力之久,研究之深,故能写成佛教入门之书。其书类似佛教简明辞典,又超过辞典,于主要名相作出深解,若无多年功夫难以为之。该书"撰述大意"说:"疏释名相,只取唯识、法相。何耶?""唯识法相,渊源广远,资藉博厚。而其为书也,又条理分明,(如法相书)。统系严整。(如唯识书)。佛家哲学方面名词,盖亦大备于唯识法相诸要典,撮要而释之,则可以读其书而通其学",②"筑室有基,操舟有楫,治斯学者,讵可无依"③。"名相为经,众义为纬,纯本哲学之观点,力避空想之浮辞,根柢无易其故,裁断必出于己"④。"今日治哲学者,于中国、印度、西洋三方面,必不可偏废"⑤,"佛家于内心之照察,与人生之体验,宇宙之解释,真理之证会,皆有其特殊独到处。即其注重逻辑之精神,于中土所偏,尤堪匡救"⑥。他追溯中国佛教史:"自大法东来,什、肇、奘、基,既尽吸收之能,华、台宗门,皆成创造之业"⑦,尔后"魏、晋融佛于三玄,虽失则纵"⑧,"宋明融佛于四子,虽失则迂"⑨,"揆之往事,中人融会印度佛家思想,常因缘会多违,而未善其用。今自西洋文化东来,而我(吾)科学未兴,物质未启,顾乃猖狂从欲,自取覆亡。使吾果怀自存,而且为全人类幸福计者,则导欲从理,而情莫不畅;本心宰物,而用无不利,异生皆适于性海,人类各足于分愿,其必有待于中、印、西洋三方思想之调和,而为未来世界新文化植其根,然则佛学顾

---

① 《熊十力全集》第二卷,湖北人民出版社2001年版,第23页。
② 《熊十力全集》第二卷,湖北人民出版社2001年版,第344页。
③ 《熊十力全集》第二卷,湖北人民出版社2001年版,第345页。
④ 《熊十力全集》第二卷,湖北人民出版社2001年版,第346页。
⑤ 《熊十力全集》第二卷,湖北人民出版社2001年版,第346页。
⑥ 《熊十力全集》第二卷,湖北人民出版社2001年版,第346页。
⑦ 《熊十力全集》第二卷,湖北人民出版社2001年版,第346页。
⑧ 《熊十力全集》第二卷,湖北人民出版社2001年版,第347页。
⑨ 《熊十力全集》第二卷,湖北人民出版社2001年版,第347页。

可废而不讲欤?"①熊氏意识到西方文化物质主义的危害,佛学有自己独到智慧,能在会通中印西文化以促进人类文明中发挥重要作用。

印度佛教亡绝已久,其真义必求之于中国。中国佛教性相二宗,性宗典籍由罗什主译,相宗典籍由玄奘主译,"什、奘二师学,可为质正之准则"②。他总结出读佛书有四要:"分析与综会,踏实与凌空。"③分析是对名相条分缕析,综会是寻统系而得其通理,踏实要务求在理会来历中得其实解,凌空是抛开书本、脱而神解、真理自然呈现,这就是通过名相而达到真正的觉悟。他用现代话语进而论之:"佛家哲学,以今哲学上术语言之,不妨说为心理主义。所谓心理主义者,非谓是心理学,乃谓其哲学从心理学出发故。今案其说,在宇宙论方面,则摄物归心。所谓'三界唯心'、'万法唯识'是也"④。"在人生论方面,则于染净,察识分明。而以此心舍染得净,转识成智,离苦得乐,为人生最高蕲向。在本体论方面,则即心是涅槃。在认识论方面,则由解析而归趣证会,初假寻思,而终于心行路绝。"⑤而证会能够"冥契真理,即超过寻思与知解境地"⑥。"今西洋哲学,理智与反理智二派互不相容,而佛学可一炉而冶"⑦,这就是佛家认识论的特别贡献。他告诫读者:"凡佛家分(书):有宗论籍,只是铺陈名相;空宗论籍,如宗经之作,只是三支法式。读其书者,切宜言外得意。若滞在言中,便觉毫无义趣。"⑧熊氏研佛,既有同情之理解,又站在其外,评其得失,并分疏其宇宙论、本体论、认识论之特色,以与现代西方哲学相衔接。他并非佛教界中人,自然受到教中学者如吕澂的责难,但他是位慧眼识佛学精义之人,又是佛学现代化的功臣。熊氏认为大乘空宗尚未"领会性德之全",其实"寂静之中即是生机流行","空宗只是见性体是寂静的,却不知性体

---

① 《熊十力全集》第二卷,湖北人民出版社 2001 年版,第 347 页。
② 《熊十力全集》第二卷,湖北人民出版社 2001 年版,第 349 页。
③ 《熊十力全集》第二卷,湖北人民出版社 2001 年版,第 349 页。
④ 《熊十力全集》第二卷,湖北人民出版社 2001 年版,第 350 页。
⑤ 《熊十力全集》第二卷,湖北人民出版社 2001 年版,第 350 页。
⑥ 《熊十力全集》第二卷,湖北人民出版社 2001 年版,第 351 页。
⑦ 《熊十力全集》第二卷,湖北人民出版社 2001 年版,第 351 页。
⑧ 《熊十力全集》第二卷,湖北人民出版社 2001 年版,第 352 页。

亦是流行的"①,这样熊氏就经由空宗而入于《易传》生生之德、大化流行的哲学了。熊氏认为大乘有宗亦有得有失:"大乘有宗矫异空宗,颇谈宇宙论。但是,他们有宗将宇宙之体原与真如本体却打成两片"②,"亦以为本体不可说是生生化化的物事,只可说是无为的,无起作的"③,所谓本体真实者"并不是凝然坚住的物事,而是个恒在生生化化的物事"④。于是他又超越了有宗,回归了《易传》哲学,这样便出现《体用论》,建立起自己的哲学。

熊十力对老庄道家的态度如同佛家,也是取长弃短,化而用之。关于老子,熊氏最重老子道论,认为"道"、"无"、"一"皆指向宇宙之真理、万有之实体,曰:"一切万象,以道为体,则道固非离一切万有而别有物。若谓道果超越于一切万有之外者,则道亦顽空,而何得名为宇宙实体耶?老子之后学庄周曾有妙语云'道在屎尿',可见道不离一切万有而独在也。"⑤老子谓天地万物得一以清,庄子本之,玄同彼我,双遣是非,而休乎天钧,"天钧者,一之谓也"⑥,"总之,老子开宗,直下显体。庄子得老氏之旨而衍之,便从用上形容。《老》、《庄》二书,合而观之,始尽其妙"⑦。

熊氏对老子"道"的理解是准确的,道是万有之体,又在万有之中,因此是体用不二,它与西方哲学的超越现象界的"绝对理念"不是一回事。他在《读经示要》中说:"夫无者,言乎宇宙本体,所谓太极或太一(易)是也。体则寂然无形,故说为无,非空无之无。有者,言乎本体之显为大用,所谓乾元是也"⑧,"无(有也)者,言其生生之盛也,言其变化不测也"⑨。这里熊氏以体用不二解说老子有无之论,并归结到《周易》生生不息、变化流行的哲学上,把老学与《易》学打通,此正是熊氏创造性解老的过人之处。老子讲无本有蹈虚之弊,

---

① 《熊十力全集》第三卷,湖北人民出版社2001年版,第175页。
② 《熊十力全集》第三卷,湖北人民出版社2001年版,第209页。
③ 《熊十力全集》第三卷,湖北人民出版社2001年版,第209页。
④ 《熊十力全集》第四卷,湖北人民出版社2001年版,第204页。
⑤ 《熊十力全集》第四卷,湖北人民出版社2001年版,第204页。
⑥ 《熊十力全集》第四卷,湖北人民出版社2001年版,第100页。
⑦ 《熊十力全集》第二卷,湖北人民出版社2001年版,第295页。
⑧ 《熊十力全集》第三卷,湖北人民出版社2001年版,第952页。
⑨ 《熊十力全集》第三卷,湖北人民出版社2001年版,第952页。

熊氏以《易》之刚健补救之。《新唯识论》说:"老子只喜欢说无,却不知所谓无才是至刚至健,我想老子尚不免耽着虚无的境界。"①《读经示要》说:"孔子说'天行健',而老氏仅曰'周行而不殆已耳'。其实,本体显(现)为大用,纯是刚健,故流行不已。老子耽虚静,于健德没理会。"②结论是显然的:中国哲学的发展必须儒道互补而推之。

关于庄子,熊氏最钟情于庄子的主体意识、自由精神和狂者气象。庄子在《大宗师》论道:"夫道,有情有信,无为无形;可传而不可受,可行而不可见;自本自根,未有天地,自古以固存;神鬼神帝,生天生地;在太极之先而不为高,在六极之下而不为深,先天地生而不为久,长于上古而不为老。"《逍遥游》追求精神自由,"举世誉之而不加劝,举世非之而不加沮","乘天地之正,而御六气之辩,以游无穷者",逍遥乎"无何有之乡"。《齐物论》讲"天地与我并生,而万物与我为一"。《养生主》讲"以无厚入有间,恢恢乎其于游刃必有余地矣"。《人间世》讲"乘物以游心"。《天下》讲"独与天地精神往来而不傲倪于万物"等。熊氏深受庄子这种自强、独立、自由、合天、狂放意识的熏染和激励,用以提升生命哲学,说:哲学"要在反己而识自本自根,非可向外觅根本也。'自本自根'一语,本《庄子》。庄子此语甚妙,盖深得《大易》之旨"。③"吾之生命与宇宙大生命为一,所谓游于无待,振乎无穷者也。"④"道家盖以个人的生命即是宇宙大生命,宇宙大生命即是个人的生命。庄子云:'天地与我并生,万物与我为一',此证真之谈也。"⑤"社会的(底)种种模型,固然限制了我人底生命,但是我人如果不受他底固定的不合理的限制,尽可自强起来,自动起来,自创起来,破坏他底模型,变更他底限制,即是另造一个新社会,使我和我的同类都得展扩新生命。"⑥显然,熊氏哲学的自信自创、自立自明及其人格的狂傲不羁、俯视世教,深得力于庄子的诡奇奔放,故勇于破除陈套,开辟新论。不过,

---

① 《熊十力全集》第三卷,湖北人民出版社 2001 年版,第 115 页。
② 《熊十力全集》第三卷,湖北人民出版社 2001 年版,第 731 页。
③ 《熊十力全集》第三卷,湖北人民出版社 2001 年版,第 732 页。
④ 《熊十力全集》第三卷,湖北人民出版社 2001 年版,第 733 页。
⑤ 《熊十力全集》第七卷,湖北人民出版社 2001 年版,第 173 页。
⑥ 《熊十力全集》第四卷,湖北人民出版社 2001 年版,第 477—478 页。

熊氏亦对庄学及其末流的消极无为有所批评,说:"南华根本迷谬处,即在视天化为无上之威力,而吾人之生,只是大化中偶然之化,如昙花一现耳"①,"庄生之宇宙观与人生观,只是委心任运,恭然无自在力"②。这正如荀子所批评的"庄子蔽于天而不知人",熊氏却用《大易》之尊生健动加以弥补了。

(三)融合中西、兼通三教的新理学创建者:冯友兰

冯友兰(1895—1990 年),字芝生,河南省唐河县人。北京大学哲学系毕业后赴美,获哥伦比亚大学哲学博士学位。1928 年至 1952 年任清华大学哲学系教授、清华大学文学院院长、西南联合大学哲学系教授兼文学院院长。以后任北京大学哲学系教授、中国科学院哲学社会科学部学部委员。主要著作有:《中国哲学史》上下册、《中国哲学简史》、《中国哲学史新编》、《新理学》、《新事论》、《新世训》、《新原人》、《新原道》、《新知言》,如他自撰的 95 岁预寿联所云:"三史释今古,六书纪贞元。"③晚年写有《三松堂自序》,是一部价值较高的学人回忆录。

冯友兰是当代中国最有完备哲学体系、最具影响力的哲学家兼哲学史家,也是在美国和西方传播中国哲学最成功的学者。他的哲学称"新理学",一方面是接着宋明理学讲,另一方面是运用西方逻辑分析方法使理学具有当代理论形态,故新理学是中西哲学融合的产物。他在《中国哲学简史》中说:"西方哲学对中国哲学的永久性贡献,是逻辑分析方法。"④他深受柏拉图哲学和新实在论的影响。同时他的新理学有中国哲学史深厚基础作为支撑,其中主要是儒、道、佛三教关于人生哲学的智慧,故有鲜明中国特色。

冯友兰先生有强烈历史使命感和人文关怀,对中国哲学精神有深度把握。他家中长悬一副对联:"阐旧邦以辅新命,极高明而道中庸。"上联是表达自己家国情怀,研究中国哲学史是为了开发其思想资源为新时期文化建设提供营养;下联是表达自己对中国哲学精神的理解,既有对形而上之体的追寻,又有

---

① 《熊十力全集》第四卷,湖北人民出版社 2001 年版,第 17 页。
② 《熊十力全集》第四卷,湖北人民出版社 2001 年版,第 17—18 页。
③ 《三松堂全集》第十四卷,河南人民出版社 2001 年版,第 569 页。
④ 《三松堂全集》第六卷,河南人民出版社 2000 年版,第 277 页。

对形而下之用的重视。他是一位情理兼具的哲学家,抗日时期所写"贞元六书",标示"贞下起元",中华民族"一阳来复",要思想觉醒、文化开新、民族复兴。他在《新原人》"自序"中说:"'为天地立心,为生民立命,为往圣继绝学,为万世开太平'。此哲学家所应自期许者也。况我国家民族值贞元之会,当绝续之交,通天人之际、达古今之变、明内圣外王之道者,岂可不尽所欲言,以为我国家致太平,我亿兆安身立命之用乎?虽不能至,心向往之。非曰能之,愿学焉。此《新理学》、《新事论》、《新世训》及此书所由作也。"①(后又有《新原道》、《新知言》之作)他在抗日胜利后所撰《西南联合大学纪念碑碑文》,充满爱国激情和民族自豪感,文情并茂,铿锵有力,读之使人热血澎湃,成为传世名篇。以下就冯学与多元哲学会通相关联的部分,择其要而列述之。

其一,新理学与共相说。冯氏吸收了柏拉图哲学的共相与殊相说,继承了程朱理学的理气说,将之融合为一体,提出新理学的形上学即共相说。他认为"认识论和逻辑学的根本问题是共相和殊相的分别和关系问题"②,"这个问题是贯穿于中国哲学发展过程中的一个根本问题"③。冯氏在晚期所写《三松堂自序》第六章中说:"他们(程朱)虽然没有用共相和殊相、一般和特殊这一类的名词,但是他们所讨论的是这个问题。这个问题的讨论是程朱理学的主要内容。'新理学'所要'接着讲'的,也就是关于这个问题的讨论。这个问题在程朱理学中表现为理、气问题。他们所说的每一类东西的所以然之理就是那一类东西的共相,其中包括有那一类东西所共同有的规定性。有了这个规定性,这类东西和其他类的东西才有质的区别,但是仅有这些共相还不能使具体的世界中就有这种东西。共相是抽象的,它必须有一定的物质基础才能具体化。具体世界的总的物质基础叫做'气'。"④他引《周易·系辞》"形而上者谓之道,形而下者谓之器",指明"理是形而上者,器是形而下者",而器是由气

① 《三松堂全集》第十三卷,河南人民出版社2000年版,第32页。
② 《三松堂全集》第十三卷,河南人民出版社2000年版,第438页。
③ 《三松堂全集》第十三卷,河南人民出版社2000年版,第438页。
④ 《三松堂全集》第一卷,河南人民出版社2000年版,第211页。

构成的。《新理学》"称理世界为'真际',器世界为'实际'"。[1] "程、朱理学和'新理学'都是主张'理在事先'和'理在事上'"[2],如"先有飞机之理,然后才有飞机"[3]。我们今天依据唯物辩证法来看,新理学讨论的共相与殊相、理与气(或道与器)的关系,就是一般与个别、本质与现象的关系,不过唯物辩证法认为共相寓于殊相之中、一般寓于个别之中,而新理学未能说得清楚。

那么新理学的共相说在当时的实际意义在哪里呢?就是要解决中国的现代化和保持中华文化特色的关系问题。面对"全盘西化"和"本位文化"的主张,冯氏要作出自己的回答。他认为中国是"以家为本位的社会",而当时西方是"以社会为本位的社会",其原因是西方有了产业革命,实现了工业化,这就是近代化的"共相"。但民族文化具有特殊性,无法仿效西方。《新事论》讲"别共殊",指出"我们只是将我们的文化,自一类转入另一类,并不是将我们的一个特殊底文化,改变为另一个特殊底文化"[4],也就是使之具有近代形态,并不是所有文化都去模仿西方特有的文化。例如"基本道德这一方面是无所谓现代化底,或不现代化底"[5]。《三松堂自序》中说:"中国现在所面临的问题,基本上还是上个世纪末年遗留下来的问题,那就是工业化。《新事论》的副题是'中国到自由之路'。这条路就是工业化。"[6]冯氏既坚持中国要发展商品经济,走工业化的道路,又坚持中国文化特色,形成自身传统的传承,从而避免了故步自封和全盘西化的偏向,这确是中国到自由之路。冯氏的"共相与殊相"之论,对于人们正确处理多元文明关系、民族关系有重大启示作用。使人们未曾想到的是,冯氏的共相说在后来1957年演为传统文化的抽象意义,提出所谓"抽象继承法"(陈伯达概括出来的),即主张对于中国哲学命题要区别其中抽象意义和具体意义,要继承具有普遍的规律性的内涵,去掉具体的时代性的成分,并把普遍性的义理与当代实际相结合,赋予它新的具体意

---

① 《三松堂全集》第一卷,河南人民出版社2000年版,第212页。
② 《三松堂全集》第一卷,河南人民出版社2000年版,第212页。
③ 《三松堂全集》第一卷,河南人民出版社2000年版,第213页。
④ 《三松堂全集》第四卷,河南人民出版社2000年版,第207页。
⑤ 《三松堂全集》第四卷,河南人民出版社2000年版,第331页。
⑥ 《三松堂全集》第一卷,河南人民出版社2000年版,第220页。

义。其用意是在那种否定传统的强烈氛围中为中华古典哲学保留一块生存空间,却由此引发一场批冯风潮,直到改革开放以后,北大方为其正式平反。

其二,《新原人》与境界说。汉语"境"本义是疆界,后引申为有层级的状态,多用于文化表述。《庄子·齐物论》有"忘年忘义,振于无竟,故寓诸无竟",讲的是一种物我合一状态,郭象注《庄子》,提出"玄冥之境",就是融己于物。"境界"一词出于佛典。三国时,《无量寿经》传入中国,其中曰:"比丘白佛,斯义洪深,非我境界。"佛教之"境界",指佛法造诣的程度,也常常"心"、"境"对举,以标示主客关系。近代"境界"一词多用于中国美学与哲学:王国维《人间词话》,就用境界说评析历代词人词作造诣之高低,成为美学名著;冯友兰有"人生四境界"之说,唐君毅有"心灵九境"之说。

冯氏在《新原人》一书中,首先提出"觉解"一词,综合了佛教的觉悟(体证)和概念的了解(知识)而为一,"觉解是明,不觉解是无明,觉解是无明的破除"①。冯氏认为,人们生活在一个"公共的世界",但对于宇宙人生的觉解程度却是不同的,宇宙人生对于不同的人有不同的意义,构成不同人的不同境界,这一说法介乎"佛家的说法与常识之间",也就是《易传》所说"仁者见之之谓仁,智者见之之谓智"。境界"可以分为四种:自然境界,功利境界,道德境界,天地境界"②。"自然境界的特征是:在此境界中底人,其行为是顺才或顺习的"③,生活在此境界中的人,对人生意义"不著不察",如诗中描绘古代人民的生活:"凿井而饮,耕田而食,不识不知,顺帝之则","日出而作,日入而息,不识天工,安知帝力?"④现代社会中也有很多人处于自然境界,他们做的事情可能很重大,但往往"行乎其所不得不行,止乎其所不得不止","莫知其然而然"。⑤ "功利境界的特征是:在此种境界中底人,其行为是'为利'底。所谓'为利',是为他自己的利。""在功利境界中底人,对于'自己'及'利',有

① 《三松堂全集》第四卷,河南人民出版社2000年版,第477页。
② 《三松堂全集》第四卷,河南人民出版社2000年版,第497页。
③ 《三松堂全集》第十四卷,河南人民出版社2001年版,第34页。
④ 《三松堂全集》第四卷,河南人民出版社2000年版,第498页。
⑤ 《三松堂全集》第四卷,河南人民出版社2000年版,第499页。

清楚底觉解。""他的行为,或是求增加他自己的财富,或是求发展他自己的事业,或是求增进他自己的荣誉。""他的行为,事实上亦可是与他人有利"。①"道德境界的特征是:在此境界中底人,其行为是'行义'底。""在此境界中底人,对于人之性已有觉解。他了解人之性是涵蕴有社会底。"②"在功利境界中,人的行为,都是以'占有'为目的。在道德境界中,人的行为,都是以'贡献'为目的。"③此即旧话中的"取"与"与"。"天地境界的特征是:在此境界中底人,其行为是'事天'底。"④"他已完全知性,因其已知天。他已知天,所以他知人不但是社会的全的一部分,而并且是宇宙的全的一部分。不但对于社会,人应有贡献;即对于宇宙,人亦应有贡献。"⑤从自然境界到功利境界再到道德境界最后到天地境界,是由低到高的分别,在于其觉解的程度不同,而最高天地境界中的人,"谓之圣人"。冯氏指出:"境界有久暂。此即是说,一个人的境界,可以有变化"⑥,因此人须涵养进学、居敬存诚。冯氏高度评价宋明道学:"道学家受佛道二学的影响,接孟子之续,说一最高境界。但此最高境界,不必于人伦日用外求之,亦不必于人伦日用外有之。人各即其在社会中所居之位,做日用底事,于洒扫应对之中,至尽性至命之地。他们的说法,可以说是极其平易,亦可说是极其微妙。这是道学家的最大底贡献。"⑦

冯氏的四境界说是他新哲学的精华,他用中国经验指明哲学的功用在于提升人生的意义,"这些哲学底观念,虽不能予人以积极底知识,但可以使人有一种新境界"⑧,"此种新境界,是天地境界。此是哲学的大用处。用西洋哲学的话说,哲学的用处:本不在于求知识,而在于求智慧"⑨。这与讲求知识技术并无矛盾:"人若为尽伦尽职而讲求知识技术,其讲求亦是道德行为,其人

---

① 《三松堂全集》第四卷,河南人民出版社 2000 年版,第 499 页。
② 《三松堂全集》第四卷,河南人民出版社 2000 年版,第 499 页。
③ 《三松堂全集》第四卷,河南人民出版社 2000 年版,第 500 页。
④ 《三松堂全集》第四卷,河南人民出版社 2000 年版,第 500 页。
⑤ 《三松堂全集》第四卷,河南人民出版社 2000 年版,第 500 页。
⑥ 《三松堂全集》第四卷,河南人民出版社 2000 年版,第 503 页。
⑦ 《三松堂全集》第四卷,河南人民出版社 2000 年版,第 581 页。
⑧ 《三松堂全集》第四卷,河南人民出版社 2000 年版,第 591 页。
⑨ 《三松堂全集》第四卷,河南人民出版社 2000 年版,第 592 页。

的境界亦是道德境界。人若为事天赞化而讲求知识技术,其讲求亦有超道德底意义,其人的境界,亦是天地境界。"①显然这是人生哲学而非西方以知识论为主的哲学;西方主流哲学也讲宇宙论、本体论,但其目的在于改善思维能力,更好地认识世界,而不在于使人生更有意义。而这后一个目标,西方把它交给基督教去解决。

其三,《新原道》与中国哲学精神。《新原道》看起来像一部简明中国哲学史,实际上是以史寓论,哲学多而史学少,是新的原道之论,类似韩愈之《原道》以阐扬儒家道统为己任,故书名《新原道》,但包纳佛老兼及诸子而阐扬中华哲学大道统,故副题为"中国哲学之精神"。不过,本书以理学到新理学为主导,故《自序》说:"此书之作盖欲述中国哲学主流之进展,批评其得失,以见新理学在中国哲学中之地位"②,可见此书是为新理学作论证的,是新理学体系的有机组成部分。

那么,中国哲学的基本精神是什么? 就是"极高明而道中庸"。冯氏在《三松堂自序》中回忆当时国立编译馆约他写一本简明《中国哲学史》,"我答应了,就用'极高明而道中庸'这句话作为线索,说明中国哲学的发展的趋势"③。他在《新原道》"绪论"中说,"中国哲学所求的(底)最高境界,是超人伦日用而又即在人伦日用之中","因其是世间底,所以说是'道中庸';因其又是出世间底,所以说是'极高明'",也就是"最理想主义底,同时又是最现实主义底","如何统一起来,这是中国哲学所求解决底一个问题。求解决这个问题,是中国哲学的精神。这个问题的解决,是中国哲学的贡献"。④

冯氏又把"极高明而道中庸"称为"内圣外王之道",一方面要在精神上追求超乎形象的境界,达到"经虚涉旷"的高度;另一方面又要在行为上过好日常生活,体现"庸言庸行"的态度。这种生活方式能够同时避免宗教的虚幻和世俗的平庸,既有现实的责任,又有高超的觉解,是一种最理想的人生。《新

---

① 《三松堂全集》第四卷,河南人民出版社 2000 年版,第 596 页。
② 《三松堂全集》第五卷,河南人民出版社 2000 年版,第 3 页。
③ 《三松堂全集》第一卷,河南人民出版社 2000 年版,第 229 页。
④ 《三松堂全集》第五卷,河南人民出版社 2000 年版,第 6 页。

原道》"第一章　孔孟",说他们"于实行道德中,求高底境界。这个方向,是后来道学的方向"①。不过他们未能分清道德境界与天地境界,于"高明"方面尚嫌不足。"第二章　杨墨",杨朱"只讲到功利境界",而墨子"他的行为虽合乎道德,但他的境界是功利境界"②,皆不合"高明"标准。"第三章　名家","在中国哲学史中,最先真正讲到超乎形象底哲学,是名家的哲学"③,但"他们尚未能充分利用他们的对于超乎形象者底知识,以得到一种生活"④。"第四章　老庄","他们的思想比名家的思想,又高一层次。名家讲有名,道家经过名家对于形象世界底批评,于有名之外,又说无名"⑤。但道家往往分不清天地境界与自然境界的差别,又作方内方外之分,故"其哲学是极高明,但尚不合乎'极高明而道中庸'的标准"。⑥"第五章　易庸",《易传》及《中庸》所说的圣人,都是'庸德之行,庸言之谨',能将方内与方外当作一行,但他们不讲无名,而"有名不足以尽超乎形象底",所以其哲学"十分合乎'道中庸'的标准,但尚不十分合乎'极高明'的标准。"⑦"第六章　汉儒","严格地说,汉代只有宗教,科学,没有纯粹底哲学"⑧,"汉人注重实际,注重实行,但他们的境界,大概都不甚高"⑨。"第七章　玄学",王弼将有情与无情统一起来,"向(秀)、郭(象)的努力,就是在于使原来道家的寂寥恍惚之说,成为涉俗盖世之谈。将方内与方外统一起来"⑩,此其所长。"但照他们所讲底,高明与中庸,还是两行,不是一行。"⑪"第八章　禅宗",禅宗认为"应务应世对于圣人就是妙道,'动用之域'就是'无为之境'。如此说,则只有一行,没有两行。但如果担水砍柴就是妙道,何以修道的人仍须出家?何以'事父事君'不是妙道? 这

①《三松堂全集》第五卷,河南人民出版社2000年版,第23页。
②《三松堂全集》第五卷,河南人民出版社2000年版,第33页。
③《三松堂全集》第五卷,河南人民出版社2000年版,第36页。
④《三松堂全集》第五卷,河南人民出版社2000年版,第42页。
⑤《三松堂全集》第五卷,河南人民出版社2000年版,第45页。
⑥《三松堂全集》第五卷,河南人民出版社2000年版,第57页。
⑦《三松堂全集》第五卷,河南人民出版社2000年版,第74页。
⑧《三松堂全集》第五卷,河南人民出版社2000年版,第77页。
⑨《三松堂全集》第五卷,河南人民出版社2000年版,第84页。
⑩《三松堂全集》第五卷,河南人民出版社2000年版,第95页。
⑪《三松堂全集》第五卷,河南人民出版社2000年版,第99页。

又须下一转语。"①"第九章　道学"，"道学已把所谓高明，中庸，内外，本末，精粗等对立，统一起来"②，"事父事君，亦是妙道，这是把禅宗所一间未达者，也为之戳穿点破，这可以说是'百尺竿头更进一步'了"③。"但宋明道学没有直接受过名家的洗礼，所以他们所讲的不免著于形象"④，"尚有禅宗所谓'拖泥带水'的毛病"⑤。"第十章　新统"，新理学"是接着中国哲学的各方面的最好底传统，而又经过现代的新逻辑学对于形上学的批评，以成立底形上学"⑥，"新理学是最玄虚底哲学，但它所讲底，还是'内圣外王之道'，而且是'内圣外王之道'的最精纯底要素"⑦。

　　冯氏在《新原道》中所阐述的"极高明而道中庸"的中国哲学精神，按照作者在此书和他处的解说，可以有三个视角的揭示：一曰内圣外王之道，即人的内在精神境界的高超和外在社会事功的树立相统一，这就是儒家追求的"穷理尽性以至于命"和"修己以安百姓"；二曰理想主义与现实主义相统一，追求社会的"大同"和人生的"希贤希圣"，同时要"有因有革"、"经世致用"；三曰虚学与实学相统一，即"经虚涉旷"与"庸言庸行"的统一，既要超然物外、泯灭天人，又要尽伦尽职、明体达用。总之，中国哲学是有强烈超越意识的，又是有深切现实关怀的，可以使人穷根究底和安身立命。在论述中国哲学精神发展过程中，冯氏对于儒家、道家、佛家作出的重要贡献给予充分肯定，同时又指出其不足，还包纳诸子之学。他是站在中华民族整体立场上而非某一家的立场上继承和发扬中国哲学精神的。他在晚年省察到新理学有"理论矛盾"，但对于"极高明而道中庸"却一生坚信不疑，故于 1985 年在《答〈中国哲学史新编〉责任编辑问》（收入《三松堂全集》）中申明："我在《新原道》一书中说，中国哲

---

① 《三松堂全集》第九卷，河南人民出版社 2000 年版，第 643 页。
② 《三松堂全集》第五卷，河南人民出版社 2000 年版，第 124 页。
③ 《三松堂全集》第五卷，河南人民出版社 2000 年版，第 124 页。
④ 《三松堂全集》第五卷，河南人民出版社 2000 年版，第 126 页。
⑤ 《三松堂全集》第五卷，河南人民出版社 2000 年版，第 127 页。
⑥ 《三松堂全集》第五卷，河南人民出版社 2000 年版，第 127 页。
⑦ 《三松堂全集》第五卷，河南人民出版社 2000 年版，第 138 页。

学的特点是'极高明而道中庸',现在我还是这样看。"①

其四,"三史释古今"与"阐旧邦以辅新命"。冯友兰是哲学家,而一生却写了三部中国哲学史著作,不是单纯喜好历史,而要由史出论,使其新哲学有坚实史学根基,以实现"旧邦新命"的目标。他的爱国热情倾注在中华文化的热爱、理解和深究上,有很强的文化自信力。他在《新事论》"第十一篇 论抗建"中批评民初一些人的文化殖民地心理,"有些人亦常说:我们要发扬我们的民族精神,我们要恢复我们的民族自信力。但一说到此,他即说:我们必须有人学德国的费希特。这一句话即表示他自己没有民族自信力。这一句话所表示底心理,亦是殖民地人的心理"②,即文化不如西方的心理。他在"第五篇 原忠孝"中指出,民初人要打倒孔家店,打倒"吃人的(底)礼教",说"万恶孝为首","民初人此种见解,是极错误底"③。"他们的自以为了不得底聪明,实在是他们的了不得底愚昧"④,因为他们不懂得历史地全面地看待中华道德,不了解民族精神的来源。他在"第十二篇 赞中华"曰:"如所谓'中学为体,西学为用'者,是说:组织社会的道德是中国人所本有底,现在所须添加者是西洋的知识、技术、工业。"⑤"什么是中国人的精神力量,能使中国人以庄严静穆底态度抵御大难(指抗日),我们说:此力量,普通一点说,是上所说底道德力;特别一点说,是墨家儒家的严肃,及道家的超脱,儒家墨家的'在乎'及道家的'满不在乎'"⑥。作者满怀信心地宣示:"真正底'中国人'已经造成过去底伟大底中国。这些'中国人'将要造成一个新中国,在任何方面,比世界上任何一国,都有过无不及。这是我们所深信,而没有丝毫怀疑底。"⑦

"三史"中第一史《中国哲学史》上下卷,出版于20世纪30年代初(上卷出版于1931年,下卷出版于1933年),是第一部具有现代意义的完整的中国哲学

① 《三松堂全集》第十三卷,河南人民出版社2000年版,第434页。
② 《三松堂全集》第四卷,河南人民出版社2000年版,第314页。
③ 《三松堂全集》第四卷,河南人民出版社2000年版,第249页。
④ 《三松堂全集》第四卷,河南人民出版社2000年版,第250页。
⑤ 《三松堂全集》第四卷,河南人民出版社2000年版,第332页。
⑥ 《三松堂全集》第四卷,河南人民出版社2000年版,第332页。
⑦ 《三松堂全集》第四卷,河南人民出版社2000年版,第333页。

史,其基本架构已为中国哲学史界所接受。此前有胡适《中国哲学史大纲》(卷上),其书实际上是半部中国哲学"批判"史,用西哲"实验的方法",用科学主义和西方中心论,摧毁中华道统的价值观、道德论,推进了"疑古"思潮和"整理国故"的西化史学。冯氏两卷本《中国哲学史》一出,陈寅恪评之为"取材谨严,持论精确","具了解之同情",很快便取胡著而代之,为国内外学界普遍接受。这不仅是由于冯著完整、严谨,而且是由于冯著对中国哲学精神的认同和高扬。

冯友兰在1934年布拉格第八次国际哲学会议上的演说中说:"哲学家胡适出版了《中国哲学史大纲》上卷。这本书实际上是一本批判中国哲学的书,而不是一本中国哲学的历史书。中国哲学中两个影响最大的学派——儒家和道家,受到了他的功利主义和实用主义的观点的批判和怀疑。胡适是赞成个人自由发展的,因此他认为儒家使个人服从于君主和父亲,服从于国家和家庭的学说是错误的。胡适是赞成个人奋斗,征服自然的精神,因此他认为道家消极的学说是错误的。我们在读胡适的书时,不能不感到他认为中国文化的全部观点是完全错误的。"[1]翟志成评论说:"冯氏认定中国哲学不仅是中国文化中精华的精华,而且还是华夏民族的灵魂和民族的心。"[2]"冯书的撰写,实际上是透过对中国文化精华大规模的发掘和整理,并使之理论化和系统化,用以彰显中国文化的光明面,好让国人在阅读之余,确信中国文化并不较西方文化为劣,而是春兰秋菊,各擅其胜。如此一来,便有可能使他们从民族文化虚无主义的泥淖中超拔出来,使他们重新认识和热爱自己的民族文化,重新建构其历史记忆和凝聚对中国文化的认同。"[3]毫无疑问,冯著《中国哲学史》,是他的旧邦新命的一项重要承担。

《中国哲学简史》于1948年以英文在美国出版,它用二十几万字述说几千年中国哲学史,做到了简明、生动、深刻,确如该书"自序"所言:"譬犹画图,

---

　　① 冯友兰:《三松堂学术文集》,北京大学出版社1984年版,第287页。
　　② 翟志成:《师不必贤于弟子——论胡适和冯友兰的两本中国哲学史》,载宗璞编:《走近冯友兰》,社会科学文献出版社2013年版。
　　③ 翟志成:《师不必贤于弟子——论胡适和冯友兰的两本中国哲学史》,载宗璞编:《走近冯友兰》,社会科学文献出版社2013年版。

小景之中,形神俱足。非全史在胸,何(曷)克臻此。"①我们可以把该书看作是两卷本《中国哲学史》的精华本,是中外青年学习中国传统哲学最好的入门书。但它有自身一系列特点:一曰写作地点在美国,是冯氏于1947年至1948年在宾夕法尼亚大学任访问教授期间之作,这是写作环境的特点;二曰写作时间在20世纪40年代后期,是冯氏完成两卷本《中国哲学史》和"贞元六书"并在抗日胜利之后的作品,这是写作时代背景的特点;三曰写作对象不同国内,主要是美国和西方读者,因此它是国际学术交流的产物,当然后来也汉译回国,亦颇受中国读者欢迎。

从内容上看,《中国哲学简史》叙述了中国哲学主要派别两千多年的历史,包括儒、道、佛三家,墨、名、阴阳、法诸子,重点论述了从儒家到新儒家、从道家到新道家的哲学思想发展,最后论到西方哲学传入后的中国哲学。它既有《中国哲学史》的丰富性,又具有《新原道》的精练性。

从思想上看,它将"贞元六书"所蕴含的一系列哲学反思成果,把"阐旧邦以辅新命"的使命目标和"极高明而道中庸"的中国哲学精神贯彻其中并加以论说,凸显中国哲学家的人生追求和思想风貌。

从创新上看,它在中西哲学比较中,展现中国哲学的特点和优势,使西方人打破西方中心主义,以客观理性的态度了解中国哲学,使中西哲学学者以平等的心态进行学术交流,为此它提出一系列新观点进行启示,开阔了人们的眼界。

书中"第一章 中国哲学的精神"辨析西方人将儒家视为宗教的误解,指出:"'四书'里没有创世记,也没有讲天堂、地狱。"②那么,什么是哲学?"我所说的哲学,就是对于人生的有系统的反思的思想。"③宗教呢?"每种大宗教就是一种哲学加上一定的上层建筑,包括迷信、教条、仪式和组织。"④以此来

---

① 《三松堂全集》第六卷,河南人民出版社2000年版,第3页。
② 《三松堂全集》第六卷,河南人民出版社2000年版,第5页。
③ 《三松堂全集》第六卷,河南人民出版社2000年版,第6页。
④ 《三松堂全集》第六卷,河南人民出版社2000年版,第7页。

看中国,"儒家不是宗教。至于道家,它是一个哲学的学派;而道教才是宗教"①,"作为哲学的佛学和作为宗教的佛教,也有区别"②。从总体上说,"中国文化的精神基础是伦理,不是宗教"③。那么,中国人是否就没有超道德价值即超乎现世的追求呢? 不是,"他们不大关心宗教,是因为他们极其关心哲学"④,"他们在哲学里满足了他们对超乎现世的追求"。哲学的功用"不在于增加积极的知识,而在于提高精神的境界"⑤。它预言,由于宗教"混杂着想象和迷信","在未来的世界,人类将要以哲学代宗教"⑥。

冯氏认为儒学非宗教而是伦理型哲学,中国人文主义发达,又辨析道家与道教、佛学与佛教,都确有创见。但他的"以哲学代宗教"论却被实践否定了。因为人文哲学只能是精英的人生观,而大众离不开讲来世和天国的宗教,他们在心理上需要神灵和彼岸的抚慰,当然也需要哲学的开启。儒家所能普及于大众者,乃是它继承下来的敬天法祖礼教和它构建的"五常"、"八德"道德规范,而非各代儒学创立的哲学体系。冯氏正确把中国哲学作为人生哲学来看,指出:"由于哲学的主题是内圣外王之道,所以学哲学不单是要获得这种知识,而且是要养成这种人格。"⑦他引金岳霖的话:对于中国哲学家,"他的哲学需要他生活于其中;他自己以身载道"⑧。哲学"是内在于他的行动的箴言体系;在极端的情况下,他的哲学简直可以说是他的传记"⑨。

在"第二章　中国哲学的背景"中,冯氏比较了儒道两家:"因为儒家'游方之内',显得比道家入世一些;因为道家'游方之外',显得比儒家出世一些。这两种趋势彼此对立,但是也互相补充。两者演习着一种力的平衡。这使得

---

① 《三松堂全集》第六卷,河南人民出版社 2000 年版,第 7 页。
② 《三松堂全集》第六卷,河南人民出版社 2000 年版,第 7 页。
③ 《三松堂全集》第六卷,河南人民出版社 2000 年版,第 7 页。
④ 《三松堂全集》第六卷,河南人民出版社 2000 年版,第 8 页。
⑤ 《三松堂全集》第六卷,河南人民出版社 2000 年版,第 8 页。
⑥ 《三松堂全集》第六卷,河南人民出版社 2000 年版,第 9 页。
⑦ 《三松堂全集》第六卷,河南人民出版社 2000 年版,第 12 页。
⑧ 《三松堂全集》第六卷,河南人民出版社 2000 年版,第 13 页。
⑨ 《三松堂全集》第六卷,河南人民出版社 2000 年版,第 13 页。

中国人对于入世和出世具有良好的平衡感。"①冯氏接着指出:"在三四世纪有些道家的人试图使道家更加接近儒家;在十一二世纪也有些儒家的人试图使儒家更加接近道家。我们把这些道家的人称为新道家,把这些儒家的人称为新儒家。"②前者实指魏晋玄学,后者实指宋明儒学。冯氏预期:"未来的哲学很可能是既入世而又出世的。在这方面,中国哲学可能有所贡献。"③冯氏在书的最后部分指出:哲学形上学有正的方法和负的方法;前者要表述形上学的对象是什么,后者只凭直觉,不加表述;前者为西方哲学主流,后者为中国哲学主流。道家用负的方法,"佛家又加强了道家的负的方法"④。"禅宗的哲学我宁愿叫做静默的哲学"⑤。冯氏认为:"一个完全的形上学系统,应当始于正的方法,而终于负的方法。"⑥"只有两者相结合才能产生未来的哲学。"⑦"人必须先说很多话然后保持静默。"⑧

冯友兰的《中国哲学简史》乃是以对等的心态在西方所作的一次哲学对话,他了解西方哲学的精神,也在比较中清醒地了解中国哲学的精神,以及两者的长短与互补,容易打动西方人,使之走近中国哲学,以便共同推动世界哲学发展。他在《哲学在当代中国》中希望东西方联结、合一,"希望不久以后我们可以看到,欧洲哲学观念得到中国直觉和体验的补充,中国哲学观念得到欧洲逻辑和清晰思想的澄清"⑨。如此看来,《中国哲学简史》之作,不仅在为中国阐旧邦以辅新命,也同时在为人类阐旧邦以辅新命。

《中国哲学史新编》七册,写成于1990年,以后陆续出版。在"文革"前,冯氏写有《中国哲学史新编》第一、二册,1964年出版。改革开放以后,他对这两册不满意,从1977年起从头撰写,经二十多年努力终于完成,了其老年心

① 《三松堂全集》第六卷,河南人民出版社2000年版,第23页。
② 《三松堂全集》第六卷,河南人民出版社2000年版,第23页。
③ 《三松堂全集》第六卷,河南人民出版社2000年版,第303页。
④ 《三松堂全集》第六卷,河南人民出版社2000年版,第287页。
⑤ 《三松堂全集》第六卷,河南人民出版社2000年版,第287页。
⑥ 《三松堂全集》第六卷,河南人民出版社2000年版,第288页。
⑦ 《三松堂全集》第六卷,河南人民出版社2000年版,第288页。
⑧ 《三松堂全集》第六卷,河南人民出版社2000年版,第289页。
⑨ 《三松堂全集》第十一卷,河南人民出版社2000年版,第270页。

愿,其时作者已经 95 岁,不久便去世了。冯氏《三松堂自序》中检讨自己在"文革"中写批孔文章,引《周易·文言》"修辞立其诚",说自己"不是立其诚,而是立其伪",表现出"过则勿惮改"的君子品格。1977 年他给过世老妻写挽联,下联是:"斩名关,破利索,俯仰无愧怍,海阔天空我自飞。"①

在这种思想解放和自由情况下,《中国哲学史新编》是越写越有特色,越写越有新意。例如,第四册认为魏晋玄学的主题是"有"与"无"的关系问题,玄学分为三个发展阶段:王弼、何晏的"贵无论"是第一阶段;裴𬱟的"崇有论"和欧阳建的"言尽意论"是第二阶段;郭象的"无无论"是第三阶段。认为佛学和佛教的主题是"形神问题",佛学在中国亦有三个发展阶段:僧肇、慧远、道生的"格义"是第一阶段;三论宗、《大乘起信论》、唯识宗、华严宗的"教门"是第二阶段;禅宗及各支派的"宗门"是第三阶段。第五册论道学,揭明其人学特质,在于提高士人的精神境界,讨论"人在宇宙间的地位和任务,人和自然的关系,人与人之间的关系,人性和人的幸福(等)"②,其心态如朱熹所说"胸次悠然,直与天地万物上下同流,各得其所之妙,隐然自见于言外"③。冯氏认为哲学家对现实的超越,途径有三:柏拉图走的是本体论的路子,康德走的是认识论的路子,道学家走的是伦理学的路子。又概括出儒、道、佛三家的人生态度:"道教讲'长生',佛教讲'无生',儒教讲'乐生'。"④冯氏用"道学"总括宋明新儒学,其下分为程朱理学、陆王心学、张(载)王(夫之)气学三支,朱熹是前期道学集大成者,王夫之是后期道学集大成者。

第六册和第七册中一个重大的创新,是对张载《太和篇》的推崇和当代应用。《太和篇》把辩证法归结为四句话:"有象斯有对,对必反其为;有反斯有仇,仇必和而解。"冯氏发挥说:"客观的辩证法只有一个,但是人们对于它的认识和了解可以有很多,至少有两个。一个统一体的两个对立面是矛盾的统

① 《三松堂全集》第十卷,河南人民出版社 2000 年版,第 485 页。
② 《三松堂全集》第十三卷,河南人民出版社 2001 年版,第 485 页。
③ (宋)朱熹:《朱子全书》第六册,上海古籍出版社、安徽教育出版社 2002 年版,第 165 页。
④ 《三松堂全集》第十卷,河南人民出版社 2000 年版,第 132 页。

一,这是都承认的。但是一种认识可以以矛盾为主,另一种认识可以以统一为主。后者认为'仇必和而解',前者认为'仇必仇到底'。这是两种辩证法思想的根本差别。"①冯氏在第七册第十一章《中国哲学史新编》"总结"中重引张载《太和篇》四句话并作了进一步的发挥。他说:"任何革命都是要破坏两个对立面所共处的那个统一体"②,"革命家和革命政党,原来反抗当时的统治者,现在转化为统治者了。作为新的统治者,他们的任务就不是要破坏什么统一体,而是要维护这个新的统一体,使之更加巩固,更加发展。这样就从'仇必仇到底'的路线转到'仇必和而解'的路线。"③他在全书结尾时说:"现代历史是向着'仇必和而解'这个方向发展的,但历史发展的过程是曲折的,所需要的时间,必须以世纪计算。"④"人是最聪明、最有理性的动物,不会永远走'仇必仇到底'那样的道路。这就是中国哲学的传统和世界哲学的未来。"⑤

冯氏写《中国哲学史新编》,自觉运用唯物史观和辩证法,并越到后来越努力摆脱苏联日丹诺夫教条模式,使之与中华哲学相结合,用张载"仇必和而解"重新解释辩证法对立统一规律,使之适应建设和谐中国社会与和谐世界的需要,乃是其闪光之处,可以为打造"人类命运共同体"提供中国智慧。由此冯友兰成为当代首倡贵和哲学的一面旗帜。"阐旧邦以辅新命"的历史担当,莫此为大。

其五,任职于清华大学、西南联合大学、北京大学与教育建国。冯友兰是哲学家兼教育家,其教育实践包括哲学教学与高校校务,皆有突出贡献,也是他践行"会和中西、知古鉴今"的重要表现。他任清华大学文学院院长18年,倡导并形成学术上独树一帜的清华学派。王瑶概括清华学派的特点是:"对传统文化不取笼统的'信'或'疑'的态度,而是在'释古'上用功夫,作出合理的符合当时情况的解释。为此,必须做到'中西贯通,古今融汇',兼取京派与海派之长,做到微观与宏观结合"⑥。冯氏说:"清华大学之成立,是中国人要

---

① 《三松堂全集》第十卷,河南人民出版社2000年版,第130页。
② 《三松堂全集》第十卷,河南人民出版社2000年版,第663页。
③ 《三松堂全集》第十卷,河南人民出版社2000年版,第664页。
④ 《三松堂全集》第十卷,河南人民出版社2000年版,第665页。
⑤ 《三松堂全集》第十卷,河南人民出版社2000年版,第665页。
⑥ 蔡仲德:《冯友兰先生评传》,广东人民出版社1999年版,《中国现代哲学史》附录。

求学术独立的反映。在对日全面战争开始以前,清华的进步,真是一日千里。对于融合中西新旧一方面,也特别成功。这就成了清华的学术传统。"①

抗日战争时期北大、清华、南开三校在昆明建立的西南联合大学,乃是当代高校中的奇葩。国难当头,民族危亡,学校与国运相连,西南联大条件艰苦,设备简陋,却大师云集,精神高昂,学术自由,教学生动,高材满堂。从这里先后毕业两千余人,从军旅者八百余人,后来在文理各学科都涌现出一批誉满中外的大学者、大科学家,这是何等壮丽的事业!

冯友兰是西南联大哲学系教授、文学院院长,是联大领导层的骨干,对于联大校风建设有巨大推动。1940 年陈立夫以教育部长身份三度训令联大要遵守教育部统一的课程、教材、考试规定。联大教务会议致函予以驳斥,强调"夫大学为最高学府,包罗万象,要当同归而殊途,一致而百虑,岂可刻板文章,勒令从同","盖本校承北大、清华、南开三校之旧,一切设施均有成规,行之多年,纵不敢谓为极有成绩,亦可谓为当无流弊,似不必轻易更张"②。维护了联大的学术独立。历史学家何炳棣谓公函执笔者当是冯友兰。

1952 年院系调整后,清华取消文科,冯友兰来到北京大学哲学系任教授直至去世。在不断遭到批判的氛围中,冯氏依然顽强坚持自己真诚的学术追求,努力把马克思主义与中华哲学相结合。1957 年,冯氏发表《关于中国哲学遗产的继承问题》(《光明日报》1957 年 1 月 8 日),认为这些年"对中国古代哲学似乎是否定得太多了一些",因而提出要区分中国哲学命题两个方面的意义:"一是抽象的意义,一是具体的意义。"③我们要取其抽象的意义,如同马克思主义取黑格尔辩证法合理内核一样,这样可继承的就多了。结果受到陈伯达等人的武断批判。1958 年 6 月 8 日《光明日报》"哲学副刊"登载了冯友兰《树立一个对立面》一文,不赞成当时流行的一种观点,说北大哲学系要培养有文化的普通劳动者,所以要下到工厂、农村开门办学。冯氏认为下乡下厂

---

① 《三松堂全集》第十三卷,河南人民出版社 2000 年版,第 751 页。

② 北京大学、清华大学、南开大学、云南师范大学编:《国立西南联合大学史料(三)·教学、科研卷》,云南教育出版社 1998 年版,第 113、114 页。

③ 《三松堂全集》第十二卷,河南人民出版社 2000 年版,第 94 页。

锻炼是必要的,但综合大学哲学系主要任务是培养"理论工作者,或哲学工作者",所以"我们培养学生一方面要照顾到他的学问和修养,一方面又要照顾到他将来的职业和工作岗位"①。于是又遭到陈伯达的粗暴批判。但冯氏仍然坚持自己的看法,因为通乎情理,所以终究被证明是对的。冯友兰在北大哲学系任教授多年,不因饱受批判而消极自保,仍然在可能和允许情况下为学生讲授中国哲学史课程,指导硕士和博士研究生,不断撰写著作和论文,积极参加学术研讨活动,培养了一代又一代哲学和哲学史专家学者。中国改革开放以后活跃于中国哲学史和哲学界的大批学者都接受过冯氏直接和间接的熏陶。冯友兰是中国哲学史学科的鼻祖。

附录:冯友兰撰《西南联合大学纪念碑碑文》

中华民国三十四年九月九日,我国家受日本之降于南京。上距二十六年七月七日卢沟桥之变,为时八年;再上距二十年九月十八日沈阳之变,为时十四年;再上距清甲午之役,为时五十一年。举凡五十年间,日本所鲸吞蚕食于我国家者,至是悉备图籍献还。全胜之局,秦汉以来,所未有也。

国立北京大学、国立清华大学,原设北平;私立南开大学,原设天津。自沈阳之变,我国家之威权逐渐南移,惟以文化力量,与日本争持于平津,此三校实为其中坚。二十六年,平津失守,三校奉命迁于湖南,合组为国立长沙临时大学,以三校校长蒋梦麟、梅贻琦、张伯苓为常务委员,主持校务,设法、理、工学院于长沙,文学院于南岳,于十一月一日开始上课。迫京沪失守,武汉震动,临时大学又奉命迁云南。师生徒步经贵州,于二十七年四月二十六日抵昆明。旋奉命改名为国立西南联合大学,设理、工学院于昆明,文、法学院于蒙自,于五月四日开始上课。一学期后,文、法学院亦迁昆明。二十七年,增设师范学院。二十九年,设分校于四川叙永,一学年后,并于本校。昆明本为后方名城,自日军入安南,陷缅甸,又成为前方重镇。联合大学支持其间,先后毕业学生两千余人,从军旅者八百余人。河山既复,日月重光,联合大学之战时使命既

---

① 《三松堂全集》第十三卷,河南人民出版社2001年版,第782页。

成,奉命于三十五年五月四日结束。

原有三校,即将返故居,复旧业。缅维八年支持之苦辛,与夫三校合作之协和,可纪念者,盖有四焉。

我国家以世界之古国,居东亚之天府,本应绍汉唐之遗烈,作并世之先进。将来建国完成,必于世界历史,居独特地位。盖并世列强,虽新而不古;希腊罗马,有古而无今。惟我国家,亘古亘今,亦新亦旧,斯所谓"周邦虽旧,其命维新"者也。旷代之伟业,八年之抗战以开其规模,立其基础。今日之胜利,于我国家有旋乾转坤之功,而西南联合大学之使命,与抗战相终始。此其可纪念者一也。

文人相轻,自古而然,昔人所言,今有同慨。三校有不同之历史,各异之学风,八年之久,合作无间。同无妨异,异不害同;五色交辉,相得益彰;八音合奏,终和且平。此其可纪念者二也。

万物并育而不相害,天道并行而不相悖,小德川流,大德敦化,此天地之所以为大。斯虽先民之恒言,实为民主之真谛。联合大学以其兼容并包之精神,转移社会一时之风气,内树学术自由之规模,外来"民主堡垒"之称号,违千夫之诺诺,作一士之谔谔。此其可纪念者三也。

稽之往史,我民族若不能立足于中原,偏安江表,称曰南渡。南渡之人,未有能北返者:晋人南渡,其例一也;宋人南渡,其例二也;明人南渡,其例三也。"风景不殊",晋人之深悲;"还我河山",宋人之虚愿。吾人为第四次之南渡,乃能于不十年间,收恢复之全功。庾信不哀江南,杜甫喜收蓟北。此其可纪念者四也。

联合大学初定校歌,其辞始叹南迁流离之苦辛,中颂师生不屈之壮志,终寄最后胜利之期望。校以今日之成功,历历不爽,若合符契。联合大学之终始,岂非一代之盛事,旷百世而难遇者哉!爰就歌辞,勒为碑铭。铭曰:痛南渡,辞宫阙。驻衡湘,又离别。更长征,经峣嵲。望中原,遍洒血。抵绝徼,继讲说。诗书丧,犹有舌。尽笳吹,情弥切。千秋耻,终已雪。见仇寇,如烟灭。起朔北,迄南越,视金瓯,已无缺。大一统,无倾折。中兴业,继往烈。维三校,兄弟列,为一体,如胶结,同艰难,共欢悦,联合竟,使命彻,神京复,还燕碣。以此石,象坚节,纪嘉庆,告来哲。

(四)出史入论、博通四部及诸家的新国学大师:钱穆

钱穆(1895—1990 年),字宾四,江苏无锡人。民国元年任乡村小学教师,又为中学教师,后以其学术成就而受聘并先后任职于燕京、北大、清华、北师大、西南联大等高等学府。1949 年后与朋友在香港创办新亚书院,任院长。1979 年离开新亚赴台湾定居,直至去世。

钱穆的学术进路是由史学大家演而为新国学大家。其学博通经、史、子、集及当代哲学、文学、艺术、科学、教育等学科,著作等身,被称为百科全书式的学者。其史学著作有:《刘向歆父子年谱》、《先秦诸子系年》、《中国近三百年学术史》、《国史大纲》、《秦汉史》等。其经学著作有:《论语新解》、《四书释义》;《两汉经学今古文平议》、《朱子新学案》等。其子学著作有:《庄子纂笺》、《庄老通辨》等。其新国学(包括文化学)著作有:《国学概论》、《中国文化史导论》、《中国历史精神》、《中国现代学术论衡》、《晚学盲言》等。

钱氏之所以能从史学大家走向新国学大家,是由于他的史学自觉摆脱了章太炎、胡适"整理国故"的科学主义史学观,转而继承和发扬了孔子修《春秋》、司马迁著《史记》的鉴古知今、明理育德的中华史学正统,故能依史成论,史论结合。他在《现代中国学术论衡》"略论中国史学"中指出:"下及西汉,司马迁遂为中国此下史学所宗。其著史之意,自称乃求'明天人之际,通天人之变。'此两语,亦可谓囊括中国史学大义而得其要矣。有人道,有天道。但人道不能违逆于天道,否则无以长存于天地间。人道乃自天道演出,明天人之际,即求明自然与人文、天道与人道之异同分际也。明天人之分际,乃可以通古今之变。纵有变,而仍有其不变者存,故曰'鉴古知今'。此为中国史学之大纲领所在。"①下面讲到传统与现代化,批评效西方之新而弃中国传统的思潮,说:"就中国人立场,当由中国之旧传统而现代化,不应废弃旧传统,而慕效为西方之现代化。不当喜新厌旧,而当由己之旧达于新,乃始得之。司马迁言:'明天人之际,通古今之变,成一家之言。'此当会通政治制度、社会经济、

----

① 钱穆:《现代中国学术论衡》,三联书店 2001 年版,第 134 页。

文教武备、科学艺术一切以明变,又当会通宗教、哲学、天文、地理、史学、生物诸端以求通。此非专家一人之为家,乃有古今承袭得其传统以长之为家。中国之史学正在此。而岂仅载既往,得即成为史学乎?"①钱氏正是走了史学明变求通这条路,得以建树起新国学体系。兹列数项如下。

其一,在中西文化比较中,创建民族自信的新文化史观。钱氏从自然环境、生活方式对文化的影响上说明世界不同文化类型。他在《中国文化史导论》"弁言"中指出:"由源头处看,大别不外三型。一、游牧文化,二、农耕文化,三、商业文化。游牧文化发源在高寒的草原地带,农耕文化发源在河流灌溉的平原,商业文化发源在滨海地带以及近海之岛屿。"进而他又把三型文化分为两类:游牧商业文化和农耕文化。前者内不足便向外寻求,"因此而为流动的,进取的"。后者可以自给,无须外求,"因此而为静定的,保守的"。前者的民族心理上"有一种强烈之'对立感'","尚自由,争独立","此种文化之特性常见为浸略的"。后者"之最内感曰物我一体,曰天人相应,曰顺曰和,其自勉则曰'安分而守己'。故此种文化之特性常见为'和平的'"②。但是,当今是工业化时代,农业大国必须"与新科学新工业相配合",才能保持自己。从世界全局看,"中国则为举世惟一的农耕和平文化最优秀之代表,而其所缺者,则为新科学新机械之装备(与辅助)。然则中国之改进,使其变为一崭新的大型农国而依然保有其优(深)度之安足感,实不仅为中国一国之幸,抑于全世界人类文化前程以及举世渴望之和平,必可有绝大之贡献"③。接着钱氏在该书正文中回溯了中华久远历史上民族融合和国家凝成,中国人从家族观念而生出的忠恕与敬爱的人道主义,中国古代学术与文字,并特别指出:"中国文字实在是具备着简易和稳定的两个条件的,这一点不能不说是中国人文化史上一种大成功。"④作者坚信,在当代,"中国文化在推广与充实",中国人能够到达天下太平和世界大同的终极理想。

---

① 钱穆:《现代中国学术论衡》,三联书店 2001 年版,第 144 页。
② 钱穆:《中国文化史导论》,商务印书馆 1994 年版,"弁言"第 2—3 页。
③ 钱穆:《中国文化史导论》,商务印书馆 1994 年版,"弁言"第 5 页。
④ 钱穆:《中国文化史导论》,商务印书馆 1994 年版,第 91 页。

钱氏强调中国人建立民族文化自信之必要,一是中国文化伟大,二是文化是民族的根基。他在《文化与教育》中说:"中国文化拥有四万万五千万大众,广土众民,世莫与肩(京)。此即文化伟大之一征"①,"就人类以往全史进程,而纵观通览之,则当有罗马时无美苏,有美苏时无罗马,而中固独巍然屹立于人类全史过程中,而迄今无恙,此乃见其伟大性之全体也"②,"故中国文化,不仅有其展扩,而尤有其绵延。必就时空立方大全体观之,乃见中国文化优秀之价值"③。他在《中国历史精神》中,将"民族"、"文化"、"历史"看作是一体的,"因此,没有历史,即证其没有文化,没有文化,也不可能有历史。因为历史与文化就是一个民族精神的表现。所以没有历史,没有文化,也不可能有民族之成立与存在"④。在他心中,中国文化是中华民族的灵魂。他的文化自信建立在对中华民族历史文化系统研究和深切理解的基础上。

其二,在综合创新中,建立新国学大道统和转型体系。钱氏国学之新在于:一曰跳出"整理国故"窠臼,以敬意揭示国学当代价值;二曰以复兴儒学为主,兼综诸子百家;三曰继承程朱理学道统而又扩大之;四曰与当代文、史、哲、宗、教、艺诸学科相衔接而有新形态。

他在《现代中国学术论衡》"序"中批评章炳麟:"其著《国故论衡》,一切中国旧传统只以'国故'二字括净。'论衡'则仅主批评,不加阐申。故曰:'中国有一王充,乃可无耻。'其鄙弃传统之意,则更昭之矣。"⑤又批评胡适:"适之则迳(径)依西学来讲国故,大体则有采于(放)太炎之《国故论衡》。唯适之不尊释。其主西化,亦不尊耶。而其讥评国故,则激昂有更超太炎之上者。"⑥他指出:"旧学宏博,既需会通,又求切合时宜,其事不易。寻瑕索疵,漫肆(肆)批评,则不难。适之又提倡新文学、白话文,可以脱离旧学大传统,不经勤学,即成专家。谁不愿踊跃一赴。其门弟子顾颉刚,承康氏'托古改制'

---

① 钱穆:《文化与教育》,三联书店 2009 年版,第 11 页。
② 钱穆:《文化与教育》,三联书店 2009 年版,第 12—13 页。
③ 钱穆:《文化与教育》,三联书店 2009 年版,第 13 页。
④ 韩复智编著:《钱穆先生学术年谱》卷 4,中央编译出版社 2012 年版,第 1136 页。
⑤ 韩复智编著:《钱穆先生学术年谱》卷 6,中央编译出版社 2012 年版,第 1841 页。
⑥ 韩复智编著:《钱穆先生学术年谱》卷 6,中央编译出版社 2012 年版,第 1842 页。

义,唱为疑古,著《古史辨》一书,尤不胫而走,驰誉海内外,与适之齐名。"①他还指出:"亦别有人较适之更作大胆假设者,如线装书扔毛厕,废止汉字,改为罗马字拼音等。"②他点破西化派之要害:"要之,重在除旧,至于如何布新,则实未深及。"③"一切学术,除旧即除中国,开新则开西方。有西方,无中国,今日国人之所谓现代化,亦如是而止矣。"④钱氏这种批评是深刻而有远见的,国故论者就是要切断中华文化血脉,把中国传统文化送到历史博物馆中去,驱使中国人亦步亦趋地跟在西方文化后面走。

钱氏认为,中华文化复兴必以儒学复兴为主体,而儒学文化又要以孔子和朱熹为代表,然后兼及百家。他在《朱子新学案》"朱子学提纲(代序)"中有宏观的评说,曰:"在中国历史上,前古有孔子,近古有朱子,此两人,皆在中国学术思想史及中国文化史上发出莫大声光,留下莫大影响。旷观全史,恐无第三人堪与伦比。孔子集前古学术思想之大成,开创儒学,成为中国文化传统中一主要骨干。北宋理学兴起,乃儒学之重光。朱子崛起南宋,不仅能集北宋以来理学之大成,并亦可谓其乃集孔子以下学术思想之大成。"⑤他同时指出,儒学又与百家互动,而皆以孔子、朱子为中心:"然儒学亦仅为中国传统文化中一主干,除儒学外,尚有百家众流,其崇孔尊孔、述朱阐朱者可勿论,其他百家众流,莫不欲自辟蹊径,另启途辙,而孔子、朱子矗立中道,乃成为其他百家众流所共同批评之对象与共抨击之目标。故此两人,实不仅为儒学传统之中心,乃亦为中国学术思想史上正反两面所共同集向之中心。不仅治儒学者,必先注意此两人,即治其他百家众流之学,亦必须注意此两人,乃能如网在纲,如裘在领。不仅正反之兼尽,亦得全体之通贯。"⑥这就是大国学的理念,一要抓住孔子儒学、朱子理学之纲要,二要兼顾百家众流之变迁。他追溯思想史,"汉

---

① 韩复智编著:《钱穆先生学术年谱》卷6,中央编译出版社2012年版,第1842页。
② 韩复智编著:《钱穆先生学术年谱》卷6,中央编译出版社2012年版,第1843页。
③ 韩复智编著:《钱穆先生学术年谱》卷6,中央编译出版社2012年版,第1843页。
④ 韩复智编著:《钱穆先生学术年谱》卷6,中央编译出版社2012年版,第1843页。
⑤ 韩复智编著:《钱穆先生学术年谱》卷5,中央编译出版社2012年版,第1568页。
⑥ 韩复智编著:《钱穆先生学术年谱》卷5,中央编译出版社2012年版,第1568页。

儒之为功于当时者,一为治道之实绩,一为传经之专业"①。三国两晋南北朝时期,儒、佛、道"如鼎三足,惟儒家一足为最弱"。唐代有《五经正义》,"此为经学成绩之一大结集。而贞观一朝言治,即就其荟萃于《贞观政要》一书者而言,亦可谓多属粹然儒家之言"②,"至唐代,虽仍是儒、释、道三足并峙,而实际上,佛教已成一枝独秀"③。"韩愈尽力辟佛"④,"用力虽大,收效则微"。迨至宋代,"宋儒学术三途,一曰政事治道,一曰经史博古,一曰文章子集"⑤。至南宋朱子,其学"集理学之大成",其思想主要有理气论和心性论两个部分,并论及朱子与讲教禅学的关系,谓"朱子识禅甚深,故其辟禅,亦能中要害"⑥。"然朱子又常称道禅林中人","惟朱子真识得禅,故既能加以驳辨,亦能加以欣赏"。⑦ 又论及朱子易学、诗学、四书学、史学、文学及杂学。钱氏提醒读者,"门户之见,实为治朱学者一绝大之障蔽"⑧。其《朱子学提纲》是希望读前"由是而知朱子思想之邃密,与夫其学术体系之博大,而因以知于旷代大儒,不当轻施己见,即属赞扬,已属逾分,妄作弹斥,决难确当"⑨。此数语可知钱氏钟情思于朱子学之深,实为当代学者之首。而他之推扬朱子学,不惟阐其精粹,亦颂其博厚,而能与百家众流相沟通。朱子学是钱氏新国学的核心。

在道统上,钱氏所写《中国学术通义》对道统说进行了反省,认为宋明儒家所争持的道统,"是一种主观的道统,或说是一种一线单传的道统"⑩,"若真道统则须从历史文化大传统言,当知此一整个文化大传统即是道统"⑪。他在肯定"宋明道学诸儒在中国儒学传统里有其甚大之成就与贡献"之同时,指

---

① 韩复智编著:《钱穆先生学术年谱》卷5,中央编译出版社2012年版,第1571页。
② 韩复智编著:《钱穆先生学术年谱》卷5,中央编译出版社2012年版,第1571页。
③ 韩复智编著:《钱穆先生学术年谱》卷5,中央编译出版社2012年版,第1572页。
④ 韩复智编著:《钱穆先生学术年谱》卷5,中央编译出版社2012年版,第1572页。
⑤ 韩复智编著:《钱穆先生学术年谱》卷5,中央编译出版社2012年版,第1572页。
⑥ 韩钟文:《中国儒学史·宋元卷》,广州教育出版社1998年版,第490页。
⑦ 钱穆:《朱子学提纲》,三联书店2002年版,第146、147页。
⑧ 钱穆:《朱子学提纲》,三联书店2002年版,第220—221页。
⑨ 韩复智编著:《钱穆先生学术年谱》卷5,中央编译出版社2012年版,第1565页。
⑩ 钱穆:《中国学术通义》,台湾学生书局1984年版,第94页。
⑪ 钱穆:《中国学术通义》,台湾学生书局1984年版,第94页。

出"我们今天来讲中国文化,也就不该只讲一个儒家。又况在儒家中,标举出只此一家、别无分出的一项严肃的、充满主观意见的,又是孤立易断的道统来"①。钱氏的新国学是大道统因而也是大国学,它囊括了中国历史文化各方面的成果。钱氏在《现代中国学术论衡》"序"中说:"余曾著《中国学术通义》一书,就经史子集四部,求其会通和合。今继前书续撰此编,一遵当前各门新学术,分门别类,加以研讨。"②"此编姑分宗教、哲学、科学、心理学、史学、考古学、教育学、政治学、社会学、文学、艺术、音乐为十二目。其名称或中国所旧有,或传译而新增。粗就余所略窥于旧籍者,以见中西新旧有其异,亦有其同,乃可会通求之。"③钱氏在香港多年,亦曾讲学于日本和美国,对于西方当代学术有深度接触和了解,他以儒家和合精神,致力于中西文化会通,并使国学在坚守自身传统的同时,能够分别进入当代新兴各个学科,形成中西学术文化的比较和互鉴,这是一件很有意义的工作,它是钱氏国学求新的重要体现。

其三,在继承先儒仁学"天人一体"思想基础上,开拓出大生命哲学观。钱穆著《朱子新学案》上、中、下三册,是其后期用力最勤的著作,其书分门别类,层次分明,有述有论,专题列58项,可以称为朱子学大全,前后用时六年,实际上是其大半生研究朱学积累而成的。朱子本身就是全科式学者,如钱氏在《朱子新学案》"例言"中所说:"朱子学,广大精深,无所不包,亦无所不透,断非陷入门户者所能窥究。"④而钱氏撰写《朱子新学案》,如同当年朱子集注"四书"那样既勤且深,故而能够把集儒学后期之大成的朱子学,全方位地呈现出来,并多有创发。钱氏可称为当代的朱子。在《朱子新学案》中最精彩的篇章之一,是"朱子论仁上"、"朱子论仁下",它是朱子和钱氏心灵默应的硕果。

孔子创仁学,倡导爱人之性,并将其与天德联系起来,而有"天生德于予"、"仁者乐山"之论。孟子继以仁义之学,提出"亲亲而仁民,仁民而爱物",

---

① 韩复智编著:《钱穆先生学术年谱》卷5,中央编译出版社2012年版,第1389页。
② 韩复智编著:《钱穆先生学术年谱》卷6,中央编译出版社2012年版,第1843页。
③ 韩复智编著:《钱穆先生学术年谱》卷6,中央编译出版社2012年版,第1844页。
④ 韩复智编著:《钱穆先生学术年谱》卷5,中央编译出版社2012年版,第1566页。

把仁爱从人推及万物。北宋张载《西铭》提出"民胞物与"的天下观，和"为天地立心"的宇宙使命。程颢《识仁篇》提出"仁者浑然与物同体"的天人之学。朱子上承大易之道，用生生之德充实仁学，建立起天人一体的仁学宇宙观。钱氏对朱子仁学有述有作，精彩绝伦。他发掘朱子仁学精华，批评其理气说之不足。他在《朱子论仁》中指出："然理气二字之于人生界，终嫌微有空廓不亲切之感"①，"及其以仁字释理气，乃见其亲切人生，而天人两界之诚为一体"②。孔孟多从人生说仁，朱子则以天地生意说仁，如"仁是天地之生气"③，"只从生意上说仁"④，"譬如谷种，生之性便是仁""仁者天地生物之心"⑤，"仁本生意，乃恻隐之心也"⑥，"仁者之心便是理"⑦，故"孔门之学所以必以求仁为先，盖此是万理之原，万事之本。"⑧钱氏特重朱子"仁者以天地万物为一体"之说，他在"朱子学提纲"中引朱子的话："发明心字，一言以蔽之曰生而已。天地之大德曰生，人受天地之气以生，故此心必仁，仁则生矣"⑨，"天地生万物，一个物里面便有一个天地之心。圣人于天下，一个人里面，便有一个圣人之心"⑩等数语，然后评论道："朱子专就心之生处、心之仁处着眼，至是而宇宙万物乃得通为一体。当知从来儒家发挥仁字到此境界者，正惟朱子一人。"⑪钱氏《朱子新学案》中有"朱子论天人"一章，引朱子语："天地不会说，请他圣人出来说"⑫，"天便是一个大底人，人便是一个小底天"⑬。钱氏进一步言："性在心中，理在气中，天人合一，天又在人之中。"⑭

---

① 钱穆：《朱子新学案》上，巴蜀书社1987年版，第237页。
② 钱穆：《朱子新学案》上，巴蜀书社1987年版，第237页。
③ （宋）黎靖德编、王星贤校对：《朱子语类》，中华书局1986年版，第107页。
④ （宋）程颐、程颢：《二程集》卷十八，中华书局1981年版，第183—184页。
⑤ （宋）朱熹、吕祖谦撰：《朱子近思录》，上海古籍出版社1999年版，第246页。
⑥ （宋）黎靖德编：《朱子语类》第五册，王星贤点校，中华书局1986年版，第1691页。
⑦ （宋）黎靖德编：《朱子语类》第三册，王星贤点校，中华书局1986年版，第984页。
⑧ （宋）黎靖德编：《朱子语类》第一册，王星贤点校，中华书局1986年版，第114页。
⑨ 钱穆：《朱子学提纲》，三联书店2002年版，第55页。
⑩ 韩复智编著：《钱穆先生学术年谱》卷5，中央编译出版社2012年版，第1590页。
⑪ 韩复智编著：《钱穆先生学术年谱》卷5，中央编译出版社2012年版，第1590页。
⑫ （宋）黎靖德编：《朱子语类》第四册，王星贤点校，中华书局1986年版，第1612页。
⑬ （宋）黎靖德编：《朱子语类》第四册，王星贤点校，中华书局1986年版，第1426页。
⑭ 钱穆：《朱子新学案》第一册，三民书局1971年版，第376页。

钱氏在《晚学盲言》中提出宇宙大生命观,宇宙为一整体大生命,人类生命为小生命;人类小生命从宇宙万物和合的大生命来,而此大生命也在小生命中。若只就人类而言,生命亦有大小之分,个体生命是小生命,家、国、天下是大生命。"人生大生命中包含着小生命,小生命由大生命来"①,"万物之有生无生,都只是现象,只有天地大自然始是其本体"②。

综上所述,钱氏受朱子启示,强调"天人合一"论,视宇宙为大生命体,生生不息才有人类社会及其个体,而人必须识得宇宙生命与人的生命是一体的,从而扩展仁爱之心,去爱大自然,促其生命发育流行,人心之仁才能达到天人一体的境界,才能真正做到为天地立心。钱氏晚年写《中国文化对人类未来可有的贡献》一文,曰:"中国文化中,'天人合一'观虽是我早年已屡次讲到,惟到最近始彻悟此一观念实是整个中国传统文化思想之归宿处。我深信中国文化对世界人类未来求生存之贡献,主要亦即在此。'天命'与'人生'和合为一。"③钱氏如此重视"天人合一",盖在于要人们建树整体性的大生命观,在情感和认知上把自然、社会、个人融为一体,彼此血脉相连,痛痒相关。人类只有达此境界,才会造就和谐的世界,人类的生存才能持久下去。

其四,在中西文化比较中,建立中国式的宗教观。"宗教"的语汇自清末民初由西方经日本传入中国后,流行开来,成为人文学科不能回避的新概念,但学界在理解上则众说纷纭,莫衷一是。有谓中国无宗教者,有谓中国宗教与西方宗教截然不同者,有谓儒学即宗教者,有谓宗教在中国将被科学、美育、伦理、哲学取代者,不一而足。学界很少有人专就中国宗教与西方宗教的同异作会通式探讨,因此中国宗教学迟迟不能诞生。钱穆则独担此任,直面宗教,辨析概念,对比中西,提出新说。

他的《现代中国学术论衡》中首章便是"略论中国宗教",并分两节专论自己的宗教观。钱氏认为,中西文化皆重信,皆重神,皆信有灵魂,皆崇最高存在,皆重祭祀和道德教化,但特点各有不同,不能简单类比。以"信"而言,中

①　钱穆:《晚学盲言》,广西师范大学出版社 2004 年版,第 125—133 页。
②　钱穆:《晚学盲言》,广西师范大学出版社 2004 年版,第 9 页。
③　郭齐勇、汪学群:《钱穆评传》,百花洲文艺出版社 1995 年版,第 86 页。

国有"孝、弟、忠、信,五常之仁、义、礼、智、信。惟西方宗教信在外,信者与所信,分别为二。中国则为人与人相交之信,而所重又在内"①,"信与所信和合为一"②。中国人重神,"但神不专在天,不专属上帝,亦在人在物"③。"圣之与天与神,亦和合为一,故尊圣即可谓乃中国之宗教。"④"西方宗教,信不求让(证)。如上帝,如天堂,如灵魂,信其有,斯止矣。"⑤中国之信灵魂,"以信在心,无反证,即心安而理得"⑥,"设为坟墓,岁时祭拜,斯亦心安。祠堂神主,魂气所归,则可晨夕敬礼"⑦。"西方之上帝乃一具体存在,中国之天则属抽象存在"⑧。"中国既更重在信者之自身,则生平行事,果使问心无愧,纵不侍奉上帝,上帝亦不加罚。"⑨

钱氏比较佛教与耶教回教之异同。异在:一是涅槃的抽象性不同于上帝天堂之具体性,二是言生前作业而有生老病死四苦与西方信灵魂不同,三是"信佛教,同经修炼,同得成佛。耶、回二教,信者仅得灵魂上天堂,决不得同成为耶稣与穆罕默德,此又大不同"⑩。钱氏又指出:"佛教来中国,乃于中国传统文化有其近似处,但亦有一大不同处。佛教与耶、回二教同对人生抱悲观,而中国人对人生抱乐观。"⑪但"中国高僧,亦知反己之心,则即身可以成佛,立地可以成佛"⑫,禅宗、天台、华严皆盛唱其说,"此为中国化之佛教"⑬。钱氏又分别一神与多神:"一神多神,又为近代国人衡评中西宗教信仰高下一

---

① 钱穆:《现代中国学术论衡》,三联书店 2001 年版,第 1 页。
② 钱穆:《现代中国学术论衡》,三联书店 2001 年版,第 1 页。
③ 钱穆:《现代中国学术论衡》,三联书店 2001 年版,第 2 页。
④ 钱穆:《现代中国学术论衡》,三联书店 2001 年版,第 2 页。
⑤ 钱穆:《现代中国学术论衡》,三联书店 2001 年版,第 3 页。
⑥ 钱穆:《现代中国学术论衡》,三联书店 2001 年版,第 3 页。
⑦ 钱穆:《现代中国学术论衡》,三联书店 2001 年版,第 3—4 页。
⑧ 钱穆:《现代中国学术论衡》,三联书店 2001 年版,第 4 页。
⑨ 钱穆:《现代中国学术论衡》,三联书店 2001 年版,第 4 页。
⑩ 钱穆:《现代中国学术论衡》,三联书店 2001 年版,第 5 页。
⑪ 钱穆:《现代中国学术论衡》,三联书店 2001 年版,第 6 页。
⑫ 钱穆:《现代中国学术论衡》,三联书店 2001 年版,第 6 页。
⑬ 钱穆:《现代中国学术论衡》,三联书店 2001 年版,第 6 页。

标准。"①"凡中国人所亲所敬,必尊以为神"②,故有祖宗神、天地神、农神、日月神等,"中国观念神在外,圣在内,惟通天人、一内外,乃以神圣连称。如中国人称天地君亲师,纵亦言天地之大德,终不言圣天圣地,亦不言天圣地圣"③。钱氏又指出:"中国之礼,即中国之宗教,其原始尚远在周公之前,而传递则直达于近世。故亦可谓中国有宗教,而无教主。"④"为之主者,即天,即上帝,即列祖列宗。"⑤中国人受儒家影响,性情"广大融通","故中国人能信佛教,同时又能信回教、耶教,而和平相处无冲突。老庄之徒,后亦创为一道教。儒家则终不成为一教,更见为广大而高明矣"⑥。钱氏引"孔子曰:'敬鬼神而远之。'又曰:'祭神如神在,吾不与祭如不祭。'是孔子于鬼神,非信非不信。宗庙社稷,以至祖先祠堂,祭拜之礼,特以教敬,斯已矣。"⑦"礼中必有鬼神"⑧,"故孔子之教,可谓之礼教。"⑨"中国之礼,皆大通合一,故中国宗教,亦同在此文化大体系中,而可不别成为一体。"⑩"周、孔之言礼,亦可谓其非宗教,非哲学,非科学,非文学"⑪,"以其他民族之文化求相绳纠,则宜见其为无一而有当"⑫。

　　钱氏在该书第二章"略论中国哲学"中,把孔子仁礼之学与程朱理学、陆王心学勉强称为中国哲学,但其重德性、良知与西方哲学专归之思想与知识又不同。

　　以上只是摘要,可以看出,钱氏之宗教观虽不够严密系统,但已有一系列重大开新。如:中国自古礼教,包含祭拜天地宗庙社稷、祖先宗祠、日月山川及

---

①　钱穆:《现代中国学术论衡》,三联书店 2001 年版,第 9 页。
②　钱穆:《现代中国学术论衡》,三联书店 2001 年版,第 9 页。
③　钱穆:《现代中国学术论衡》,三联书店 2001 年版,第 10 页。
④　钱穆:《现代中国学术论衡》,三联书店 2001 年版,第 12 页。
⑤　钱穆:《现代中国学术论衡》,三联书店 2001 年版,第 12 页。
⑥　钱穆:《现代中国学术论衡》,三联书店 2001 年版,第 17 页。
⑦　钱穆:《现代中国学术论衡》,三联书店 2001 年版,第 17 页。
⑧　钱穆:《现代中国学术论衡》,三联书店 2001 年版,第 19 页。
⑨　钱穆:《现代中国学术论衡》,三联书店 2001 年版,第 20 页。
⑩　钱穆:《现代中国学术论衡》,三联书店 2001 年版,第 20 页。
⑪　钱穆:《现代中国学术论衡》,三联书店 2001 年版,第 20 页。
⑫　钱穆:《现代中国学术论衡》,三联书店 2001 年版,第 20 页。

百神,即是中国人的传统宗教;中国人的宗教是多神教,不同于西方的一神教,而且中国宗教中的天、圣、佛、仙与信者可以通而合一,西方宗教中的上帝、先知与信者永远是相隔为二;儒学本质上不是宗教,又广大融通,故使中国宗教能兼容各种外来宗教而和平共处;佛教本来悲观厌世,中国化佛教则讲即身成佛,重视现实,人佛通合;最后,儒家非宗教、非哲学,又有自身特色,不可为其他民族文化所绳纠。以上智见,对于借鉴西方宗教研究成果同时创建中国特色宗教学是有重大启迪作用的。

(五)会泳西学与三教而后返本开新的生命哲学大家:方东美

方东美(1899—1977 年),名珣,安徽桐城人。毕业于南京金陵大学。后赴美留学三年,研读西方哲学,获博士学位。回国后执教于武昌高等师范大学、东南大学、中央党务学校、中央大学等校,讲授哲学与西方哲学。1929 年至 1947 年任中央大学哲学系教授、系主任。迁居台湾后,于 1948 年任职于台湾大学哲学系,为教授、系主任,至 1973 年退休。其讲课重心前期在西方哲学,后期转为中国哲学。退休后,受聘辅仁大学,专授"中国哲学精神及其发展"。1977 年去世。方氏一生著作很多,代表性作品前期有《生命情调与美感》、《科学哲学与人生》,中期有《哲学三慧》、《中国人生哲学》,后期有《中国哲学精神及其发展》。方氏一生的理论探求可以用"生命哲学"四字概括之,由于学术根基与他者不同,加上他对当代中国学术的反省,他走了一条"以价值为中心"的思想之路,其生命哲学在诸新儒家学说之中是独树一帜的。

其一,广博和包容基础上的特色生命哲学。他用比较文化学的眼光,研究了世界四大文化:古希腊文化、近代欧洲文化、印度文化、中国文化。古希腊文化以哲学为决定因素,是"契理文化,要在援理求真",[1]"真即是美,真即是善",[2]其不足是把"真"绝对化。近代欧洲文化以科学为决定因素,是"尚能文化","要在驰情入幻",崇尚"实感取向"[3],发展到把"一切知识变成毁灭性

---

① 方东美:《生生之德》,黎明文化公司 1978 年版,第 140 页。
② 方东美:《方东美集》,群言出版社 1993 年版,第 18 页。
③ 方东美:《方东美集》,群言出版社 1993 年版,第 15 页。

的技巧"①。印度文化与中国文化相同在于"视自然、人,与历史浑然一体,浩然同流"②,但印度文化以宗教为决定因素,有"神魔同在"、"善恶二分"的不足。③ 只有中国文化可以成为东方文化的典型代表,它早熟,先于其他民族几百年就实现了由宗教到理性的转变。方氏认为,原始儒家的一大贡献,就是使"儒家自尚书洪范转变到周易"④。汉以后,儒家精神日趋衰落,宋明清新儒家已难比孔孟,幸有原始道家和大乘佛学与原始儒家、宋以后新儒家彼此相通,才达到中国文化精神最高处,其特点是:"以生命为中心",宇宙是生生不已的流行过程,人与宇宙浑然一体,可以臻于理想境界,此即儒家的"三极之道"、道家的"超越解放之道"、佛家的"菩提道",这种文化"把人的生命展开来去契合宇宙"⑤。方氏认为西方哲学家中柏格森、怀特海的生命哲学最能与《周易》生生哲学相沟通,说:"我还有意地选用一些句子,近似柏格森、摩根与怀特海的用语,因为如果他们更进一步接触中国文明,将会发现他们对于宇宙的盎然生气,实有相同的见解。"⑥还有,德国黑格尔哲学也给予方氏以重要影响,因为黑格尔强调宇宙是一个整体,是包含内在矛盾又不断解决矛盾的运动发展过程。以上可知,方氏对外有选择地吸纳西方哲学营养,对内兼通儒、道、佛三教,对于儒学又特重《周易》哲学,并继承又超越宋明理学。他是以生命哲学为轴心而博采众长的。

方氏认为,西方近代讲科学,是要对自然"加以控制和利用",而中国人对自然的态度不同,"我们的哲学思想是'天人合一','天人无间',把全部生命都投放于自然界中,一切思想情绪都长养在自然界的怀抱里,对自然界并不感觉生疏:我就是自然界,自然界就是我,我与自然界水乳交融合而为一"⑦。他又说:"在中国哲学家看来,人与宇宙的观会,却是充满圆融和谐的。人的小

---

① 方东美:《方东美先生演讲集》,黎明文化公司1978年版,第64页。
② 方东美:《方东美集》,群言出版社1993年版,第161页。
③ 方东美:《方东美集》,群言出版社1993年版,第187页。
④ 方东美:《原始儒家道家哲学》,黎明文化事业股份有限公司1983年版,第47—49页。
⑤ 方东美:《生生之德》,黎明文化公司1978年版,第102页。
⑥ 方东美:《方东美集》,群言出版社1993年版,第62页。
⑦ 方东美:《方东美集》,群言出版社1993年版,第435页。

我生命一旦融入宇宙的大我生命,两者同情交感一体俱化,便浑然同体,浩然同流,绝无敌对与矛盾"①,中国人心中的"真人、至人、完人、圣人,才是道德人格中最值得珍贵的理想,他们所共同追求的,正是要摄取宇宙的生命来充实自我生命,更推而广其自我的生命活力,去增进宇宙的生命,在这样的宇宙生命之流中,宇宙与人生才能交相和谐、共同创进,然后直指无穷,止于至善!这就是中国民族最可贵的生命精神!"②这是方氏生命哲学最精要的表述,其核心是天人关系,其要义是天人和谐,其特色是天人互摄。

由于方氏把西方理性主义与直觉主义与东方和中国天人合德的价值观相结合,他的生命哲学便追求"艺术、哲学、宗教"三者"合德",追求超越的境界,追求形而上学本体论,追求宇宙生命与人类生命的同流和谐,重视直觉的体验;同时反对西方的科学主义和中国历史上的训诂考据研究方法,以及民国时期胡适、冯友兰的实证主义历史观(其实胡、冯并不相同)。

其二,原始儒家:中国文化精神源头的重新追寻。按一般理解,六经是儒家依凭的经典,由于孔子创立儒学,《论语》便是研究孔子的主要典籍,儒学史后期随着四书的流行,《论语》的地位更崇高了。但方东美受西方柏拉图主义哲学传统的影响,只把《论语》视为道德"格言",而非哲学作品,理由是:"《论语》这部书,就学问的分类而言,它既不是谈宇宙发生论或宇宙论的问题,又不谈本体论的纯理问题,也不谈超本体论的最后根本问题;而在价值方面,也不谈包括道德价值、艺术价值、宗教价值等各种价值在内的普遍价值论。"③所以,它不能被归类为"纯理哲学",它只是"根据实际人生的体验,用简短的语言把它表达出来——所谓'格言'!"因此可称为"格言学"④。方氏认为,原始儒家精神和中国哲学源头要到《尚书》和《周易》两书中去找。《尚书·洪范》提出了"五行"与"皇极"两个观念。"五行"在先秦已有哲学意义,成为中国宇宙论、自然哲学、历史哲学的萌芽。而"皇极"乃是最高价值的抽象:"《尚

---

① 方东美:《方东美集》,群言出版社1993年版,第200页。
② 方东美:《方东美集》,群言出版社1993年版,第212页。
③ 方东美:《新儒家哲学十八讲》,(台北)黎明文化公司1993年版,第25页。
④ 方东美:《新儒家哲学十八讲》,(台北)黎明文化公司1993年版,第25页。

书·洪范》的'皇极'代表了宇宙的最高真相和价值"①。

方氏重视《周易》，认为《易传》"十翼"最能体现中国生命哲学精神："价值学的解释在'十翼'中就是《文言传》"②，"《彖传》的解释不只是道德的、美学的解释，而是统一的哲学解释"③。他从生命哲学角度谈中国哲学的形成，说："就中国的哲学来说，也是形成一个统一的宇宙，但是统一宇宙当中的基本现象并不是纯粹自然事物而已，更是一个生命现象。因此中国的哲学从春秋时代便集中在一个以生命为中心的哲学上，是一套生命哲学，这生命不仅是动植物和人类所有，甚至于在中国人的幻想中不承认有死的物质的机械秩序"④，"中国向来是从人的生命来体验物的生命，再体验整个宇宙的生命。则中国的本体论是一个以生命为中心的本体论，把一切集中在生命上，而生命活动依据道德的理想、艺术的理想、价值的理想，持以完成在生命的创造活动中，因此《周易》的系辞大传中，不仅形成一个本体论系统，而更形成以价值为中心的本体论系统。第一步是以生命为中心的哲学体系，第二步是以价值为中心的哲学体系。则《周易》从宇宙论、本体论、价值论的形成，成了一套价值中心的哲学。"⑤方氏看重《易传》，是由于它有"天地感而万物化生"的宇宙发生论，有"形而上者谓之道，形而下者谓之器"的宇宙本体论，有"生生之谓易"、"天地之大德曰生"的生命论和价值论，《易传》哲学既有"阴阳不测"、"弥纶天地之道"的形而上之性，又有"感而遂通天下"的"庸言之信，庸行之谨"，与生命的成长、生活的常态密切相关。换句话说，它符合西方哲学对形上本体的追求，同时具有中国哲学对生命大化流行的尊重，故成为方东美生命哲学的经典依据。

在社会政治理想上，西方的个人主义，走向帝国主义和大民族主义，甚至出现法西斯主义制度，"至于我们中国的传统思想，是天下为公。《礼记·礼

① 方东美：《原始儒家道家哲学》，（台北）黎明文化公司1983年版，第75页。
② 方东美：《方东美集》，群言出版社1993年版，第445页。
③ 方东美：《方东美集》，群言出版社1993年版，第446页。
④ 方东美：《方东美集》，群言出版社1993年版，第446页。
⑤ 方东美：《方东美集》，群言出版社1993年版，第446页。

运篇》上说:'大道之行也,天下为公',直到'是谓大同'这段话中有许多宝贵的道理,彼此都有关系,如果能设法使其和谐,人民的生活便可以得到安定的保障。'天下为公'这四个字可以代表人本主义者极高度的政治理想。"①它要求"牺牲自私自利的心理,完成恢宏阔大的个人,建设理想的国家,再扩而充之,创造大同的世界。这种伟大的理想是我们民族精神的生命线。试问今天世界上有哪一个国家的主义或制度具有这种崇高的理想呢?"②可以看出,方氏的天人合一包含着人人和谐,"天下为公"是他的"宇宙一体"的社会层面,是其生命哲学的重要组成部分。

其三,道家哲学:精神超脱解放之道。方东美的生命哲学中,道家哲学占有重要位置,甚至超过儒家,形成儒道互补、以道引儒的局面。他认为,"道家的一贯之道,简单而言,可以引庄子'天地与我并生,万物与我为一'来作代表,拿人的精神与宇宙的全体精神贯穿成一体"③,但探本溯源,还应回到老子的道,"宇宙之本源、宇宙之秘密,老子用一个字来概括——玄"④。但他更赞赏庄子,"庄子的精神比老子的精神还要伟大,因为老子注重精神向上面的发展,而庄子可以把上回向的精神路径展开来变成下回向,接触现实世界、现实人生,现实人生也美化了"⑤。方氏庄子哲学能从高境界看待人间,认为学哲学要像庄子那样如坐飞机在高空俯视人间,而感受光明灿烂的世界。说:"庄子很清楚,他的精神化为大鹏,抟扶摇而上者九万里","在高空以自由精神纵横驰骋,回顾世界人间,才能产生种种哲学和智慧。"⑥他又说:"假使一个人在他生活上面的阅历,由物质世界→生命境界→心灵境界→艺术境界→道德境界,他这样子向上提升他的生命地位、生命成就、生命价值,到达这个时候,他这个人得以真正像庄子所谓'以天为宗,以德为本,以道为门,兆于变化,谓之

---

① 方东美:《方东美集》,群言出版社 1993 年版,第 439 页。
② 方东美:《方东美集》,群言出版社 1993 年版,第 440 页。
③ 方东美:《原始儒家道家哲学》,黎明文化公司 1983 年版,第 28 页。
④ 方东美:《原始儒家道家哲学》,黎明文化公司 1983 年版,第 29 页。
⑤ 方东美:《中国大乘佛学》,黎明文化公司 1984 年版,第 18 页。
⑥ 方东美:《方东美集》,群言出版社 1993 年版,第 44 页。

圣人。'"①这是一个"真正的大人"，"他整个的生命可以包容全世界，可以统摄全世界"②。

方东美将道家和儒家做了比较："道家所谓的道，是超脱解放之道"，"儒家开创的精神可以叫做六艺精神。六艺精神所支配的世界，主要的是诗书礼乐这一类价值所流露的世界"，"这就是人文世界！""人在宇宙中，儒家把他看成宇宙中心，宇宙的主体；而道家则说：'人法地，地法天，天法道，道法自然！'在人之上，还有许多层级，许多不同的很高境界。""在道家这方面，还要向上面超越，有时对于儒家的价值还要表现微词，因为这只能够代表人类的价值；但是在宇宙里面，这并不是最高的绝对价值。"③"在庄子的逍遥游、齐物论，他不是把宇宙的上层世界拉下来，而是把宇宙下层境界向上面 level up，一直到寥天一处。这是在精神宇宙上面登峰造极"④。再回观儒学史，"汉代以来，一直到宋代，我们认为中国最高的智慧只有儒家，这是很偏狭的一个见解，道家的精神至少可以纠正儒家的弊端"⑤。方东美追求哲学的超越精神，要求哲学必须站在宇宙最高处看待人间事物，才能达到"全人"的境界，因此偏爱道家哲学，尤其钟情于庄子，因为庄子为人类开拓出无限的精神空间。

其四，大乘佛学：法界圆融、广大和谐的智慧。方东美从历史和共时两个角度考察佛教东渐，认为佛教接受中国主流思想的影响，特别取资于道家的精神而逐步深入人心，先有"六家七宗"之学，继有僧肇、道生之学，至隋唐时期，十宗并建，而华严宗"其主要理论系统极能显扬中国人在哲学智慧上所发挥之广大和谐性。至少就理论上言之（历史上或未必尽然），华严哲学可视为集中国佛学思想发展之大成，宛若百川汇海，万流归宗"⑥。他赞美地说："华严要义，首在融合宇宙间万法一切差别境界，人世间一切高尚业力，与过、现、未三世诸佛一切功德成就之总汇，一举而统摄之于'一真法界'，视为无上圆满，

---

① 方东美：《方东美集》，群言出版社 1993 年版，第 416 页。
② 方东美：《方东美集》，群言出版社 1993 年版，第 417 页。
③ 方东美：《方东美先生演讲集》，黎明文化事业公司 1984 年版，第 51—52 页。
④ 方东美：《方东美先生演讲集》，黎明文化事业公司 1984 年版，第 53 页。
⑤ 方东美：《方东美先生演讲集》，黎明文化事业公司 1984 年版，第 53 页。
⑥ 方东美：《方东美集》，群言出版社 1993 年版，第 397 页。

意在阐示人人内具圣德,足以自发佛性,顿悟圆成,自在无碍。此一真法界,不离人世间,端赖人人彻悟如何身体力行,依智慧行,参佛本智耳。佛性自体可全部渗入人性,以形成其永久精神,圆满具足。是谓法界圆满,一往平等,成'平等性智'。此精神界之太阳,晖丽万有,而为一切众生,有情无情,所普遍摄受,交彻互融,一一独昭异彩,而又彼此相映成趣。是以理性之当体起用,变化无穷,普遍具现于一切人生活动,而与广大悉备,一往平等之'一真法界',共演圆音。佛放真光,显真如理,灿丽万千,为一切有情众人之所公共参证,侠诸差别心法,诸差别境界,一体俱化,显现为无差别境界之本体真如,圆满具足,是成菩提正觉,为万法同具,而交彻互融者。"①方氏列出杜顺、智俨、法藏、澄观、宗密五人建立起华严宗理论体系,并将其法界观归纳为三:真空观、理事无碍观、周遍含容观。方氏认为以上"显示三大原理:一、相摄原理;二、互依原理;三、周遍含容原理。总而言之,此诸原理,所以彰明法界缘起,重重无尽,而一体圆融之旨趣也"②。方氏特别称赞华严宗之"理事无碍"、"一多互摄",如此乃能臻于无差别境之本体真如。方氏对于华严精义,已不只是同情之了解,而几乎达到学僧的体悟。于是大乘佛教便成为方氏生命哲学的内在要素。

其五,综论儒、道、佛三学:异彩交辉的中华生命哲学主要构成。方东美构建生命哲学所依赖的中华哲学资源主要是儒、道、佛三家,经常把它们放在一起述论,以显现三者相映成趣。当谈到中国形上学时,他说:"就儒家言,主张'立人极',视个人应当卓然自立于天壤间,而不断地、无止境地追求自我实现;就道家言,个人应当追求永恒之逍遥与解脱;就佛家言,个人应当不断地求净化、求超升——直至每派所企仰的人格理想在道德、懿美、宗教三方面,修养都能到达圆满无缺之境界为止。"③当谈到中国人精神对艺术("精神自由空灵超脱")、道德("巍然崇高")、形上("妙造重玄")及宗教("虔敬肃穆")境界的追求时,他说:"任何生活领域,其境界造诣不及于此者,即沦于痛苦忧戚之域,令人黯然神丧,生趣索然。此儒家之所以向往天道生生不已,创进不息

①　方东美:《方东美集》,群言出版社1993年版,第398页。
②　方东美:《方东美集》,群言出版社1993年版,第399页。
③　方东美:《方东美集》,群言出版社1993年版,第378页。

之乾元精神，以缔造一广大和谐之道德宇宙秩序也。此道家之所以崇尚重玄，一心怀抱'无'之理想，以超脱'有'界万物之相对性者也。此中国佛家之所以悲智双运，勇猛精进，锲而不舍，内参佛性，修菩提道，证一乘果者也。"①儒家重道德人生，道家重艺术人生，佛家重宗教人生，而三家皆要超越世俗的痛苦人生。

在谈到佛教进入中国与道家、儒家会通时，他说："佛学来到中国后，我们以道家的高度智慧相迎，使大乘佛学更进而发展出禅宗的高度智慧，并与儒家性善的精神相结合，使得原本外来的佛学完全变成中国的智慧。"②"所有这几派中国思想，其代表者本人的内在精神是些什么？简单说来，这种种不同的精神都集中在一点，就是表现在：'向人性深处去了解，然后体会人性本身与其一切努力成就，处处可以看出人性的伟大。'尤其是从儒家开始'在创生不已的世界里面，安排人类的生活，表现人类精神生活的伟大'。道家甚至佛学，都进一步发扬了这点。"③"中国四大思想传统：儒家、道家、佛家、新儒家，都有一个共同的预设，就是哲学的智慧是从伟大精神人格中流露出来的。"④"至于宋明理学，他们承受了三种传统：第一，儒家，第二，道家兼道教，第三，佛学（大半是禅宗），所以宋明理学家主张生命与宇宙配合，产生与天地合而为一、因为一体的境界，具有'时空兼综的意义'，可以称之为'时空兼综的人'。"⑤方氏认为佛家、道家与儒学难以分割，不赞成以回护儒家道统为理由排斥佛老，他说：大乘佛学"老庄思想是其中一个极重要的成分，据此以谈宋明理学，宋明儒大抵皆出入老佛十余年，深受老佛的影响自不待言，而却一味地排道排佛。今人不察此理，盲目地跟随宋明儒排佛排道；而且特意回护，为其故示隐讳，抹煞历史的事实，尤为不智！"⑥方东美的博大胸怀在这里有充分体现。

---

① 方东美：《方东美集》，群言出版社1993年版，第374页。
② 方东美：《方东美文集》，武汉大学出版社2013年版，第149—150页。
③ 方东美：《方东美文集》，武汉大学出版社2013年版，第150页。
④ 方东美：《原始儒家道家哲学》，黎明文化公司1983年版，第40页。
⑤ 方东美：《方东美文集》，武汉大学出版社2013年版，第174页。
⑥ 方东美：《方东美文集》，武汉大学出版社2013年版，第278页。

其六,树立民族自信,光大民族哲学精神,为中国和世界未来做贡献。方东美深深爱着优秀的中华民族和它的文化,因此对于近代以来中国青年的民族自卑非常忧伤,认为是教育缺失的恶果。他在美国讲学时当着犹太籍教授的面赞美犹太人优秀,而那位教授却说在美国中学生智慧测验表明:中国人的智慧最高,印度人第二,犹太人第三。令他痛心的是,这么一个优秀的民族,"处于今日,却丧失了对自己是优秀的民族的自信心,无端的自卑自贱,在各方面都变成了一个'空袋子'!同别的文化碰都不能碰,一碰了之后,样样都是人家好,自己太差!"①"可说是教育无政策,文化缺理想。从来没有人具有远大的眼光,把整个中国悠久的历史,优美的文化,能够真正说出一套道理来,让现代的青年们能自信有立国的力量,民族有不拔的根基。反而使我们优美的青年,从高贵的秉性上丧失了自信,贬抑其自尊,放弃了理想。"②

他在晚年所写的《中国哲学对未来世界的影响》中说,他在台湾大学执教二十九年,"在这里面真正的中国文化根本没有!就是有,份量也非常之轻!"③青年人到西方留学,"人家教育的好处没学到,而把肤浅、浮躁的这一种气息一起学回来了,从服装、习惯,甚至于说话的语气、神情,一套'洋泾浜'的气息!"④"一直到了今天,中国还没有独立的文化政策!"⑤他尖锐地指出,世界哲学在衰退,中国哲学在乾嘉时代就死亡了,现在要"赶紧觉醒过来","在精神上重新振作,决心要为将来的中国、将来的世界创建一种新的哲学。假使哲学的命脉在我们的精神里面没有死亡,我们应当要负起一种责任,为未来的世界,在这个哲学上面要打一个蓝图,仿佛建筑师一样,要建筑一个新哲学体系"⑥。

那么,这个蓝图的依据是什么呢?"在东方,原始儒家孔孟荀、原始道家老庄、大乘佛学,不管是哪一宗,天台宗、法相宗、华严宗,甚至是禅宗也好,最

---

① 方东美:《方东美文集》,武汉大学出版社 2013 年版,第 300 页。
② 方东美:《方东美文集》,武汉大学出版社 2013 年版,第 300 页。
③ 方东美:《方东美文集》,武汉大学出版社 2013 年版,第 607 页。
④ 方东美:《方东美文集》,武汉大学出版社 2013 年版,第 608 页。
⑤ 方东美:《方东美文集》,武汉大学出版社 2013 年版,第 608 页。
⑥ 方东美:《方东美文集》,武汉大学出版社 2013 年版,第 609 页。

后的目的都是要把人的精神,从自然界的里面提升到达精神的顶点,然后从人类的智能才性上面变做尽善尽美,变做神圣。"①"要是能够把这么一个蓝图体会到并树立起来建筑一个立体的宇宙,在这个立体的宇宙里面成就一个最高的神圣的人类生命价值在上面,然后慢慢一步一步地向上面提升人类的精神。"②在这次演讲中他号召"我们青年每一个人都能挺起胸来站起来,我们在思想上面能够这样子独立自主,表现高度的哲学智慧,高度的宗教精神,高度的艺术好尚。那么,现在各电视台就绝对不敢再每天播放下流的节目来困扰我们!"③他以终身研究哲学并接触过西方、中国、印度高度的哲学智慧的退休学者的身份,"希望大家在这一方面把这个已经失落掉了的民族智慧、民族的灵魂、民族的文化、民族的优美文字,重新把握住,变着自己生活里面,不仅仅是个装饰,而且是永远不朽的内在精神!"④他的期望面向台湾青年,也面向全体中国人。

(六)会通中西古今的新心学大学者:贺麟

贺麟(1902—1992 年),字自昭,四川金堂县人。少年时接受过"四书"、"五经"及诸子百家的熏陶,受梁启超、梁漱溟的影响,钟情于陆王心学,毕业于清华学校高等科。青年时代赴美留学四年,在德学习一年,通过新黑格尔主义进入黑格尔哲学。回国后长期任职于北京大学和西南联大,兼职于清华。其间在中央政治学校教哲学一年。在大学讲授黑格尔哲学和西方哲学史。20世纪 50 年代中期调入中国科学院哲学所,致力于西方哲学典籍的翻译工作,曾任《黑格尔全集》编译委员会名誉主任。主要著作有:《近代唯心论简释》、《文化与人生》、《当代中国哲学》等。他是一位学识博厚的大学者,也是位具有超前意识的大思想家,还是一位近代杰出的大翻译家。他的论著使儒家危机意识转化为创新意识,又打通了中西古典哲学之间会通的道路。

其一,把五四新文化运动给儒学带来的冲击变成儒学再生的转机。贺氏

---

① 方东美:《方东美文集》,武汉大学出版社 2013 年版,第 629 页。
② 方东美:《方东美文集》,武汉大学出版社 2013 年版,第 629 页。
③ 方东美:《方东美文集》,武汉大学出版社 2013 年版,第 630 页。
④ 方东美:《方东美集》,群言出版社 1993 年版,第 425 页。

在现代新儒学发展中一个重要贡献是提出要直面五四又超越五四,他所写的《儒家思想之新开展》一文,是高瞻远瞩的划时代的名篇,思想走在同代人的前面,至今仍熠熠生辉。贺氏对中华民族所处的时代特征和责任有高度自觉,指出:"中国当前的时代是一个民族复兴的时代。民族复兴不仅是争抗战胜利,不仅是争中华民族在国际政治上的自由独立平等,民族复兴本质上应该是民族文化的复兴,儒家文化的复兴。"①他把儒家文化与民族的命运前途紧紧连在一起,这是一个深刻的见解。他认为:"中国近百年来的危机,根本上是一个文化上的危机。"②中国以鸦片战争为国耻,而事实上学术文化上的国耻早就有了。五四新文化运动中儒家思想被青年猛烈反对,而"儒家思想之消沉,僵化,无生气,失掉孔孟的真精神,和应付新文化需要的无能,却早腐蚀在五四运动以前。儒家思想在中国文化生活上失掉了自主权,丧失了新生命,才是中华民族最大的危机。"③贺氏认为五四新文化运动"是促进儒家思想新发展的一个大转机"④。虽然表面上新文化运动是打倒孔家店、推翻儒家思想的大运动,却发挥了"促进儒家思想新发展的功绩"。何以如此说呢?"新文化运动之最大贡献,在破坏扫除儒家的僵化部分的躯壳形式末节,和束缚个性的传统腐化部分。他们并没有打倒孔孟的真精神,真意思,真学术。反而因他们的洗刷扫除的工夫,使得孔孟程朱的真面目更是显露出来。"⑤就西学的大规模输入而言,"表面上西洋文化之输入好像是代替儒家",事实上"西洋文化之输入,给儒家思想一个试验,一个生死存亡的大试验,大关头。假如儒家思想能够把握,吸收,融会,转化西洋文化,以充实自身,发展自身,则儒家思想便生存,复活,而有新的开展。如不能经过此试验,渡过此关头,就会死亡,消灭,沉沦,永不能翻身"⑥。他提出"儒化西洋文化"以促进中国文化乃至整个民族复兴的历史责任,说:"儒家思想之能否复兴问题,亦即儒化西洋文化是否可

---

① 贺麟:《文化与人生》,上海文艺出版社 2001 年版,第 2 页。
② 贺麟:《文化与人生》,上海文艺出版社 2001 年版,第 2 页。
③ 贺麟:《文化与人生》,上海文艺出版社 2001 年版,第 2 页。
④ 贺麟:《文化与人生》,上海文艺出版社 2001 年版,第 2 页。
⑤ 贺麟:《文化与人生》,上海文艺出版社 2001 年版,第 3 页。
⑥ 贺麟:《文化与人生》,上海文艺出版社 2001 年版,第 3 页。

能,以儒家精神为体以西洋文化为用是否可能的问题。中国文化能否复兴的问题,亦即华化、中国化西洋文化是否可能,以民族精神为体以西洋文化为用是否可能的问题。"①解决不了此问题则后果严重:"如果中华民族不能以儒家思想或民族精神为主体去儒化或华化西洋文化,则中国将失掉文化上的自主权,而陷于文化上的殖民地。"②

贺氏上述论说具有同时代人罕及的深刻性和前瞻性:他指出了近代中国危机根本是文化危机,五四新文化运动有洗刷儒学僵化腐朽部分的贡献,西洋文化的冲击是儒学起死回生的机缘,儒化西洋文化以恢复民族文化自主权才能避免文化殖民地的悲惨前景。这些见解既超越了"全盘西化论"者否定儒学和传统文化的偏激与肤浅,又超越了当时"文化本位论"者抨击新文化运动、拒斥西方文化的狭隘与保守,能够辩证地看待新旧、中西之间的冲突,表现出贺氏对中华文化的自信、反思和开放的胸襟。

其二,提出促进儒家思想新开展的三途径和"三合"原则。三途径是要从哲学、宗教、艺术三个方面去做:"第一,必须以西洋之哲学发挥儒家之理学。"③中西皆须正宗哲学,即"苏格拉底、柏拉图、亚里士多德、康德、黑格尔之哲学,与中国孔孟程朱陆王之哲学会合融贯"④,可以"使儒家的哲学内容更为丰富,系统更为谨严,条理更为清楚,不仅可作道德可能之理论基础,且可奠科学可能之理论基础"⑤。"第二,须吸收基督教之精华以充实儒家之礼教。"⑥他认为儒家究竟以人伦道德为中心,而"宗教则为道德之注以热情,鼓以勇气者。宗教有精诚信仰,坚贞不贰之精神。宗教有博爱慈悲,服务人类之精神。宗教有襟怀旷大,超脱现实之精神。基督教文明实为西洋明之骨干,其支配西洋人之精神生活,实深刻而周至,但每为浅见者所忽视"⑦。"第三,须领略西

---

① 贺麟:《文化与人生》,上海文艺出版社 2001 年版,第 4 页。
② 贺麟:《文化与人生》,上海文艺出版社 2001 年版,第 4 页。
③ 贺麟:《文化与人生》,上海文艺出版社 2001 年版,第 6 页。
④ 贺麟:《文化与人生》,上海文艺出版社 2001 年版,第 6 页。
⑤ 贺麟:《文化与人生》,上海文艺出版社 2001 年版,第 6 页。
⑥ 贺麟:《文化与人生》,上海文艺出版社 2001 年版,第 9 页。
⑦ 贺麟:《文化与人生》,上海文艺出版社 2001 年版,第 7 页。

洋之艺术以发扬儒家之诗教。"①他认为,"《乐经》佚亡,乐教中衰,诗教亦式微"②,因此"今后新儒家之兴起,与新诗教、新乐教、新艺术之兴起,应该是联合并进而不分离的"③。在贺麟心目中,儒家是立体化的综合体:"儒学是合诗教礼教理学三者为一体的学养,也即是艺术宗教哲学三者的和谐体。因此新儒家思想之开展,大约将循艺术化、宗教化、哲学化之途径迈进。"④他从思想文化、生活修养、民主政治三个方面择其要而加以阐释。

在思想文化方面,他抓住"仁"和"诚"两个哲学概念作出新释。贺氏很推崇仁,视"仁乃儒家思想之中心概念"⑤,从诗教或艺术方面看,"仁即温柔敦厚之诗教"⑥,"仁即是天真纯朴之情"⑦。从宗教观点看,"仁即是救世济物、民胞物与的宗教热诚。《约翰福音》有'上帝即是爱'之语,质言之,上帝即是仁。'求仁'不仅是待人接物的道德修养,抑亦知天事天的宗教工夫"⑧。从哲学上看,"仁乃仁体,仁为天地之心,仁为天地生生不已之生机,仁为自然万物的本性,仁为万物一体生机一般之有机关系之神秘境界"⑨。可称为"仁的宇宙观","仁的本体论"。

再看"诚"的概念,"在儒家思想中,诚的主要意思,乃指真实无妄之理或道而言。所谓诚,即是指实理、实体、实在或本体而言"⑩。"其次,诚亦是儒家思想中最富于宗教意味的字眼。诚即是宗教上的信仰。所谓至诚可以动天地,泣鬼神。精诚所至,金石亦开。至诚可以通神,至诚可以前知。诚不仅可以感动人,而且可以感动物,可以祀神。乃是贯通天人物我的宗教精神。"⑪就

① 贺麟:《文化与人生》,上海文艺出版社 2001 年版,第 7 页。
② 贺麟:《文化与人生》,上海文艺出版社 2001 年版,第 7 页。
③ 贺麟:《文化与人生》,上海文艺出版社 2001 年版,第 7 页。
④ 贺麟:《文化与人生》,上海文艺出版社 2001 年版,第 7 页。
⑤ 贺麟:《文化与人生》,上海文艺出版社 2001 年版,第 8 页。
⑥ 贺麟:《文化与人生》,上海文艺出版社 2001 年版,第 8 页。
⑦ 贺麟:《文化与人生》,上海文艺出版社 2001 年版,第 8 页。
⑧ 贺麟:《文化与人生》,上海文艺出版社 2001 年版,第 8 页。
⑨ 贺麟:《文化与人生》,上海文艺出版社 2001 年版,第 8 页。
⑩ 贺麟:《文化与人生》,上海文艺出版社 2001 年版,第 9 页。
⑪ 贺麟:《文化与人生》,上海文艺出版社 2001 年版,第 9 页。

艺术方面说,"思无邪或无邪思的诗教,即是诚。诚亦即是诚挚纯真的感情。艺术天才无他长,即能保持其诚,发挥其诚而已。艺术家之忠于艺术而不外骛,亦是诚"①。

就生活修养而言,贺氏倡导"儒者气象,儒者风度",他把"儒者"作广义理解,"儒者即是品学兼优的人"②。因此应当有"儒将"、"儒医"、"儒臣"、"儒农"、"儒工"、"儒商"。从风度说,"凡具有诗礼风度者,皆可谓之有儒者气象"③。文章中,贺氏提出中西沟通以开新儒学的"三合"态度,说:"合人情即求其'反诸内心而安'。合理性即所谓'揆诸天理而顺'。合时代即是审时度势,因应得宜。"④

就民主政治而论,有"儒家的民治主义",也有西方的民主政治。不能"只认儒家思想是学为专制帝王作辩护谋利益的工具"⑤,"这不但失掉了儒家'天视民视,天听民听'和'民贵君轻'等说的真精神,而且也忽略了西洋另一派足以代表儒家的民治思想"⑥,这一派"确认主权在民的原则",如时任美国总统罗斯福所实行的就是儒家式的民主政治。在中国,"国父孙中山先生无疑的是有儒者气象而又具有耶稣式的人格之先知先觉"⑦。"他的民权主义,即可说是最能代表儒家精神的民主政治思想"⑧。而且他创立主义,实行革命原则,亦以合理性、合人情、合时代为标准,处处皆代表典型中国人的精神,符合儒家的规范。在《孙文学说》"有志竟成"一章,他说:"夫事有顺乎天理,应乎人情,适乎世界之潮流,合乎人群之需要,而先知先觉者所决志行之,则断无不成者也。此古今之革命维新,兴邦建国等事业是也。'顺乎天理'即是合理性,'应乎人情'即是合人情,'适乎世界潮流,合乎人群需要'即是合时代。"⑨

---

① 贺麟:《文化与人生》,上海文艺出版社 2001 年版,第 9 页。
② 贺麟:《文化与人生》,上海文艺出版社 2001 年版,第 10 页。
③ 贺麟:《文化与人生》,上海文艺出版社 2001 年版,第 11 页。
④ 贺麟:《文化与人生》,上海文艺出版社 2001 年版,第 12 页。
⑤ 贺麟:《文化与人生》,上海文艺出版社 2001 年版,第 14 页。
⑥ 贺麟:《文化与人生》,上海文艺出版社 2001 年版,第 14 页。
⑦ 贺麟:《文化与人生》,上海文艺出版社 2001 年版,第 15 页。
⑧ 贺麟:《文化与人生》,上海文艺出版社 2001 年版,第 15 页。
⑨ 贺麟:《文化与人生》,上海文艺出版社 2001 年版,第 15 页。

他的结论是:"只要能对儒家思想加以善意同情的理解,得其真精神真意义所在,许多现代生活上、政治上、文化上的重要问题,均不难得合理合情合时的解答。所谓'言孔孟所未言,而默契孔孟所欲言之意;行孔孟所未行,而吻合孔孟必为之事。'将儒家思想认作不断生长发展的有机体,而非呆板机械化的死信条。如是,我们可以相信,中国许多问题,必达到契合儒家精神的解决,方算得达到至中至正最合理而无流弊的解决。无论政治社会、文化学术上各项各题的解决,都能契合儒家精神,都能代表典型的中国人的真意思真态度,这就是'儒家思想的新开展',也就是民族文化复兴的新机运。"①

其三,创建中西合璧的新心学。贺麟称自己的哲学为唯心论,但他对"心"的理解不同于我们常讲的"唯心"、"唯物"之"心",而赋予"心"以独特的含义。他在《近代唯心论简释》一书开头即用理性分析方法讨论"心"的概念,说:"心有二义:(1)心理意义的心;(2)逻辑意义的心。逻辑的心即理,所谓'心即理'也。心理的心是物,如心理经验中的感觉、幻想、梦呓、思虑、营为,以及喜怒哀乐爱恶欲之情皆是物,皆是可以用几何方法当作点线面积一样去研究的实物。普通人所谓'物',在唯心论者看来,其色相皆是意识所渲染而成,其意义、条理与价值,皆出于认识的或评论的主体。此主体即心。"②"若用中国旧话来说,即由于'人同此心,心同此理'。离心而言物,则此物实一无色相、无意义、无条理、无价值之黑漆一团,亦即无物。"③他引朱熹的话:"主乎身,一而不二,为主而不为客,命物而不命于物。"④因此贺氏说:"逻辑意义的心,乃一理想的超经验的精神原则,但为经验、行为、知识以及评价之主体。此心乃经验的统摄者、行为的主宰者、知识的组织者、价值的评判者。自然与人生之可以理解,之所以有意义、条理与价值,皆出于此心即理也之心。"⑤贺氏从主客对生、精神自觉的意义上讲"心",故心即理、与物一体。若从心理意义

① 贺麟:《文化与人生》,上海文艺出版社2001年版,第17页。
② 贺麟:《近代唯心论简释》,上海人民出版社2009年版,第3页。
③ 贺麟:《近代唯心论简释》,上海人民出版社2009年版,第3页。
④ 贺麟:《近代唯心论简释》,上海人民出版社2009年版,第3页。
⑤ 贺麟:《近代唯心论简释》,上海人民出版社2009年版,第3页。

上和科学常识上讲心讲物,贺氏承认先有物质后有人类心灵,身体决定心灵,但这不是哲学家的理论。为了不引起误解,他将自己的唯心论又称作"唯性论",说:"性为代表一物之所以然,及其所当然的本质,性为支配一物之一切变化与发展的本则或范型。"①性对人而言就是性格,"'性格即是命运','性格即是人格'是唯性论者对于人性的两句格言"②。

贺氏新心学或新性学,其方法来自西学,而其思想源头在陆王心学,说:"象山有'宇宙即是吾心,吾心即是宇宙'之伟大见解,为从认识吾心之本则以认识宇宙这本则的批导方法,奠一坚定基础,且代表世界哲学史上最显明坚决的主观的或理想的时空观。"③"自陆象山揭出'心即理也'一语以后,哲学乃根本掉一方向"④,"心即是理,则心外无理,心外无物。而宇宙万物,时空中的一切也成了此心之产物,而非心外之傥来物了"⑤。贺氏把心即理讲得有如此现代哲学意味,实在得益于他吸收了西哲斯宾诺莎、康德、黑格尔的哲学思想,而且是经由新黑格尔主义的诠释,在运用理性主义的同时加上了直觉法。如新黑格尔主义者克罗齐就强调直觉,认为它是心灵的基本活动,其中没有主体与客体的区别,而理智活动要以直觉为基础,应该把黑格尔当作诗人来读。贺麟提出用辩证观来激活辩证法,使后者摆脱机械发展格式,"此种辩证的直观,即是出于亲切的体验、慧眼的识察,每每异常活泼有力(绝不是机械呆板的口号或公式)。而哲学家的特点,就是不单是从精神生活或文化的历史的体验中,达到了这种辩证的直观或识度,且能审思明辨,用谨严的辩证方法,将此种辩证的直观,发挥成贯通的系统"⑥。于此可知,贺氏新心学之新,在于将陆象山心学之心物一体与西方哲学之直觉体验及理智思考加以融通,既保持了心即理、心即物的宇宙一体精神境界,又用辩证逻辑方法使之成为哲学系统,而又不失其大生命关怀的宇宙之爱的灵魂。

---

① 贺麟:《近代唯心论简释》,上海人民出版社2009年版,第5页。
② 贺麟:《近代唯心论简释》,上海人民出版社2009年版,第5页。
③ 贺麟:《近代唯心论简释》,上海人民出版社2009年版,第23页。
④ 贺麟:《近代唯心论简释》,上海人民出版社2009年版,第23页。
⑤ 贺麟:《近代唯心论简释》,上海人民出版社2009年版,第23页。
⑥ 贺麟:《近代唯心论简释》,上海人民出版社2009年版,第105页。

贺氏对于王阳明的知行合一说加以继承和提高。在《近代唯心论简释》中专有一章"知行合一新论"。他首先赞同地说："王阳明之提出知行合一说，目的在为道德修养或致良知的工夫，建立理论的基础。"①此说"实为有事实根据，有理论基础，且亦于学术上求知、道德上履践，均可应用有效的学说"②。同时他又指出："知行问题，无论在中国的新理学或新心学中，在西洋心理学或知识论中，均有重新提出讨论，重新加以批评研究的必要。"③他对知行概念的定义是："知指一切意识的活动。行指一切生理的活动。"④然后考察了知与行的种种等级区别，知行合一的多样性表现，西方哲学史上斯宾诺莎、格林（英国新黑格尔主义者）的知行观。贺氏知行合一论归纳两种：一种是"自然的知行合一论"，它不假人为，凡有意识之伦莫不如此；另一种是"价值的或理想的知行合一论"，须经过人为努力方可达到，因此是少数人的功绩。贺氏认为阳明知行合一论"与自然的知行合一论，有许多地方，均可互相印证发明。但阳明的知行合一说，只有时间观念一点没有说清楚"⑤，是知行同时合一呢，还是异时合一呢？这样看他既非那种纯自然的知行合一，亦非经过努力的朱子式知行合一，而是"持一种率真的或自发的知行合一观"，可称为"直觉的或率真的价值的知行合一观"。贺氏还指出，"只可惜阳明所谓知行，几纯属于德行和涵养心性方面的知行"⑥，但可以推广运用到自然科学领域。

其四，提出新心学的宗教观、责权观、义利观和群己观。民国期间，无论西化论者还是新儒家学者，大都忽视宗教研究并看轻宗教，因而"宗教取代论"流行。五四新文化运动学者，高举从西方传入的科学与民主两面大旗，但他们的空缺是不了解作为西方文明道德基石的基督教在西方现代化中的变迁与作用，由此也难以正确看待中国佛教、道教在现代中国事业中的地位。民国年间还发生了"非基运动"，全盘否定基督教。贺麟是少数例外之一，他从正面提

---

① 贺麟：《近代唯心论简释》，上海人民出版社 2009 年版，第 44 页。
② 贺麟：《近代唯心论简释》，上海人民出版社 2009 年版，第 44 页。
③ 贺麟：《近代唯心论简释》，上海人民出版社 2009 年版，第 44 页。
④ 贺麟：《近代唯心论简释》，上海人民出版社 2009 年版，第 45 页。
⑤ 贺麟：《近代唯心论简释》，上海人民出版社 2009 年版，第 49 页。
⑥ 贺麟：《近代唯心论简释》，上海人民出版社 2009 年版，第 63 页。

出了自己的宗教观,首肯宗教的恒在价值,认为宗教精神值得提倡。上面已引用贺氏在《儒家思想之新开展》一文中称赞宗教有三大精神:"坚贞不贰"、"服务人类"、"超脱现实",指明基督教是西洋文明的"骨干",因此他把以人伦道德为中心的儒学学习基督教并实现宗教化,作为新开展的三大途径之一。他认为,要真正了解人、人的地位和意义,不能停留在人与人的关系上,还要"了解人对天,人对神,或永恒之理的关系,才能完全"①。他在《文化的体和用》一文中指出:"宗教是道德之体,道德是宗教之用。"②他一反有些学者把基督教与近代西方相对立的看法,别开生面地指出:"中世纪的基督教是中古文化的中心,近代基督教是整个近代西洋文化的缩影与反映。可以说西洋近代精神的一切特点,基督教中应有尽有。"③他写有《认识西洋文化的新努力》一文,系统阐述自己的上述观点。第一,他不赞成基督教反科学的说法,恰恰"基督教对科学毋宁是有保护促进之功"④,如中世纪教士保存古希腊哲学科学典籍,教士具有科学知识。第二,宗教改革之后,基督教的平民精神得到发扬,主张人与人之间是兄弟,在上帝面前人人平等,为民间提供教育、医疗服务,讲宽容、爱仇敌,助推民主政治。第三,他采纳韦伯的观点,认为"宗教改革后基督教中的观念,实最适宜于资本主义工业化的社会,如勤劳、忠实、信用等,都有助于工商业的发展"⑤。他声明自己"并不是基督教徒,故我绝不是站在宗教的立场传道,而纯粹是站在哲学和文化的立场,觉得要了解西洋文化不可不知基督教,而基督教确实有许多优点,值得我们注意和采取"⑥。正如他在《儒家思想之新开展》中所总结的:"若非宗教之知'天'与科学之知'物'合力并进,若非宗教精神为体,物质文明为用,绝不会产生如此伟大灿烂之近代西洋文化。我敢断言,如中国人不能接受基督教的精神而去其糟粕,则决不会

---

① 贺麟:《文化与人生》,上海文艺出版社 2001 年版,第 7 页。
② 贺麟:《文化与人生》,上海书店出版社 1991 年版,第 28 页。
③ 贺麟:《近代唯心论简释》,上海人民出版社 2009 年版,第 198 页。
④ 贺麟:《文化与人生》,商务印书馆 2005 年版,第 308 页。
⑤ 贺麟:《文化与人生》,商务印书馆 2005 年版,第 310 页。
⑥ 贺麟:《文化与人生》,商务印书馆 2005 年版,第 305 页。

有强有力的新儒家思想产生出来。"①应当说,贺麟对于基督教虽有研究但评说上并不全面,尤其欠缺了近代西方列强利用基督教侵华的历史,但他仍然提供了基督教文化的正面价值和精神,这恰是当时中国学界的空缺。他对于宗教与科学对立论、宗教与现代社会相斥论,都有所超越;而且他并不企图使中国基督教化,因此才主张以儒学为体去儒化西洋文化,只是希望儒学具有基督教一系列可贵的精神。尽管他有时在表述上不恰当地说他"主张各部门从质方面讲应该彻底西化、深刻西化"②,但他真实的立场是以中华民族精神为主体,去深层次地消化西洋文化和基督教,使其精华真正转变成中国精神的有机成分。他归根到底还是儒者的家国情怀。

贺氏《近代唯心论简释》中第十一章"五伦观念的新检讨",肯定儒家五伦之重要,说:"五伦观念认为人伦乃是常道,人与人间这五种关系,乃是人生正常永久的关系(按,五常有两个意义,一指仁、义、理、智、信的五常德,一指君臣、父子、夫妇、兄弟、朋友的五常伦,此处系取第二种意义)。"③"这种注重社会团体生活,反对枯寂遁世的生活,注重家庭、朋友、君臣间的正常关系,反对伦常之外去别奉主义,别尊'巨子'的秘密团体组织的主张,亦是发展人性、稳定社会的健康思想,有其道德上政治上的必需,不可厚非。"④但他同时指出:"这种偏重五常伦的思想一经信条化、制度化,发生强制的作用,便损害个人的自由与独立。"⑤"而且大有损害于非人伦的超社会的种种文化价值。"⑥他尤其批判"三纲"说"桎梏人心,束缚个性,妨碍进步,有数千年之久"⑦,"要人尽片面之爱,尽片面的纯义务,是三纲说的本质"⑧。因此需要西方启蒙思想加以补救,需要从开明、自由方面加以提高。传统道德讲义利之辨,而义利又

---

① 贺麟:《文化与人生》,上海书店出版社 1991 年版,第 7 页。
② 贺麟:《文化与人生》,商务印书馆 2005 年版,第 305 页。
③ 贺麟:《近代唯心论简释》,上海人民出版社 2009 年版,第 205 页。
④ 贺麟:《文化与人生》,商务印书馆 2005 年版,第 54 页。
⑤ 贺麟:《文化与人生》,商务印书馆 2005 年版,第 54 页。
⑥ 贺麟:《文化与人生》,商务印书馆 2005 年版,第 54 页。
⑦ 贺麟:《文化与人生》,商务印书馆 2005 年版,第 60 页。
⑧ 贺麟:《文化与人生》,商务印书馆 2005 年版,第 61 页。

以公私为界,这样的进路显然不能适应现代工商社会的发展。如果把义与利、群与己对立起来,必然会出现道德伪善化而实际上人欲横流的情况。贺麟早有所见,他引进西方近代精神重新阐释中国历史上的合理利己主义,即确认个人应有的权利与幸福,用以弥补儒家道德重义轻利、重群轻己的偏失,而主张义利、群己统一论,并试图通过杨朱的"为我"达到墨子的"兼爱"。他指出,以西方新式功利主义为代表的近代伦理思想,早已超出灭人欲存天理、绝私济公的道德信条,而"趋向于一方面求人欲与天理的调合、求公与私的共济;而另一方面又更进一步去设法假人欲以行天理,假自私以济大公"①,这样道德建设便可依据合理、合情、合时的"三合"原则进行。

（七）辩证综合的新儒家道德哲学体系的创建者:唐君毅

唐君毅(1909—1978 年),四川宜宾人。青年时就学于北京大学、南京中央大学,受教于梁启超、梁漱溟、方东美、汤用彤、熊十力诸前辈。毕业后任职于中央大学及华西大学、江南大学。1949 年赴香港,与钱穆等创办新亚书院,任教务长、哲学系主任,与牟宗三结为至交。1957 年赴美访问、考察。起草《为中国文化敬告世界人士宣言》,发表于 1958 年元旦。以后多次参加国际东西哲学会议,成为国际知名学者。1963 年新亚书院并入香港中文大学,曾任文学院院长、新亚研究所所长。后因反对香港中文大学改制无效,与钱穆等退出新亚。1975 年任职于台湾大学。1978 年在台湾去世。

唐氏对于中西哲学皆有深厚功底和积累,并致力于两者的辩证综合与创新,一生勤于著述。其著作之富赡瑰丽在同时代学者中居首位,并构建起一个庞大的道德哲学体系,被公认为现代新儒家熊十力之后的三大代表人物之一(另两位:牟宗三、徐复观)。

影响唐氏哲学的思想资源主要有三:一是中国儒家哲学,尤其是孟子性善论和王阳明心学;二是来源于印度的大乘佛学的佛性论与涅槃学;三是西方哲学,尤其是德国古典哲学家康德、费希特、黑格尔的哲学。唐氏将中、西、印三大哲学的思维进路与成果融会贯通,因而其哲学既有中国鲜明特色,又有世界

---

① 　贺麟:《文化与人生》,商务印书馆 2005 年版,第 66 页。

广阔视野。牟宗三称"唐先生是文化意识宇宙中的巨人"①,指出:"中国式的哲学家要必以文化意识宇宙为背景。儒家的人文化成尽性至命的成德之教在层次上是高过科学宇宙、哲学宇宙,乃至任何特定的宗教宇宙的;然而它却涵盖而善成并善化了此等之宇宙。唐先生这个意识特别强。"②

　　台湾东海大学蔡仁厚教授在悼念唐氏的讲词《唐君毅先生的生平与学术》中,将唐氏的著作与思想划分为三个阶段是恰当的。第一阶段有三部书,就是《人生之体验》、《道德自我之建立》、《心物与人生》(总名为《人生之路》),中心是"开发人生的智慧,建立道德的自我,决定人生的方向"③。第二阶段有四部书,就是《中国文化之精神价值》、《人文精神之重建》、《中国人文精神之发展》、《中华人文与当今世界》,讲中西文化会通、中国文化内涵、面临的挑战与应对、世界文化的前景。其间所撰《哲学概论》,兼顾中、印、西三大哲学体系,作为下一步的过渡。第三阶段的著作,就是《中国哲学原论》中的《导论篇》、《原性篇》、《原道篇》、《原教篇》,系统梳理中国哲学独立自主的意义世界,又旁通于世界哲学,"藉此以通畅文化慧命之相续,以显示承先启后的文化生命之大流"④。唐氏最后一部书《生命存在与心灵境界》,是一部总结性的书,开出生命心灵九境,"事实上就是一种判教的工作"。蔡仁厚将唐氏文化学术贡献归约为三点:"第一,真切深微的人生体验";"第二,深厚强烈的文化意识";"第三,周流融贯的会通精神"。⑤ 现将唐氏道德体用论的要义列述如下。

　　其一,道德哲学的核心是道德自我的建立。唐氏通过自身精神生活体验

---

　　① 牟宗三:《文化意识宇宙中的巨人》,载罗义俊编著:《评新儒家》,上海人民出版社1989年版,第520页。

　　② 牟宗三:《文化意识宇宙中的巨人》,载罗义俊编著:《评新儒家》,上海人民出版社1989年版,第523页。

　　③ 蔡仁厚:《唐君毅先生的生平与学术》,载罗义俊编著:《评新儒家》,上海人民出版社1989年版,第497页。

　　④ 蔡仁厚:《唐君毅先生的生平与学术》,载罗义俊编著:《评新儒家》,上海人民出版社1989年版,第500页。

　　⑤ 蔡仁厚:《唐君毅先生的生平与学术》,载罗义俊编著:《评新儒家》,上海人民出版社1989年版,第500页。

的反思,认为人生首先要解决生存的终极目的和意义,它不是欲望的满足,而是建立道德自我,那是真实的自我、自觉的本心,"当下能自觉的心之所自定自主的活动之完成,为人生之目的"①。其根据"即在我之心体","心体既是灵明之智慧,又是无尽之情感"②。孟子的性善说是其道德自我论的历史依据。他说:孟子对人性本善的论证,"一是从自发的(之)情绪外现的(之)端倪上指出性善,一是从人心之所安上指出性善。前者是由四端之因,指出其必有仁义礼智之果以说性善,后者是从人之悦仁义礼智之果,指出必有悦仁义礼智之性为因"③。佛教无常哲学是唐氏道德自我论的又一依据。他认为真实的自我不能向外寻找,因为世界是不真实的苦难的,故说:"现实世界中的一切事物是在时间中流转,是无常、如梦、如幻,是非真实的。一切存在者必须消灭,时间之流水,如在送一切万物向消灭的路上走。一切的花,一切的光,一切的爱,一切人生的是也,一切我们所喜欢之事物,均必化为空无。"④世界不仅是不真的,还是不仁的,它"永远是一自杀其所生的过程"⑤。但唐氏并不悲观厌世,而是借此发现我们自己心之本体。本心对虚幻与不仁有悲苦,从而追求、渴望善美,这是真实的,证明心可以具有超越性,它是恒在的。这就是用孟子与阳明心学化解佛学。唐氏认同王阳明心学,将心之本体视之为道德本体,同时也是"纯粹能觉",它本身没有生灭。王阳明曾说:"圣人之心如明镜,只是一个明,则随感而应,无物不照"⑥。唐氏亦把"纯粹能觉"比喻为镜,可照万物,所照有明有晦,而镜光之照恒常如一。唐氏强调人的认识活动之互摄,而相合于心之本体:"我的认识活动,遍到他人,他人之认识活动,亦遍到我。我与他人在现实世界中,以认识活动互相交摄,而在超越的心之本体处相合。"⑦心与身交感,心与境不离,人的认识总是在我与物交会点上呈现:"我们

---

① 唐君毅:《唐君毅全集》第 4 卷,九州出版社 2016 年版,第 28 页。
② 唐君毅:《人生之体验》,《唐君毅全集》第 3 卷,九州出版社 2016 年版,第 155 页。
③ 唐君毅:《唐君毅全集》第 27 卷,九州出版社 2016 年版,第 197 页。
④ 唐君毅:《唐君毅全集》第 4 卷,九州出版社 2016 年版,第 69 页。
⑤ 唐君毅:《唐君毅全集》第 4 卷,九州出版社 2016 年版,第 70 页。
⑥ (明)王守仁:《传习录全集》,天津人民出版社 2014 年版,第 47 页。
⑦ 唐君毅:《唐君毅全集》第 4 卷,九州出版社 2016 年版,第 79 页。

张目所见之世界,乃由我们通常所谓外物之作用,与身体相接触之交点上,开辟出之世界。这开辟出之世界,不在通常所谓身体或外物中,可姑说在两者相交之交点上。而通常所谓身体与外物,我们实从来不曾见。我们所见的都是此交点上开辟之世界。"①

唐氏说的心体,是道德的心体,是不死的真善乐的心体,同时也是认识的心体,它的认识活动有主客分列、不断演进的过程,最后都指向道德自我的建立。一方面不断用佛教智慧破除欲望而"忘我",另一方面不断扩充道德之善,用阳明知行合一的思想培养道德心理和行为,不陷溺于物欲:"不生占获的意思,不将现实的对象隶属之于我;心常清明地涵盖于身体与物之上,即不生陷溺之念。"②"忘物我之对峙,则我之活动均依理而行,故又名之曰天理流行,依乎天机而动。"③

唐氏从心本体出发,认为人的本质是精神之存在:"从外面看,人是时空中之物质存在;从内面看,人是超时空之精神存在。"④"究竟人是精神还是物质? 是有限还是非有限? 是不自由还是自由? 如果我们只能在此二者选择答案,我们的结论便是,人在根本上是精神、是自由、是无限,而非物质、非不自由。"⑤唐氏对人的道德心充满自信,加以大提升,使之达到孔子"从心所欲不逾矩"的无限自主自由的境界,这就是道德人格的树立。他根据儒家成己成物的精神,强调道德人格的完成要在修己以安人中实现:"故我们最后便归到作一切人格之事,即所以完成我之人格;而从完成我之人格之念出发,即必要求完成他人之人格,从事应有的文化政教之活动,以帮助人完成其人格,以实现理想之人格世界。"⑥这样,唐氏的道德哲学便进入文化关怀的阶段。

其二,道德自我开展为社会文化关切。唐君毅说:"人类一切文化活动,均统属于一道德自我或精神自我、超越自我,而为其分殊之表现。或一特殊的

---

① 唐君毅:《唐君毅全集》第 4 卷,九州出版社 2016 年版,第 83 页。
② 唐君毅:《唐君毅全集》第 4 卷,九州出版社 2016 年版,第 132 页。
③ 唐君毅:《唐君毅全集》第 4 卷,九州出版社 2016 年版,第 132 页。
④ 唐君毅:《唐君毅全集》第 4 卷,九州出版社 2016 年版,第 107 页。
⑤ 唐君毅:《唐君毅全集》第 4 卷,九州出版社 2016 年版,第 107 页。
⑥ 唐君毅:《唐君毅全集》第 4 卷,九州出版社 2016 年版,第 136 页。

文化价值之实现。"①"一切文化活动之所以能存在,皆依于一道德自我,为之支持。一切文化活动,皆不自觉的,或超自觉的,表现一道德价值。道德自我是一,是本,是涵摄一切文化理想的。文化活动是多,是末,是成就文明之现实的。道德之实践,内在于个人人格。文化之表现,则在超越个人之客观社会。然而,一不显为多,本不贯于末,理想不现实化,内在个人者,不显为超越个人者,则道德自我不能成就他自己。"②唐氏赋予"文化"的内涵是:"凡人在自然之上有所创造增加者,皆属于文化。"③因此文化活动就是道德自我的对象化。他按照西方理性主义学科分类,将文化分为:求真的科学与哲学、求美的文学与艺术,及求自我超越的宗教、道德、技术、经济、政治、家庭伦理、体育、军事、法律、教育,共十二类型。道德虽只是其中一种类型,但十二种类型文化皆是道德理性之展现,只是道德活动是自觉的,其他文化活动的道德价值是不自觉的。科学与哲学是寻求宇宙真理,有人认为它是纯粹理性活动而无道德的善恶,唐氏却不以为然,指出:"此活动之心无善恶道德观念是一事,此活动之心本身,是否表现道德价值又是一事"④,求真理之心是对自我私欲的超越,是一道德的心灵。文学与艺术是求美的文化,也表现道德的心灵。他赞成康德、叔本华关于审美是非功利性的观点,但进而又指出,审美者愿与人共享,乃是道德心灵的体现。求真与求美相依相通,皆须忘却主观之心身活动、超越实用的目的,都具有客观普遍性,两者又相互转化和补足,而以道德价值为支撑。但要安顿生命,两者是不够的,故需要有宗教。唐氏认为宗教意识的核心是自然生命的解脱,和对神的崇拜与皈依意识。唐氏用道德本心解说其他诸文化活动,如家庭伦理乃人之仁心仁性之表现,扩而大之就是社会道德;社会经济活动亦是人文活动,"亦即直接间接以人类之自觉或不自觉的道德理性为基础

---

① 唐君毅:《文化意识与道德理性》,《唐君毅全集》卷二十,台湾学生书局1986年版,第5页。

② 唐君毅:《文化意识与道德理性》,《唐君毅全集》卷二十,台湾学生书局1986年版,第5—6页。

③ 唐君毅:《唐君毅全集》第12卷,九州出版社2016年版,第451页。

④ 唐君毅:《文化意识与道德理性》,《唐君毅全集》卷二十,台湾学生书局1986年版,第309页。

而成立"①;国家是道德理性自我的客观化,这是对黑格尔法哲学的继承,同时又强调个人为国家之本,至于政治制度则要以西方法治及民主政治为基础而实现礼治和德治。

唐氏看到了人类文化的堕落:只享受文化成果而不创造,文化分殊离析而不知归统,各自独尊而排斥其他文化。因此,唐氏要用道德理性来振兴人类文化,使文化精神向上向善,使文化活动有分殊有会通。

其三,精神生命的圆融完成:心灵九境。唐君毅构建道德形上学体系,完成于他的学术生涯第三阶段"心灵九境"的阐述,这是唐氏道德哲学最具特色、最有价值的新思想、新学说。这一学说之构成,是唐氏运用了中国儒学、印度佛教和德国古典哲学三种资源而综合出新的结果。其学说集中于《生命存在与心灵境界》一书中。此书说:"人之观其生命存在与心灵及其所对之世界或境界,初必视其所对之世界或境界,为一客观存在之世界;次乃视此客观存在之世界,属于一主观之心灵;再次乃谓有一超主观心灵与世界,统一此主客之上,或更超于主客之分别之外,以通贯次此主与客、心灵与其世界。此即吾人之论生命存在与心灵之境界,所以开为次第九重,而说其中之初三为客观境,次三为主观境,后三为超主客境之故也。"②

这九境如何开出?"此九境者,只是吾人之心灵生命与其所对境有感通之一事之原可分为三,而此中之三,皆可存于此三中之一,所开出。故约而论之,则此九可约为三,三可约为'吾人之心灵生命与境有感通'之一事而已。"③可知,心灵与境的感通是关键,但感通的程度和范围有不同,故呈现为三层九境。先为客观境:其中第一境为万物散殊境,其生命活动与知识皆是个体性的;第二境为依类成化境,乃是心灵与群体感通而成;第三境为功能序运境,"指一事物或存有之功能,其次序运行表现于其他事物或存有所成之境"④。中为主观境,心灵返回观照自身的自觉之境,亦有三:第一境为感觉

---

① 唐君毅:《唐君毅全集》第12卷,九州出版社2016年版,第73页。
② 唐君毅:《生命存在与心灵境界》(下),九州出版社2016年版,第197页。
③ 唐君毅:《唐君毅全集》,九州出版社2016年版,第204页。
④ 唐君毅:《生命存在与心灵境界》(下),九州出版社2016年版,第166页。

互摄境,于其中观心身关系与时空界;第二境为观照凌虚境,于其中观照意义世界;第三境为道德实践境,于其中观照道德行为,完成人的道德人格与道德生活。最高为超主客观之绝对形上境,其中第一境为归向一神境,于其中观神界,主要是西方一神教信仰;第二境为我法二空境,于其中观法界,主要是佛教之法相性空;第三境为天德流行境,又称尽性立命境,于其中观性命界,主要是儒家穷理尽性以至于命,通主客、天人、物我,可谓至极的道德实践境。

唐氏的心灵九境说,其客观境到主观境再到超主客观绝对形上境,所用方法与思路,是采取了黑格尔哲学的绝对精神辩证运动法则;其道德理性的高扬与天人一体的至极道德境界,是对中国新儒家哲学的深层认同;其对世俗成见的破除和对中西印哲学的辩证综合、圆融无碍,又甚得益于佛教的超越智慧。它与传统儒学又有不同,不仅运用了西方哲学逻辑分析与推演方式建立形上学哲学体系,而且还在强调心体的道德自我的同时,强调理性认知的重要,把心体看作道德主体与认识主体的结合。他的心灵九境说,在注重启示、体悟的中国哲学看来,是有些烦琐难耐了;不过其说揭示了人的心灵世界的广大丰富和由于自觉程度不同而形成的多层次性,鼓励人们不断提升自我和社会的精神生命,以造就一个圆满幸福的世界,因此它仍然是富于启示性的。

其四,民族文化复兴的使命和担当。唐君毅一生办新亚书院,创新儒家道德哲学体系,其动力来于要在西方文化猛烈冲击下延续中华文化生命,使之不至于断裂,并试图找到中国文化在借鉴西方文化中再生之路。通过精心研究,他对中国哲学与文化的永恒价值有了深切了解,对于它走回中国并走向世界充满自信。台湾黄振华先生在《唐君毅先生与现代中国》中说:"他认为中国之人文精神,与西方科学思想可有冲突之处。化除此冲突之道,在于了解科学理智之发展,植基于人类之'仁'心;是以中国之人文精神不仅不妨碍科学之发展,反可借科学之发展以促进人文精神之扩大表现。至于中国人文精神与西方民主政治思想之冲突问题,唐先生认为如果我们能确认建立民主制度,系人类道德心灵自己求客观化之表现,则这种冲突便可消解了。再次关于中国文化与外来宗教之冲突问题,唐先生认为中国人文思想本身即包含有宗教精神,例如中国自昔儒者之教中所重之三祭(按:祭天地、祭宗庙、祭社稷),即为中国人之宗教信仰。是以中国文化不排斥宗教思想,只是不必拘泥于何种宗教形式而已。"①

唐氏撰著《哲学概论》之初心,在书序中有表达:"今日欲为中国人写一较理想之哲学概论,亦实不易。此乃因中国固有之哲学传统,既以西方思想之冲击而被斩断,西方之哲学亦未在中国生根,而国人之为哲学者,欲直接上西方哲学之传统,亦复不易。必有哲学,而后有概论,有专门之学,而后有导初学以入于专门之学之书。在今日之中国,哲学之旧慧命既斩,新慧命未立,几无哲学之可言,更何有于哲学概论?"②因此他要勇于担当,出来为中国固有哲学重新作疏释工作,展示其含义和价值,从而有《中国哲学原论》这部巨著问世。唐氏最后的作品《生命存在与心灵境界》一书,是为了回答西方哲学形上学和知识论向中国哲学提出的各种问题。西方哲学重思辨理论系统,而不重道德体悟与实践。唐氏的著作要说明哲学的最高境界乃是实践的道德境界,思辨哲学虽有助益,而最高境界的到达则须自悟、自觉、自行,故中国文化传统能独辟独显文化意识宇宙。而唐氏便是这一文化意识宇宙的继承与弘扬者,是一文化巨人,他在维护和开发民族文化与哲学的事业上为后学作出了榜样。

(八)开创新儒家道德形上学的思想巨人:牟宗三

牟宗三(1909—1995年),山东栖霞人。青年时代求学并毕业于北京大学哲学系,接受张申府、金岳霖的逻辑学讲论,尤其得到熊十力的人格感召和文化生命的启示,从而进入生命哲学的追寻,遂成为一生的事业。

熊与牟之间,师生相得、情谊深厚。牟氏在后来所写《生命的学问》中赞颂熊十力:"儒学之复兴,中国文化生命之昭苏,至先生始奠其基,造其模,使后来者可以接得上,继之而前进。彼之生命,直是一全幅理想与光辉之生命。"③牟氏在《五十自述》中说,在北京大学他遇到熊先生,"始见了一个真

---

① 罗义俊编著:《评新儒家》,上海人民出版社1989年版,第512页。
② 罗义俊编著:《评新儒家》,上海人民出版社1989年版,第512页。
③ 牟宗三:《中国哲学的特质》,上海古籍出版社2007年版,第147页。

人,始臭到了学问与生命的意味"①,"我由世俗的外在涉猎追逐而得到解放,是由于熊先生的教训。这里开启了一种慧命。这慧命就是耶稣所说的'我就是生命'之生命,'我就是道路'之道路。"②而熊十力亦十分器重牟宗三,抗战期间,熊氏在重庆写信给汤用彤说:"宗三出自北大,北大自有哲系以来,唯此一人为可造"③,可知二人相知之深。

　　大学期间,牟氏研读《周易》并集有成果。抗战初,受罗素、怀特海影响而著《逻辑典范》,建立"超越的逻辑我"。后应熊十力之召,至勉仁书院住读。又任教于华西大学和中央大学。抗战胜利后,任教于金陵大学和浙江大学。1950年任教于台湾师范学院国文系,又转东海大学中文系。1958年与唐君毅、张君劢、徐复观等人发表《为中国文化敬告世界人士宣言》。60年代初赴香港大学讲学八年,转任香港中文大学新亚书院哲学系主任,1974年退休。1976年起,讲学于台湾大学哲学研究所,兼东海大学中国文化荣誉讲座。多次出席国际中国哲学会议,形成很大的影响力。主要著作有:《历史哲学》、《道德的理想主义》、《政道与治道》、《五十自述》、《才性与玄理》、《心体与性体》、《生命的学问》、《智的直觉与中国哲学》、《佛性与般若》、《从陆象山到刘蕺山》、《现象与物自身》、《中国哲学十九讲》等。翻译康德《纯粹理性之批判》、《实践理性之批判》、《判断力之批判》三大巨著,成为中国最熟知康德又能超越康德的大学者。

　　牟宗三有超强的理论思辨维力,他应用经过选择和批判过的西方哲学理论和方法建立起中国特色道德形上学哲学体系,使之理念表述明确和逻辑结构系统,学思精严,规模宏伟,成为当代最具国际影响力之中国大哲。他与唐君毅拥有众多颇有建树的弟子,如杜维明、刘述先、蔡仁厚、唐亦男、苏新鋈、周群振、戴琏璋、杨祖汉、王邦雄、林安梧、李明辉、曾昭旭、唐端正、王财贵、霍韬晦、李瑞全、刘国强、周博裕等,形成一大新兴学派,牟宗三的新哲学由此传播于两岸四地又走向了世界。

----

① 白欲晓编:《牟宗三哲学与文化论集》,南京大学出版社2010年版,第65页。
② 白欲晓编:《牟宗三哲学与文化论集》,南京大学出版社2010年版,第58页。
③ 白欲晓编:《牟宗三哲学与文化论集》,南京大学出版社2010年版,第58页。

其一,道德形上学的建立。康德是西方哲学家中最有道德宗教意识的学者,康德认为上帝不属于认识范围,是无法论证的,但上帝是至善的代表,为道德所必需。康德透过概念分析,从道德的普遍性和必然性,分析出自由意志是道德存在的先天条件。牟宗三说:康德"透由道德法则的普遍性与必然性逼至意志的自律,由意志的自律逼至意志自由的假定"①,这是概念分析的结果。而在中国哲学,道德实体便是良知。牟氏说:"良知不但是道德实践的根据,而且亦是一切存在之存有论的根据,由此,良知亦有其形上学的实体之意义"②,"道德实践中良知感应所及之物与存有论的存在之物,两者之间并无距离"③,"良知明觉是吾实践德行之根据,就物言,良知明觉即天地万物之存有论的根据,故主观地说,是由仁心感通为一体,而客观地说,则此一体之仁心顿时即是天地万物生化之源"④。在这里牟氏超越了康德,认为人有"智的直觉"可以直接把握到良心本体,所以良心是真实的存在,不是逻辑上的假定。牟氏认为,康德所谓道德无上命令曰自由意志者,"在中国的儒者则名曰本心、仁体或良知即吾人之性"⑤,"本心仁体既绝对而无限,则由本心之明觉所发的直觉自必是知的直觉"⑥。在道德实践上,孟子所谓"孺子将入于井,人皆有怵惕恻隐之心"便是良知本体的当下呈现。牟氏认为,道德形上学是儒家一直探究的理论系统,故说:"儒家自孔子讲仁起(践仁以知天),通过孟子讲本心即性(尽心知性知天),即隐含着向此圆教下的道德形上学走之趋势。至乎通过《中庸》之天命之性以及至诚尽性,而至《易传》之穷神知化,则此圆教下的道德形上学在先秦儒家已有初步之完成。宋明儒继起——则是充分地完成之。象山、阳明是单由孔子之仁与孟子之本心而直接完成之者。北宋濂溪、横渠、明道下开胡五峰以及明末之刘蕺山则是兼顾《论》、《孟》、《中庸》、《易

---

① 牟宗三:《心体与性体》(上),吉林出版集团有限责任公司 2013 年版,第 117 页。
② 牟宗三:《从陆象山到刘蕺山》,台湾学生书局 1984 年版,第 223 页。
③ 牟宗三:《从陆象山到刘蕺山》,台湾学生书局 1984 年版,第 223 页。
④ 牟宗三:《从陆象山到刘蕺山》,台湾学生书局 1984 年版,第 241 页。
⑤ 牟宗三:《智的直觉与中国哲学》,中国社会科学出版社 2008 年版,第 190 页。
⑥ 牟宗三:《智的直觉与中国哲学》,中国社会科学出版社 2008 年版,第 193 页。

传》,有一回旋而完成之者。伊川、朱子则歧出而未能及。"①牟宗三将陆王心学与康德哲学加以会通而建立道德形上学,以心学为正宗,故对程朱理学多有批评,称其"别子为宗"。

其二,"良知自我坎陷"与"三统并建"。牟宗三认为中国文化的得失在"有道统而无学统","有治道而无学道",因而民主不建、科学不能独立,究其原因在于只有"综合的尽理之精神",而缺少"分解的尽理之精神",而后者正是西方文化之优长。为了实现中国文化的现代化,要由"理性之运用表现"转出"理性之架构表现",由"理性之内容表现"转出"理性之外延表现",也就是道德理性经过自我坎陷开出现代民主与科学。"坎陷"来自《周易》,《说卦》言:"坎,陷也",坎为水,积存于低洼处,故坎为陷,牟氏用之以表述陷落、转出、自我否定与曲通之义。他在《理性的运用表现和架构表现》中正式使用坎陷词语,认为从道德理性的运用表现中直接推不出民主与科学,只有经过自我否定才能成就民主与科学。他在《政道与治道》中说:"德性,在其直接的道德意义中,在其作用表现中,虽不含有架构表现中的科学与民主,但道德理性,依其本性而言之,却不能不要求代表知识的科学与表现正义公道的民主政治。而内在于科学与民主而言,成就这两者的'理性之架构表现'其本性却又与德性之道德意义与作用表现相违反,即观解理性与实践理性相违反。即在此违反上遂显出一个'逆'的意义。它要求一个与其本性相违反的东西。这显然是一种矛盾。它所要求的东西必须由其自己之否定而为逆其自性之反对物(即成为观解理性)始成立。"②牟氏认为,中国道德理性的"智的直觉"即"知体明觉"之感应是物我合一的,不能使物对象化而认识之,以达于科学知识,因此需要自我坎陷,故在《现象与物自身》中说:"知体明觉不能永停在明觉之感应中,它必须自觉地自我否定(亦曰自我坎陷),转而为知性;此知性与物为对,使能使物成为'对象',从而究知其曲折之相。它必须经由这一步自我坎陷,它始能充分实现其自己,此即所谓辩证地开显。它经由自我坎陷转为知

---

① 牟宗三:《从陆象山到刘蕺山》,台湾学生书局1984年版,第224页。
② 牟宗三:《政道与治道》,台湾学生书局1991年版,第57页。

性,它始能解决那属于人的一切特殊问题,而其道德的心愿亦始能畅达无阻。否则险阻不能克服,其道德心愿即枯萎而退缩。"①牟氏的"良知自我坎陷"或"知体明觉的自我坎陷",是为了确立知性主体,而开出"新外王":民主与科学。"坎陷"说看起来是道德主体的自我否定,故引起颇多争议,而实际上牟氏的用意是通过辩证的否定,使道德主体超越传统的"摄智归仁"的局限性,而使知性得到独立充分的发展,从而使道德理性更好地推动中国现代化事业。但是,民主与科学得到发展之后,如何与"坎陷"之后的道德良知相衔接,如何不会脱离道德良知的价值方向,尚未得到有效论证,未能确立"仁且智"在现代化事业中践行的路线。

牟氏颇用心于儒学在自我否定中借助于西学开出新外王的事业,而这正是经历了孔、孟、荀铸造时期、宋明儒之彰显绝对主体性时期之后,儒学第三期发展的任务,其完成"端赖西方文化之特质之足以补吾人之短者之吸纳与融摄",于是提出三统并建:"道统之肯定,此即肯定道德宗教之价值,护住孔孟开辟之人生宇宙之本源。学统之开出,此即转出'知性主体'以融纳希腊传统,开出学术之独立性。政统之继续,此即由认识政体之发展而肯定民主政治为必然。"②在牟氏心中,道统是中华民族核心价值,学统是中华民族科学发展之独立道路,政统是国家政体与社会管理走向民主与法治。这是一个宏伟的建国蓝图,它既有鲜明的中国特色,又具有现代世界的眼光。

其三,生命的学问与儒、道、佛三教的互动会通。牟宗三认为中国文化"乃是以儒家作主流所决定的那个文化生命的方向以及文化生命的形态"③,从源头上说,中国文化不同于希腊文化,"它首先把握'生命',而希腊文化则首先把握'自然'"④,而中国文化要把握的生命不是生物学意义上的,"乃是一个道德政治的把握"⑤,如《尚书·大禹谟》所说"正德利用厚生",它开出了

---

① 牟宗三:《现象与物自身》,吉林出版集团有限责任公司2010年版,第122页。
② 《牟宗三先生的哲学与著作》,台湾学生书局1978年版,第45页。
③ 白欲晓编:《牟宗三哲学与文化论集》,南京大学出版社2010年版,第373页。
④ 牟宗三:《历史哲学》,吉林出版集团有限责任公司2010年版,第159页。
⑤ 牟宗三:《中国哲学的特质》,上海古籍出版社2007年版,第149页。

一个心灵世界和价值世界，故"中国的文化系统是一个仁的文化系统"，"是仁智合一而以仁为笼罩者的系统"①。西方文化讲生命有两条进路：一是文学之路，一是生物学之路，它的哲学是以知识为中心的。牟氏专写《生命的学问》一书，指出："真正生命的学问在中国"②，"中国文化的核心是生命的学问。由真实生命之觉醒，向外开出建立事业与追求知识之理想，向内渗透此等理想之真实本源，以使理想直成其为理想，此生命的学问之全体大用"③。"生命的学问，可以从两方面讲：一是个人主观方面的，一是客观的集团方面的。前者是个人修养之事，个人精神生活升进之事，如一切宗教之所讲。后者是一切人文世界的事，如国家、政治、法律、经济等方面的事，生命之客观方面的事。如照儒家'明明德'的学问讲，这两方面是沟通而为一的。"④这也就是孔子所说"修己以安人"，《庄子·天下》所说"内圣外王之道"。牟宗三认为，明亡之后，中国的生命学问中断了，民族文化生命萎枯了，当代学者的使命要重新理顺民族的文化生命，否则各种社会改革便容易流于躁动和褊狭。他在 1988 年为《五十自述》所写的"序"中指出："学术生命之畅通象征文化生命之顺适，文化生命之顺适象征民族生命之健旺。民族生命之健旺象征民族磨难之化解。"因此他致力于承继和发扬中国文化生命的传统，唤醒中华民族文化生命意识，将其视之为民族复兴之大业。

　　牟氏认为儒、释、道三教都是生命的学问，儒学在历史上有起有伏，它与佛道二家有开有合，在互动中推进着中国哲学的发展。他的著作《心体与性体》、《佛性与般若》、《才性与玄理》分别对儒、佛、道三教哲学作了系统论述。他在《中国哲学的未来》（《中国哲学的特质》第十一讲）中，从生命的学问之视野，简要地回溯了三教哲学的历史，由史出论，展开其生命哲学内涵。文章开篇即点明："中国哲学的中心是所谓儒、释、道三教。其中儒道是土生的思想主流，佛教是来自印度。而三教都是'生命的学问'，不是科学技术，而是道

---

① 牟宗三：《中国哲学的特质》，上海古籍出版社 2007 年版，第 149 页。
② 牟宗三：《生命的学问》，台北三民书局 1984 年版，第 35 页。
③ 牟宗三：《生命的学问》，台北三民书局 1984 年版，第 37 页。
④ 牟宗三：《生命的学问》，台北三民书局 1970 年版，第 37 页。

德宗教,重点落在人生的方向问题。"①"中国人'生命的学问'的中心就是心和性,因此可以称为心性之学。"②牟氏接着指出:"中国人在先秦始创了儒道两家的心性之学。两汉之后,心性之学发展得精彩层出。不但先后在魏晋和宋明两时代分别地把先秦的道家和儒家大大地发展推进,而且在魏晋与宋明之间的南北朝隋唐时代复摄受并且发展了从印度传入的佛教。三教一直在此起彼伏的状态中,或在沉静玄默地酝酿着,或在有声有色地显扬着。整个来说,是毫无间断的,可以说是一个大酝酿,也可以说是一个大显扬。显扬是就当代说,酝酿是就未来说。从大酝酿可以说中国哲学是晚成的大器。大器所以晚成,就是由于长期的积蓄与考验。中国哲学的积蓄是极丰富的,中国哲学所受的考验是极为频繁的。然而,中国哲学长期的大酝酿使人不能不承认它具有一大本事——经得起任何的挫折和苦难。"③中国的民族性既有坚韧,又有消纳外来文化的高度融摄能力。他把中国两千年历史比喻成长江,弯弯曲曲,"一出三峡,便直通大海了"④。

牟氏回顾了汉代以后新道家的兴盛:"魏晋名士的清谈,把道家思想发展至极高的境界。"⑤是道家玄理的"黄金时代","道家思想是生命的大智慧。"王弼在玄学上的造诣,"在中西哲学史上都极难找到敌手。"⑥"向秀、郭象的注解《庄子》,亦独铸机轴,大畅玄风。"⑦而在南北朝隋唐的佛学玄理上,有僧肇《肇论》"谈佛理极为莹澈高圆"⑧,竹道生"有孟子的灵魂"⑨,"首先大胆提出了一切众生皆有佛性,皆可顿悟成佛"⑩,"大开中国佛学圆顿之教之门"⑪。

① 牟宗三:《中国哲学的特质》,上海古籍出版社 2007 年版,第 75 页。
② 牟宗三:《中国哲学的特质》,上海古籍出版社 2007 年版,第 75 页。
③ 牟宗三:《中国哲学的特质》,上海古籍出版社 2007 年版,第 77 页。
④ 牟宗三:《中国哲学的特质》,上海古籍出版社 2007 年版,第 78 页。
⑤ 牟宗三:《中国哲学的特质》,上海古籍出版社 2007 年版,第 78 页。
⑥ 牟宗三:《中国哲学的特质》,上海古籍出版社 2007 年版,第 78 页。
⑦ 牟宗三:《中国哲学的特质》,上海古籍出版社 2007 年版,第 78 页。
⑧ 牟宗三:《中国哲学的特质》,上海古籍出版社 2007 年版,第 78 页。
⑨ 牟宗三:《中国哲学的特质》,上海古籍出版社 2007 年版,第 78 页。
⑩ 牟宗三:《中国哲学的特质》,上海古籍出版社 2007 年版,第 79 页。
⑪ 牟宗三:《中国哲学的特质》,上海古籍出版社 2007 年版,第 79 页。

"至隋唐，中国人自创了三个极具代表性的宗派——天台、华严、禅。"①天台宗智者大师"在谈心性的智慧方面，在融会消化佛教方面，其学思的地位真是上上的高才大智"②。"西方古代的柏拉图、亚里士多德，中古的圣奥古斯丁、圣多玛，与及近世的康德、黑格尔之流，在其学术传统中，都未必有他这样的地位与造诣。"③"华严宗的贤首，地位正如天台宗的智顗。"④"至禅宗，中国佛学发展到最高峰。禅宗的六祖慧能，更是辉煌奇特的人物。重要的，是他特别着重本心真切的顿悟。轻视本心以外的文字、偶像与仪式，其直指本心的独到之处，甚似孟子。因此我们可以说：孟子的灵魂，在中国佛学人物中，先后得到两次的复苏或再现。第一次是在竺道生，第二次就在禅宗的六祖慧能。"⑤"理学大家如周、张、程、朱、陆、王等都是第一流的哲学家，与西方的大哲学家相比是毫无逊色的。而且，他们的成就，是超越哲学家的"⑥，"理学家都具圣贤型的人格，他们除了智慧高之外，还有极为强烈的道德意识"⑦。牟氏认为，自魏晋至明末，"三教此起彼伏的发展使二千多年的文化生命绵延不断"⑧。只可惜清代三百年的考据学，使"民族的慧命窒息了，文化的生命随之衰歇了，二千多年的学统亦亡了"⑨。牟氏进而认为："中国第一次面对西方，是在南北朝隋唐时代，面对的是印度佛教文化（对中国说，印度亦可说属于西方）。而现在第二次面对的是西方的科学、民主与基督教的文化。科学与民主，尤其是民主，是近代化的国家之所以为近代化者。我们须本着理性、自由、人格尊严的文化生命来实现它。"⑩牟氏指出中国哲学未来的方向："（一）根据传统儒、释、道三教的文化生命与耶教相摩荡，重新复活'生命的学问'。（二）吸收西

---

① 牟宗三：《中国哲学的特质》，上海古籍出版社 2007 年版，第 79 页。
② 牟宗三：《中国哲学的特质》，上海古籍出版社 2007 年版，第 79 页。
③ 牟宗三：《中国哲学的特质》，上海古籍出版社 2007 年版，第 79 页。
④ 牟宗三：《中国哲学的特质》，上海古籍出版社 2007 年版，第 79 页。
⑤ 牟宗三：《中国哲学的特质》，上海古籍出版社 2007 年版，第 79 页。
⑥ 牟宗三：《中国哲学的特质》，上海古籍出版社 2007 年版，第 80 页。
⑦ 牟宗三：《中国哲学的特质》，上海古籍出版社 2007 年版，第 81 页。
⑧ 牟宗三：《中国哲学的特质》，上海古籍出版社 2007 年版，第 81 页。
⑨ 牟宗三：《中国哲学的特质》，上海古籍出版社 2007 年版，第 81 页。
⑩ 牟宗三：《中国哲学的特质》，上海古籍出版社 2007 年版，第 81—82 页。

方的科学、哲学与民主政治,展开智性的领域。就哲学说,西方哲学中柏拉图、亚里士多德一骨干,莱布尼茨、罗素一骨干,康德、黑格尔一骨干,永远有其哲学真理上的价值。"①但牟氏又说:"可是,科学与民主在任何时任何地都不可能代替道德宗教。中国传统的三教始终可以再得显扬,而且很可能由于耶教的刺激摩荡而得崭新的发展。三教是几千年来中国人智慧积累而得的大本原、大传统,它们具有内在的'沛然莫之能御'的潜力,将来仍会是中国人思想的主流。"②牟宗三始终对以儒为主的三教的生命哲学抱有深深的敬意和十足的自信,视儒、佛、道三教会通为中国生命哲学发展的内在动力,同时力主融摄西方主流哲学、宗教、科学与民主,从而走出一条中国特色的现代文化之路。

其四,儒家的"立教"地位与"文制"功能。牟宗三在《中国哲学十九讲》中讲到中国哲学之重点、儒家系统之性格与诸子百家比较时,强调了孔子儒学的特殊重要性。指出,春秋时"周文疲弊",孔子"使周文生命化"③。"孔子提出仁字","仁这个观念提出来,就使礼乐真实化,使它有生命,有客观的有效性"。④"开辟价值之源,挺立道德主体,莫过于儒。"⑤"儒家是个大教,它决定一个基本方向"⑥,"儒家在中国文化中所担当的是'立教'的问题,所以转而向教化方面发展,这就开出了儒家在中国文化中的地位。道家的层次与接触的问题与儒家相平行"⑦,"而道家则教的意味不重。儒家在中国文化中的地位相当于基督教在西方文化中的地位"⑧,而"法家的态度很实用(很实际的),他完全是从政治上着眼,从事功上着眼"⑨。牟氏在广义上用"立教",表示儒家的地位是确立中华民族精神方向,使中华文化生命化,走上"以人为本"的道路,这是其他各家不能比拟的,然而各家皆有辅助儒家的特殊作用。

---

① 牟宗三:《中国哲学的特质》,上海古籍出版社 2007 年版,第 83 页。
② 牟宗三:《中国哲学的特质》,上海古籍出版社 2007 年版,第 83 页。
③ 牟宗三:《中国哲学十九讲》,上海古籍出版社 2007 年版,第 58 页。
④ 牟宗三:《中国哲学十九讲》,上海古籍出版社 2007 年版,第 59 页。
⑤ 牟宗三:《中国哲学十九讲》,上海古籍出版社 2007 年版,第 59—60 页。
⑥ 牟宗三:《中国哲学十九讲》,上海古籍出版社 2007 年版,第 67 页。
⑦ 牟宗三:《中国哲学十九讲》,上海古籍出版社 2007 年版,第 148 页。
⑧ 牟宗三:《中国哲学十九讲》,上海古籍出版社 2007 年版,第 148 页。
⑨ 牟宗三:《中国哲学十九讲》,上海古籍出版社 2007 年版,第 62 页。

牟氏为纪念孔子诞辰,写过一篇《祀孔与读经》,提出一个重要问题:"儒家学术是否含有文制的意义,是否可以成为文制? 一个民族,一个社会,总之在人民的现实生活上,文制是否必要?"①"文制"即文教制度,在牟氏看来,这既不是政治性的,也不是个人性的,而是社会性的,关乎人民精神生活的方向和方式。他对"经学"与"子学"作了区分,认为"'子'(诸子百家)是个人的思想理论,不含有文制的意义,不能成为一个文制。而'经'则含有文制的意义,则可以成为一个文制。"②汉武尊崇儒术,维护五伦之教,不能单看作利用,"这是上上下下的一套的生活方式,所必共由之道"③。历代皆是如此。而清末废科举兴学校,民国废除读经,把经学降为子学,美其名曰:学术自由、思想自由。牟氏则认为:"如果站在民族国家的立场,认识到立国之本,出之以'谋国以忠'的态度,则学人研究虽可自由,而普遍读经不必废除。"④"可是当时领导社会的思想家、教育家,却只是拿'个人的思想理论'的观点来看一切学术,以诸子百家的态度来看儒家及孔子,遂轻轻把含有文制意义的儒学,维持华族生命已经数千年的忠信观念,一笔勾销了。"⑤"儒学不能看成是个人的思想理论,孔孟不能看成是诸子百家之一。原夫孔子立教的文制根据就是周文。而周文的核心则在亲亲之杀,尊尊之等。由亲亲尊尊演变为五伦。亲亲尊尊与五伦都是文制的。"⑥孔子删《诗书》,《定礼乐》,《赞周易》,作《春秋》,经过孟子道性善,"顺仁义而直指本心,直向上透,遂开儒学高远理境之门"⑦。学术

① 美国孔子大学筹备会编:《世界尊孔运动纪要》第1集,美国孔子文教基金会出版社1984年版,第40页。
② 美国孔子大学筹备会编:《世界尊孔运动纪要》第1集,美国孔子文教基金会出版社1984年版,第40页。
③ 美国孔子大学筹备会编:《世界尊孔运动纪要》第1集,美国孔子文教基金会出版社1984年版,第40页。
④ 美国孔子大学筹备会编:《世界尊孔运动纪要》第1集,美国孔子文教基金会出版社1984年版,第41页。
⑤ 美国孔子大学筹备会编:《世界尊孔运动纪要》第1集,美国孔子文教基金会出版社1984年版,第41页。
⑥ 美国孔子大学筹备会编:《世界尊孔运动纪要》第1集,美国孔子文教基金会出版社1984年版,第41页。
⑦ 美国孔子大学筹备会编:《世界尊孔运动纪要》第1集,美国孔子文教基金会出版社1984年版,第41页。

上不必人人都懂、都赞成,但"孔子万世师表",是应该普遍被认知的。牟氏说:"耶稣教不能移植到中国的民族性里而成为日常生活中的一个文制,我们还得根据我们的文化传统及圣人来建立文制,作为我们日常生活的方式。文制有普遍性与一般性,这是从社会上一般人民日常生活来作想。"①"没有一个客观的文制为道揆法守,社会上的善恶的是非的判断,未有不混乱的。而一般人的生活,尤其是知识分子,亦必是十分痛苦的。"②提倡读经,"提倡者就得从文制上着眼"③。显然,牟氏关于建立文制的问题,就是在传统优秀道德基础上重建当代中国社会的基本道德规范问题,它必须靠尊孔和读经来实现。

牟宗三的得意门生、台湾东海大学蔡仁厚撰悼师诗云:"吾爱吾师,吾尤爱真理,循序为礼,实心为仁,制宜为义;吾爱真理,吾尤爱吾师,生命有真,学问有本,人道有归。"④其祭文云:"呜呼先生,天地奇英;性情高傲,学思精深。学理般若,彻法源底;心体性体,贞定乾坤。三大批判,哲学之奥;全盘译述,世界一人。会通中西,大开大合;显扬真理,一心二门。先生讲学,声光四溢;著书述作,莫可与宾。神州大地,儒学来复;风会之运,气象一新。敬维先生,高龄谢世;泰山岩岩,典型长存。仰望山斗,直方大兮;神灵下降,来格来歆。"⑤蔡仁厚的悼诗与祭文,展现了学生心目中敬仰的牟宗三的人格与学问。

(九)仁智互摄的勇者型新儒家:徐复观

徐复观(1903—1982 年),原名秉常,字佛观,后由熊十力更名为复观,湖北浠水人。青年时毕业于武昌第一师范学校,不久,又在三千多考生中以第一名成绩被黄侃录取到武昌国学馆学习国学。1925 年以后,接受三民主义和社会主义新思想,弃文从军,并留学日本,学习经济与军事。"九一八"事变后,

---

① 美国孔子大学筹备会编:《世界尊孔运动纪要》第 1 集,美国孔子文教基金会出版社 1984 年版,第 42 页。

② 美国孔子大学筹备会编:《世界尊孔运动纪要》第 1 集,美国孔子文教基金会出版社 1984 年版,第 43 页。

③ 美国孔子大学筹备会编:《世界尊孔运动纪要》第 1 集,美国孔子文教基金会出版社 1984 年版,第 43 页。

④ 蔡仁厚等主编:《蔡仁厚教授七十寿庆集》,台湾学生书局 1999 年版,第 213 页。

⑤ 蔡仁厚等主编:《蔡仁厚教授七十寿庆集》,台湾学生书局 1999 年版,第 214 页。

回国参加抗日。抗战期间在国民党军队历任要职,一度任高级参谋、蒋介石随从秘书,多次向蒋提出改革军政的建议。1943年徐氏去四川北碚金刚碑勉仁书院见熊十力,拜熊为师,熊让徐读王船山《读通鉴论》。再见时,徐说了许多批评王书的意见,惹得熊十力一番怒斥:"你这个东西,怎么读得进书!任何书的内容,都是有好的地方,也有坏的地方,你为什么不先看出他的好的地方,却专门去挑坏的;这样读书,就是读了百部千部,你会受到书的什么益处?"①徐氏认为这对他"是起死回生的一骂"。1948年以后,徐氏弃官从学,走上新儒学的道路,深悟熊十力"亡国族者常先亡其文化"和"欲救中国,必须先救学术"的卓识,转而致力于中华传统思想的传承弘扬。在香港创办《民主评论》,对国民党颇多批评。50岁起,先在台中省立农学院教国文,后在东海大学任中文系教授兼系主任,从教14年。1958年与牟宗三、张君劢等人联名发表《为中国文化敬告世界人士宣言》。1969年离职东海大学,次年任香港新亚研究所教授,兼中文大学中国文化研究所研究员。1980年赴台治病,1982年去世。主要著作有:《中国人性论史·先秦篇》、《中国艺术精神》、《两汉思想史》、《徐复观杂文集》、《学术与政治之间》、《儒家政治思想与民主自由人权》。

徐复观与唐君毅、牟宗三同为熊十力三大弟子,同是熊之后港台新儒家代表性学者,但经历、学问、气质与风格各有特色。徐氏有评论,称唐君毅为"仁者型"的学者,称牟宗三为"智者型"的学者,自称为"勇者型"学者。此外,他有丰富从事军政的经验,游走在学术与政治之间;又不喜谈形而上之道,不构建庞大哲学体系,谈论中国文化不离开具体的现实世界;他的研究重心在思想史,由史出论。这几点均与唐、牟有所不同。徐复观虽不构造哲学理论,但他的专论却能以精辟的分析、理性的比较、卓越的见识和诚爽的气质,给予当时社会和后世以心灵的激荡,产生巨大影响。其成就简述如下。

其一,中华文化自觉的传承者和士君子历史使命的勇敢担当者。徐氏是"全盘西化论"的坚决反对者,认为中国的"西学者率浅薄无根",转而"诬典诬

---

① 徐复观:《徐复观集》,群言出版社1993年版,第51页。

祖",以鼓动舆论、博取名声。1961年11月,胡适在亚东地区科学会议上说东方文化很少或没有灵性。徐氏即撰文痛斥胡适"用诬蔑中国文化、东方文化的方法以掩饰自己的无知"①,"向西方人卖俏",并毫不留情地说:"胡博士之担任中央研究院院长,是中国人的耻辱,是东方人的耻辱",于是引起一场论战。他曾说过,如果中国文化遭遇灭亡,他决"不当基督徒","只是要为中国文化当披麻戴孝的最后的孝子"。②事实上,徐氏对中国文化的生命力和前途抱有坚定信心,并且认为它是民族复兴的根本。他在《理与势——自由中国的信念》一文中说:"我们的民族终不会灭亡,文化终不会断绝,人性终不会泯灭,此乃理之昭如日月,确凿不移的。自由中国纵使只有一人,此一人犹揭日月而挟江河,以为此理在天地间作证,岂因势之偶有曲折而会影响我们的信念?"③同时徐氏又绝不是一位盲目的文化保守主义者,他清醒地认识到,中国思想和哲学中有常有变、有长有短,需要加以转化和创新。他在《儒家政治思想的构造及其转进》中说:我们对待中国文化的态度,"不应该再是五四时代的武断的打倒,或是颟顸的拥护。而是要从具体的历史条件后面,以发现贯穿于历史之流的普遍而永恒的常道,并看出这种常道在过去历史的条件中所受到的限制。因其受限制,于是或者显现的程度不够,或者显现的形式有偏差"④,因此要加以检别和提高。同时,处在中西交会的新时代,中华思想文化要用西学加以砥砺才能焕发出新的生命,但不能被西学所捆绑而失掉自我。他在《中国思想史论集自序之三——我的若干断想》中说:"我常常想,自己的头脑好比是一把刀;西方哲人的著作好比是一块砥石,我们是要拿在西方的砥石上磨快了的刀来分解我们思想史材料,顺着材料中的条理来构成系统,但并不要搭上西方某种哲学的架子来安排我们的材料。我们与西方的比较研究,是两种不同的剧场、两种不同的演出相互间的比较研究,而不是我们穿上西方舞台的服装,用上他们的道具比较研究。我们中国哲学思想有无世界的意义,

---

① 罗义俊:《评新儒家》,上海古籍出版社1989年版,第621页。
② 罗义俊:《评新儒家》,上海古籍出版社1989年版,第622页。
③ 徐复观:《新版学术与政治之间》,台湾学生书局1985年版,第150页。
④ 徐复观:《新版学术与政治之间》,台湾学生书局1985年版,第48页。

有无现代的价值,是要深入到现代世界实际所遭遇到的各种问题中去加以衡量,而不是要在西方的哲学著作中去加以衡量。面对时代的巨变,西方玄学式的、与现实游离得太远的哲学思想,正受着严重的考验。我们'简易'的哲学思想,是要求从生命、生活中深透进去,作重新的发现,是否要假借西方玄学式的哲学架子以自重,我非常怀疑。"①可见徐氏的文化观、哲学观以中华民族道统为本位,同时又是开放的、综合创新的。

徐复观在《儒家政治思想与民主自由》、《学术与政治之间》中阐述了儒学与民主自由的关系,不仅不相矛盾,而且"儒家精神、人文精神,应该是民主自由的真正依据"②。不过历史上治道有二重主体性的矛盾,即民本主义与专制政体的矛盾,"道"与"势"之间长期存在紧张关系。士君子要"以道事君",据"理"抗"势",是不容易的。从历史看,理虽有时为势所掩,但从长远说,"则理必浸透于势之中,与势以最后的决定"③,士君子和儒者要有公理的精神,致力于把公理的精神落实到民主政治之中。他在《为什么要反对自由主义》一文中赞颂了唐代陆贽的殉道精神,"感到陆氏的脉搏,依然在向我们作有力的跳动"④。

其二,儒家的道德性人文主义与中西互补。徐氏在《儒家的精神》一文中,系统阐述了他的儒学观与中西哲学互鉴的主张。他认为,"希腊学问的主要对象是自然,是在人之外的事物,而其基本用力处则为知识"⑤。"而儒家主要为自己行为的规范"⑥,"盖儒家之基本用心,可以概略之以二。一为由性善的道德内在说,以把人和一般动物分开,把人建立为圆满无缺的圣人或仁人,对世界负责(《论语》:'若圣与仁,则吾岂敢。')一为将内在的道德,客观化于人伦日用之间,由践伦而敦'锡类之爱',使人与人的关系,人与物的关系,皆

① 徐复观:《中国思想史论集续篇》,上海书店出版社 2004 年版,第 8 页。
② 徐复观:《新版学术与政治之间》,台湾学生书局 1985 年版,第 175 页。
③ 徐复观:《新版学术与政治之间》,台湾学生书局 1985 年版,第 149 页。
④ 徐复观:《中国思想史论集续篇》,九州出版社 2014 年版,第 503 页。
⑤ 李维武主编:《徐复观文集》(修订本)第 2 卷,湖北人民出版社 2009 年版,第 44 页。
⑥ 李维武主编:《徐复观文集》(修订本)第 2 卷,湖北人民出版社 2009 年版,第 45 页。

成一个'仁'的关系"①。因此儒家"形成中国道德性的人文主义的基点",而西方"主要是以智能为基点的人文主义"②。儒家的道德实践,"落到现实上的成就,大体是从三个方面发展,一为家庭,二为政治(国家),三为'教化'(社会)"③。"儒家精神所关注的家庭,其本身即是一圆满无缺之宗教,故不须另有宗教。而落实下来,只是孝弟二字,出自人心之自然流露,行之皆人情之所安。"④以政治而言,"儒家的政治思想,尽管有其精纯的理论;可是,这种理论,总是站在统治者的立场去求实施,而缺少站在被统治者的立场上去争取实现。因之,政治的主体性始终没有建立起来,未能由民本而走向民主",⑤因而它只有减轻专制的作用,而不能根本解决,"反常易为僭主所假借","所以今日真正的儒家,一定要在政治民主化的这一点上致力"⑥。

徐氏不赞成儒家思想与民主政治不相容之说,认为民主政治思想上必立足内在价值论,不承认外在的权威,而"儒家'自本自根'之精神,即可不需要外在之上帝,则在政治上岂能承认由外在权威而来的强制作用。"⑦以教化而言,徐氏认为儒家"最伟大的一面,即其'教化精神'的一面"。孔子超出一般的教育家,"孔子之精神,实系伟大宗教家之教化精神。毫无凭藉,一本其悲悯之念,对人类承担一切责任,而思有以教之化之"⑧。"儒家之所以能代替宗教,不仅在其自本自根之道德内在论,可以使人不须要宗教;亦因孔子之教化精神,实与伟大宗教之创立者同样的将其学说具像化于中国民族之中,故非普通一家之言可比。"⑨

徐氏高度赞美了儒家道德性人文主义:"儒家人伦的思想,即从内在的道德性客观化出来,以对人类负责的,始于孝弟,而极于民胞物与,极于'以天地

---

① 李维武主编:《徐复观文集》(修订本)第 2 卷,湖北人民出版社 2009 年版,第 45 页。
② 李维武主编:《徐复观文集》(修订本)第 2 卷,湖北人民出版社 2009 年版,第 47 页。
③ 李维武主编:《徐复观文集》(修订本)第 2 卷,湖北人民出版社 2009 年版,第 49 页。
④ 李维武主编:《徐复观文集》(修订本)第 2 卷,湖北人民出版社 2009 年版,第 50 页。
⑤ 李维武主编:《徐复观文集》(修订本)第 2 卷,湖北人民出版社 2009 年版,第 51 页。
⑥ 李维武主编:《徐复观文集》(修订本)第 2 卷,湖北人民出版社 2009 年版,第 45 页。
⑦ 李维武主编:《徐复观文集》(修订本)第 2 卷,湖北人民出版社 2009 年版,第 52 页。
⑧ 李维武主编:《徐复观文集》(修订本)第 2 卷,湖北人民出版社 2009 年版,第 53 页。
⑨ 李维武主编:《徐复观文集》(修订本)第 2 卷,湖北人民出版社 2009 年版,第 53 页。

万物为一体'。从孝弟到民胞物与,到天地万物为一体,只是仁心之发用,一气贯通下来的。此中毫无间隔。"①不过,徐氏接着指出:"儒家精神中没有科学,但决不是反科学。今后儒家之需要科学,不仅系补其人性在中国文化发展中所缺的一面,并且也可辅助我们文化已经发展了的一面,即仁性的一面。仁性与知性,道德与科学,不仅看不出不能相携并进的理由,而且是合之双美、离之两伤的人性的整体。"②

徐氏在指出西方文化成就的同时,也指出其面临的危机,即关注点在物的方面,而人的问题没有解决,由"官能文化"、"感性文化"带来的政治、经济矛盾,难以用民主的方式解决,"欧洲文化的死活,要看是否能回能头来在建立'人之所以异于禽兽者'的这一点上的努力"③。此外,西方文化面临的个体与群体的冲突,也需要借鉴儒家的思想来解决。于是,徐复观以中西文化互鉴的视野提出了人类文化"仁智双成"的发展新路。他说:"西方文化,因其成就了知性,并且保持了知性,所以西方文化今日的转进,是要'摄知归仁',以仁来衡断知的成就,运用知的成就。中国今后的文化,是在一面恢复仁性,同时即'转仁成知',使知性在道德主体涵煦之中,但不受道德局格的束缚。在人的大本之下,以成就人文科学、自然科学。"④徐氏用"摄知归仁"与"转仁成知"两大命题精确指明了人类文化今后的发展道路:"总之,在人类历史文化两大纲维提撕之下,自觉于人性之全,使仁性知性,互转互忘而互相成,这是儒家精神新生转进的大方向。于是中国的新生,不仅是儒家精神,而系人类文化之全体,以向'无限的多样性'之人性之全迈进,举'万物并育而不相害'之实,为中国,为人类,开一新运会。"⑤徐氏的心胸是博大的,眼光是辽远的,见识是卓越的,至今仍给人以重大启迪。

其三,别开生面的经学史与艺术史研究。徐复观不同于民国时期的"国

---

① 李维武主编:《徐复观文集》(修订本)第2卷,湖北人民出版社2009年版,第55页。
② 李维武主编:《徐复观文集》(修订本)第2卷,湖北人民出版社2009年版,第61—62页。
③ 李维武主编:《徐复观文集》(修订本)第2卷,湖北人民出版社2009年版,第68页。
④ 李维武主编:《徐复观文集》(修订本)第2卷,湖北人民出版社2009年版,第73页。
⑤ 李维武主编:《徐复观文集》(修订本)第2卷,湖北人民出版社2009年版,第74页。

故"论者把经学看成过时的历史的事物和把经学研究变成单纯的史学研究，而是从中国文化的精神价值的形成和传承的高度来研究经学史。他在《中国经学史的基础》的"序"与文中指出："经学奠定中国文化的基型，因而也成为中国文化发展的基线。中国文化的反省应当追溯到中国经学的反省。"①"要恢复民族的活力，便必须恢复历史文化的活力。要恢复历史文化的活力，便对塑造历史文化的基型、推动文化的基线的经学，应当重新加以反省，加以把握。"②因此他写了《〈周官〉成立之时代及其思想性格》、《中国经学史的基础》等书。他认为"经学的基础，实奠定于孔子及其后学，无孔子即无所谓经学"③，孔子在经学上的作用是：一将贵族文化通过私人教学传布给三千弟子，弘扬于天下；二将五经作为圣贤人生教养之书使其发挥人格升进的教化作用；三通过五经的整理，注入新的内容，把三代文化价值提升了，形成确定的内容和形式，只是尚无"经学"之称。孟子发挥《诗》、《书》、礼的意义，揭示孔子作《春秋》的价值。荀子及其门人完成了"六经"的组合。汉代设经学博士，"罢黜百家，表章六经"，经学由社会层面进入政治层面。汉代经学的作用具有两重性：一方面，在现实生活中两汉的政治以皇权专制为政体，以刑罚为政治运作的骨干和基底，而作为思想纲维的儒家之教只不过是专制政治的外在面貌；另一方面，五经加《论语》乃是古代政治文化的总结，也为汉代政治提供了民本主义的基点，有益于"受言"、"纳谏"，其道德教化思想孕育出朝廷与社会的教育设施，要求德主刑辅，这对人类命运也有极大的关系。

徐复观是现代新儒家中少有的特别关注中国艺术史的学者，他写出一本厚重的《中国艺术精神》。在该书"序言"中，他谈到自己写作《中国人性论史·先秦篇》与《中国艺术精神》两书的缘由，说："道德、艺术、科学，是人类文化中的三大支柱。"④中国文化中科学的成分未得到顺利发展，但不含有反科学的因素，它"在人的具体生命的心、性中发掘出道德的根源、人生价值的根

① 徐复观:《中国经学史的基础》,台湾学生书局 1982 年版,第 1 页。
② 徐复观:《中国经学史的基础》,台湾学生书局 1982 年版,第 240 页。
③ 徐复观:《中国经学史的基础》,台湾学生书局 1982 年版,第 26 页。
④ 徐复观:《中国艺术精神》,华东师范大学出版社 2001 年版,"自序"第 1 页。

源;不假借神话、迷信的力量,使每一个人,能在自己一念自觉之间,即可于现实世界中生稳根、站稳脚;并凭人类自觉之力,可以解决人类自身的矛盾,及由此矛盾所产生的危机;中国文化在这方面的成就,不仅有历史地意义,同时也有现代的、将来的意义。我写《中国人性论史》,是要把中国文化在这方面的意义,特别显发出来"①。他在边注中特意说明为何未将"宗教"单列出来:"宗教必须转向于道德,立基于道德,然后能完全从迷信、偏执中脱出,给人生以安顿,消劫运于无形。否则许多灾祸,皆假宗教之名以起。这只要张开眼睛一看,便不能不承认此种铁的事实。"②接着他谈到中国艺术:"在人的具体生命的心、性中,发掘出艺术的根源,把握到精神自由解放的关键,并由此而在绘画方面,产生了许多伟大的画家和作品,中国文化在这方面的成就,也不仅有历史的意义,并且也有现代的、将来的意义。"③但长期以来,它被末梢化、庸俗化了,"我写这部书的动机,是要通过有组织的现代语言,把这方面的本来面目,显发了出来,使其堂堂正正地汇合于文化大流之中,以与世人见面"④。他把《中国人性论史》与《中国艺术精神》看作是"人性王国中的兄弟之邦。使世人知道中国文化,在三大支柱中,实有道德、艺术的两大擎天支柱"⑤。他揭示出道家对中国艺术的深刻影响,"发现庄子之所谓道,落实于人生之上,乃是崇高地艺术精神;而他由心斋的工夫所把握到的心,实际乃是艺术精神的主体。由老学、庄学所演变出来的魏晋玄学,它的真实内容与结果,乃是艺术性的生活和艺术上的成就。历史中的大画家、大画论家,他们所达到的、所把握到的精神世界,常不期然而然的都是庄学、玄学的境界。宋以后所谓禅对画的影响,如实地说,乃是庄学、玄学的影响"⑥。他认为在中国文化中的艺术精神,有两个典型:"由孔子所显出的仁与音乐合一的典型"⑦;另一个是庄子,他

---

① 徐复观:《中国艺术精神》,华东师范大学出版社 2001 年版,"自序"第 1 页。
② 徐复观:《中国艺术精神》,华东师范大学出版社 2001 年版,"自序"第 6 页。
③ 徐复观:《中国艺术精神》,华东师范大学出版社 2001 年版,"自序"第 1 页。
④ 徐复观:《中国艺术精神》,华东师范大学出版社 2001 年版,"自序"第 1—2 页。
⑤ 徐复观:《中国艺术精神》,华东师范大学出版社 2001 年版,"自序"第 2 页。
⑥ 徐复观:《中国艺术精神》,华东师范大学出版社 2001 年版,"自序"第 2 页。
⑦ 徐复观:《中国艺术精神》,华东师范大学出版社 2001 年版,"自序"第 4 页。

"彻底是纯艺术精神的性格"①,主要表现在绘画上,又伸入其他艺术部门。"而在文学方面,则常是儒道两家,尔后又加入了佛教,三者相融相即的共同活动之场。"②这样,徐复观就从文化的道德、艺术、科学的三大支柱的角度,解说了儒、道、佛在中国文化中各自侧重的领域及其相关性。

三、现代道教的复苏与义理创新的代表者

道教在清末即已衰微,国家的支持力度大减,而道教自身力量也在下降。民国建立,帝制取消,中央政府规定有宗教信仰自由,但不再用行政手段扶助任何宗教。对于道教而言,它以往依赖的国家在政治上、经济上的直接支持,不仅全都撤除,而且还常常遭到不同时期掌政者的打击与限制,因此根基动摇。袁世凯与后来军阀吴佩孚、孙传芳曾扶持正一道,但都不能挽回其下滑趋势。民国二十七年初,国民党江西省党部以破除迷信为名,烧毁天师府神像,收缴其田租册及历代朝廷所赐印章、宝器。同年3月,江苏吴县临时行政委员会议决:"张天师业经取消,道教不能存在,道士应使各谋职业,道士观院产业应统筹训练职业之用。"③第六十二代天师张元旭、第六十三代天师张恩溥只好将正一道活动中心移向上海。北方全真道状况略好,但除了北京白云观、沈阳太清宫等大道观以外,一般宫观和小庙亦趋于衰败。日本道教学者窪德忠于1942年来中国北方考察道观,发现"庄严肃穆的道观很少",太原纯阳宫、元通观,济南迎祥宫、长春观皆挪作他用,泰安岱宗坊无人参拜。北京白云观内有道士78名,识字者仅十余人。④ 从文化层面上说,全盘西化论和科学主义主导了主流社会意识,孔子儒学被认为是"封建学说",必欲打倒;道教被认为是"封建迷信",主流社会视之为发展现代科学的障碍,必欲加以扫除。从道教自身而言,缺少高道大德,义理滞后,不能主动面对当代新文化潮流和现代科学,推不出创新的思想理论,而且大都不懂得道观经济在新形势下如何维

---

① 徐复观:《中国艺术精神》,华东师范大学出版社2001年版,"自序"第4页。
② 徐复观:《中国艺术精神》,华东师范大学出版社2001年版,"自序"第4页。
③ 牟钟鉴、张践:《中国宗教通史》,社会科学文献出版社2000年版,第1069页。
④ 参见[日]窪德忠:《道教史》,萧坤华译,上海译文出版社1987年版,第287页。

系和独立发展,活动方式因循守旧,因而在新潮流冲击下不能摆脱被动挨打的局面。道教与儒学再加上佛教,一起面临着空前的生存危机。

不过道教是中国土生土长的宗教,上有老庄哲学提引,下植根于中华沃土,生力犹在,道气长存,道内外有识之士并未停止寻觅道教及其文化复兴之路,而且多有开拓创新。

(一)道教全国性团体的建设与爱国主义的发扬

为了适应新时代的生存方式,作为民间性的道教需要建立超出以往宫观管理体制的全国规模的教团组织,取得合法地位,作为一种独立的社会文化组织开展活动,于是道教领袖人物出来推动这一新生事物。1912 年北京白云观陈明霖带领成立以北方全真道为主体的中央道教会,得到国民政府承认,但因时局变乱而未能有大作为。接着正一道第六十二代天师张元旭在上海成立中华民国道教总会,但未获政府正式批准。1936 年,正一道第六十三代天师张恩溥与杭州全真道李理山联合正一道与全真道在上海成立中华民国道教会,号召道徒团结抗日。1947 年,第六十三代天师张恩溥联合正一道与全真道人士,成立上海道教会,李理山任理事长,其宗旨是:"研究玄学,阐扬教义,刷新教务,联络道友感情,发展宗教事业。"陈撄宁起草《复兴道教计划书》,推进讲经、研究、报刊、图书等方面事业。1949 年,张恩溥赴台,翌年创建台湾省道教会,1966 年组建中华道教总会,一直延续至今。大陆方面,1956 年起,由道教著名爱国人士岳崇岱(沈阳太清宫)、汪月清(江西龙虎山)、易心莹(成都天师洞)、孟明慧(北京)、刘之维(北京)、李锡庚(上海)、杨祥福(上海白云观)、乔心清(西安八仙宫)、吴荣福(汉口大道观)、韩守松(南昌青云圃)、尚士廉(泰山岱庙)、陈撄宁(著名道教学思想家)等 23 人发起筹备建立全国性道教组织。1957 年 4 月正式成立中国道教协会,岳崇岱为会长,陈撄宁为副会长兼秘书长,宗旨是:"团结和教育道教徒爱国爱教;积极参加社会主义建设;发扬道教优良传统;协助政府贯彻宗教信仰自由政策。"第二任会长是陈撄宁。道教全真、正一两大教团内部宗派众多,宗教生活各以其宫观为中心分散进行,若无全国性团体组织,便成为一盘散沙,不能凝聚教内力量,无法开展具有规模的事业。所以全国性道教团体的建设,是现代道教复兴的组织依凭。

道教界在抗日战争中有良好表现。抗日战争时期,北方许多地区民众借重道教来抗日救国,保家保财。1938年春,山东出现"天堂道"、"罡风道",皆民间道教支派。其中博山天堂道有教徒数千人,平时务农,战时打击日寇、汉奸,成为一支坚强的抗日武装力量。在河北,以李圆忠、石海中为首的狼牙山棋盘陀老君庙的道士们积极参加抗日,为八路军站岗放哨、侦察地形、传递情报、担任向导、救治伤员,做了大量工作,狼牙山五壮士跳崖后,李圆忠道长最早发现并报告情报站,使其中还活着的两壮士及时得救。在南方,句容茅山的道士,支持和帮助抗日的新四军,当日寇扫荡抓住茅山乾元观监院惠心白等道长逼问新四军去向时,众道长一口咬定"不晓得!"严刑拷打也不屈服,日寇恼怒,放火烧掉乾元观,残酷杀害了惠心白等13位道士。南岳衡山道士参加"南岳佛道救难会",为抗日救国作出许多贡献。杭州玉皇山福星观道长李理山在道教界享有盛名,抗日战争爆发以后,他为爱国热情所激励,毅然决定停止宫观宗教活动,带领道众全力投入抗日救亡工作,敞开紫来洞道院,收容了1700多个难民上山逃难,供其吃住。又冒险下山,通过封锁区和日寇哨卡,到杭州联系慈善团体,把救济粮送上山来。如此维持一年多之久,使难民度过最艰难的岁月。此类事迹,各地所在多有。爱国爱教是道教自诞生以来就有的深厚传统,这个传统在不断继续和发扬。

(二)陈撄宁的道教生命学:新仙学

在现代道教史上,造诣最高、影响最大的道教学者首推陈撄宁。陈撄宁(1880—1969年),祖籍安徽怀宁,龙门第十九代居士,虽未正式受戒入教,而毕生殚精竭虑于道教义理与养生学的研究,能随顺时代潮流而创新道教哲学,成就卓著。他是位忠诚的爱国人士,热心救世,在道教界享有崇高威望,其影响力达于医学、政治、文史哲各领域。

陈氏原名志禅、元善,字子修,后来用《庄子·大宗师》中"撄宁也者,撄而后成者也"①句,遂改名为撄宁,道号圆顿子。自幼受家教苦读古籍,有坚实儒学功底。喜读《时报》、《盛世危言》等书报,接受新思潮影响。少年患童子痨,

① 《庄子·大宗师》,孙通海译注,中华书局2007年版,第126页。

为自救起见,停儒业而改学中医,从叔祖父学习医道,在医书上看到仙学养生法,遂学而行之,疾病渐去,身体渐复,于是走上研修养生学之路。辛亥革命前夕,陈氏旧疾复发,决心离家寻访高僧高道,求取养生延命之方。先后拜访过佛教九华山月霞法师、宁波谛闲法师、天童山八指头陀、常州冶开和尚。因嫌佛教偏重心性修习而忽略形体,遂改访道教中人,先后游访苏州穹窿山、句容茅山、均州武当山、即墨崂山、怀远涂山、湖州金盖山等道教名山,所获甚微。于是决意直接系统阅读《道藏》,用三年工夫将全本《道藏》细读一遍,发现其中有丰富养生学资料。中年与妻吴彝珠一起生活,阅读大量养生学书籍,广涉文史哲及医佛典要。吴氏患乳腺癌,陈氏用仙学养生方法给予治疗,大有成效。此后自成中医,开始著述,为患者提供治病健身之术,先后支持创办《扬仙半月刊》、《仙学日报》,在上面发表诸多文章,逐渐形成富有自己特色的仙学理论。

1949 年以后,陈氏继续撰述,从中国道协成立起,陈氏致力于指导道协研究工作,编辑《历代道教史资料》,编写《中国道教史提纲》,兴办《道教会刊》和道教知识进修班,为振兴道教培养人才。高道易心莹、乔清正、杨祥富、蒋宗翰等均敬仰陈氏,待如师长。他是道学与医学兼通的大家,中医名家施今墨等以师辈相敬。陈氏主要著作有:《史记老子传问题考证》、《老子第五十章研究》、《南华内外篇分章标旨》、《解道生旨》、《论白虎真经》、《论〈四库提要〉不识道家学术之全体》、《黄庭经讲义》、《道教起源》、《太平经的前因与后果》、《静功疗养法》、《仙与三教之异同》、《论性命》、《最上一乘性命双修廿四首丹诀串述》、《孙不二女内丹功次第诗注》、《灵源大道歌白话注解》等。他的主要作品及若干诗词、书信、讲话,收入《道教与养生》①一书。他的学生徐伯英、袁介珪在台湾将陈氏民国时期作品搜集编辑为《中华仙学》②一书。洪建林编的《仙学解秘——道家养生秘库》③汇集陈氏民国与 1949 年后两期作品。晚近

---

① 陈撄宁著,华文出版社 1989 年版。

② 胡海牙总编、武国忠主编,台北真善美出版社 1977 年版。

③ 洪建林编,大连出版社 1991 年版。

有田诚阳道长著《仙学详述》①将陈撄宁仙学修炼理法整理成较完整系统的学说，易于在社会上流行。

陈氏的仙学，其传统就是自古流衍下来的神仙家养生学，这一向是道教的核心信仰。陈氏早年析仙学与道教为二，晚年则主张仙、道为一，只是有其独特的论说。早年他之所以将仙学置于道教之外，是由于当科学主义在中国盛行，主流激进派对宗教持否定态度，对道教尤其鄙视，陈氏要避其锋芒，为仙学保留生存空间。他说："全世界所有各种宗教，已成强弩之末，倘不改头换面，适应环境，必终归消灭"，若仙学混在儒、释、道三教之中，待到"宗教迷信有一日被科学打倒之后，而仙学亦随之而倒，被人一律嗤为迷信。正应着两句古语：'城门失火，殃及池鱼'，岂不冤枉？"②后来他改变了观点，仍然用仙学支撑道教的复兴。陈氏新仙学的要点如下。

其一，提倡新仙学是为了爱国强族。陈氏研修仙学，缘起于自身祛病健身，但他追求的大目标是振奋中华民族的精神和强化国民的体魄，使中国不再是文化自卑、东亚病夫，也不再受外人欺侮。他看到民国羸弱，外患不止，故倡本位文化，把道教看成"今日团结民族精神之工具"③。他在《论〈四库提要〉不识道家学术之全体》一文中说："吾人今日谈及道教，必须远溯黄老，兼综百家，确认道教为中华民族精神之所寄托，切不可妄自菲薄，毁我珠玉，而夸人瓦砾。须知信仰道教，即所以保身；弘扬道教，即所以救国。勿抱消极态度以苟活，宜用积极手段以图存，庶几民族尚有复兴之望。"④陈氏比较了佛学、西学和道教，认为中国在受帝国主义侵略的情况下，"佛教慈悲，徒唤奈何"，而"欧美偏重物质科学"，"若借重于物质科学，杀人止杀，更滋荒谬"，只有道教既抱有崇高的救世目的，又不尚空谈，切实从自身治弱致强入手，"合精神与物质，同归一炉而冶之，将来或可以达到自救救他的目的"⑤。按照佛教净土宗旨，

---

① 田诚阳道长著，宗教文化出版社1999年版。
② 洪建林编：《仙学解秘——道家养生秘库》，大连出版社1991年版，第154页。
③ 陈撄宁：《道教与养生》，华文出版社1989年版，第2页。
④ 陈撄宁：《道教与养生》，华文出版社1989年版，第7页。
⑤ 胡海牙总编，武国忠主编：《中华仙学养生全书》上册，华夏出版社2006年版，第532页。

学佛以求生西方，陈氏表示"西方虽然好，但我不愿去"，因为"我们既生为中国人"，"没有将自己的国家改善完善，徒然羡慕外国世界，想抛弃本国往外国跑，试问成何体面？"①很明显，这个"西方"已非佛教极乐世界，而是欧美国家。陈氏对祖国的爱深且牢，鄙夷崇洋媚外思想，高扬爱国主义旗帜，自觉担当起用道教救国的历史使命，是一位可敬的伟大爱国者。

其二，在三教比较中确立以生为本的生命理想和信仰。陈氏之仙学，扬弃术数、科仪而凸显道学，有人生价值之付托，有理论体系之博精，融摄儒佛而不依傍别家门户，使自身成为可以与儒家、道家、佛家并驾齐驱的安身立命之道。他辨析儒、佛、道、仙四家之异：儒家以为人生是经常的，所以宗旨在维持现状，而不准矜奇标异，因此人生无进化可言；释家见解，以为人生是幻妄的，所以宗旨在专求正觉，而抹杀现实之人生，因此学理与事实常相冲突，难以协调；道家见解，以为人生是自然的，所以宗旨在极端放任，而标榜清静无为，以致末流陷于萎靡不振，颓废自甘；仙家见解，以为人生是有缺憾的，所以宗旨在改革现状，推翻定律，打破环境，战胜自然。②

陈氏痛心一般民众为礼教束缚不敢自由驰想，神仙学术不敢验之于身，且不敢出之于口，于是谨愿之徒群归于儒，超脱之士则遁于释，而以世俗迷信视仙学，实不知"仙学可以补救人生之缺憾，其能力高出世间一切科学之上，凡普通科学所不能解决之问题，仙学皆足以解决之，而且是脚踏实地、步步行去"，又说："仙学既不像儒教除了做人以外无出路，又不像释教除了念佛而外无法门，更不像道教正一派之画符念咒，亦不像道教全真派之拜忏诵经。可知神仙学术，乃独立的性质，不在三教范围以内，而三教中人皆不妨自由从事于此也。"③陈氏坚信，神仙自古就有，神仙"能脱离尘世一切苦难，能除凡夫一切束缚"④，"仙最后之结果是白日飞升，飞升之表示就是不死，飞升之意思就是

---

① 胡海牙总编，武国忠主编：《中华仙学养生全书》下册，华夏出版社 2006 年版，第 1204 页。

② 胡海牙总编，武国忠主编：《中华仙学养生全书》下册，华夏出版社 2006 年版，第 1354 页。

③ 胡海牙总编，武国忠主编：《陈撄宁仙学精要》下册，宗教文化出版社 2008 年版，第 455 页。

④ 田诚阳：《仙学详述》，宗教文化出版社 1999 年版，第 380 页。

脱离凡界而升到仙间,永远不会寂灭"①。他认为人的肉体生命是粗俗的、短命的,修道者要把凡体俗胎改造成纯阳之体,"抽尽秽浊之躯,变换纯阳之体,累积长久,化形而仙"②,"性命双修之士,将此身精气神团结得晶莹活泼,骨肉俱化,毛窍都融,血似银膏,体为流火,畅贯于四肢百节之间,照耀于清静虚无之域,故能升沉莫测,隐灵无端"③。

他提出仙学正宗三法:天元神丹服食,即清修丹法;地元灵丹点化,即外丹法;人元金丹内炼,即阴阳双修法。他的学生胡海牙在《仙学指南》中解说新仙学成仙理念时说:"人的身体是固体、液体、无体和灵性所构造;仙的身体是单纯的无体和灵性所结成。"④陈氏欲用其唯生的仙学超越唯心唯物,说:"当兹生物学、生理学、生殖学、生态学、发生学、化学、物理学等大明之时,似宜适应新潮,将仙术建筑在科学的地平线上,俾唯心唯物之粗暴威权,消融翔洽于唯生的大化炉中,造成升平和乐的世界。"⑤他主张性命双修:"性即是吾人之灵觉,命即是吾人之生机,性命二者不可分离,所以要双修。"⑥他坚信人类是进化的,且"进化是无止境的"⑦,猿可以进化为人,人也可进化为仙,这需要发挥人的主观创造力,不可听任自然。总之,新仙学就是道教长生成仙说的新型理论形态,其特点是:"仙道唯生",是生本主义;其新颖在于借鉴了西方科学与生命学,依据中国道教义理建立中国式生命哲学与信仰。

其三,引入近代西方科学理念、知识和方法,将仙学与人体探秘与中医结合起来。陈氏是中国现代道教界睁开眼睛认真看待西方科学的第一人,他决心弥补道教与现代科学完全脱节的落后状态,努力把科学引入仙学。他青年时喜看各种科学书籍,随其兄学习物理、化学、数学等,又研读中医理论,精于

① 田诚阳:《仙学详述》,宗教文化出版社1999年版,第384页。

② 胡海牙总编,武国忠主编:《陈撄宁仙学精要》上册,宗教文化出版社2008年版,第85页。

③ 胡海牙总编,武国忠主编:《陈撄宁仙学精要》上册,宗教文化出版社2008年版,第88页。

④ 胡海牙:《仙学指南》,中医古籍出版社1998年版,第65页。

⑤ 胡海牙总编,武国忠主编:《中华仙学养生全书》上册,华夏出版社2006年版,第830页。

⑥ 田诚阳:《仙学详述》,宗教文化出版社1999年版,第383页。

⑦ 胡海牙:《仙学指南》,中医古籍出版社1998年版,第63页。

医术，力图用科学眼光与态度将仙学纳入科学轨道。他首先涤除道教的低俗迷信成分，说："仙学不在三教范围，不念佛，不画符，不念咒，不拜忏诵经。"①他在《口诀钩玄录》中明确指出："符咒祭炼，遣神役鬼，降妖捉怪，搬运变化，三跻五遁，障眼定身，拘蛇捕狐，种种奇怪法术，十分之九都是假的。"②其次，仙学注重实验实证，反对玄谈空言。他申明："仙学乃实人实物，实情实事，实修实证，与彼专讲玄理之事不同"③。他认为仙学不过是用科学方法改变常人之生理，使之生命永驻。老庄之清静无为，孔孟之修身养气，佛教之参禅打坐，皆偏重在心性上，而忽略了生理的炼养，而仙学则主张性命双修，并以命功（即生理炼养）为重，如灯之放光，灯油是命，灯光是性，离命而见性犹有灯而无油，必不能放光。

据《众妙居问答》，仙学分住世仙学和出世仙学。住世仙学包括身体健康法、寿命延长法、驻颜不老法、人种改良法。出世仙学包括断烟火食法、肉体化炁体法、炁体出入自由法、炁体聚散随意法、炁体绝对长生法、炁体飞升到另一世界法，这是修仙者所独到的功夫，要多年苦修，才能有成。而一般人可按常态情理养生健身，既反对纵欲、淫乱，又不主张出家夺欲绝欲，而以顺欲节欲为准则。修仙学者有眷属同居，夫妻双修双证，符合阴阳互补的原理。最后，仙学要实践于医学，治病救人，收强身健体之效。他说："医道与仙道，关系至为密切；凡学仙者，皆当知医。"④陈氏深研传统医药学，精于《内经》，医术高明，不仅自身获得祛病健身长寿之验，而且服务社会，善于诊治各种疑难重症，为病人解除痛苦，其医德医术皆名重一时，为世人敬仰，这是仙学最有价值的效验。陈氏将信仰、哲学、道法与科学融为一体，以仙学的方式重建道教的生命学，虽未能最后完成，却为道教的现代转型开拓出一条新路。其生命哲学和养生学乃是道教文化中今后能提供给现代社会的最有价值的精华，他的思想遗

---

① 胡海牙总编，武国忠主编：《陈撄宁仙学精要》下册，宗教文化出版社 2008 年版，第 455 页。

② 陈撄宁：《道教与养生》，华文出版社 1989 年版，第 290 页。

③ 陈撄宁：《道教与养生》，华文出版社 1989 年版，第 335 页。

④ 田诚阳：《仙学详述》，宗教文化出版社 1999 年版，第 372 页。

产是值得教内外人士珍重的。

其四,出入儒、释、道三教,博采道教内丹学成果,综合创建唯生的新仙学。陈氏虽然不赞成把仙学混同儒、释、道三教,却主张以仙学为主去贯通三教,不必有门户限隔。他说:"儒道两家,同出一源,本无异义;佛教虽是外来的,但已经被中国人改造过了"①,"三教各有所长,谁也不能把谁打倒"②。他回顾自己历程:"初以儒门狭隘,收拾不住,则入于老庄;复以老庄玄虚,收拾不住,则入于释氏;更以释氏夸诞,收拾不住,遂入于神仙。"③他又说自己"于三教中,出入自由,不见有其碍也"④。陈氏自言,他的导师有五,"北派二位,南派一位,隐仙派一位,儒家一位。若论龙门派,算十九代圆子派"⑤。仙学正宗方法有三途:天元神丹服食,即李清庵、陈虚白、伍冲虚、柳华阳所论丹法;地元灵丹点化,即外丹法;人元金丹内炼,有王重阳之北派,张紫阳之南派,李道纯之中派,陆潜虚之东派,李涵虚之西派。陈氏更重人元金丹内炼而接近阴阳双修派,奉陈抟"守中抱一,心息相依"之宗旨,炼"神气合一,动静自然"之仙功。陈氏不仅通读明正统《道藏》,而且依据现代分类学方法对《道藏》重新加以分类,超越了传统"三洞四辅十二类"的编目分类,克服其层次不清、重复交叠和类属不准的缺点。他根据道书的内容性质,将《道藏》书典分为十四大类,即:道家类、道通类、道功类、道术类、道济类、道余类、道总类、道史类、道集类、道教类、道经类、道戒类、道法类、道仪类,并拟编写一部新的《道藏分类目录提要》而未果。从中可以看出,其分类大大科学化了,颇便于现代学人查阅,虽有不尽当之处,但为今日重新制作《道藏》分类目录提供了重要参考。

(三)易心莹的道教义理学

易心莹(1896—1976年),四川遂宁人,俗名良德,字综乾,出家为龙门派第二十二代传人,道号理论。少年时在青城山天师洞、青羊宫二仙庵做杂工。

① 陈撄宁:《道教与养生》,华文出版社1989年版,第334页。
② 陈撄宁:《道教与养生》,华文出版社1989年版,第334页。
③ 陈撄宁:《道教与养生》,华文出版社1989年版,第327页。
④ 洪建林编:《仙学解秘——道家养生秘库》,大连出版社1991年版,第50页。
⑤ 胡海牙总编,武国忠主编:《中华仙学养生全书》上册,华夏出版社2006年版,第68页。

1917 年投天师洞魏松遐道长为师,出家修道。遵师嘱赴朝阳庵吴君可门下就学,涉猎经史道典。1926 年成都名翰林颜楷受天师洞观主彭椿仙之托,携心莹至成都,入颜崇德书屋深造。三年后回天师洞任知客。广收道书、经史、百家之书,又外出访师游学,与陈撄宁、陈国符、蒙文通等先生常有书函来往。十年中专心做道教学术研究,著述甚丰,主要有:《老子通义》、《老子道义学系统表》、《道学系统表》(《老君应化图说》)、《青城指南》、《道学课本》、《道教三字经》,辑《女子道教丛书》。其弟子称颂他"中年笃守儒师与道家学理,谦恭勤苦以全志,博学养志以立心;讲学以常道为纲、慈俭为事;主循天之道,知奇守正,师万物,顺自然;治学孜孜不倦,出言讷讷若拙"[1],是位方正、有教养、博学深思的高道。1942 年天师洞监院彭椿仙去世,易心莹继任。1957 年在第一届全国道教徒代表会议上,当选为中国道教协会副会长兼副秘书长。1962 年当选为四川省道教协会会长,编写《四川志·宗教志·道教编》。1976 年受"文革"冲击早逝。

易心莹尊奉元始天尊、玉宸大道君、太上老君,尤推崇老君,认为老君是大道之身、元炁之祖、天地之根,主领神人、真人、仙人、圣人、贤人。他的宇宙论以大道为万物之源,道"至虚灵,至微妙",化而为青白黄三气,使"万物殖"。其人生论援佛入道,谓:精、神、魂、魄、意五神,与命、功、时、物、事五贼,彼此感应,则"业识起,有六欲","迷为凡,悟为圣"。修道之要:一须炼神,做到"但澄心,物欲远";二须守一,"讲生理,除病垢,无摇精,无劳神,堕肢体,黜聪明,神气和,结圣胎,千二百,身不衰"[2]。此外,还要持戒礼敬:"凡善信男女,修持忏悔,正法礼拜,真容随时,供养一心,信受不怠,则尘嚣涤尽",于是道岸可登,否则即轮回于三恶之中。

易心莹的道教义理学很重视对佛教的借鉴与吸收,如在《道教三字经》中他借用佛教的法身、报身、应身之说,来说明得道后的道身、真身、报身、应身。得道者"慧圆备,神自明",而得六通:"天视通,梵音通。神触通,神会通。夙

---

① 邱进之主编:《中国历代名道》,吉林教育出版社 1997 年版,第 608 页。

② 以上见易心莹:《道教三字经》,上海古籍出版社 2010 年版,第 20—21 页。

神通,预兆通。"这是仿照了佛教六神通之说,即:天眼通,天耳通,他心通,宿命通,神境通,漏尽通。易心莹从青少年起即浸润于儒学,所以会通道儒是其义理学的重要特色。他在系统梳理道教史分宗道脉时,将儒学列为最上乘九家之一,或支宗十三家之一。理由是:孔子"去适周,景王间。问诸礼,师老聃"①。所以,孔子儒学应归于道教支脉之中。在《道学系统表》中,他把最上乘宗派分为两种:一种是修内丹而成仙的超世仙学,另一种是治国平天下的治世之学。相应地,他把道教法门分为两类:一是超世门,即守戒、养志、炼心、尽虑、湛寂、复命、知常、洞慧、微妙、虚无;二是修为门,即国政、经济、权谋、治策、纵横、兵略。② 这实际上就是内圣外王之道,因此必须道儒互补并兼及诸子。他总结道教义理宗旨有四:第一,主善为师,即学为好人;第二,修身励业,即外功内果或德行事功;第三,坚固信心,即圆满志愿或达到标准;第四,引导人民思想,即济度众生或广度有情。显然这其中充满了修己安人的儒家情怀。

易心莹是现代高道中第一位着手梳理历史上道门宗派的教内大学者,这需要对中国道教史和思想史有系统广博的研修。他在《道学系统表序》中说:"余遵旧史成例,详校诸家替兴,参其众事,各秉宗门遗法,寻其端绪,系于一家。上自元始,下逮于今,其可考见者,盖二十有四家。"③该表分列宗门如下:最上乘九家,即仙宗、南宗、北宗、修为、犹龙、道学、儒宗、玄学、治道;上乘六家,即金液、方仙、豫章、聚玄、茅山、长淮;中乘四家,即葆和、调神、南宫、太平;下乘五家,即苍益、健利、科醮、正一、律宗。他后来在《道教分宗表》里作了调整,论列正宗十家,即仙宗、金液、聚玄、长淮、葆和、调神、南宫、苍益、健利、科醮。④ 在稍后的《道教三字经》中又有调整,说明易氏不断在改进这项艰难的工作。总之,他构建的道教宗门体系,虽然有历史书典为依据,却带有自身一些特色:一是以内丹仙学为主轴为最高,体现了他的全真龙门派的本位立场;二是对正一道和斋醮、科仪、方仙等加以包容,但放置在次要位置;三是对于道

---

① 易心莹:《道教三字经》,上海古籍出版社 2010 年版,第 63 页。
② 参见李一氓:《藏外道书》第三十一册,巴蜀书社 1992 年版,第 407 页。
③ 李一氓:《藏外道书》第三十一册,巴蜀书社 1992 年版,第 406 页。
④ 参见洪建林编:《仙学解秘——道家养生秘库》,大连出版社 1991 年版,第 560—562 页。

家、儒学、玄学加以收纳,作为道教宗门系统的组成部分,体现了他对整个中华文化的尊重。

(四)岳崇岱对现代道教复兴的推动和他的新道教史观

岳崇岱(1888—1958年),祖籍山东寿光,幼年随全家逃荒到辽宁建平,俗名岳云发,道号东樵子。1912年在辽宁医巫闾山圣清宫出家修道。1920年到沈阳太清宫常住,先任知客,后任监院。他力主道众自食其力,率太清宫道众耕耘土地,从事农作达14年。其间到北京白云观参访。1949年新中国成立,岳氏被推选为沈阳太清宫方丈,为龙门派第二十六代法嗣,一方面推动宗教生活正常化,另一方面积极开展劳动自养。他精研道经,好学不倦,又能以身作则,爱国爱教,办事干练,质朴无华,其高尚道德与博学多能深得全国道教界的崇敬。他鉴于中国道教界散乱无序,于1956年联络道教知名人士,倡议建立全国性道教团体。1957年中国道教协会正式成立,岳崇岱当选为中国道协第一届会长。他立即着手建立办事机构,延聘人才,设计开展会务活动的计划。但不幸于1958年被错误地划为右派分子,不久含冤去世。1978年他得到昭雪平反,其事业也得到恢复和继续。

《人民日报》于1957年3月14日发表了岳崇岱在全国政协二届三次会议上以《扭转消极思想,参加社会活动》为题的讲话,这个讲话是他数十年积累的对中国道教思想和沿革的总体看法,不同于以往在教言教的局限,而包含新时代的宗教理性的光芒,故摘录其要如下。讲话的主体部分说道:

> 我是一个道教徒,我愿意在这个大会上将道教的思想和沿革作一简略的介绍。我预先声明一下并不是作宣传。道教是中国的固有的宗教,也就是中国的古教。他的起始是由于原始社会庶物崇拜逐渐演进到宗祖崇拜。所谓庶物崇拜如"夏后氏以松,殷人以柏,周人以栗";宗祖崇拜即"天子七庙,诸侯五庙,大夫三庙,士人二庙,庶人祭于寝室(即俗称家堂)"。那时人民知识简单,以为天地间各种变化风云雷雨、山川草木、江河湖海等等皆有神主宰之。以后又演进为人格神,如燧人氏为灶神,祝融氏为火神,尧舜禹为三官大帝,周朝三朝三母为娘娘神,天有上帝,地有社神,大家都是纪念一些伟人和发明创造者的功绩而形成的。《礼记》上曾

这样说:"有功于国则祀之,有益于民则祀之,能捍大灾、能御大难则祀之,立法于后则祀之。"这些都是封建帝王利用民间信仰的崇拜,借以范卫世道人心,补助政治之不足。所谓神道设教,这对民间信仰起过很大的作用,至今普遍的绵延未绝。道教创立起始于道家,周朝的老子著《道德经》八十一章,阐发"道"之奥妙,而不承认天地万物是神生的。他说:"有物混成,先天地生,寂兮寥兮,独立而不改,周行而不殆,可以为天下母。"又说:"万物生于有,有生于无。"所以老子的学说是朴素的唯物论。道家又尊道而贵德,神则次之,尚谦虚、柔弱、不争、清静、无为、淡泊、寡欲、功成名遂身退,偏重于修养而淡于仕进,如范蠡、孙武子、商山四皓、张良、黄石公等都是依道家的学说立身行世的。到东汉时,有成都张陵,他是留侯八代孙,开始创立道教。他引老子为鼻祖并将民间一切神的信仰完全归纳于道教之内,从此信仰与修道化而为一。随着社会的转变,代有传人,代有废兴,枝分派别,诸渐复杂,其中有丹鼎派、符箓派、清修派、政治派、全真派、正一派,有先出世而后入世,有先入世而后出世,如魏伯阳、陶弘景、葛洪、魏徵、李密、李淳风等,有时遁居城市,有时逸隐山林。迨至元初,成吉思汗聘请道士丘长春问长生久视之术,长春告以"敬天爱民,好生恶杀"之道,并拯救过无数人民的性命。道教是中华民族固有的宗教,他深入民心,虽时有兴衰,而民间信仰则是普遍的始终未断,这是不能否认的。而道教徒过去在旧社会时候都是消极厌世,抱着独善其身,与人无患、与世无争、不问政治的思想,但那时的政治也不允许你问。自解放后,政治转变了,社会光明了,各地道教徒经过一系列的学习,参加各项社会活动,觉悟都大大的提高了,扭转过去消极厌世,不问政治的思想,知道团结群众,发扬热爱祖国的精神,与全国人民一道同有选举权和被选举权,有光荣的政治立场,并能参与国家大事。这是历史上从来没有过的。我们生在这个稀有的时代,赶上伟大的社会主义的社会建设,是何等的幸运啦!在1956年末,在中央政治号召协助下,成立中国道教协会筹备委员会,这更鼓舞了全国道教徒加强建设社会主义社会的爱国思想,而我本人被推举为筹备委员会的主任。今后我站在宗教岗位上,团结全国道教徒,爱护祖国,积极参加社会主义建设和维护世界和平事业,协助政府贯彻宗教信仰自由政策,联络各地道教徒,发扬道教的优良传统,遵守中国人民政治协商会议章程总纲内七项准则,加强自己的学习,贡献出自己的一切力量,为建设社会主义而奋斗!①

岳崇岱的这次讲话,使用了流行的政治话语,他对新社会的热爱是真诚的,充满了对社会进步的期待和对道教新生的信心。讲话引用了唯物论等当代理性主义思想论述中国道教史,较少信仰色彩,较多学术意味,指明道教起源于古代民间信仰,兴起于老子道家思想,创教于汉末张陵,蔓延分枝,而有丹鼎、符箓、清修、全真、正一,简明精辟,基本符合历史实际。他特别表彰了丘处机一言止杀的历史伟绩,抓住了道教史上最有代表性的高道大德。讲话强调道教深入民心,虽有兴衰但未曾中断,只要除旧更新便可在新时代发挥积极作用,代表了教内较高的视野和理论水准。虽然过于粗略,不够周全,但也算得上是一篇具有纲领性的当代道教作品了。

(五)近现代教外道教学术研究的兴起

对中国道教的研究,日本学者起步较早,如小柳司气太的《道教概说》汉译本广为流传,妻木直良的《道教之研究》、常盘大定的《道教发展史概说》对中国亦有影响,虽然粗误甚多,但它们带来了新的方法和气息,对中国学者有激励和借鉴作用。1923—1926年间上海涵芬楼书社影印出版了《正统道藏》和《万历续道藏》,共1120册,5486卷,为道教学术研究提供了基础资料库。1934年商务印书馆出版了许地山《道教史》(上册)。1934年又出版了傅勤家《道教史概论》,1937年出版了傅勤家《中国道教史》,这是中国学人第一部完整的中国道教史著作。这几部著作是中国学界近代道教研究的开门之作,虽然内容过于简约,遗漏颇多,但都属于理性的学术之作,既非信仰主义的,又非反宗教的,而能客观地论述道教义理与历史。傅勤家的《中国道教史》第一次将历史上经常混淆的道家与道教作了哲学与宗教的区分,指出道教源于道家

---

① 岳崇岱:《扭转消极思想,参加社会活动》,《人民日报》1957年3月14日。

而又不同于道家,"盖道家之言,足以清心寡欲,有益修养"①,"道教独于长生不老,变化飞升"②,"道教实中国固有之宗教"③。

陈垣(1880—1971年),字援庵,是中国近代史上治中国宗教史的一代宗师,其研究内容涉及基督教、佛教、伊斯兰教和道教,都具有开创性。关于中国道教史,陈垣有两部作品:《道家金石略》和《南宋初河北新道教考》。《道家金石略》编纂于20世纪20年代,出版于80年代,是关于道家各流派的石刻史料文献汇集,为研究道教史提供了系统而可靠的资料。《南宋初河北新道教考》出版于1940年,他利用文献和碑刻资料,精辟地论述了金元之际北方出现的新道教派别全真教、大道教、太一教的产生演变,其中尤以全真教的论述更为系统严谨,有资料的考证,有思想的分析,有宗教活动的刻画,有社会世情的衬映,弥补旧史之遗漏,寄托忧世之情怀,成为传世之佳作、经典之名篇。

陈国符(1914—2000年),一生主要致力于《道藏》史料研究,著有《道藏源流考》上、中、下三册,1949年初版,后有增补。此书"于三洞四辅之渊源,历代道书目录,唐、宋、金、元、明道藏之纂修镂版,及各处道藏之异同,均能究源探本,括举无遗。其功力之勤,搜讨之富,实前此所未睹也"④。

王明(1911—1992年),主要著作有:《太平经合校》、《抱朴子内篇校释》,前者是公认的研究《太平经》最权威的文本,后者是研究《抱朴子》的代表性著作。他还有一系列重要的道教研究论文,后来收集到《道家和道教思想研究》、《道家与传统文化研究》两部文集之中,他对《老子河上公章句》、《太平经》、《周易参同契》、《黄庭经》的考证论说,在学界都产生了较大影响。

此外,蒙文通的《道教史琐谈》,陈寅恪的《天师道与滨海地域之关系》,刘鉴泉的《道教征略》,刘师培的《读道藏记》,王维诚的《老子化胡说考证》,汤用彤的《读〈太平经〉书所见》等作品都在学界发生过显著作用。民国时期老学和庄学的研究,包括文本校释和义理论说,总计不下百余种作品问世,可见

---

① 傅勤家:《中国道教史》,团结出版社2005年版,第242页。
② 傅勤家:《中国道教史》,团结出版社2005年版,第242页。
③ 傅勤家:《中国道教史》,团结出版社2005年版,第242页。
④ 王均主编:《罗常培文集》第10卷,山东教育出版社2008年版,第383页。

《老子》、《庄子》的学术影响力在近代仍是巨大的。[①]

民国间道教学的兴起，开始改变现代中国思想史研究中儒佛强而道学弱的状态，有益于人们增加对道家道教在中华思想发展中的重要性和道学在儒、道、佛三教互动中的作用的认识。道教研究学者中多位都是儒、道、佛兼通或佛道兼综的大家，他们能够站在现代学术高地上、摄取三教关系的视野来考察道教，所以成果厚重。例如蒙文通在《道教史琐谈》和《坐忘论考》中，精辟地阐述了道教三论（派）与佛教三宗的关系，即：重玄论、坐忘论、全真派，与佛教中观宗、天台宗、禅宗之间的相互渗透关系。他也谈到程朱理学与道教的密切关系，还指出："至荆公新学、东坡蜀学，皆深入于佛老，虽不属于道教，然实为道家之学。"[②]现代道教学的发展也有益于道教界增强宗教理性，借鉴学界成果，推动道教义理的健康发展。

四、现代佛教在艰难中复兴和高僧大德的懿行精进

民国时期，佛教作为中国传统文化的核心之一，在欧风美雨冲刷下，不能不与儒家、道教一起退到边缘地带。主流社会与激进主义的打压排挤，加上内忧外患，民生凋敝，寺院经济破落，原有僧团丛林制度过时，僧人素质下降，教义上因循守旧，于是面临着严峻的生存危机。不过佛教是一种哲理型的宗教，积累深厚，有其大智慧在焉。从清末杨文会提倡居士佛教起，中国佛教就在寻找新的道路。一批居士佛教的继任者和教内有精进无畏精神的高僧，千方百计推动佛教的现代转型，使生存危机变为复命生机，于是渐渐有了新的气象。本书只述说汉传佛教，对于藏传佛教和南传佛教只略有涉及，不作专题论述。

（一）佛教组织与活动的现代转型

民国初年，欧阳渐等居士便发起成立现代式的"中国佛教会"，太虚法师组织"佛教协进会"，扬州谢无量创办"佛教大同会"。1912 年 4 月，三会联合，由敬安法师出面在上海成立"中国佛教总会"，提出"保护寺产，振兴佛教"

---

① 参见熊铁基等：《中国老学史》，福建人民出版社 1995 年版，"附录"。
② 蒙文通：《蒙文通文集》第一卷，巴蜀书社 1987 年版，第 327 页。

的口号,得到南京临时政府认可,但后来被北洋军阀取消。1924年成立"中华佛教联合会",抗日中的1943年,太虚为理事长,与天主教的于斌、基督教的冯玉祥、伊斯兰教的白崇禧共同组建"中国宗教徒联谊会",以体现中国宗教界的爱国团结。1947年3月,中国佛教总会在南京成立,章嘉呼图克图为理事长。这些组织完全不同于法系相承的宗派,也不同于过去朝廷管理宗教的僧司,而是教徒自治的社会宗教团体,在政教分离的原则下推动佛教联合自办教务事业。

佛教界除了传统的佛事活动,开始兴办新式事业。一是创办佛教学校,用较新理念和方式培养佛学人才,解决僧人素质低下、青年学僧青黄不接之虞。1914年,金山寺月霞在上海创办华严大学。1919年,谛闲在宁波创办观宗讲舍。太虚相继创办武昌佛学院、厦门闽南佛学院、北京柏林教理院、重庆汉藏教理院,培养了大批僧才。1921年,韩清净在北京创办三时学会,培养唯识宗人才。1922年,欧阳渐在南京创办支那内学院,分科授学,培养的人更多,成为最有影响的佛教居士教育与学术机构。此外各地佛教学校所在多有。

整理出版佛教典籍,兴办佛学刊物,扩大佛教文化传播与交流。一是推动影印《大藏经》,便于佛典流通;二是创办刊物,发表论文,介绍知识,沟通消息。在诸多刊物中,太虚于1913年主办的佛教总会会刊《佛学月报》和他于1920年创办的《海潮音》最为世所重,后者内容丰富、发行量大、持续时间久,并且一直在台湾发行。

举办公益慈善事业,体现普度众生的宏愿。1918年圆瑛在宁波创办佛教孤儿院。北平的三时学会创办佛教医院。上海居士林创办华洋义振会、孤儿院、残疾院、中国妇孺救济院。据1928年统计,仅北平佛教兴办的普通学校就有:善果寺第一平民小学、夕照寺第二平民小学、招花寺工读学校、净业寺贫儿工艺院、嘉兴寺贫民纺织厂、永泰寺女子工读学校。当水旱大灾发生时,佛教界积极参与了救灾募捐活动。

在抗日救亡运动中,中国佛教界表现出高昂的爱国主义精神和大无畏的气概与行动。欧阳渐大声疾呼:"国将亡,族将灭,种将绝,痛之不胜,不得不大声疾呼,奔走呼号。""七七"事变发生,太虚通电全国,呼吁佛教徒"奋勇护国",他运用自身的国际威望,出使印度、缅甸、锡兰、新加坡等国,揭露日寇暴行,争取各国民众对抗日的支持。弘一法师态度鲜明,提出念佛救国两不误的口号:"念佛不忘救国,救国不忘念佛。"圆瑛在抗战中组织佛教全国救护团,自任团长,训练青年僧侣,开展战场救护。抗战中上海僧侣救护队出动一百余次,救护伤员 8273 人,还兴办了佛教医院,由女尼任看护。在淞沪战役期间,上海著名居士王一亭、中华佛教会主任秘书赵朴初等,组织多个难民收容所,救济难民 50 余万。佛教界抗日爱国事迹不胜枚举。①

(二)居士佛教从欧阳渐到吕澂的演变

欧阳渐(1870—1943 年),字竟无,江西宜黄人,是继清末杨文会之后,在民国年间弘扬居士佛教的代表人物。1910 年由儒入佛,从杨文会学佛法,并协助杨经营南京金陵刻经处事业。杨去世后,欧阳渐主持刻经处工作。1922 年,欧阳渐在南京成立支那内学院,以"师、悲、教、戒"四字为院训,得到学界、政界广泛支持。

欧阳渐开始钟情于唯识,关注身心问题。"九一八"和"一·二八"之后,鉴于民族危亡,他又转而积极参与拯救家国的事上,把儒佛融会起来。吕澂在《亲教师欧阳先生事略》中说:"自九一八事变以来,国难日亟,师忠义奋发,数为文章,呼号救亡如不及。一·二八抗日军兴,师筮之吉,作释词,写寄将士以资激励。继刊《四书读》《心史》,编《词品甲》,写《正气歌》,撰《夏声说》,所以振作民气者无不至。于是发挥孔学精微,承思、孟,辨义利,绝乡愿,返之性天。以为寂智相应,学之源泉,孔、佛有究竟,必不能外是也。"②他从 1936 年起,开始"集门人讲晚年定论,提无余涅槃三德相应之义,融瑜伽、中观于一境,且以摄《学》、《庸》格物诚明,佛学究竟洞然,而孔家真面目亦毕见矣。讲毕,日寇入侵,师率院众并运所刻经版徙蜀。息影江津,建蜀院,仍旧贯,讲学以刻经。先后著《中庸传》、《方便般若读》(即《般若经序》卷三)、《五分般若读》、《院训·释教》。以顿境渐行之论,五科次第,立院学大纲。自谓由文字历史求节节逼真,不史不实,不真不至,文字般若千余年所不通者,至是乃毕通之"③。

---

① 参见牟钟鉴、张践:《中国宗教通史》,社会科学文献出版社 2000 年版,第 1037—1038 页。
② 王雷泉编:《欧阳渐文选》,上海远东出版社 2011 年版,第 423 页。
③ 王雷泉编:《欧阳渐文选》,上海远东出版社 2011 年版,第 424 页。

他晚年去世前写出最后一本《心经读》,乃精致之作。①

与欧阳渐并行的北方名居士韩清净对唯识学深有研究,时人誉称"南欧北韩"。但韩清净的三时学会的规模和影响力远不如欧阳渐的支那内学院。内学院是学者云集的地方,如吕澂、姚伯年、汤用彤、梁漱溟、黄树因、陈铭枢、王恩洋等皆受过欧阳渐的教诲。欧阳渐写有一篇《佛法非宗教非哲学》,认为"宗教、哲学二字,原系西洋名词,译过中国来,勉强比附在佛法上面。但彼二者意义既各殊,范围又极隘,如何能包含得此最广大的佛法?"②"天地在吾掌握,吾岂肯受宗教之束缚? 万法具吾一心,吾岂甘随哲学而昏迷? 一切有情,但有觉、迷二途,世间哪有宗教、哲学二物?"③他欲打破西方的宗教与哲学的话语局限,展现中国佛法的博大和特色,这为建立中国特色学术体系是有启迪的。后来汤用彤受其影响,又做了改进,提出佛法亦宗教亦哲学,这是后话。

吕澂(1896—1989 年),字秋逸,江苏丹阳人。1943 年欧阳渐去世后,吕澂在四川江津接任内学院院长至 1952 年学院解散。其佛学研究早年偏重于文献考证。任院长后,建立"佛学五科"的讲习体系。1949 年以后,他的研究更侧重在对佛教思想史源流的梳理并使之具有现代学术形态。1950 年他在《内学院研究工作的总结和计划》中说:"随着历史的推移,旧有的学说思想契合于真理之处,在人类生活实践当中,一定会被吸收融合,以丰富着永在开展着的文化。就这一点上着眼,佛学对于我国新文化的建设有其重要的意义。而且佛学的主旨,本在不满于不平等而痛苦的世间现状,要求根本变质地改革它,这样的积极精神虽时被曲解,却始终未会丧失,就又有其主张文化改进的功能。但这些,都必须依据真实的佛学才能谈得到。"④因此他主张用理性的科学的态度做好佛学研究。为了求取佛学的真相,他提出"今后就应当去做下列的工作:一、用科学的历史观点,重新批判全体佛学并确定其一般价值之

---

① 以上引自刘成有等:《汉传佛教》,中国民主法制出版社 2015 年版,第 182 页。
② 卓新平主编:《20 世纪中国社会科学·宗教学卷》,广东教育出版社 2009 年版,第 680 页。
③ 卓新平主编:《20 世纪中国社会科学·宗教学卷》,广东教育出版社 2009 年版,第 696 页。
④ 刘成有:《近现代居士佛学研究》,巴蜀书社 2002 年版,第 197 页。

所在。二、注重民族性方面来阐明佛学过去对于我国文化的关系,由引寻出途径,结合当今人民大众所需求的,所了解的,以发挥佛学对新文化建设应有的作用。三、同时,彻底扫除人民大众间所有关于佛学的错误思想,以减少新文化建设的障碍。四、与国外进步的佛学研究相配合,以完成上述任务"[1]。吕澂既要使佛学适应新时代,又要维护佛学的价值和尊严。他留下的最主要的学术著作是"二史一论":《印度佛学源流略讲》、《中国佛学源流略讲》和《佛学概论》,都有很高的学术价值并在教内外产生广泛影响。

(三) 虚云和尚在佛教复兴中的垂范

现代佛教在清末到民国的艰苦环境中磨炼出一批高僧大德,他们用无畏精进的精神把佛教从泥泞中拔脱出来,走上了新生之路,他们也成为社会各界敬重的人物。这些名僧有:敬安、月霞、谛闲、印光、太虚、来果、月溪、圆瑛、弘一、印顺、慈舟、周叔迦、巨赞、赵朴初、星云等。而其中虚云和尚是走在这个佛教群体前面的标杆,起到了表率的作用。

虚云(1840—1959 年),湖南湘乡人,是大寿数的高僧。德高望重,著作宏富,事业开阔,弘扬禅宗,弟子众多,树立起崇高的"虚云形象"。由净慧主编的《虚云和尚全集》,共 9 册,350 万字,由中州古籍出版社于 2009 年 10 月出版。南怀瑾、方立天、陈兵等当代佛学专家写了"序言"。现将他们的权威评述摘录如下,足以表达虚云的历史地位和作用。

南怀瑾在"序一"中说:"及至民国,人有仿明末四大老之说,称虚云、太虚、印光、谛闲为民国佛教四大老"[2],"虚老乃一代高僧,行化因缘,犹如多面观音,非凡夫之所知。"[3]

方立天在"序二"中说:"虚云和尚一生虔诚奉佛,志大气刚,悲深行苦,百城云水,万里烟霞,'坐历五帝四朝','受尽九磨十难',忘身为法,腊高德劭,堪称佛门一代高僧,千秋典范。"[4]方立天总结了虚云四大业绩:"一、兼承五

---

①　刘成有:《近现代居士佛学研究》,巴蜀书社 2002 年版,第 198 页。
②　净慧主编:《虚云和尚全集》第 1 册,中州古籍出版社 2009 年版,"序一"第 1 页。
③　净慧主编:《虚云和尚全集》第 1 册,中州古籍出版社 2009 年版,"序一"第 14 页。
④　净慧主编:《虚云和尚全集》第 1 册,中州古籍出版社 2009 年版,"序二"第 1 页。

宗。""虚云一生传承临济、兼弘曹洞、匡扶法眼、延续沩仰、中兴云门,以一身兼嗣五宗法脉,承前启后,演衍宗风。""二、弘扬佛法。""虚云一生弘法,行踪遍及我国的东南和西南地区、港澳台地区,以及东南亚一些国家,影响广泛而久远。""三、重建古刹。""他一生重建大小寺院庵堂八十余处,兴复六大名刹:云南鸡足山祝圣寺、昆明云栖寺、福建鼓山涌泉寺、广东韶关南华寺、乳源云门大觉寺、江西云居真如禅寺。""在重建古刹的同时,还十分重视规章制度的建立。""四、培养弟子。据不完全统计,在虚云和尚座下剃度、得法、受戒、受归伦的弟子达百万之众","现在,所传法嗣及再传法孙,已有三四世,达数百人之多。其中佼佼者,如本焕、一诚、净慧、传印、佛源等,都是当代中国佛教界的中坚"①。虚云和尚佛教实践的道路和走向,有三个方面内容适应当时佛教的情况,又符合讲教今后发展的需要:"其一,诸宗会融",包括禅宗内部各派、禅宗与其他宗派、汉传藏传南传佛教之间的会融。"其二,传统与现代结合。"如推行"工禅并重"、"农禅并重"。"其三,以戒为本,以戒为师。"②

陈兵在"序三"中说:"在 20 世纪初以来的中国佛教复兴运动中,长期作为中国佛教主流,而衰微已达三百年之久的禅宗之复兴,是整个佛教复兴运动的重要组成部分,其间业绩最著、影响最大者,首推虚云和尚。虚云和尚的贡献,首先在于树立了一个足以垂范千秋的高僧典范,人格楷模。"③他还"将丛林生活制度严格规范化、民主化,革除封建家长制之弊,强调农禅并举,自力更生"④。"而且着眼中国佛教全局,积极参加佛教社会活动,创立佛教团体,兴办佛学院,输资赈济灾民,为国主持法会。新中国成立后,他被推为中国佛协名誉会长,号召佛教徒爱国爱教,发挥佛法积极进取的精神,配合时代和政策参加社会建设,除戒、定、慧三学不宜改动外,应因时制宜,改革佛教不适应时代的生活习惯。"⑤"序言"提到他的弟子中还有圣一、宣化、灵源等。宣化上

---

① 净慧主编:《虚云和尚全集》第 1 册,中州古籍出版社 2009 年版,"序二"第 1—4 页。
② 净慧主编:《虚云和尚全集》第 1 册,中州古籍出版社 2009 年版,"序二"第 5 页。
③ 净慧主编:《虚云和尚全集》第 1 册,中州古籍出版社 2009 年版,"序三"第 1 页。
④ 净慧主编:《虚云和尚全集》第 1 册,中州古籍出版社 2009 年版,"序三"第 2 页。
⑤ 净慧主编:《虚云和尚全集》第 1 册,中州古籍出版社 2009 年版,"序三"第 2 页。

人后来将佛教传到美国,成为佛法西传一大因缘。

（四）太虚法师的人间佛教

在现代中国佛教复兴运动中,改革创新力度最大,对后世佛教信仰影响最久的,无疑是太虚法师。他提出的人间佛教后来成为当今中国两岸四地佛教发展的主流,得到教内外高度认可,并对中国社会精神生活产生巨大影响。

太虚(1890—1947 年),俗姓吕,浙江宁海人。16 岁出家,稍后受康有为、梁启超、章太炎和孙中山的影响,立志于革新佛教。1913 年,他在追悼敬安的法会上正式提出"教理革命、教制革命、教产革命"三大革命口号,在全国佛教界引起巨大震动。教理革命要求佛学义理的创训,教制革命要求教团制度的创新,教产革命要求寺院经济的创新,涉及佛教信仰、体制、经济三个主要层面,都有很大难度,非大愿力者难有作为。太虚立志用佛教救国,身上蕴藏着巨大的能量。先是在普陀山三年,潜心研究佛典与中西哲学著作。尔后出来从事社会活动,于 1918 年在上海推动成立觉社,1920 年办《海潮音》,并奔走各地讲论佛经。1922 年创办武昌佛学院、闽南佛学院、北京柏林教理院等,出访日、英、德、法、美等国。1924 年在庐山成立世界佛教联合会,1928 年又倡议成立世界佛学院,努力使佛教走向世界、发挥积极作用,赢得广泛称赞。抗日中,太虚不仅各处演讲,号召佛教徒起来抗日救国,还组织了青年救国团和僧侣救护队,抢救安置伤员。又出访缅甸、印度、锡兰等国,宣传中国抗日救国正义事业,争取国际援助。1946 年元旦,国民政府授予他"胜利勋章"。1947 年太虚去世。后人集其著作编为《太虚大师全书》,共 700 余万字。

太虚的教理革命,形成了人生佛教或人间佛教,他写有《人生佛教》,又写有《怎样来建设人间佛教》等作品,而后来得到社会更为认同的是"人间佛教"的话语表述。

其一,他主张在佛学内部贯通空、有、性、相各宗派学说,自称"本人在佛法中的意趣,则不欲专承一宗之徒裔"[1],其宗乘融贯亦包括汉、藏、梵、巴利文

① 本书编委会编集:《太虚大师全书》第 1 卷,宗教文化出版社、全国图书馆文献缩微复制中心 2005 年版,第 377 页。

语系佛教,并试图创立一种"世界佛教"。

其二,佛学还要吸收现代各种优秀文化营养,以适应新时代,故说:"根据佛法的常住真理,去适应时代的思想文化,洗除不合时代性的色彩,随时代以发扬佛法之教化功能。"①

其三,提倡新唯识论,认为它是人生真谛、做人之本,认为它并不像西方之唯心论,与唯物论对立,而曰:"今是之唯识论者,乃适其反所趋,将其妙心圆显,德用齐彰,如理如量,无取无舍,不与彼几经破碎崩溃之西洋唯心论同途同道。故今兹之唯识论出现,非唯物论与唯心论之循环往复,而实为世界思潮总汇中所别开出之一时雨之新化"②。

其四,强调佛教要直面现实社会人生,服务于社会进步事业。1928年,他发表《对于中国佛教革命僧的训词》,正式提出人生佛教的主张:"甲、依三民主义文化建由人而菩萨、而佛的人生佛教;乙、以人生佛教建中国僧寺制;丙、收新化旧成中国大乘人生的信众制;丁、以人生佛教成十善风化的国俗及人世。"③他在《从巴利语系佛教谈到今菩萨行》中说:"革新中国佛教,要洗除教徒好尚空谈的习惯,使理论浸入实验的民众化"④,"要能够适应今时今地今人的实际需要,故也可名为今菩萨行"⑤。他还说过:"人间佛教,是表明并非教人离开人类去做神做鬼,或皆出家到寺院山林里去做和尚的佛教,乃是以佛教的道理来改良社会,使人类进步,把世界改善的佛教。"⑥又说:佛教理论不应主要讨论出家、死后的问题,而应当着眼于现实世界,建设人间净土,"把个人

---

① 本书编委会编集:《太虚大师全书》第1卷,宗教文化出版社、全国图书馆文献缩微复制中心2005年版,第380页。
② 本书编委会编集:《太虚大师全书》第9卷,宗教文化出版社、全国图书馆文献缩微复制中心2005年版,第141页。
③ 太虚:《太虚集》,中国社会科学出版社1995年版,第257页。
④ 本书编委会编集:《太虚大师全书》第19卷,宗教文化出版社、全国图书馆文献缩微复制中心2005年版,第195页。
⑤ 本书编委会编集:《太虚大师全书》第19卷,宗教文化出版社、全国图书馆文献缩微复制中心2005年版,第195页。
⑥ 本书编委会编集:《太虚大师全书》第24卷,宗教文化出版社、全国图书馆文献缩微复制中心2005年版,第433—434页。

的力量贡献给大众的利益要达到自他两利"①。

太虚的人间佛教在精神上吸取最多的应是孔子儒家"修己以安人"、"博施于民而能济众"的现实关怀情结。历史上禅宗已经采纳儒家的入世精神而使佛教中国化,太虚人间佛教使这种家国情怀得到更大的展现。

在太虚人间佛教的感召下,许多僧界领袖如谛闲、印光、虚云、弘一、月霞等都从不同角度推进了现代佛教革新的事业。

(五)佛教复兴中各宗名僧略述

圆瑛(1878—1953年),福建古田人。初在福建鼓山涌泉寺出家,后到福州大雪峰寺苦修。1914年任中华佛教总会参议长,在南北方各地讲经,又出访日本、朝鲜及南洋诸国。1929年与太虚共同发起建立中国佛教会,连任七届会长。在佛理上,他主张"台、贤并治"、"禅、净兼修",尤对《楞严经》有精深研究,谓此经是"诸佛之心宗,群经之秘藏,众生之大本,万法之根源②"。在活动上,他着力开办佛教济世事业,如慈儿院和工禅、农禅事业。抗日战争中,他组织僧侣救护队与佛教医院,救护伤员,救济难民。又利用其国际影响,到南洋募捐,支持抗战,曾被日本宪兵逮捕,受酷刑折磨仍不屈服,表现出崇高民族气节,由于各界抗议与营救,才得以摆脱日本魔爪。1953年,中国佛教协会成立,圆瑛被推为第一任会长,同年九月去世。

谛闲(1858—1932年),浙江黄岩人。他是天台宗的现代重要传人。1913年,他在宁波观宗寺创办观宗研究社,是为天台宗第一所现代教育研究机构,后又创办《弘法月刊》。先后培养的僧俗弟子而表现优秀者有常惺、仁山、显阴、倓虚、戒尘、持松、妙真、蒋维乔、黄少希等。弟子整理其著作汇为《谛闲大师全集》。

月霞(1858—1917年),湖北黄冈人。他是现代振兴华严宗的名僧。1914年在上海创办华严大学,专弘《华严经》。1915年受杨度、孙毓筠、严复等之邀,赴北京创办大乘讲习所。因杨度等办筹安会协助袁世凯复辟帝制而愤然

---

① 本书编委会编集:《太虚大师全书》第3卷,宗教文化出版社、全国图书馆文献缩微复制中心2005年版,第160页。

② 圆瑛:《圆瑛大师文汇》,华夏出版社2012年版,第92—93页。

离京南返。1917 年移居常熟虞山兴福寺任住持,续办华严大学。曾到日本、锡兰、泰国、缅甸等国讲经,去印度参访,有一定国际影响。

印光(1861—1940 年),陕西合阳人。1881 年出家。1886 年至北京怀柔红螺寺资福寺专修净土,发愿光大庐山慧远的净土事业。后移居北京圆广寺,又南下访修佛法。1930 年移居苏州报国寺,完成普陀山、五台山、峨眉山、九华山四大山志修辑工作。后至灵岩山寺建立专修净土道场,又在上海创办弘化社,流通佛典。一生弘扬净土,行事坚持"不当住持、不收徒众、不登大座"三大原则,淡泊名利,刻苦俭朴,示人以老实修持之道。他操守严正,感化甚广,对净土法门的弘扬,用力甚勤,影响最巨。

弘一(1880—1942 年),浙江平湖人,俗名李叔同。他性情倜傥活跃,多才多艺,出家前游身于艺术界,既工诗词、字画、金石,又善吹拉弹唱和戏曲,成为上海文艺界名流。26 岁东渡日本学习美术、音乐,回国创春柳剧社,为我国新剧事业之先驱。历任浙江两级师范学堂、浙江第一第二师范学校、上海成东女子学校的音乐、美术教师。十余年间创作发表了《送别》、《悲秋》、《忆儿时》等著名歌曲,其名声传遍各地。如《送别》:"长亭外,古道边,芳草碧连天。晚风拂柳笛声残,夕阳山外山。天之涯,地之角,知交半零落。一壶浊酒尽余欢,今宵别梦寒。"又如《悲秋》:"西风乍起黄叶飘,日夕树林杪。花事匆匆,梦影迢迢,零落凭谁吊。镜里朱颜,愁边白发,光阴催人老。纵有千金,纵有千金,千金难买少年。"此曲广传于社会与学校,成为美学名作,内中也透露出李叔同的悲凉、伤世情绪。在杭州时期,他接触多位佛教高僧,受到佛法空寂精神的感化,终于看破红尘,于 1918 年在杭州定慧寺出家,依了悟上人受沙弥戒,又在灵隐寺受比丘戒,法号弘一,从一位极有才华的艺术家顿悟而转为律宗大师。

弘一在佛理上的主要贡献在律学,鉴于佛教界戒律松弛、教风混浊,他着力于梳理诠注历代律学大师著作,解说四分律,决心通过南山律宗来振兴佛教,并且身体力行,自律甚严,以苦行树立表率,用行动弘扬律宗,为世所敬仰。其俗家友人夏丏尊,弟子丰子恺、刘质平皆一生崇拜弘一。弘一曾表述他的宏愿:"一切的尘缘已尽,所有的宿因现前,在这种万劫难逢的关头,有四事,当为我明镜,不作一个碌碌于岁月轮下碾得魂消魄散的啖饭僧。第一,我必须放下万缘,一心系佛;宁愿堕地狱,不做寺院住持,不披剃出家徒众。第二,我必须戒除一切虚文缛节,在简易而普遍的方式下,令法音宣流,不开大座,不做法师! 第三,我誓志拒绝一切名利的供养与沽求,度我的行云流水生涯,粗茶淡饭,一衣一衲,鞠躬尽瘁,誓成佛道。第四,我为僧界现状,誓志创立风范,令人恭敬三宝,老实念佛,精严戒律,以戒为师!"①临终前他寄给夏丏尊一首偈语:"君子之交,其淡如水;执象而求,咫尺千里。问余何适,廓而忘言;华枝春满,天心且圆。"②又交给妙莲四字:"悲欣交集。"这临终开示,值得后人永远回味。淡思在陈著《弘一大师传》的"序"中说:"弘一大师的一生,可分两个阶段去看:39 岁前的李叔同,所表现的是人类宝贵的纯艺术的生命;39 岁后的弘一大师,所表现的则是更宝贵的纯庄严的生命,即走进佛教最谨严最规束的一门,就正因他有过一段最灿烂和浪漫的艺术生命。没有佛教的严峻戒律,不足以收敛他的艺术精神;没有以往的艺术生涯,亦不足以形成他后来的庄严生命。"③

(六)印顺出入儒道而归宗并大力开拓人间佛教

印顺(1906—2005 年),俗姓张,名鹿芹,浙江海宁人。1930 年在普陀山福泉庵随清念和尚剃度出家,法号印顺。后受具足戒于圆瑛法师。修学于闽南佛学院与武昌佛学院。1936 年应太虚之命到武昌佛学院和四川汉藏教理院任职。1947 年太虚去世后,弟子编辑《太虚大师全集》,印顺任主编。后赴香港,曾任香港佛教联合会及世界并教友谊会港澳分会会长。不久移居台湾,直至去世。其主要著作有:《妙云集》、《华雨集》、《永光集》、《中国禅宗史》等。《印顺佛学著作集》已由中华书局出版。

印顺的心路述要。

第一,对道家、儒家和基督教的反思。印顺是公认的在太虚之后推动人间佛教最有力的名僧,但他的思想历程却经过了对多种信仰的思考、比较而后才

---

①　陈慧剑:《弘一大师传》,中国建设出版社 1989 年版,第 156—157 页。

②　陈慧剑:《弘一大师传》,中国建设出版社 1989 年版,第 421 页。

③　陈慧剑:《弘一大师传》,中国建设出版社 1989 年版,第 8 页。

进入佛门并栖身人间佛教的。他在《我之宗教观》中回忆说："老、庄的哲理非常深彻，然而反造作的回复自然、返归于朴的理想，始终是不可能的。熟练人情的处世哲学，说来入情入理，而不免缺乏强毅直往的精神。独善的隐遁生活，对社会不能给予积极的利益。虽然老、庄的思想，为我进入佛法的助缘；而道家的哲理、道教的修身方法，也获得我部分的同情，然我不再作道教的信徒，从仙道的美梦中苏醒过来。"①他曾相信过："巫术化的神道教，着重于个体的长生与神秘现象。然对于我——目光的扩大，真理的追求，还是有著良好的影响"②。他在《妙云集·佛法是救世之光》中补充指出，在健身运动的限度内，道教的炼养之道是可行的，"不过，如由此而夸大，幻想熏炼血肉之躯为永劫不变，炼精炼气，那么长生成仙的邪见，就由此而引出——这就成为外道法了"③。印顺吸收道家的哲理、道教的修身方法，而拒绝道家的避世思想和道教的长生成仙的信仰追求。

印顺对儒家抱有同情之理解，却又感到不能满足其精神上的需求。在上述所引《我之宗教观》中他表达了对儒家的看法：儒家"平常、切实、重人事、尊理性，确为我国文化的主流。然而我尽管同情他，赞美他，却不能充实我空虚与彷徨的内心"④。"凡有关宗教的——宇宙的来源，死后的命运，鬼神的情况，神秘的现象，这都被孔子置而不论。'敬鬼神而远之'，确是孔子以来的儒家精神。特别是'圣人以神道设教'，充分表示了不知宗教是什么，但知利用宗教，作为统治愚民的工具。"⑤他对于理学家的迂腐和拘谨，批评甚锐。《大学》的慎独功夫和八德目是好的，但"力量不强，而只能为少数人说法"⑥，而且往往言与行脱节，觉得儒家"对于一般人，不能织成一幅庄严灿烂的光明图案，缺乏鼓舞摄引力，不易使一般人心安理得（得失不变，苦乐不变，死生不

---

① 释印顺：《我之宗教观》，中华书局 2011 年版，第 120 页。
② 释印顺：《我之宗教观》，中华书局 2011 年版，第 120 页。
③ 释印顺：《佛法是救世之光》，中华书局 2011 年版，第 213 页。
④ 释印顺：《我之宗教观》，中华书局 2011 年版，第 120 页。
⑤ 释印顺：《我之宗教观》，中华书局 2011 年版，第 22—23 页。
⑥ 释印顺：《我之宗教观》，中华书局 2011 年版，第 68 页。

变），而迈向光明的前途。"①印顺对儒家的批评虽有所偏失，例如未看到"五常"、"八德"能通过家族社会的教化体系而成为一般人的道德信仰从而多数中国人可称之为儒教徒，恰恰佛教的正式信徒向来是少数；但他却揭示出一个深刻的道理，即：只有以神为本的宗教才能真正使人安心立命，激发出哲学所不能有的绝大的"鼓舞摄引力"，使一般大众中的虔信者产生一种一往无前的奉献精神，而以人为本的哲学包括儒学是难有这种效用的，所以儒学需要"敬天法祖"的礼教信仰与之同时并行。

印顺青年时，为填补空虚的心灵，一度对基督教产生浓厚的兴趣，参加过比较狂热的"兴奋会"的活动。后来逐渐发现基督教有重大缺陷，在心理上产生排斥，他在《我之宗教观》中说明："主因是，某种思想的难以接受。如信者永生，不信者永火（灭）。不以人类的行为（内心与外行）为尺度，而以信我不信我为标准。'顺我者生，逆我者亡'，有强烈的独占的排他性；除属于己方以外，一切都要毁灭。阶级爱的底里，显露出残酷的仇恨。"②于是他宣称："我是中国人，无法养成耶和华与耶稣先生所要求的奴性。我一向不愿意作谁的主人，也不愿作谁的奴隶。所以我非常抱歉的，离开了耶稣先生而进入佛教。"③基督教自有其长处，但印顺指出了基督教作为一神教具有强烈排他性的负面属性，其特点是信仰绝对唯一神、把爱上帝作为最高教义，必然导致对信者的奴化和对不信者的迫害，在多元宗教的世界掀起仇恨和厮杀，西方中世纪的宗教战争就是明证，所以基督教开明人士要超越原教旨主义而提倡宽容和对话。印顺的揭示是深刻的，又表现出中华文化的自信。

第二，对人间佛教的深入阐释。首先，印顺明把人生佛教提升为人间佛教。他认为"人生佛教"的提法有漏洞，提"人间佛教"有益于彻底消除佛教的神学色彩，使佛教完全回归人间。他在《游心法海六十年》中说："虚大师说'人生佛教'，是针对重死重鬼的中国佛教。我以为印度佛教的天（神）化，情势异常严重，也严重影响到中国佛教，所以我不说'人生'，而只说'人间'。希

---

① 释印顺：《我之宗教观》，中华书局 2011 年版，第 120 页。
② 释印顺：《我之宗教观》，中华书局 2011 年版，第 121 页。
③ 印顺：《妙云集下篇之六　我之宗教观》，正闻出版社 1986 年版，第 191 页。

望中国佛教,能脱落神化,回到现实的人间。""印度后期的佛教,背弃了佛教的真义,不以人为本而以天为本","所以特提'人间'二字来对治他","真正的佛教,是人间的,唯有人间的佛教,才能表现出佛法的真义。所以我们应继承'人生佛教'的真义,来发扬人间的佛教。我们首先应记着:在无边佛法中,人间佛教是根本而最精要的,究竟彻底而又最适应现代机宜的"①。人间佛教就是"佛在人间"、"以人类为本"的佛法。

其次,人间佛教是"契理"的,最契合大乘菩萨行精义的。他说:"从人而学习菩萨行,由菩萨行修学圆满而成佛——人间佛教,为古代佛教所本有的,现在不过将他的重要理论,综合抽绎出来。所以不是创新,而是将固有的'刮垢磨光'。"②他对菩萨精神作了这样的表述:"大乘的真价值,大乘的所以可学,不在世间集灭的解说,却在这菩萨的大行。菩萨学一切法,有崇高的智慧。度一切众生,有深彻的慈悲。他要求解脱,但为了众生,不惜多生在生死中流转。冷静的究理心,火热的悲愿,调和到恰好。他为法为人,牺牲一切,忍受一切,这就是他的安慰,他的庄严了! 他只知应该这样行,不问他于己有何利益。那一种无限不已的大精进,在信智、悲愿的大行中横溢出来,这确是理想的人生了。"③可知人间佛教的真义不在入世而在救世,在为社会大众做奉献。

再次,人间也是"契机"的,能够站在时代的高度,契合现代中国人的特点。一是契合"青年时代",青年成为时代的核心,主要应培养青年人的信心,发愿修菩萨行。二是契合"处世时代",必须以出世精神,作入世事业,不能隐遁深山,而要在通都大邑弘传佛法。三是"集体时代",要过集团生活,和乐共处,自利利他。同时要强调男女平等,而且女性更有其特色:"女子比起男子来,自有她的弱点,但女性的柔和、坚忍、慈爱,都胜过男人,而与大乘的特质相契合。"④刘成有在《印顺法师传》"自序"中如此评价印顺法师:"在出家的日子里,在促使佛教思想适应现代社会的努力中,他矻矻以求,勇猛精进,磨尽尘

---

① 刘成有:《近现代居士佛学研究》,人民出版社 2013 年版,第 42 页。
② 释印顺:《人间佛教论集》,中华书局 2010 年版,第 125 页。
③ 释印顺编:《以佛法研究佛法》,中华书局 2011 年版,第 132 页。
④ 释印顺编:《印顺法师佛学著作系列 华雨香云》,中华书局 2011 年版,第 158 页。

垢现明珠,揭示出了一条佛教人间化的光明坦途! 慈心清流,利乐人间。在他的生命里,处处映现出的,是救苦救难、大慈大悲的菩萨精神!"[1]"不论是他倡导的人间佛教思想,还是他躬行的菩萨学行,都是中华民族、乃至整个人类的一笔宝贵精神财富!"

第三,人间佛教在台湾的后续影响是巨大的,它成为台湾佛教的主流,已通过文化、教育和慈善事业三大支柱,促成了佛教的繁荣,而且渗透到台湾社会生活的广泛领域,并拓展到大陆和海外,有大批知识精英成为佛教事业的骨干。其中星云大师与证严法师最具代表性。星云(1927—),江苏扬州人。他以佛光山为基地,发扬光大人间佛教,已形成宏大事业。他提倡"五和":一是自心喜悦,二是家庭和顺,三是人我和敬,四是社会和谐,五是世界和平。他通过创办丛林学院、大中小学、图书馆、美术馆、出版社和多种刊物,使人间佛教与社会紧密互动,发挥佛法提升人的心灵、改善社会精神生活水准的作用,被称为慈善大使、心灵救护大使、和平大使。他在70多个国家建立佛光会,在世界各地共有200多个佛光道场,参与服务者600余万人。他多次来往于两岸之间,为推动两岸和解与交流作了许多贡献,成为两岸和华人社会敬重的高僧。

证严(1937—),台中人,印顺法师女弟子。她发扬太虚、印顺的人间佛教精神,把主要力量放在公益慈善事业上。从20世纪60年代起,创办慈济功德会,以花莲"静思精舍"为中心,在台湾各地建立慈济功德会工作站,吸收大批在家信众和社会各界热心慈善事业的人士作为志愿者参加日常服务,使公益救济成为社会常态生活;开办医院和学校;及时救助突发灾害中的难民,也多次参与大陆的救灾工作;建立数千个垃圾回收站,保护环境;把每一处功德工作平台当作修习佛法的道场,使人间佛教普化为人伦日用,得到两岸人民的高度称赞。

(七)赵朴初居士的赤子佛心、无私奉献和对儒家、道家的包纳

赵朴初(1907—2000年),安徽太湖县人。1928年后,任上海江浙佛教联

---

[1] 刘成有:《佛教现代化的探索——印顺法师传》,太平慈光寺2008年版,"自序"第1、2页。

合会秘书、上海佛教协会秘书、佛教净业社社长。1938 年后,任上海文化界救亡协会理事、中国佛教会主任秘书、上海慈联救济战区难民委员会常委兼收容股主任、上海净业流浪儿童教养院副院长、上海少年村村长,为抗日救亡运动作出诸多贡献。1945 年参与发起组建中国民主促进会。1980 年后,任中国佛教协会会长、中国佛学院院长、中国宗教和平委员会主席等职。他不仅在大陆孜孜不倦地推动人间佛教的传布和践行,而且开展两岸四地佛教文化交流,推进祖国和平统一大业,还致力于中外友好交流,指出佛教是中日韩三国友好交往的黄金纽带,受到国内外人士广泛的敬重。

赵朴初是继太虚法师之后在大陆弘扬人间佛教最为尽力而且贡献最大者。他护持佛教的尊严,推动佛学的研究和普及,爱护僧众,保护文物,为佛教文化的复兴,呕心沥血,不遗余力,被称为大护法。他是位伟大无私的佛学家、爱国者和杰出的社会活动家,有一颗纯真的赤子佛心,其影响力远超佛教界而达于政界和学界。从他进入佛教界中心区起,居士佛教与僧尼佛教已经高度结合而无间疏,携手合作,共同致力于改良人生、服务社会。他是位大书法家和诗词家,他的佛教思想借由书法和诗词而得到广泛流传。其作品结集为《赵朴初文集》、《赵朴初韵文集》。

赵朴初的主要业绩简述如下。

第一,弘扬人间佛教,建设和谐、安乐的文明社会。1947 年 3 月,太虚大师在圆寂之前,召赵朴初到上海玉佛寺,赠书《人生佛教》,勉励他努力护法。此后在多种场合,赵朴初不断宣讲人间佛教。他在《佛教常识答问》(1983年)的"发扬人间佛教的优越性"一节中说:"人间佛教主要内容就是:五戒、十善。"[①]五戒是:不杀生、不偷盗、不邪淫、不妄语、不饮酒。十善是:不杀、不盗、不邪淫、不妄语欺骗、不是非两舌、不恶口伤人、不说无益绮语、不贪、不嗔、不愚痴。他说:"假使人人依照五戒十善的准则行事,那么,人民就会和平康乐,社会就会安定团结,国家就会繁荣昌盛,这样就会出现一种和平安乐的世界,

---

① 　赵朴初:《佛教常识答问》,中国佛教协会 1983 年版,第 125 页。

一种具有高度精神文明的世界。这就是人间佛教所要达到的目的。"①1983年底,他在佛协理事会上所作的《中国佛教协会三十年》报告中,在五戒、十善之外,加上四摄、六度。四摄是:布施、爱语、利行、同事。六度是:布施、持戒、忍、精进、禅定、般若。接着他总结说:"我们提倡人间佛教的思想,就要奉行五戒、十善以净化自己,广修四摄、六度以利益人群,就会自觉地以实现人间净土为己任,为社会主义现代化建设这一庄严国土、利乐有情的崇高事业贡献自己的光和热。"②他在报告中还指出,在提倡人间佛教的同时,要发扬中国佛教三大优良传统:"提倡人间佛教思想,以利于我们担当新的历史时期的人间使命;应当发扬中国佛教农禅并重的优良传统,以利于我们积极参加社会主义物质文明建设;应当发扬中国佛教注重学术研究的优良传统,以利于我们积极参加社会主义精神文明建设;应当发扬中国佛教国际友好交流的优良传统,以利于我们积极参加增进同各国人民友好,促进中外文化交流和维护世界和平的事业。"③他在《发扬地藏菩萨精神,建设好九华山》中说:"中国佛教有四位受到教徒普遍崇敬的大菩萨,四位菩萨各有一座应化度生的道场,即一般所说的四大名山。四大菩萨分别体现了大乘佛教的四种根本精神。文殊菩萨表大智,体现了佛教重智慧的精神,其应化度生的道场是山西的五台山。普贤菩萨表大行,体现了佛教重实践的精神,其应化度世的道场是四川的峨眉山。观世音菩萨表大悲,体现了佛教重慈悲的精神,其应化度世的道场是浙江的普陀山。地藏菩萨表大愿,体现了佛教重誓愿的精神,其应化度世的道场是安徽的九华山。智慧、慈悲、实践、誓愿四大精神,是大乘佛教利生济世思想的完整体现,是我们每个佛教徒必须精进修学的佛法总纲。"④

第二,修复庙宇,保护文物,落实宗教信仰自由政策。1966年至1976年的"文化大革命"对宗教造成巨大破坏。就佛教而言,大量庙宇拆毁,图像、佛典、文物被焚,僧人禁止出家,亦无栖身之地,佛教岌岌可危。70年代末国家

---

① 赵朴初:《佛教常识答问》,中国佛教协会1983年版,第126页。
② 赵朴初:《赵朴初文集》(上),华文出版社2007年版,第562页。
③ 赵朴初:《赵朴初文集》(上),华文出版社2007年版,第563页。
④ 赵朴初:《赵朴初文集》(下),华文出版社2007年版,第1034—1035页。

实行改革开放以后,宗教信仰政策恢复并执行,佛教开始新生。赵朴初以其崇高社会威望和社会地位(全国政协副主席),大力推动名刹的归还、修复与保护,维护宗教界合法权益,上下呼吁,各地奔走并富有成效。在他推动下,各地寺院陆续修复开放,名刹如厦门南普陀、浙江普陀山、洛阳白马寺、广州光孝寺、深圳弘法寺、庐山东林寺、开封大相国寺、嵩山少林寺、四川峨眉山、赵县柏林禅寺、房山云居寺、南京金陵刻经处,以及北京的广济寺、法源寺、广化寺、雍和宫、西黄寺等,在修复和恢复中皆有赵朴初忙碌的身影和心血。房山石经山存有石刻佛教经版一万余块,绵历千载,具有极高的历史文化价值,也是佛教发展史的书写,在赵朴初直接关怀下,得以妥善保护、拓印面世、回藏原洞。赵朴初为此赋诗曰:"辽金宝藏,应机出现。拓印流通,光腾赤县。宏愿深心,永怀列祖。功德今圆,还归故土。"[1]

第三,恢复佛教团体,建设佛教教育研究机构,敬请高僧出山。陆续建立和健全各地佛协组织的领导群体,创办佛教院校、刊物(如《法音》等 60 余种),推动佛学研究与交流,培养新一代佛界人才。劝请妙湛法师出山主持南普陀寺,支持妙善法师任普陀山全山方丈,参与聘请本焕法师出任光孝寺方丈兼弘法寺方丈,礼请传印法师任东林寺方丈。与一诚、清定、明旸、茗山、真禅、惟贤、净慧诸高僧和十世班禅大师结成深厚情谊。

第四,提出宗教文化论,发挥人间佛教繁荣文化的作用。在《佛教常识答问》中,赵朴初指出佛教对中国思想文化有深刻影响,如宋明理学"在很大程度上受了华严、禅宗和另一部分佛教理的刺激和影响而产生的,这是思想界公认的历史事实"[2],"在晚清时期,中国知识界研究佛学成为一时普遍的风气。一些民主思想启蒙运动者,如谭嗣同、康有为、梁启超、章太炎等学术名流,都采取了佛教中一部分教理来作为他们的思想武器。佛教的慈悲、平等、无常、无我的思想,在当时的知识界中起了启发和鼓舞的作用。数千卷由梵文翻译过来的经典,本身就是伟大、富丽的文学作品"[3],"佛教为中国的文学带来了

---

① 倪强:《赤子佛心赵朴初》,宗教文化出版社 2007 年版,第 199 页。
② 赵朴初:《佛教常识答问》,中国佛教协会 1983 年版,第 120 页。
③ 赵朴初:《佛教常识答问》,中国佛教协会 1983 年版,第 120 页。

许多从未有的、完全新的东西——新的意境、新的文体、新的命意遣词方法"①。他在《佛教与中国文化的关系》一文中指出："佛教文化是中国传统文化的一部分。"②"魏晋南北朝以来的中国传统文化已经不再是纯粹的儒家文化,而是儒、佛、道三家汇合而成的文化形态了。自东汉初年佛教传入,经历了近两千年的岁月,它已经渗透到中国社会的各个领域,并产生了广泛的影响。举个例子来说,语言是一种最普遍最直接的文化因素,我们日常生活中就有许多用语来源于佛教。比如世界、如实、实际、平等、现行、刹那、清规戒律、相对、绝对等等词汇都是来自佛教的语汇。"③他除了讲佛教对中国文学的影响(包括诗歌、小说、平话、戏曲等),还讲到造型艺术(建筑与造象),"世界闻名的敦煌、云冈、龙门等石窟是我国雕塑艺术的宝库。此外,佛画艺术也很著名"④。"伴随佛教俱来的还有天文、音乐、医药等的传习"⑤。还有,"佛教各宗派学说,对中国思想界也起了不可磨灭的影响"⑥。如从两晋到隋唐五代的哲学、宋明理学及晚清思想皆深受佛学影响。因此"研究中国历史,尤其是中国文化史,就不能不研究佛教"⑦。赵朴初于1991年10月在《全国政协宗教委员会报告》中说："宗教包容丰富的文化内涵,从这个意义上可以说,宗教是文化。"⑧从此宗教文化论逐渐兴盛,它开阔了人们宗教观的视野,更有益于发挥宗教在繁荣文化事业中发挥积极作用。

第五,知恩报恩,利乐有情。1988年7月,赵朴初在中国佛学院88届毕业生典礼上说："我们佛学院的校训,就是'知恩报恩'。知恩报恩这四个字很重要,首先要知恩,然后才有发愿报恩。所谓报恩,就是要报四重恩:报父母恩、报众生恩、报国家恩、报三宝恩。"⑨他主张大力弘扬敬养父母的孝道,致力

---

① 倪强:《赤子佛心赵朴初》,宗教文化出版社2007年版,第208页。
② 赵朴初:《赵朴初文集》(下),华文出版社2007年版,第801页。
③ 姜永仁等编著:《东南亚宗教与社会》,国际文化出版公司2012年版,第95页。
④ 赵朴初:《赵朴初文集》(下),华文出版社2007年版,第806页。
⑤ 赵朴初:《赵朴初文集》(下),华文出版社2007年版,第806页。
⑥ 赵朴初:《赵朴初文集》(下),华文出版社2007年版,第806页。
⑦ 赵朴初:《赵朴初文集》(下),华文出版社2007年版,第807页。
⑧ 赵朴初:《赵朴初文集》(下),华文出版社2007年版,第1102页。
⑨ 倪强:《赤子佛心赵朴初》,宗教文化出版社2007年版,第305页。

于家乡和灾区民众的公益慈善事业,为国效力、捍卫国家尊严,弘扬佛法、兴办佛教事业。他始终认真践行佛陀"不为个人求安乐,但愿众生得离苦"的宗旨,以"无缘大慈,同体大悲"的深愿,从事救灾济贫、扶困助学、慈爱众生的事业,被称为"伟大的慈善家"。从1991年到2000年,他解囊相助国内外慈善事业,从世界和平奖金和工资节余中拿出200多万元作为公益捐款。[①] 他把教育事业看成民族复兴的希望所在,不仅大力推动佛教界的延师育才工作,而且在全社会提倡尊师重教。1985年教师节,赵朴初写下歌颂教师的《金缕曲》:"不用天边觅,论英雄,教师队里,眼前便是。历尽艰难曾不悔,只是许身孺子。堪回首,十年往事,无怨无尤吞折齿。捧丹心,默向红旗祭。忠与爱,无伦比。幼苗茁壮园丁喜。几人知,平时辛苦,晚眠早起。燥湿寒温荣与悴,都在心头眼底,费尽了千方百计。他日良材承大厦,赖今朝血汗番番滴。光和热,无穷际。"[②]他为什么如此敬重教师?因为教师实践着利乐有情的精神。

第六,四海交往,广结善缘。东亚本有友好的佛教文化圈,近代破碎了。赵朴初从20世纪90年代起,便依托佛教在中、日、韩三国之间,重新架设文化友谊之桥,多次出访日本,打开中日交往大门。他学习鉴真六次东渡的精神,先后19次访日,建立与日本佛教界高僧的友谊。又数次出访韩国,接待韩国僧人访华。他于1993年在日本京都说:"我们中、韩、日三国人民、三国佛教徒之间有着悠久、深厚的亲缘关系。在地缘环境上,我们山水比邻;在文化习俗上,我们同溯一源;在宗教信仰上,我们一脉相承。有许许多多的纽带把我们紧紧联系在一起,不可分离。在所有这些纽带中,有一条源远流长,至今还闪闪发光的纽带,那就是我们共同信仰的佛教。"[③]从此,佛教是中、日、韩三国的黄金纽带的提法,在东亚深入人心,发挥着重建东亚文化圈的重要作用。此外,赵朴初关怀佛牙舍利第二次赴缅甸巡展。1979年率中国宗教代表团赴美国参加第三届世界宗教和平大会。1980年赴泰国出席"世宗和"大会。中国佛教在赵朴初带领下,以和平大使的崭新形象走向世界。

---

① 参见倪强:《赤子佛心赵朴初》,宗教文化出版社2007年版。
② 赵朴初:《赵朴初大德文汇》,华夏出版社2012年版,第381页。
③ 赵朴初:《赵朴初文集》(下),华文出版社2007年版,第1312页。

第七,对儒家、道家优秀思想的认同和运用。赵朴初倡导的人间佛教内涵中已经包纳了很多儒家、道家的思想。同时他又常常直接地称赞孔子儒家和老子道家,对其精华加以吸收,有时也指出它们与佛法之间的差异,更多的则是随处运用,三教融通,自然而然。现将其有关言论或儒道经典引句摘录若干如下。

关于儒家

讲话摘录:"孔子的学说很好,我自己也念过孔子的书,现在仍然认为很好。但是孔子有一个问题,他是相信天命的,就这一点来说,佛教好像还高一些,佛教是不相信天命的。"①"同学们毕业只是一个阶段,标志大家学问有成,是很可喜的。还是要日新又日新嘛,每天都要学到新的学问,像孔子说的:'日知其所无',每天要懂得过去不懂得的东西,学习永远不能停止,学无止境。"②"孔子也说这样的话,他说:'德之不修,学之不讲,是吾忧也!'这是孔夫子讲的话,道德要修,学问要讲,如果不修德、不讲学,那是我的忧。孔子的忧就是在于此。如果作为佛教徒都讲学问和道德修养,那么佛教就会昌盛。如果大家不修德、不讲学问的话,那就是可忧的,是佛教的忧。佛说的法终有会灭的一天,灭的时候是什么情况,就是佛弟子不修德、不讲学。"③

书法题词:"以文会友"。"老有所终,大同理想。报众生恩,扶老为上。如奉父母,如敬师长。美哉梵宫,不殊赡养。"④"博学之,审问之,慎思之,明辨之,笃行之……"。"见善则迁,闻过则喜,爱日以学,及时以行"。"必须学而不厌,才能诲人不倦"⑤。"好学敏求,九十载春风扬我邑;诲人不倦,千百年化雨满神州。太湖中学创立九十周年志庆"⑥。"饱德饮和"。"诚以待人,花明日朗;敏以处事,雷厉风行"⑦。"万里兴风威而不猛,一年更始和以致祥"⑧。

①　赵朴初:《赵朴初文集》(下),华文出版社 2007 年版,第 1280 页。
②　赵朴初:《赵朴初文集》(下),华文出版社 2007 年版,第 1390 页。
③　赵朴初:《赵朴初文集》(下),华文出版社 2007 年版,第 1214 页。
④　赵朴初:《赵朴初大德文汇》,华夏出版社 2012 年版,第 463 页。
⑤　赵朴初:《赵朴初墨迹选》,江西美术出版社 2008 年版,第 56 页。
⑥　倪强:《赤子佛心赵朴初》,宗教文化出版社 2007 年版,第 336 页。
⑦　赵朴初:《赵朴初墨迹选》,江西美术出版社 2008 年版,第 53 页。
⑧　赵朴初:《赵朴初墨迹选》,江西美术出版社 2008 年版,第 54 页。

"和敬"。"积健为雄"。"圣人心日月,仁者寿山河"①。"心平气和"。

关于道家

诗词:"绝学无为自得之,西来大意阿谁知? 孤明历历菩提树,到手东风第一枝"②。"宠辱不惊志气清,刚柔相济思虑明。从容卷舒止至善,观其所由良可钦"③。"养生长年贵在啬,劝善事亲难于色。七十五年跬步始,万世立功复立德"④。

讲话:"太极拳的道理,来自老子、庄子的思想。老子说:'柔弱胜刚强','天下之至柔,驰骋天下之至刚','专气致柔,能如婴儿乎?'初生的婴儿,四肢柔软,而生命力非常旺盛。人到老人,四肢都硬了。练太极拳功夫深的人,筋骨柔软,确有收到'致柔'之效"⑤。"我的书斋有一个名字叫作'无尽意斋'。最近有人问我为什么取这个斋名。我说,作为一个人,就应该报人民大众的恩。'无尽意'三字是说报众生恩的心意无有穷尽。"⑥

题联:"本来无心,满目青山;大道何言,一庭黄叶"。"月穿潭底水无痕,竹影扫阶尘不动"。

第八,纠正汉字拉丁化的错误方向,主张保存古文和"识繁写简"。民国年间,受西化思潮影响,一大批文化界知名人士,提出"汉字落后论"、"汉字取消论",主张汉字改为拉丁化拼音,并建立团体,发表宣言,制订文字改革方案。此种错误延续到1949年以后,得不到有力的纠正。汉字是维系中华民族文明共同体绵长不绝的重要文化纽带,如果被废弃,将造成传统中断、民族疏离、汉族松垮乃至四分五裂的严重后果。有识之士奋起而纠之,直到20世纪末,汉字拉丁化的风潮才渐渐平息,而汉字作为表意文字的最高成就,其光华精美、多种功能和与适应现代的品质越来越被人们自觉认识。赵朴初旗帜鲜明地反对汉字拉丁化,并因其地位崇高,起了很大作用。他在《汉字文化》

① 赵朴初:《赵朴初墨迹选》,江西美术出版社2008年版,第48页。
② 赵朴初:《赵朴初大德文汇》,华夏出版社2012年版,第392页。
③ 谷卿等著:《赵朴初传 行愿在世间》,东方出版中心2014年版,第209页。
④ 赵朴初:《赵朴初韵文集》,上海古籍出版社2003年版,第693页。
⑤ 赵朴初:《赵朴初文集》(下),华文出版社2007年版,第1018—1019页。
⑥ 赵朴初:《赵朴初文集》(下),华文出版社2007年版,第777页。

（1989 年第 4 期）中说："有些人有这个倾向,想把中国字改成拉丁化。我看这个事情不可随便搞,这是很危险的。汉字不管它过去是怎样的,是篆字也好,是隶字也好,是草书、楷书也好,现在又有简化的字。汉字在历史上起过非常大的作用。'书同文',秦始皇的功劳是很大的。这个功劳比造长城功劳大得多呀。那个时候六国还各写各的字,把它统一起来很好。书同文把中国文字统一起来,功劳很大很大。不然的话,如果是搞拼音文字,不管怎样写,中国就不是这样一个国家了。这是不能再干的了,这是非常危险的,因为这样一来,会把我们几千年的文化隔断的。鲁迅的《阿 Q 正传》用拉丁化写已经不行,何况更深一点的。比方袁先生（袁晓园）的诗写得很好,这个诗如果搞成拉丁化,谁也不懂,那就隔断了,这不是一个办法。"[1]他还说："我是赞成'识繁写简'这个方法的,应该这样做。这是袁先生提出的好办法,必须认识繁体字,否则以后无法看古书。如完全把古书翻成简体字,实在不是个办法。应该让小学生开始就认识繁体字,写时可以写简体字。"[2]他认为"汉字落后论"是文化上的一桩冤案,应予平反,故给李敏生、李涛著作题写书名:《昭雪汉字百年冤案——安子介汉字科学体系》。他在中国佛学院 1994 级学僧毕业典礼讲话中,向佛徒提出学习古文的任务,说："我们祖国的文字非常好,是世界上非常优美的文字,作为中国人应当为我们的文字而自豪,因为我们中国文字,一字一音一义,世界上没有这样的文字。"[3]"现在的四众弟子,包括出家二众、在家二众都应该学习古文,把我们古代传统文化继承下来,这是很好的。"[4]

在大陆人间佛教氛围中,与赵朴初交错稍晚有禅宗虚云门人净慧法师提倡"生活禅",有显著成就。

净慧（1933—2013 年）在 1992 年正式提出"生活禅",并加以践行。1993年,净慧主持河北赵州柏林禅寺,举办第一届"生活禅"夏令营,向在家信众和青年学子弘扬佛法,与现实生活更密切结合,取得良好效果,并一直坚持下来。

---

① 刘庆俄编:《汉字新论》,同心出版社 2006 年版,第 333 页。
② 刘庆俄编:《汉字新论》,同心出版社 2006 年版,第 335 页。
③ 赵朴初:《赵朴初文集》(下),华文出版社 2007 年版,第 1424 页。
④ 赵朴初:《赵朴初文集》(下),华文出版社 2007 年版,第 1424 页。

净慧指出："所谓'生活禅'，即将禅的精神、禅的智慧普遍地融入生活，在生活中实现禅的超越，体现禅的意境、禅的精神、禅的风采。"①目的是让禅回到生活，净化人心，净化社会，使社会变成一个幸福、祥和、清净的世界。净慧的生活禅是现代佛教走近社会，服务大众的一个典范，获得社会各界的好评和支持。

（八）现代佛教学的兴起与主要学术成果

民国时期的宗教学术研究，在各宗教中以佛教为最活跃，学者群大，成果众多，影响面广。其研究方法具有现代理性的特色，能综合传统儒家经学的考证、义理与西方理性主义哲学逻辑分析而自成一体。研究范围包括佛教典籍考辨、佛教历史论述、佛教义理阐释和辞书编纂。研究学者，以佛教居士为主，还有学僧与教外文史名家。教内学者大都有较高人文素养，教外学者又对佛教有同情的了解，所以造成蔚为大观的景象。

在佛教史研究方面，除上文已提到的吕澂的两部史著外，重要的作品还有黄忏华《中国佛教史》，周叔迦居士《印度佛教史》、《中国佛教史》，蒋维乔《中国佛教史》，汤用彤《汉魏两晋南北朝佛教史》、《隋唐佛教史稿》等。在佛教义理研究方面，有谢无量《佛学大纲》、蒋维乔《佛教概论》、黄忏华《佛学概论》、印顺《佛法概论》等。前文讲到现代新儒家群体中，许多学者兼修佛学并有著作，如熊十力《新唯识论》、牟宗三《佛性与般若》、方东美《华严宗哲学》等。在佛教辞书方面，有丁福保《佛学大辞典》、孙祖烈《佛学小辞典》、熊十力《佛家名相通释》等。

在教外学者中，最有代表性的是陈垣与汤用彤。

陈垣（1880—1971年），是著名史学家兼宗教史家，长期任辅仁大学校长，对佛教、道教、基督教、伊斯兰教、犹太教、祆教、摩尼教都有精深研究。他在佛学上的主要著作有：《释氏疑年录》、《明季滇黔佛教考》、《清初僧诤记》、《中国佛教史籍概论》等。他将中国传统考据学方法与西方史学方法结合起来，梳理佛教史籍，展示佛教史实与人物，其著作在教内外均有权威性。

---

① 方立天：《方立天讲谈录》，九州出版社2014年版，第31页。

汤用彤(1893—1964年),字锡予,湖北黄梅人。青年时赴美留学,获哈佛大学哲学硕士学位。回国后曾入支那内学院受教于欧阳渐,遂转入佛教史研究。历任北京大学、西南联合大学教授。1949年后任北京大学副校长,1964年病逝。

汤用彤通晓梵文和巴利文,熟悉中国思想史、印度佛教史和西方哲学史,既深知佛教,又能够超越信仰主义和反宗教的两端,用温和的、客观的态度和训诂与义理兼顾的方法研究中国佛教史,站在时代的高度,从传承中华优秀文化、为民族复兴提供历史经验的高度去分析佛教历史事件和人物。所以,他的著作,尤其是自认为比较成熟的《汉魏两晋南北朝佛教史》,具有现代佛教学研究的典范价值,成为海内外公认的经典之作。对于儒、道、佛三教关系前期发展历史的研究而言,此书是现代学者作品中最有参考价值的著作。此书由商务印书馆印行于1938年的长沙,正值抗日战争初期。他在书跋中说:"惟冀他日国势昌隆,海内乂安,学者由读此编,而于中国佛教史继续述作。俾古圣先贤伟大之人格思想,终得光辉于世,则拙作不为无小补矣。"①于此可知,汤氏治佛史的目的是褒扬佛教历史上的高僧大德和光辉人格事迹,为中华民族的振兴提供精神动力。所以,他对道安、慧远、鸠摩罗什、僧肇等大师的卓越品格、博深学识、利人践行予以赞述,同时也对依傍媚俗、言行相违、思浅文陋者,给予严肃的批评。

从该书的结构看,全书共分二十章,内有佛教之传入,佛教在华之流布,儒、道、玄、佛之互动关系,名僧与名士,佛典之传译,佛法诸说之流行,排佛与敬佛,宗派与戒律,是一部完备又精要的中国佛教前期发展史及其与中华固有文化的互动史。从该书的写作风格言,它取材丰富精严,论述系统深刻,逻辑顺序合理顺畅,资料与观点高度统一,文字表述简洁明晰,具有非凡的功力。他在书跋里说:"中国佛教史未易言也,佛法,亦宗教,亦哲学。宗教情绪,深存人心,往往以莫须有史实为象征,发挥神妙之作用。故如仅凭陈迹之搜讨,而无同情之默应,必不能得其真。哲学精微,悟入实相,古哲慧发天真,慎思明

---

①　汤用彤:《汉魏两晋南北朝佛教史》,上海人民出版社2015年版,第620页。

辨,往往言约旨远,取譬虽近,而见道深弘。故如徒于文字考证上寻求,而乏心性之体会,则所获者其糟粕而已。"①这是一段论述研究佛学的态度方法之精妙文字,扩大而言,也是研究一切宗教与哲学应持的态度和方法。第一,它指明佛法兼有宗教与哲学两种属性,它是哲理型的宗教,亦可视为宗教型的哲学,不是西方学科分类所能套用的;第二,它说明宗教的特点是具有强烈感情因素,其信仰的依据并非真实的历史,而是象征性的想象,不能用史学考证的方法去研究,必须有"同情之默应"即心理上的沟通,才能得其背后真意,即作同情的理解,获得信教者之心;第三,揭明哲学尤其中国哲学不同于一般科学知识,它精微深远,是大智慧,不仅需要求知达理,而且要有"心性之体会",对其加以体悟和观照,才能得其精华,因此要超越文字考证,与古哲作心灵对话。"同情之默应"和"心性之体会"十个字乃是现代学者研究宗教与哲学应有的基本态度。在宗教学术上,它既超越了单纯情感式信仰主义的研究态度(与宗教拉不开一定距离),又超越了敌视宗教的科学主义的研究态度(站在宗教的对立面),换句话说,研究宗教不带神学色彩,又不是战斗无神论的简单否定,研究者与宗教要近而不混,通而不同。对于历史上的哲学和哲学家的研究,如果要取得独立创新成果,亦应不站在其中,不站在其对立面,而要进得去,又要出得来,才能真有所得。当然汤用彤也指出:"研究佛史必先之以西域语文之训练,中印史地之旁通"②,所以要史论结合、义理与训诂兼修。汤用彤的"同情之默应""心性之体会"十字箴言,乃是他一生研究心得的总结,是他的佛教史著作有长久不衰的学术价值的根本原因,也是后来学界高度认可并视为学术研究的座右铭。汤用彤开创了现代意义上的宗教学和宗教史研究的崭新局面。

第三节 民间宗教在民国时期的流衍与
三教归一色彩的保持

民间宗教进入民国后,摆脱了清代的高压,加以内忧外患,社会管理放松,

---

① 汤用彤:《汉魏两晋南北朝佛教史》,上海人民出版社 2015 年版,第 620 页。
② 汤用彤:《汉魏两晋南北朝佛教史》,上海人民出版社 2015 年版,第 620 页。

民间宗教的公开性增强,并有所发展。但西方科学主义对主流社会的影响,也时常把它作为封建迷信予以破除或限制,社会斗争的复杂使它政治上分化,又不利于它的正常发展。这一时期的教门有继承也有新出,名目繁多,在各地流行,依然保持民间性与三教合一的色彩。不过有的教门直标三教合一,有的教门偏向三教中之一教,不同教门中三教比重各有差异,但都积淀着三教的思想,同时又自成独立的体系。现择其要者略述之。

一、在理教

该教脱胎于道教。其教所宗之公理是指"儒、释、道三教之理",即"奉佛教之法,修道教之行,习儒教之礼"。主张和实行戒烟戒酒,施行救困济贫善事,受到各界欢迎。1913 年,李毓如在北京发起组织中华全国理教劝诫烟酒总会。1933 年,中华全国理教联合会成立,全国各地在理教公所在 3000 个以上,徒众约 10 万人。[①]

二、皈一道

该道由赵万秩创立于清末,传二祖李连苑,三祖陈希曾,四祖张书林,已到 1941 年。教义上主三教归一,崇拜多神,集三教神灵之大全;修行上主清修苦行,其清苦的程度为诸民间宗教之最。所诵经文,有称教咒文,有《了凡训子书》、《三教正宗》、《三教普度》、《皈一宝训》、《登仙梯》、《圣众佛训》等。其乩训说:"皈一者,三教合为,共领无极慈命,在于苦海设一慈舟,救人之急,济人之难,收复皇胎佛子,反回原性,无极认母,脱离浩天之劫。"[②]

三、普度道

该道为先天道的分支,清末民国盛行于两广一带。以无生老母为最高神,

---

① 参见牟钟鉴、张践:《中国宗教通史》下卷,社会科学文献出版社 2000 年版,第 1120—1122 页。

② 转引自牟钟鉴、张践:《中国宗教通史》下卷,社会科学文献出版社 2000 年版,第 1123—1125 页。

主三教归一,三教神灵皆在祭拜之列,神像达二三百尊。道徒大多为劳动妇女。认为只有入道清修,吃斋念佛,乐善好施,忠孝节义,才能使苦难中众生得到普度。三皈:皈依佛、法、僧。五戒:戒杀生、偷窃、邪念、酒肉、妄语。男不婚,女不嫁,实行禁欲。困苦妇女,或中年丧偶,或年轻丧子,或婚姻不幸,或未婚而遭欺凌,入道后有精神寄托,也有生活保障(该道有一定经济实力)。①

四、九宫道

该道为八卦教的衍支,创始于清末。教主李向善,法名普济,死于1912年。主"万教归一"、"三阳掌教"。1926年,京师普济佛教会在北平成立。1928年,五台山普济佛教会成立,开办医院、育幼院、粥厂等慈善机构。1936年又有正字慈善会成立。抗日中,一些道首投靠日寇。抗日胜利后,又投靠国民党。②

五、同善社

它是先天道的支派,由彭汝珍创立于光绪末年,而活跃于民国。崇拜无生老母。主张"用儒教礼节,做道教功夫,而证释教果位",供奉孔子、老子、释迦牟尼,宣扬"三期末劫",常念《道德经》、《法华经》、《金刚经》、《财神经》、《灶王经》。它要求徒众广行善事,遵守五伦八德、三从四德。它将佛教的三皈、道教的三清、儒家的三纲贯通起来,又用五戒与五行、五德相配,形成三教混一的宗教戒条。北洋政府期间,同善社形成遍布全国城乡的组织网络,号称拥有3000万道徒。抗日中,同善社勾结日寇,蒋介石下令逮捕彭汝珍,缴获其财室、枪支、密件及准备做皇帝的銮舆摆设。③

---

① 参见牟钟鉴、张践:《中国宗教通史》下卷,社会科学文献出版社2000年版,第1125—1126页。

② 参见牟钟鉴、张践:《中国宗教通史》下卷,社会科学文献出版社2000年版,第1127—1128页。

③ 参见牟钟鉴、张践:《中国宗教通史》下卷,社会科学文献出版社2000年版,第1128—1131页。

六、一贯道

一贯道创立于清末,而兴盛于民国,其教徒和势力遍及全国。1936 年张光璧接任道首,事业有大发展。他建立道阶制,上下等级是:师尊(张光璧)、师母、道长(老前人)、点传师(前人)、坛主、文牍、乩手、引保师、道亲。宗教仪式有传授"三宝"(抱合同、点玄关、传口诀)和"扶乩"。扶乩又叫扶鸾,由乩手三才担任,借仙佛附体,手扶乩笔,在沙盘上写出字文,作为神训。一贯道崇奉无生老母,又供奉济公、弥勒、观音、南极仙翁、孔子、老子、关羽、岳飞等,后来又拜耶稣、穆罕默德,以体现"万教归一"。其修持之法是"成己成物"。"成己"是为内功,即修身静坐。"成物"是为外功,即劝善救世。其经卷在百种以上,如:《一贯圣经》、《一贯探源》、《三教圆通》、《三易探源》、《醒世指南》、《皇母训子十诫》、《五教合传》、《一贯道问答》等。"七七"事变以后,张光璧投靠日伪政权。抗日胜利后,国民党政府曾下令取缔一贯道。张光璧于 1947 年死于成都。1949 年以后,一贯道撤离大陆转去台湾,但长期处于非法状态。80 年代后期合法化,教理和组织活动有很大变动,而三教合一的宗旨不变,逐渐适应现代化进程,保持了较大的社会影响力。①

七、一心天道龙华圣教会

该会由山东长山县马士伟创立于 1913 年,其前身是"一心堂",有称帝谋国的野心。1931 年,山东省主席韩复榘发觉马氏政治不轨,严令取缔。马士伟潜至大连,又转到天津,勾结日特,将"一心堂"改名为"一心天道龙华圣教会",并建立"大东亚佛教联合总会",以日人山野为顾问,自任会长,又自称皇帝,擅封大臣,设立部属机构。1935 年马士伟死,其妻贾氏掌权。1940 年贾氏死,由其子女继承。抗日胜利后,该会被国民党政府查禁。该会宣称其信仰是敬奉天、地、君、亲、师及儒、释、道三家教主,不设偶像,主张清静无为,清心寡

---

① 参见牟钟鉴、张践:《中国宗教通史》下卷,社会科学文献出版社 2000 年版,第 1131—1133 页。

欲。要求入会者要将财产典卖净尽,捐入会中,因而该会又称"净地会"、"倾家会"。马士伟要求信徒行善积德,而自己却居于富丽豪宅,拥有美姜嫔妃,故乃一假善人兼汉奸。该会设立军团,有枪者达 1500 人,乃是宗教兼武力团体。①

八、红枪会

红枪会继承义和拳组织系统,又采用八卦编列徒众,分为八门,每门又分文武团部,设文武传师。辛亥革命中,河南兰考红枪会充任起义先锋。民国初年,红枪会遍及华北,有会员 80 余万众,保家安良,成为农村农民自治组织,在北伐战争中发挥过积极作用。抗日战争中,在共产党帮助下,红枪会发展为拥有数百万众的武装抗日力量,提出"抗日高于一切"、"保卫家乡"的口号,奋勇杀敌,立下了不灭功绩。该会会员大都为劳动农民,他们不脱离生产,不离开家乡,并且该会不允许无业、盗窃、奸淫、吸毒者加入。入会者要通过一定宗教仪式,并苦练武功一百天。其敬奉的神灵有儒、佛、道三教中的周公、观世音、太上老君,以及关羽、张飞、赵云,乃至水泊梁山一百零八将,《西游记》里的孙悟空、二郎神。红枪会崇敬红色,系红头巾,持红缨枪,以示吉庆。联合抗击土匪,保卫家乡安宁,有人称赞红枪会力量所及之处,"土匪盗贼无容身之地"。当然,由于农民有分散落后性,加以成员混杂,也有乱打乱杀和部分匪化现象发生,但基本倾向是好的,表现了中国农民勤劳、正义、朴素、互助、勇敢的良好本色。

综上所述,民国民间宗教组织的高下和作用,不能仅凭其教义教规本身来评价,而主要应考察它的领导群体的社会倾向和在中国社会生活中的实际表现,是否爱国利民,是否推动社会进步。以此而言,民国的民间宗教便具有复杂性、多样性,要作具体分析。②

---

① 参见牟钟鉴、张践:《中国宗教通史》下卷,社会科学文献出版社 2000 年版,第 1133—1135 页。

② 参见牟钟鉴、张践:《中国宗教通史》下卷,社会科学文献出版社 2000 年版,第 1135—1136 页。

结　语

一、三教关系历史发展的特点与趋向

总的特点和趋向是：曲折漫长，渐行渐近；又渐扩渐广，普及社会。

中华文明的源头在尧舜三代的"克明俊德"、"协和万邦"和"皇天无亲，惟德是辅"，中间经过老子道法自然与孔子仁恕通和之间的互补，为三教关系的发展奠定了原则和方向。从两汉到隋唐，儒学主导，道学（道家和道教）壮大，佛教进入。儒道由互绌而互通，儒道与佛教由生疏、争论到理解、互鉴，形成儒为主、道佛为辅的不等边文化三角间架，左右了中华思想的主流走向。宋明时期，三教理论融合形成三个高峰：儒家道学、道教内丹学、佛教由禅宗发展出各种禅学；同时，攘斥佛老与三教一家的声音并存。明清时期，三教合流扩散下移，从精英文化扩演为民俗文化，影响到其他宗教。民国以来，西学大潮涌进，三教俱被边缘化和贬抑，但仍保持对民俗生活的广泛影响；三教精英用三教通和的精神和胸怀，在坚守民族文化主体性的同时，吸纳西学的精粹，剔除西学的糟粕，推动三教的创新和复兴，展示了自身的顽强生命力和现代价值。由于异质文化各自的特性和相遇初期的陌生，必然出现偏见和摩擦，造成彼此接近的曲折漫长；由于中华文化多元包容的基因和深厚传统，造成异质文化之间的和平交流、互学与接近，使中华文化在兼收并蓄中不断丰富发展。

二、三教关系通和的主要原因

第一，中华民族多元一体格局是文化多元通和的社群基础。中华民族是复合型民族，在民族迁徙、交融中，由许多单元民族构成更大的复合型民族共同体即中华民族，作为其中主体民族的汉族是融合型民族，吸纳了大量少数民族而形成,它与各少数民族之间、各少数民族之间是你中有我、我中有你,不可分离。中华民族的文化也必然是多元通和,既具有丰富多彩的多元性,又彼此血肉相连,是绵延不绝的文明共同体。

第二,长期的农业文明和家族社会造就了中华民族温和包容的性格。农业文明和家族社会,其特性是:重农兼牧,扶商惠工,和合乡里,尊天法祖,讲信修睦,敬业乐群,向往和平。因此其文化便具有好静、求稳、爱物、贵和、尚文的精神,也重视与周边地区的经济文化交往互补。中国很早就开通了丝绸之路,它既是经济贸易之路,也是宗教文化之路,华夷一家成为传统,学习和运用异域物质与精神文明成果已是习惯成自然。

第三,作为中华思想主导和底色的儒学具有包纳多样真理的气度。孔子儒学集三代之大成,而开"五常"、"八德"之礼义,它的仁恕通和刚毅之道铸成中华文明核心价值。它以仁爱为最高追求,泛爱众,以天地万物为一体,不分民族和地域,对所有生命一视同仁。其忠道是"己欲立而立人,己欲达而达人",其恕道是"己所不欲,勿施于人",恕道的精髓是推己及人、将心比心,体谅人、尊重人、提倡平等互尊的爱。孔子讲"和而不同",《易传》讲"天下一致而百虑,同归而殊途",讲"会通"、"感通",《中庸》讲"万物并育而不相害,天道并行而不相悖",不垄断真理,从而具有了超越自我、包纳他者的气度。同时也提倡"刚健中正"、弘毅正气,自己有尊严,他者有尊严,互相有尊严。这就为中华文化的开放、包容和尊重学习一切人类文明成果,奠定了基本原则。它本身是人学不是神学,又能敬鬼神和神道设教,把道德教化、扬善抑恶放在首位,因此对各种守法劝善的宗教采取尊重合作的态度。汉以后,儒学成为治国理政和化民成俗的主导思想,为国内各民族多元文化的并存共荣,为各种外来文化的和平进入,创造了宽松的环境,也为政权制定多元文化与宗教并奖、因俗而治的政策,提供了理论依据。三教的共处与相互走近,孔子儒学发挥了根本性、基础性的作用。

第四,道家和道教本于老子,包容精神是其根本宗旨。《道德经》有"知常容,容乃公,公乃全,全乃天,天乃道,道乃久"的大公无私的宽广胸怀,没有排他性和门户之见,又强调"一曰慈,二曰俭,三曰不敢为天下先",《庄子》则谓

"道通为一"、"万物与我为一",因而道学无主宰意识,讲不争之德,最易与其他学说平等地沟通和融合,因而有先秦儒道互补,有秦汉黄老之学,有魏晋融儒入道的新道家玄学和援佛入道的唐代重玄学。"道隐无名",道家通常是润物细无声,不见其形而有其实,儒学与佛教的发展,都离不开它的滋养。

第五,佛教来自印度,有其地域文化的特殊,但包含着普适价值。它讲慈悲喜舍、平等普度、中道圆融、行善去恶、自利利他,故能跨国流传,成为世界性宗教。它传入中国后,以其般若智慧吸引了中国的精英,以其因果报应吸引了中国广大民众。它的慈悲与孔子的仁爱、老子的慈俭相仿佛;它的平等、中道与儒家的恕道、中和,道家的以天下观天下、知和曰常,彼此相通;它的"众善奉行,诸恶莫作"与儒家的"博施济众"、道家的"上善若水"相一致。还有,佛教讲真俗二谛、圆融无碍、权设方便、契理契机,在解释佛法本义的方法途径上有很大灵活性,强调多元融通,联系当地当时当事的实际,创造性地发挥佛理。因此,它能及时调整初来中国时宣扬出家,不讲忠孝,忽略日用之偏,而与五常八德相适应,还能以自身特有的方式,促进儒家的道德教化,故能扎根中土。

第六,中国精英有学习儒、道典籍的传统,民间大众有多神和圣贤崇拜的传统,容易本着和合的态度去看待新生的和外来的宗教或哲学,包括佛教、伊斯兰教、基督教、西方哲学等,把它们当作百花精神家园中新增的花朵,感到多彩,不觉怪异,这已成为一种文化基因。生存在这种社会土壤上,受到这种氛围的感染,外来宗教,特别是它在中国的信仰者,容易在坚守自身信仰的同时,把自己看作多元中的平等一员,把其他学说和宗教作为常态下的邻居,常来常往,逐步建立友好关系。中国许多僧人早年学儒学道,尔后入佛,故三教知识兼备,有益于吸收儒道来推动佛教中国化。

三、三教冲突论与三教融和论

第一,三教冲突论源自孟子辟杨墨,视之为异端。唐代儒者韩愈在《原道》、《谏迎佛骨表》中发展为辟佛老,以为"释老之害,过于杨墨"[①],所以要

---

① 　(唐)韩愈撰,(宋)廖莹中集注:《东雅堂昌黎集注》,上海古籍出版社1993年版,第281页。

"抵排异端,攘斥佛老"①。道教史上持冲突论的代表是魏晋南北朝时期道士顾欢的《夷夏论》和南齐道士托名张融作的《三破论》,前者强调佛教乃"西戎之法",不适合"中夏之性";后者则谓佛教"入国破国"、"入家破家"、"入身破身"。儒家冲突论者,是佛、道兼斥;道教冲突论者,是联儒反佛。三教冲突论在三教关系史上是支流,它所提出的问题和对他者指责,在客观上刺激了对方要做强做好自己并有针对性地对批评作出回答,解决社会的疑虑,有益于三教自身的发展。

第二,三教融和论。计其大者有五种。一是三教本末内外论。如,慧远:"求圣人之意,则内外之道可合而明矣"②;葛洪:"道者,儒之本也;儒者,道之末也"③。二是三教均善均圣论。如,慧琳《白黑论》:"六度与五教并行,信顺与慈悲齐立"④;沈约《均圣论》:"内圣外圣,义均理一"⑤。三是三教殊途同归论。如,宗炳《明佛论》:"是以孔老如来,虽三训殊路,而习善共辙也"⑥;道安《二教论》:"三教虽殊,劝善义一,途迹诚异,理会则同"⑦。四是三教同源一家论。如,王重阳《金关玉锁》:"三教者不离真道也,喻曰:似一根树生三枝也"⑧,其诗:"三教搜来做一家"⑨;丘处机《磻溪集》:"儒释道源三教祖,由来千圣古今同"⑩。五是三教分工合作论。如,契嵩《辅教编》:"儒者,圣人之治世者也;佛者,圣人之治出世者也"⑪,"孝也极焉,以儒守之,以佛广之;以儒人

---

① (唐)韩愈撰,(宋)廖莹中集注:《东雅堂昌黎集注》,上海古籍出版社1993年版,第200页。
② 慧远:《庐山慧远大师文集》,九州出版社2014年版,第7页。
③ 王明校释:《抱朴子内篇校释》,中华书局1980年版,第176页。
④ (南朝梁)僧祐、(唐)道宣:《弘明集·广弘明集》,上海古籍出版社1991年版,第138页。
⑤ (南朝梁)僧祐、(唐)道宣:《弘明集·广弘明集》,上海古籍出版社1991年版,第127页。
⑥ (南朝梁)僧祐、(唐)道宣:《弘明集·广弘明集》,上海古籍出版社1991年版,第12页。
⑦ (明)梅鼎祚编:《释文纪》第37卷,上海商务印书馆1934年版,第1—2页。
⑧ (宋)王喆:《重阳真人金关玉锁诀》,《道藏》第25册,天津古籍出版社1988年版,第802页。
⑨ 《重阳全真集》卷一,道藏第25册,天津古籍出版社1988年版,第696页。
⑩ 《磻溪集》卷一《师鲁先生索诗》,《道藏》第25册,天津古籍出版社1988年版,第815页。
⑪ (宋)契嵩:《原教》,《镡津文集》卷一,《大正藏》第52册,第651下。

之,以佛神之"①;孤山智圆《闲居编》:"儒者,饰身之教,故谓之外典也;释者,修心之教,故谓之内典也"②;德清《憨山大师梦游全集》:"为学有三要,所谓不知《春秋》,不能涉世;不精老庄,不能忘世;不参禅,不能出世"。三教融合论是三教关系史上的主流,它使人们更清醒地认知三教共处互学的必要性,理性地看待三教关系,推动三教接近、互鉴,与时代同行,以满足社会的多方面需要。

四、三教同异与互补

(一)三教之同

三教之所以能走近,在于有相似的价值追求,所以能够求同存异。一是在人生观上,都反对追权逐利,而追求人生境界的提升,向往高尚的精神生活。二是在社会观上,都主张济世利人、社会和谐、民众安乐,反对欺诈、压迫、犯罪、战争。三是在解脱论上,都倾向于人性本善、本净、本明,其恶来于本性受污染、被遮蔽、暂丢失。只要努力修习,发明本性,便可从低俗中解脱出来,而曰:人皆可以为尧舜,人皆可以成佛,人皆可以成仙,救赎依靠自力,凡人与神圣之间没有不可逾越的鸿沟。

(二)三教之异

三教之所以近而不混,合流而未同一,不排斥仍有门户,在于各有特色和功用,可以互补,却不能彼此取代,因此需要分工合作。一是在人生观上,儒家强调道德人格的树立;道家主张顺性真朴,道教倡导重生贵养;佛教追求禅悟解脱。二是在社会观上,儒家有小康大同之说,追求人际和谐有序,礼乐昌明;道家有小国寡民之说,追求人与自然的和谐,道教有洞天福地之说,追求神仙境界;佛教有极乐净土之说,追求人间佛国。三是在人我观上,儒家讲仁义忠孝,道家道教讲谦和不争,佛教讲慈悲喜舍。四是在政治观上,儒家讲修己安人,为政以德;道家讲无为而治,清静自正;佛教讲超度众生。

---

① (宋)契嵩:《镡津文集》,钟东、江晖点校,上海古籍出版社 2016 年版,第 54 页。
② 石峻等编:《中国佛教思想资料选编》第三卷第一册,中华书局 1987 年版,第 125 页。

（三）三教各自的优势与互补

前文提到三教分工合作论,事实上确实三者各有侧重,以满足社会不同的需求,这是长期社会实践的经验所形成的普遍认知。一是在人生需求上,儒家教导人们如何按照礼仪文明要求做一个仁、智、勇兼备的人,为社会昌盛、大众福利作贡献,因此制度建设、社会治理、道德教化都离不开它,所以它成为主导思想。但儒家只讲今生今世,对于生死鬼神和现实之外存而不论,不能化解人们对生死的焦虑,无法满足对永生的向往。道家和道教勾画了一幅避开尘世的桃源逍遥之图景,成为一些避世隐居者的生活追求;它所提供的性命双修以便健康长寿乃至长生的途径,有益于祛病健身,这恰恰是儒佛之弱项;其斋醮科仪的仪式能满足普通民众消灾求福的心理需求,这是儒家道德教化所不能代替的。佛教的优势很多:它的劫量说开启了中国人"六合之外存而不论"的狭窄眼界:它的性空缘起和四谛说揭示了现象世界的暂时性和人生的苦难,唤起人们寻找对治药方的愿望;它的佛性说、般若说和涅槃说启示人们看破红尘、解脱烦恼,形成新的生活态度和生活方式;它的慈悲同体、普度众生、舍己救物的情怀,其感召力超出儒道,成为社会公益事业的重要推动力量;它的三世因果报应和天堂地狱说,从理论逻辑上比较圆满地解释了现实中"杀生者无恶报,为福者无善应"的善福不对应现象,用来生遭恶报警告作恶者,用下世得福报鼓励为善者,逐渐成为中国人主导的看待吉凶命运的态度,对民间移风易俗起了积极作用。从信仰心理学上说,佛教的"一念善即天堂,一念恶即地狱",有极大警示催醒作用,一个人是向上还是堕落,就在一念之间,能救我们的只有自己。在中国佛教学者看来,佛教不是儒道两家的对立面,而是它们的补充和扩展,如宗炳《明佛论》所说:"彼佛经也,包五典之德,深加远大之实;含老庄之虚,而重增皆空之尽"①,佛教能"陶潜五典,劝佐礼教"②。

（四）三教各自向对方学了什么

儒学主要向道家、道教学了大道之学,建立哲学的体用论,学了道家的超

① 僧祐:《弘明集》卷二,《大正新修大藏经》第52册,第9—15页。
② 《弘明集》卷二,《大正藏》第52册,第14页。

然意识,而有宋明道学;向佛教主要学了禅学、华严、唯识,而有宋明新儒家和现代新儒家。佛教主要向儒家学了入世的精神,从而形成在入世中出世的人间佛教,并以儒家"五常"、"八德"作为自己的宗教道德信条,然后用善恶报应加以推广;佛教主要向道家学了玄理和养生,并运用在佛典翻译和禅定上,从鸠摩罗什到玄奘,佛典汉译用语最多的是道家的词汇,如道玄、有无、体用、动静、真假、言意、空有等,并运用老庄和玄学的抽象思维接引佛法进入中华,其禅定的静虑、调息亦受道家、道教影响。道家和道教主要向儒家学了仁义之道,而有黄老之学和魏晋新道家即玄学;主要向佛教学了破执论和双遣法,而有唐代重玄学;其性命双修中的性功是对儒学和佛学的吸收,故能达到"极高明",其功行两全中的行德乃是兼儒家博施济众与佛家利乐众生而成其"道中庸"。三教互相学习吸纳,越到后期越有力度,故有些三教学说之间的界限十分模糊,坚守的只是最底线。

(五)三教分工合作论述评

1.儒学治国,道学治身,佛学治心。此说有合理性,但不完整。治国非儒家莫属,佛道皆不与之相争,但儒家亦重心性。道学之性命双修,以命功养身为特色,但其性功亦重炼心。佛学之参禅,在于明心见性,谓其治心之学大致妥当,可也有间接治国之效。

2.儒学正心,道学静心,佛学净心。就心性之学而言,此说精妙。儒学主诚意正心,明德修身,避免褊狭溺情,然后才能齐家治国平天下。道学主清静炼心,克服躁动,致虚守静,清静为天下正。佛学主脱染归净,破除三毒(贪、嗔、痴),而诸苦所因在贪欲,欲消苦尽,犹如莲花出污水而不染。

3.儒曰存心养性,道曰修心炼性,佛曰明心见性。此说见《性命圭旨》,谓三教皆重心性之学而途径有异。儒曰存心养性,以性本善为出发点,故主存其初心,养其善性。道曰修心炼性,以性本自然为出发点,而欲返璞归真,必去贪除伪,修炼心性。佛曰明心见性,以佛性本有、自性清净为出发点,凡夫为妄念所迷,着境烦恼,故要观心见性,觉悟成佛。

4.儒学乐生,道学养生,佛学无生。此说为冯友兰所概括而出,能展示三教生命哲学之差异,但需要解释。儒学乐生,确为事实,孔孟乐学、乐教、乐友、乐道,以道德人生为乐。道学养生,身心俱养;道家以啬养生,道教则性命双修,追求深根固柢、长生久视。佛学无生,是指人身四大和合,毕竟无体,故要破除我执;但真如常在,如能发菩提心、只为众生得离苦,则可升入常乐我净的涅槃境界,而得超生,故其无生是破小我而立大我。

5.儒家入世,道家避世,佛家出世。儒家的入世精神既是它的初心,又是它的一贯之道,始终以天下为己任,天下兴亡匹夫有责,先天下之忧而忧,后天下之乐而乐,有强烈的社会责任心和历史使命感,故被佛家称为世教。道家的避世主要体现在隐逸派身上,不参与政事,做社会的旁观者,乐于在社会边缘地带生活,过自得其乐的田园生活。也有隐于市隐于朝的道家人士,结庐在人境,而无车马喧,心远地自偏耳。老子讲道隐无名、与世无争,但也讲无为而无不为、救人救物。庄子向往无何有之乡的逍遥,但也批判"窃钩者诛,窃国者为诸侯"的现实。后来黄老之学、玄学和道教增加了入世色彩。佛教本来是出世的,离开社会,出家为僧。进入中国以后,受儒家入世的影响,佛教开始讲在入世中出世,运水搬柴无非妙道,坚守"无念为宗、无相为体、无住为本"的心灵上的出世,而在行为上是参世的。晚近居士佛教更是走向社会,与世相连;人间佛教以出世的精神做入世的事业,将出世与入世打成一片。总之,要看到三教内部的多样性和三教关系的动态性。

五、三教关系发展史给我们提供的经验、教训和当代价值

第一,历史经验证明,中华文明共同体内部多元文化之间、中华文化与外部进入的异质文化之间,都是可以通和互补的,只要主流社会承认多元真理并行而不相悖,彼此尊重,从相互了解到相互学习,都可以走到一起,"五色交辉,相得益彰;八音合奏,终和且平"①,中华固有文化与外来佛教的融会是异质文化交流互学最成功的范例。

第二,有差异就会有矛盾,有矛盾就难免发生冲突,多样性文化之间、本土文化与外来文化之间,从陌生到接触,从碰撞到对话,从误读到正解、从互绌到

---

① 冯友兰:《三松堂自序》,三联书店1984年版。

互鉴,有一个漫长的过程。冲突并不可怕,只要它是温和的冲突,即不动干戈,诉诸口头争论、批评甚至激烈指责,都会促进彼此的了解由表面到深层、由片面到全面。魏晋南北朝时期三教间的若干次大辩论,事实上为隋唐三教鼎立与合作提供了思想营养和理论准备。而"三武一宗灭佛"则在短期内破坏了三教会通的正常进行,成为一种反面教训,幸而未成为传统。因此,不抹杀差异,不进行对抗,开展讨论和争鸣,是化解文化冲突为文化和谐的文明方式。

第三,中国文化与印度佛教文化的会通,既受益于中华和而不同大环境的宽松,也依赖于中印佛教界取经送经的频繁交往和一大批中国学僧(也包括西域学僧)长时间坚持不懈地译经、解经、撰论的工作,使中国学人一代又一代相续读经、消化、吸纳、创新,前后达数百年之久,并没有捷径可走。中国伊斯兰教与宋明理学的会通也延续了二三百年。民国以来,三教关系扩大为三教在衰微之后的复兴及与西方异质文化之间的会通,直到今天仍在曲折进行中。没有西方文化的刺激和输液,中华文化难以更新和复兴;反之,中华文化若根基不深厚、力量不足,也难以有效吸收西方文化的营养并使之具有中国特色。佛教的成功中国化,使中国人有信心、有智慧运用正在焕发新生命的三教,尤其是依靠当代新儒家文化,去选择、消化西方文化,使之中国化。但西方文化在世界上是强势文化,它与中华文化之间的异质性比之中印文化有更明显的差距,因此需要更大的努力和更长的时间去会通,在这个过程中,三教文化也会因西学新质的进入而出现新的面貌。

第四,中国不是一个典型的民族国家,而是地域广袤、民族众多的一个不大不小的世界,一个颇具规模的文化共同体。三教关系及其扩展而成的文化多元通和模式,能够在全球化和现代化的今天,为打造"人类命运共同体"提供中国的智慧和经验,有益化解冲突,制止战争,推动国际社会建立互相尊重、合作共赢的新型国家关系和多彩、平等、和谐、交流、对话、同情、互鉴的文明关系,为人类文明的现代转型作出自己应有的贡献。当代享誉海内外的人类学、民族学、社会学大师同时又是中华文明思想巨匠的费孝通先生提出文化自觉十六字箴言:各美其美,美人之美,美美与共,天下大同。此十六字乃是中华仁和精神与传统的最新结晶,其中就包含着儒、道、佛三教关系的历史智慧。它为多民族与多元文化和谐相处提供了普适价值准则,为推动世界文明对话作出了卓越贡献。它顺应时代,合乎人心,已经传遍大江南北,飞向五湖四海,受到人们广泛衷心的欢迎,这是中国人值得引以自豪的。最后,我要指出,费孝通先生的十六字箴言,也是本书撰述的儒、道、佛三教关系史最为精辟的总结。

参 考 文 献

一、古典文献

（春秋）左丘明：《左传》，蒋冀骋标点，岳麓书社 1988 年版。

（汉）河上公、（五代）杜光庭等注：《道德经集释》，中国书店 2015 年版。

（汉）班固：《汉书》，中华书局 2007 年版。

（汉）班固：《白虎通德论》，上海古籍出版社 1990 年版。

（汉）高诱：《淮南子注》，上海书店出版社 1986 年版。

（汉）高诱注：《吕氏春秋》，上海古籍出版社 2014 年版。

（汉）何休解诂，（唐）徐彦疏，刁小龙整理：《春秋公羊传注疏》，上海古籍出版社 2014 年版。

（汉）陆贾：《新语》，庄大钧点校，辽宁教育出版社 1998 年版。

（汉）贾谊撰，阎振益、钟夏校注：《新书校注》，中华书局 2000 年版。

（汉）董仲舒著，张世高等注：《春秋繁露》，中华书局 2012 年版。

（汉）司马迁：《史记》，线装书局 2006 年版。

（汉）王充著，黄晖校释：《论衡校释》，中华书局 1990 年版。

（汉）许慎，（清）段玉裁注：《说文解字注》，上海古籍出版社 1988 年版。

（汉）扬雄撰，韩敬注：《法言注》，中华书局 1992 年版。

（汉）扬雄：《扬子法言》，中华书局 1978 年版。

（汉）郑氏笺：《毛诗》，山东友谊书社 1990 年版。

（魏）何晏等注，（宋）邢昺疏：《论语注疏》，上海古籍出版社 1990 年版。

（魏）嵇康：《嵇中散集》，商务印书馆 1937 年版。

（魏）王弼撰，（唐）邢璹注：《周易集解略例》，中华书局 1991 年版。

（魏）王弼、（晋）韩康伯注,（唐）孔颖达疏:《周易注疏》,中央编译出版社2013年版。

（魏）王弼注:《老子注》,中华书局1978年版。

（魏）王弼撰,楼宇烈校释:《王弼集校释》(上下册),中华书局1980年版。

（晋）陶渊明:《陶渊明集》,岳麓书社1996年版。

（晋）陈寿,（宋）裴松之注:《三国志》,中华书局2005年版。

（晋）杜预注,（唐）孔颖达等正义:《春秋左传正义》,上海古籍出版社1990年版。

（晋）葛洪:《抱朴子内外篇》,中华书局1985年版。

（晋）僧肇撰,张春波校释:《肇论校释》,中华书局2010年版。

［印］龙树:《大智度论》,（后秦）鸠摩罗什译,上海古籍出版社1991年版。

（北齐）魏收:《魏书》,中华书局1974年版。

（南朝梁）沈约:《宋书》,中华书局1974年版。

（南朝梁）萧子显:《南齐书》,中华书局1972年版。

（南北朝）颜之推撰,（清）赵曦明注,（清）卢文弨补注:《颜氏家训》,中华书局1985年版。

（南朝梁）慧皎撰,汤用彤校注,汤一玄整理:《高僧传》,中华书局1992年版。

（南朝梁）僧祐、（唐）道宣:《弘明集·广弘明集》,上海古籍出版社1991年版。

（南朝梁）僧祐:《出三藏记集》,苏晋仁、萧炼子点校,中华书局1995年版。

（南朝梁）陶弘景:《养性延命录》,上海古籍出版社1990年版。

（南朝梁）陶弘景:《真诰》,中华书局1985年版。

（南朝梁）任昉:《述异记》,湖北崇文书局1875年版。

（南朝宋）范晔:《后汉书》,浙江古籍出版社2000年版。

（南朝宋）刘义庆撰,（南朝梁）刘孝标注:《世说新语详解》,上海古籍出版社2013年版。

（隋）吉藏疏：《中论·百论·十二门论》，上海古籍出版社 1994 年版。

（隋）王通撰，（宋）阮逸注：《中说》，中华书局 1985 年版。

（唐）房玄龄，黄公渚选注：《晋书》，商务印书馆 1934 年版。

（唐）房玄龄等：《晋书》，中华书局 2000 年版。

（唐）吴兢编撰：《贞观政要》（上下册），时代文艺出版社 2001 年版。

（唐）韩愈撰，（宋）廖莹中集注：《东雅堂昌黎集注》，上海古籍出版社 1993 年版。

（唐）慧能撰，郭朋校释：《坛经校释》，中华书局 1983 年版。

（唐）李延寿：《北史》，中华书局 1974 年版。

（唐）李延寿：《南史》，中华书局 1975 年版。

（唐）令狐德棻：《周书》，中华书局 1971 年版。

（唐）柳宗元：《柳宗元集》（全四册），中华书局 1979 年版。

（唐）韩愈：《韩愈全集》，上海古籍出版社 1979 年版。

（唐）裴休：《黄檗禅师传心法要》，金陵刻经处 1884 年版。

（唐）唐太宗：《帝范》，中华书局 1985 年版。

（唐）魏徵、（唐）令狐德棻：《隋书》，中华书局 1973 年版。

（唐）吴兢编著：《贞观政要》，王贵标点，岳麓书社 1991 年版。

（唐）务成子、（唐）梁邱子注：《黄庭经》，上海古籍出版社 1990 年版。

（唐）玄奘译，韩廷杰校释：《成唯识论校释》，中华书局 1998 年版。

（唐）姚思廉：《梁书》，中华书局 2000 年版。

（唐）宗密：《禅源诸诠集都序》，《大正藏》第 48 册。

（唐）宗密：《原人论》，《大正藏》第 45 册。

（后晋）刘昫等撰：《旧唐书》，中华书局 1999 年版。

（后蜀）彭晓：《周易参同契通真义》，中州古籍出版社 1988 年版。

（宋）洪适：《隶释·隶续》，中华书局 1985 年版。

（宋）李昉等：《太平御览》，中华书局 1960 年版。

（宋）陆九渊：《陆九渊集》，钟哲点校，中华书局 1980 年版。

（宋）陆游：《剑南诗稿》，钱仲联点校，岳麓书社 1998 年版。

（宋）欧阳修、宋祁：《新唐书》，中华书局 1975 年版。

（宋）欧阳修撰，张春林编：《欧阳修全集》，中国文史出版社 1999 年版。

（宋）普济：《五灯会元》，苏渊雷点校，中华书局 1984 年版。

（宋）契嵩：《禅门逸书》，明文书局 1981 年版。

（宋）邵雍：《邵雍集》，郭彧整理，中华书局 2010 年版。

（宋）邵雍撰，（明）黄畿注，卫绍生校理：《皇极经世书》，中州古籍出版社 1993 年版。

（宋）沈作喆纂：《寓简》，中华书局 1985 年版。

（宋）释延寿集：《宗镜录》，三秦出版社 1994 年版。

（宋）司马光：《司马温公集编年笺注》，巴蜀书社 2009 年版。

（宋）司马光：《资治通鉴》，上海古籍出版社 1987 年版。

（宋）苏轼：《苏轼全集》，王文诰注，于宏明点校，时代文艺出版社 2001 年版。

（宋）宋敏求编：《唐大诏令集》，商务印书馆 1959 年版。

（宋）王益之：《西汉年纪一》，中华书局 1985 年版。

（宋）翁葆光注：《悟真篇注疏》，明正统道藏本。

（宋）薛居正等撰：《旧五代史》，中华书局 1976 年版。

（宋）张伯端原著，张振国著：《悟真篇导读》，宗教文化出版社 2001 年版。

（宋）程颢、程颐：《二程集》（全四册），中华书局 1981 年版。

（宋）张载：《张载集》，章锡琛点校，中华书局 1978 年版。

（宋）智昭编撰，尚之煜释读：《人天眼目释读》，上海古籍出版社 2015 年版。

（宋）朱熹、吕祖谦编：《近思录》，查洪德注译，中州古籍出版社 2004 年版。

（宋）朱熹撰：《四书章句集注》，中华书局 1983 年版。

（宋）黎靖德编：《朱子语类》（全八册），王星贤点校，中华书局 1986 年版。

（宋）朱熹撰：《朱熹集》，郭齐、尹波点校，四川教育出版社 1996 年版。

（宋）袁枢：《通鉴纪事本末》（全十二册），中华书局 1964 年版。

（宋）钱易：《南部新书》，黄寿成点校，中华书局 2002 年版。

（宋）张君房纂辑，蒋力生等校注：《云笈七签》，华夏出版社 1996 年版。

（金）丘处机著，赵卫东辑校：《丘处机集》，齐鲁书社 2005 年版。

（元）李志常著，党宝海译注：《长春真人西游记》，河北人民出版社 2001 年版。

（元）刘大彬编，（明）江永年版增补：《茅山志》，王岗点校，上海古籍出版社 2016 年版。

（元）脱脱：《金史》，中华书局 1999 年版。

（元）脱脱等：《辽史》，中华书局 2000 年版。

（元）脱脱等撰：《宋史》，中华书局 1977 年版。

（元）许衡：《许衡集》，淮建利、陈朝云点校，中州古籍出版社 2009 年版。

（元）姚燧撰，查洪德编校：《姚燧集》，人民文学出版社 2011 年版。

（元）耶律楚材撰，向达校注：《西游录》，中华书局 1981 年版。

（元）耶律楚材：《湛然居士文集》，中华书局 1986 年版。

（元）尹志平：《清和真人北游语录》，载《道藏》第 33 册，文物出版社、上海书店、天津古籍出版社 1988 年版。

（元）虞集：《道园学古录》，商务印书馆 1937 年版。

（元）虞集：《虞集全集》，天津古籍出版社 2007 年版。

（明）葛寅亮：《金陵梵刹志》，何孝荣点校，天津人民出版社 2007 年版。

（明）何心隐著，容肇祖整理：《何心隐集》，中华书局 1960 年版。

（明）焦竑撰：《焦氏笔乘》，上海古籍出版社 1986 年版。

（明）李贽：《焚书　续焚书》，中华书局 1975 年版。

（明）罗洪先撰，徐儒宗编：《罗洪先集》，凤凰出版社 2007 年版。

（明）罗汝芳撰，方祖猷、梁一群、李庆龙等编校整理：《罗汝芳集》，凤凰出版社 2007 年版。

（明）蕅益大师：《四书蕅益解》，中国水利水电出版社 2012 年版。

（明）蕅益著述：《灵峰宗论》，孔宏点校，北京图书出版社 2005 年版。

（明）宋濂：《宋濂全集》，黄灵庚编辑校点，人民文学出版社 2014 年版。

（明）汪瑗：《楚辞集解》，董洪利点校，北京古籍出版社 1994 年版。

（明）王艮著，陈祝生主编：《王心斋全集》，江苏教育出版社 2001 年版。

（明）王畿撰，吴震编：《三山丽泽录》，凤凰出版社 2007 年版。

（明）王守仁：《传习录》，王晓昕译注，中华书局 2017 年版。

（明）王守仁撰，吴光、钱明、董平编校：《王阳明全集》，上海古籍出版社 2015 年版。

（明）云栖袾宏撰，明学主编：《莲池大师全集》，上海古籍出版社 2011 年版。

（明）湛若水编：《圣学格物通》，广西师范大学出版社 2015 年版。

（明）智旭著，方向东、谢秉洪校注：《周易禅解》，广陵书社 2006 年版。

（明）颜钧撰：《颜钧集》，黄宣民点校，中国社会科学出版社 1996 年版。

（清）王岱舆：《正教真诠·清真大学·希真正答》，宁夏人民出版社 1987 年版。

（清）陈铭珪撰：《长春道教源流》，广文书局有限公司 1976 年版。

（清）戴望：《颜氏学记》，刘公纯标点，中华书局 1958 年版。

（清）戴震：《孟子字义疏证》，何文光整理，中华书局 1961 年版。

（清）顾炎武撰，莫汝成集释：《日知录集释》，栾保群、吕宗力校点，上海古籍出版社 2014 年版。

（清）郭庆藩：《庄子集释》，王孝鱼点校，中华书局 2004 年版。

（清）黄宗羲：《明夷待访录》，段志强译注，中华书局 2011 年版。

（清）黄宗羲原著，全祖望补修：《宋元学案》，陈金生、梁运华点校，中华书局 1986 年版。

（清）黄宗羲：《明儒学案》，沈芝盈点校，中华书局 1985 年版。

（清）康有为：《大同书》，辽宁人民出版社 1994 年版。

（清）皮锡瑞撰，周予同注释：《经学历史》，中华书局 1959 年版。

（清）阮元等：《十三经注疏》，中华书局 1980 年版。

（清）阮元辑编：《宛委别藏》，江苏古籍出版社 1988 年版。

（清）苏舆：《春秋繁露义证》，钟哲点校，中华书局 1992 年版。

（清）王夫之：《读四书大全说》，中华书局 1975 年版。

（清）王夫之：《老子衍庄子通》，中华书局 1962 年版。

（清）王夫之：《尚书引义》，中华书局 1976 年版。

（清）王夫之：《思问录 俟解》，中华书局 1956 年版。

（清）王夫之：《周易外传》，中华书局 1977 年版。

（清）魏源：《老子本义》，华东师范大学出版社 2010 年版。

（清）夏燮：《明通鉴》，中华书局 1959 年版。

（清）严可均辑：《全晋文》，商务印书馆 1999 年版。

（清）永瑢等：《四库全书总目》，中华书局 1965 年版。

（清）张廷玉等：《明史》，中华书局 2000 年版。

陈伯君校注：《阮籍集校注》，中华书局 1987 年版。

陈得芝辑点：《元代奏议集录》，浙江古籍出版社 1998 年版。

严灵峰辑校：《辑成玄英道德经开题序诀义疏》，台湾文艺印书馆 1965
年版。

《正统道藏》，艺文印书馆 1977 年版。

《礼记》：崔高维校点，辽宁教育出版社 2000 年版。

《钟吕传道集·西山群仙会真记》，高丽杨点校，中华书局 2015 年版。

二、今人著作

［德］马克斯·韦伯：《儒教与道教》，洪天富译，江苏人民出版社 1995
年版。

［德］魏特：《汤若望传》，杨丙辰译，商务印书馆 1949 年版。

白寿彝总主编，王毓铨主编：《中国通史》，上海人民出版社 2015 年版。

宝贵贞：《中国少数民族宗教》，中国民主法制出版社 2015 年版。

北京大学《儒藏》编纂与研究中心编：《儒藏》（精华编一八六），北京大学
出版社 2014 年版。

蔡元培：《中国伦理学史》，中国文史出版社 2016 年版。

蔡仲德：《冯友兰先生年谱初编》，河南人民出版社 2000 年版。

蔡仲德:《冯友兰先生评传》,广东人民出版社1999年版。

常宏:《马克思主义宗教观》,中国民主法制出版社2015年版。

陈兵、邓子美:《二十世纪中国佛教》,民族出版社2000年版。

陈兵:《佛教禅学与东方文明》,上海人民出版社1992年版。

陈兵编:《佛教格言》,巴蜀书社1994年版。

陈鼓应主编:《道家文化研究》,三联书店2002年版。

陈鼓应注释:《老子今注今译》,商务印书馆2003年版。

陈鼓应注释:《庄子今注今译》,中华书局2009年版。

陈来:《仁学本体论》,三联书店2014年版。

陈铭珪:《长春道教源流》,(台北)广文书局1975年版。

陈全林点校:《新编张三丰先生丹道全书》,团结出版社2008年版。

《陈寅恪集·金明馆丛稿二编》,三联书店2009年版。

《陈寅恪先生全集》,(台北)里仁书局1979年版。

陈寅恪:《柳如是别传》,三联书店2001年版。

陈撄宁:《道教与养生》,华文出版社1989年版。

陈垣:《南宋初河北新道教考》,中华书局1962年版。

程俊英:《诗经译注》,上海古籍出版社2004年版。

单纯、旷昕主编:《良知的感叹:二十世纪中国学人序跋精粹》,海天出版社1998年版。

单纯、张合运主编:《中国精神·百年回声》,海天出版社1998年版。

丁福保笺注:《坛经》,上海古籍出版社2011年版。

杜洁编:《黄庭经》,中国友谊出版公司1997年版。

方东美:《生生之德》,(台北)黎明文化公司1978年版。

方东美:《新儒家哲学十八讲》,(台北)黎明文化公司1993年版。

方东美:《原始儒家道家哲学》,(台北)黎明文化公司1983年版。

《方东美集》,群言出版社1993年版。

《方东美文集》,武汉大学出版社2013年版。

《方东美先生演讲集》,(台北)黎明文化事业公司1984年版。

方立天:《中国佛教与传统文化》,上海人民出版社 1988 年版。

方立天:《中国佛教哲学要义》(上、中、下),宗教文化出版社 2015 年版。

方立天:《中国佛教哲学要义》,宗教文化出版社 2015 年版。

方立天主编,华方田副主编:《中国佛教简史》,宗教文化出版社 2001 年版。

费孝通编:《中华民族多元一体格局》,中央民族大学出版社 1999 年版。

冯友兰:《三松堂全集》,河南人民出版社 2000 年版。

冯友兰:《中国哲学简史》,涂又光译,北京大学出版社 1985 年版。

冯友兰:《中国哲学史新编》,人民出版社 1998 年版。

傅勤家:《中国道教史》,上海书局 1984 年版。

高亨:《周易大传今注》,清华大学出版社 2010 年版。

高新民、朱允校编:《傅玄〈傅子〉校读》,宁夏人民出版社 2008 年版。

高喆:《天主教》,中国民主法制出版社 2015 年版。

戈国龙:《道教内丹学溯源》,宗教文化出版社 2004 年版。

戈国龙:《道教内丹学探微》,巴蜀书社 2001 年版。

龚鹏程:《道教新论》,台湾学生书局 1991 年版。

辜鸿铭:《中国人的精神》,海南出版社 1986 年版。

故宫博物院编:《罗浮山志会编》,海南出版社 2001 年版。

关步勋等主编:《湛甘泉研究文集》,花城出版社 1993 年版。

郭沫若:《十批判书》,人民出版社 1954 年版。

郭朋:《中国佛教思想史》,福建人民出版社 1994 年版。

郭齐勇:《中国儒学之精神》,复旦大学出版社 2009 年版。

郭齐勇:《中国哲学智慧的探索》,中华书局 2008 年版。

韩复智编著:《钱穆先生学术年谱》,中央编译出版社 2012 年版。

何建明:《近代中国宗教文化史研究》,北京师范大学出版社 2015 年版。

贺麟:《近代唯心论简释》,商务印书馆 2011 年版。

贺麟:《文化与人生》,上海文艺出版社 2001 年版。

洪建林编:《仙学解秘——道家养生秘库》,大连出版社 1991 年版。

洪修平：《禅宗思想的形成与发展》，江苏古籍出版社 1992 年版。

洪修平：《国学举要·佛卷》，湖北教育出版社 2002 年版。

洪修平：《中国佛教文化历程》，江苏教育出版社 1995 年版。

洪修平：《中国佛教与儒道思想》，宗教文化出版社 2004 年版。

洪修平：《中国儒佛道三教关系研究》，中国社会科学出版社 2011 年版。

洪修平主编：《儒佛道哲学名著选编》，南京大学出版社 2006 年版。

侯外庐、邱汉生、张岂之主编：《宋明理学史》（上下卷），人民出版社 1987 年版。

侯外庐：《中国近代启蒙思想史》，人民出版社 1993 年版。

侯外庐等：《中国思想通史》，人民出版社 2011 年版。

胡道静等选辑：《道藏要籍选刊》，上海古籍出版社 1989 年版。

胡海牙、武国忠主编：《陈撄宁仙学精要》，宗教文化出版社 2008 年版。

胡适口述，唐德刚译注：《胡适口述自传》，广西师范大学出版社 2005 年版。

黄公渚选注：《欧阳修文》，崇文书局 2014 年版。

黄陵渝、邱永辉、色音：《外国民族宗教》，中国民主法制出版社 2015 年版。

黄寿祺、张善文：《周易译注》，上海古籍出版社 2004 年版。

嵇文甫：《晚明思想史论》，东方出版社 1996 年版。

姜林祥主编：《中国儒学史》（全七卷），广东教育出版社 1998 年版。

蒋国保、周亚洲编：《生命理想与文化类型：方东美新儒学论著辑要》，中国广播电视出版社 1992 年版。

金景芳、吕绍纲：《周易全解》，吉林大学出版社 1989 年版。

净慧主编：《虚云和尚全集》，中州古籍出版社 2009 年版。

李安纲：《禅悟坛经》，中国社会出版社 2005 年版。

李道纯：《道教五派丹法精选》，中医古籍出版社 1989 年版。

李富华等：《佛教学》，当代世界出版社 2000 年版。

李敏生主编：《赵朴初嘉言集》，团结出版社 2010 年版。

李土生:《儒释道论养生》,宗教文化出版社 2002 年版。

李维武主编:《徐复观文集》(修订本),湖北人民出版社 2009 年版。

李喜所、袁青:《梁启超传》,人民出版社 1993 年版。

李霞:《道家与禅宗》,安徽大学出版社 1996 年版。

李修生主编:《全元文》,凤凰出版社 2004 年版。

李养正:《道教概说》,中华书局 1989 年版。

李养正:《道教史略讲》,中国道教学院 1997 年编印。

李养正:《道教义理综论》(上下编),宗教文化出版社 2009 年版。

李养正:《佛道交涉史论要》,青松观道教学院 1999 年版。

李一氓:《藏外道书》,巴蜀书社 1992 年版。

李壮鹰主编:《中国古代文论》,高等教育出版社 2001 年版。

《梁启超全集》,北京出版社 1999 年版。

梁启超:《清代学术概论》,凤凰出版集团、江苏文艺出版社 2007 年版。

梁启超:《中国近三百年学术史》,天津古籍出版社 2003 年版。

梁漱溟:《东西文化及其哲学》,商务印书馆 2009 年版。

梁漱溟:《梁漱溟全集》,山东人民出版社 2005 年版。

梁漱溟:《中国文化要义》,学林出版社 1987 年版。

林语堂:《从异教徒到基督徒:林语堂自传》,谢绮霞、工爻、张振玉译,陕西师范大学出版社 2007 年版。

林语堂:《苏东坡传》,宋碧云译,江苏人民出版社 2015 年版。

林语堂:《中国人》,学林出版社 1994 年版。

刘成有、伊岚、吴小丽:《汉传佛教》,中国民主法制出版社 2015 年版。

刘成有、张宏斌:《宗法性传统宗教》,中国民主法制出版社 2015 年版。

刘成有:《近现代居士佛学研究》,巴蜀书社 2002 年版。

刘成有等:《汉传佛教》,中国民主法制出版社 2015 年版。

刘成有主编:《宗教文明品析丛书》(十卷),中国民主法制出版社 2015 年版。

刘蔚华、赵宗正主编:《中国儒家学术思想史》,山东教育出版社 1996

年版。

　　刘文典:《淮南鸿烈集解》,冯逸、乔华点校,中华书局 1989 年版。

　　刘兴邦:《白沙心学》,社会科学文献出版社 2012 年版。

　　刘洋编;《据史言儒·范文澜说儒》,孔学堂书局 2014 年版。

　　刘昭瑞:《〈老子想尔注〉导读与译注》,江西人民出版社 2012 年版。

　　卢弼:《三国志集解》,中华书局 1982 年版。

　　卢国龙:《道教哲学》,华夏出版社 1997 年版。

　　卢国龙:《中国重玄学》,人民中国出版社 1993 年版。

　　《鲁迅小说全集》,群言出版社 2015 年版。

　　罗炳良主编:《张之洞劝学篇》,华夏出版社 2002 年版。

　　罗义俊编著:《评新儒家》,上海人民出版社 1989 年版。

　　吕澂:《吕澂佛学论著选集》,齐鲁书社 1991 年版。

　　吕澂:《中国佛学源流略讲》,中华书局 1979 年版。

　　吕大吉、余敦康、牟钟鉴、张践:《中国宗教与中国文化》(全四册),中国社会科学出版社 2005 年版。

　　吕思勉:《秦汉史》,上海古籍出版社 1983 年版。

　　马西沙、韩秉方:《中国民间宗教史》,中国社会科学出版社 2004 年版。

　　《马一浮集》,浙江古籍出版社 1996 年版。

　　美国孔子大学筹备会编:《世界尊孔运动纪要》,美国孔子文教基金会出版社 1984 年版。

　　蒙文通:《蒙文通文集》,巴蜀书社 1987 年版。

　　牟钟鉴、胡孚琛、王葆玹主编:《道教通论》,齐鲁书社 1991 年版。

　　牟钟鉴、张践:《中国宗教通史》(上下卷),社会科学文献出版社 2000 年版。

　　牟钟鉴:《道家和道教论稿》,宗教文化出版社 2014 年版。

　　牟钟鉴:《中国道教》,广东人民出版社 1996 年版。

　　牟宗三:《从陆象山到刘蕺山》,台湾学生书局 1984 年版。

　　牟宗三:《历史哲学》,吉林出版集团 2010 年版。

牟宗三：《牟宗三哲学与文化论集》，南京大学出版社 2010 年版。

牟宗三：《五十自述》，（台北）鹅湖出版社 1990 年版。

牟宗三：《现象与物自身》，吉林出版集团有限责任公司 2010 年版。

牟宗三：《心体与性体》，吉林出版集团有限责任公司 2013 年版。

牟宗三：《政道与治道》，台湾学生书局有限责任公司 1991 年版。

牟宗三：《中国哲学的特质》，上海古籍出版社 2007 年版。

牟宗三：《中国哲学十九讲》，台湾学生书局 1984 年版。

南怀瑾：《中国道教发展史略》，复旦大学出版社 1996 年版。

倪强：《赤子佛心赵朴初》，宗教文化出版社 2007 年版。

欧阳竟无：《欧阳竟无佛学文选》，武汉大学出版社 2009 年版。

潘富恩、徐洪兴：《中国理学》，东方出版中心 2002 年版。

皮锡瑞著，周予同注释：《经学历史》，中华书局 2011 年版。

钱穆：《国史大纲》，九州出版社 2011 年版。

钱穆：《国学概论》，九州出版社 2011 年版。

钱穆：《论语新解》，九州出版社 2013 年版。

钱穆：《现代中国学术论衡》，三联书店 2001 年版。

钱穆：《中国近三百年学术史》（下册），商务印书馆 1997 年版。

钱穆：《中国文化史导论》，商务印书馆 1994 年版。

钱穆：《朱子新学案》（上、中、下册），巴蜀书社 1986 年版。

卿希泰主编，詹石窗副主编：《中国道教思想史》，人民出版社 2009 年版。

邱进之主编：《中国历代名道》，吉林教育出版社 1997 年版。

任继愈主编：《中国哲学发展史》（1—4 卷），人民出版社 1983—1994 年版。

任继愈主编：《中华传世文选》，吉林人民出版社 1998 年版。

任继愈主编：《宗教大辞典》，上海辞书出版社 1998 年版。

《容肇祖集》，齐鲁书社 1989 年版。

容肇祖：《明代思想史》，齐鲁书社 1992 年版。

《儒佛道与传统文化》，文史知识三期合刊，中华书局 1990 年版。

石峻、楼宇烈、方立天、许抗生、乐寿明：《中国佛教思想资料选编》第一卷，第二卷第一、二、三、四册，中华书局 1981、1983、1983、1983 年版。

释印顺：《佛法是救世之光》，中华书局 2011 年版。

释印顺：《我之宗教观》，中华书局 2011 年版。

释印顺编：《以佛法研究佛法》，中华书局 2011 年版。

释印顺：《人间佛教论集》，中华书局 2010 年版。

宋晶如注译：《古文观止》，上海书店 1982 年版。

吴怡：《中国哲学的生命和方法》，（台北）东大图书股份有限公司 1984 年版。

宋祚胤注译：《周易》，岳麓书社 2000 年版。

《孙中山全集》，中华书局 1981 年版。

孙勐、罗飞编著：《北京道教石刻》，宗教文化出版社 2011 年版。

孙悟湖：《藏传佛教》，中国民主法制出版社 2015 年版。

《太虚大师全书》，宗教文化出版社 2005 年版。

汤一介：《儒道释与内在超越问题》，江西人民出版社 1991 年版。

汤一介主编：《中国儒学史》（全九卷），北京大学出版社 2011 年版。

汤用彤：《汉魏两晋南北朝佛教史》，北京大学出版社 2011 年版。

汤用彤：《隋唐佛教史论稿》，中华书局 1982 年版。

汤用彤：《汤用彤学术论文集》，中华书局 1983 年版。

《汤用彤全集》，河北人民出版社 2000 年版。

《唐君毅全集》，九州出版社 2016 年版。

唐翼明：《魏晋清谈》，（台北）东大图书股份有限公司 1993 年版。

田诚阳：《仙学详述》，宗教文化出版社 1999 年版。

田青主编：《中国宗教音乐》，宗教文化出版社 1997 年版。

万丽华、蓝旭译注：《孟子》，中华书局 2006 年版。

王德有译注：《老子指归译注》，商务印书馆 2004 年版。

王卡点校：《老子道德经河上公章句》，中华书局 1993 年版。

王雷泉编：《欧阳渐文选》，上海远东出版社 2011 年版。

王明:《抱朴子内篇校释》,中华书局 1980 年版。

王明:《道家和道教思想研究》,中国社会科学出版社 1984 年版。

王明编:《太平经合校》,中华书局 1960 年版。

王斯睿:《慎子校正》,商务印书馆 1935 年版。

王文锦译注:《大学中庸译注》,中华书局 2008 年版。

王煜:《儒释道与中国文豪》,台湾学生书局 1992 年版。

魏道儒主编:《世界佛教通史》,中国社会科学出版社 2015 年版。

萧一山:《清代通史》,华东师范大学出版社 2010 年版。

谢路军、陈胜:《道教》,中国民主法制出版社 2015 年版。

谢祥皓、刘宗贤:《中国儒学》,四川人民出版社 1998 年版。

星云大师:《释迦牟尼佛传》,东方出版社 2016 年版。

熊十力:《十力语要初续》,上海书店出版社 2007 年版。

熊十力:《熊十力全集》(全十册),湖北教育出版社 2001 年版。

熊铁基、刘固盛、刘韶军:《中国庄学史》,湖南人民出版社 2003 年版。

熊铁基、马良怀、刘韶军:《中国老学史》,福建人民出版社 1995 年版。

徐梵澄:《老子臆解》,中华书局 1988 年版。

徐复观:《学术与政治之间》,台湾学生书局 1985 年版。

徐复观:《中国经学史基础》,台湾学生书局 1982 年版。

徐复观:《中国思想史论集续篇》,上海书店出版社 2004 年版。

徐复观:《中国艺术精神》,华东师范大学出版社 2001 年版。

徐嘉:《现代新儒家与佛学》,宗教文化出版社 2007 年版。

徐宗泽编著:《明清间耶稣会士译著提要》,中华书局 1949 年版。

许抗生:《佛教的中国化》,宗教文化出版社 2008 年版。

颜炳罡:《牟宗三思想评传》,北京图书馆出版社 1998 年版。

杨伯峻、杨逢彬注译:《论语》,岳麓书社 2000 年版。

杨伯峻、杨逢彬注译:《孟子》,岳麓书社 2000 年版。

杨桂萍:《伊斯兰教》,中国民主法制出版社 2015 年版。

杨立志、李程:《道教与长江文化》,湖北教育出版社 2005 年版。

杨明照校笺:《抱朴子外篇校笺》,中华书局 1997 年版。

杨向奎:《清儒学案新编》,齐鲁书社 1985、1988 年版。

易鑫鼎编:《梁启超选集》,中国文联出版社 2006 年版。

印顺:《中国禅宗史》,上海书店出版社 1992 年版。

喻涵、湘子译注:《孝经·二十四孝图》,岳麓书社 2006 年版。

曾其海编:《摩诃止观论要》,宗教文化出版社 2010 年版。

曾枣庄、刘琳主编:《全宋文》,巴蜀书社 1990 年版。

张岱年:《中国哲学大纲》,中国社会科学出版社 1982 年版。

张广保、杨浩主编:《儒释道三教关系研究论文选粹》,华夏出版社 2016 年版。

张广保:《金元全真道内丹心性学》,三联书店 1995 年版。

张践:《儒学与中国宗教》,中国财富出版社 2013 年版。

张觉:《荀子译注》,上海古籍出版社 1995 年版。

张杰、杨燕丽选编:《解析陈寅恪》,社会科学文献出版社 1999 年版。

张杰、杨燕丽选编:《追忆陈寅恪》,社会科学文献出版社 1999 年版。

张松如、陈鼓应、赵明、张军:《老庄论集》,齐鲁书社 1987 年版。

张伟主编:《慈湖心舟——杨简学术研讨会论文集》,浙江大学出版社 2012 年版。

张文勋:《儒佛道美学思想源流》,云南人民出版社 2004 年版。

张馨编:《尚书》,中国文史出版社 2003 年版。

张彦修注说:《战国策》,河南大学出版社 2010 年版。

章太炎:《章太炎生平与学术自述》,江苏人民出版社 1999 年版。

《章太炎全集》,上海人民出版社 1985 年版。

《章太炎政论选集》,中华书局 1977 年版。

傅杰编校:《章太炎学术史论集》,云南人民出版社 2008 年版。

赵吉惠、郭厚安、赵馥洁、潘策主编:《中国儒学史》,中州古籍出版社 1991 年版。

赵朴初:《赵朴初大德文汇》,华夏出版社 2012 年版。

赵朴初名誉主编：《永乐北藏》，线装书局 2005 年版。

郑振铎：《插图本中国文学史》，中央编译出版社 2012 年版。

周良霄、顾菊英：《元代史》，上海人民出版社 1993 年版。

《中华文明史》（1—10 卷），河北教育出版社 1989—1994 年版。

朱伯崑：《易学哲学史》，华夏出版社 1995 年版。

朱杰人、严佐之、刘永翔主编：《朱子全书》，上海古籍出版社 2010 年版。

朱林溥：《玄珠录校释》，巴蜀书社 1989 年版。

朱越利、陈敏：《道教学》，当代世界出版社 2000 年版。

朱子学会编：《朱子学年鉴 2011—2012》，厦门大学出版社 2013 年版。

庄辉明、章义和：《颜氏家训译注》，上海古籍出版社 1990 年版。

卓新平主编：《20 世纪中国社会科学·宗教学卷》，广东教育出版社 2009 年版。

后　记

　　本书的写作大致经历了四个阶段:20 世纪 80 年代到 21 世纪初的相关知识积累;十多年前"三教关系讲课提纲"的拟写与课堂教学实践;"提纲"以来对三教关系有针对性的知识再积累再思考;正式撰写《儒道佛三教关系简明通史》并修改定稿。集中精力正式撰写用了两年多的时间。原本打算写成二十余万字的简史,未曾想写毕的字数增加了一倍还多。其中三教关系发展最后一个阶段民国时期,其时间跨度在各阶段中是最短的,写作篇幅却最长,用去十多万字。缘由之一是它有空前的新态势。这一时期三教关系的演化是在两千多年帝制结束、中国进入现代化进程、西方文化成为中国主流文化情况下进行的,三教关系扩而为三教与西学的关系,不多费点笔墨说不清楚。缘由之二是它有特殊的重要性。它与当代中国社会及文化紧密衔接又相交叉,民国时期文化上的中西交汇直到今天还在继续进行,并未完成,它的经验和教训对于我们有直接借鉴的价值。缘由之三是它形成学术争鸣的一个新高峰。一方面是三教的衰落,另一方面是三教在彼此互学并与西学深度对话中的艰难复兴。没有了政治的庇护,也无现成模式可运用,只能靠自身生命力的焕发,浴火再生。于是大师辈出,学派缤纷,新说交辉,论辩蜂起,令人叹为观止。它的学术高度和当代价值长期被遮蔽,至今被严重低估了,因此需要着力加以表彰。缘由之四是我与其中若干位大师有过直接或间接的亲近。现代新儒家中,冯友兰先生是我的读研导师,我经常聆听他的教诲,拜读他的大作,他的嫡传弟子朱伯崑教授给我知识与启迪颇多,在冯先生去世后,我协助他的女儿、著名作家宗璞女士一起推动冯学研究;贺麟先生的演讲会我也数次参加;钱穆先生住过的台湾东吴大学素书楼,我去参访过,他的公子钱逊教授是我的好友;张岱年先生质朴厚重,诲我不倦,我在书中虽未直接写他,而他在民国时期出版的《中国哲学大纲》和后来提出的综合创新论对我开拓中国哲学研究有方法论指导意义;牟宗三先生与我同姓同乡,在香港会面两次,他的亲切话语至今声犹在耳;港台现代新儒家第三代有代表性的学者杜维明、刘述先与我早有交往、友情深厚,唐君毅先生的学生霍韬晦先生在香港创建法住学会,曾多次与之往来。现代新道家中,陈撄宁大师未缘亲见,但他的学术嫡传弟子李养正先生对我是亦师亦友,他经常提到陈大师的业绩;台湾第六十三代天师张恩溥道长的秘书长龚群长老待我如亲人,使我无法忘怀。现代佛学大师中,赵朴初居士和净慧法师,我都见过,领略到他们不凡的气象,赵朴老去世后,我数次参加纪念活动并发言,写纪念文章;学界佛学大学者汤用彤先生亲自给我做过辅导,他的公子汤一介教授也辅导过我并一直对我关爱有加;台湾佛光山我去过,聆听过星云法师的讲话,读他的书;证严法师在花莲的静思精舍,我参访过,与慈济功德会人士相聚交谈,感受颇多。我对他们有亲切感有敬重心,他们的人格、学识和事业确实值得我研习并赞颂。

本书的写作过程是我在中西比较中重新学习中华思想文化的过程,也是我不断为前辈大师高尚人格、淑世情怀和学术造诣所感动的过程,这是心灵的对话和生命的感通,内心激奋,不能自已。智慧增加了,境界也提升了,我感恩不尽,并把自己的心得写出来与更多的人分享。还要感谢前辈和时贤的相关研究学术成果,使我能够少走弯路,综合创新。同时,感谢唐仲、邱兴洁、郭庚琦、张彤颐桢、王安然、周群芳、曲艺苑诸同学帮我查阅文献,做了注释工作。我自知本书的写作只不过是在三教文化浩瀚大海中的一角涵泳,管窥蠡测,局限很多,请读者多予指教。我相信今后会有越来越多的学人参与这项宏大的事业,把三教文化研究不断推向更广更深的境地。

2017 年(丁酉年)之春

责任编辑:段海宝

图书在版编目(CIP)数据

儒道佛三教关系简明通史/牟钟鉴 著. —北京:人民出版社,2018.5
 (2022.1 重印)
ISBN 978－7－01－019106－5

Ⅰ.①儒…　Ⅱ.①牟…　Ⅲ.①儒家-思想史②道教史③佛教史　Ⅳ.①B222
②B959③B949

中国版本图书馆 CIP 数据核字(2018)第 054987 号

儒道佛三教关系简明通史
RU DAO FO SANJIAO GUANXI JIANMING TONGSHI

牟钟鉴　著

人民出版社 出版发行
(100706　北京市东城区隆福寺街 99 号)

北京中科印刷有限公司印刷　新华书店经销

2018 年 5 月第 1 版　2022 年 1 月北京第 3 次印刷
开本:710 毫米×1000 毫米 1/16　印张:39.25
字数:580 千字

ISBN 978－7－01－019106－5　定价:128.00 元

邮购地址 100706　北京市东城区隆福寺街 99 号
人民东方图书销售中心　电话(010)65250042　65289539